OVERVIEW OF INNOVATION
INFORMATION OF
FIVE NORDIC COUNTRIES

北欧五国
创新信息概述

张明龙　张琼妮◎著

企业管理出版社
ENTERPRISE MANAGEMENT PUBLISHING HOUSE

图书在版编目（CIP）数据

北欧五国创新信息概述/张明龙，张琼妮著. —北京：企业管理出版社，2021.8

ISBN 978-7-5164-2401-8

Ⅰ. ①北… Ⅱ. ①张…②张… Ⅲ. ①技术革新—研究—北欧 Ⅳ. ①F153.043

中国版本图书馆 CIP 数据核字（2021）第 103295 号

书　　名：	北欧五国创新信息概述
作　　者：	张明龙　张琼妮
责任编辑：	刘一玲
书　　号：	ISBN 978-7-5164-2401-8
出版发行：	企业管理出版社
地　　址：	北京市海淀区紫竹院南路 17 号　　邮编：100048
网　　址：	http://www.emph.cn
电　　话：	编辑部（010）68701322　发行部（010）68701816
电子信箱：	LiuYiLing0434@163.com
印　　刷：	北京市青云兴业印刷有限公司
经　　销：	新华书店
规　　格：	710 毫米×1000 毫米　16 开本　31 印张　480 千字
版　　次：	2021 年 8 月第 1 版　2021 年 8 月第 1 次印刷
定　　价：	128.00 元

版权所有　翻印必究　印装有误　负责调换

前　言

20世纪90年代以来，在经济全球化的冲击下，世界各国的贸易竞争日益加剧，产品技术含量快速提升。无数事实表明，只有抢占科技制高点，才能赢得市场竞争的主动权。在这场旷日持久的科技竞争中，不少国家大幅度增加研发经费投入比例，促使创新领域取得一系列突破性进展。与此同时，地球上冒出了一些星光灿烂的科技研发新区域单元，北欧五国就是其中代表。

北欧五国，通常指冰岛、丹麦、芬兰、挪威和瑞典，及其附属领土法罗群岛、格陵兰岛、奥兰群岛和斯瓦尔巴群岛。北欧五国在20世纪初还是一些落后的农业小国，后来，争相推进科技创新，大力发展高新技术产业，经过多年不懈努力，在诸多领域取得相当出色的业绩，一些国家部分科技成果处于国际领先水平。特别是瑞典多次荣登最具创新能力国家，而挪威连续多年被评为全球最宜居国家。

一、北欧五国经济社会发展概况

冰岛位于北大西洋中部，靠近北极圈，是欧洲仅次于英国的第二大岛国。海岸线长约4970千米。属寒温带海洋性气候，受墨西哥湾暖流影响，气候相对温和。由于紧邻北极圈，夏季几乎没有黑夜，整天为白昼，冬季气候寒冷、风雪猛烈，多火山和地热喷泉。国土面积10.3万平方公里，截至2020年7月全国人口36.67万人。在世界经济论坛公布的2019年全球竞争力排名中为第24位。渔业是经济支柱，工业以炼铝等高能耗工业和渔产品加工业为主。1980年起大力发展旅游事业，目前已成冰岛第一大产业，产值占国内总产值29%。有著名的冰岛大学，以及阿克雷里大学、雷克雅未克大学和冰岛艺术学院等15所高校。

丹麦位于欧洲北部，南与德国接壤，西濒北海，北同挪威、瑞典隔海相望。海岸线长7314千米。地势低平，平均海拔约30米，属温带海洋性气候。国土面积4.3万平方公里（不包括格陵兰岛和法罗群岛），截至2020年9月全国人口582.5万人。在世界经济论坛公布的2019年全球竞争力排名中为第10位。主要工业部门有：食品加工、机械制造、石油开采、造船、水泥、电子、化工、冶金、医药、纺织、家具、烟草、造纸和印刷设备等。船用主机、水泥设备、助听器、酶制剂和人造胰岛素等产品享誉世界。著名企业有马士基、诺和诺德、诺维信和丹佛斯。有哥本哈根大学、奥胡斯大学、南丹麦大学、罗斯基勒大学、奥尔堡大学、丹麦技术大学、哥本哈根商学院等著名高校。

芬兰位于欧洲北部，与瑞典、挪威、俄罗斯接壤，南临芬兰湾，西濒波的尼亚湾。海岸线长1100千米。地势北高南低，有"千湖之国"之称。全国1/3的土地在北极圈内，属温带海洋性气候。国土面积33.8万平方公里，截至2020年9月全国人口552万人。在世界经济论坛公布的2019年全球竞争力排名中为第11位。建立在森林基础上的木材加工、造纸和林业机械制造业为经济支柱，并具有世界领先水平。森林工业产量占世界总产量的5%，是世界第二大纸张、纸板出口国及世界第四大纸浆出口国。著名企业有诺基亚、芬欧汇川。有赫尔辛基大学、阿尔托大学、坦佩雷大学、图尔库大学、于韦斯屈莱大学、坦佩雷理工大学、奥卢大学、东芬兰大学、拉普兰塔理工大学等著名高校。

挪威位于斯堪的纳维亚半岛西部。东邻瑞典，东北与芬兰和俄罗斯接壤，南同丹麦隔海相望，西濒挪威海。海岸线长21192千米（包括峡湾），北部沿海是世界著名渔场，西北部峡湾和冰川等自然景观享有盛名。大部分地区属温带海洋性气候。国土面积38.5万平方公里（包括斯瓦尔巴群岛、扬马延岛等属地），截至2020年9月全国人口537.5万人。在世界经济论坛公布的2019年全球竞争力排名中列第16位。拥有发达的海洋石油、化工、航运、水电和冶金等工业。20世纪70年代，近海石油工业兴起，成为国民经济重要支柱，现为世界第三大天然气出口国，第八大石油出口国。著名企业有挪威国家石油公司、海德鲁公司。有奥斯陆大学、卑尔根大学、挪威科技大学、特罗姆瑟大学、挪威生命大学、挪威商学院和斯塔凡格大学等著名高校。

瑞典位于斯堪的纳维亚半岛东半部。西邻挪威，东北接芬兰，东临波罗的海，西南濒北海，与丹麦隔海相望，海岸线长2181千米。地形狭长，地势自西北向东南倾斜。北部为诺尔兰高原，南部及沿海多为平原或丘陵。大部分地区属温带针叶林气候，最南部属温带阔叶林气候。国土面积45万平方公里，截至2020年9月全国人口1037万人，是诺贝尔奖的故乡。在世界经济论坛公布的2019年全球竞争力排名中为第9位。工业发达，主要有矿业、机械制造业、森林及造纸工业、电力设备、汽车、化工、电信、食品加工等。著名企业有沃尔沃汽车、大瀑布能源、爱立信、伊莱克斯。拥有卡罗林斯卡医学院、斯德哥尔摩大学、乌普萨拉大学、隆德大学、歌德堡大学、查尔姆斯理工大学、瑞典皇家理工学院、瑞典农业大学、于默奥大学、林雪平大学等著名高校。

北欧社会经济发展的一个突出亮点是,通过大力举办教育事业来提高全民素质。这里实行从小学到大学免费教育,并强化在职培训,还用法律形式,规定失业者必须参加再就业培训,同时建立了各种类型的成人教育机构,完善职业教育和培训机制,从而为推动科技创新活动培育出大量所需人才。特别是,北欧高等院校不仅数量多、覆盖面宽,而且不少是世界著名大学,其师资力量雄厚,教学科研能力强,教学设施完善,在国际上享有很高声誉,为培养高水平创新人才奠定坚实的基础。

二、北欧五国构建良好创新环境的主要经验

北欧五国政府均高度重视建设良好的科技创新宏观环境,其主要措施是,通过健全政府的科技管理体制,完善国家科技决策的运作机制,加强国家对科技活动的宏观调控,促进有利于科技创新的国家创新体系建设。

瑞典根据创新型国家体制的要求,运用创新政策打造良好的创新环境。在瑞典,政府向议会递交的科技政策提案,由教科部负责起草,并由教科部全面协调各类相配套的政策。先后颁布了《研究政策法案》《创新体系中研究开发与合作》《瑞典增长和复兴政策》和《创新瑞典战略》等文件。同时,通过完善创新政策的实施机制,运用政策加强科技成果的应用开发,建立起高效的创新管理体系及运行机制。瑞典议会中设立科技顾问委员会,主要成员由学者、专家、科技人员和企业代表组成,教科部长任主席。其中一名科技顾问负责科普工作,主要职责是促使社会成员关心科技事业,提高科学研究的社会影响力。同时,议会与政府负责分配国家提供的科研经费。政府通过顺畅的运转渠道和科研机构下拨科研经费。科研人员对获得的政府资助经费,拥有自主支配的权利。

丹麦从改革科技管理体系入手,为科研机构和企业创新提供良好的宏观环境。在此过程中,丹麦把原由教育部和贸工部主管的高校科研、工业开发及技术和创新政策职能,划归到新建立的科技创新部统一管理。其主要目的,是归口集成国家创新体系中各个分散要素,提升创新机制的整体合力,特别是通过建立工业、贸易、科研机构与教育部门之间的紧密联系,促使创新政策能够更加高效地引导工业部门的研发活动。丹麦还对国家财政支持的科研资金管理部门、咨询机构进行重新组建,并推进大学科研管理体制改革,赋予大学在科研与培训方面更多的自主权。同时,加强技术转移和科技中介机构的作用,大力促进企业与科研部门、教育机构之

间的互动互助。

芬兰国家研究和创新理事会主席由政府总理担任，负责制定《国家研究与创新政策指南》等文件，确定国家科技创新战略的指导方针和未来数年的发展计划。其主要目的，是通过进一步巩固和加强创新型国家体系，为企业研发提供良好的条件与环境。芬兰贸工部所属的国家技术开发中心，是国家创新政策的具体实施者，直接资助企业和研究机构，开展重大科研攻关和产品研发。其在全国各地设有14个分支机构，每年服务对象约有3000家企业、近50所高等院校、800多个研究机构。芬兰政府通过该中心对各地科技创新活动投入资助资金。该中心以提供研发资金和专家服务等方式，鼓励和促进新产品的研制工作，帮助企业把有开发价值的构思转变成研发成果，进而迅速实现研发成果的商品化。

挪威采用多元化的科研和创新体系，特别是在应用开发方面，大量高校研究机构、社会独立科研院所和企业开发部门都参与其中。但是，在科技创新的战略决策和资金分配方面，国家的宏观调控作用仍然非常明显，其主要通过挪威研究理事会和挪威创新署两个政府所属机构来进行。它们负责安排全国科研经费中的政府财政拨款部分，主要资助高校研究机构和独立科研院所进行基础科学研究，以及前沿技术和关键技术开发，也资助企业开发部门从事政府委托的创新项目。与此同时，挪威工贸部设置一个叫作"挪威工业发展集团"的机构，其资金来自政府各个部门，通过带有较强商业色彩的操作方式，为高科技创新企业提供部分风险资本，并直接管理本国境内10个科学研究区、15个知识园区、24个孵化器和14个工业孵化器及12个贷款和风险基金。

冰岛成立由政府总理直接领导的各部部长、科学家、商业代表组成的科学技术政策委员会，综合协调政府和企业的科技创新工作，通过充分沟通和交流来弥补本国国家小、人口少、资源有限、科研力量相对分散的弱点，正确引导科技成果与产业和社会生活相联系，从而促进社会生活水平的提高。同时，通过制定和颁布法案，设立冰岛技术研发中心及科研基金、科研设备采购基金和技术创新基金管理机构，并通过调整公共资源分配政策，支持科技创新活动，强化大学作为科研尖兵的作用，鼓励冰岛各大学通过个人或机构竞争获得科研资金，重新审核科研机构的组织形式和研究方法，支持大学与企业加强联系与沟通。重点支持水利资源和地热资源开发，以及生命科学技术、通信技术和海洋渔业技术研究。

三、本书的框架结构

本书以北欧冰岛、丹麦、芬兰、挪威和瑞典五国为一个完整的区域单

前言

元，考察其21世纪以来发明创造方面取得的新成果，阐述其创新信息的进展状况。为了尽可能保证创新信息的准确性和系统性，本书着手从北欧五国现实科技活动中搜集整理原始资料，博览与之相关的国内外论著，细加考辨，取精用宏，抽绎出典型材料，并通过精心提炼，设计出全书的框架结构。本书共有8章内容。

第一章电子信息领域的创新信息，主要研究微电子原理及设备、精微晶体管、微机电传感器、高精度电流表、电子检测仪器、医疗电子仪器、具有自我修复能力计算机、量子计算机、计算机技术应用、仿生机器人、消防与环保机器人、数字科技产品、数字技术应用，以及通信设备与网络技术领域的新成果。

第二章光学领域的创新信息，主要分析光频率、反物质原子光谱测量、磁光子学、切伦科夫光锥、光控制技术、荧光物质成像技术、激光成像技术、多点触控大型显示屏显微镜、空中大型望远镜、高光谱相机、光学探测设备、光学通信设备，以及光学自动化设备、光学仿生工具、光子晶体管和光学新材料等方面的新成果。

第三章天文与交通领域的创新信息，主要阐述探测地球身世、地心年龄、地球磁场、地月关系、火星及其他大行星、陨星、星际访客、恒星、中子星、星系团、星际空间、黑洞与暗物质，研制人造卫星、火星漫游车、航天燃料、新款车辆、环保型汽车、电动汽车、智能汽车、生物燃料列车、隐形战舰、微型直升机等新成果。

第四章材料领域的创新信息，主要研究纯金属材料、新型合金材料、金属氧化物材料、表面积最大的碳酸镁材料、钙钛矿晶体吸能材料、无机催化剂、无机物质态材料、塑料、纸品、食品材料、人造角膜、人工虹膜、新微粒壳多糖、超白涂料、人造蛛丝、纳米材料、纳米产品、纳米设备、纳米材料提纯技术等新成果。

第五章能源领域的创新信息，主要探索固体氧化物燃料电池、氢燃料电池、模块化锂离子电池、镍氢电池、海藻电池、生物燃料、远海发电风车、漂浮式风力发电站、世界最大风力发电机、木制风力发电塔、太阳能电站、太阳能电池板、核聚变新模型、核废料永久处置库、开发利用地热与余热，以及有利于可再生能源开发的智能生态电网等新成果。

第六章环境保护领域的创新信息，主要分析清洁煤炭燃烧技术、二氧化碳捕捉技术及储存设施、净化饮用水新设备、防治油污染新技术、清除水中污染物新方法、垃圾处理利用技术、节能环保产品及技术、考察极地生态环境、保护濒危物种、发展绿色经济、建设智慧生态城市、分析气候变化及其影响、应对气候变化措施、防御火山和地震自然灾害等新成果。

　　第七章生命科学领域的创新信息，主要阐述古代人类基因、基因性质、基因功能、基因遗传信息、基因测序、基因种类、基因技术、蛋白质功能、蛋白质结构、蛋白质种类、蛋白质开发利用、酶的新种类、细胞种类、细胞结构、细胞生理机制、细胞治疗、干细胞本质、干细胞发育机理、干细胞移植、支原体行为、细菌种类、肠道菌群、细菌致病防治与细菌利用、病毒种类及检测、植物生理、野生植物、栽培植物、动物生理及生态、哺乳动物、鸟类、鱼类和节肢动物的研究成果。

　　第八章医疗与健康领域的创新信息，主要研究癌症发病机理、致癌基因及其他因素、癌症防治，血液生理、血液检测、心脏病与脑中风防治，大脑生理、大脑信号传输形式、大脑疾病防治、神经种类、神经功能及影响因素、断肢神经和神经疼痛治疗、记忆与恐惧、睡眠，防治阿尔茨海默病、帕金森病、抑郁症和精神疾病，防治糖尿病、肥胖症，防治儿科与妇科疾病，以及防治免疫、呼吸、五官科、骨科疾病和传染病等新成果。

张明龙　张琼妮
2021 年 4 月

目 录

第一章 电子信息领域的创新信息/1

第一节 微电子与电子设备研究的新进展 ………………………… 1
一、微电子研究的新成果 …………………………………………… 1
二、研制电子器件及仪器设备的新成果 …………………………… 8

第二节 计算机与数字技术的新进展 …………………………… 14
一、计算机与机器人的新成果 …………………………………… 14
二、数字技术与信息技术产业的新成果 ………………………… 20

第三节 通信设备与网络技术的新进展 ………………………… 27
一、开发通信工具手机的新成果 ………………………………… 27
二、开发与应用网络技术的新成果 ……………………………… 31

第二章 光学领域的创新信息/39

第一节 光学原理与光学技术的新进展 ………………………… 39
一、光学原理研究的新成果 ……………………………………… 39
二、推进光学技术应用的新成果 ………………………………… 48

第二节 研制光学仪器设备的新进展 …………………………… 55
一、光信息观察与存储设备的新成果 …………………………… 55
二、光学探测及其他设备的新成果 ……………………………… 59

第三章 天文与交通领域的创新信息/69

第一节 宇宙探测领域的新进展 ………………………………… 69
一、探测研究太阳系的新成果 …………………………………… 69
二、宇宙探测研究的其他新成果 ………………………………… 81
三、研制航天设备的新成果 ……………………………………… 88

第二节 交通运输研究领域的新进展 …………………………… 93
一、陆上交通运输方面的新成果 ………………………………… 93
二、交通运输领域的其他新成果 ………………………………… 109

第四章 材料领域的创新信息/121

第一节 金属与无机材料研制的新进展 ………………………… 121

一、研制金属材料的新成果 …………………………………… 121
　　二、研制无机非金属材料的新成果 …………………………… 126
　第二节　有机高分子材料研制的新进展 ………………………… 132
　　一、研制塑料与纸品的新成果 ………………………………… 132
　　二、开发食品材料的新成果 …………………………………… 136
　　三、开发生物高分子材料的新成果 …………………………… 139
　第三节　纳米材料与纳米技术的新进展 ………………………… 143
　　一、开发纳米材料的新成果 …………………………………… 143
　　二、开发纳米技术的新成果 …………………………………… 148

第五章　能源领域的创新信息 /153

　第一节　开发电池与生物质能的新进展 ………………………… 153
　　一、电池开发方面的新成果 …………………………………… 153
　　二、生物质能开发的新成果 …………………………………… 160
　第二节　开发能源的其他新进展 ………………………………… 167
　　一、风能开发的新成果 ………………………………………… 167
　　二、其他能源开发的新成果 …………………………………… 172
　　三、推进能源领域发展的新举措 ……………………………… 180

第六章　环境保护领域的创新信息 /186

　第一节　大气污染防治方面的新进展 …………………………… 187
　　一、大气污染防治的新发现与新技术 ………………………… 187
　　二、减少温室气体排放的新进展 ……………………………… 191
　第二节　水体污染防治方面的新进展 …………………………… 197
　　一、利用水资源与净化饮用水的新成果 ……………………… 197
　　二、防治水体污染研究的新成果 ……………………………… 202
　第三节　固体废弃物处理方面的新进展 ………………………… 207
　　一、处理及利用垃圾的新成果 ………………………………… 207
　　二、探索废旧物品回收的新成果 ……………………………… 216
　第四节　探索节能环保产品及技术的新进展 …………………… 219
　　一、研制节能环保产品的新成果 ……………………………… 219
　　二、探索节能环保技术的新成果 ……………………………… 222
　第五节　生态环境考察与保护的新进展 ………………………… 229
　　一、极地生态环境考察的新成果 ……………………………… 229
　　二、加强生态环境保护的新成果 ……………………………… 233
　第六节　研究影响生态环境的气候变化 ………………………… 243

一、气候影响生态环境研究的新成果 …………………… 243
　　二、气候变化因素及对策研究的新成果 ………………… 252
　第七节　防御破坏生态环境的自然灾害 259
　　一、火山喷发现象研究的新成果 ………………………… 259
　　二、火山灾害影响研究的新成果 ………………………… 263
　　三、其他自然灾害防御研究的新成果 …………………… 268

第七章　生命科学领域的创新信息/270

　第一节　基因方面研究的新进展 …………………………… 270
　　一、古代基因研究的新成果 ……………………………… 270
　　二、基因生理研究的新成果 ……………………………… 278
　　三、基因测序研究的新成果 ……………………………… 282
　　四、基因种类研究的新成果 ……………………………… 291
　　五、运用基因技术的新成果 ……………………………… 295
　第二节　蛋白质及酶研究的新进展 297
　　一、蛋白质研究的新成果 ………………………………… 297
　　二、酶研究方面的新成果 ………………………………… 304
　第三节　细胞与干细胞研究的新进展 307
　　一、细胞生理研究的新成果 ……………………………… 307
　　二、细胞治疗研究的新成果 ……………………………… 311
　　三、干细胞方面研究的新成果 …………………………… 316
　第四节　微生物方面研究的新进展 320
　　一、生物与微生物研究的新成果 ………………………… 320
　　二、原核生物研究的新成果 ……………………………… 322
　　三、非细胞型微生物研究的新成果 ……………………… 329
　第五节　植物方面研究的新进展 333
　　一、植物生理与野生植物研究的新成果 ………………… 333
　　二、栽培植物研究的新成果 ……………………………… 337
　第六节　动物方面研究的新进展 345
　　一、动物生理与古生物研究的新成果 …………………… 345
　　二、哺乳动物研究的新成果 ……………………………… 354
　　三、鸟类研究的新成果 …………………………………… 358
　　四、鱼类研究的新成果 …………………………………… 363
　　五、节肢动物研究的新成果 ……………………………… 367

第八章　医疗与健康领域的创新信息/372

　第一节　癌症防治研究的新进展 …………………………… 373

一、癌症病理研究的新进展 …………………………… 373
　　二、癌症治疗及其方法研究的新成果 ………………… 381
　　三、防治癌症药物和设备研发的新成果 ……………… 385
第二节　心脑血管疾病防治的新进展 ……………………… 390
　　一、血液与心血管病防治的新成果 …………………… 390
　　二、心脏病与脑中风防治的新成果 …………………… 395
第三节　神经系统疾病防治的新进展 ……………………… 403
　　一、大脑生理及疾病防治研究的新成果 ……………… 403
　　二、神经生理及疾病防治研究的新成果 ……………… 410
　　三、记忆与睡眠问题研究的新成果 …………………… 414
　　四、阿尔茨海默病病理及防治研究的新成果 ………… 418
　　五、其他神经疾病防治的新成果 ……………………… 424
第四节　消化与代谢性疾病防治的新进展 ………………… 428
　　一、消化系统疾病防治的新成果 ……………………… 428
　　二、代谢性疾病防治研究的新成果 …………………… 430
第五节　儿科与妇科疾病防治的新进展 …………………… 440
　　一、儿科疾病防治研究的新成果 ……………………… 440
　　二、妇科疾病防治研究的新成果 ……………………… 446
第六节　疾病防治研究的其他新进展 ……………………… 450
　　一、健康长寿与免疫研究的新成果 …………………… 450
　　二、戒烟与呼吸疾病防治研究的新成果 ……………… 456
　　三、五官科疾病防治的新成果 ………………………… 459
　　四、骨科与皮肤肌肉疾病防治的新成果 ……………… 462
　　五、传染病防治研究的新成果 ………………………… 465

参考文献和资料来源/469

　　一、主要参考文献 ………………………………………… 469
　　二、主要资料来源 ………………………………………… 475

后　记/481

第一章　电子信息领域的创新信息

　　北欧高度重视电子信息产业的发展，培育出爱立信、诺基亚等世界著名的电子信息跨国公司。21世纪以来，北欧在微电子与电子设备领域的新成果，主要集中于证明声音可与人造原子沟通，还把人造原子的寿命延长十倍；推进量子特性及应用研究，打造世界一流微电子研究基础设施。开发新型精微晶体管，研制可大大缩小微机电设备体积的传感器，开发高精度电流表、新检测与探测仪器、医疗电子仪器。在计算机与数字技术领域的新成果，主要集中于研制具有自我修复能力计算机、量子计算机首个基本元件，拓宽计算机技术应用范围，开发仿生机器人、消防与环保机器人，研制数字科技产品，推进数字技术在金融、政府和商业等领域的应用。在通信设备与网络技术领域的新成果，主要集中于开发手机技术和功能，研究手机对人体的影响；研制可助网络搜索的脸型识别软件、能通过识别人步态的安全系统，开发网络数据传输和网络系统升级等新技术，推进网络技术在生产管理、科学研究和日常生活等方面的应用。

第一节　微电子与电子设备研究的新进展

一、微电子研究的新成果

（一）探索人造原子的新信息

1. 研究证明声音可与人造原子沟通

　　2014年9月12日，物理学家组织网报道，瑞典查尔姆斯理工大学物理学教授皮尔·德尔辛为负责人，马丁·古斯塔夫森为论文第一作者的一个研究团队，在《科学》杂志上发表研究成果称，原子与光之间的相互作用，已经在量子光学领域获得广泛的研究，但若想用声波取代光与原子进行互动，则是一个更具挑战性的任务。他们在这项新研究中，成功地让声波与一个人造原子耦合，首次证明利用声音也可与人造原子进行沟通，由此演示了用声音取代光的量子物理学现象。

德尔辛说："通过与原子交谈并倾听它们的声音，我们已经打开了一扇进入量子世界的新的大门。我们的长期目标，是要利用量子物理学，使我们从其规则中受益，比如研制超高速计算机。我们通过制造服从量子定律以便于我们控制和研究的电路，来实现这一点。"

人造原子就是这种量子电路的一个例子。就像普通的原子一样，人造原子也可以被充满能量，随后以粒子的形式散发出去，通常情况下是光粒子。但据报道，该研究团队实验中所使用的原子，被设计成为通过声音的形式来发射和吸收能量。

这个人造原子是由超导材料制成的，直径0.01毫米，被放置在一枚微芯片上。实验中使用的声音频率为4.8千兆赫，接近现代无线网络常用的微波频率，相当于比大三角钢琴的最高音还要高出大约20个八度音。在如此高的频率下，声音的波长短到足以被引导着沿微芯片表面行进。

古斯塔夫森说："根据上述理论，原子发出的声音被分裂为量子粒子。这样的粒子，是我们可以探测到的最弱的声音。"

由于音速比光速慢得多，这个发声的原子可为操控量子现象开启全新的可能性。古斯塔夫森说："因为声音的速度慢，我们就有时间对行进中的量子粒子进行操控。这一点，是无法利用移动速度快10万倍的光粒子来实现的。"

音速慢，也意味着声音的波长比光的波长要短。一个与光波相互作用的原子，通常比光的波长小很多，不过，若与声音的波长相比，原子却要大得多。这意味着，它的特性，可以得到更好的控制。例如，科学家可以设计只与特定声频耦合的原子，或者增强原子和声音的相互作用。

2. 人造原子寿命被延长十倍

2015年10月，瑞典查尔姆斯理工大学物理学教授皮尔·德尔辛领导的一个研究小组，在《自然·物理学》杂志上发表论文称，他们在一个实验装置中，成功地把人造原子的寿命延长了10倍。研究人员说，这项实验是一个了不起的成就，有助于推动超导研究和测量神秘的真空波动。

当原子被施加能量受到激发后，会处于高能级的激发态。通常情况下原子需要一定的时间才能放出多余的能量，返回其原始状态。这个时间被称为原子寿命，一般情况下原子激发态的寿命只有 1×10^{-8} 至 1×10^{-9} 秒。

研究人员说，他们把人造原子放置在一个起反射镜作用的短路面前，并隔开一段距离。通过改变这段距离，最长能让人造原子寿命比普通原子长 10 倍。

这个人造原子实际上是一个超导电路，研究人员只是让其表现得像一个原子。如同天然原子一样，它能得到电子被激发，而后也能通过发光的方式将能量释放出去。

德尔辛说，他们已经发现并证明了，一种简单又行之有效的控制原子寿命的方法，即通过改变原子和"反射镜"之间的距离。

参与创建该实验理论模型的查尔姆斯理工大学理论与应用量子物理教授戈兰·约翰森表示，原子之所以会"死亡"，即返回其原始状态，是因为它受到电磁场中一种非常小的变化的影响。在量子物理学中，这种变化被称为真空波动。当原子被放置在该装置当中时，这种现象就会发生。他认为，这套系统除了能被用于超导研究外，还特别适用于测量真空波动，这是一种神秘且难以直接观测的现象。

根据量子物理学理论，电场和磁场不能同时消失，即便在真空当中也存在有限的波动，即真空波动。这种波动被认为是一种量子光场的闪烁。该理论对量子物理学而言，具有重要的意义。

(二) 探索量子特性及应用的新信息

1. **量子特性研究的新进展**

（1）提出观察肉眼可见物体量子隧道效应方案。2011 年 12 月，美国科学促进会网站报道，科学家早已能观察到电子等微观粒子的量子隧道效应，也发现了微颗粒的磁化强度等宏观物理量显示出宏观量子隧道效应，但迄今还没有观察到肉眼可见物体的量子隧道效应。现在，芬兰阿尔托大学迈卡·西兰帕教授领导的研究小组表示，能通过他们设计的实验观察到大物体的量子隧道效应。但也有科学家认为，实验可能面临诸多挑战。

量子隧道效应是一种量子特性，是电子等微观粒子能够穿过它们本来无法通过的"墙壁"（势垒）的现象。这是因为，根据量子力学理论，微观粒子具有波的性质，而有不为零的概率穿过势垒。科学家们已在半导体领域，充分演示了量子隧道效应。在半导体中，电子会穿过材料的非导电层。扫描隧道显微镜，也是一种利用量子隧道效应来探测物质表面结构的仪器，其两位发明者还摘得了1986年诺贝尔物理学奖的桂冠。

芬兰研究小组表示，使用他们研制出的像蹦床一样的膜片能让科学家们观测到肉眼可见物体的量子隧道效应。该微米宽的膜片由石墨烯制成，比量子力学系统的原子和分子要大。如果实验取得成功，将让科学家们距离构造出像量子力学一样表现的机械系统更近一步。2010年，物理学家们通过让一个细小的物体进入只能由量子力学来描述的运动状态，朝该方向迈出了关键的第一步，但观察到大物体的量子隧道效应，是更大的进步。

西兰帕解释道，把这种膜片悬挂于一块金属板上，当对其施加电压时，将会出现两个稳定的状态：一是膜片在中间轻轻弯曲；二是膜片会弯曲很多以接触金属板。膜片上的电力和机械力，会在这两个状态之间制造出一个能量势垒。如果能通过将其冷却到绝对零度的1‰以降低该膜片的能量，那么该膜片在这两种状态之间转变的唯一方式，是借助于量子隧道效应。科学家们接着可通过查看整个系统电容的变化，来观察膜片状态的变化。西兰帕表示，获得这样的低温可能需要几年，不过，他们愿意克服困难进行实验。

（2）首次实现肉眼可见的量子纠缠。2018年4月26日，芬兰阿尔托大学物理学家迈卡·西兰帕领导的研究团队，与奥地利维也纳大学教授洪孙坤领导的研究团队，同时在《自然》杂志上撰文指出，他们分别让仅为蜘蛛丝直径几倍的成对振动铝片、宽度可伸缩硅制梁发生了纠缠，将量子纠缠扩展到肉眼可见领域，且纠缠时间更长，向构建量子互联网又迈出了一步。

量子纠缠是量子力学的一个特性，指两个物体的属性相互交织，测量其中一个属性会立即揭示另一个的状态，即便两者距离遥远。但量子力学通常适用于原子、电子等微观粒子，而不适用于人们日常所见的较大物体。

芬兰西兰帕的研究团队在实验中，让两个肉眼几乎可见、直径为15微米的圆形振动铝片发生了纠缠。每块铝片由约1万亿个原子组成，其像鼓面一样振动，并与在微腔内来回跳动的微波相互作用，微波就像乐队指挥，使两个鼓面的运动保持同步。

在以前的许多纠缠演示中，量子纠缠持续的时间较短，但新实验获得的量子纠缠持续了 30 分钟。西兰帕表示："这一量子纠缠，理论上可以持续更长时间，甚至永远进行下去。"

奥地利洪孙坤的研究团队，也在实验中让 15 微米长的、部分宽度可伸缩硅制梁发生了纠缠。但他们没有使用微波，而是另辟蹊径，使用通常在光纤电信网络中传输的红外光。洪孙坤说："这是首次展示人造机械系统的纠缠，也是首次在人类制造的肉眼可见的结构中，看到量子纠缠。"

研究人员表示，让这些特质结构发生纠缠，意味着距离实现量子互联网更近了一步。而量子互联网一旦建成，可让量子计算机在全球范围内提供不可破解的通信。

2. 量子系统应用研究的新进展

发现量子比特加上机器学习可精准测磁场。2018 年 7 月，芬兰阿尔托大学网站报道，该校专家主持，瑞士苏黎世联邦理工学院、俄罗斯莫斯科物理技术学院等机构同行参加的一个国际研究团队，提出了一种采用量子系统测量磁场的方法，新系统的精确度超过了标准量子极限。他们表示，从量子状态中快速提取信息，对于未来的量子处理器和现有超灵敏探测器来说，都必不可少。此项研究，向利用量子增强方法进行传感迈出了关键的第一步。

在测量事物的精确程度方面，一个公认的经验法则就是所谓的"标准量子极限"：测量的精确度与可用资源的平方根成反比。换句话说，采用的资源（时间、辐射功率、图像数量等）越多，测量就越精确。所以，极度的精确意味着要使用极多的资源。

该研究团队挑战了这一极限：他们提出一种采用量子系统测量磁场的方法，证明让量子现象和机器学习"双剑合璧"充当磁力计，得到的精确度超过了标准量子极限。

研究人员在相关论文中称，利用超导人造原子（一种量子比特）的相干性，可以改善磁场测量的精确度。他们设计了一个由硅芯片和重叠铝带组成的微型设备，当设备冷却至极低温度时，电流在其中不再受任何阻挡，表现出与真实原子类似的量子力学特性。当用微波脉冲辐照时，人造原子的状态发生了变化。结果表明，这种变化取决于外部施加的磁场：通过测量原子，就可以计算出磁场的大小。

但为了超越标准量子极限，研究人员借用机器学习领域广泛应用的模式识别技术。论文通讯作者安德雷·列别杰夫解释说："我们采用了一种自适应技术。首先进行测量，然后根据测量结果，让模式识别算法决定如何改变下一步采用的控制参数，从而实现了最快速的磁场测量。"

研究人员指出，从地质勘探到大脑活动成像，磁场探测都非常重要，新研究可在这些领域大显身手。

（三）微电子研究方面的其他新信息
1. 打造世界一流的微电子研究基础设施

（1）参与建设世界一流的核散裂中子源。2011年12月，欧委会研究与创新总司网站报道，欧洲核散裂中子源属欧盟大型基础设施建设计划的重点项目，建设阶段总投资14.78亿欧元，运转维护费用每年1.1亿欧元。参加项目的欧盟成员国包括瑞典、法国、德国、英国、匈牙利、意大利、拉脱维亚、西班牙、丹麦等。

据报道，自2009年开始新建的欧盟大科学基础设施项目——欧洲核散裂中子源，于2012年在瑞典兰德落成。

该项目旨在集成欧盟成员国多国之力，建造一座世界一流的核散裂中子源，保持欧洲在该领域的世界领先地位。项目进展顺利，基础设施建设部分于2012年完成。按照项目计划，2019年首次产生中子源，并在以后40年内，保持世界领先地位。

欧洲核散裂中子源位于瑞典兰德，数据管理中心设在丹麦哥本哈根，监测分析实验室设在西班牙的毕尔巴鄂。建成后的欧洲核散裂中子源，将是世界上首个用于研究目的、功率最大的长脉冲低能中子源，对分析和研究凝聚态物质，包括软凝聚态和硬凝聚态物质，以及电磁学、生物学、核物理学等具有特别重要的作用。

（2）参与欧洲同步辐射装置计划的实施。2014年3月，国外媒体报道，丹麦作为项目成员国之一，积极参与欧洲同步辐射装置项目发展计划的实施。欧洲同步辐射装置是欧盟的高能同步加速器，其电子束能量为60亿电子伏特。该装置运行资金的97%来自20个参与国，另有3%的资金来自该中心原创性研究专利的销售。

根据欧洲同步辐射装置的发展计划,该项目2009年到2015年合作研究的预算为1.65亿欧元。参与这个大项目的共有21个成员国,包括丹麦、奥地利、比利时、匈牙利、英国、德国、西班牙、意大利、荷兰、挪威、波兰、葡萄牙、斯洛伐克、芬兰、法国、捷克共和国、瑞士、瑞典等欧洲国家,还有以色列、南非2个国家;另外,从2014年开始,俄罗斯也参与该项目的研究活动。

目前,在欧洲同步辐射装置的40个平台,有40个国家的6000多位科学家进行着超过1500项的实验。如今欧洲同步辐射装置所开展的课题,至少有40%是致力于研究结构生物学问题。在过去的10年中,由于技术的进步,生物学研究方法业已显著发展(进化),曾几何时需要持续若干小时的实验,利用欧洲同步辐射装置有时只需几秒钟便可完成。

欧洲同步辐射装置建于法国格勒诺布尔市,1994年首次投入使用。仅最近几年在同步加速器平台上所完成的工作,便催生出几位诺贝尔奖得主。每年在顶尖级科学期刊上发表1800多篇学术论文,其中近30篇发表在《科学》和《自然》上,这便是在欧洲同步辐射装置的劳动成果。

2. 主办首届核子和中子等研究组织的大科学商业论坛

2018年2月26—28日,丹麦高教与科学部在哥本哈根主办首届大科学商业论坛。论坛邀请世界上有关核子、中子、激光、同步辐射、核聚变、航空航天等重大科技研究设施的代表,首次聚集在一起研讨交流,并为企业界提供如何参与每年数千亿丹麦克朗的大科学工程的市场信息。

据研究统计,每年全球大科学产业市场达到2700亿丹麦克朗,来自欧洲的世界8大研究设施:欧洲核子研究组织、欧洲航天局、欧洲南方天文台、欧洲同步辐射设施、欧洲散裂中子源、欧洲X射线自由电子激光装置、核聚变能源、劳厄中子研究所,在大科学商业论坛上首次聚集一堂,共同向产业界发布科技与产品需求。出席本次商业论坛的,还有1000多名来自欧洲的企业代表。

丹麦高教与科学大臣表示:大科学意味着大商业。欧洲8大科技设施齐聚丹麦,将为丹麦企业参与数以亿计的高科技市场,提供难得机会。丹麦大科学网络目前已有200家企业会员,其中已有40家企业得到了大科学工程的订单。丹麦大科学网络估计，丹麦每年可以分享的大科学市场达到3亿丹麦克朗，并具有进一步增长的巨大潜力。

二、研制电子器件及仪器设备的新成果

（一）开发晶体管与传感器的新信息

1. 发明称作最小"冰箱"的新型精微晶体管

2007年7月7日，芬兰赫尔辛基科技大学物理学教授尤卡·佩柯拉率领的一个研究小组，在《物理评论快报》上发表研究成果说，他们研制出一种新型精微晶体管，堪称世界上最小的人造"冰箱"，它尽管无法冷冻一块牛排，却能够用来冷却那些探测宇宙中寒冷的尘埃与气体的X射线传感器。

如今排列在电脑芯片上的大部分晶体管，主要依赖于在超导材料薄层间传输的电流。其功能，即所谓的逻辑门：它们利用一个很小的电压变化，来控制电流的通与断。与此形成对照的是，新研制的晶体管则是第一个控制热流动的设备。

佩柯拉研究小组设计了一种半导体，在这一装置中，电子能够从超导材料跃迁到晶体管的一个铜极上。研究人员通过改变电压实现了对电子能级的微调，当达到一个"最佳位置"时，那些能量更高、"滚烫"的电子，会重新返回超导材料。而那些能量较低的电子，则依然停留在铜极上，从而最终使温度下降到0.1开氏度。这一温度，略低于用氦-3进行冷却所能达到的0.3开氏度，后者是一种标准的低温技术。

2. 研制可使微机电设备体积大大缩小的传感器

2007年11月，有关媒体报道，芬兰万塔一家微机电公司的研究人员，已研发出一种新的制造技术，通过把微机电系统和专用集成电路技术相结合，使制造的传感器更紧凑、更智能，并显著降低成本，适于大批量生产。这对各类手持设备上应用传感装置来说，将揭开新的一页。

传感技术的挑战之一，是将需求迥异的微机电系统与传统的晶圆级电路结合在一起。在研发工作的第一阶段，研究人员已验证了一种制造方法，可以使用现有的生产技术制成更小、成本更低的传感设备。在第二阶段，研究人员着手寻求新的制造工艺，以便通过晶圆级集成技术，让更复

杂的传感器，也能获得低成本批量生产和小型化的益处。

在不久前成功完成第一阶段的工作后，研究人员证明了异构集成的潜力。这种方法保留了微机电系统设备和专用集成电路在独立晶圆上制造的优点，使这两者所有的测试工作都在晶圆级集成之前进行。根据这种制造技术，需将薄集成电路芯片嵌入到微机电系统晶圆的适当位置上。微机电系统晶圆采用了再分配和隔离层技术，在加入集成电路前用焊点对外连接，之后微机电系统和专用集成电路芯片由钝化层隔离。

研究人员指出："这为减小量产传感技术设备的成本和尺寸，迈出了重要的一步。验证部件面积仅为4平方毫米、高度小于1毫米，它的构建和测试成功证明这一技术是正确的。由于这项技术是对晶片车间加工的延伸，它只能算是从传统封装跨出的一大步，甚至最终的测试和校正现在采用的都是晶圆加工的方式。"这种新的集成技术的潜力，在于微机电系统设备的尺寸可缩小到现在的1/3。

在这种集成技术的优势得到证明后，研究人员目前转向研发新的制造技术和加工工艺，以便能够把微机电系统传感元件与若干个专用集成电路芯片集成，从而制造更复杂的传感部件。其目标是提供具有更多输入或输出功能的智能传感设备，如板载微处理和无线通信。这项雄心勃勃的研究计划，包括通过异构集成技术，在微机电系统设备顶端叠加几个厚约20微米的专用集成电路芯片。这些创新的制造技术，最终将产生大批量、低成本的新一代小型传感设备。

(二) 开发高精度电流表的新信息

——有望大大提高电流标准单位安培的精确度

2008年1月，赫尔辛基理工大学皮科拉领导，由芬兰与美国科研人员联合组成的一个研究小组，在《纳米科学与技术》杂志网络版上发表论文称，他们研制出单电子晶体管（SET），能将振荡电压转换成非常精确的电流，这有望更精确地重新定义电流的基本单位安培。

安培、伏特及欧姆是电子学的三大基本单位，后两者分别通过约瑟夫森电压和量子化霍尔电阻的测量来获得。然而，目前的安培测量技术却还延续着19世纪使用的版本：真空中相距1米的两根无限长且圆截面可忽的平行导线内通过一恒定电流,当两导线每米长度之间产生的力等于2×10^{-7}牛顿时,则规定导线中通过的电流为 1 安培。这种宏观测量方法,由于受到导线几何形状的影响而限制了测量精度。

因此,物理学家希望,能通过一次产生一个电子的极,为精确的电流源来重新定义安培。虽然,此前研究人员曾试图制作出这样的 SET,但始终没能成功,因为实践证明要检测到如此微小的电流极为困难。皮科拉研究小组制做出的 SET,解决了这一难题。该 SET 器件包含一个连接 2 个隧道结的小导电岛。电子从一个结流入导电岛,从另一个结流出。每个隧道结包含一个非常薄的绝缘层,通过它电子能够实现量子机械穿隧。由于隧道结是如此的小,以至于电子间的排斥力阻止了一次有超过一个以上的电子穿隧情况的发生。

研究人员首先把此器件降温至 0.1K 以减少热噪声,然后在导电岛和隧道结间加上固定电压,在栅极加上振荡电压。通过栅极电压的振幅及平均值,可精确决定每一振荡周期内穿隧过去的电子数。将此数目乘以栅极电压的频率及电子电荷量,就是通过器件的电流。由于振荡电压的幅值及频率可精确测量,电子电荷量则是固定值,于是就能精确地计算出通过的电流。皮科拉表示,将十几个上述元件并联可将电流大小增加到足以测量的 100 皮安,他相信 SET 可作为定义标准电流的电流源。

(三) 开发产业电子探测仪器的新信息

1. 研制工矿业检测与监测仪器的新进展

(1) 研制出现场设置型工业气相色谱仪。2007 年 12 月,有关媒体报道,ABB 集团,研制出无须保护罩的现场设置型工业气相色谱仪"PGC1000"。ABB 集团,是瑞典 ASEA 公司和瑞士 BBC Brown Boveri 公司,在 1988 年合并而成,是一个业务遍及全球的电气工程集团。

这个新仪器,采用在机身内配备 2 个分析系统及检测器的结构,可测定碳化氢流体中所含的 $C_2 \sim C_2^+$、惰性气体及硫化氢(H_2S)。

作为检测器,该气相色谱仪,备有热传导检测器(TCD)及氢离子化检测器(FID)。测定范围方面,最小量程为 0~10ppm,最大量程为 0~100%。除适用于产业用气之外,还适用于天然气、甲烷及其他含有生物气体的燃料用气等的碳化氢色谱处理。

（2）开发出可品尝食品加工中食物味道的"磁舌头"。2011年10月27日，美国物理学家组织网报道，丹麦奥尔胡斯大学、哥本哈根大学等多家研究机构联合组成的一个研究小组，在美国化学协会杂志《农业与食品化工》上发表论文称，他们开发出会"品尝"食物酸、甜、苦等味觉指标的核磁共振波谱仪（NMR），比人类用舌头判断的范围更宽广而且客观，将来有望在食品加工中作为灵敏快速地检测工具。

有关专家表示，"电子感官"设备家族又添加了一位新成员，用于探测气味的"电子鼻"有了新伙伴"磁舌头"，能代替人类和动物的味觉感知能力。

研究人员解释说，人们感知食物气味和味道，是一个复杂的生理和心理过程，不仅要结合食物成分，还与味觉的情绪状态有关，无法用简单的模型来描述。经过训练的专业检测员能消除一些主观差异，但在食物加工过程中，还需要更客观的方法来检测其各种感官指标。目前的电子分析仪器只能检测某些特定的食物成分，这些食物还必须是经过特殊准备的样品，而核磁共振波谱仪就是一种可能让人们将味觉标准化的工具。

研究人员用核磁共振波谱仪作为"磁舌头"，分析了从市场买来的18种罐装番茄，以此来测试这种仪器在味觉感知方面的应用能力。

他们发现，该仪器不仅能判断出绝大部分人脑味觉功能区所感知到的味觉如苦、甜、酸、咸等，而且还超出了这个范围，能探测出金属的味道、红色的级别、番茄的密度等。它还能通过一种代谢式方法，探测出食物中与味觉特征相关的化学成分。研究人员指出，这种"磁舌头"将来可在食物加工过程中，作为一种快速、灵敏且相对廉价的检测工具。

（3）开发出新型钻井作业早期预警和监测系统。2013年12月，有关媒体报道，挪威著名的康斯伯格技术公司与英国石油公司联合组成的一个研究小组，开发出一套钻井作业早期预警和监测系统。

该系统采用网站通讯钻井软件，拥有一个类似仪表盘的屏幕，将收集到的信息汇聚成标准格式，用于监测井台设施的运行状况，便于操作中信息的共享和钻井作业间的协作。

该系统的控制台，为用户建立起一个适时的早期预警系统，提醒操作人员钻井时可能出现的问题，并跟踪钻井设备和作业状态，使得钻井操作更加安全规范化。

2. 研制渔业探测仪器新进展

开发出新型宽带鱼群回声探测仪。2013年1月，国外媒体报道，挪威卑尔根海洋研究所埃吉尔·奥纳教授领导的一个研究团队，开发出新一代鱼群回声探测仪。该仪器将由康斯堡海事公司下属的辛拉德技术公司负责产品商业化。

据研究人员介绍，一般捕鱼船上使用的回声探测仪，通常能够接收6个频率的信号，新型回声探测仪可以同时接收到100个频率，因此比以往的探测仪更易于探测到深海鱼群和浮游生物，观测鱼群行为、数量和体积及鱼群周围浮游生物的规模。

该宽带回声仪，可以根据回声图像超音波显示的信号，提供出更佳的目标信息，帮助人们精确地判断出鱼群种类，如鲭鱼、鲱鱼、鳕鱼和浮游生物。

奥纳研究团队的课题名为"探索浮游生物特性和规模评估新型宽带回声技术"，得到了挪威研究理事会"海洋和沿海地区科研项目"的资金支持。奥纳认为，该回声探测仪，将成为今后科考渔船上必备的标准工具，标志着挪威渔业回声学的研究取得了新飞跃。

此外，研究人员还同时开发出测量深海有机体的立体照相机和声音探测器，照相机所拍图片可以验证回声仪的数据，声音探测器能探测到水下1500米的深度，可区分鱼群和浮游生物及其数量。

（四）开发医疗电子仪器的新信息

1. 研制"人器合一"的可穿戴防病设备

2015年12月，有关媒体报道，戈兰·古斯塔夫森是瑞典斯德哥尔摩近郊希斯塔一家电子公司的高级工程师，由他带领的一个研究团队，正在研制"人器合一"的可穿戴设备，其目标是把电子设备与人体水乳交融地结合在一起。

古斯塔夫森眼睛看着行人，脑里想着汽车：那些数十年前装配线上生产的老模型。他说，今天的汽车已经配备了高端的感应器、计算机和交流系统，可以在情况依然可控时，提示存在的问题，这正是现代汽车较少让驾驶员发生灾难性事故的原因。

古斯塔夫森说："为什么我们不在人体中尝试同样的事情呢？"就像不让汽车在中途抛锚一样，为了不让健康隐患暗中潜伏，直到患者进入医院时才发现病症，该研究团队希望在可以预见的未来，把人类像汽车那样装扮起来，给人类穿戴上可以形成类似早期预警系统的感应器。

该研究团队与瑞典林雪平大学的研究人员一起合作，研发出一些像皮肤一样薄的可植入感应器，还有一个体内"局域网"，可以让这些感应器在独立发挥作用的同时，彼此相互连接在一起。与其相联系的另外一些研究团队，正在研究从可感应动脉硬化（心脏病发作的信号）的皮肤补丁到探测癫痫发作，并自动向受影响区域直接提供药物的感应设备。

这些新一代电子设备的设计目的，是和人体组织协同作用，而不是像现有的大多数心脏起搏器和其他电子设备那样独自发挥作用。但是让这些设备融会贯通需要的技术绝不简单，尤其是对材料学家来说，他们需要把相关电路大大缩短，制作出灵活、可伸展、不被人体组织觉察的电路，并找到与人体创建接口的新通道。如果实现古斯塔夫森的设想：用设备一天天监控和治疗人体，同样还需要开辟新的能量来源和传递信息的新方式。

有关专家表示，把感应器移入体内，是手持智能手机和可穿戴设备的自然延伸。研究人员说："这类电子设备正迎面扑来。它们离我们已经越来越近，我们可以自然而然地想象，它们最终和人体的相处会水乳交融。"

2. 研制能模拟神经信号传递的高速电子泵

2016年11月2日，美国电气和电子工程师协会《科技纵览》杂志网站报道，瑞典林雪平大学有机电子学实验室丹尼尔·西蒙等人组成的一个研究团队，设计出一种电控制离子泵，能以与活体神经几乎相同的速度传递神经递质，帮助研究人员模拟并研究神经传递信号。

"一眨眼工夫"经常用来形容时间稍纵即逝，但神经细胞传递信息的速度，比"一眨眼"还要快30倍，因而研究人员一直无法模拟出神经传递中的化学信号。现在，瑞典研究团队的新成果，为破解这道难题提供了可能。

高速离子泵只有25毫米长，通过光刻技术，把金属和聚合物通道定型在玻璃上制成。一旦接通电源，离子泵能依靠电源施加的电场，让带电粒子独自沿薄膜移动，整个过程不需借助任何液体。

该研究团队之前曾设计出一种具有类似功能的有机电子离子泵,只能让带电粒子沿水平方向流向目标区域,整个过程有时需数秒时间,相对较慢。他们对聚合物薄膜超薄特性稍加改进后,新离子泵能让带电粒子垂直行进,大大提高了传递速度。西蒙解释道:"之前水平移动需要穿行几毫米距离,而垂直方向只需移动200纳米就可以了。移动距离变短,速度自然更快。"

新离子泵由6个水平通道组成,每个通道中间设计一个小出口,启动电源后,施加的电场会改变,结果乙酰胆碱只用45~50毫秒就到达目的细胞,与活体神经细胞10毫秒传递一次神经递质的速度非常接近。他们已经开始在活体细胞中测试该装置的性能。

除用来研究神经传递信号外,新电子泵还为研发能加速神经递质传递的大脑植入装置解,打开了一扇大门,可为神经再生紊乱提供全新的治愈机会。

第二节 计算机与数字技术的新进展

一、计算机与机器人的新成果

(一) 计算机及其技术应用的新信息

1. 开发计算机的新进展

研制成具有自我功能修复能力的计算机。2010年10月13日,丹麦媒体报道,丹麦技术大学扬·马德森领导的研究小组,开发出一款具有自我功能修复能力的新型计算机。

研究人员表示,受到人体自我修复能力的启发,研制出具有这种无须人工干预便可自行修复功能的计算机,并取名为"埃德娜"。

研究人员介绍说,与普通计算机拥有一个中央处理器不同,"埃德娜"有数目众多的小处理器,就像人体内的大量细胞一样。这些小处理器中,一部分正常运转,另外一部分则作为"备份"。一旦某个运转的小处理器出现问题,无法正常工作,就自动激活"备份"处理器中的一个,代替其执行任务。这样,就不会因为某一个小处理器出问题就使整机陷于崩溃,整个计算机可以运行得更为可靠和稳定。

2. 开发计算机基本元件的新进展

新型量子计算机首个基本元件问世。2017年12月18日，物理学家组织网报道，由瑞典物理学家杰拉德·希金斯领导，他的同事及奥地利物理学家参与的一个研究小组，在《物理评论快报》上发表论文称，他们研制出单量子比特里德伯（Rydberg）门，这是新型量子计算机：囚禁里德伯离子量子计算机的首个基本元件。最新研究证明，建造这种量子计算机的可行性，其有潜力克服目前的量子计算方法面临的扩展问题。

目前，量子计算机面临的最大问题之一是，如何增加每个逻辑门中发生纠缠的量子比特的数量，这对于开发出实用的量子计算设备至关重要。升级之所以困难，部分原因在于囚禁离子的系统内常用的多量子比特逻辑门，会随着量子比特数量的增加而遭遇"频谱拥挤"问题。然而，囚禁里德伯离子的系统不受频谱拥挤问题的影响，这就表明，以囚禁的里德伯离子作为量子比特而研制的量子计算机，或许能成为升级能力更强的量子计算机。

研究人员说，他们已建造出首个单量子比特里德伯门。为了做到这一点，需要造出单个离子的里德伯相干激发。他们首先以囚禁于陷阱中的一个锶离子开始，接着使用激光将离子从低量子态激发到第一激发态，再将其激发到更高能的里德伯态。实验的关键之处在于，里德伯态采用相干方式获得，这对于建造多量子比特里德伯门至关重要。研究人员将相干的里德伯激发与量子操控方法相结合，展示了单量子比特里德伯门。他们估计，可将这一单量子比特系统，扩展到两个量子比特的系统，未来还可以添加更多量子比特。

除了潜在的升级优势，基于囚禁的里德伯离子而研制的量子计算机还拥有其他优势，包括能更好地控制量子比特、门运算速度更快等，他们将进一步研究这些可能性。希金斯表示："接下来，我们将测量两个里德伯离子之间强烈的相互作用，并让其发生纠缠，囚禁的里德伯离子有潜力生成非常大的纠缠态。"

3. 应用计算机技术的新进展

（1）试用计算机技术预测金融风险。2010年12月，哥本哈根大学计算机系首席教授弗里茨·亨莱因任项目总监，英国牛津大学、美国加利福尼亚大学、卡内基梅隆大学，以及丹麦银行、北欧银行等研究人员参与的一个研究小组，向媒体宣布，他们正在启动一个国际项目，研发一种能更好预测经济发展趋势和金融风险的计算机语言模型。

亨莱因介绍说："金融部门往往要面临巨大的数据量、密集的计算分析和风险管理等挑战。这些挑战可以通过高效的超级计算机来解决。但是，金融部门缺乏一些有效的编程语言和技术，来充分利用高性能计算机的优势，而这正是研究人员需要解决的问题。"

亨莱因说："通过研究，我们希望能够更好地预测经济发展趋势和金融风险，并创造一个可供公共金融部门或者私人公司使用的模型。"

（2）用电脑翻译技术破解250岁的科比亚勒密码。2011年10月27日，国外媒体报道，一个由瑞典和美国科学家组成的研究小组，公布研究成果称，他们通过电脑翻译技术，破解了有着250岁高龄的科比亚勒密码（Copiale）。

科比亚勒密码有7.5万个字符，长达105页，包括罗马字母、希腊字母和抽象符号。科比亚勒密码著于1760—1780年之间。经过破译，科学家们宣布科比亚勒密码记录的，是与共济会有关的一些仪式。

研究人员说："破解科比亚勒密码，为我们研究神秘团体的历史开启了一扇窗户。长久以来，历史学家们都在猜测，一些秘密团体在历史上的革命中，发挥了重要作用。但是这种猜测并没有证据，很大一部分原因是大多文件都是密码。"

科比亚勒密码的手稿，是20世纪冷战期间在东柏林发现的，现属于私人收藏。105页的手稿中，大部分是抽象的符号和希腊罗马字母。在研究人员试验过80种语言后，他们发现希腊和罗马字母都是用来迷惑读者的。

在排除了这些字母后，科学家们发现符号有了意义。有一些符号代表着德语的"启动仪式"和"保密条款"。其中，"启动仪式"叙述了，一个对眼科和眼部手术极感兴趣团体的仪式。在手稿的第16页，密码介绍了一个与共济会有关的身份不明的神秘团体。

（二）人工智能与机器人的新信息

1. 探索人工智能的新进展

发布人工智能国家战略。2019年3月14日，有关媒体报道，丹麦政府在"数字峰会"上发布了"人工智能国家战略",旨在使丹麦从人工智能的巨大潜力中获得最大收益。

目前,人工智能已经在日常生活中广泛使用。例如,在应用程序、搜索引擎、图像识别、诊断、面部识别及行业自动化中,未来人工智能可以创造更好的公共服务。但丹麦人工智能的发展也面临一些挑战,包括如何确保人工智能的道德基础、如何为企业更好地获取数据、如何增加公众的知识和技能,以及如何进一步增加对人工智能的投资等。

"丹麦人工智能国家战略"确定了四个方面的愿景:一是人工智能必须以人为中心、具有共同的道德基础;二是人工智能技术的研究和开发得到加强;三是企业通过开发和应用人工智能实现增长;四是公共部门应用人工智能提供世界一流的服务。

该战略启动了一系列新举措,并提出了六项"负责任的"发展和使用人工智能的道德原则。战略还提出,必须进一步促进公共数据的开放共享,并将建立丹麦语语言资源,支持丹麦人工智能的发展。

2. 开发仿生机器人的新进展

(1) 研制出模拟生物细胞能组装的机器人。2005年1月,丹麦的一个机器人研究小组,在日本爱知博览会上,展示了一种与众不同的新型机器人,它不仅不像人,而且也没有其他自动机械所惯有的轮子或履带,它整个就是一个不起眼的小圆球。

这个名为"阿托龙"的机器人,有四个外接的连接系统,能通过连接电子锁悬挂和结合其他"阿托龙",每一个"阿托龙"都是由许多半椭圆状的组件合成。而这些"阿托龙"之间,则由红外线传输数据,并把它们内部核心的计算机联系在一起,完成更加复杂的工作。

电力是"阿托龙"机器人群所面临的一个问题,因为由于每个小机器人有独立的功能,所以很难平均分配能量的消耗。如果一个机器人不能正常工作,或许整个"阿托龙"群就会陷入了困境。研究人员想出了一种巧妙的办法解决这个问题,他们模拟生物细胞间的相互作用机制,让每个机器人能够从相互连接的机器人那里获得电力。

不仅机器人专家为这种创新设计欢欣鼓舞,而且那些童心未泯的人,也很有兴趣把这项发明应用于可自由组装的机器人玩具上。

（2）研发具有类似人的身体和认知能力的机器人。2008年7月，美国《科学日报》报道，瑞典科学家主持的一个由神经学家和机器人专家组成的国际研究团队，在承担欧洲资助的"仿生"机器人计划中，已经研发出一个有着类似人的手和手臂的新型机器人，而且更妙的地方在于，该机器人手臂由一个类似人类小脑的"电子脑"控制。这个新型机器人的出现，使得科学家对类人机器人的研究又推进了一步。

该研究团队认为，研发一个具备智能性、灵活性和敏感性机器人的最好方法，就是模拟人类的身体和大脑。而这种方法被称之为"仿生"。欧盟的第六框架计划为该项目投资了650万欧元，经过两年半的研究，科学家设计出一个类人的机器人手臂。

而研制成功需要踏出的第一步，是使该机器人手臂能有像人类一样敏感的皮肤。为了达成这一目标，研究人员首先要了解人类的皮肤。不仅要知道皮肤对压力与位置如何感知，还要清楚地知道直接的压力从何而来等。他们在德国航天航空中心进行研究，发明了一种由碳原子填充的薄柔性材料且碳原子的电阻随压力变化，以此来模拟皮肤的感知能力。这种技术能把皮肤不同位置的遥感器传递的信息结合起来，并减少信息传递线的数量。

人类的手臂和手能产生并控制一定的力量，而大部分的力量产生于控制着每个关节的反向肌肉群。

该研究团队中的相关专业人员采用了相同的原理，他们在人工手臂的类似人体"反向肌肉群"的部分安装了58个电动机，并由非线性弹簧控制整个手臂的活动。他们发明的人工手，与人类手的功能非常相似，其手指靠38个发动机控制，能灵活移动。该人工手能自如地弹动手指，能拿起一只鸡蛋甚至能端起一杯咖啡。当然，研究人员还需要进行最基础的分析，例如对人类的手上数百个不同位置进行详细的磁共振成像研究，力求获得更精确的数据，而这在其他的研究中也是未曾有过的。

研究人员需要解决的另一大难题，是为机器人手臂建造人造小脑。该研究团队从一开始就知道，他们要研发的仿生手臂仅有敏感性、灵活性和力量是不够的，还需要高度的智能化。瑞典隆德大学和苏格兰爱丁堡大学的科学家们认为，最好的办法是研发模拟人脑的人造小脑。因此，研究人员的最终目标是研发一块微芯片,而该智能芯片能使这个机器人手臂,具有人类在真实环境中具备的技术能力。据悉,研究人员已经使用软件,来模拟小脑的思维和信息整合等重要过程。

3. 开发消防与环保机器人的新进展

(1) 研制出身形似蛇的消防机器人。2006年7月,挪威SINTEF研究基金会波尔·利尔杰贝克等人组成的研究小组,研制成功一种形似蟒蛇的消防机器人。它被称为"安娜·康达",长3米,重约70千克,可与标准的消防水龙带相接,并牵着它们进行灭火。

据报道,"安娜·康达"的行动非常灵活,可以迅速穿过倒塌的墙壁,代替消防队员进入那些高温和充满有毒气体的危险火灾现场。据悉,"安娜·康达"的能量供给方式也与众不同——能够直接从消防水龙带中获取前进的动力,要知道,水龙带中的压力高达100个大气压。它全身共安装有20个靠水驱动的液压传动装置,由于每一个传动装置的开关都由计算机进行精确控制,使得机器人能够像蛇一样灵活的移动。

使用过程中,消防人员可对其实施远距离遥控,并能通过设置在机器人前端的摄像机及时了解火情。不过,它并不是一个简单的"傀儡":在其内部安装有大量电子传感器,使其具备了一定的独立活动能力。它的功率很大,不但可沿楼梯爬行,而且还能抬起一部小汽车。

此外,由于外壳非常坚固,它还能砸穿较薄的墙壁。研制者认为,它特别适于在隧洞事故中发挥作用:既可用于灭火,也可向被困人员运送呼吸面罩等救援物品。

(2) 研制出从垃圾中识别可回收物的机器人。2011年5月,有关媒体报道,芬兰泽恩机器人公司一个环保产品项目小组,研制出一种机器人,它能在众多垃圾中识别出可回收利用的物品,并将其分类。

研发人员介绍说,这种机器人可根据安装在其手臂上的视觉传感器、金属探测器和重量测量仪所采集的综合数据和触觉反馈,从成堆的垃圾中分拣出可回收利用的材料,如金属、混凝土、木材和塑料等,并进行分类。操作时,需分拣的废品被放在传送带上,机器人的机械手将其拿起并进行分析,如能识别出其种类,机器人就将它放在不同的分类箱内。

该机器人的分拣系统,由现成的工业机器人部件组装而成,并可添加新的测量装置，从而进一步提高这种机器人识别和分拣的成功率。芬兰回收和垃圾处理公司，从 2011 年 2 月起，在建筑工地上进行的测试显示，这一机器人的工作性能良好。

二、数字技术与信息技术产业的新成果

（一）开发数字技术的新信息

1. 研制数字科技产品的新进展

（1）推出可记录一切的数字化笔纸系统。2005 年 8 月，国外媒体报道，芬兰和瑞典研究人员组成一个研究小组，与一家法国公司合作，推出一种数字化笔纸系统。从广义上说，使用这个系统后，可以将你用笔写的任何东西变成数字化的资料。

它将几部分技术融合形成了一种新的系统，数字化笔外形酷似一支肥大的圆珠笔，其数字化的核心来自瑞典的一家公司，而由"克莱枫丹"公司制作的数字化纸，实际上是一个纸垫，每张纸垫上都具有一种独特的、肉眼几乎分辨不出的格子。

数字笔里的红外线摄像机，可精确地记录这支笔写出的每个点与线，并把它储存在记忆库里，其总储存量相当于 70 页的笔记内容。人们可以在任何地方，用这种数字化的圆珠笔写东西，但是只能在特殊纸张也就是数字化纸上书写。书写后，这个数据就可迅速从笔的储存器里，通过一个蓝牙短距离无线信号，发送到手机或者个人电脑上，此外也可通过 USB 电缆系统发送。

与类似系统有别的是，它还可搜集你的全部笔记、绘画或者书法，使你可在任何地方通过互联网，将这些材料传给朋友或同事，或直接发送到移动手机上。

（2）数字科技产品创新成为热门投资领域。2013 年 2 月，有关媒体报道，瑞典声田公司（Spotify）、魔赞公司（Mojang）和 Wrapp 公司，分别是全球数字科技领域音乐、游戏和礼品服务市场相当有影响力公司，而这三家企业也是瑞典数字科技创新实力的最佳写照。现在瑞典已成为欧洲最热的数字科技投资市场。和周围经济规模差不多的邻国相比，瑞典吸引的数字科技投资要多得多。这也主要得益于瑞典在工程设计和数字科技创新

方面的独特优势。

根据欧洲私募股权和风投协会的调查数据显示，2012年前三个季度，瑞典吸引的投资几乎占到了整个欧盟的1/5，在绝对数额上仅次于德国。

而瑞典的数字科技产业发展也是有目共睹的。瑞典的开源数据中心和商业智能软件公司，都是2010年在美国纳斯达克上市的，现在两家公司的市值已经达到了20亿美元。实际上，在全球数字科技领域有影响力的瑞典公司还有很多，如视频掷骰游戏公司，欧洲广告互联网营销商、网络游戏方面的魔赞公司、知名视频游戏公司"我的世界"（Minecraft），还有用户已达2000万之众的声田公司等。

投资者和科技创业人士，都承认瑞典在数字工程设计领域有着独特的优势。很多瑞典人都非常迷恋数字科技前沿产品，而且有着异常敏锐的设计灵感，这使得瑞典更容易获得数字科技方面风投公司和私募股权机构的青睐。

很多人认为，瑞典的气候在科技人才培养方面起到了潜移默化的作用，因为和其他国家相比，瑞典的冬天要更加寒冷而且漫长，所以开发人员和编程人员大多都待在室内忙碌，很少出去。但是瑞典人则抱怨，这样的气候使得瑞典和伦敦、柏林相比，更难留住外国人才。

很多瑞典的数字科技初创企业，都获得了风投机构的资金支持。视频电话联合创始人尼可拉斯·詹斯特罗姆也是瑞典人，他以85亿美元的价格将视频电话出售给了微软。现在，他经营着总部位于伦敦的一家风投公司。詹斯特罗姆预计2013年移动端的网络会占到全球网络流量的一半，而他希望瑞典能够在这次从桌面到移动端的网络变革中，继续抓住机遇，获得更大的发展。

不过，也有一些瑞典数字科技公司，根本不需要外部的资金支持。比如知名视频游戏开发商魔赞公司，2012年的营销收入达到1.55亿美元，比2011年翻了一倍还多，而这家公司只有25名员工，他们可以在办公室里玩三位弹球、下棋或者摆积木。

魔赞公司几乎收到过全球所有各大视频游戏开发公司的收购方案，甚至脸谱网的早期投资人肖恩·帕克，也想对其投资，为此帕克还曾专程飞到伦敦和魔赞公司创始人见面。詹斯特罗姆称，魔赞公司虽然只有25名员工,但是其却非常强大,这些人可以在办公室做自己喜欢的事情,而且从来不会为投资的事情担心。

2. 金融系统推进数字技术的新现象

(1)用"电子钱包"取代现金交易。2012年5月,有关媒体报道,围绕现金存废问题,瑞典国内争论激烈,虽然双方的观点见仁见智,但信用卡派正在压倒现金派。往未来看,如果这场辩论尘埃落定,最终付诸立法的话,瑞典可能成为世界上首先废除现金的国家。

近年来,瑞典大多数城市的公交汽车停止了车上现金买票,人们上车前需要到指定的商店购买车票,或者用手机发送短信购票。一些公司企业现在使用银行卡或转账方式收支款项,一些从事电子交易的银行现在也停止办理现金业务。

支持取消现金的瑞典人认为,废除现金对银行和工作人员及银行客户都安全,不必害怕遭受武装抢劫。此外,取消现金后,人们每天上下班不必再担心遭受歹徒拦路抢劫。鼓吹者们还认为,停止使用现金还可以防止人们偷税漏税、打击地下经济活动、减少政府官员的贪污腐败。

但是,瑞典许多地方拒收现金之后,给一些老年人的出行带来了很大不便。特别是农村地区的老年人,没有信用卡和借记卡,即使有银行卡他们也不懂得如何使用,不知道如何从自动取款机里取钱。

此外,停止使用现金后,虔诚的教徒做完弥撒后想行点善事,可是他们口袋里分文全无,对捐款一事心有余而力不足。为此,一些教堂在门口安装了刷卡和读卡的机器,方便信徒。一些富有同情心的瑞典人还担心,街头无家可归的乞丐今后日子就更难对付了。

同时,许多反对取消现金的瑞典人认为,推广电子经济是银行赚取更多利润的一个招数,他们还担心取消现金实行电子经济的做法,涉及个人信息隐私泄露的问题。此外,网络金融犯罪案件将会激增。据瑞典全国防止犯罪委员会统计,通过电脑进行金融诈骗的案件,已从2000年的3304起猛增到2011年的2万起左右。

(2)着手创建全球首个央行数字货币。2020年2月21日,国外媒体报道,瑞典央行在一份声明中表示,它已经开始测试数字货币——电子克朗(e-Krona),这使得该国距离创建全球首个央行数字货币又近了一步。

电子克朗是由咨询公司埃森哲开发的。瑞典央行表示，测试的目的是为了展示普通大众可以从电子克朗的使用中受益。

近几年来，瑞典央行一直在探索发行一种由政府支持的数字货币的可能性，这种货币可能会扮演与如今实物货币类似的角色。现在，瑞典央行正在启动一个有关电子克朗的试点项目。该行在其网站上写道，这项测试是与埃森哲公司一起进行的，该试点项目将持续一年，直到2021年2月。

多年来，瑞典一直是迈向无现金社会的领导者。实际上，它是数字货币使用最多的国家之一。现在，电子支付是瑞典公民日常生活的重要组成部分，甚至很少有人在那里使用现金，超过半数的瑞典银行甚至没有在他们的保险库里存有现金。大多数支付，都是通过信用卡、借记卡或像网络刷卡这样的移动支付应用进行的，现金只占商户交易的20%。

如果电子克朗正式投入使用，这种由区块链驱动的数字货币将推动全国的传统支付和银行活动发生转变。

3. 政府部门推进数字技术的新现象

建立以电子政务为依托的电子化政府采购平台。2013年3月，为了推进电子政务建设，瑞典政府明确由其财政部牵头建设电子政务，负责制定电子政务的发展政策和策略。

"24小时公共管理战略"是瑞典发展电子政务重要的战略之一。瑞典政府认为，公共信息与服务应尽可能低，实现每天24小时、每周7天的电子化方式提供，并要求政府部门提高政务的透明度，采取措施切实提高公民参与政府决策的积极性。电子政务建设还必须考虑到不同发展地区和不同阶层用户的需求，以尽可能避免"数字鸿沟"。

为了实现这一目的，瑞典提供了多渠道的服务，以使公民可以在不同服务渠道之间选择，如互联网方式、面对面方式和电话方式。瑞典电子化政务从一开始就形成了一个政府、企业和居民联网互动的发展态势。瑞典的政府采购电子化依托于电子政务的建设。

瑞典1992年开始实施的《公共采购法》，规定了在公共采购过程中电子方式的使用，诸如电子通信的规则、数据的储存和安全。而瑞典的政府采购电子化，始于1997年。1997—2000年，瑞典政府开始建立政府采购电子化系统，2000年试运行，到2002年，瑞典正式启用了这套"国家电子采购系统"。新的《公共采购法》于 2007 年 11 月通过，2008 年 1 月 1 日起生效。《公共采购法》执行了欧盟关于公共采购的指令，尤其在关于电子拍卖和动态采购系统等电子采购规定方面。自 2007 年 9 月 1 日起，瑞典竞争管理局接管了此前公共采购理事会的工作，负责该法案的执行和监督。

通过瑞典政府采购电子化平台，企业和居民可以在任意地点完成与政府及银行、保险公司等部门的业务联系。瑞典还实现了以电子政务项目为龙头的政府功能整合，实施了一些跨部门的电子政务项目，不仅避免了重复建设和重复采购，更使政府各部门从分立服务，逐渐走向业务的协同和功能的整合。现在政府采购电子化，在越来越多的瑞典政府部门中得到应用，大大简化了采购的流程，提高了采购的效率。

4. 商业环境方面推进数字技术的新现象

投资打造北欧数字信任中心。 2019 年 5 月，芬兰经济就业部网站报道，芬兰国家商务促进局和芬兰经济就业部，启动了投资 1 亿欧元的数字信任芬兰计划，将致力于研发数字信任的商业模式和解决方案，以推动数字信任产业的发展。按照该计划，在 2019—2023 年，芬兰政府及相关企业预计将在数字化领域投资 10 亿欧元，主要包括数字信任，新空间技术经济，互联智能产业，智能交通和人工智能领域。

芬兰经济事务部长米卡·林蒂莱表示，芬兰已被国际社会视为值得信赖的商业合作伙伴，安全是其国家形象的一部分，这是进一步发展基于数字信任的基础设施和社会的良好起点。分兰是一个安全、可靠、不结盟和透明的国家，最适合邀请全球合作和投资数字信任部门。芬兰具备成为全球网络安全中心之一的必要素质，将聚集海内外企业和组织共同构建数字信任生态系统，把芬兰打造成为北欧数字信任中心。

林蒂莱部长还强调，作为未来经济格局中不可或缺的一部分，数字信任也是将个人、企业和社会联系在一起的纽带。全社会应广泛理解数字信任，不仅限于网络安全，还包括芬兰和国外信息业务的所有运营商。

据介绍，全球网络安全市场 2025 年的规模估计为 2100 亿欧元，但数字化基础设施对全球经济的间接影响要大得多。这将为数字信任产业提供巨大的发展机遇。

（二）信息技术产业发展的新信息

1. 瑞典连续三年被评为全球信息技术水平最高国家

2012年4月，有关媒体报道，瑞典经济发展水平较高，而且信息技术的发展应用也走在世界前列。2012年的世界经济论坛年度全球信息技术报告，连续三年把瑞典都排名第一位。

这份报告根据各国和地区如何应用信息和通信技术提高生产力，推动社会发展的情况，编制了由10项指标构成的指数，瑞典的每一项指标都很突出。在基础设施、数字内容、个人应用、商业应用、经济影响等指标上，瑞典都排在第一位；而在另外5项指标上，也都名列前10名之中。新加坡名列总分第二，芬兰、丹麦、瑞士、荷兰、美国、加拿大和英国分列其后。

世界经济论坛信息技术报告说，瑞典良好的技术环境与最高的技术准备程度、普通技术的广泛应用结合在一起，实现了信息通信技术的经济和社会影响最大化，创造出新的商业机会，培植出技术创新，巩固了知识经济。

这份报告的主笔者之一的杜塔教授说，信息通信技术已经成为促进经济和福利的重要因素。在过去10年里，信息通信技术有了极大改观，在更大程度上改变着各国经济和社会。

2. 推进信息技术产业快速发展的成效与举措

2012年4月，有关媒体报道，在2012年世纪经济论坛发布的《2009—2010年全球信息技术报告》中，瑞典高居榜首，不仅在多项指标中名列第一，而且国家整体环境和单项基础设施建设均获得最高分。

其实，瑞典早就是信息化强国，只是这一次表现得尤为抢眼。每年占全国GDP近4%的信息化投入，让欧盟倡导的"无所不在"信息社会理念，在瑞典得到充分体现。

在瑞典皇家理工学院的教室里，教授在讲解课件时，学生可以通过蓝牙通信共享正在演示的课件。互动时，学生可以通过系统直接将疑问显示到教授的电脑桌面上。

即便是在普通出租车上，你都能深刻体会到信息互通的便利。根据导航仪上交通部门提供的实时道路交通流量分析，司机可以与你一起规划合适的行车路线。

截至 2009 年，瑞典家庭网民普及率达到 84%，移动通信普及率达到 94%。新技术应用普及率达到 92%，看移动电视、用可视电话成为民众生活中的普遍现象。

看似简单的信息互通，实际上对瑞典国内信息技术应用中传感、地理信息和无线网络通信等基础性技术与建设都提出了极高要求，也直接加速了服务商的竞争与发展。以电信领域为例，截至 2009 年，国土面积仅为 45 万平方公里的瑞典，就有 5 个支持高速数据传输的蜂窝移动通信技术运营商、4 个全球移动通信系统运营商、600 多个虚拟业务运营商，有力保障了基础通信的便捷。

通过在经济、社会领域广泛应用信息和通信技术，瑞典基本实现了任何人在任何时间、任何地方实现人与人之间的信息共享，并尽可能地实现物体之间在任何时间、任何地方互联。

瑞典政府始终认为，信息通信技术快速发展和深入应用，能促进国家政治、经济、文化等各领域的发展，能使国民的生产和生活有效突破对传统交通、通信手段的依赖，拓展发展空间和交往空间。因此，只有努力构建"无所不在"的信息社会，才能使国家在世界经济的发展中保持领先地位。

瑞典在信息化建设中取得如此骄人的成就，与政府积极推广是分不开的。瑞典政府很早就提出要建设数字瑞典，实现全民信息化社会，充分利用信息技术的优势，来提高瑞典的国际竞争力并增加人民福利。

早在 1994 年，瑞典政府就成立了"信息技术委员会"，作为政府信息技术宏观决策的咨询机构。2000 年瑞典政府出台《全民信息化社会》议案，明确提出信息技术发展的目标、优先发展领域以及相关的措施。2002 年，瑞典颁布了更细致的政策，指导电信、交通、传媒等部门相互协调和融合。2005 年，瑞典加大了宽带网络建设，同时，在政府公务中推广实施电子签名和网络办公方案。

瑞典政府认为，放松对通信产业的限制有利于国家信息基础设施建设。2002 年，瑞典出台《进一步促进移动通信市场竞争法案》，规定所有移动通信供应商都有权进入移动通信网络。结果如瑞典政府预料，在加大竞争，降低准入门槛后，信息技术应用领域不断扩大，消费需求旺盛，信息产业投资高速增长，通信服务价格下降了 90%。

在大力发展信息技术产业的同时，瑞典政府还不断推动以信息和通信技术为主的高新技术，对传统工业进行改造。

通过法律手段对传统企业生产过程的材料选择、能源消耗、污染排放和废旧产品回收等方面做出严格规定，激励企业应用信息技术等高新技术实现精细生产，自20世纪90年代以来，瑞典传统工业的生产能力和效率不断提高，产量增长的同时，污染物排放显著减少。这也引发了迅猛而彻底的企业变革，ABB、伊莱克斯等制造业企业借助应用信息技术，既保持了自身的领先地位，又带动了信息技术产业的发展。瑞典的实践表明，优先发展信息技术产业和鼓励信息技术应用是工业化的明智选择。

加强研发机构建设，也是瑞典成功建设信息化的高招。瑞典把规模大、专业性强的研究机构，发展成为学术界和产业界之间有效的连接点，促进科研开发面向产业和公共服务。对于市场环境下投资效益不明显、历时较长，难以获得资助的基础性、公共性信息技术研发，政府给予财政投入。近年来，瑞典全社会研发投入占GDP的4%，其中80%投向了信息技术等重点产业部门。

第三节　通信设备与网络技术的新进展

一、开发通信工具手机的新成果

（一）手机技术和功能开发的演进

1. 研制手机数据传输的新技术

开发基于多输入多输出的高速分组接入技术。2006年4月，有关媒体报道，在美国拉斯韦加斯举办的2006年CTIA无线通信展上，瑞典爱立信公司完成了全球首次基于多输入多输出（MIMO）技术的高速分组接入（HSPA）演示。该演示基于爱立信商用无线基站。采用MIMO技术的HSPA可把下行链路的传输速率提高一倍至28兆比特/秒。

作为宽带码分多址（WCDMA）演进的组成部分，高速分组接入结合了高速下行分组接入和增强型上行链路，二者都在3GPP版本5/6中做出了规范。HSPA可在下行链路上提供高达14兆比特/秒的传输速率，在上行链路中提供5.8兆比特/秒的传输速率。高速分组接入演进所带来的高数据速率，大大增强了用户对移动宽带和移动电视等业务的体验，而同时又降低了数据传输的成本。

多输入多输出使用多个发送和接收频道及天线，来改善性能、提高手机无线信号的吞吐量。手机数据传输首先被分解成多个数据流，然后在接收端进行重新结合以提高整体性能。

爱立信北美地区负责人安格尔·瑞兹表示："高速分组接入演进是增强业务、改善性能和提高数据速率的重要一步。它使运营商可以进一步利用现有的基础设施。随着用户对移动宽带的期望和要求不断提高，爱立信在支持运营商服务其客户方面，再次引领了行业的发展。"

爱立信公司1876年成立于瑞典的斯德哥尔摩。从早期生产电话机、电话交换机发展到今天，它的业务已遍布全球140多个国家，是全球领先的提供端到端全面通信解决方案及专业服务的供应商。

2. 拓展手机功能的新进展

（1）研制出为盲人和游人提供方便的引路手机。2004年7月，有关媒体报道，芬兰一家公司研制出一种"引路手机"，可为盲人和旅游观光者提供方便。

这款手机，依托互联网、全球定位系统及语音技术，可以告诉使用者他所在的准确地点，能识别街道名称，告诉使用者如何到达想去的地方。当使用者说："我要到某某地方。"引路手机就会告诉他乘哪辆公共汽车，在哪一站下车。此外，道路前面有障碍物或周围有什么重要的路面标志，手机都会及时提醒使用者。

该手机还可连接市政数据库，提供火车、电车和公交车时间表，如果火车延误，也会及时通知使用者。可见，这一手机不光为盲人的生活带来方便，还能够为到外地旅游的游客提供同样的帮助。

（2）联手扩大手机上的娱乐服务功能。2007年8月6日，移动电话巨头诺基亚与软件巨头美国微软向公众宣布，诺基亚将使用微软的拷贝保护软件，来推动其音乐、视频等无线娱乐的发展。

全球最大的移动电话制造商诺基亚，将注册微软数字版权管理技术的播放软件，并把它植入目前在移动电话业应用最广泛的软件平台中。

第一章　电子信息领域的创新信息

两公司都表示，希望这次合作能扩大手机上的娱乐服务功能。娱乐服务项目包括游戏、音乐、电视、成人内容等。迄今为止，手机娱乐功能的主体是音乐，但随着手机电视的出现，手机娱乐市场将有新的重大发展。微软内容使用和保护总经理查德·肯沃顿说："手机电视无疑将发展得更好，而且将会成为手机娱乐市场的主流。"

（3）饭店试用手机当钥匙打开房门。2012 年 4 月，有关媒体报道，瑞典首都斯德哥尔摩一家饭店，正在用手机替代钥匙或门卡开启房门，试用期 4 个月。

报道称，世界最大锁具制造商阿萨·阿布洛伊公司，利用近场通信技术研发这款"手机钥匙"，在斯德哥尔摩克拉里恩饭店投入试用。

这家饭店将向每名客户发放一个手机，用作钥匙。手机内植入近距离射频芯片，让客人可以在抵达饭店前经由手机办理登记入住手续。

（4）推出手机可以直接刷信用卡的支付读卡器。2012 年 4 月，有关媒体报道，瑞典伊泽特尔（iZettle）移动支付公司，在瑞典发布一款设备，使得所有苹果手机用户都能够接受信用卡或借记卡付款。

这家公司的联合创始人兼首席执行官雅各布·德吉尔，将为整个欧洲的 2000 万家小型商家提供便利，使之不仅可以接受现金付款，还可以利用苹果手机接收银行卡付款。智能读卡器目前的成本至少为 200 欧元，但该公司却计划将软件和读卡器免费提供给商家，并从交易中抽取分成。

德吉尔说："如果你是一名水管工或电工，便可以直接带着读卡器上门，而不必先给客户开具发票，然后等上好几天才收到付款。"他认为，如果这一过程就像播放视频那么简单，就会很容易普及。

推特联合创始人杰克·多西此前也曾经在美国发布过一款名为 Square 的类似产品。但德吉尔表示，伊泽特尔的技术与 Square 完全不同：美国的银行卡仍在使用磁条存储信息，而欧洲的银行卡则使用更为安全的芯片。

把读卡器与手机连接后，使用方法便与其他读卡器类似，唯一不同的是，用户无须输入密码，只需要在屏幕上签字即可。德吉尔表示："这个支付读卡器希望使用密码，但密码仍然无法在手机和平板电脑上使用。"

这类服务最令人担心的是安全问题。但德吉尔却表示，这是一个高度监管的市场，完全不必担心。他说："交易实体由全球信用卡和借记卡支付标准组织控制。如果不能100%满足全球信用卡和借记卡支付标准组织的要求，就无法推出芯片读卡器。该组织制订了大量的监管和认证规定。我们的硬件设备和后台都经过了该组织的认证。"因此伊泽特尔公司的读卡器，与其他所有读卡器具备相同的安全性。

德吉尔表示，手机不会存储任何的银行卡信息。手机和读卡器相互配合后，只是把银行卡上的芯片与支付处理器相连，整个流程都是在伊泽特尔公司的后台完成的，而且经过了高度加密。他说："从本质上讲，你的手机只是充当了一个安全调制解调器。"即使是在后台，伊泽特尔公司也不会存储信用卡信息。

伊泽特尔的支付读卡器，将随后推出。英国特恩斯市场研究公司的最新报告显示，欧洲的移动银行和支付业务起点较低，但需求却在日益增长。除了非洲外，新型的移动支付模式，已经给银行业带来了巨大的变革。该报告还认为，可行的解决方案，在欧洲拥有尚未开发的潜力。

尽管德吉尔计划在欧洲其他国家推出这项服务，但他表示，支付行业的高度监管，使得这一流程难以一蹴而就。但是他对于模仿者并不担心。他说："全球信用卡和借记卡支付标准组织的复杂监管，是巨大的进入门槛。"

德吉尔透露，尽管他们仍在探索苹果手机以外的设备，但安卓设备凌乱的接口，却是一大问题。伊泽特尔公司面临的另外一个不确定性，则是近场通信设备的崛起，这类技术可以直接利用手机支付，完全抛弃了银行卡。

（二）研究手机对人体影响的新信息

1. 研究发现手机不会导致脑瘤

2005年4月，丹麦科学家组成的一个研究小组，在《美国神经学学会学刊》上发表文章宣布："经过研究证实，使用手机与患脑瘤之间并无直接联系。"据悉，这一研究结论，得到欧洲委员会公布的第五框架计划、国际抗癌联合会、国际流行病学研究所和丹麦癌症协会的支持。

手机已成为人们生活中的一部分，它在给我们带来方便的同时，散发的电磁波是否会影响人脑而导致脑瘤，这一直是公众关注的问题。

之前有一些研究称，手机用户比其他人更容易患良性脑瘤或者恶性脑癌。但是，丹麦研究小组从电信公司获得手机用户使用手机的时间记录资料中，对427名脑瘤患者，与822名无脑瘤疾病的手机用户进行了研究分析，最后说：患脑瘤的风险概率，与是否使用手机及使用手机的频率、使用手机的年头都没有关系。研究人员还发现，脑瘤几乎没有出现在手机使用者常常接触到的部位。

但是，研究人员表示，他们的研究对象仅有很少一部分人使用手机长达10年以上，因此，他们不能够确定使用手机10年以上的用户与患脑瘤的概率是否有联系。

2. 研究称手机辐射抑制大脑葡萄糖代谢

2011年9月，芬兰媒体报道，芬兰图尔库大学、芬兰职业健康研究所和芬兰辐射与核安全中心联合组成的一个研究小组，开展的一项研究发现，手机辐射会减弱靠近手机天线的大脑区域的葡萄糖新陈代谢。

研究人员先让13名年轻的健康男性受试者，暴露在脉冲调制在902.4兆赫的手机通信信号中，时间长达33分钟。随后，研究人员对他们的脑部进行正电子发射断层成像扫描。结果显示，受试者暴露在手机辐射中的头部一侧，大脑前颞叶的葡萄糖代谢率大幅降低。

常用的全球通手机信号频段就是900兆赫。研究人员称，新发现表明，短期手机辐射可抑制大脑局部的能量代谢。

研究人员解释说，葡萄糖是供给大脑活动的主要能量来源。大脑葡萄糖代谢的状况，在一定程度上可以反映脑功能的状况。葡萄糖代谢水平下降表明，大脑局部神经元活动受到抑制，是脑功能失调的表现之一。

近年来，有关手机对大脑影响的研究已进行了多次。但由于所采用的方法和背景不同，迄今并无一致的结论，反而引起很大争议。比如，有的研究称手机可能诱发脑癌，有的则认为无此风险。芬兰这一研究成果发表后，也可能引起新争议。

二、开发与应用网络技术的新成果

（一）研制网络工具与网络技术的新信息

1. 开发网络工具的新进展

研制出可助网络搜索的脸型识别软件。2006年12月，有关媒体报道，一家名叫"极地玫瑰"的瑞典网络公司宣布,他们开发的软件,可以方便地从相似面孔中定位照片,从而解决了网络搜索图片的技术难题。这项技术表明,从最简单的应用看,图像搜索软件,将帮助电脑用户对人的面部照片进行整理和分类,从广义而言,新软件可从整个网络上搜出长相相似的照片。

极地玫瑰公司研究人员说,他们开发出一种可以用图片甚至图像,作为关键词进行搜索的技术,将向用户提供能够搜索电脑与网络上图像的免费软件,该软件通过脸型识别来分析图片内容,以便在人群中锁定特定面孔。

极地玫瑰公司的副总裁尼古拉斯·尼格罗姆说:"以前,要想找一个人,你必须知道他的一些信息,比如姓名、毕业学校、家庭住址等,然后把它们输入网站,才有可能找到这个人的其他资料。现在,利用我们的人脸搜索技术,你就可以根据人脸部的一些基本特征,实现在不同场景、灯光的照片里寻找同一个人,只要能看清他的脸。"

极地玫瑰公司打算在网站上发布一个能够自由下载的免费软件,供网民使用。目前,他们已经得到一些图片网站授权,可以使用后者的图片,他们还会从一些个人博客上采集图片。据悉,他们正在构建一个庞大的人脸数据库,每一个人脸都会有一个名字,就像每一个人有一个名字一样。目前,一些人脸已经有了名字,在将来的使用中,他们和网民都可以补充没有名字的人脸,也可以纠正已有名字中弄错了的人脸。

尼古拉斯说:"我们正处在一个视觉的时代,这正是图像信息搜索的意义所在。我们希望最终能做到可以在互联网上寻找每一张照片里的每一个人,既包括明星,也包括我们身边的普通人。那时,生活会变得很有趣,有可能每个人都会被广告公司看中,从而把广告投放到你的照片里。"

当然,对于那些因为个人隐私而不希望自己在该数据库中"露脸"的人,该公司总裁简·艾瑞克表示:"如果可以事先询问,一定事先询问;如果无法确认,那么一旦有任何异议,其信息都将从我们的数据库中消失。"

2. 开发网络安全技术的新进展

研制出能通过识别人步态的安全系统。2005年10月13日,有关媒体报道,芬兰奥卢技术研究中心教授赫金·艾利斯托领导的一个研究小组宣布,他们研制出一种能够通过识别人的步态的安全系统。它能够把某个手机、PDA 或是 MP3 播放器主人独一无二的步态记录下来,防止这些东西遗失或是被窃后为小偷所用。该系统能够通过传感器测量并观察主人的步态,一旦发现步态换成不熟悉的模式,它就会自动转换到安全模式。

这种设备每年能够减少成千上万的手机被窃案件、保住受害人的钱财并帮助人们规避欺诈风险。

艾利斯托说:"像 PDA、MP3 播放器一类的东西,其重要性不在于他们本身的价值,而在于它们内部收录的信息。"

步态识别是其他几种生物识别方案中的一个。其他方案包括声音识别、人脸识别、指纹识别和签名识别。这些识别方案都为使用提供了可测量的生物性特征,用以将使用者本人与地球上的其他人区别开来。

艾利斯托说,10 年前,曾有研究者调查过以脚步声为基础的步态识别技术,试图用脚步声步态将一个人从人群中识别出来。但是直到现在,还没有其他尝试过以传感器为基础的步态识别技术。

艾利斯托的小组成员将两个运动传感器与专门的软件相连,并将其与他们称作"步态码"的系统连接起来。

传感器捕捉到使用者两条腿的运动——上下前后——并测量出其中的几个特征值,包括步幅、每条腿所抬的高度、此人行走的速度及躯干的旋转度。然后,通过专门的软件对收集到的使用者独一无二的数据,进行汇编并把这些数字转换成电子信号(或步态码)。该小组的实验精确度为 90%。

使用装有这种安全系统的手机时,使用者首先要对自己的特征进行初始化,带着这部手机四处走动,大约经过一天时间,它就能搜集到必要的运动数据,然后在它们的步态码中存入至少 8 个个人识别数字。

一旦手机落到别人手里,步态识别技术就会注意到小偷走路时的不同之处,并要求其输入个人身份号。如果所输入的数字不对,手机就会关机。该手机中甚至可以通过设定程序,向服务商发出短信,要求冻结这一账号直到有进一步提示。

对于这项技术,卡内基·梅隆大学电学与计算机工程教授、生物识别技术专家陈祖涵说,目前步态识别所面临的挑战和其他几种生物识别技术一样，它不但要在数百万人中识别出一个人，还要能识别出发生在同一个人身上的不同情况。

他说："假如由于我体重增加了几磅而使得我的步态与几周前不大相同，要步态识别系统识别出我来就十分困难。"他认为，只有当这些电脑和特殊系统能够在更灵活的范围内识别个人时，它们才有用于商业通途的可能。

到目前为止，手机技术还处于起初的模式阶段。艾利斯托和他的小组正努力改进该系统的精确率，使它能根据不同的情况如使用者穿了不同的鞋子等进行转变。他们的目标是争取在2~3年时间内将这一技术推向市场。

3. 开发网络数据传输技术的新进展

研发出一项网络数据传输新技术。2012年7月，瑞典空间物理研究所亚力克斯·韦尔纳教授领导，法布里齐奥·坦布里尼研究员等为主要成员的一个研究小组，在《新物理学杂志》上发表论文称，他们研发出一项新的数据传输技术，能够让无线传输系统网络，每秒传输相当于66张DVD存储量的数据。他们采取的方式是利用螺旋形无线电波，在同一带宽内传输多个信号。

无线电的带宽是有限的，同时也是一个昂贵的资源。美国电信业巨头威瑞森通讯公司与美国电话电报公司，因使用无线电频段分别支付的费用高达36亿美元和16亿美元。在英国，政府与主要电信运营商签署的无线电频段合约金额，也达到数百万美元。

坦布里尼表示，通过将无线电波扭曲，可以在同一频段传输多个信号，让一个给定的固定带宽拥有数量近乎无限的信道。在采取这种方式传输无线电数据时，天线传输的无线电波呈螺丝锥形，好似一个旋涡，每一个的旋转角度不同，允许携带独立的信号。

据悉，该研究小组对他们研发的系统进行了测试，向不同的接收器传输两组信号：一组旋转；另一组不发生旋转。两组信号的频率均为2.4GHz，与绝大多数现代无线传输系统路由器相同，传输距离为442米。研究小组指出，旋转的信号强度稍弱于正常信号，但这并不是什么大问题。

美国南加州大学的研究人员与美国航空航天局的喷气推进实验室和特

拉维夫大学合作，进行类似实验。这个研究小组使用的是 2 组光束，一组 4 条，每条旋转角度不同。8 条光束缠绕在一起，传输给一个接收器而后分解。借助于这种方式，每秒可传输 2.5TB 数据。

这项实验的传输距离只有 1 米，韦尔纳表示他们的下一步工作，是利用光缆传输这种信号。他说："大气层中的湍流是我们遭遇的挑战之一。如果是在不到 1 千米的距离内传输大量数据，这无疑是一种非常吸引人的方式。当然，这种方式也可用于卫星之间的远距离通信，因为太空中并不存在湍流问题。"

巴塞罗那光子学研究所的胡安·托莱斯表示："这些研究开启了电信历史的新篇章。它们进一步挖掘了以太网操作、管理与维护技术的潜力，大幅提高了数据传输能力。"

4. 开发网络系统升级技术的新进展

企业联手共同引领本国 5G 网络发展。 2020 年 6 月，瑞典媒体报道，瑞典爱立信集团、沃尔沃建筑设备和瑞典电信公司，合作运营瑞典首个用于工业的 5G 网络，这使得沃尔沃建筑设备一跃成为全球首批使用 5G 技术，测试远程控制机器和自主解决方案的企业之一。

目前，这个 5G 网络经许可处于测试运行中。它采用了爱立信商用硬件和软件，包括 5G 新空口（NR）技术和爱立信 5G 平台核心产品等在内，位于沃尔沃建筑设备公司在埃斯基尔斯蒂纳的研发工厂内，这里是一个距斯德哥尔摩约 90 千米的直辖市范围。

几家合作公司的目标，是开发出建筑机械远程控制解决方案和全自动解决方案，并通过 5G 测试提高行业效率和可持续性。沃尔沃建筑设备公司希望能够将其在埃斯基尔斯蒂纳测试中所吸取的经验，应用到其全球的业务中。

瑞典电信公司首席执行官安德斯·奥尔森表示："我们可以看到业界对 5G 网络的兴趣相当浓厚。整体流程的自动化，意味着新的工作方式和更大的效率收益。但是，要连接业务关键性机器和车辆，就需要一种拥有可靠连接，能够处理大量数据的解决方案。这是 5G 网络能够提供的。除此之外，能够与我们的合作伙伴一起，引领瑞典 5G 网络的发展，我们深感自豪。"

沃尔沃建筑设备公司总裁梅尔克·杰恩伯格表示："我们在埃斯基尔

斯蒂纳进行本地测试,但将在全球范围内开展业务活动。机器互联和自主解决方案,是未来的趋势所在。它们可为我们的客户提供更高效的生产和物流、更好的灵活性和更安全的工作场所。通过最大限度降低采矿等行业的潜在安全风险及缩短停机时间,进一步实现零排放、零事故和零计划外停机的目标。5G 的应用前景令人振奋!"

爱立信研究院负责人马格努斯·弗罗迪格表示:"商用和标准 5G 技术具有超低时延、大容量和高可靠性等特点,可以用于重型机械的远程实时控制等应用。"他接着说:"这为提高效率、降低成本和减少危险环境中的风险创造了机会。5G 使我们能够创造一个更安全、更高效和更具可持续性的社会。通过与瑞典电信和沃尔沃建筑设备的合作,我们在埃斯基尔斯蒂纳把理论付诸实践。5G 技术已经为走向世界做好准备。"

(二) 应用网络技术的新信息

1. 数学研究方面应用网络技术的新进展

运用因特网发现第 47 个梅森素数。2009 年 7 月,有关媒体报道,挪威计算机专家奥德·斯特林德莫,通过参加一个名为"因特网梅森素数大搜索"的国际合作项目,最近发现了第 47 个梅森素数,该素数为"2 的 42643801 次方减 1"。它有 12837064 位数,如果用普通字号将这个巨数连续写下来,它的长度超过 50 千米!

素数是在大于 1 的整数中,只能被 1 和其自身整除的数(如 2、3、5、7 等),素数有无穷多个。而形如"2 的 P 次方减 1"(其中指数 P 为素数)的素数称为梅森素数,以 17 世纪法国数学家梅森的名字命名。梅森素数是数论研究的一项重要内容,也是当今科学探索的热点和难点之一。

早在公元前 4 世纪,古希腊数学大师欧几里得就开创了探寻"2 的 P 次方减 1"型素数的先河。他在《几何原本》中论述完全数时,就曾研究过这种特殊的素数。由于梅森素数有许多独特的性质和无穷的魅力,千百年来一直吸引着众多的数学家及无数的业余数学爱好者对它进行研究和探寻。2300 多年来,人类仅发现 47 个梅森素数。由于这种素数珍奇而迷人,因此被人们誉为"数学珍宝"。

梅森素数的研究难度极大;它不仅需要高深的理论和纯熟的技巧,而且需要进行艰巨的计算。1772 年,被誉为"数学英雄"的欧拉,在双目失明的情况下，以惊人的毅力靠心算证明了"2 的 31 次方减 1"是第 8 个梅森素数，该素数有 10 位。

特别值得一提的是，中国数学家和语言学家周海中经过多年的研究，于 1992 年首先给出了梅森素数分布的精确表达式，为人们探究梅森素数提供了方便；后来这一重要成果被国际上命名为"周氏猜测"。

网格（Grid）这一崭新技术的出现，使梅森素数的探究如虎添翼。1996 年年初，美国数学家及程序设计师沃特曼编制了一个梅森素数计算程序，并把它放在网页上供数学家和业余数学爱好者免费使用；这就是著名的"因特网梅森素数大搜索"项目。该项目采取网格计算方式，利用大量普通计算机的闲置时间，来获得相当于超级计算机的运算能力。

为了激励人们寻找梅森素数和促进网格技术发展，设在美国的电子新领域基金会于 1999 年 3 月向全世界宣布，为通过"因特网梅森素数大搜索"项目来寻找新的更大的梅森素数而设立的奖金。它规定向第一个找到超过 1000 万位数的个人或机构颁发 10 万美元。

2008 年 8 月，美国人史密斯发现了第 46 个梅森素数"2 的 43112609 次方减 1"，该素数有 12978189 位。它是当时已知的最大素数。他获得了电子新领域基金会颁发的 10 万美元大奖。2008 年年底，它被《时代》周刊评为"年度 50 项最佳发明"之一。

13 年来，人们通过"因特网梅森素数大搜索"项目找到了 13 个梅森素数，其发现者来自美国、英国、法国、德国、加拿大和挪威。世界上已有 170 多个国家和地区近 18 万人参加了这一项目，并动用了 37 万多台计算机联网来进行网格计算。该项目的计算能力，已超过当今世界上任何一台最先进的超级矢量计算机的计算能力，其运算速度已超过每秒 400 万亿次。

在当代，梅森素数具有十分丰富的理论意义和实用价值。它是发现已知最大素数的最有效途径；它的探究推动了数学皇后数论的研究，促进了计算技术、程序设计技术、网格技术和密码技术的发展，以及快速傅立叶变换的应用。

梅森素数的探究，需要多种学科和技术的支持，所以许多科学家认为：它的研究成果，一定程度上反映了一国的科技水平。英国顶尖科学家索托伊甚至认为，它是人类智力发展在数学上的一种标志，也是科学发展的里程碑。

2. 照看孩子方面应用网络技术的新进展

用全球卫星定位技术来照看托儿所孩子。2012年4月，有关媒体报道，瑞典的托儿所在看孩子的时候，已经使用上了全球卫星定位技术。不过，这种技术的应用，也引发了关于是否侵犯孩子隐私等一系列的争议。

说起孩子上托儿所，大家都能想到这样一副场景，那就是老师像老母鸡似的护着孩子们，生怕这些不懂事的孩子们走丢了，或者出个什么事儿。不过呢，瑞典的托儿所，已经开始使用全球卫星定位技术来看孩子了。这也引起了多种不同看法。

博朗厄市一家托儿所的所长莫妮卡证实，在组织孩子们去森林里游玩的时候，他们已经开始用全球卫星定位技术等先进的电子设施来掌握孩子的去向。孩子们戴着电子发射装置，而老师则可以在仪器屏幕上看到他们都在什么位置。莫妮卡说，这种装置非常棒，对于大家来说有百利而无一害。现在他们托儿所是3个老师管20个孩子，要是有小孩脱离大部队，很快就会被发现。

研究科技与隐私的专家斯特罗姆表示，对于使用全球卫星定位技术来看孩子，他有两条意见。一是它很方便，但与此同时呢，你又在小孩很小的时候就把他们置于一种监控之下。有3个孩子的专栏作家沃林女士气愤地说，不把钱用在提高老师工资方面是一种耻辱；实际上每个人都知道现代科技也有靠不住的时候。

全球卫星定位技术设备制造商的发言人辩解说，这种设备只是一种补充，并不会真正取代托儿所老师的作用，而且仪器本身不会储存孩子们的私人信息。目前这种设备还在试用阶段，但已经收到了几十家托儿所的订单。

这种争议已经引起了瑞典政府监管部门的注意，数据监察局负责人杨森表示，这种设备可能是无害的，也可能会影响到人的隐私，这取决于你用它储存什么样的信息，以及打算如何使用它。如果设备储存了个人的位置信息，就会引出问题。那就是本来设计这个东西的初衷是好的，但最后却被用到了别的地方。

第二章 光学领域的创新信息

北欧在光学原理与光学技术领域的新成果,主要集中于首次观察到微观层面光频率发生改变的多普勒效应,首次完成反物质原子光谱测量,观察植物光合作用的分子结构。推进磁光子学研究,在真空中把虚拟光子转变成真实光子,发现量子点方位不同发射的光子数不一样,实现光与光系统间的量子信息隐形传输。观察到太阳磁暴引发的壮观北极光。用变换光学设计材料控制切伦科夫光锥,用光控制活性粒子的运动和变形,用光学游戏方法破解量子物理学难题;用荧光获得神经细胞信息传递实时成像,用荧光物质成像检测动脉硬化;用激光首次成功捕捉到电子运动画面,用三维激光成像来设计和管理复杂大型工程,用激光首次拍摄到化学键形成过程,用激光开发测量森林碳汇新方法。在光学仪器设备领域的新成果,主要集中于研发出多点触控大型显示屏显微镜,成功释放探测太阳的空中大型望远镜,建成可更好瞭望北极光的新天文台。研制数字化乳房X线成像设备、数秒探测皮肤癌的高光谱相机,设计出全新的雾气投影仪。研制光学探测设备及配件,开发光源与光学通信设备,还研制光学自动化设备、光学仿生工具、光子晶体管和光学新材料。

第一节 光学原理与光学技术的新进展

一、光学原理研究的新成果

(一) 光现象与光合作用研究的新信息
1. 探索光现象及其本质的新进展
(1) 首次观察到微观层面光频率发生改变的多普勒效应。2011年5月11日,美国物理学家组织网报道,一个瑞典科学家参加,其他成员来自法国、日本和美国的国际研究小组,在《物理评论快报》上发表论文称,他们通过复杂的同步加速器实验,首次获得了微观层面也存在光频率发生改变多普勒效应的实验证据,证明单分子的旋转也会产生多普勒效应。

多普勒效应也被称为"平移"效应:当物体以直线运动时,它发出的光或声波频率会发生改变。即朝观察者移动时接收频率变高,远离观察者移动时接收频率变低,当观察者移动时也能得到同样的结论。奥地利物理学家克里斯琴·多普勒1842年首次提出该理论,100多年来,人们只能在宏观物体的直线运动中以及行星或星系等大的旋转物体上观察到这种效应。在天体物理学中,这种旋转多普勒效应被用于探测天体的旋转速度。

研究人员说:"当一个行星旋转时,在朝向观察者旋转的一边,它发出的光的频率会变得更高;而在背离观察者的一边频率变低。在分子水平也同样如此,但要在实验室里证明分子层面也存在多普勒效应非常困难。这是首次,我们在分子层面证明了这一理论的真实性。而且在分子这一微观尺度上,旋转多普勒效应甚至比分子在线性运动中显示的多普勒效应更加重要。"

多普勒效应在日常生活中也有广泛应用。如果你在限速50公里的路段超过了时速75千米,不管你是否意识到,都会收到多普勒效应带来的一张超速行驶罚单。路边的雷达测速仪,正是基于物体运动而产生的频率变化,来精确测定运动物体的速度的。

研究人员说:"很久前,我们就知道了多普勒效应,但直到现在才在分子层面观察到旋转多普勒效应。"研究人员指出,这有助于人们更深入地理解分子光谱(利用分子辐射来研究分子组成和化学性质),以及用于研究高能电子等。

(2)首次完成反物质原子光谱测量。2016年12月19日,丹麦科学家杰弗里·汉斯特领导的研究团队,在《自然》杂志网络版发表研究报告称,他们对反物质原子进行首次光谱测量,实现了反物质物理学研究长期以来的一个目标。该成果体现了粒子物理学研究的重大进展,标志着人类向高精度测试物质与反物质行为是否不同,迈进了重要一步。

当今,宇宙为何看起来几乎全由普通物质构成,这是物理学界的一个重大谜题。因为根据粒子物理学经典模型的预测,在大爆炸发生之后应存在等量的物质和反物质。光照射可以激发原子,当原子恢复至基态时会发光，光的频率分布形成，可以借用其光谱精确地测量出原子属性，这也是光谱学的基本原理。但是，反物质难以产生和捕捉，因为反物质一旦与物质接触就会湮灭，这为科学家测量其属性带来挑战。

欧洲核子研究中心反质子减速器的最新进展，让研究人员有能力得以捕捉和测量反质子与反氢原子。汉斯特是欧核中心反氢激光物理装置项目成员，现在，他的研究团队在圆柱形真空腔内成功磁捕获反氢原子。这一真空腔长仅280毫米，直径为44毫米，研究人员通过真空腔上的窗口向里面照射激光，测量了反原子1S—2S的跃迁（从基态向激发态跃迁）情况。

研究团队报告称，反氢的跃迁频率与氢的跃迁频率一致。氢的光谱已经得到高精度表征，因此反氢光谱学的改进，应可以促成对物质—反物质对称性的高敏度测试。

反氢激光物理装置，是欧核中心捕获反原子的"利器"。该项目组，此前曾用特殊磁场，将反氢原子"抓住"达1000秒，还曾首次对反物质与引力的相互作用进行直接分析。

2. 探索光合作用的新进展

利用X射线观察植物光合作用的分子结构。2012年6月，瑞典奥默大学化学系教授约翰尼斯·梅辛杰领导，德国等多国科学家参与的一个国际研究小组，在美国《国家科学院学报》上发表论文称，他们利用短脉冲X射线分析，看到了植物进行光合作用的分子结构，发现钙在水分解过程中极为重要，是构建人工光合系统的关键"建材"。这一方法，为理解自然界植物的光合作用、光合系统结构与反应机制，并最终实现人工光合作用，提供了新途径。

光合作用可分两步进行：第一步为光反应，由阳光提供能量分解水分子，放出氧气，为下一步暗反应供应能量；第二步为暗反应，利用第一步的能量与二氧化碳反应，生成各种碳水化合物。而光合作用中心的两种不同的光合蛋白复合色素体系，分别进行光合系统Ⅰ（PSⅠ）和光合系统Ⅱ（PSⅡ）两种光化学反应。其中，光合系统Ⅱ在光反应过程中激发高能电子、分解水分子、释放氧和推动电子传递，并启动第一步光反应，在该过程中地位非常重要。

研究小组试图以"人造树叶"项目模拟植物利用太阳能的方法，开发人工光合作用。但其必须先清楚，光合作用中哪些分子是分解水必不可少的，以及这些分子如何发挥作用。为此，研究人员设计了一种工具，来研究植物在进行光合作用时的光合系统。

此前研究发现，放氧复合物（Mn_4O_5Ca）是光合系统 II 的组成部分，去除钙离子则导致无法放氧。梅辛杰研究小组从光合系统 II 中分离出放氧复合物分子，设法去除了其中的钙离子，再用美国斯坦福大学，X 射线自由电子激光设备，发出的超短 X 射线脉冲，对分子结构进行分析，记录下原子 50 飞秒的运动过程。

"放氧复合物中 5 个氧原子将 4 个锰离子联合在一起，去除了钙离子后，这种结构没有变化，说明钙离子一定在水分解反应中起着极为重要的作用。"梅辛杰解释说，由于实验所用的 X 射线脉冲极短暂，所以探测时不会扰乱光合系统。"利用这一新工具，我们最终能够探求水在被分解时，氧原子怎样形成了氧络桥最后产生氧分子的。以往要从细节上研究这一阶段，是不可能的。"

（二）光子及量子光学研究的新信息

1. 研究光子的新进展

（1）磁光子学研究证实磁纳米接触可制造出自旋波。2011 年 9 月，瑞典哥德堡大学物理学教授乔汉·克尔曼领导、瑞典皇家工学院研究人员参加的应用自旋电子学研究小组，在《自然·纳米技术》杂志上发表研究成果称，他们通过实验证实，磁性纳米接触会制造出纳米尺度的自旋波，这与 10 年前科学家提出的相关理论完全吻合。

有关专家认为，由于依据自旋波理论研制出的元件体积更小、更便宜、资源消耗更少，所以在手机和无线网络等许多领域，纳米尺度的自旋波将逐步取代现在通行的微波。

瑞典研究小组是在两年前开始这项研究的，其主要目的，是证明磁性纳米接触可以大量制造出自旋波。2010 年秋天，他们在电子测量设备的帮助下，证明了自旋波的存在，并在《物理评论快报》杂志上发表了相关论文。

在最新研究中，研究小组制造出直径约为 40 纳米的纳米接触，自旋波被造于 3 纳米厚的一薄层镍铁合金内，模拟显示，磁性纳米接触会让自旋波像水波一样扩展。

科学家们表示，这项研究成果，有望开辟出一个探索纳米尺度磁波的全新研究领域——"磁光子学"。它预示着，磁光子设备和电路的研发工作即将加快步伐。

研究人员认为，在今后几年内，磁光子研究领域有望取得突飞猛进的发展。这种磁光子技术兼具磁学与光学及金属特性，这意味着，它可以被整合入传统以微波为基础的电子电路中。与传统的微波技术相比，磁光子元件更适合小型化、微型化。

（2）在真空中把虚拟光子转变成真实光子。2011年11月，瑞典查尔姆斯理工大学的一个研究小组，在《自然》杂志上发表的研究结果显示，他们在真空中捕获到不断出现和消失的光子，成功把虚拟光子转变成真实光子，制成可测量的光，首次观测到40多年前就曾被预言的动力学卡西米尔效应，即平行金属板在辐射场真空态中存在吸引力的现象。

这个实验，基于一个违反常规的量子力学原则：真空并不"真空"。实际上，真空中充满各种不断波动的粒子。它们出现后却又在瞬间消失，因此常被称为虚拟粒子。早在20世纪70年代，物理学家摩尔就曾预言，虚拟光子转变成真实光子的现象将会发生。他认为，如果虚拟光子能从镜子上反弹起来，而镜子是以近乎光速的速度移动，上述情况就会发生。

由于镜子不可能移动得这么快，研究人员采用另一种方法实现相同效应：通过改变到达超导电路的电距离，起到微波的镜面作用，而非改变到达镜子的物理距离。这个"镜子"名为超导量子干涉器（SQUID），它由量子电子元件构成，对磁场非常敏感。通过每秒数十亿次改变磁场的方向，可使"镜子"的振动速度达到光速的25%。镜子也会将自身部分动能转移给虚拟光子，这将促使它们突然出现。

实验结果显示，光子会在真空中成对出现，研究人员能够以微波辐射的形式对其进行测量，构建出确实具有相同特性的射线，如同量子理论所述。

研究人员表示，光子出现的原因在于其自身缺少质量，因此，激发出它们的虚拟状态需要较少的能量。原则上来说，还可以在真空中创造出其他粒子，例如电子或质子等，但这需要更多的能量。

成对光子的研究成果,或可用于量子计算机等相关量子信息研究领域。然而,此次实验的主要价值,在于增进人们对于真空波动等概念的了解,认识真空中瞬间出现并消失的虚拟粒子等。通常认为,真空波动与"暗能量"可能有关联,促进了宇宙膨胀的加速。

2. 研究量子光学的新进展

(1) 发现量子点方位不同发射出的光子数不一样。2010 年 12 月 21 日,物理学家组织网报道,丹麦科技大学与哥本哈根大学科学家共同组成的一个研究团队,在 19 日出版的《自然·物理学》杂志上发表论文称,他们发现了固体光子发射器发出的光,也就是所谓的量子点并不是点,这与科学家以前一直认识的不同,也让科学界非常吃惊。新发现可能有助于改进量子信息设备的效率。

目前,科学家能够制造和定制高效的、每次发射一个光子(光线的基本组成单元)的光源发射器。科学家将这样的发射器称为量子点,其包含数千个原子。以前,科学家认为,量子点是三个维度的尺寸都在 100 纳米以下,外观恰似一个很小的点状物。但现在研究人员发现,量子点不能被描述成光线的点源,因此,研究人员得出了一个令人吃惊的结论:量子点不是点。

研究人员在实验中把量子点放置在一面金属镜子附近,并记录了量子点发射出来的光子的情况。不管是否上下翻转,光线的点源(光子)都应该拥有同样的性质,研究人员认为量子点也会出现这种情况。但结果表明,情况并非如此,他们发现,量子点的方位不同,其发射出的光子数也不同。

这个实验现象的发现,同新的光—物质交互理论非常契合,该理论由丹麦科技大学光电工程系的研究人员,与哥本哈根大学尼尔斯·波尔研究所的安德斯·索伦森所研发。该理论考虑了量子点在立体空间的扩展。

实验中金属镜子的表面,存在着高度受限的等离子激元。等离子激元光子学,是一个非常活跃和富有前景的研究领域。等离子激元中高度受限的光子,可以应用于量子信息科学或太阳能捕获等领域。

等离子激元受到强烈的限制也暗示着,量子点发出的光子能被大大地改变,量子点非常可能激活等离子激元。目前的工作已经证明,科学家可以更有效地激活等离子激元。因此，量子点可以被扩展到超越原子维度的更大的维度，这表明，量子点能同等离子激元更有效地交互作用。

这项工作，可能为利用量子点的立体维度的新的纳米光子器件铺平道路。新的效应在光子晶体、腔量子电动力学，以及光捕捉等其他研究领域，也具有非常重要的作用。

（2）实现光与光系统间的量子信息隐形传输。2013年6月7日，美国每日科学网站报道，几年前，科学家们就成功地实现了光与光系统间的量子信息隐形传输。2006年，丹麦哥本哈根大学尼尔斯·玻尔研究所一个研究小组，成功地实现了光和气态原子间的量子信息隐形传输。现在，他们在《自然·物理学》杂志上发表论文称，又实现了量子信息在两团气态原子云间的隐形传输，且已取得了稳定的结果，数次尝试均告成功，这被研究人员视为非常重要的一步。

研究人员在实验中用到了两个相互独立的玻璃容器，每个容器内包含有由数十亿个铯气态原子组成的云团。他们首先朝第一个玻璃容器内发送激光，接着，奇异的量子现象发生了：光和气体相互纠缠在一起，这意味着它们已经建立了某种量子连接。

这两个玻璃容器都置于一个拥有磁场的房间内。当具有某一特定波长的激光照射在气态原子上时，原子内部最外层的电子会像磁针一样指向同一个方向——朝上或朝下。科学家们解释道，正是这一方向组成了量子信息，就像计算机的信息由0和1组成一样。

这些气体会发出包含有量子信息的光量子，这些光随后被发送到第二个气体容器上，此时，研究人员也从光那儿读取到了量子信息，并用探测器对光量子进行了登记。然后，探测器发出的信号被传回第一个容器，结果发现，该容器里原子内的电子方向会根据信号进行调整。这样，他们就实现了量子信息从第二个容器到第一个容器的隐形传输。

研究人员表示，实验在室温下进行，这使得气态原子能在玻璃容器内以每秒200米的速度移动，导致它们会不断撞上玻璃壁，从而失去其携带的量子信息。但研究人员在玻璃容器内部涂上了一层石蜡避免了这一点。此外，一种非常灵敏、可以有效地探测到光量子并进行登记的探测器，也促进了结果的稳定性。

不过，最新实验中信息隐形传输的距离仅为0.5米，与现实中动辄几千千米的传输距离有天壤之别。对此，研究人员表示："0.5米这一距离完全囿于实验室大小所致。从理论上来讲，我们可以增加距离，甚至可以将信息远距离传输到卫星上。稳定的实验结果，让我们朝着构建出未来的量子信息网络前进了一大步。"

（三）观察研究极光现象的新信息

1. 发现可能是极光被人造卫星反射形成的物体成像

2010年1月28日，《每日邮报》报道，特洛姆索地球物理学天文台首席科学家特鲁尔斯·汉森表示，在挪威上空发现的一个像水母的奇怪物体成像，可能是极光被人造卫星反射回来造成的。如果这一推测得到证实，它将是人们第一次了解到的卫星反射北极光的事件。

报道称，业余摄影爱好者比尔·米卡尔森，在挪威安德尼森上空拍到了这种奇怪现象。米卡尔森已在挪威北部一个偏远的火箭发射场工作25年，变得对极光非常感兴趣。由于这里离北极很近，因此在该地经常能看到北极光。极光是由太阳风和地球磁场相互作用产生的，因此在北极磁场最强的地方，极光很常见。

米卡尔森说："以前我从没见过这样的物体，我非常希望能找到有关这一现象的解释。"他最初猜测这个奇怪的视觉效果，是其相机镜头上的一个斑点造成的。但是，他把照片上传到太空气象网站后，他收到世界各地对这一现象感兴趣的专家发给他的大量邮件。

其中，汉森表示，他对米卡尔森1月20日拍到的这一奇怪现象，认为是由照相机上的小瑕疵造成的观点表示怀疑。汉森说："这一'现象'跟北极光一样，都是绿色的。这说明北极光是导致这一奇怪现象的光源。"然而，汉森又认为，只凭北极光自己不可能造成这种视觉效果。可能人造卫星或者飞机等外来物体反射了极光。从这方面来看，它就像"铱星闪光"。铱星闪光是由铱星反射阳光造成的，铱星闪光在天空中呈现明亮的白斑。

但是，汉森的理论面临着一个问题：阳光发出的光强度比北极光大10万倍。不过汉森表示，这并不能排除卫星反光的假说。他说："强极光的亮度，跟月光的亮度差不多。这个'水母'现象也非常微弱。它显然比太阳反光产生的铱星闪光的亮度低很多。"

2. 观察到太阳磁暴现象导致的壮丽北极光

2010年9月25日，美国国家地理网站报道，由于太阳黑子活动频繁，极光屡屡光临地球，产生了一系列令人赞叹的天文奇观。其中一组北极光在挪威亮相的照片，可让人们充分感受到大自然的魅力和活力。

报道说，9月8日，挪威北部索玛罗亚，北极光看上去与一座被灯光照亮的桥连成一体。除了9月11日的日冕物质抛射（巨大的泡沫状带电粒子），在9月初，连续的太阳磁场活动把大量日冕物质抛射物喷射到地面。

太阳动力学观测台，随后捕捉到一组巨大的太阳黑子最早释放的带电粒子的景象。太阳耀斑使得日冕物质抛射物以每秒400千米的速度向地面疾驰。当带电粒子在9月8日进入地球磁场，奇妙的极光表演便随即上演。

9月15日凌晨，挪威特罗姆瑟附近厄斯福德峡湾上空，又惊现壮观的北极光奇观。三日前，美国国家航空航天局用以监控太阳活动的卫星：太阳动力学观测台，捕捉到太阳磁暴现象，太阳表面向宇宙释放了大片带电粒子云。9月14—15日，带电粒子云或太阳风南端，连续两日掠过地球磁场，为极光的形成创造了理想条件。

据悉，每当北半球步入秋天和春天，太阳磁场就会在某种力量的引导下，造成地球磁场的"撕裂"。由此引发的太阳风活动增强，会令极光在天空的展示增多，同时还会破坏地面卫星技术和电网。加拿大航天局科学家约翰·曼纽尔说："太阳和地球磁场变化，确实决定着什么样的粒子被喷射到太空，或撞向地面。磁场的方向和可变性，确实最终令周围条件更适于或更不适于极光在地球上出现。"

9月15日凌晨，挪威厄斯福德峡湾，在三日前太阳喷射的带电粒子的作用下，北极光的壮观景象映入眼帘。同一天晚上，极光还在加拿大北部及欧洲其他地区的天空出现。由于太阳带电粒子（太阳风）进入地球高层大气，在地球南北两极附近地区的高空，夜间会出现灿烂美丽的光辉。在南极称为南极光，在北极称为北极光。

曼纽尔说："与霓虹灯中的气体一样，当原子撞在一起，它们开始发光，产生奇妙的'灯光秀'。"观测者所能看到的极光颜色，取决于哪种气体受到撞击以及撞击的高度。例如，照片拍到的绿色极光，是因为氧原子在距地面 100~200 千米的高处撞击的结果。

报道说,9 月 15 日凌晨 1 点刚过,北极光如大幕般笼罩在挪威厄斯福德峡湾上空。科学家表示,由于月亮已经落山,这一幕显得更为壮观。当北极光在地平线以上出现时,月亮可以用自身的光,令一般的极光消失得无影无踪,只剩下最耀眼的极光展示。

二、推进光学技术应用的新成果

(一)运用通用光学技术的新信息

1. 运用光控制技术的新进展

(1) 用变换光学设计材料控制切伦科夫光锥。2014 年 10 月 16 日,物理学家组织网报道,瑞典查尔姆斯理工大学菲利普·塔辛和比利时布鲁塞尔自由大学同行组成的国际研究团队,在本周出版的《物理评论快报》杂志上发表研究成果称,他们运用变换光学原理设计出一种可让光弯曲的新材料,能够控制切伦科夫光锥,有助于有效区分构成物质最小组分的粒子。

物理学家们可以用粒子加速器,撞出普通的和罕见的粒子。由于它们非常细小,肉眼根本看不见,因此要确定碰撞产生了哪些粒子并不容易。要识别碰撞产生的粒子,研究人员需要探测光锥,也被称为切伦科夫辐射,当一个粒子在透明材料中移动的速度超过光速时,就会产生这种光学现象。虽然在真空中,光的传播速度最快,但在介质中,粒子却有可能跑在光的前面。切伦科夫光锥的角度,即其明锐度,可帮助粒子物理学家测量粒子的速度,从而确定粒子的种类。

但问题是,光锥的角度有限。因为所有具有高动量(质量×速度)的粒子,其产生的光锥的角度都是相同的。为此,塔辛研究团队设计了一种可控制切伦科夫光锥的材料,让高动量粒子的光锥角度各不相同,从而能够有效地分离这些粒子,并确认它们各自具备的"身份"。

这种用来设计新材料的方法,被称为变换光学,它是一个相当新的研究领域。由于材料折射率的变化会影响光的传播路径,科学家们可以通过仔细计算来控制材料的属性,使光线经过材料时发生弯曲,从而与以往有不一样的表现。在塔辛研究团队开发的新材料中,切伦科夫辐射被朝着两个不同的方向拉伸，光锥因此具有了不同的角度。

这项研究也展示了变换光学的更多应用潜力。塔辛说："到目前为止，变换光学主要涉及改变光线通过材料的路径。现在我们证明了，影响光的产生也是可能的。我们已经解决了高动量粒子的切伦科夫光锥问题，这就是一个例证。"

变换光学也可用来设计能够非常有效的聚光或者吸收光的材料，这将推动太阳能技术的发展；还可设计其他材料，用于模拟宇宙现象的研究，比如黑洞。

（2）用光控制活性粒子的运动和变形。2016年4月，瑞典隆德大学网站报道，该校约雅金·斯滕哈马尔领导的研究小组，同德国杜塞尔多夫大学、英国爱丁堡大学和剑桥大学的科学家们一起，研制出一种模型。利用这一模型，特定波长的光能控制活性粒子的运动，这种光能使粒子、细菌和海藻等微生物自动形成某种类似泵的事物，上演一出精彩的"变形记"。

研究人员表示，他们能借助某一波长的光，让活性材料进入运动状态并控制其运动。这一研究，未来有望广泛应用于环保、医学及可编程新材料的研制等领域。

以前，已经有研究人员人工合成了此类"泵"，但最新研究的新奇之处在于，它用光来使活性粒子构建自己的泵，并在其周围移动。科学家们可以通过调整光，在不同方向操控粒子。斯滕哈马尔说："最新模型，让我们能找到一种廉价且简单的方式来输送并控制细菌及其他活性材料。"

这是一个非常新的研究领域，但未来可能大有用武之地。活性粒子能在燃料比如糖的帮助下移动。一个可能的应用领域是让活性粒子将药物或纳米传感器传送到身体特定位置。另外，在环境科学领域，活性粒子或许能像机器人一样，找到浮油，并释放出化学物质分解污染物。

斯滕哈马尔也指出，该研究最大应用潜能将在材料科学领域，借助新的模型，使用活性粒子来构建可编程材料有望成为现实。通过改变外部环境，我们或许能改变材料的结构、属性和功能，从而研制出今天还无法制造的新材料。

2. 运用光学游戏方法的新进展

运用光学游戏方法破解量子物理学难题。2016年4月，丹麦奥胡斯大学物理学家雅各布·舍森领导的研究团队，在《自然》杂志上撰文说，玩光学游戏不仅能够娱乐，有时不经意间还能帮助科学家解决量子物理学领域的科学难题，文中还介绍了一个实例。

据了解，此前就有研究证明，游戏能够在蛋白质折叠和绘制神经网络等领域推进科学事业的发展。但涉及量子物理学的研究，一直未见报道。在新的研究中，研究人员运用光学原理设计了一些在线电脑游戏，能够让人类玩家解决一些无法单独用算法轻易解决的量子物理学问题。

例如，与量子物理学相关的运算中，有些对操作时间有极其苛刻的要求：要快但又不能太快，否则就会影响到结果的准确性，用机器算法往往很难把握好这个度。为了解决这个问题，该研究团队开发出一个名为"量子移动"的在线游戏平台，把一些与量子计算相关的运算以游戏形式呈现出来。这个平台上的游戏，被大约1万个玩家玩了50万次。

此外，文章还描述了一个名为"把水带回家"的游戏，系统会提示用户尽快地收集并向目标区域移动原子。在这个游戏中，用户使用一个"光学镊子"，即一种高度聚焦的激光束来移动原子。移动原子的速度越快，就越容易把水洒出来。玩家需要找到能最快把原子带回家而不把水洒出去的办法。研究人员发现，在解决这一问题时，游戏玩家的策略比著名的数值化方法更为有效，并基于此提出了一种新的优化方法，最终破解了这一难题。

（二）运用荧光技术的新信息

1. 利用荧光获得神经细胞信息传递实时成像

2009年8月，由丹麦哥本哈根大学神经学与药理学系副教授迪米特里奥斯·斯塔莫主持，他的同事和该校纳米科学中心研究人员参与的研究小组，在美国《国家科学院学报》上发表研究成果称，他们采用荧光共振能量转移法（FRET），成功地实现了神经细胞囊泡融合过程的实时成像。这一技术的运用，不仅会增进人们对神经系统疾病和病毒感染的了解，还可能有助于开发出治疗神经疾病和精神疾病，如精神分裂症、抑郁症、帕金森氏症、早老性痴呆病的新疗法。

囊泡是装载神经递质的微小容器，这种只有纳米级大小的小囊是神经细胞彼此沟通的桥梁。囊泡与神经细胞的膜融合，会向周围释放神经递质,从而被下一个神经细胞检测到,神经信号以此方式进行传递。神经细胞的这种沟通过程一旦中断,会造成多种疾病和精神紊乱,如抑郁症。然而,目前科学家们对于这种囊泡融合是如何进行的依然缺乏详细了解。

研究人员说,他们使用了一种称为荧光共振能量转移的方法。这种方法众所周知,但研究人员的使用方式却与众不同。他们在实验室中制作出含有荧光供体分子的囊泡和固定在一个表面的含荧光受体分子的细胞膜。只有当两个不同的荧光分子彼此接近对方时,才会发出荧光,研究人员据此检测囊泡融合情况。研究人员称,这种方法可实时判定囊泡的形状,其清晰度达纳米级。

斯塔莫指出,囊泡与膜的联系接触,是很多重要生理过程的基本步骤。过去一直缺乏有效方法,来测量纳米级尺度上囊泡融合的实时情况,现在也仅是有可能获取这个进程的高清静止图片,或者是解析度很低的实时影像。而使用这个新方法,研究人员就能以极高的分辨率,实时观测融合过程中囊泡形态的变化,量化囊泡间的接触区域,判定囊泡的大小和形状。这有助于研究人员了解,囊泡融合过程中的分子特性,为神经系统和感染性疾病的研究提供了一个广阔的前景。

2. 借助荧光物质成像检测动脉硬化

2010年12月,丹麦和美国专家组成的一个研究小组,在新一期《生物材料》杂志上发表研究成果说,他们合成出一种高密度脂蛋白,借助嵌入其中的荧光物质成像,可用于检测动脉硬化等与高密度脂蛋白水平相关的疾病。

脂蛋白在人体内的主要功能是负责血脂运输。血脂增高是动脉硬化的一个主要危险因素。而高密度脂蛋白由于体积小、密度大,工作效率高,对于血脂代谢平衡有重要影响。

研究人员在实验室中人工合成了一种高密度脂蛋白纳米颗粒,并在其磷脂层植入了荧光物质。实验观察发现,这种人造的高密度脂蛋白无论注入人体还是在试管中,都表现出与人体自身的高密度脂蛋白高度相似的生物特性和行为特征。

由于这种人造高密度脂蛋白嵌入了荧光标记物,可以很容易被观测到,且能在光学成像、核磁共振成像等检测中清晰成像,检测人员就可以借助它了解到人体自身高密度脂蛋白的活性等指标，从而及早发现一些相关疾病。

（三）运用激光技术的新信息
1. 运用激光成像技术的新进展

（1）用激光首次成功捕捉到电子运动画面。2008年2月，瑞典隆德大学工学院的一个研究小组，在《物理评论快报》杂志第100期上发表论文称，他们成功捕捉到电子运动的连贯画面，该成果在世界上尚属首次。这是继2007年，科学家首次在晶体中测到渺秒级速度的电子运动后，又一重大突破。

电子绕原子核旋转一周，约需150阿秒（1阿秒等于10的负18次方秒）的时间，这种速度接近于光速，若想拍摄到其运动图像而不产生模糊，则需要极短的闪光。此前的闪光技术，一直未能达到这种标准，直到本次科学家以强激光实现超短脉冲，即阿秒脉冲。不同于之前微弱到难以清晰成像的阿秒脉冲，新技术加入了频闪观测仪。

频闪技术，长于对高速旋转或运动着的物体进行观测，通过调节闪动频率，可使其与被测物的转动速度接近并同步。被测物虽然处于高速运动，看上去却是缓慢运动或相对静止的。新技术快速、精准，能于同一时刻捕获数张成像，效果仿如将电子的周期性运动"冻结"。

测试过程中，科学家首先以激光束，使电子产生定向运动，当其与一个原子发生相互碰撞时，利用阿秒脉冲顺利捕捉出当时的运动图像。虽然捕捉到的只是光的单一振幅，但成像却类似于一段影片，便于观看且能有序地展示出电子的能量分配。

专家表示，电子运动画面的捕捉成功意义重大，可在此基础上研究电子与不同对象发生碰撞时的行为，也可以更多了解原子失去电子后的状态，如其他电子在何时以何种方式填补逃逸电子留下的空缺，而研究人员也期待着此项基础性研究能得以实际应用。

（2）推进三维激光成像技术的应用。2011年4月，有关媒体报道，瑞典华裔专家封全宏博士，是瑞典一家国际工程咨询公司激光扫描应用技术的负责人。在过去数年中，他领导的专业团队，在应用三维激光扫描成像技术方面，取得丰硕成果，快速推进了这项技术的发展。

该研究团队在复杂工业设施的三维视图制作、隧道施工质量检测、重要设施周边环境的描述与分析等方面，积累了应用三维激光扫描成像技术的专业知识和现场操作经验，可为复杂和大型工业设施的安全保障和应急处理、工程施工质量控制，以及对特殊环境的空间描述分析等，提供精准的位置和图像信息，用于决策支持。

封全宏博士在谈到该技术的应用时指出，自20世纪90年代中期以来，三维激光扫描成像技术在欧洲有较快发展，除了激光扫描仪的小型化和高效率之外，与之配套的数据库软件和面向应用的专业软件持续发展，以及工业主管部门不断更新的管理规范，使这项技术的应用日益广泛。

到目前为止，该研究团队已经完成的项目有：加油站设施的三维视图、企业井架设施的内部结构视图、铁路隧道混凝土厚度检测、博物馆古船的内部结构视图、核电站内部的设施分布视图等，其已成为瑞典在激光数字技术应用方面的先导团队。

封全宏博士表示，这项技术在中国的应用前景广阔。中国产业发展快，而未来复杂大型工程和工业设施的维护和安全保障、对突发事件的应急反应等，都可通过这项技术提供数字化图像档案，为产业主管部门、安全应急机构以及大型工业企业提供决策支持信息，也可用于工程施工的质量检测和控制。

（3）首次用激光拍摄到化学键的形成过程。2015年2月12日，瑞典斯德哥尔摩大学教授安德斯·尼尔森领导，美国斯坦福界面科学与催化剂中心主管詹斯·诺斯科夫等专家参加的一个研究团队，在《科学快递》上发表论文称，他们利用美国斯坦福直线加速器中心国家加速器实验室的X射线激光进行实验，首次观察到化学键的形成过程。

研究人员说，他们首次拍摄到化学键形成过程中的过渡状态：原子形成一种不确定的键。反应物是一氧化碳分子，其左边是由一个黑色的碳原子和一个红色的氧原子构成，以及它右边的一个氧原子。它们附着在钌催化剂表面，催化剂让它们彼此靠近，更容易反应。发射一束光学激光脉冲，反应物振动并互相碰撞，碳原子和氧原子的中间形成一个过渡状态的键。生成的二氧化碳分子脱离催化剂表面在右上方飘走。线性相干光源X射线激光能探测到这些进行中的反应，并生成动画视频。

报道称，科学家第一次看到了化学键形成的过渡状态：两个原子开始形成一个弱键，处在变成一个分子的过程中。长期以来，人们一直认为这是不可能的。这一基础性进步将产生深远影响，可以帮助人们理解化学反应是如何发生的、设计释放能量的反应、开发新产品及如何更有效地给作物授粉。

尼尔森说："这是所有化学最核心部分，可以看作是一个圣杯，因为它控制着化学反应。但由于在任何时刻，处在这种过渡状态的分子都如此之少，人们认为我们永远无法看到它。"

研究团队观察的反应，与汽车尾气中一氧化碳的催化中和反应是一样的：反应在催化剂表面发生，催化剂能抓住一氧化碳和氧原子，让它们彼此靠近，更容易地结合形成二氧化碳。斯坦福线性加速器中心的线性相干光源上明亮的 X 射线激光脉冲，足够短也足够快，能照亮原子和分子，让人们看到前所未见的化学反应世界。

在实验中，研究人员把一氧化碳和氧附着在一种钌催化剂表面，用光学激光脉冲驱动反应进行。脉冲将催化剂加热到1700℃，使附在上面的化学物质不断振动，大大增加了它们碰撞结合在一起的机会。利用线性相干光源的 X 激光脉冲，研究人员能探测到原子的电子排布的变化，即化学键形成的微细信号，时间仅有几飞秒。

尼尔森说："首先是氧原子被激活，随后一氧化碳被激活。它们开始振动，一点点地来回移动，然后，大约在万亿分之一秒后，它们开始碰撞，形成了这些过渡状态。"

他们惊讶地发现，许多反应物都进入了过渡态，但只有一小部分形成了稳定的二氧化碳，其余的又分开了。尼尔森说："就好像你在山坡上向上弹球，大部分球上到山顶又滚下来。我们看到许多球在不断努力，但只有很少反应能持续到最终产物。要详细理解在这里所看到的，我们还要做更多研究。"

报道称，瑞典斯德哥尔摩大学亨利克·奥斯托姆教授领导的研究小组，做了如何用光学激光引发反应的最初研究工作，在斯德哥尔摩教授拉斯·皮特森的领导下计算了理论光谱。在实验中，理论起着关键作用，预测着将会看到的情况。

诺斯科夫说:"这是极为重要的,让我们能深入理解法则的科学基础,而这些法则能帮我们设计新的催化剂。"

2. 森林碳汇测量中应用激光技术的新进展

运用激光技术开发测量森林碳汇的新方法。2009年12月,芬兰媒体报道,芬兰拉彭兰塔技术大学研究人员,在森林碳汇评估方法方面取得新进展,他们将激光扫描、大地遥感和数学模型等跨学科技术结合在一起,可有效测量森林的二氧化碳吸收和储存能力。

森林碳汇,是指森林吸收并储存二氧化碳的能力。据报道,拉彭兰塔技术大学研发的这一系统方法,不仅可用于测量森林碳汇能力,还有助于监测森林管理,以合理分配相关资金。

森林系统是应对气候变化的一个关键因素,增加森林碳汇能力与降低二氧化碳排放,是减缓气候变化的两个同等重要的方面。目前,正在丹麦哥本哈根召开的联合国气候变化大会的重要议题之一,就是协商发达国家对发展中国家的资金支持,用于保护和管理森林,从而提高森林碳汇能力,帮助发展中国家减缓和适应气候变化。

第二节 研制光学仪器设备的新进展

一、光信息观察与存储设备的新成果

(一) 光信息观察设备研制的新信息

1. 开发生物观察光学设备的新进展

研发出多点触控大型显示屏显微镜。2011年4月,赫尔辛基大学网站报道,芬兰多点触控显示屏生产商与赫尔辛基大学等机构组成的一个研究小组,开发出一款多点触控大型显示屏显微镜,该技术将显微镜和大型多点触控屏幕整合在一起,便于科研和教学等用途。

报道说,这项新技术把显微镜与一个46英寸多点触控显示屏,通过网络连接在一起。这个大型显示屏,能把用显微镜扫描的样本放大1000倍。研究人员说:"细胞甚至亚细胞都能看得一清二楚。"

研究人员说,这台显微镜扫描一个样本后,会生成一个由多达5万张

独立图像拼接而成的高清图片,并存储到图像服务器中,大型显示屏显示的图像,就是通过网络从这个服务器中调取的。

2. 开发天文观察光学设备的新进展

(1) 成功释放探测太阳的空中大型望远镜。2009年6月8日,有关媒体报道,瑞典、德国、西班牙和美国研究机构组成的一个国际研究团队,在开展太阳观测项目中,研制出大型太阳望远镜"日出",上午搭乘巨大的氦气球成功升空。"日出"将在未来5天中,在北极高空以前所未有的精度观测太阳。

报道说,"日出"望远镜搭乘充有100万立方米氦气的气球,从位于北极圈内的瑞典基律纳市发射中心升空。升空过程中,"日出"望远镜发回地面的第一批信号显示,各系统工作一切正常。

在未来5天内,载有"日出"望远镜的氦气球,在离地37千米的高空借极地风的推送向西飞越大西洋、格陵兰岛直至加拿大上空。最终望远镜将在加拿大北部被回收。

研究人员介绍道,在37千米的高空,"日出"望远镜可以避开99%的地球大气层干扰,清晰地观测太阳表面,其观测精度可以达到35千米。此外,氦气球飞行所经区域,都处于北极夏季极昼,可以每天24小时不间断地观测到太阳。

科学家们希望借助"日出"的观测,进一步了解太阳的表面结构以及磁场分布。太阳黑子、太阳风等许多太阳活动都与其磁场有关。

(2) 正式启用可更好瞭望北极光的新天文台。2008年3月,《自然》杂志在线新闻报道,挪威属地斯瓦尔巴群岛降临谷之巅的新天文台正式启用。斯瓦尔巴群岛中央大学将负责这个名为基尔·亨利克森天文台的运作,该大学气候研究员弗雷德·西格尔内斯说:"这是一个瞭望太空的窗口。"新天文台的几台设备已经开始研究北极光。

斯瓦尔巴群岛位于北冰洋中,是人类最接近北极的可居住地区之一,冬夏各有100多天的极夜和极昼。对许多人而言,当漫长的北极夜来临时,黑暗的天空中看不见太阳,只有星星在闪烁,这实在令人沮丧。然而,对于即将到位于挪威群岛之巅的新天文台中工作的科学家来说,北极的长夜却是观察北极光的最好时机。

第二章 光学领域的创新信息

北极光是出现在北极区域的一种可见光。从人类第一次仰望天际惊见北极光的那一刻起，北极光就一直是个谜，它的成因一直众说纷纭。有人认为，它是地球外缘燃烧的大火；有人认为，它是太阳西沉后天际映射出来的光芒；还有人认为，它是极地圈中的冰雪在白天吸收并储存阳光后，在夜晚释放出来的一种能量。然而，直至人类将卫星送上太空之后，这种天象之谜才有了物理学的合理解释。

从本质上说，极光是原子与分子在地球大气层最上层（距离地面100～200千米处的高空）运动时激发的光学现象，它的形成有三大要素：太阳、风和地球磁场。太阳风是太阳对宇宙不断放射的一种能量，由电子与质子组成。由于太阳的激烈活动，放射出无数的带电粒子，当带电粒子流射向地球并进入地球磁场时，受地球磁场的影响，这股粒子流便沿着地球磁力线的调整，进入到南北磁极附近的高层大气中，与氧原子、氮分子等在近地点碰撞，产生了电磁风暴和色彩艳丽的可见光——极光。

极光一般出现在秋冬夜晚和高纬度地区，在北极出现的称为北极光，在南极出现的称为南极光。目前，虽然科学家们已经大致了解了极光的成因，但极光仍留下许多问题让人们去探索，比如极光是否有声音？太阳风撞击地球磁场所产生的能量有多大？这种能量能为人类所用吗？

新天文台位于降临谷之巅，远离斯瓦尔巴群岛的生活区，为北极光的研究提供了最好条件。因为极光一般出现在距离极地地面100～200千米处的高空，因此需要在不受任何光污染的高地、用非常敏锐的光学设备对之进行研究。天文台的仪器主要是光学设备，原因是北极光是一种可见光。

挪威斯瓦尔巴群岛中央大学的达格·洛伦兹认为，新天文台将成为斯瓦尔巴群岛冬天时少数最繁忙的地方之一。尽管部分工作已经展开，但主要的光学设备夏天才能安置好，所以，真正的研究工作于2009年冬天开始。到那时，科学家将不分昼夜地仰望北极黑暗的天空，因为从每年10月到来年3月，斯瓦尔巴群岛都将经历没有白昼的日子。

新天文台的研究人员希望，他们的数据能很快有助于回答，有关太阳与气候关系的更为普遍的问题。产生奇特极光的大型太阳风暴也可能会中断通信卫星系统、迫使飞机改变方向、让汽车中的全球定位系统发生混乱，许许多多的问题都需要仔细研究。

(二) 光信息存储与传播设备研制的新信息

1. 开发光信息存储设备的新进展

制成数秒探测皮肤癌的高光谱相机。2014年2月27日,芬兰《赫尔辛基新闻》报道,芬兰国家技术研究中心海基·萨里领导的研究小组,开发出一种可快速探测早期皮肤癌的高光谱相机。萨里说,相机是应用高分辨率超光谱成像技术研发的,与用于环境研究的无人驾驶飞机所应用的成像技术一样。

据介绍,这种检测设备简便而精确,可在2秒钟内一次性拍摄12平方厘米大的皮肤区域,捕捉最多达70个不同波段的图像,并将图像叠加成光谱图像立体图,计算机通过分析人体组织的反射光谱,来确定肿瘤的位置和大小,还可以确定肉眼难以辨别的、边缘不清晰的皮肤肿瘤边界,如恶性雀斑等。

芬兰赫尔辛基大学附属中心医院医生内塔梅基·佩尔图说:"该相机的初步效果,表明其前景光明。"她表示,这种轻便的诊断工具非常适用于临床。近年来,由于人口老龄化及紫外线伤害,皮肤癌的全球发病率正在成倍攀升,这种高光谱相机为早期发现和治疗皮肤癌,开辟了新的前景。

2. 开发光信息传播设备的新进展

设计出全新的雾气投影仪。2005年6月,有关媒体报道,这不是什么尖端的等离子,而是由水雾制成的互动的电脑显示屏。它的神奇不仅在于屏幕巨大,通过激光扫描仪的帮助,你还可以用手指点击屏幕,甚至在其中自由地穿行。

推出这项新发明的是芬兰的一家高科技公司,但他们表示其实这里面并没有高深的科技,而是采用普通投影仪制造的效果。研究人员从海市蜃楼里获得灵感,利用雾气和空气来模拟屏幕,并设计出全新的雾气投影仪。

整个设备使用一台安装在顶部的空气吹制机,用来产生垂直的、没有任何波动的空气,形成空气墙,墙中的空气以稳定的速度连续流动但不会发生混合;高频率的音响震动器将水分蒸发成微小的含水颗粒,经压力泵被送入空气墙中。虽然气流难以处于绝对的稳定状态,但由于将水雾混在空气中，就能帮助稳定这个系统。水雾连续不断地被送入空气墙中，所以即便人从屏幕中穿越，几秒钟后显示的图像就能快速恢复。

研究人员表示，这种投影仪里有一个装置，用来制造水蒸气以形成一种连续的雾，投影仪便可把图片投射到雾幕上面，这点采用的是水幕电影的原理。而雾气和空气之间由于热量不均衡从而形成冲突界面，这些冲突界面上的各种分子振动能量传递到人的眼睛上，就有大小不同的感觉，这点和海市蜃楼的原理一样。不过，它最大的好处，就是可以人为地改变冲突界面，也就是说它不但可以利用空气来投影，还可以在空气上题字作画。

研究人员表示，科幻电影里那些空气中浮动的广告，没有任何介质依托，汽车和飞艇可以自由地穿透广告画面，这样的场面不久就能变为现实了。他们强调说，这样的显示屏价格较低，不仅可以用于大场景的展示，还可以用于科学实验，因为它有一些诸如不怕水珠飞溅等的特性。

二、光学探测及其他设备的新成果

（一）研制光学探测设备与配件的新信息
1. 开发光学探测设备的新进展

（1）发明数字彩色 X 射线医学检测诊断设备。2007 年 5 月，有关媒体报道，位于瑞典厄斯特松德、松兹瓦尔、赫尔诺桑德等处的中瑞典大学，由科学家博尔济·诺林牵头的一个研究小组，公布的一项研究成果称，他们发明的数字彩色 X 射线医学检测诊断设备，为医学检测诊断带来了一种新的方法。

数字彩色 X 射线技术的机理，与核物理学家用来探测新的基本粒子的先进技术是一致的。而建造一台彩色 X 射线相机的最大挑战在于：如何把核物理学家用于粒子探测的大型探测设备，尽可能的缩小到显微形式。

为了实现这一目标，X 射线相机感应器的每个像素点的电子读出装置，必须被压缩到 55 微米×55 微米的大小，而来自中瑞典大学的研究小组成功地解决了这些设计上遇到的问题。更重要的是，研究人员发现，数字彩色 X 射线设备应用于牙科 X 射线装置时，可以有效减少放射剂量。目前，工业界也期望能使用这一彩色 X 射线技术，用来分析各种材料的结合特性。

博尔济·诺林表示:"如果使用我们的这种数字彩色 X 射线设备,就可以把 X 射线检查中的辐射剂量威胁,降到目前条件下的一半左右。"

同时,中瑞典大学研究小组,利用下一代 X 射线相机的先进计算机模拟技术,发明了用于提高彩色 X 射线成像质量的方法。这意味着,这些相机将拥有更高的分辨率,并且能高质量的显示出更多的色彩。受到此项研究成果的吸引,欧洲核子研究中心在瑞典中北部港口城市松兹瓦尔举行一次季度会议,在这次会议上,科学家们针对彩色 X 射线技术未来发展前景,展开了热烈讨论。

(2)研制出创世界纪录的新型微波探测器。2016 年 8 月,芬兰阿尔托大学量子计算和设备研究团队,在《物理学评论通讯》杂志上,发表题为"利用电热反馈在临近诱导的约瑟夫森结中探测介焦微波脉冲"的论文,表明他们在微波探测领域创造了一项新的世界纪录。

据悉,该研究团队成功开发出一种新型部分超导微波探测器,将热光电探测的能量分辨率,比此前的世界记录提高了 14 倍。这种体积比单个人类血细胞还小的探测器,将显著推动超灵敏相机以及量子计算机配件的开发。

这种新型探测器,由超导铝的微小碎片和一条纳米金线组成,工作温度为绝对零度的 1%,在这样的低温下热干扰是及其微弱的,研究团队成功检测到大小仅为 10^{-21} 焦耳的能量包,即将一个红细胞移动 1 纳米所需要的能量。

该探测器的研发关键,主要体现在两个方面:一是创新的结构设计可以同时保证入射光子的高效吸收和测量读数的高敏感性;二是对微小能量包所产生的信号进行有效放大。研究团队通过正反馈法,实现了利用外部能量源,对吸收光子所引起的温度变化进行放大。

现有超导技术可以生产单一微波光子,而对这样的旅行光子进行有效探测是一项重要挑战,该研究成果是利用热探测解决这个问题的一次飞跃。此外,探测器越小,可探测的信号越多,而且大规模生产的成本就越低。

为促进这种新型微波探测器的商业应用开发,欧盟研究理事会已通过"概念验证"计划,向该研究团队提供经费资助,这已经是该团队第三次获得欧盟研究理事会的项目资助。

（3）制成量子效率突破理论极限的光电探测器。2020年8月17日，物理学家组织网报道，芬兰阿尔托大学校赫拉·赛文教授领导的研究团队，开发出一种黑硅光电探测器，其外部量子效率达130%，这是光伏器件该效率首次超过100%的理论极限，有望大大提高光电探测设备的效率，而这些设备广泛应用于汽车、手机、智能手表和医疗设备内。

光电探测器是可以感测光或其他电磁能量的感测器，可将光子转换成电流，被吸收的光子形成电子—空穴对。光电探测器包括光电二极管和光电晶体管等。量子效率是用来定义光电探测器等设备将其受光表面接收到的光子转换为电子—空穴对的百分比，即量子效率等于光生电子除以入射光子数。

当一个入射光子向外部电路产生一个电子时，设备的外部量子效率为100%（此前被认为是理论极限）。在最新研究中，黑硅光电探测器的效率高达130%，这意味着一个入射光子产生大约1.3个电子。

研究人员表示，这一重大突破背后的秘密武器，是黑硅光电探测器独特的纳米结构内出现的电荷载流子倍增过程，该过程由高能光子触发。此前，由于电和光损耗的存在减少了所收集电子的数量，因此科学家未能在实际设备中观察到该现象。赛文解释说："我们的纳米结构器件没有重组和反射损失，因此我们可以收集到所有倍增的电荷载流子。"

德国国家计量学会物理技术研究所已对这一效率予以验证，该研究所是欧洲最准确、最可靠的测量服务机构。

研究人员指出，这一创纪录的效率，意味着科学家可以大大提高光电探测设备的性能。

阿尔托大学校所属埃尔菲斯公司首席执行官米科·君图纳博士说："我们的探测器引发了广泛关注，尤其是在生物技术和工业过程监控领域。"据悉，他们已开始制造这种探测器用于商业领域。

2. 开发光学探测设备配件的新进展

发明微观光学研究纳米尺度的散色装置。2011年9月，瑞典查默斯理工学院米卡埃尔·卡尔等人组成的研究小组，在英国《自然·通讯》杂志上发表研究报告说，他们发明了一种纳米尺度的散色装置。实验表明，一束同时含有红光和蓝光的光线,向前照射时,如果其左右分别出现一个金纳米微粒和一个银纳米微粒,红光和蓝光就会从这束光线中分离出来,各自偏向一方。

瑞典研究人员研制出的这种装置,其主要结构,是在玻璃板上放有相距约20纳米的一个金纳米微粒和一个银纳米微粒,当一束光从中通过时,其中的红光会偏向金纳米微粒方向,而蓝光会偏向银纳米微粒方向。

实际上,这个散色装置的原理,与人们熟知的牛顿用三棱镜把阳光分散为七色光相似。但它有一个重大突破,因为纳米装置本身的尺度,已经小于可见光的波长,在这样的尺度中,三棱镜散色的原理已经不再适用。

本次发明,是建立在"等离子共振"原理基础上的。在微观尺度上,光线从物体表面经过时会和其表面的电子产生共振,金和银表面电子活动的特征并不相同,正好分别对应了红光和蓝光的频率特征,于是产生了金银纳米微粒在前吸引,光线也跟着分出红蓝两色的现象。

研究人员说,这种纳米尺度上的散色装置,可用于制作光敏探测器,它的灵敏程度可能达到探测由一个分子引起的光线变化,适用于在低浓度环境中探测有毒物质,比如可在医学上,用来探测疾病初期出现的少量与病变相关的分子,帮助诊断病情。

(二) 开发光源与光学通信设备的新信息

1. 开发光源及照明器具的新进展

(1) 研发新型光源:下一代X射线源点火运行。2015年9月1日,有关媒体报道,瑞典X射线源项目总监克里斯托夫·奎特曼,在接受《自然》杂志采访时表示,当地时间8月25日下午10点,首个电子束开始在瑞典隆德"马克斯IV"加速器中运行,研究人员希望,这标志着X射线科学的新纪元。

粒子加速器产生的X射线,被广泛用于从结构生物学到材料科学等诸多领域。下一代技术,有望降低全世界X射线源的成本,同时提高其性能,并进行之前无法实现的实验。

报道称,"马克斯IV"设备是一个528米长、3吉电子伏特(GeV)的机器,据悉,它是全世界首个第四代同步加速器。

美国加州斯坦福直线加速器中心加速器物理学家罗伯特·赫特尔说:

"这意味着有些东西是命中注定不会提前发生的。过去,许多环都很难达到这种早期的里程碑。"

伊利诺伊州阿贡国家实验室X射线物理学家克里斯·雅各布森说:"在演示第四代技术时,获得第一束X射线是绝对重要的第一步。'马克斯IV'正引领世界踏上同步加速光源的新道路。"

据悉,"马克斯IV"是在现有的马克斯Ⅰ、Ⅱ、Ⅲ基础上进行升级改造的,装置将提供宽能区范围内的最佳性能的同步辐射,以最大程度地满足各类研究和应用需求。在加速器中,电子束以接近光的速度在环形真空管中环流。强有力的"弯曲磁铁"能控制电子环流,并"聚集"磁力推动电子联合起来抗拒相互斥力。然后,电子穿过能将它们向一边晃动的特殊磁铁,产生X射线脉冲,即同步加速辐射。

第四代技术最重要的创新,在于采用了更狭窄的电子环流真空管。"马克斯IV"的真空管直径只有22毫米,只相当于现有加速器的一半。这将有助于它获得更强的磁力。科学家表示,第四代光源有望将电子挤压成更紧密的光束,以便产生能将更多光子挤压到一个更紧密更明亮的光束中的X射线脉冲。

雅各布森指出,这将有助于研究人员在几分钟里,进行第三代设备需要几天才能进行的实验。最终,"马克斯IV"产生的光束,将有助于材料学家研究电池内部的化学反应,或帮助结构生物学家观察更小的蛋白质晶体的结构。

(2) 研发新型照明器具:推出可给手机无线充电的台灯。2011年11月25日,芬兰媒体报道,芬兰一家无线充电技术公司和设计伙伴,联合推出一款新型台灯,它可为手机等移动装置无线充电。

这种台灯下部有个传感器,当它处于开启状态时,可使台灯表面产生电磁场。用户只需将一个接收器插入手机等移动装置,然后将移动装置放在台灯表面,即可基于感应充电原理,无线充电。研究人员认为,这种既可用于照明又能无线充电的产品,可广泛用于居室、餐馆、酒店、机场等场所。

2. 开发光学通信设备的新进展

(1) 研制出首块单光子路由器。2011年8月,瑞典查尔姆斯理工大学的物理学家佩尔·戴辛和克里斯·威尔逊领导的研究小组,与西班牙国家研究委员会的研究人员一起,在《物理评论快报》杂志上发表研究报告称,他们联合研制出世界首块在单光子层面工作的路由器,它由一个"人造原子"制成。

不久前,研究人员成功演示了内嵌于一条传输线中的这块路由器,怎样把单个光子,从一个输入端口,运送至两个输出端口中的一个。研究人员表示,这种单光子路由器,未来能作为量子信息网络中的量子节点,为其提供基本的数据处理和路由。

与电子相比,对光子进行控制和引导更加困难。这主要是因为光子不像电子那样拥有强烈的相互作用,因此,目前的路由器大多使用电子。然而,量子隧道的一个重要要求,是粒子能在长距离上分发数据,光子"天生"能比原子等其他量子系统行进更远的距离,因此,在量子信息网络中用光子做信息载体效果更好。

研究人员为了制造这个单光子路由器,使用一个超导量子位,作为"人造原子"。接着,研究人员把这个量子位耦合到一个一维的传输线上,微波光子能够沿着这个传输线行进。随后,研究人员在其上持续施加一个微弱的光子探针,有时候也补充一个更强烈的控制脉冲。如果没有这束强烈的控制脉冲,人造原子会反射入射的光子,入射光子会行进到一号输出端口。当这束强烈的控制脉冲出现时,它会引起电磁诱导透明(EIT)现象,致使原子对这束微弱的探测光束变得透明,导致光子旅行到二号输出端口。采用这种方式,研究人员能将入射光子引导到两个输出端口中的一个。

研究人员表示,这是首块在单光子层面工作的路由器,而且它的消光效率可达 99.6%,这表明,光子可有效地耦合到路由器上,并被很好地控制。同时,它的切换时间仅为几纳秒。另外,这种路由器很容易进行扩展,以使其具有更多输出端口,这一点对它用作量子点必不可少。

研究人员指出,这种路由器,除了主要用于未来的量子计算机网络中,对于科学研究也非常有用,例如,可用它把单光子源的光子,分发到同一块芯片上的几个实验中,让研究人员使用同束光线进行更多实验。

(2)成功开发世界首款高光谱移动设备。2017 年 1 月,有关媒体报道，芬兰国家技术研究中心一个研究小组，通过把苹果手机摄像机，转换为新型光学传感器，成功开发出世界上第一个高光谱移动设备，这将为低成本高光谱成像的消费应用带来新的前景。例如，消费者将能够使用移动电话，进行食品质量检测或健康监测。

光谱成像广泛用于各种物体感测和材料属性分析。高光谱成像对图像中每个像素点进行光谱分析，可实现宽范围测量。高光谱相机，已经用于苛刻环境条件下的医疗、工业、空间和环境感测，但价格昂贵。

该研究小组开发的高光谱移动设备，通过把可调节的微光机电系统滤波器，与苹果手机的摄像机镜头集成，并令其调节功能与摄像机的图像捕获系统同步，将智能传感器与互联网结合，使得利用具有成本效益的微光机电系统光谱技术，开发新的移动应用成为可能，如利用车辆和无人机进行环境观测、健康监测和食品分析等消费应用。

消费者可以从健康应用中获益。例如，移动电话将可用于检查色痣是否为恶性或者食物是否可食用，也可用于验证产品真伪或基于生物识别数据进行用户识别。另外，基于每个像素点的全光谱信息，无人驾驶汽车将可以感知并识别环境特征。

当今智能设备的发展，为图像数据处理和基于光谱数据的各种云服务，提供了巨大的机会，而传感器大规模生产技术，将使得在目前使用低成本相机传感器的设备中引入高光谱成像成为可能。该研究小组正积极寻求企业合作，以实现这项技术的商品化。

（三）开发光学其他设备与材料的新信息

1. 研制光学自动化设备的新进展

运用光学装置制成在冰雪上行驶的无人驾驶汽车。2017年12月，芬兰国家技术研究中心宣布，该中心运用一系列光学装置，研发出能在冰雪覆盖道路行驶的无人驾驶汽车。

据介绍，这辆名叫"马尔蒂"的无人驾驶汽车，基于大众途锐车型底盘，并配备了相机、天线、传感器和激光扫描仪等光学装置。目前大多数无人驾驶汽车依靠辨认道路标志，而"马尔蒂"依靠精准的GPS定位，可以在被冰雪覆盖的路面上行驶。

"马尔蒂"在芬兰北部拉普兰地区，进行了一系列测试。其中，在穆奥尼奥小镇一段智能道路的测试中，测出了每小时40千米的最快速度。由于程序已设定测试速度不得超过每小时40千米，因而项目经理马蒂·库蒂拉认为，它有可能驶出更快的速度。库蒂拉说，这段智能公路没有交通信号灯，因此"马尔蒂"可以顺畅加速，从而达到真实道路测试的理论最高速度。

该研究中心表示，关于无人驾驶汽车的下一步研究方向，是改变光学元件的波长，提高雷达分辨率，并使监测传感器功能的软件变得更加智能化，从而逐步提高车辆性能，使之可在能见度很差的湿滑路面上行驶。

2. 用光学材料研制仿生工具的新进展

以光学材料模仿捕蝇草研制出柔软的抓取工具。2017年5月，芬兰坦佩雷理工大学阿莱·普力玛吉领导的研究小组，在《自然·通讯》发表研究成果称，他们研制出一种模仿捕蝇草的柔软的抓取工具，它以光学材料为基础制成，能够感知并抓取物体。这种简单的能够识别目标的软体机器人，可能最适合用来自动处理精巧物体。

软体机器人有希望提供人类友好型的安全接触，但是这类装置的自动化一直是一项挑战。解决方法之一是采用能够响应光刺激而改变形状的材料，但是之前在这方面的尝试都需要借助外部照明。

该研究小组把光响应液晶高弹体与光学纤维相结合，克服了外部激活需求。根据他们的方法，光纤维照射目标物体，反射的光将诱导液晶高弹体弯曲。响应性材料发生弯曲后，能够抓取任何形状的微型物体；例如进入其视野的"人造昆虫"（散光粒子）。该装置能够抓取质量为其自重几百倍的物体。光灭后，物体即被释放。

研究人员表示，这种可自我调控的光驱装置，能自动识别不同物体，将来有可能为智能微机器人奠定基础。

3. 开发用于制造光学设备的新型元器件

提出制造光子晶体管的技术构思。2007年8月26日，丹麦哥本哈根大学尼尔斯·波尔研究所量子物理学家安德斯·索伦森领导，丹麦和美国研究人员参与的一个研究小组，在《自然·物理学》网络版上发表研究成果，提出一种制造光子晶体管的技术构思。这表明，研究人员向制造量子计算机的目标，又推进了一步。

量子计算机具有令人难以置信的处理复杂任务的能力,一旦制造成功,必将带来一场计算机的革命。但是要制造量子计算机,存在很多困难,其中之一,便是处理信息的晶体管的制造。目前,计算机处理的信号是电信号,但在量子计算机里,信号将可能是光信号,它将使用光子进行工作。索伦森表示,量子计算机要正常工作,光子之间需要碰撞并相互影响。这在实际操作上相当困难。

为了达到这一目的,索伦森和合作者发展了一种新的技术构思。他们使用原子作为媒介物,根据以前的发现——借助于超导纳米线,微波可以聚焦于原子,他们认为使用可视光线也许同样能够做到。

在新的技术构思中,把原子靠近纳米线,两个光子对准原子发射,当它们击中原子时,两个光子间就发生了相互影响,一方将所带信息传给了另一方。光子获取信息后,信号就会继续向前传输。这些信息以比特的形式传输,在量子光学里,一比特仅仅只是一个光子,而不像使用光缆时每一比特都是由数百万光子构成。

量子计算机,一直是科学家的梦想。此次研究,为制造量子计算机所需的光子晶体管,又迈出了重要的一步。

4. 开发用于制造光学设备的新材料

研制具有优异光电性能的半导体新材料。2012 年 10 月,挪威科技大学电子与电讯系赫尔吉·韦曼教授领导的研究小组,与 AS 纳米技术公司共同组成的研究团队,在《纳米快报》发表研究成果称,他们成功开发出一种新型半导体工业复合材料"砷化镓纳米线",并申请了技术专利,该复合材料基于石墨烯,具有优异的光电性能,在未来半导体产品市场上将极具竞争性,这种新材料被认作有望改变半导体工业新型设备系统的基础。

该产品采用自动分子束外延生长法,在原子级薄石墨烯上生成半导体纳米线,新电极具有透明、韧性佳且价格低廉。韦曼认为,这种纳米线虽然不是一个全新产品,但它是半导体装置生产方法的一个新模板,该技术专利可应用于未来太阳能电池和发光二极管的生产。

石墨烯在半导体工业的应用,引起了世界范围的广泛注目。目前,IBM 公司和三星公司都在致力于开发石墨烯,希望其替代硅在电子产品如触屏手机等中的使用。这项技术的优势是，使得消费类电子产品更加便于升级，而设计不会受到任何限制，为电子产品和光电子器件提供了新的平台。未来最大的潜在市场是基于石墨烯和半导体纳米线的纳米太阳能电池、自供电纳米机器和先进的 3D 集成电路，其应用前景包括服装、笔记本、传统手机、平板电脑和运动配件的生产，未来的电子产品将更加微型而高效。引用石墨烯将是未来众多应用的优选基板，它将是新型电子设备系统的基础。

从 2007 年起，挪威研究理事会就开始立项支持此研究，挪威科技大学纳米实验室、国家纳米光子实验室和 MBE 实验室共同参与了该项科研，为支持该项成果的商业化，还专门成立了 AS 纳米技术公司。目前挪威科技大学技术转让中心和 AS 纳米技术公司共同拥有该项技术专利。

第三章　天文与交通领域的创新信息

北欧地处高纬度，对于探测某些天象具有独特优势。实际上，在北欧，研制交通工具的成效，要远远大于开发航天器。这里，培育了沃尔沃、斯堪尼亚等享誉全球的汽车制造大企业。近年，北欧在宇宙探测领域的新成果，主要集中于研究地球身世及诞生初期面貌、地心年龄、远古海平面、地球古生物、地球磁场和地月关系。探测火星及其他大行星，研究陨星和星际访客。提出全新的宇宙模型，研究恒星、中子星、星系团及星际空间，研究黑洞与暗物质。同时，研制航天飞机配套装置，发射人造卫星，研制火星漫游车，参与建造中微子探测器；开发效率更高的航天燃料。在交通运输领域的新成果，主要集中于制造出世界上首辆"会潜水的汽车"，设计引领北欧时尚的多功能车，推出首款体现森林工业产品的概念车，研制多燃料与混合动力汽车、环保型汽车、电动汽车、智能汽车。开通世界上首列燃烧生物气体的列车，发明保护骑自行车者的充气头盔。设计只用波浪能、风能及太阳能等推动的环保船只模型，部署世界上第一艘避雷达探测的隐形战舰，发明不再依赖全球卫星定位系统的海运新技术，开发用于海洋运输业的氢燃料电池。研制香烟盒大小的微型直升机，加大对无人机技术的研发投入。建成首条自行车"高速路"，研发城市智能交通管理系统，用巨大的气球在极地冰盖上建造运输基地。

第一节　宇宙探测领域的新进展

一、探测研究太阳系的新成果

（一）探测地球与月亮的新信息
1. 通过计算机模型研究地球的新发现
新模型显示地球在宇宙中真的很孤独。2016年3月，瑞典和美国科学家组成的一个国际研究团队,在《天体物理学杂志》上发表论文称,他们设计出一个已知宇宙的计算机模型,来评估系外行星的数量及其存在生命的可能。结果发现,目前众多系外行星中没有一颗与地球相似,地球或许比人们此前认为得更为独特。

论文中,该研究团队介绍了他们创建这一模型的过程及其发现。研究人员称,他们首先根据目前人类所知的早期宇宙,打造出一个计算机模型。再将开普勒等太空探测器传回的数据输入其中,然后观察这一模型在既有物理法则下的运行情况,看其如何在138亿年的时间中进行演化。

研究人员在这个宇宙模型中进行了一次虚拟的"人口普查",结果发现138亿年的时间里,这个宇宙中共"产生"了大约 7×10^{20} 颗系外行星。但让他们惊讶的是,其中绝大多数行星的年龄都比地球"老"得多。该模型还表明,大多数系外行星都存在于比银河系更大的星系当中,并且其轨道恒星与太阳区别极大。研究人员认为,地球之所以如此独特,要归功于它相对较小的年龄和在银河系中特殊的位置。

迄今为止,空间科学家已经确认了约2000颗系外行星,如果新模型准确的话,相对于总数,这显然只是很小的一部分。研究人员承认,对模型所采用的数据,他们还未完全理解,而且很多数据还存在不确定性。因此,目前还无法确定这个模型的准确度到底有多高。

数十年来,科学家们一直在致力于探索外星生命的线索,但至今仍然未见任何可靠证据。不少人认为,之所以还没有发现外星生命,是由于他们距离地球太远或科技远胜我们且不愿让我们发现。而不久前,澳大利亚科学家的一项研究提出了另一种更简单的说法,即人类的努力之所以未见任何成果,是因为外星生命的存在已是过去式,如今他们可能早已灭绝。新研究在某种程度上支持了这一假设。

2. 地球地质地貌研究的新发现

(1)格陵兰岛岩石或证明地球诞生初期是岩浆海洋。2012年11月2日,有关媒体报道,丹麦和法国研究人员组成的考察队,在格陵兰岛发现钕142同位素丰度较低的古老岩石,而此前该地区曾发现钕142同位素丰度过高的岩石,这种高低"丰度"共同支持了地球诞生初期是一片"岩浆海洋"的观点。

有观点认为，地球形成于大约46亿年前，在其诞生后的数亿年间，地球上是一片"岩浆海洋"。随着岩浆慢慢冷却结晶，化学成分各异的地层逐渐形成，地壳和大陆也随之出现。根据这一假说，在"岩浆海洋"状态下许多元素的同位素都会融入岩浆，它们在全球的分布应该是连续的，在不同地区的同一地层中，同位素的总体丰度也应大致相当。

钕142同位素由放射性同位素钐146分解形成，它在地球上所有岩石中的丰度基本相同。这里所说的"丰度"是指钕142在钐146分解而成的所有同位素当中的所占比例。2003年，法国研究人员首次在格陵兰岛西南部形成于30多亿年前的岩石中，测出丰度过量的钕142同位素。根据"岩浆海洋"假说，在格陵兰岛历史同样久远的某地层"区块"中，钕142同位素的丰度应相应较低，从而使格陵兰岛这一地层的该同位素总体丰度，与地球上其他区域大体相同。多年来，研究人员一直按这一思路在格陵兰岛展开考察。

不久前，这个考察队运用热电离质谱检测法，对格陵兰岛伊苏亚山脉的岩石标本进行极为精细的分析，终于测出一些形成于30多亿年前的岩石中，钕142同位素的丰度较正常值低百万分之十点六，印证了此前的探索思路，从一个侧面支持了地球形成初期是一片"岩浆海洋"的假说。研究人员认为，这些发现，有助于完善地球初期演变阶段的内部动力学模型。

（2）计算显示地心比地壳小2.5岁。2016年5月，有关媒体报道，丹麦奥胡斯大学乌力克·乌格尔易领导的研究小组发表研究报告称，人们脚下的地球深处藏着一个令人吃惊的秘密：通过相对论描述的引力效应，他们计算得出地心比地表年轻2.5岁。

根据爱因斯坦的相对论，人们在引力场中的位置，改变其所经历的时间流逝的速率。这一观点已经过严格检测，并对GPS卫星具有影响。但是，这里所涉及的时间差异，不是一分一秒，也不是几天。

研究小组对物理学家理查德·费曼20世纪60年代的观点，进行重新分析后意识到，这种引力效应，对于地球产生了更大的影响。费曼曾在一系列讲座中认为，地心和地表的年龄差距不过一两天，这一说法经常被包括乌格尔易在内的很多物理学家重复及引用。

但是，当乌格尔易决定在研究生教科书中加入这一轶事时，他开始坐下来对相关数据进行研究。相关计算，包括弄清楚地心和地表之间潜在的引力差异。把这一差异代入相对论公式后，产生的时间膨胀因子在 3×10^{-10} 左右，即每秒地心经过的时间比地表慢这样长的时间。但是由于地球已经存在了 40 亿年左右，时间膨胀的累积效应加起来会达到 1.5 年的差异。这些算式的前提假设，是地球密度统一，但事实上并非如此，地心的密度比地幔更大。利用更加真实的地球密度模型，该研究小组研究两者时差在 2.5 年左右。

乌格尔易说："当然，我们不可能通过实验确定这一数据。"但是，广义相对论目前为止已经经历了所有考验，因此这样的计算结果很可能是正确的。因此，这一理论在宇宙中普遍适应，同样的计算方式适用于任何质量的天体。该研究小组计算得出，太阳的中心比其表面大约年轻 4 万年。

（3）发现远古海平面曾经仅用 400 年上升 10 多米。2020 年 4 月 20 日，挪威卑尔根大学科学家祖·布兰德里恩主持的一个研究团队，在《自然·地球科学》杂志上发表论文称，全球远古海平面曾经在不到 400 年的时间里，明显上升了 12~14 米，其原因是大约 14650 年前，欧亚冰盖局部发生崩塌所导致。

冰盖是覆盖着广大地区的极厚冰层的陆地面积，冰盖的建立、消亡、融水量，以及冰盖的分布范围和成分的变化，直接影响局部地区乃至全球的环境变化，这已得到海洋学和古气候学领域学者们广泛的认同。而末次盛冰期是地球上始于 33000 年前的一段时期，主要特征是全球气温不高，北半球大部为广袤的冰盖所覆盖。在此阶段，欧亚冰盖的最大冰量约为现今格陵兰冰盖的 3 倍，是当时第三大冰盖。

但是，过去有一种观点认为，大部分的欧亚冰盖很早就融化了，没有影响到大约 14600 年前的海平面快速上升，这又被称为"融水脉冲 1A"事件，与一段气候急剧变暖期重合。

鉴于此，该研究团队根据挪威海沉积物核心的测年时间，分析了这些事件的发生时间。详细的测年分析显示，欧亚冰盖的局部融化，体量与现代西南极冰盖相当，与"融水脉冲 1A"事件的发生时间有重合，而且欧亚冰盖崩塌速度极快，时间不超过 500 年。

研究团队认为，欧亚冰盖融化时间早于此前预期，其或对全球远古时期海平面快速上升 12~14 米的贡献，达到 20%~60%。这些最新发现，将有助于更好地理解目前冰盖发生快速崩塌的风险，而冰盖的形成与发展，对全球气候变化、海面升降和人类生活都有重大影响。

3. 地球古生物研究的新发现

（1）发现反映地球生活蓝藻遗迹的含氧气泡"准化石"。2018 年 3 月，丹麦和瑞典科学家组成的一个研究小组，在《地球生物学》杂志上发表论文说，他们从印度出土的叠层石里，发现了 16 亿年前的氧气气泡痕迹，这些氧气是生活在浅水中的蓝藻产生的。

叠层石是一种有着细微层状结构的特殊岩石，由远古细菌活动导致有机物和矿物质沉积而成，代表着地球上最古老的微生物生态系统，可以视作"准化石"。

研究人员说，他们研究的这批叠层石出土于印度中部，里面含有大量直径约 1 毫米或更小的气泡，夹杂着磷灰石微粒，分析显示这是蓝藻的生活遗迹。

蓝藻又称蓝细菌，是一类历史悠久的单细胞原核生物，能进行光合作用，氧气是它们的代谢废物。细菌产生的黏性物质，有时会把氧气包裹起来形成气泡，在化石中留下痕迹。

地球大气层最初不含氧气，大约 26 亿年前，大气氧含量突然上升，彻底改变了地球的面貌，也为日后动物的诞生打下基础。科学界通常认为，在这次"大氧化事件"中，蓝藻等光合作用生物可能在其中扮演了关键角色。

（2）发现小行星解体曾丰富地球生物多样性。2019 年 9 月，瑞典隆德大学地质学教授比耶·施米茨为论文第一作者，美国芝加哥大学副教授菲利普·赫克等人参加的一个国际研究团队，在美国《科学进展》杂志上发表研究成果称，他们新近发现，远古时代发生在小行星带的一次天体撞击，导致了地球的生物多样性增加。这项研究，还为应对全球变暖提供了一种新思路。

这项研究显示，大约 4.66 亿年前，一次天体撞击导致木星和火星之间，一颗直径约 150 千米的小行星解体、大量尘埃弥漫在内太阳系，造成了地球上的一个冰河时期。

该研究团队在瑞典南部石化海床沉积物中，找到了那段时期太空尘埃的痕迹。他们在沉积物中，发现了小行星中常见的稀有金属和氦同位素，而尘埃在前往地球的途中被太阳风轰击才会产生这种氦同位素。

研究显示，这些尘埃部分阻挡了照射到地球上的阳光，地球气候整体变冷，且不同区域的气候从几乎相似变得有区别，出现了从极地的寒冷天气，过渡到赤道地区的炎热天气这样的差别，而地球上的无脊椎动物因适应这种气候变化而增加了多样性。

研究显示，尘埃在太空中飘浮了至少 200 万年，缓慢的冷却效应足以让生物逐渐适应，而不会像 6500 万年前的恐龙一样灭绝。另有研究显示，同时期的海水深度较浅，也证明当时地球正处于冰期。

这项研究还为人工应对全球变暖提供思路。为应对全球变暖，有人曾提出将类似于卫星的"人造小行星"，放置在地球和太阳之间，不断释放出微尘以阻挡阳光。

施米茨说，本研究为这种思路提供了基于实证的细节，可用于评估这一方案的现实性。赫克补充道，不能简单认为这种方法可以解决气候变化，但可以沿着这个思路思考。

4. 开发利用地球磁场研究的新进展

研究建立以地球磁场为基础的室内导航系统。2012 年 7 月 10 日，物理学家组织网报道，芬兰奥卢大学珍妮·海伍林恩博士领导的一个研究小组，受到鸽子、刺龙虾等动物利用地球磁场实现远距离迁徙的启发，正在研究一种新的室内定位系统，利用地球磁场波动来绘制室内布局，以此开发出一种用于智能电话的计算机应用程序。

目前，他们已开发出一个地球磁场智能电话，可以告诉人们所处的确切位置，为用户提供一种利用室内地图的方法；同时，它也能为开发人员提供一套定位集中应用的工具箱。

研究人员指出，这是一种以地球磁场为基础的室内定位技术。地球磁场不仅对动物是有用的，也能为人类现代生活提供定位导航，他们的技术将带来下一代的定向仪。在建筑物内，一般定向仪器都无法正常工作，因为金属架构会扰乱地球磁场，而室内定位技术正是利用了这种干扰，来生成每栋建筑独特的内部地图。

研究人员解释道："一些动物如刺龙虾，不仅能探测地球磁场方向，还能感知自身相对于目的地的准确位置。这表明它们能感知所在地的地球磁场轻微异常，从而获得自身位置的信息。"同样，现代建筑坚固的水泥钢筋结构也有着独特的、变化的三维环境磁场，这种磁场可用于在很小的空间尺度内定位。每栋建筑，其楼层、走廊都会对地球磁场产生不同的干扰，检测这种干扰就能识别其位置并生成地图。

该技术用于智能电话时，只要有一部带内置传感器的手机，而不要无线接口或其他外部硬件设施。在现代建筑物中，精确度可以达到0.1米到2米。研究小组提供的工具箱由三部分组成：楼层设计、地图制作和使用应用程序接口的程序生成器。在将室内位置信息用于智能电话之前，开发人员首先要收集磁场信息，并将这些信息用于"楼层设计"，生成该位置的楼层图，然后在收集数据时走过该位置。研究人员指出，这套工具箱能生成多种用途的室内定位应用程序，比如在购物中心内或机场终端为人们指引方向，找到出口。

5. 研究地月系统起源及关系的新进展

（1）通过不同天体钙同位素研究揭示地月系统起源。2018年3月21日，丹麦哥本哈根大学天文学家马丁·舒勒领导的一研究小组，在《自然》杂志网络版发表一项行星科学研究成果，他们公布了一项对内太阳系多个天体的钙同位素组成的分析报告，该报告为地月系统的起源提供新见解。

岩质行星是指以硅酸盐岩石为主要成分的行星。由于地球正是一颗岩质行星，所以这一类行星的起源与我们息息相关。而钙是形成石块的关键矿物质，科学家认为，其可以提供形成太阳系内岩质行星：水星、金星、地球和火星材料的重要线索。

内太阳系的各天体中同位素组成的差异，可以用来研究陨石和岩质行星的关系。该研究方法，通常默认同位素差异反映了天体离原行星盘中心的距离。因此，考虑到地球和月球的同位素相似度，这一猜想很难与地月系统形成的标准模型，即一个火星大小的天体撞击了原始地球的观点调和。

此次，研究人员分析了来自地球、火星、陨石母体，以及太阳系最大小行星之一、位于火星和木星之间小行星带的灶神星样本的钙同位素组成。结果发现,钙同位素比例其实与母体小行星和行星的质量相关,因此可以提供一个对它们的吸积时间尺度的替代。他们推断,该关联源自原行星盘的岩质星球,其形成区域里大量钙同位素成分的缓慢、平稳的演化,反映了原始的外太阳系物质,是如何进入经过热处理的原行星盘内空间的,它与原太阳吸积物质相关。

研究人员最后总结,地球和月球高度相似的钙同位素组成意味着,导致月球形成的那一次冲击"事故"的"肇事行星",是在原行星盘生命即将结束时形成的。

(2) 发现一块月球表面岩石可能来自 40 亿年前的地球。2019 年 1 月,有关媒体报道,一个瑞典地质学家参加,其他成员来自美国和澳大利亚等国的国际研究团队,在《地球与行星科学快报》上发表论文称,他们从月球采集的样品中发现,一块采自月球的古老岩石可能是来自地球。它是在地球形成早期被小行星或彗星撞击后抛到月表上,后被宇航员带回地球。

论文显示,这块岩石是美国航天局"阿波罗 14 号"载人登月飞船 1971 年从月球表面带回来的,其中有由石英、长石和锆石组成的岩石碎片,这些在地球上常见的矿物质在月球上相当罕见。研究人员发现,这块岩石,更有可能在地表样的氧化系统中和地表温度下结晶形成,而非在月球条件下形成。

研究团队推测,大约 40 亿年前,较大体积的小行星或彗星撞击地球,将这些物质抛出地球原始大气进入太空,并与月球表面相撞,当时地球与月球的距离只有现在的 1/3。研究人员说,这是一个不同寻常的发现,有助于更好地了解地球及生命形成早期的外来天体碰撞事件。

研究团队认为,尽管这一岩石样品也有可能形成于月球上的,但来自早期地球是最简单的一种解释。如果岩石在月球结晶,需要在较深的月幔中发生,较难解释为何会在月球表面被采集到。研究人员说,研究结果可能引发地质学界的不同看法,最终结论还需对更多月球岩石样品进行研究。

(二) 探测火星及其他大行星的新信息
1. 火星探测研究方面的新进展
(1) 研究证明火红的火星表面是沙粒相互撞击而产生。2009 年 9 月,有关媒体报道，丹麦奥胡斯大学行星科学家乔纳森·莫里森领导的一个研究小组宣布，他们研究证明，火星表面火红的外表，是数千年以来沙粒相互撞击的结果，而不是生锈的铁造成的。

一直以来，人们都认为，火星的红色外表，是由其表面黑色的磁铁矿氧化成橙色的赤铁矿所致。然而，这其中的过程到底是怎么进行的却备受争议。许多研究者认为，是水导致了铁的氧化；还有一些人认为，是由紫外线催化了火星表面的二氧化碳和氧气而产生的过氧化氢导致的。然而，莫里森却发现，"罪魁祸首"应该是风。

为了在实验室模仿风搬运沙子的过程，他们将磁铁矿和赤铁矿沙粒，密封在一个充满二氧化碳的玻璃容器当中，而磁铁矿和赤铁矿这两种矿物在地球和火星上都存在。几个月来，他们重复机械地将瓶子颠来倒去，最后发现，随着越来越多的磁铁矿转变成了赤铁矿，玻璃瓶也变红了。

该研究小组认为，不断地撞击，把微粒中的石英粒子分离了出来，从而把磁铁矿的粒子表面暴露在空气当中，进而磁铁矿被氧化成红色。

莫里森说："在火星表面，由于沙尘暴肆虐，土壤中的石英粒子和赤铁矿粒子会经常相互碰撞。"假设在早期的火星，没有足够的水来锈化这个星球上的土壤，那么风可能会在短短几十万年内，把这个星球从深灰色变成红色。

美国国家航空航天局喷气推进实验室的研究员乔尔·霍尔伍兹，并没有参与这项研究，但是他却认为，丹麦科学家的这项工作很有趣，与此同时，他还强调要通过更多的研究来检验这一结论。霍尔伍兹说，人们虽然已经在火星部分地区的岩床中发现了石英，但是相对而言，石英还是一种比较坚硬的矿石，不会轻易被火星表面的风吹成沙粒的。美国国家航空航天局的火星车，在探索的过程中，也没有发现土壤沙粒中含有太多的石英颗粒。

（2）原始火星壳45亿多年前已存在。2018年6月27日，丹麦哥本哈根大学科学家马丁·毕泽洛领导的一个研究团队，在《自然》杂志发表的一项行星科学研究，他们对火星上最古老的物质进行直接测年，分析认为原始火星壳的形成时间，不晚于45.47亿年前。这意味着，火星形成的部分早期过程，包括吸积、核心形成和岩浆海洋结晶，在太阳系形成后不到

2000万年内即已完成。

火星地质发展的第一个阶段是形成时期，其在一个相对较短的时期（几亿年内）由较小的天体吸积增大而形成火星，小天体的冲击造成了一个有很多陨击坑的表面，由于吸积时的动能，可能在头几亿年发生了全球性分异，形成了壳、幔和核，北半球壳薄，南半球壳厚，同时还形成了浓厚的大气。

陨石记录表明，火星的吸积在太阳系形成后的500万年左右基本完成。但是，促使原始火星壳形成的岩浆海洋结晶，被认为发生在这之后的0.3亿~1亿年。

此次，丹麦研究团队对火星上最古老的物质采取了直接测年的方式。他们从据信源自火星南部高地的"NWA 7034"号陨石样本中，提取了7块锆石，这是一种非常耐热、耐腐蚀的矿物。同时，通过铀铅同位素定年法测定，这些锆石约有44.29亿~44.76亿年的历史。

研究团队根据这些数据以及锆石的铪同位素组分，分析认为火星的原始壳，在45.47亿年前就已存在，并持续了约1亿年，直到后来可能因为撞击的影响而形成了岩浆，也就是"NWA 7034"锆石结晶的来源。这些研究成果，包括对火星的地质特性、磁场、地质构造、内部结构和演化历史等问题的理解，将对人类在21世纪30年代登上红色星球有很大帮助。

2. 其他大行星探测研究的新进展

探究潜伏在太阳系边缘第九行星的来历。2016年4月，有关媒体报道，瑞典隆德天文台天文学家亚历山大·穆斯蒂尔领导的研究团队认为，太阳系可能停留着一个陌生的被拦截者。科学家认为潜伏在太阳系边缘的第九行星，可能是太阳从经过的恒星那里捕获来的。

2016年1月，康斯坦丁·巴蒂金和迈克尔·布朗宣布，太阳系边缘潜伏着一个相当于地球10倍大小的行星的证据。他俩最初认为，第九行星很有可能是在太阳系形成早期，从其内部被"驱逐"出的一个气体巨星。其他天文学家随后也很快认为，这颗所谓的第九行星，可能是从太阳系内部迁移到太阳系边缘的。

现在，瑞典研究团队提出相反的观点：认为它是从附近的恒星被捕获而来的。穆斯蒂尔表示，这种想法并没有那么牵强附会。他说，太阳诞生自一个巨大的恒星团,那里大约有 1000 颗甚至 1 万颗恒星。在如此密集的恒星群中,太阳和其他恒星有过相当近距离的碰面,并且不时与那些恒星交换行星。

利克天文台天文学家格雷格·劳克林说:"这样的想法非常疯狂,太阳居然会拐走一颗系外行星,然后把它带在身边。"

为了了解这个想法究竟有多大可能性,穆斯蒂尔研究团队建造了太阳系和其他任意经过的行星系统碰面的情形。他们发现,如果一个恒星系统有一颗远距离轨道的行星,那么这颗行星被太阳捕获的概率有 50%。但综合各种因素总体来看,穆斯蒂尔认为,第九行星是系外行星的概率在 0.1% ~ 2% 之间。

除了以上两种观点之外,还有一种猜想,即第九行星可能就是在天文学家观察到它的地方形成的。尽管一些科学家认为,太阳系外围没有足够的物质形成一颗行星,但是哈佛大学的斯科特·凯尼恩发现,那里可能有足够冰冷的砾石,能够在数千万年的时间里逐渐形成第九行星。他说:"现在就确定哪种观点最有可能是第九行星的形成模式,仍然为时过早。"最终的确切答案,可能还要等到发现那颗潜伏的行星才能揭晓。

(三) 探测研究太阳系其他天体的新信息

1. 研究陨星的新进展

发现 4.7 亿年前的新型陨石。2016 年 6 月 14 日,瑞典隆德大学伯格·施米茨领导的研究团队,在英国《自然·通讯》杂志上报告说,他们在瑞典一座石灰石采矿场,发现一颗 4.7 亿年前落到地球上的陨石。研究人员说,这颗陨石与迄今已知陨石均有明显区别,属于一种首次发现新的类型。

有关专家指出,这一发现,或将帮助人类重塑陨石历史。陨石是太阳系中偶尔坠入地球的宇宙碎片,大部分来自于火星和木星间的小行星带,小部分来自月球和火星,对研究宇宙的形成很有帮助。其中 L 型球粒陨石,是最常见陨石类型之一,约 40% 被记载的陨石都属于此类。据认为,它们是约 4.7 亿年前一个较大陨石母体与一颗小行星撞击后产生的。不过,此前从没发现过这颗"肇事"小行星的痕迹。

此次,该研究团队在采石场发现了一种长度不足 10 厘米的新型陨石。

他们把这颗陨石命名为"东方65号",同时发现的还有超过100颗4.7亿年前落到地球上的L型球粒陨石。为了将这颗陨石进行分类,研究人员使用了一系列岩石学及铬与氧同位素分析法,最后发现,从地球化学和岩石学角度,这颗陨石与至今为止落到地球上的已知陨石类型都有明显区别。

研究人员使用一种名为宇宙射线暴露年龄的测年方法分析后认为,这颗陨石产生于L型球粒陨石撞击事件发生的100万年之内。他们表示,这颗陨石的母体小行星,可能正是那颗撞击并导致L型球粒陨石母体碎裂的小行星。但他们认为,"东方65号"的母体小行星,也可能在与L型球粒陨石母体的碰撞中被基本摧毁了,从而导致这种类型的陨石过去在地球上从未发现过。

研究人员同时表示,虽然这颗小行星的母体已基本被摧毁,其残余可能还在宇宙中与定期光顾地球的L型球粒陨石一起游荡着。

2. 研究闯入太阳系星际访客的新进展

认为星际访客"奥陌陌"或是一团宇宙"尘兔"。2020年9月9日,美国太空网报道,2017年,"奥陌陌"(Oumuamua)成为首个闯入太阳系的"星际访客",在天文学界引发一阵喧哗与骚动。对于其身份,科学家众说纷纭,包括外星人的飞船、小行星等,迄今仍未有定论。挪威奥斯陆大学天文学家卢珍妮领导的一个研究团队,在其最新研究成果中指出,"奥陌陌"可能是一团宇宙"尘兔"。

在地球上,"尘兔"是指由静电聚集在一起的一团尘土和碎屑,微风吹过,这些"尘兔"会在房间飘荡。挪威研究团队的新研究指出,"奥陌陌"基本上可以断定是一个加大版的"尘兔"。它由位于太阳系外的一颗彗星核上吹出的尘埃形成,被太阳辐射推向太空,最终"流落"到太阳系,并短暂停留。

2017年,"奥陌陌"偶然闯入太阳系,其外观呈雪茄形状,速度高达92000千米/小时。随后有关其真实身份、如何形成,以及为何能如此快速地在太空飘荡等问题,科学家提出了诸多理论。有研究人员提出,也许"奥陌陌"由固体氢组成,当接近恒星时,固体氢会变成气体并推动"奥陌陌"向前移动;另一些研究人员认为,"奥陌陌"实际上更像盘状;还有一些人怀疑,"奥陌陌"可能是外星飞船等,不一而足。

在最新研究中，卢珍妮研究团队则讲述了一个不同的故事：可能曾经有一块大岩石，将一个彗核砸开，从彗核中流出的尘埃和气体颗粒附着于岩石碎片上，最终形成了"奥陌陌"。而且，这块碎片随时间的流逝不断变大，从彗星流出的气体最终会将其推入太空。

卢珍妮等人指出，2017 年，"全景巡天望远镜与快速响应系统 1"首次发现了"奥陌陌"。现在，继续借助这架望远镜等巡天勘测技术，科学家可以观测到更多类似"奥陌陌"的星际访客，对其进行更多更深入的研究，或许能揭开这些星际访客的"庐山真面目"。

二、宇宙探测研究的其他新成果

（一）宇宙模型与星球研究的新信息

1. 研究宇宙模型的新进展

宇宙或处于不断扩张的"气泡"边缘。2019 年 1 月，瑞典乌普萨拉大学一个由天文学家组成的研究小组，在《物理评论快报》上发表论文，提出一种全新的宇宙模型，认为整个宇宙是在某个维度中一个扩张的"气泡"的边缘上，这一新模型可能有助解答暗能量之谜。

天文学家观测到宇宙在加速膨胀，但对膨胀原因，目前主流观点是假设存在一种推动宇宙膨胀的神秘力量，称之为暗能量。但目前科学界对暗能量的认识甚少，解释暗能量成为当代物理学和宇宙学的重要课题。

一些科学家，尝试以弦理论来解答暗能量之谜。弦理论认为，弦是组成物质的最基本单元，电子、中微子等粒子都是弦的不同振动激发态。弦理论可以使 20 世纪两大物理学基础理论：相对论和量子力学在一个数学框架内自洽，所以被寄予厚望。但它仍然只是理论，还需要证实，也还没有科学家能令人信服地用弦理论解释暗能量。

瑞典研究小组提出的这个模型，引入了一个与我们熟知时空不同的维度，整个宇宙被"安置"在该维度中一个不断扩张的"气泡"边缘，宇宙中所有物质都对应着可以延伸到那个额外维度空间的弦的末端。研究人员认为，这个扩张"气泡"模型是一个全新概念，它与弦理论的框架兼容，也有望用于解释暗能量之谜。根据这个模型，在另一个维度空间中可能还存在其他"气泡"，而这些"气泡"上也可能存在其他宇宙。

2. 研究恒星的新进展

发现罕见三星盘联星系统。2016年10月，有关媒体报道，丹麦哥本哈根大学尼尔斯·波耳研究所克里斯琴·布林克领导的研究小组报告说，他们发现了人们从未见过天文奇观：两颗恒星各自被包裹在一个形成行星的星盘中，第三个更大的星盘环绕着整个系统。这个被命名为IRS43的恒星系统，位于距离地球400光年的地方。

宇宙中充满了被行星和形成行星的星盘围绕着的恒星。它还是很多联星系统的家园，其中每颗恒星有其自己的行星星盘，即由气体和尘埃组成的旋转盘。尽管这样的情况比较罕见，但人们已经知道联星系统中的一些行星，会围绕两颗恒星运转。

布林克说，在IRS43系统中，所有的3个星盘彼此之间均相互倾斜，使该系统在已观测到的宇宙中具有独特性。IRS43中的两颗恒星都很年轻，约相当于太阳的年龄。每颗恒星的星盘都与太阳系的规模类似，可能正处于行星形成过程中。

这些行星不能直接观测到，因为它们在灰尘的掩盖下非常模糊，但是人们可以利用智利北部的阿塔卡马大毫米波/次毫米波阵列，跟踪它们形成的天域。

布林克表示，更小的星盘是如何形成的尚不清楚。他说："三个星盘可以确定均形成于同样的物质。然而，两个小星盘是通过分隔大星盘形成的，还是由来自大星盘的物质飞向恒星形成的，并不知晓。"

他还指出："如果这些星盘在诞生时方向是偏离的，不在一条直线上，那么这种偏离可能是形成过程中发生的结果，如此一来我们会认为这样的系统非常普遍。然而，如果这种偏离是喷射而出的第三颗恒星造成的结果，那么类似这样的系统将非常罕见。"

3. 研究中子星的新进展

中子星内部夸克物质或被证实。2020年6月，芬兰赫尔辛基大学物理学家阿列克西·沃林恩等人组成的一个研究小组，在《自然·物理学》杂志撰文指出，他们已经找到有力证据，证明迄今最大中子星内核存在奇异的夸克物质。过去40年，证实中子星内部存在夸克核，一直是中子星物理学最重要的目标之一。

研究人员解释说，我们周围所有普通物质都由原子组成，原子致密的原子核由质子、中子及围绕在其周围的电子组成。但在中子星内部，原子会坍塌成密度极高的核物质，其中中子和质子紧紧"依偎"在一起，因此整个中子星可视为一个巨大的核。此前，科学家一直不清楚，质量最大中子星内核中的物质，是否会坍塌成更奇特的夸克物质。

这项新研究发现，最大稳定质量中子星核内的物质，与夸克物质的相似度，远高于与普通核物质的相似度。计算结果显示，被确认为夸克物质的核的直径，可能超过整个中子星直径的一半。

研究人员表示，促成这一新发现的关键，在于天体物理学研究近期取得的两个重要成果：中子星合并产生的引力波的测定，以及对质量接近两倍太阳质量的大型中子星的探测。

2017年秋，美国激光干涉引力波天文台和欧洲处女座天文台，首次探测到两个中子星合并产生的引力波，并推导出碰撞中子星半径的上限约为13千米。此外，在过去10年中，科学家观测到3颗中子星的质量达到甚至可能略微超过两倍太阳质量。关于中子星半径和质量的信息，大大减少了与中子星物质热力学性质相关的不确定性。

在新分析中，研究人员把上述研究成果结合起来，对中子星物质的状态方程（中子星物质压力与能量密度之间的关系）进行准确预测，确认中子星内部存在夸克物质。

沃林恩说，中子星的确切结构仍存在诸多不确定性。自2017年秋天以来，科学家已经观察到许多新的中子星合并事件，预计不久的将来会有进一步观测结果，对此项研究进行证实或证伪。

4. 研究星系团的新进展

发现迄今最远星系团正值恒星"诞生潮"。2016年8月30日，芬兰赫尔辛基大学天文学家亚力克西斯·菲诺格诺维参加，法国新能源与原子能委员会王涛领导的一个国际研究团队，在《天体物理学杂志》网络版上发表论文称，他们利用多台望远镜提供的数据，发现了迄今最遥远的星系团，它发出的光穿越约111亿光年的漫长旅程，终被人类捕获。这一星系团尽管"年轻"，但正经历恒星"诞生潮"。该研究成果，将有助于更好地了解星系团及其内部星系的形成过程。

星系团由十几个到上千个被引力束缚在一起的星系组成。最新"现身"的星系团名为"CL J1001+0220",这一发现也将星系团形成时间前推了约7亿年。研究人员强调道:"这一星系团之所以引人瞩目,不仅因为与地球之间遥远的距离,还因为它正经历一个迥然不同的发展阶段。"新星系团的核心包括11个大质量星系,其中9个星系正以令人难以置信的速度在造星:每年约有3000多颗类似太阳的恒星"诞生"。

研究人员指出:"我们探测到该星系团处于关键时期,即从原星团转变成星系团,科学家们以前只在比它更遥远的地方,发现了原星团。"

研究团队将最新结果,同其他科学家关于星系团形成的计算机模拟相比后发现,新星系团的恒星质量很大。这可能表明,遥远星系团内的恒星形成速度比模拟更快;或者此类星系团极其罕见,以至于科学家们在迄今最大的宇宙学模拟中没有发现其"芳踪"。

研究人员说:"通过研究这一对象,我们能更好地了解星系团和其包含星系的形成情况,我们希望发现更多此类星系。"

这一研究成果的结论,是基于多台望远镜提供的数据得出的,包括钱德拉望远镜、哈勃太空望远镜、斯皮策太空望远镜、欧洲空间局的XMM-牛顿望远镜以及欧洲南方天文台的甚大望远镜等。

5. 研究星际空间的新进展

发现组成生命的分子能在星际空间形成。2016年4月,丹麦科学家参加,法国尼斯大学科尼利亚·梅内尔特领导的一个国际研究小组,在《科学》杂志上发表论文称,他们通过实验证明,大量组成生命的分子,能在类似星际空间的环境内生成。因此,星际空间或是一切的开始之处。

太空生物学者一直想厘清氨基酸和糖等组成生命的分子的起源。在这篇论文中,研究人员通过重现星际空间的恶劣环境证明,大量此种分子能在星际空间生成。在研究中,研究人员首先获得了一些类似星际空间环境的样本,这些样本仅包含有简单的冰水、甲烷和氨,他们将混合物暴露在低温、低压以及紫外线辐射(就像遥远恒星发出的光)之下,结果发现,这些混合物形成了几个复杂的分子,其中包括地球上广泛应用于多个领域(从泻药到肥皂,再到保湿剂等)的甘油,以及真正令人兴奋的核糖。核糖是DNA和RNA的基本组成部分,而DNA和RNA是组成生命最基本的物质。

研究人员表示，一旦这些分子离开寒冷的环境，它们也能溶于水。这意味着，它们实际上能被人类所用。当然，像核糖这样的分子本身还不足以单凭一己之力就制造出生命，它们必须处于合适的环境中，并与其他重要成分携手才行。此外，其他研究人员正致力于揭开生命之谜拼图上的其他谜团。比如，美国国家航空航天局和加州理工学院的科学家2015年就曾证明，对生命至关重要的电脉冲能通过化学作用生成。

研究人员称，如果有机分子能在星际空间这样不宜居的环境中形成，那么，未来科学家们在宇宙中其他地方，也就是不仅仅在一颗位于恒星适居带的行星上，发现生命的概率有望提高。

（二）黑洞与暗物质研究的新信息
1. 研究黑洞的新进展

（1）发现质量为太阳180亿倍的宇宙最大黑洞。2009年5月，有关媒体报道，芬兰图尔拉天文台天文学家莫里·瓦尔顿恩领导的研究小组，发现了宇宙中最大的黑洞，它的质量为太阳的180亿倍，大小相当于整个银河系。在它的旁边有一个质量略小的黑洞，科学家通过测量小黑洞的轨道，用较强的重力场作用现象证实了爱因斯坦的相对论。

这个宇宙最大黑洞，是此前天文学家所记录最大黑洞的6倍，它距离地球35亿光年，形成在OJ287类星体的中心位置。据悉，类星体是一种非常明亮的星体，这种星体在持续螺旋进入一个大型黑洞后释放出大量辐射线。

这黑洞旁边较小黑洞的质量为太阳的1亿倍，它环绕着较大的黑洞以椭圆形轨道运转着，运行周期为12年。两个黑洞距离很近，小黑洞环绕一段时间后，可与大黑洞周边物质发生挤压碰撞，而每次碰撞都会让OJ287类星体突然变得明亮。根据爱因斯坦的相对论推测，小黑洞运行时自身也会旋转，这将产生引力，这样两个黑洞的距离将越来越近。这种类似现象也存在于太阳与水星之间，只是水星轨道的作用不是很明显。对于OJ287类星体而言，较大黑洞的重力场是如此之大，以致小黑洞的运行轨道出现了令人难以相信的39度倾斜，当小黑洞碰撞大黑洞的周边物质时，这种旋进作用就会发生改变。

芬兰天文研究小组记录下这两个黑洞因碰撞所产生的12次光亮，并结合小黑洞的环绕轨道周期，测量出了小黑洞的运动等级比率，并由此推算较大的黑洞的质量，大概是太阳的 180 亿倍。

黑洞究竟能有多大呢？美国得克萨斯州大学克雷格·惠勒表示，黑洞的大小取决于它围绕的物质区域的长度，以及黑洞为了生长吞噬宇宙物质的速度，从理论上来看黑洞的大小是没有上限的。

瓦尔顿恩根据相对论推测，两个黑洞曾经在 2007 年 9 月 13 日发生过爆发现象，如果轨道没有正常衰退，在此后的 20 天又会发生一次爆发现象。他强调指出，在未来 1 万年里 OJ287 类星体内的这两个黑洞将发生合并。惠勒称，黑洞明亮爆发现象与相对论观点相符合，事实上爱因斯坦的理论告诉了我们未来它将会发生什么。

（2）发现超大黑洞附近确有强磁场。2015 年 4 月 17 日，瑞典查尔莫斯技术大学伊万·马蒂-维戴尔、塞巴斯蒂安·穆勒等 5 位天文学家组成的研究小组，在《科学》杂志上发表研究成果称，他们用"阿塔卡玛毫米/亚毫米波阵列望远镜"，揭示了来自非常接近巨大黑洞的超远星系中的强大磁场。这项新成果，能帮助理解星系核心的结构和形式。

目前为止，在距离黑洞几光年范围内已经探测到微弱磁场。在这次研究中，该研究小组在距离超大黑洞视界线（黑洞的边界，在此边界以内的光无法逃离）非常近的，名为 PKS1830-211 的遥远星系中，探测到了直接与强磁场有关的信号，而这个磁场恰好位于从黑洞中喷发等离子体射流的地方。

通过研究光在"逃离"黑洞的分化路径，研究小组测量出磁场的强度。马蒂-维戴尔说："'分化'是光的非常重要属性，在日常生活中比如说在太阳镜和 3D 眼镜中会经常用到。在自然界中发生的分光现象，可以用来测量磁场。因为当光线通过被磁化的媒介传播时会改变其分化度。在这种情况下，我们用望远镜探测到的光穿越了接近黑洞的物质，那里充满高度磁化的等离子体。"

天文学家采用了一种改良的数据分析技术，发现 PKS1830-211 星系中心辐射极化的方向，已经发生转动。磁场引入了能以不同方式在不同波长两极分化过程中的法拉第旋转，这种取决于波长的旋转，能提供该区域的磁场信息。

"阿塔卡玛毫米/亚毫米波阵列望远镜"观测到的有效波长在0.3毫米,是这类研究中使用过的最短波长,能探测到非常接近黑洞中心的区域。早期探测使用长波,但长波辐射容易被黑洞吸收,只有毫米级的短波才能逃逸出来。

穆勒说:"我们找到的明确信号,比此前在宇宙中找到的高出上百倍。这一发现,在观测频率方面是个巨大飞跃,这要归功于这架望远镜。至于被探测的磁场距离黑洞视界线到底有多远,我们的结论是只有几'光天'。这些结论和未来的研究将帮助我们理解,在紧邻超大黑洞的地方究竟发生了什么。"

2. 研究暗物质的新进展

类轴子粒子或非暗物质备选粒子。2016年4月,美国趣味科学网站报道,瑞典斯德哥尔摩大学物理学家组成的一个研究小组,在《物理评论快报》杂志上发表论文称,他们对美国国家航空航天局费米太空望远镜提供的大量观测记录,进行分析后发现,一种假设的暗物质粒子即"类轴子粒子",可能不是暗物质的备选粒子;或许这种粒子根本就不存在。这项新研究,朝着揭开暗物质的秘密,更近了一步。

有关专家解释称,20世纪30年代初,美国加州理工学院的天体物理学家弗里茨·兹威基首先发现,星系团中的可见物质,远远不足以解释星系围绕星系团中心旋转的速度,科学家因此认为还有看不见的"暗物质",尽管暗物质由万有引力定律多方观测证实存在,但其构成一直是个谜。

科学家们认为,一种可能性是暗物质或由"类轴子粒子(ALPs)"组成。"类轴子粒子"由某种特定的量子相互作用而产生,尽管其质量不足电子的十亿分之一,但宇宙间可能充满了这种粒子。不过,科学家们无法直接观测到它,但当它经过磁场时,有非常小的机会变成光子,因此,我们或许无法直接看见暗物质粒子,但能在某些情况下看到由它变成的光子。

据报道,为了测试上述想法,瑞典研究小组对从英仙座星系团内,名为NGC 1275的明亮伽马射线源发出的伽马射线进行观测。在地球与该星系之间,存在很多磁场,它们是光子或暗物质粒子的必经之地。因此,如果"类轴子粒子"的确存在,那么,当它们与伽马光子之间相互转换时,将被"逮个正着"。但遗憾的是,近6年来,费米太空望远镜并没有观测到相应的粒子"变形"。因此,要么是这些"类轴子粒子"不按常理"出牌";要么它们并不存在。

有关专家说:"最新研究意义重大:在理论方面,该结果对相关理论模型的构建有很强的约束;在实验方面,该结果能指导未来相关实验的设计和建造。"

三、研制航天设备的新成果

(一)开发利用航天器的新信息

1. 航天飞机配套装置研制的新进展

研制出航天飞机上使用的红外热成像镜头。2005年7月7日,瑞典《每日新闻》报道,位于斯德哥尔摩市郊的红外热成像系统公司,根据美国航天飞机的要求,研制出一种红外热成像镜头,以协助监测航天飞机表面的损伤状况和温度变化。

据该公司的专家介绍,他们为美国宇航局专门设计的红外热成像镜头,能承受太空飞行中的高温和零下40℃的低温,并能监测航天飞机表面是否有裂纹等损伤,拍摄能反映航天飞机表面温度变化的照片。之后,该镜头记录下的有关信息会传给地面监测站。2003年2月,美国"哥伦比亚"号航天飞机,就是因为升空时一块绝热材料脱落,并撞伤其左侧机翼,导致航天飞机返航时解体。

2. 开发利用人造卫星的新进展

发射用于追踪野生动物生态现象的卫星。2014年6月24日,俄新社报道,在俄罗斯东部的亚斯内发射基地,一枚火箭携带着几十颗卫星发射升空,其中的许多卫星都将致力于科学事业。有一颗中等规模的人造卫星,被称为"立方体卫星",它标志着地球轨道系统开发的重要一步,这里开始用于跟踪小型动物的大规模运动。

丹麦哥本哈根大学动物学家卡斯帕·托如普参加了此次发射活动,他说:"这颗卫星将揭开许多关于迁徙的奥秘。"

被称为动物坐标器的设备,由丹麦技术大学和哥本哈根大学宏观生态学、进化和气候中心资助研制,将记录研究人员置于布谷鸟等动物身上标记物的数据。每个标记物都被贴在布谷鸟的羽毛上,可以把鸟的位置传输给在数千米高空运行的卫星。然后动物坐标器会收集标记物的信息,并将其传给丹麦技术大学的一个基地。

目前,两个标记物已经制成,研究人员希望可以尽快测试他们是否能与现行的动物坐标器连接上。尽管动物坐标器是一个独立的任务,但它是动物太空研究国际合作项目的前身。该项目,是一项雄心勃勃的计划,打算为鸟和其他小型动物佩戴标记物,从而将其位置直接传送至国际空间站,而不是通过卫星转接。该项目,反映了人们对小型动物迁徙模式如何受气候变化等事件影响,具有日益增长的兴趣。

动物太空研究国际合作团队尚未确定他们想标记的动物名单,不过布谷鸟应该会位于名单之首。这种寄生物种的父母,会将蛋放置于其他物种的巢中,而小布谷鸟却知道如何从欧洲迁徙至非洲。动物太空研究国际合作团队成员玛格丽特说:"这是一种奇妙的行为,我们还不能真正了解。它们如何知道应该去哪里?由于它们太小,现有标记物并不能使用。"

对动物太空研究国际合作项目来说,每个标记物都能通过太阳能充电。为了提高效率,标记物会持续收集数据,但只有在空间站由其上方经过时才传递数据。这两种策略,都可以在标记物变小的情况下,帮助延长电池寿命。

动物太空研究国际合作团队,计划基于保护目的而根据动物改变标记物的大小。该项目的长期目标之一,是添加标记物,以重新引入或重新安置由于森林砍伐而流离失所的婆罗洲猩猩。

(二) 开发宇宙探测器的新信息

1. 火星探测器研制的新进展

研制出可充气的足球机器人火星漫游车。2008年6月,英国《新科学家》杂志报道,瑞典乌普萨拉的埃米航空公司,佛瑞德林克·布鲁恩主持的研究小组,开发一种可充气的足球机器人,它们有一天将成群结队到火星地表上滚动,以进一步探测火星。设计此轻型探测器的工程师表示,它们将更加经济有效地探测其他行星的广大区域。

布鲁恩说:"我们的充气漫游车很轻便,可以行进很长的距离,且只需很少的能量。它们将非常便宜。一节充满电的电池，将让这种漫游车行进大约 100 千米。"

在研究人员提出此滚动的球形漫游车之前，没有人建议把它们制造成可充气的。如今，瑞典国家太空部提供了研发资金，布鲁恩的研究小组，已设计出这种直径为 30 厘米的可充气的足球机器人样品，当它着陆其他行星时，其里面的储气筒，将泵出纯氙气，使它变成一个圆圆的球。布鲁恩说，最为关键的是，当其充气展开时，这个带灵敏仪器的漫游车部件将占住其充气后一半的内部空间。

此技术，可让美国宇航局机遇号和勇气号火星车的下代产品，自身携带一些迷你漫游车，到达火星后，再派遣它们去侦察有科学价值的新地方。布鲁恩确信此漫游车能出色完成任务，因为由瑞典斯德哥尔摩一家公司制造的较大球形机器人，已经在跑动了。此公司制造的球形"地面机器人"，现正在进行安全和监视性能方面的测试。

这种充气机器人，有一个由聚芳基醚酮塑胶制成的可充气的外壳。此塑胶是普遍应用于太空飞行中的一种超强塑料，能耐受高温。在此机器人里面，一根空心的金属轴，从此球的一侧伸到另一侧，悬挂着此漫游车的电子钟摆。此钟摆很关键，因为它是这个球的驱动机械装置。当发动机驱动此钟摆的摆锤向前摆动时，此球会因重心的变化而转动，直到达到新的平衡。据介绍，这种球形机器人，将通过其球面镶嵌的六边形太阳能板获取能量，这种六边形太阳能板，使其看起来像是一个足球。为了清扫其表面上的尘埃，此球里面安装了一个超声波清洁器，可以振动此球，拌落其尘土。

大气传感器、照相机和钳子隐藏在此空心轴中，当钟摆让此球倾向一侧时，钳子就能从地表上获取样品。此外，此球的表面还布满电极，可以用来感知地面的电学特性，如电导系数和电阻系数。之后，这种球形漫游车，通过无线电把它所发现的有趣地形，发送给它的轨道探测器或母漫游车。

2. 宇宙物质探测器研制的新进展

参与建成安装在南极的中微子探测器"冰立方"。2013 年 12 月，有关媒体报道，包括瑞典专家在内，美国、德国、比利时、瑞士、日本、加拿大、澳大利亚、新西兰和巴巴多斯的 200 余名物理学家和工程师组成的合作团队，历时 10 年，终于建成世界上最大的粒子探测器"冰立方"，它坐落于南极。5000 多个传感器，像神经末梢一样分布在南极深厚的冰层中，组成了这张特制的"网"，用于捕捉中微子。

自 2004 年开始，工程师们都会在每年的 12 月，到南极冰层中铺设光线感应器。到 2010 年，他们一共钻了 80 余个深达 2500 米的冰洞，每两个洞之间相隔 800 米，而每一条冻结在洞里面的电缆包含有 60 个光线感应器。

"冰立方"位于南极地下约 2500 米的探测器体量大得惊人。据悉，它的体积，超过纽约帝国大厦、芝加哥威利斯大厦和上海世界金融中心的总和。

报道称，研究人员在分析 2010 年 5 月至 2012 年 5 月"冰立方"收集的数据后，发现了 28 个高能中微子，其能量都超过 30 万亿电子伏特。这是自 1987 年以来，科学家们首次捕获到来自太阳系外的中微子。中微子是一种神秘的高能粒子，是宇宙内最剧烈的撞击产物，并被认为是研究宇宙射线的突破口。

研究人员表示，"冰立方"为我们打开了宇宙的一个新窗口。这一发现为进行新型天文学研究铺平了道路，我们可以利用它探测银河系及银河系以外的遥远区域。

（三）开发航天燃料的新信息

1. 研究火箭燃料的新进展

发现一种可作为未来火箭燃料的新氮氧化合物。2011 年 1 月，瑞典皇家工学院物理化学托尔·布林克教授及其同事，在德国《应用化学》杂志上发表研究报告说，他们发现了一种名为"Trinitramid"的新氮氧化合物。它的燃烧效率很高，实验测试表明，它比目前最好的火箭燃料，燃烧效率还要高 25% 左右，有望成为未来火箭燃料家族的新成员。

据悉，瑞典研究人员在氮的氧化物系列中，发现了这种可替代目前火箭燃料的新化合物。目前，该研究小组已掌握如何制造和分析这种分子，并能在试管中制造出足够多的这种氮氧化合物。接下来，他们还将研究这种分子在固态形式下的稳定性。

2. 研究轨道飞船燃料的新进展

研制效率更高的低毒性易操作绿色轨道飞船燃料。2013年9月，有关媒体报道，瑞典制造的一种"绿色燃料"，看起来像霞多丽酒，闻起来像玻璃清洗剂，聚集起来应能推动一颗卫星。它正在迅速成为操纵轨道飞船的可行燃料，并与一种美国制造的推进剂一起，成为肼（N_2H_4）的替代品。

第二次世界大战期间，德国空军首次在火箭发动机中使用肼类燃料，这种燃料至今仍是星载推进器上的主要推进燃料。

卫星在轨工作期间，星载推进器用于轨道修正或位置保持。这是一种高性能的耐储存推进剂，也是"可自燃"的燃料，这意味着它在与氧化剂接触时或与催化剂放在一起时，能自发燃烧。这大大简化了航天器设计者的工作。

遗憾的是，肼类燃料也具有高腐蚀性，并是剧毒。为航天器填注燃料时，地面工作人员穿着类似宇航服的保护设备，看起来更像宇航员，而不是工程师。这是处理当前肼类燃料必须采取的一种重要预防措施。肼一旦泄漏到环境中，能在几天内降解，但可能危害植物和海上生命，一旦泄漏，对人类也将造成伤害。

目前，瑞典推进剂正在推动天空中的一颗卫星，可能会用于一些小的商用地球成像卫星。美国制造的燃料，将在美国国家航空和航天局2015年的试飞任务中扮演重要角色。

这两种燃料都提供了更高的效率、更低的毒性，并且比肼更容易操作使用，这意味着它们更容易在飞船上使用，并且成本更低，因为工人不用穿笨重的全身防护服。

不过，绿色推进剂可能不会完全取代肼，肼是许多研究卫星和星际间任务的主力。它们也不会取代通常用于发射火箭的强大燃料。不过这些新的燃料，其中一些更耐低温，可以实现更便宜和更灵活的任务设计。

肼一直用于火箭引擎驱动。它并不会像汽油那样燃烧，一种催化剂会引发肼分解成为氨、氮和氢，该过程会释放化学能量。该燃料的价值在于，它作为一种稳定的液体，可以为小的轨道调整提供精密推力。

不过如果人吸入或者接触到肼，就会产生一系列健康问题。美国国家毒理学专家，计划把它分类为一种可能的人类致癌物。当2003年哥伦比亚号航天飞机在返回途中解体时，碎片遗落在得克萨斯州、路易斯安那州和其他南部各州，美国国家航空和航天局提醒人们不要靠近或者接触残骸，部分原因在于肼暴露的风险。

1995年，瑞典国家太空委员会对寻求替代燃料的工作提供资助，替代燃料应该至少和肼的作用相同，但需要更容易操作。位于瑞典斯德哥尔摩市绿色推进剂研发公司总裁马蒂亚斯·珀森表示，较灵便的推进剂，可以帮助在发射台上节省时间和资金。

这种瑞典燃料被称为LMP-103S（基于二硝酰胺铵的一种高能盐）。它在2010年搭乘"普利斯玛"卫星时首次亮相，"普利斯玛"是旨在证实该燃料可用于小推进器精密工作的瑞典卫星。为了进行对比，该卫星也携带了肼。3位工作人员花费了7天工夫，把绿色推进剂加载于发射台，而加载肼则花费了5位工作人员14天的时间。

目前，瑞典绿色推进剂研发公司，正在寻求欧洲空间局对该推进剂的批准。法国国家太空研究中心正在考虑把它用于一些新的小卫星；而美国加州山景城天空之盒成像公司，将在2015年发射第三颗地球成像卫星时使用这种燃料。天空之盒成像公司首席工程师乔尼·戴尔说："我们确实相信它在未来会大有可为，特别是用于小航天器。"

绿色燃料不只是更容易操作，每千克的效用也比肼更好。事实上，绿色推进剂的产生源于两个研究项目的重叠：一个在寻找下一代推进剂技术；另一个在研究能量极度密集的材料。

当然，肼也不会在一夜之间被取代。在油罐和推进器中使用肼由来已久，飞船工程师非常习惯使用这些器件。有关专家说，新的绿色推进剂，必须在证明其可靠性和性能后才能使用，这还需要进一步进行实验。

第二节 交通运输研究领域的新进展

一、陆上交通运输方面的新成果

（一）研制不同类型的新款式汽车
1. 制造出世界上首辆"会潜水的汽车"
2008年2月，有关媒体报道，瑞典著名的超级跑车制造商"里恩斯匹德"公司宣布，他们制造出世界上第一辆会潜水的汽车"斯库巴"，只要按动这款水陆两用车的一个按钮，汽车便可以潜到水下10米深处行驶，而且不需要任何的驾驶者、乘客或者辅助装置完成前进动作。

"斯库巴"之所以拥有潜水功能，归功于车身装备在尾部的一套双驱动装置。在水中行进时，车尾的左右2个螺旋桨推进器和2个在前部的强大喷气式推进器，将让"斯库巴"在水中有足够的动力潜进。值得一提的是，"斯库巴"车身仅920千克重，轻巧的车身由纳米碳纤维制成，能够令其在水底畅行无阻。

同时，"斯库巴"潜水车还拥有零排放污染的环保概念，它可以在世界的所有水域中实现"零排放、零污染"。

2. 设计引领北欧时尚的多功能车

2012年12月，有关媒体报道，瑞典沃尔沃公司的V代表Versatility，即多功能车。北欧居民习惯一到夏日，便携家带口前往度假住处享受闲适生活。如果没有一辆空间充足、动力强劲、座椅舒适的车，恐怕这趟"搬家"过程会充满挑战，V系列车型也因此应运而生并在北欧深得人心。

沃尔沃也将V系列的时尚代表之一V60 T5款，带进了中国市场。这辆设计格外与众不同的车型，从一上市便赢得了许多车主的青睐，也让在中国本不被看好的运动型多功能车细分市场，吸引了更多厂商加入竞争。

仔细观察V60，很难从它身上找出一根直线条，然而它的整体造型却显得简洁大方、力量感十足。压低的车身侧面线条从视觉效果上降低了车身重心，逐渐缩小的侧窗设计犹如运动型跑车。靠近车尾的车顶故意被压低，这不仅符合空气动力学特性，让车辆在高速行驶时获得更出色的稳定性，也让车身侧面动感十足。车轮与车身高度的比例被放大，车轮从视觉效果上看起来尺寸更大，使V60显得更时尚也更运动。

北欧风格也体现在，沃尔沃V60对前脸和尾部设计的一丝不苟上。V60车头的"铁标"几乎从20世纪30年代起就从未变过，这并不是缺乏创意，而是希望向人们喻示，沃尔沃85年来对安全一直不变的承诺。车头直立面的角度和发动机罩的设计角度，都充分考量到了对行人的安全保护，若说这是北欧风格的保守，倒不如说这是北欧风格中最值得人尊敬的坚持和倔强。而家族式的L型尾灯设计已经有14年的历史，经典时尚的设计使沃尔沃车辆即使从尾部也有超高的辨识度。V60 后示廓灯兼做刹车灯，刹车时整个肩部都会亮起，使 V60 具有了一种更为强烈的独特外观。

作为多功能车，V60 在内饰上虽然参照了四座豪华旅行跑车的设计理念，但实用功能没有丝毫妥协。符合人体工程学设计的舒适座椅，在长途旅程中能为身体提供充分支撑，部分车型还标配加热座椅，在寒冷冬季为乘坐者带来最贴心舒服的感觉。

如果想携带一些长条状物品又想保证 4 人驾乘，车主可单独倾倒后排中央椅背，即可创造出 1.7 米左右的空间长度。北欧风格中以人为中心的设计理念由此可见。

3. 推出首款大量采用生物材料体现森林工业产品的概念车

2014 年 3 月，有关媒体报道，芬兰赫尔辛基城市应用科学大学学生组成的一个项目组，设计制造出世界首款体现森林工业的概念车，它大量采用生物材料，并以可再生柴油为燃料，已在日内瓦国际车展的醒目展台上亮相。

这款概念车，用生物材料取代了以往由塑料制成的大多数汽车零部件，可改善汽车生产的环境绩效。赫尔辛基城市应用科学大学项目总监佩卡·郝特拉说："在制造这款概念车的过去 4 年间，我们的学生逐渐认识到这些生物材料，不仅拥有出众的品质和耐用性，更带来了全新的设计灵感。"

这款体现森林工业概念车的乘客舱地板、中控台、显示面板护盖和门板零部件，由可热压成型木质材料制成。这种材料，采用了一种加热和施压方式的创新木材成型方法，其成型性赋予了产品更高的生态环保品质和优美外观设计。

概念车的前面罩、侧裙板、仪表盘、门板和内饰面板由生物复合材料制成，这是一种经久耐用、品质出众的生物复合材料，适合注塑、挤压成型和热压成型生产工艺，它由可再生纤维和塑料制成，安全可靠、无味无臭、品质更稳定。

概念车使用芬欧汇川公司取自木材的可再生柴油，与石化燃料相比，它显著减少温室气体排放量，这种柴油适用于各种柴油发动机；同时，由于采用了芬欧汇川公司生物材料具有轻型属性，使这款概念车的重量比同等车型轻 150 千克，降低了油耗；此外，概念车采用了芬欧蓝泰公司的不干胶标签材料，用于标记备用零部件及汽车的内饰和外饰设计，这些材料保证了概念车较低的碳足迹。

芬欧汇川公司品牌和宣传交流副总裁艾丽萨·尼尔森说："这款概念车反映了芬欧汇川公司生物材料的应用潜力。它适用于汽车行业，还适用于多种其他用途，包括设计、声学等多种工业注塑和消费类等应用领域。"

（二）研制多燃料与混合动力汽车

1. 开发多燃料汽车的新进展

研制出可使用多种燃料的高性能汽车。2006 年 7 月，沃尔沃汽车公司正式宣布：已经成功研制出高性能多燃料车。这种新型汽车可用 5 种不同的燃料进行驱动。这 5 种燃料包括：氢甲烷混合燃料、生物甲烷、天然气、酒精汽油和普通汽油。经测试，由 10% 的氢与 90% 的甲烷组成的混合燃料，最适合该汽车系统的发动机。

过去，沃尔沃汽车公司推出过双燃料汽车。本次推出的多燃料汽车，是对原来双燃料汽车研究的又一个巨大突破。同时，在很大程度上改善了汽车的性能，并提高了对能源的利用率。

这种多燃料汽车的发动机，可以通过自动调节来适应气体或液体燃料。驾驶员只需按下按钮就可以轻松更换燃料类型。目前，沃尔沃汽车的多燃料车发动机，可以达到 200 匹马力的最大功率。

2. 开发混合动力汽车的新进展

（1）研制出全球首款纯乙醇燃料混合动力车。2006 年 4 月，有关媒体报道，在斯德哥尔摩车展开幕式上，瑞典萨博（SAAB AB）公司推出一款"萨博生物能源混合动力"概念车。该车是萨博公司在未来生物能源科技领域，又一里程碑式的创新突破。

萨博公司原是瑞典的一家航空及武器制造商，创建于 1937 年。她的原名是"瑞典飞机有限公司"的缩写。在 1939 年，它与总部位于林雪平的一家飞机制造商合并。在 20 世纪 90 年代，经过公司所有权的更变，名称变为现在的"萨博"（SAAB AB）。

萨博公司生物能源混合动力概念车，不仅是全球首款不使用燃油（使用 100% 生物乙醇燃料）的混合动力车，还是首款软顶敞篷混合动力车。

目前，以具备可再生特性的乙醇燃料为代表的生物能源，已成为近期汽车能源发展的趋势之一。萨博公司生物能源混合动力概念车，比目前已量产的 E85 萨博车，使用含有 85%生物乙醇与 15%汽油混合燃料的，要更进一步，它首次混合使用电力与纯生物乙醇燃料。

萨博公司生物能源混合动力概念车，采用 260 马力 2.0 升涡轮增压发动机，与总功率为 53 千瓦的电动机，可产生 375 牛·米的最大扭矩，相当于同等汽油发动机 3 倍的扭矩。从静止加速到 100 千米/小时只需要 6.9 秒。

（2）研制出混合动力重型车辆。2006 年 4 月，有关媒体报道，沃尔沃集团给卡车和客车等重型车辆，研制出高效混合动力。该集团的混合动力理念，对行车途中刹车和加速十分频繁的车辆，提供了最佳的节油效果。例如，城市公共汽车、城市货柜车、垃圾收集车和建筑车辆等，能使耗能节约 35%。此外，通过减少对刹车系统的磨损，有利于降低维护费用。

混合动力解决方案的关键部分称为 I-SAM。它由一个联合启动马达、驱动发动机和发电机组成。I-SAM 与一个自动转换机械变速箱一起工作，这一装置是由沃尔沃集团自主研发的。

与目前标准的重型车辆动力，即串联混合动力相比，这种新的混合动力，是通过电子马达与柴油发动机的并联，共同驱动车辆。这一方式的采用，能大大提高混合驱动力。I-SAM 在不借助柴油发动机的情况下，也能提供足够的动力，使重型车辆启动和加速达到一定速度，同时能使车辆大大降低噪音。

沃尔沃公司在瑞典首都斯德哥尔摩举行的发布会上说，新技术主要体现在电池支持的柴油发动机上。刹车产生的能量可以为发动机电池充电，特别适合于制动频繁的城市交通。采用新技术的卡车、客车仅靠电能就能行驶，并且噪音很小。

虽然这项新技术能使耗油量减少 35%，但应用这种技术的车辆价格也将比使用传统发动机的车辆高出 35%左右。沃尔沃公司表示，就全球油价走势及替代能源研发情况看，用户购买这类车辆的话，至少在近几年内还算是比较经济的。

目前，沃尔沃集团正参与一种新型强力电池的研发工作。强力电池的研发，是建立在当今车辆启动电池的铅酸技术之上。电池的电力输出能可以增加一倍,与其他同类产品相比,生产成本将大大降低。

(三) 研制环保型汽车及其发动机

1. 研制环保型汽车的新进展

(1) 推出新型环保重型卡车。2006年4月20日,《瑞典日报》报道,瑞典沃尔沃卡车公司宣布,推出新型环保重型卡车。这种新型卡车的废气排放量,符合欧盟最新推出的欧Ⅴ排放标准。

沃尔沃卡车公司在新车发布会上展示的新型环保重型卡车,是专门为哥德堡市垃圾处理公司定制的。卡车备有柴油发动机和特殊的大型垃圾铲,可以处理诸如近万人参加的大型体育活动产生的垃圾。沃尔沃卡车公司介绍说,新型环保重型卡车同目前欧盟实行的欧Ⅲ排放标准相比,可将废气排放量降低60%,空气中颗粒排放量降低80%。

从2006年10月1日起,欧盟将重型卡车废气排放量的标准升级到欧Ⅳ。沃尔沃卡车公司预计,2006年欧洲市场对新型重型卡车的需求量为27万辆,略低于2005年水平。

(2) 开发全部以沼气为燃料的环保型公交车。2012年4月,有关媒体报道,瑞典南部小城克里斯提斯塔市,即使在寒冷的冬天,这里取暖也基本不用石油、天然气、煤炭等化石燃料。它取暖的能源,几乎全部来自垃圾。

这里的公交车,全部以沼气为燃料。除了巴士,不少汽车、卡车也改用沼气,每年可节约近50万加仑的柴油或汽油。这座城市计划到2020年完全杜绝化石燃料。

使用沼气的巴士和汽车,可以通过沼气站补充能源。城市规划者希望居民们,都购买可以使用沼气的混合燃料汽车。虽然这种汽车比传统汽车要贵4000美元,但沼气燃料的价格比汽油便宜20%。

10年前,当该市发誓要戒掉化石燃料时,这还是一个高尚但遥不可及的理想,就像公路交通零事故、消除儿童肥胖症一样。但是,现在,它已经跨过了一个关键的门槛:这座城市及其周围的乡村,全部人口为8万人,都已经不采用石油、天然气、煤炭等化石燃料取暖。这和20年前截然不同,当时所有的暖气都来自化石燃料。但是这座城市位于瑞典南部,以"绝对伏特加酒"出名的城市,并没有大量采用太阳能电池板或风力发电机，那么它的新能源来自哪里？由于该地区是一个农业和食品加工中心，工农业生产留下马铃薯皮、过期食用油、过期饼干、猪内脏、动物粪便，当地人因地制宜地将这些垃圾用于生产能源。

在克里斯提斯塔郊外，矗立着一座有10年历史的工厂，用一种生物过程将垃圾废料转化成沼气（甲烷的一种形式）。沼气燃烧产生热能和电力，或者经过提炼制成汽车燃料。

当官员们习惯了城市自己生产能源之后，慢慢发现，能源无处不在：旧垃圾填埋场和下水道产生的沼气，地板生产厂留下的碎木屑和园艺师修剪下的小树枝都可以利用。

2. 研制环保型汽车发动机的新进展

研制出全新的环保型汽车发动机。2008年11月，瑞典媒体报道，斯堪尼亚（SCANIA）公司在汽车发动机领域，推出一款全新的环保型发动机，又称作"EEV版及欧5版"发动机。它标志着，该公司在发动机技术上的全新突破。

这款全新直列发动机系列，无须排气后处理系统，即可满足EEV（环境友好汽车排放）标准和欧5排放标准。该系列发动机，将被陆续应用于斯堪尼亚卡车和巴士系列。另外，斯堪尼亚还供用户选择使用废弃再循环系统（EGR）或选择性催化还原系统（SCR）。

斯堪尼亚公司是瑞典的货车及巴士制造厂商，也是全球最有名的汽车制造商之一。1900年创建于瑞典南部的马尔默。目前，该公司还在瑞典以外地区的荷兰、巴西、阿根廷等设有生产线。该公司获得过瑞典社会责任大奖，多年来，一直坚持把环境保护作为其产品研发及商业运营过程中优先考虑的因素。该公司研制的新款环保型发动机，具有以下主要特点。

（1）技术领先。斯堪尼亚公司全新直列发动机系列的数项新技术，均处于世界领先水平。该系列发动机，采用最新超高压共轨喷射系统，它通过超高的喷射压力，大大降低颗粒物的排放。超高压共轨喷射系统，还可以通过多点喷射及时对燃烧过程进行调整。同时，其废气再循环系统，可以降低燃烧温度，从而减少氮氧化物排放，另外，有些发动机还配置了两阶段冷却回路专利装置。其可变几何涡轮增压系统，为进气系统提供了准确的废气再循环量。

（2）大扭矩产品系列齐全。斯堪尼亚公司研制出的新款 5 缸、6 缸直列发动机系列，拥有从功率 230 马力、扭矩 1050 牛·米，至 480 马力、扭矩 2500 牛·米的各种规格产品。大扭矩发动机，大大提高了车辆操控性能，以及低转速运行时的运营经济性。这些发动机，目前已应用于斯堪尼亚 P、G 和 R 卡车系列及巴士系列。

（3）符合高标准的环保要求。2009 年 10 月起，欧 5 排放标准，开始对新车强制实施。然而，随着环境忧患意识的不断提升，政府及汽车制造商一直在寻求减低排放的解决方案。在此条件下，斯堪尼亚公司提前数年就按照欧 5 排放标准及 EEV 标准设计发动机，同时，为其卡车及客车产品，配备了符合标准的 230 马力、280 马力和 320 马力的 9 升发动机。另外，该公司专门为发展迅速的城际客车和旅行车，开发出新款 360 马力 EEV 版发动机；专门为工程车、牵引车及特殊用途车辆，开发出 420 匹马力的 EEV 版卡车发动机。

（四）开发电动汽车的新信息

1. 积极拓宽电动汽车市场

采用多种措施增加电动汽车销量。2013 年 2 月，挪威媒体报道，2012 年挪威电动汽车销量达到了 1 万辆，占当年新车销量的比例达到 5.2%，这对人口仅 500 万人口的挪威来讲颇引人瞩目。相比而言，2012 年美国电动汽车的销量近 5 万辆，仅占美国当年新车销量的 0.6%，美国人口为 3 亿多人。

除电动车价格的竞争因素之外，国民的环保意识，尤其是政府的优厚政策，起到了激励作用。挪威是一个汽车高税赋的国家，但对电动汽车，政府没有征收进口关税；为便于疏散交通高峰流量，电动汽车被允许驶入公交车道；免收一般机动车必交的停车费和交通拥堵费等，停车费和交通拥堵费在挪威实在是一笔可观的支出，这使得电动汽车在挪威大受欢迎。

此外，电动汽车和插电式混合动力车市场，在挪威已经孕育了多年，城市为电动汽车修建了良好的基础设施，挪威拥有 3500 个充电点和 100 个快速充电站，这对人口小国而言，属于成效斐然。

挪威市场的电动汽车，多为日产"叶子"车型，2012 年日产"叶子"型车在挪威汽车销售市场上排名第 13 位，其他品牌的电动汽车还有"里瓦斯"等。

2. 开发电动汽车所需的新技术

开发新的电动汽车加热技术。2019年1月,有关媒体报道,位于瑞典隆德的泽米松公司开发出一种零排放催化燃烧器,用于电动汽车的加热,以此用来增加此类型汽车的行驶里程。

电动汽车无法像燃油汽车一样用内燃机的废热取暖,而其用于加热的电动加热器对电量消耗巨大,尤其是在寒冷气候下更加严重,研究表明,在零下7°C的寒冷气候温度下,电池组的电池电量范围可降低多达60%。

按照市场预测,2020年电动车市场将达到300万辆,到2025年将达到900万~1000万辆,燃料驱动或电动辅助加热器需求巨大。目前,市场上的燃料加热器,排放水平不符合现行法规,而电动加热器电力消耗巨大,影响电动汽车行驶里程,瑞典这家公司开发的新型燃烧加热器,将完美解决这一问题。

该公司首席执行官兼项目协调员安德斯·维斯汀介绍,该燃烧器使用烃类燃料通过催化进行清洁无焰燃烧,由于相对低的温度而不形成氮氧化物,并且具有长寿命、坚固耐用、尺寸紧凑等优势,用于电动汽车加热,可避免增加排放和现有辅助加热器大量消耗电池电量等缺点,最大限度地减少寒冷气候对乘客舒适性和车辆性能的影响。

该公司研究人员表示,下一步将研究确定该技术的首批适配电动汽车类型,并寻求投资建立供应链进行工业化规模生产。

(五) 开发智能汽车的新信息

1. 研制车用智能系统的新进展

(1) 研发出新一代智能碰撞警示系统。2006年6月,瑞典沃尔沃汽车公司正式宣布:该公司成功研发出新一代智能安全装置碰撞警示系统。

新一代碰撞警示系统,通过配置远程雷达,帮助司机对车身周围及前方区域进行监测记录,及早发现事故的潜在危险,预防事故的发生。在驾驶员没有及时反应的情况下,此系统可以通过减速和缩短停车距离等方式,把车祸的伤害降低到最低程度。它的主要功能包括:自动警示、自动紧急刹车等。

(2) 准备研制"仿生学"避撞汽车。2008年10月,阿根廷《21世纪趋势》周刊网站报道,瑞典沃尔沃汽车公司的工程师,正在对非洲蝗虫进行研究，拟在 2020 年前，研制出一款能够模仿蝗虫在高速飞行状态下，避免相撞的新型汽车。

报道称，这一设计，旨在把蝗虫的视觉系统应用到汽车中，从而使汽车变得足够"聪明"，能避免撞到行人或发生其他交通事故。

沃尔沃公司安全预防部门主管乔纳斯·埃克马克在一份公告中说："如果我们能够发现蝗虫避免彼此相撞的原因，就能设计出类似的程序，使我们的汽车避免相撞。"

然而，想要开发出与大自然创造的不相上下的技术，并非易事。埃克马克表示，公司还需要进行多年的研究，才能把蝗虫的飞行原理运用在汽车上。

目前，沃尔沃公司已研发出一款行人避障装置，有望在不久后正式推出。此外，该公司已将"沃尔沃城市安全系统"，安装在其生产的 XC60 型汽车中。这一系统，能使汽车在前面的车辆急刹车的情况下，突然制动。

埃克马克说："尽管'城市安全系统'与我们对蝗虫的研究没有太大关系，但我们相信这是汽车避免碰撞的重要一环。"

2. 研制智能汽车的新进展

（1）研制出智能公交车。2009 年 11 月 2 日，芬兰全国首辆可提供网络办公环境的智能公交车，在北部城市奥卢开始试运行。

这辆 16 座的智能公交车，车厢顶部装有无线区域网天线，可无偿为每位乘客提供无线宽带网络连接及办公桌，乘客因此可以充分运用旅行时间办公。

由此看来，在上下班途中，也能够省下时间来进行工作，或是网络冲浪打发时间，这真是个好主意。

（2）获准在公路上进行自动驾驶测试。2020 年 1 月 28 日，有关媒体报道，沃尔沃汽车公司合作伙伴维宁尔公司表示，它与沃尔沃汽车合资的一家企业已经获准，开始在瑞典高速公路上对其自动驾驶汽车软件进行测试，而且该车驾驶员可以不将手放在方向盘上。

维宁尔表示，该家名为泽尼梯的合资企业，其软件可为第二高级别 L4 级别的自动驾驶汽车使用，该软件已配备到一辆沃尔沃汽车上，由经过培训的驾驶员进行测试，驾驶员的手可不放在方向盘上，该车的最高时速为每小时80千米。这家合资企业，正在努力研发自动驾驶车辆，以期赶上自动驾驶领域内规模较大的竞争对手。

美国公司在自动驾驶领域处于领先地位，2019年，谷歌旗下威莫公司首次获准在加州公共道路上测试自动驾驶汽车，而且该车可不配备安全驾驶员。通用汽车旗下克鲁斯子公司表示，正准备部署没有手动控制功能的自动驾驶汽车；而德国的宝马和奥迪公司也获得了自动驾驶汽车测试许可。

在一辆"优步"（Uber）车用来测试其自动驾驶软件的沃尔沃汽车，发生事故之后，沃尔沃汽车获得测试许可变得更加艰难。但是，上个月，"优步"在公共道路上恢复了有限制的自动驾驶汽车测试。

泽尼梯公司一直在瑞典进行测试自动驾驶汽车，收集数据以研发自动驾驶功能和传感器，而沃尔沃一直在单独测试自动驾驶汽车，收集数据以提升驾驶员体验，研究驾驶员行为。

维宁尔首席技术官尼森特·巴特拉表示，批准在现实世界测试自动驾驶汽车，对于收集重要数据，测试重要功能至关重要，也是泽尼梯公司自动驾驶能力得到进步的强有力证明。维宁尔发言人托马斯·琼森表示，至于泽尼梯公司什么时候可以不配备安全驾驶员测试自动驾驶汽车，就现在而言还为时过早。

泽尼梯公司于2017年由沃尔沃和维宁尔共同成立，该公司希望在2019年推出其首款驾驶员辅助产品，随后推出自动驾驶技术。沃尔沃及其母公司中国吉利汽车公司是该公司的客户。沃尔沃计划在2021年之后推出自动驾驶汽车，到2025年，公司1/3的销量将来自完全自动驾驶汽车。

从瑞典交通管理局获得的文件显示，2018年9月，沃尔沃获得了测试自动驾驶汽车的许可，而且该许可废除了此前的自动驾驶汽车测试条件，即驾驶员至少有一只手需要放在方向盘上。沃尔沃发言人表示，沃尔沃正在测试的汽车将"用于开发完全自动汽车"，而且沃尔沃正在使用外部机构和外部的试车驾驶员。

高级别的5级自动驾驶汽车，或称完全自动驾驶汽车，将可以在所有条件下，无须驾驶员操作就可自动驾驶。2017年，沃尔沃与百度合作，使用百度的自动驾驶软件研发其4级自动驾驶汽车。

（3）世上首辆商用自动驾驶卡车开始投入运营。2020年6月，有关媒体报道，瑞典自动驾驶初创企业埃因里德公司，联合欧洲物流供应巨头德铁信可公司公开宣布：一辆叫作T-Pod的自动驾驶卡车，开始投入运营。也就是说，瑞典推出了世界上第一辆商用自动驾驶卡车。

据报道，当前这辆卡车长7米，满载时重达26吨，没有驾驶舱，与有人驾驶的柴油卡车相比，其货运运营成本据估计能减少约60%。它具备4级自动驾驶级别，属于自动驾驶分级中的第二高级别，并使用英伟达驱动平台实时处理视觉数据。一个坐在几千米外的操作员，可以同时对多达10辆车进行监督和控制。

同时，这辆自动驾驶卡车的公共驾驶范围也很短，只有9.5千米，驾驶中会车路段则更短，只有100米。即使应用范围如此短程，T-Pod也做到了史无前例的技术突破。更值得一提的是，这辆卡车完全用电力行驶，充电一次续航200千米。

埃因里德公司总裁罗伯特·法尔克表示，该公司正与主要供应商谈判合作，以帮助实现量产和交付订单，不排除未来与大型卡车制造商的联盟。这位前沃尔沃公司高管表示："这个公共道路许可证，是一个重要的里程碑。是朝着自动驾驶技术商业化方向，迈出的一步。"

他补充道："由于我们是一家软件和运营第一的公司，我们认为，与制造业公司的合作是向前迈进的核心理念。"

（六）开发汽车用部件与燃料的新信息

1. 研制汽车用部件的新进展

开发出无须补充润滑油的卡车万向节轴承。2007年6月，瑞典大型轴承厂商SKF公司，开发出行驶百万公里，也无须补充润滑油的卡车通用万向节轴承。组件内部采用可保持润滑油的密封构造，具有可承受高压冲洗洗车方法的特点。

据悉，原来采用标准设计的密封，每隔一定时间或一定行驶距离就要补充润滑油，而且部分产品也无法承受反复高压冲洗，导致润滑油容易被洗掉。

本次开发的通用万向节轴承，根据玷污程度的轻重备有两种密封，通过采用树脂制止推垫圈，在缓和轴方向的冲击负荷的同时，还能确保摺动部分的润滑状态。这样，在高压冲洗洗车的条件下，也不会流失润滑油。

2. 研制车用燃料的新进展

（1）联合开发车船用生物燃料。2007年3月，有关媒体报道，1998年芬兰的恩索公司和瑞典的斯道拉公司，联合成立了斯道拉恩索森林工业公司，它是世界上目前最大的生产纸和纸板的公司，公司集团综合森林产品，在跨越五大洲40多个国家都拥有工厂。

斯道拉恩索已经与芬兰内斯特石油公司签订一项协议，根据该协议，双方将联合开发利用木材废料生产新一代生物燃料的技术，以取代目前交通中使用的矿物燃料，从而减少导致温室效应的气体排放。合作的第一步是在斯道拉恩索位于芬兰的瓦尔考斯工厂设计并建造一个示范工厂。示范工厂由双方按照50/50的比例共同拥有，于2008年启动。

斯道拉恩索勇于开拓，通过开发生产车船用生物燃料，积极发展自己的业务。通过这次合作，它以新的方式，利用其在森林、纸业和木材采购方面深厚的专业知识和长期经验，来创造商机。此次合作，将利用斯道拉恩索、内斯特石油公司和芬兰国立技术研究中心的专业知识来实施开发阶段，并使基于木材的生物燃料生产商业化。面对欧洲不断高涨的对众多不同原料生产的优质生物燃料产品的需求，斯道拉恩索和内斯特石油公司认为，欧洲不断发展的生物燃料市场，有着大有前途且可持续的商机。

投资1400万欧元的示范工厂，将并入瓦尔考斯工厂的能源基础设施，这里生产的气体相当于为4300所住宅供暖的能源，并大大减少二氧化碳排放。

在开发阶段后，一旦技术解决方案就绪，而且合资双方从示范工厂获得足够经验后，该合资企业将在斯道拉恩索的一家工厂基础上，建造完整规模的商业化生产工厂。合资双方将按照50/50的比例共同拥有该工厂。在合资企业中，斯道拉恩索将负责供应木材生物质，以用来自其纸浆和造纸厂的热能。斯道拉恩索的木材生物质将在符合生态条件的前提下，从森林获取。内斯特石油公司将负责所生产的生物燃料的最终精炼和营销工作。

欧盟已经制定了相关目标，到2010年将交通运输中耗用的矿物燃料的5.75%（1800万吨）由生物燃料来替代，到2020年这一比例为10%。这意味着将替代 3000 万吨矿物燃料，而且要求增加生产大量生物燃料。生物燃料的排放物是碳中和的，这时由于二氧化碳本身在大气里循环，并通过作为自然碳循环的一部分在成长的森林中被储存起来，而燃烧矿物燃料则向大气中增加了"新的"二氧化碳排放。

这个新的合资企业，反映了斯道拉恩索的可持续政策及集团为减缓气候变化而实施的努力。斯道拉恩索致力于减少温室气体排放，具体途径包括：提高能源效率；增加生物燃料和其他可再生能源的使用；在能源生产中最大限度实行热电联产。

内斯特石油公司是一家致力于研发和生产先进、清洁交通燃料的精炼生产和销售公司，其战略是优先发展其精炼和优质生物柴油业务。内斯特石油公司的精炼厂位于芬兰的波尔沃和纳坦尼，每天的精炼生产能力大约为 25 万桶。公司有大约 4700 名员工。内斯特石油公司在赫尔辛基股票交易所上市交易。

斯道拉恩索的瓦尔考斯工厂生产高级纸、目录纸、新闻纸、筒芯纸和锯木产品，有三台造纸机和一台纸板机，年产能约为 62 万吨纸和纸板及 34.5 万立方米锯木产品；年消耗木材 230 万立方米左右；约有 980 名员工。

斯道拉恩索是一家林、纸、包装一体化集团，主要生产新闻出版用纸、高档文化用纸、包装纸板和木材制品，在这些领域集团处于全球领先地位。2006 年斯道拉恩索的总销售额为 146 亿欧元。集团在五大洲 40 多个国家雇有员工 4.4 万人。斯道拉恩索年产 1650 万吨纸和纸板；740 万立方米锯木产品，其中包括 320 万立方米深加工产品。斯道拉恩索股票在赫尔辛基、斯德哥尔摩和纽约上市。

（2）把造纸黑液转化为卡车用燃料。2011 年 3 月，有关媒体报道，瑞典克雷克公司成功地发展了造纸黑液气化技术，并积累了商业化经验。这家总部设在斯德哥尔摩、在瑞典北部城市皮泰亚拥有工厂的企业，2004 年开始实施黑液气化项目，截至 2009 年，该项目已经运行了 1.1 万小时，每天可把 20 吨黑液气化转化为卡车用燃料。

黑液气化后的气相成分，在高温高压条件下经气—固相催化反应，可生成甲醇和二甲醚。克雷克公司提供造纸黑液气化技术与合成气，丹麦霍尔多·托普索公司提供气体合成甲醇和二甲醚的技术，两公司合作生产甲醇和二甲醚。甲醇和二甲醚既是重要的有机化工产品，又是良好的车用燃料。

该项目2008年得到欧盟第7框架计划和瑞典能源署的共同资助，瑞典和欧洲的多家公司参与，项目总资金为2840万欧元，设计生产能力为4吨二甲醚/天。

作为项目的合作者与产品用户，沃尔沃公司改造了14辆重型卡车的发动机系统，使其油箱、喷油器和发动机管理软件都适合二甲醚燃料，这些卡车将使用新燃料进行性能测试。瑞典普雷姆石油公司负责在哥德堡、延雪萍、斯德哥尔摩和皮泰亚市建立4个二甲醚加油站。

纸浆和造纸是瑞典传统行业，黑液是造纸过程的副产品，内含30%水、40%可燃有机物和30%碱盐。据估算，瑞典每年约产生7000万吨黑液。克雷克公司的黑液气化技术，为造纸废液转化为能源开辟了新途径。据知瑞典能源署已在克雷克公司气化项目基础上，增加投资达到30亿克朗，预计到2013年投产，年生产能力为14万吨甲醇或10万吨二甲醚，可供2000辆重型卡车使用。

（七）开发铁路列车与自行车的新信息

1. 研制铁路列车及其部件的新进展

（1）开通世界上首列燃烧生物气体的列车。2005年11月，俄罗斯新闻社报道，瑞典开通世界上首列，利用生物气体的无人驾驶列车。生物气体由于生物量分解而产生，其中以甲烷为主，新型列车将行驶在瑞典东海岸林雪平市至瓦斯特尔维克市之间80千米路线上。

据报道，拥有新型列车的瑞典斯文斯克沼气公司声称，新型列车目前将每天完成一次行驶，但今后计划增加开出的次数。加足一次燃料，列车能行驶600千米，最高时速为130千米。用作燃料的生物气体，能减少向大气排放有害气体和减轻温室效应，并能减少对昂贵能源特别是石油的依赖。

新型列车能运载54名乘客，建造一辆列车需花费130万美元。列车利用两台燃烧生物气体的发动机驱动，值得一提的是，在瑞典，已有779辆公共汽车采用燃烧生物气体的发动机。

（2）合作开发列车完全行使状态时的监控系统。2007年11月，有关媒体报道，瑞典滚轴公司（SKF）和德国克诺尔公司，合作开发列车完全行使状态时的监控系统。

这是为克诺尔刹车控制系统增加一项新功能，当列车在全速奔跑时，可借助转向架系统实现远程控制并获取数据，使列车司机会发现早期故障，从而避免或减少因零部件失效导致的二次损坏。

新系统使司机可以引入基于状态的维护并减少生命周期成本。它有一个专门的电子控制板，能够记录并诊断铁路车辆的状态数据，并被整合到刹车控制系统中。

2. 研制自行车配套产品的新进展

发明可保护骑车人的充气头盔。2010年10月，有关媒体报道，为了安全起见，骑行族一般都应戴上头盔，但由于我们常见的头盔既笨重又不美观，因此很多人都不愿戴它。针对这种情况，瑞典工业设计师安娜·哈普特和特雷丝·阿尔斯汀等人组成的一个工作小组，用了6年时间，设计出一种名叫"首领"的充气头盔。这对不愿戴头盔的骑车人来说，是一项完美设计。

据报道，这是一款"隐形头盔"，它由一种特殊的尼龙材料制成，可抵挡柏油路面的刮擦。在骑自行车者安全行驶的情况下，头盔气袋以兜帽形式隐藏在使用人所戴的特殊衣领中。一旦事故发生，衣领中的内置传感器，会感应到使用者反常动作并迅速发出指令，头盔弹出并迅速膨胀成盔状的安全气囊，整个过程仅有0.1秒。头盔具有减震、抗撞击的作用，当骑车者倒地时，他的头部和颈部完全可以得到保护，保护作用比传统头盔更强。

哈普特表示，他们的设计公司希望，这款头盔2011年春天摆上北欧和英国商店货架。头盔的原始成本约260英镑，但是，哈普特相信，很多人急需头盔的替代产品。设计组开发了一种使用含折叠气袋的围脖系统，当内置传感器感应到突然撞击之后气袋就会膨开。小氦气筒将在0.1秒之内膨开气袋，而且膨胀在撞击发生后持续数秒。

通过对真实骑车者产生的数百起事故进行测试，设计师开发了这款新的头盔。哈普特说："气袋被设计为兜帽，包围和保护骑车者的头部。释放机制由传感器控制,传感器可感应事故中骑车者的异常动作。"

哈普特表示,围脖的颜色甚至可改变以搭配骑车者的装扮。兜帽本身由耐用尼龙织物制成,可抵挡路面刮擦。她说:"我和我的同事都是自行车爱好者,但是,在瑞典,法律要求骑车者必须佩戴头盔。很多人不喜欢自行车头盔,因为它看起来笨重而且一旦摘下后发型会受到影响。所以,虽然法律要求,但是很多人不愿戴头盔,不光在瑞典是这样,英国之类的很多地方也是这样。我们希望制造产品保障人们的安全,与此同时为人们解决一些问题,在保障使用者安全的同时还保持美观。我们向数百位骑车者询问了,他们理想中的头盔或者可能让他们保持安全的装置样式。"

设计小组使用瑞典自行车碰撞记录,完成数百起测试,形成发生撞击时骑车者的动作画面。于是设计出了可在 0.1 秒内打开的兜帽,因此,在骑车人可能撞到头部之前气袋就会完全打开。设计小组测试了骑车者在城市或者马路上的所有典型动作。哈普特指出,即使突然刹车和闪避动作都不会导致气袋打开。她说:"我们还上演了所有已知类型的自行车事故,收集了这些事故中骑车者的动作模式。"

设计小组使用模拟撞击研究致命事故中人体的反应方式,并收集了所有动作模式。然后,使用数学公式计算可能打开这一装置的动作。英国皇家事故预防协会发言人说:"很高兴看到了新的创意,但是我们需要大量证据证实这种装置的实用性和有效性。例如既定价格如何?是否胜过头盔?是否在所有相关情境中有效?是否存在引起伤害的任何可能情况?"

二、交通运输领域的其他新成果

(一) 水中交通运输方面的新信息
1. 设计开发环保型民用船舶的新进展

展出只用波浪能、风能及太阳能等推动的环保船只模型。2005 年 3 月,有关媒体报道,全球航运业巨头华伦纽斯·威廉姆森公司,在日本爱知县举行的世界博览会,展出全球第一艘环保船只"奥塞勒"号的模型。这艘船只靠波浪动能、风能及太阳能等推动,不会释放有害物质污染环境。预计这项技术将彻底改变全球航运业生态,但遗憾的是目前这个概念只具雏形,因为"奥塞勒"号还要等 20 年才能正式下水。

华伦纽斯·威廉姆森公司，是由瑞典的华伦纽斯航运公司以及挪威的威尔·威廉姆森公司组成的联合公司，主要经营汽车船运输以及物流、造船业务，2002年该公司以15亿美元的价格收购了韩国现代商船的汽车船队，将规模整整提高一倍。两支船队合并后在世界汽车船运输市场上的份额跃升至30%，从而以绝对优势占据全球汽车船运输领域的第一把交椅。2004年其汽车陆运业务达到150万辆，海运业务则为170万辆。

为了设计这艘"奥塞勒"环保货轮，华伦纽斯·威廉姆森公司组建了一支跨学科的设计队伍，集合了造船工程师、环保专家及工业设计师等。

据介绍，"奥塞勒"号船身两侧，共有12块好像海豚鳍板一样的物体会收集波浪能量，而3块装在船上、表面装有太阳能电池的巨型"帆板"，则会用来收集太阳能及风能。收集得到的风能、太阳能及波浪动能会转化为氢、电力及动能。

从"奥塞勒"号的设计图上可以看出，规划中的"奥塞勒"是一艘巨无霸货轮，船身长250米，相当于3.5架波音747客机的长度。特别是它的船体宽度相当惊人，达到50米，因此其8层甲板加起来足足有14个标准足球场大，达到8.5万平方米，一次最多能运1万辆新车，比普通汽车货轮多了50%。奥塞勒载货量的增加还得益于最大限度地使用了轻型材料，包括铝合金和各种热塑复合材料。

"奥塞勒"不使用惯常的燃油或核能发动机，它行驶及船上的日常用电中大约一半的能量，会由环保燃料电池产生，氢分子及氧分子结合后会产生电力推动推进器，整个动力产生过程唯一释放出的物质只是水蒸气及热能，不像惯常的燃油或核能发动机会产生废气和放射性物质等副产品污染环境。

此外，以流体力学和空气力学原理制造的鳍板和帆板，能协助"奥塞勒"以时速16海里航行，弥补了燃料电池的不足。

华伦纽斯·威廉姆森公司总裁迪维克表示："'奥塞勒'号是航运业的未来，它代表了无污染货轮的目标。"该公司环境部经理莉娜·布罗姆奎斯特也表示："这艘将是历史上第一艘真正没有污染的船只，它将会保护大气层及海洋生物，进而改变全球航运业的生态、代表了这个行业的发展前景。"

"奥塞勒"还有一个环保技术特色：无压舱物，能确保海洋生态安全。设计人员说，传统船只一般会抽进数千吨海水入船舱，作为稳定船只的压舱物。但多年来海洋学家都担心，被抽上来的海水很可能夹杂着濒临灭绝的生物，由于压舱海水在某地被抽进船内，其后要在千里之外释出，那些生物极可能会因生态环境的不同而死亡。国际海事组织（IMO）也认为压舱海水是对远洋水生物生存环境的最大威胁之一。然而，"奥塞勒"设计独特，无须携带压舱物，能保护海洋生态。因为"奥塞勒"在两边船身加装了形状类似于"水鳍"的安定翼，使得船只在航行时更加稳定。

2. 研制新型军用舰艇的新进展

部署世界上第一艘避雷达探测的隐形战舰。2009年3月，美国《连线》杂志网站报道，瑞典首开先河，部署世界上第一艘隐形战舰。瑞典军方表示，这是世界上第一艘可以避开雷达探测的隐形战舰。

这种战舰采用合成材料制造，动力是劳斯莱斯喷水式推进器，隐形性能良好，在风大浪急的海上，在半径8英里的范围内，战舰的电子设备不会被雷达探测到，而在平静的水面，隐身的距离可达过14英里。跟拥有巨大的平坦外表和尖角的，美国第一代隐形战机F-117"夜鹰"一样，这种战舰的无磁性船体，使它产生的声音信号和光学信号大大降低。喷水式推进器比螺旋推进器产生的声音小10~15分贝。据说，潜水艇很难发现一艘利用喷水式推进器的船只。这种船只产生的信号跟螺旋推进器船只产生的有很大不同，它会很快消失在周围环境中。

多年来，瑞典一直保持军事中立，但在20世纪80年代，该国发现有大量外国潜艇偷偷侵入其领海。为了应对这种局面，瑞典政府开始提倡研发可以在沿海地区巡逻的反潜和扫雷舰只。瑞典潜艇制造商考库姆公司获得了这份研发合同，公司认为隐形潜艇更适合这一要求。

瑞典这种隐形战舰装备有8枚反舰导弹、3个鱼雷发射管、多个榴弹发射器、深水炸弹、潜艇自导鱼雷和一门全自动57毫米口径火炮。除此以外，其行动非常灵活。这种轻型巡洋舰的塑料和碳化纤维船体，排水600吨，大约是相同体积的常规钢体船只排水量的一半。

该舰的速度可达到35节。为其提供动力的是2台柴油发动机，4台给一对喷水式推进器供能的燃气涡轮发动机。喷水式推进器产生的噪音，比螺旋推进器产生的噪音大约小 10~15 分贝，该巡洋舰用 7 个叶片的叶轮，代替 5 个叶片的叶轮，进一步减小了噪音。该舰还用青铜材料取代了过去一直使用的不锈钢元件，磁性大大降低。

3. 开发海运技术的新进展

（1）发明不再依赖全球卫星定位系统的海运新技术。2005 年 3 月，有关媒体报道，瑞典林雪平大学的研究人员发表论文，提出海上航行的导航新方法，无须借助全球卫星定位系统（GPS）。瑞典通信控制中心的博士生卡尔松在他的论文中，描述了如何用现代化的信号处理模拟方法，来替代全球卫星定位系统在船只航行中的监控功能。

近年，商船、军用船及娱乐用船的航行，都得依赖于全球卫星定位系统，来确定它们在海上的位置。但全球卫星定位系统的偶然信息错误、海上航行的低可见度及注意力不集中等，都会引起灾难。

来自人造卫星的信号可能会受到船只天线结冰、其他通信设备或自然原因的干扰，因此全球卫星定位系统也会造成信息堵塞。另外，海底的潜水艇，一般无法正常使用全球卫星定位系统。

这项在当今世界上独一无二的新技术，不需要任何外部基础设施，也不会受到其他因素的干扰。船只自身所拥有的雷达设备，可以用来测量与海岸之间的距离，然后把所得数据与计算机中的航海图进行比较。而潜水艇通过声呐获得的数据，可以与深度图表进行比较。就这样，把船只航行过程中的数据结合起来，就能计算出正确的位置所在。

该技术主要是基于一项称为"粒子过滤"的数学运算法则，即把这个法则作为一项程序安装在船只的计算机系统中。除此以外，无须再进一步安装任何硬件。试航结果表明，这项技术与全球卫星定位系统在航行中起到同样的作用。

（2）打造海运技术开放实验室。2019 年 4 月，有关媒体报道，为了加快丹麦海运行业的先进自动驾驶，以及海运环保技术的开发与创新，丹麦创新基金会资助 3300 万丹麦克朗，打造海运技术开放实验室，建立海运技术研究、开发与创新的新平台。丹麦众多海运公司、技术公司、大学、研究所、行业组织和政府机构都是开放实验室的合作伙伴。

海运技术开放实验室近 30 家项目合作伙伴，拟集成丹麦在数字化、无人运输和环境无害技术领域的优势,联合开发丹麦第一艘无人驾驶和环境友好的船舶。其中最具雄心的目标是确保在特定区域(如港口和沿海地区)实现零排放航行。

实验室的重点任务,包括开发同时适用小型、大型船舶的无人驾驶和环保航行技术。项目将采用机器学习,在实现更安全、高效的运输目标的同时,与港口区和周围零排放、自动驾驶解决方案的开发相结合。

当前,海运业和国际社会面临着许多重大环境方面的挑战。海运开放实验室的广泛合作,不仅是确保丹麦环境技术在海运竞争中的优势,同时还将共同开发船舶无人驾驶先进解决方案。实验室主席表示:"海运行业虽然是丹麦目前的绝对优势之一,但我们必须面向未来。通过实验室,我们将为海运研究、开发和创新搭建一个共同平台,这将有助于丹麦在未来激烈的全球市场竞争中保持世界领先。"

4. 开发海洋运输业能源电池的新进展

开发用于海洋运输业的氢燃料电池。2007年8月,有关媒体报道,北欧一些企业正在着手开发用于海洋运输业的能源电池。这些公司希望到2008年运输船上可以安装清洁的燃料电池引擎,并在未来25年内更广阔的拓展其在海洋运输业的应用。

目前,海运业使用的燃料多是渣油,污染物排放量比汽车高出上百倍。随着技术进步和环境法规不断加强,轮船"绿色"引擎,将会在竞争激烈的国际运输业取得立足之地。轮船检验机构挪威船级社负责跨行业燃料电池项目的汤玛士·汤斯泰德说:"法规日益严格,而且政治方面亦有绿色环保倾向,所以燃料电池的高投资成本不会成为发展障碍。"他补充道:"我们希望,在今后10年全球能涌现出更多类似项目,希望未来25年里海洋运输业大部分都能够使用燃料电池。"

在冰岛,作为其环保运动的一部分,已经计划将所有渔船改装为使用氢燃料电池引擎。

海洋运输业认为他们有庞大的航运量,将是最大的绿色运输市场。同时,轮船燃料消耗量很大,其二氧化硫排放量是公路柴油车的700倍。如果采用液化石油气作燃料,如第一代测试型发动机,二氧化碳的排放量比柴油发动机削减一半,二氧化硫和氮氧化物的排放几乎为零。

燃料电池引擎，是通过化学过程产生电力，而不是通过燃烧过程。虽然成本比柴油发动机高出 6 倍，但是效率可以提高 50%，而且更加清洁，因而弥补了燃料成本上的不足，削减了污染成本。燃料电池不含移动部件，维修、维护条件并不苛刻，完全可以成为一个安静、稳定的内部组件。

挪威航运集团计划，2008 年在一艘燃油船上，安装一台 330 千瓦的燃料电池系统，它将作为这艘船的一个引擎，整艘船是由存储在冷藏罐中的液化石油气提供动力。储气罐放置在甲板上，占用空间比较大，充气相对频繁，平均每周一次，因此轮船的活动范围限制在建有液化石油气站点的水域。

燃料电池项目发展委员凯瑞·杉戴克说："这种引擎，最适合于有规律性操作模式的短途运输，例如油田供应船、轮渡等。"目前，从事海洋运输业燃料电池开发和应用项目的，主要有德国发动机制造商、芬兰的船舶和工业引擎制造商、挪威航运集团等。

（二）空中交通运输方面的新信息

1. 开发直升机的新进展

（1）研制香烟盒大小的微型直升机。2009 年 5 月，英国《每日邮报》报道，挪威普罗克斯动力公司，研制出一款迄今世界上最微小的直升机。它的体积只有一个香烟盒大小，持续飞行时间约 25 分钟，未来可用于间谍活动或者战场侦察。

挪威普罗克斯动力公司研制的这款微型直升机，被命名为"PD-100 黑黄蜂"，它由一台微型电动机来进行驱动。这种直升机的发动机叶片只有 4 英寸大小，可以携带一架微型数码照相机，飞行速度达到 32 千米/小时，持续飞行时间约为 25 分钟。

该直升机配备着世界上最微小、最轻便的伺服传动装置。这种新型伺服传动装置重量仅为 0.5 克，它使得这种新研制出来的直升机的重量，比玩具电动直升机还要轻。但是，它也存在一些缺陷，这主要体现在它不能像普通直升机那样进行加速或者减速飞行，也无法在空中进行盘旋飞行。研制人员称，这种直升机主要通过地面遥控操作飞行，并通过微型电传飞行控制系统保持平稳。

第三章 天文与交通领域的创新信息

目前,"PD-100黑黄蜂"直升机,已顺利通过内部和外部轻风环境下的测试飞行。挪威普罗克斯动力公司的官员说:"这种微型直升机可以装进口袋中,只需要短短数秒钟就可以起飞,并且很快就能在遥控装置的控制下抵达设定的位置。它可以很方便地接近敌对位置,或者是进入遭受了污染的建筑物内进行探测。"在实验飞行中,"PD-100黑黄蜂"直升机的电池耗尽时,会出现碰撞等问题,但研发人员称这些问题将会很快得到解决。另外,它的零部件可靠性很强,也能够很容易地进行更换。挪威普罗克斯动力公司正在对它进行改进,以使得其持续航行时间能够达到30分钟。

研制人员还表示,这种微型直升机能够在空中飞行工作,主要取决于其轻重量的电池,这种新型电池质量非常轻,但却能输出功率12瓦特。研究人员不再需要额外的泵提供足够的空气供给,目前正在研制的新燃料电池的风力,由微型直升机的动叶片直接从气孔中获取。

同时,科学家还解决了氢供给的问题,通常制造氢的传统压力罐太重,非常不适用于微型直升机。一位名叫哈恩的研发人员说:"我们建造了一个包含固体钠硼氢化物的小型反应堆,如果向其中注入水,就能生成氢气。"由于直升机在空中飞行状态中始终需要相同数量的能量,这个小型反应堆可以提供持续数量的氢。目前,研究人员已建造了一个轻型燃料电池原型。

参与开发工作的研究人员设想,这种微型直升机可以配备给在前线作战的士兵,这样他们就可以对整个战场环境,随时进行侦察和了解,提前获知周边存在危险。微型直升机携带有微型相机,它们可以适时传回各种图像。

美国军方也正在培育体内植有电脑芯片的"半机械昆虫",它们背上安放有侦察装置,可被遥控按照人的想法四处飞行。报道说,美国政府和私营实体的一些人承认,他们正在研制这种侦察器。"半机械昆虫"可以跟踪嫌疑人,可以引导导弹命中目标,也可以在倒塌建筑的各个角落搜寻幸存者。

(2)发现地震探测仪能够追踪直升机。2017年4月,有关媒体报道,秘密情报机构可能会很高兴,因为冰岛地球物理学家组成的一个研究小组,在《国际地球物理学杂志》发表论文称,他们发现了一个追踪空中目标的新方法——使用用于记录地下地震的传感器。

该研究小组在研究火山震动时,注意到一些奇怪的事情。通常岩浆在地下运动会产生一些快速重复的迷你地震。研究人员分析了赫克拉火山数据,发现有一次震动并不是火山引起的,而是由于一架直升机掠过。

由于旋翼桨叶转动,直升机产生了一系列密集的压力脉冲,从空中扎入地下。这些脉冲似乎形成了一次震动,并在地形和风的影响下,被40千米外的地震探测仪捕获到。

研究人员表示,洪水、泥石流和冰川等引发的地震震动已经被记录过,但这是首次探测到一架飞机产生的震动。

为了进一步探索相关信号,并确保直升机信号不是误判的火山信号,研究人员记录了一架直升机飞过由7个地震探测仪组成的网络时产生的震动。通过测量直升机飞过每个探测器引起的信号频率变化,研究人员确定了该飞机大致的方位、高度、速度和飞行方向。

虽然大多数直升机无法改变旋翼转速,但研究人员仍能用震动频率推断旋翼叶片的数量和转速。只要拥有不同直升机规格的足够信息,研究人员就可能确定直升机的型号。尽管该研究只针对直升机,但理论上说,这一新方法,能追踪任何旋转体或螺旋桨飞行器,也包括无人机。

2. 开发无人机的新进展

加大对无人机技术的研发投入。2017年5月,有关媒体报道,自丹麦政府发布"丹麦无人机战略"以来,丹麦高教与科学大臣宣布将投入2750万丹麦克朗,支持开展新的无人机技术研究。

这项计划,是丹麦政府实施"无人机战略"的23个行动方案之一,主要支持无人机技术在几个重要领域的应用开发,如农业、建筑和能源以及其他领域,以进一步促进丹麦在无人机技术领域的领先和强国地位。

该研究计划将资助2017—2018年度的4个项目:一是无人机的新使命,特别是船舶运输与能源部门的应用,资助1150万丹麦克朗;二是无人机从开发到应用,特别是应用到农业、建筑和基础设施领域,资助700万丹麦克朗;三是无人机的计量标准,特别是适用于操作员进行现场或短距离的测量和检查,资助300万丹麦克朗;四是无人机技术与知识向企业宣传推广，资助 600 万丹麦克朗。

3. 建设航空无线网络服务系统的新进展

准备在航空全线配备无线网络服务系统。2016 年 7 月，有关媒体报道，芬兰航空客户体验发展高级副总裁皮亚·卡洛表示："2017 年 5 月，我们的乘客，将会在所有洲际航班上享受到无线网络服务。除此之外，我们还将通过免费的北欧天空机上娱乐系统，提供丰富的娱乐、购物、实时新闻等附加服务。"

芬兰航空公司 2015 年宣布，将在其大部分宽体和窄体客机上配备无线网络服务的计划。到该年年底，已在新启用的空中客车 A350 XWB 宽体客机上，首次实现了网络连接。自 2016 年 10 月开始，该公司将在其空客 A330 远途航班上安装无线 Wi-Fi 设备，预计用半年左右时间安装完毕。

（三）交通运输领域的其他新信息

1. 研究交通噪声的新发现

发现交通噪声易引发高血压。2009 年 9 月，瑞典隆德大学医院的一个研究小组，在英国《环境健康》杂志发表的研究成果表明，交通噪声不仅让道路附近的居民心烦意乱，而且还会使人更容易患高血压，甚至有可能因此患其他心血管疾病。

这一项研究报告指出，该医院在研究交通噪声影响健康问题时，对年龄在 18 岁到 80 岁的 2 万多瑞典人，进行了大规模的多种方式调查。结果显示，对于 60 岁以下的人来说，60 分贝以上交通噪声环境，与发生高血压之间有明显关联。

不过，研究人员没有在 60 岁到 80 岁之间的人中发现这一关联。他们猜测说，可能是因为与老人面临的许多其他风险因素相比，噪声的影响已相对下降了。

2. 交通基础设施建设的新进展

（1）建成首条自行车"高速路"。2012 年 4 月 17 日，哥本哈根市议会发布新闻公报称，丹麦首条自行车"高速路"正式贯通，骑车族在这条路上，将能更快、更安全地抵达目的地，而越来越多的人选择骑车出行，还能有效减少公路拥堵和空气污染。

这条自行车"高速路"全长 22 千米，连接首都市中心和市郊阿尔贝斯郎地区，使用特殊交通信号系统，可最大限度减少路口处通行耽搁。此外，"高速路"沿途设有自行车充气站、修理站和停靠站，方便骑车族使用。

丹麦政府为了鼓励民众绿色出行和减少二氧化碳排放，规划了总长300千米自行车道网络，其中仅哥本哈根地区，就计划建设26条自行车"高速路"。

哥本哈根地区主席维贝克·拉斯穆森在新闻公报中说："本地1/3居民表示，如果自行车出行更加容易，他们更愿意骑车。自行车'高速路'，是我们鼓励人们使用自行车替代汽车的好办法。"

（2）研发城市汽车智能交通管理系统。2013年3月，有关媒体报道，芬兰与俄罗斯联合组成一个国际研究小组，承担了名为"智能红绿灯及车站"的课题，实施城市交通管理技术领域的研究项目。

该项目的创新点在于，通过在公共及私人交通工具上，安装可相互短程通讯的高速数据传输节点，即用于汽车工业和网络的一种WIFI设备，从而建立起一个网络平台。

研究人员说，这个网络平台的一个特点，是无须数据发射基站。它通过一个数据节点向其他节点传递信号，使每辆安装短程通信设备的交通工具，成为该网络系统中信息传递的节点，安装该短程通信设备的汽车越多，就会获得越稳定和高效的网络系统。

研究人员说，这个网络平台的另一个特点，是其运行无须城市电力支持，完全使用汽车电力，同目前的移动和互联网络相比，它具有更加可靠、适应性更强的特点，是城市中其他通信技术的一种补充。安装在交通工具上的通信设备的信号传递能力，在城市环境中能达到1500米，当交通工具以低于250千米/小时速度行驶时，数据传输速度可达100兆字节/秒。

得益于该研究成果，可以在城市中建立一套公共无线数据传输网络平台，该平台能作为许多市政服务的有效载体，例如：电子支付、信息查询等。城市交通指挥中心将通过该网络获取有关交通流速度、拥堵度及交通事故的信息，便于更迅速、有效地管理城市交通。乘客得益于这种新技术的应用，将提前获知交通工具抵达的准确时间。

有关数据处理机构还能通过该网络平台，获取来自安装在交通工具上的音频、视频记录器、摄像头、气体分析仪以及辐射检测仪等设备传来的信息和数据，通过数据的分析处理，为城市管理提供依据。

（3）用巨大的气球在极地冰盖上建造运输基地。2017年7月，有关媒体报道，50年前，美国放弃了位于格陵兰岛的一个绝密军事基地，原因是其地下隧道在冰层的重压下坍塌了。这也是在世界上最寒冷和最偏远的地区工作的科学家所熟悉的问题，他们同时还必须处理有限的基础设施和缺乏建筑材料带来的问题。如今，北极研究人员设计出了一种创造性的解决方案——在雪层下吹一些大气球，从而形成结实的令人惊讶同时又环保的圆柱形隧道，建立北极地区新的运输和生活基地。

丹麦哥本哈根大学物理学家皮德·斯蒂芬森，是这一技术的先驱。目前，他是东格陵兰冰核项目的后勤主管，该项目专注于了解冰盖历史的研究工作。斯蒂芬森表示，这个方法就像是在做一个热狗。他说："利用吹雪机，我们吹出了一条沟渠。这就好比是小圆面包。"

他说："我们用的是一只巨大热狗形状的气球，我们在它的表面下充气。然后我们再把雪覆盖到这些气球上。在这里，这些雪就像是'热狗'的调味品。接下来，气球顶部的雪层就慢慢变硬了。"几天后，气球被放气并被取走，留下的隧道便可作为科学考察的货物运输基地，以及科学家的住所、工作室或储物空间了。

在过去，格陵兰岛和南极洲的极地工程师，使用扁平的木梁或弧形的铝板，在结满冰的墙壁和地板上建造天花板。雪会堆积在天花板的上面并逐渐变硬。然而随着时间的推移，冰层会慢慢变形并收缩，导致天花板下垂和墙壁收缩，最终可能完全闭合在一起。这也就是在美国的秘密基地——所谓的"世纪营"中发生的一切。

斯蒂芬森说，与建造运输和生活基地的传统方法相比，气球技术具有几个优势。首先，由于弓形的固有强度，圆柱形隧道的收缩速度略慢于矩形的强化天花板。在一个由气球形成的测试隧道中，工程师测量的年收缩幅度为0.25米，而传统结构的年收缩幅度为0.27米。

他同时指出，在圆柱形隧道中，任何收缩都可以更容易地进行处理。在没有支撑的情况下，团队成员可以用锯子切割逐渐侵入的墙壁，进而重新扩大房间，并且没有倒塌的危险。这项技术还有一个环境优势：旧技术所需要的金属或木材，需要用燃料密集型的货运飞机进行运输，而且比气球重很多倍。在天花板变形后，通常无法从冰层下重新获取支撑材料，因此工作人员必须把它们留在地下。

斯蒂芬森于 2012 年，在格陵兰的另一处基地首次尝试了这一技术。2016 年夏天，他率领一个团队在东边建造了一个完整的基地隧道系统，共部署了 8 个气球。其中最大的气球长约 40 米，并且几个气球可以首尾相连地放置，从而建造更长的隧道。

在 2016 年夏天进行了初步的钻探测试之后，2017 年夏天的钻探工作已经全面开始。这些隧道，不仅可作为运输和生活基地，而且为极地科学考察提供了方便，因为它保持着持续凉爽的温度。他说："这对冰核来说是一个好消息，因为我们希望它们尽可能地保持寒冷。"

极地工程师对于在其他地方采用这种技术很感兴趣。在南极洲康科迪亚研究站，负责一个意大利研究团队后勤工作的工程师文森佐·金科蒂表示，他已经购买了两个气球，打算在下一个南极夏季测试其储存设备的能力。尽管金科蒂相信气球技术，比运输金属或木材更便宜，但他还是急切地想知道，南极洲更干燥和更寒冷的天气，是否会影响到形成隧道冰屋顶的积雪的坚硬程度。他说："如果成功了，就可以用气球来制造所需要的尽可能多的运输和生活用房。"

第四章 材料领域的创新信息

北欧在金属与无机材料领域的研究，主要集中于探索从海水中提取黄金，研制新型合金材料，用金属材料开发催化剂和防伪材料，用金属氧化物制成能消除烟尘污染的建筑材料。开发出已知表面积最大的碳酸镁材料，用无机物开发新型催化剂；发现可从多种能源中转化能量的钙钛矿晶体吸能材料，首次观察到无机物质态材料"时间晶体"的相互作用。在有机高分子材料领域的研究，主要集中于开发塑料及其替代品、纸品与造纸原料、食品材料。用蛋白胶原质制成治疗眼疾的人造角膜，开发出受光照射能自动开闭的人工虹膜。发现应用前景广阔的新微粒壳多糖，模仿白金龟鳞片壳多糖结构制成超白涂料。发明木质素改性的新方法，利用仿生装置首次制造出千米人造蛛丝。在纳米材料与纳米技术领域的研究，主要集中于用纳米材料制成混合热晶体管、单电子器件和量子电路制冷装置。用氧化钛、植物木质纤维研制纳米材料，并以纳米塑料研制出高能效的二氧化碳过滤膜。同时，用气溶胶技术制造纳米颗粒批量合成反应器，开发使纳米材料石墨烯更稳定的提纯技术，能洞察单个纳米粒子的成像技术，以及用于制造集成电路和高效太阳能电池的纳米技术。

第一节 金属与无机材料研制的新进展

一、研制金属材料的新成果

（一）提取与制造金属材料的新信息

1. 提取纯金属材料的新进展

研究从海水中提取黄金。2011年11月11日，《赫尔辛基新闻》报道，千百年来，人们一直梦想用各种方法从便宜的材料中提取黄金。如今，芬兰拉彭兰塔技术大学绿色化学实验室米卡·西兰佩教授领导的研究小组，开发出一种新技术，能从海水中"淘"出金子。

报道说，该研究小组研发出可从海水中提取黄金的新方法。研究人员认为，黄金和其他贵金属以极其微小的颗粒溶于海水，用某些药剂促使黄金颗粒聚集，就可以把它们从海水中分离出来。

该研究小组，曾研究过核电站从水中提取放射性金属离子的方法，其方法基于各种金属对不同材料的附着性。现在，他们借鉴这种已经使用过的方法，使溶解在水中的黄金以纳米颗粒形式附着在黏合剂上。西兰佩教授说，海水中的黄金含量非常低，数千立方米海水中所含黄金才1克多。

2. 制造合金材料的新进展

研制出流延机用的超镜面抛光钢带材料。2005年7月，在"第十九届国际塑料橡胶工业展览会"上，瑞典山特维克公司展示了其高技术含量的抛光钢带材料的最新成果。

抛光钢带材料很早就在薄膜领域得到广泛应用，其应用被人们熟知的有薄膜流延机等。随着液晶显示器、数码相机及手机市场的急速发展，使得对高技术含量的薄膜的需求量激增。如应用于电子产品领域的薄膜主要由聚酰亚胺（PI）、聚碳酸酯（PC）、聚丙烯（PP）或其他高科技塑料材料制成。

流延机用于薄膜的生产时，通常的工艺是使原料在钢带材料表面上固化成薄膜。这种工艺的优点，是有利于获得厚度和平整度均匀，光学性能好的薄膜。由于上述这些优点，所以在投产的生产设备中通常都会采用这种工艺。

基于对薄膜表面性能的要求日益提高，应用于薄膜流延机中的抛光钢带材料，也需要具有高质量表面。山特维克公司正是针对客户的不同要求，不断研制出各种技术类型和相应级别的抛光钢带材料。

山特维克公司总部位于瑞典的山特维肯市，是瑞典最大的公司之一，也是一家高科技的跨国集团，主要从事矿山和工程机械、机床用刀具和特种材料的生产和经营。这家公司提供传输钢带材料，已有近百年历史，在材料的研发、生产及表面处理（例如镜面抛光）领域领先世界水平。

抛光钢带材料的生产经验表明，即使最高标准的原材料，也不能保证抛光处理后的表面质量。为此，山特维克公司除了对原材料严格把关外，较，发现最有前途的候选对象，是一个称为镍-镓的化合物。丹麦技术大学的研究人员，随后合成出镍和镓组成的固体催化剂。研究小组进行一系列实验，以查看新催化剂是否可在普通压力下产生甲醇。

实验室测试证实，计算机做出了正确的选择。在高温下，镍-镓比传统的铜-锌-铝催化剂能产生更多的甲醇，并大大减少了副产品一氧化碳的产量。研究人员指出，镍是比较丰富金属材料，虽然镓较昂贵，但已被广泛应用于电子行业。这表明，新的催化剂，最终可以扩大规模用于工业领域。

2. 以金属材料开发产品防伪材料

利用稀土金属开发产品防伪识别材料。2018年1月，丹麦哥本哈根大学化学系副教授托马斯·瑟伦森等人组成的一个研究小组，在美国学术刊物《科学进展》上发表论文称，他们开发出一种利用稀土金属光学特性的材料，给产品打上特有的"指纹"，从而可实现对商品的防伪识别。

研究人员说，他们把分别添加了稀土金属铕、铽和镝的三堆沙粒混合起来，然后随机取出部分沙粒，嵌入需要防伪的产品所用材料中，例如可嵌入皮革、玻璃或金属中。

这三种稀土金属分别会在特定波长的光照射下发光，所以制造商可对产品中嵌入沙粒部位在不同波长下各拍一张照片，然后将三张照片合并成一幅图像，形成产品的"指纹"。

研究人员认为这种防伪技术适用于多种产品，比如消费者想对一块手表的真伪进行鉴别，可到商店中扫描表上的相关"指纹"，并与制造商数据库中的原始"指纹"进行比对。瑟伦森说，若使用这项防伪技术，两个产品拥有相同"指纹"的可能性微乎其微，极难仿冒。

哥本哈根大学表示已为这项技术申请专利，有望一年后推向市场。研究人员说，这种"指纹"的成本也很便宜，预计给单个产品打上"指纹"的成本，不超过1丹麦克朗。

（三）用金属氧化物研制新型材料

——以二氧化钛为基础制成能消除烟尘污染的建筑材料

2005年8月，瑞典有关媒体在一份报道中说，从催化转换器到替代燃料，消除大城市烟尘的努力，多年来都是在内燃机和排气管上展开的。现在，科学家们正把注意力转移至街道上，通过研制"智能"建材，在自然力的少许帮助下净化空气。据悉，运用现有的自清洁窗和卫生间瓷砖技术，科学家们希望，能够使用在阳光下和雨水中分解并洗刷掉污染物的材料，来清洁整个城市。

瑞典建筑巨头斯堪斯卡公司发言人科林·彼得松说："我们首先想建造把汽车尾气分解在隧道里的混凝土墙，也可能造出净化城市空气的铺路材料。"

斯堪斯卡公司的总部设在瑞典首都斯德哥尔摩。这家公司参与了一个耗资170万美元的瑞典与芬兰的联合项目。这个项目旨在开发催化水泥和具有二氧化钛涂层的混凝土产品。

二氧化钛是通常被应用在白漆和牙膏中的化合物，接触到紫外线后会变得非常活跃。其原理为：紫外线光束照射二氧化钛，引起催化反应，消灭污染物分子，包括矿物燃料燃烧时产生的氧化氮，而氧化氮与易挥发的有机化合物结合就产生了烟尘。同时，催化反应能避免细菌和灰尘长时间附着于物体表面，以便它们能轻易地被雨水冲走。

参加瑞典与芬兰联合项目的另一家企业，希曼塔公司的研发负责人博·埃里克松说，催化反应的副产品是无害的，尽管它取决于参与反应的物质：有机化合物被分解成二氧化碳和水，而二氧化氮则产生硝酸盐。

二、研制无机非金属材料的新成果

（一）开发无机化合物新材料
——开发出已知表面积最大的碳酸镁材料

2013年7月，瑞典乌普萨拉大学，纳米技术与功能材料系高姆兹·德拉托尔博士主持的一个研究小组，在《公共科学图书馆·综合》杂志上发表论文称，他们人工合成了一种"不可能"的材料，是迄今已知表面积最大的，达到每克800平方米，并具有超强的吸水能力。

研究人员预计，新材料可用于降低那些控制湿度的电子设备的能耗，改善工业药物配方，控制仓库等地环境，还可用于运输系统中收集有毒废物、化学品、泄漏的油污，用于卫生系统设备和火灾中控制气味等。

新材料是一种碳酸镁，研究人员将其命名为"乌普萨盐"。含水或不含水的晶体碳酸镁，在自然界中含量丰富，但过去科学家一直认为，想造出不含水的非晶体碳酸镁，是极为困难的事。而现在，德拉托尔研究小组却发现，非晶体碳酸镁，可以用一种非常简单的低温程序来制造。

德拉托尔介绍说，2011年，他们略微改变了早期方法中的几个合成参数，由于失误把材料留在了反应器中超过3天，结果发现生成了一种坚硬的胶，把这种胶干燥后，得到了令人兴奋的结果。又经过一年的分析调整，他们终于合成了以前认为是"不可能"合成的材料。

研究人员发现，在迄今已知的所有碱土金属碳酸盐中，乌普萨盐的表面积是最大的。而且它充满了直径小于10纳米的小孔，使其能以独特的方式与环境相互作用，表现出大量材料应用所需的重要属性。比如在湿度相对较低的情况下，乌普萨盐能比目前最好的材料吸收更多的水。

这些性质，让乌普萨盐，跻身于"特异级"高表面积透气材料之列，这些材料包括介孔硅胶、沸石、金属有机骨架和碳纳米管。该校纳米技术与功能材料系主任马利拉·斯托姆说，再加上其他方面的独特性质，乌普萨盐为工业中新型可持续产品的应用铺平了道路。

（二）用无机物开发新型催化剂

1. 以金属硫化物开发制氢催化剂的新进展

（1）用硫化钼开发出低成本制氢催化剂。2007年7月，丹麦科技大学一个研究小组，在《科学》杂志上发布研究成果称，他们以廉价的硫化钼模仿贵金属催化剂，采用低成本金属硫化物的催化反应，以水成功制取氢气。这种金属硫化物有望成为贵属催化剂经济的替代物。

铂、钌和位于周期表同一区域的其他金属，具有独特的表面性质，并赋予这些材料，可以催化大量化学反应。它们应用广泛，譬如用于汽车排气净化和燃料电池中。然而，这些金属成本较高，因此，研究人员开始探索低成本的替代物。

丹麦研究小组采用合成方法控制单层、扁平硫化钼纳米颗粒的尺寸和形态学，从而验证了这些颗粒，可在水溶液中使氢放出反应得以催化。研究人员也确定，这一反应沿着颗粒的周边发生，这一发现具有理论和实用价值。

据了解，这种气体放出反应，在太阳能驱动的氢气生产过程中，通过水的分裂发生，与燃料电池的运行相反，是通过贵金属使反应进行催化的类型应用实例。早期虽然有人在理论上提出纳米颗粒的硫化钼边缘可催化该反应，但是这一预言未被明确证实。丹麦研究小组验证了这一事实。

（2）研制出产氢效率与铂接近的二硫化钼催化剂。2014年1月，丹麦奥胡斯大学研究人员，与美国斯坦福大学研究员雅各布·凯普斯、化学工程助理教授托马斯·哈拉米略等组成的一个国际研究小组，在《自然》杂志上发表研究成果称，他们采用传统的化学方法，设计出一种高效和环保的二硫化钼催化剂，可用于制造清洁燃料氢分子。这一催化剂，还可广泛应用于现代工业制造化肥以及提炼原油转化成汽油。

尽管氢是丰富的元素，但在自然界中，氢一般与氧结合成水、甲烷或是天然气的主要成分。目前，工业氢来自天然气，但这个制氢过程消耗了大量的能量，同时也向大气释放出二氧化碳，从而加剧了全球碳排放的产生。

通过电解从水中释放出氢是一种工业方法，但之前都是把铂作为电解水的最佳催化剂。铂催化成本过高，若大量生产很不现实。由此，研究人员重新设计了一种廉价和普通的工业材料，其效率几乎与铂一样，这一发现有可能给工业制氢带来彻底变革。

自第二次世界大战以来，石油工程师使用二硫化钼帮助提炼石油。但是，至今为止，这种化学物质被认为，不是通过电解水产生氢的很好的催化剂。最终，科学家和工程师搞清楚了缘由：最常用的二硫化钼材料的表面，具有不合适的原子排列。通常，二硫化钼晶体表面上的硫原子，被绑定至三个钼原子下方，该配置不利于电解水。

2004年，斯坦福大学化学工程教授延斯，在丹麦技术大学曾有一个重大发现：在这种晶体边缘周围，部分硫原子只与两个钼原子绑定。在这些边缘部位，其特点是双键而非三个键，钼的硫化物能更有效地形成氢气。

现在，凯普斯高采用了一个已有30年的"食谱"做法，在其边缘制成具有很多这些双键硫的硫化钼形式。这样，用简单的化学方法，研究人员合成了这个特殊的魔草硫化物纳米团簇。并将这些纳米团簇存放于导电的材料石墨片中，让石墨和钼的硫化物结合在一起，形成一个廉价的电极，成为替代昂贵的电解催化剂铂的理想之物。

接着问题来了：这种复合电极，可以有效推动化学反应、重新排列水中的氢原子和氧原子吗？哈拉米略说："把这种复合电极浸入水中略微酸化，这意味着其包含带正电荷的氢离子。这些正离子被吸引到魔草硫化物纳米团簇，它们的双键形状给予其恰到好处的原子特性，把电子从石墨导体传递到正离子。这种电子转移，把正离子变成中性的分子氢，然后逐渐冒出气体。"

研究人员说，最重要的是发现魔草硫化催化剂造价低廉，从水中释放出氢的潜力，接近基于昂贵铂的系统效率。目前，只在实验室中取得的成功仅仅是一个开端，下一步的目标是把这种技术规模化，以满足全球每年对氢的大量需求。

2. 以沸石开发分解石脑油催化剂的新进展

发明把石脑油直接变为柴油的沸石催化剂。2012年2月，瑞典斯德哥尔摩大学等机构研究人员组成的研究小组，在《自然·化学》杂志上发表论文说，他们发明了一种能把石脑油直接变为柴油的新方法，这样，工业原料石脑油可以直接变为柴油，补充现有的能源供给。

石脑油是一部分石油轻馏分的泛称，可分离出汽油、煤油、苯等多种有机原料，常用作工业原料。目前，市场上石脑油的供应比较充足，但此前由于没有发现能够商业化应用的途径，所以，它一直未能引起人们的足够重视。

现在，瑞典研究小组从一种特殊结构的沸石材料中，找到能分解石脑油的催化剂。沸石是可以在分子水平上筛分物质的多孔矿物材料，被广泛用作吸附剂、离子交换剂和催化剂等。瑞典研究人员通过大量排查沸石材料，发现一种代号为ITQ-39的沸石，是迄今已知内部结构最复杂的沸石，它的内部孔状结构正好可以用来催化处理石脑油，经过这种沸石的催化作用后，石脑油可以直接变为柴油。

发现能把石脑油直接转化柴油的高效催化剂，对于帮助解决当前的能源问题来说，其意义是相当深远的。

2012年2月，瑞典斯德哥尔摩大学等机构研究人员组成的研究小组，在《自然·化学》杂志上发表论文说，他们发明了一种能把石脑油直接变为柴油的新方法，这样，工业原料石脑油可以直接变为柴油，补充现有的能源供给。

石脑油是一部分石油轻馏分的泛称，可分离出汽油、煤油、苯等多种有机原料，常用作工业原料。目前，市场上石脑油的供应比较充足，但此前由于没有发现能够商业化应用的途径，所以，它一直未能引起人们的足够重视。

现在，瑞典研究小组从一种特殊结构的沸石材料中，找到能分解石脑油的催化剂。沸石是可以在分子水平上筛分物质的多孔矿物材料，被广泛用作吸附剂、离子交换剂和催化剂等。瑞典研究人员通过大量排查沸石材料，发现一种代号为ITQ-39的沸石，是迄今已知内部结构最复杂的沸石，它的内部孔状结构正好可以用来催化处理石脑油，经过这种沸石的催化作用后，石脑油可以直接变为柴油。

发现能把石脑油直接转化柴油的高效催化剂，对于帮助解决当前的能源问题来说，其意义是相当深远的。

（三）开发无机材料的新发现

1. 研制无机化合物吸能材料的新发现

发现可从多种能源中转化能量的钙钛矿晶体吸能材料。2017年2月，芬兰奥卢大学一个研究团队，在《应用物理快报》杂志上发表论文称，把阳光照进房间里的热量与自身运动产生的热量收集起来，或许可用于驱动生物传感器和智能手表等便携式装备及可穿戴设备。他们首次发现，在室温下，含有钙钛矿晶体结构的矿物质，具有同时从多种能源中转化能量的特质，有望实现能源的可持续利用，推动物联网和智能城市的发展。

钙钛矿有一个大家族，其中许多矿物只能一次捕获一种或两种能量。有的擅长把太阳能转换成电能，而有的善于从运动产生的温度和压力变化中获得能量，它们分别被称为热释电和压电材料。

然而，在实际中，有时仅靠一种能量来源是不够的，因此，研究人员希望开发出可以同时利用多种形式能源的设备。该研究团队发现，有一种名为"KBNNO"的特定钙钛矿类型，可以利用多种形式的能源。

新研究首次在室温条件下，一次性评估了这种材料几乎所有的特性。它是一种铁电材料，属于热释电材料的一个分支，当经受温度变化之后，会产生电流；同时，当材料受压变形时，导致某些区域吸引或排斥电荷也可产生电流。研究发现，尽管这种材料在热和压力下发电性能相当好，但并不是最好的，不过，通过修改它的组成，可以提高其热电和压电性能。

研究人员希望，未来建立一个多能量采集装置原型机，一旦找到最好的契合材料，短短几年内即可商业化。也许有一天，这种多能量采集材料，让人们不再需要充电宝之类小设备，而其中的电池也会被淘汰了。

2. 研制无机物质态材料的新发现

首次发现用超流体氦-3制成的"时间晶体"发生相互作用。2020年8月，芬兰阿尔托大学与英国兰卡斯特大学、伦敦皇家霍洛威大学伦敦分校、美国耶鲁大学科学家共同组成的一个研究团队，在《自然·材料学》杂志上发表论文称，他们首次观察到了"时间晶体"的相互作用。这项研究有望促进量子信息处理技术的发展，改善当前的原子钟技术，提高陀螺仪及依赖原子钟的系统（如GPS）的性能。

时间晶体是一种物质态，不同于金属或岩石等标准晶体，后者由原子以规则的重复模式排列而成。2012年，诺贝尔奖获得者弗兰克·威尔泽克首次提出了时间晶体这一概念，并于2016年确定。时间晶体显示出恒定不变的奇异特性，即使没有外部输入也能重复运动。它们的原子先在一个方向不停地振荡、旋转或移动，然后再朝一个方向运动。

在最新研究中，该国际团队研究团队使用氦-3观测了时间晶体。氦-3是氦罕见的同位素，缺少一个中子。研究人员把超流体氦-3冷却到绝对零度（零下273.15℃）附近，然后在超流体内部创建了两个时间晶体，并使其接触。

科学家观察到两个时间晶体相互作用，并交换组成颗粒：这些粒子从一个时间晶体流向另一种时间晶体，然后又返回，这种现象称为约瑟夫森效应。

研究人员说："控制两个时间晶体的相互作用是一项重大成就。此前，没有人在同一系统中观察到两个时间晶体，更不用说看到它们相互作用了。实现并观察到时间晶体的受控相互作用，是将其用于量子信息处理等实际应用的第一步。"

研究人员解释道，因为尽管周围环境变化，时间晶体仍会自动保持完整（相干），让相干性延续时间尽可能长，是发展强大的量子计算机必须要解决的主要"拦路虎"。此外，时间晶体也可用于改善原子钟、GPS等系统的性能。

第二节 有机高分子材料研制的新进展

一、研制塑料与纸品的新成果

（一）开发塑料及其替代品的新信息

1. 研制塑料制品的新进展

（1）以塑料聚烯烃为黏合剂制成能自动消失的包装材料。2007年6月，有关媒体报道，瑞典保洁生态洁净公司化学家奥克·罗森研制成一种新型包装材料。这种材料的生产无须耗费太多的能源，其原料主要是一种储备丰富的天然材料。经几小时的日晒，它就会完全消失。

罗森从20世纪80年代开始，就想着能研制成一种混合包装物，它由一部分天然材料和一部分合成材料组成。这种材料必须具备普通塑料的耐用、质轻和廉价的特点。但是，当时他认为，这个计划还一时难以实现。1995年，罗森在瑞典南部的赫尔辛堡，成立了自己的生态洁净公司，在这里他可以专心地研究梦想中的包装材料。

最初，罗森考虑用淀粉作为基本原料，但淀粉生物降解速度太快，他还试用过滑石粉。后来，他从蛋壳中找到灵感。蛋壳的成分中，有95%是碳酸钙，也就是白垩，这是世上最普通的一种矿物质。对于鸡蛋来说，它是绝好的包装材料，只是太容易破碎了。不过，罗森找到了改进自然配方的办法。蛋壳中另外5%的成分是重要的"黏合剂"，可以使白垩不至于散成粉状并使蛋壳更加坚硬。罗森采用了从天然气里提取的塑料聚烯烃，而不是天然蛋白质作为黏合剂。在尝试了不同的混合比例以后，罗森偶然发现了组成新型环保包装材料的最佳比例：70%的碳酸钙和30%的聚烯烃。

这种新型包装材料，看起来和摸上去都很像传统的塑料，但它不是塑料。根据罗森的实验，它像玻璃一样坚硬，像橡皮一样柔软；可作为塑料、纸板和铝制包装的廉价替代品。对环保人士来说，这种材料有很多好处。尽管它的成分中含有塑料,其生产耗费了能源,但是聚烯烃对环境的影响却非常小,它可以降解为碳和氧。另外,较少的塑料意味着使用较少的石油。石油是塑料的基本成分,是不可再生的资源。同时,它的主要原料白垩,在许多地方都非常丰富,并且便宜,而且很多就蕴藏在地表或接近地表的地方。与合成塑料及用于包装的纤维、纸和薄纸板相比,开采白垩所耗费的能源要少得多。特别是,生产纸、塑料和铝需要建化工厂,一旦建化工厂就会产生污染。而罗森发明的这种新型包装材料,仅利用自然资源,是地球自己生产的。

这种新型包装材料,最吸引人的特点,在于它是极易处理的垃圾。由它制成的瓶子、酸奶杯或糖果包装纸,都可全部降解。把这些包装物,留在野餐后的地上,在阳光照射下,一两个月后就会完全变成沙子。如果把它们扔进焚化炉,剩余的灰烬富含碳酸盐,有助于降低泥土的酸性。

(2)促进泡沫成型新技术进入商业化应用。2015年11月,芬兰国家技术研究中心网站报道,该中心首席科学家哈里·基斯金领导的研究小组,正在联合国内外多家企业,进行一项总投资为360万欧元的产业规模工艺开发项目,旨在加快一种泡沫成型新技术的商业化应用。

该项技术,通过在泡沫形成过程把大量空气以微小气泡的形式,混合到水与纤维的悬浮液中,从而实现独特的产品性能,同时节省原材料,降低水和能源的消耗。它还扩大了天然纤维在可回收和轻质产品生产中的利用,部分产品的质量可减轻15%~25%,也可在多孔、无纺材料和绝缘材料的生产过程中应用。

2015年2月,启动了目前正在进行的大规模工艺开发项目,计划周期两年半,它已经吸引来自芬兰、北美、欧洲和亚洲的20多家公司参与,并获得欧洲区域发展基金100万欧元的资金支持。基斯金认为,该项目的实施,将进一步强化芬兰在纤维产品和生物经济领域已有的领先地位。

此项技术的研发,最早始于2008年芬兰生物经济集群自主确定并启动的一个研究项目。该集群属于科技创新战略中心的组成部分,是芬兰在国家层面建立的六个创新集群之一。它由包括芬兰国家技术研究中心在内的多家产学研单位组成,集群的战略研发目标之一,即是开发智能和资源节约型制造技术。

在欧洲区域发展基金支持下，芬兰国家技术研究中心在2013—2014年，将其在韦斯屈莱市的纤维工艺中试研究环境，改造为泡沫成型中试平台，已经与相关企业开展过多次试验和新产品测试，确认了该项技术的应用潜力。

芬兰科技创新战略中心，是该国在2007—2009年之间建立的一种产学研紧密合作的创新集群，已经成为芬兰创新体系的重要组成部分，领域涵盖能源与环境、生物经济、信息通讯、金属产品与机械工程、建筑环境创新、健康与福利等。芬兰科技创新战略中心以有限公司的形式存在，股东由领域内的企业、大学和研究机构组成，自主确定研究项目，共同筹集研究经费，包括从芬兰政府和欧盟获得项目资助。

2. 研制塑料替代品的新进展

研制出可替代塑料的木质纤维与蛛丝合成材料。2019年9月，芬兰阿尔托大学材料专家领导的一个研究团队，在美国《科学进展》杂志上发表论文称，他们利用木质纤维与蜘蛛丝成分，研发出一种新型生物基材料，未来有望用作塑料的替代品。

研究人员说，材料的强度和延展性通常此消彼长，不可兼得。然而，他们把木质纤维与人造蜘蛛丝中的丝蛋白黏合在一起，研制成功的一种新型生物基材料，既具有高强度和高刚度，又具有高柔韧性。

研究人员表示，未来这种合成材料可以替代塑料，用于医疗用品的生产以及纺织业和包装业等。与塑料不同，木质纤维和蜘蛛丝这两种材料的优点，是它们可以生物降解比较环保。

据介绍，研究团队首先把桦树浆分解成细小纤维，并搭建成一个坚硬的纤维网络，然后再把蜘蛛丝丝蛋白黏合剂渗透到这个网络中，最终制成了这种新型材料。但研究中使用的蜘蛛丝并不是从蜘蛛网中提取的，而是人造蜘蛛丝，其中的丝蛋白分子化学性质与蜘蛛网中的丝蛋白分子相似。

（二）研制纸品及其技术的新信息

1. 开发纸品与造纸原料的新进展

（1）研制出新型高强度嵌塑球纸板。2005年2月，瑞典一家公司研制成一种新型的高强度纸板，用其制成包装箱，非常坚固结实，耐碰撞，可以有效地保护里面的物品。

这种新型纸板嵌有塑料小球。它是这样制成的：首先把数量众多的直径为 0.01 毫米的充气塑料小球掺入纸浆中，然后再进行纸板加工成型。由于塑料小球内的气体在纸板加工成型中受热膨胀，其直径便相应地扩大为 0.05 毫米。同时，纸板因受到塑料小球膨胀的自然挤压，其质地变得更加结实，所以具有很高强度。

（2）把马铃薯淀粉用作造纸原料。2006 年 11 月，芬兰技术研究中心，与瑞士汽巴精化公司共同组成的一个国际研究小组，对外声称，已经开发出一种新造纸技术，利用一种来自马铃薯淀粉的材料，来代替油基填料和涂布颜料生产出新纸种。

这种淀粉纸是完全可降解的，且比传统的用矿物填料（如高岭土、滑石粉、碳酸钙）生产的纸要轻 20%～30%。这种新技术的制造工艺可行性，已经在美国西密歇根州大学的中试纸厂得到证实，但还需要工厂化试验。

由于该技术能使造纸厂家减少对环境的影响，同时又能节约成本，因此引起世界范围内的广泛关注。利用新材料生产可以在较低的操作温度与压力下进行压光，节约了能源。此外，对纸机的磨损降低，也减少了机器的维护成本。所生产的纸由于相对较轻，可以减少运输成本，一旦被回收利用可以转换成生物能，比传统纸排放更少的废气。

最初，试图以天然材料原淀粉来代替油基填料和涂布颜料。后来对马铃薯淀粉进行了化学改性，使其具有像所要替换的油基填料那样具有疏水性，但质量更轻。

研究人员称，马铃薯淀粉可以用于造纸过程，但该技术在商业应用时，其关键的成本效益，是否可行还不能得到证明。芬兰技术研究中心已经为该技术申请了 3 项专利。

2. 开发造纸技术的新进展

（1）推出控制纸张厚度均匀性的新技术。2006 年 4 月，有关媒体报道，芬兰美卓（METSO）自动化公司，推出一款新型厚度扫描传感器。该产品已为该公司赢得了 2005 年芬兰 ATIP 发明银奖。

报道称，这款扫描传感器，采用精确的无接触光学传感技术，是目前唯一的一种，把近代的光学技术与传统的磁阻技术融为一体的厚度扫描传感器。由于采用了同样精确的磁阻技术,扫描过程中产生的机械偏差不会影响光学测量精度。

通过实验表明,这种传感器的测量结果,与传统磁阻扫描传感器、离线实验剖面测量和标准工业实验室测量设备结构相符。采用这种传感器所提供的精确可靠的剖面测量,可用于控制纸张厚度的均匀性,并确保大纸卷和复卷纸卷结构的合理性。

(2) 开发出制作生物活性试纸的印刷技术。2010年10月,有关媒体报道,芬兰国家技术研究中心发布公报说,该中心生物活性试纸项目小组,研制出一种把生物、造纸和印刷结合为一体的新技术,并通过印刷工艺制成生物活性试纸。这种试纸,可广泛应用于医疗保健和环境等领域的测试。

该中心将能对测试标本做出反应的抗体印刷到试纸上,测试结果以线条的形式显示,以表明测试标本中是否含有所要检测的物质。这种试纸使用简便,通过更换印在试纸上的抗体,还可用于不同的测试项目。测试标本可以是多种不同类型的液体或可溶于水的物质。

据项目小组负责人介绍,这种新产品结合了生物、造纸和印刷等技术,适合大规模生产。这种试纸,可应用于医疗保健和环境领域的快速测试。同时,这一新技术,还可用于在商品包装或标签上添加额外特征,为商品的认证和防伪提供新的途径。

二、开发食品材料的新成果

(一) 研制酒类食品的新信息

1. 开发出一种可降低胆固醇的保健啤酒

2006年3月,有关媒体报道,瑞典隆德大学发明的一项专利技术,已经用来生产一种可降低胆固醇的保健啤酒,并首次投放到美国市场销售。

报道称,该啤酒中含有一种有益于人体健康的β-葡聚糖,产品由隆德大学提供专利加工技术,并由美国一家饮料销售公司在美国销售。有分析人士认为,由于该啤酒中存在的天然抗氧化剂β-葡聚糖,具有潜在的保健作用和预防疾病的功效,将使其成为促进心脏健康的营养型酒精饮料。

目前,该产品的临床研究已在瑞典完成。它之所以选择在美国上市,主要是因为美国的食品市场,比许多欧洲国家更宽松。同时,也是因为美国食品药物管理局,早几年,就承认富含 β-葡聚糖的产品,具有保健作用。

2. 将重新酿造 19 世纪沉船的古酒

2011 年 2 月 8 日,有关媒体报道,芬兰国家技术研究中心科学家瓦普拉等人组成的一个研究团队,正在分析一瓶从波罗的海底部一艘 19 世纪沉船遗骸中打捞上来的啤酒,希望能够确定它的成分并按照古方复制出新型饮料。

研究人员称,他们通过化学分析,希望能确定啤酒的成分及"世界上最古老的啤酒之一"的酿造方法。瓦普拉说,他为能参与采样工作感到"非常荣幸",并称这瓶饮料"尝起来有一点酸,还有一点点咸味"。

几名潜水者 2010 年 7 月在芬兰西南部自治省奥兰岛,打捞起可能在 200 年前生产的 168 瓶香槟和 5 瓶啤酒。奥兰岛官员称,每瓶香槟可拍出 7 万多美元的价格。据报道,这艘沉船位于奥兰群岛的弗格勒岛附近约 50 米深的海底,很可能是 19 世纪初,受法国国王路易十六派遣驶往圣彼得堡向俄国皇室赠送礼品的船只。

最初,有关人士根据酒瓶塞上的锚形标志,推断其为法国著名的凯歌香槟。但凯歌公司专家品尝鉴别后认为,这批香槟应该是由现在已停业的朱格拉酒坊酿造。然而,2010 年 11 月的一次专家品尝认为,其中至少 3 瓶绝对属于凯歌品牌。

研究人员希望,能够发现酿造此种啤酒的酵母。芬兰国家技术研究中心一名发言人说:"因为酵母在啤酒酿造中的作用,在 19 世纪早期还没有被充分认识。"

另外,科学家也并不确定,酵母可以在寒冷的海底保存两个世纪之久。一名科学家说:"我们在显微镜下看到了酵母细胞,但是并不能确定那是活的细胞。这就像刨开坟墓,希望能找到遗体一样。我们已经发现了一些基本保存完好的细胞。"

(二) 研制食品材料的其他新信息

1. 研究食品材料的新发现

(1) 发现全脂奶制品有助于保持体形。2007 年 1 月 8 日,《瑞典日报》报道,瑞典卡罗林斯卡医学院阿莉恰·沃乌克教授领导的研究小组,公布的一项研究报告表明，与脱脂奶制品相比，长期食用全脂奶制品，不仅不会使人体重增加，反而有助于保持体形。

研究人员表示，这项研究选择了近2万名瑞典妇女，从1987年开始，对她们的饮食习惯进行记录，并计算她们的BMI体重指数，即体重除以身高的平方，之后每隔10年对她们的BMI指数进行对比。结果发现，坚持每天喝一杯全脂牛奶，或食用高脂肪奶酪的女性，其BMI指数与实验初期相比，有明显下降，而高脂肪奶酪的瘦身效果比全脂牛奶还要明显。

通常人们认为，食用全脂奶制品，会导致人体重增加、身体变胖。对于长期食用全脂奶制品为何有助于保持体形，阿莉恰·沃乌克教授推测，很可能是全脂奶制品中的共轭亚油酸发挥了作用。这种物质主要存在于反刍动物脂肪和奶制品中，有研究显示共轭亚油酸具有分解脂肪的作用。

（2）研究认为鸡蛋是最环保的蛋白质食品。2009年4月11日，瑞典《每日新闻》报道，瑞典食品与生物技术研究所专家索内松主持的项目研究小组，发现在富含蛋白质的食品中，鸡蛋是生产过程能耗最少、最环保的食品。

研究人员对鸡蛋、猪肉和牛肉等富含蛋白质的食品，进行从饲料生产到喂养完成，整个食物链的全方位跟踪研究。结果发现，生产1千克鸡蛋，排放的温室气体为800千克，能源消耗为8.2兆焦；生产1千克猪肉排放的温室气体为2150千克，能源消耗为22.6兆焦；生产1千克牛肉排放的温室气体为6700千克，能源消耗高达37.2兆焦。

索内松说，一只重量不足1.5千克的蛋鸡，在其1.5年的短暂生命中，能够产下大约350枚鸡蛋，重量是20千克左右，喂养时间短和产量高，使鸡蛋成为能耗最少和最环保的食品。然而，肉牛的生长周期却要长得多，这也是生产等量牛肉温室气体排放和能耗高的原因。

索内松指出，虽然鸡蛋的蛋白质含量为12.6%，牛肉的蛋白质含量为21%，但如今全球气候变化严重，环境日益恶化，鸡蛋应是人们补充蛋白质的首选食品，因为与其他富含蛋白质的食品相比，每单位鸡蛋的生产能耗最少，也最环保。

另据瑞典食品局发布的一项研究结果，鸡蛋比以前人们想象的更有益健康。每天食用1~2个鸡蛋，不但不会导致胆固醇升高，反而有益营养平衡。

2. 研究食材开发造成环境影响的新进展

研究食用昆虫饲养及对生态安全的影响。2019年1月15日，由瑞典农业科学大学保护生物学家阿萨·伯格伦主持，其同事安娜·詹森、马修·洛等人参加的一个研究小组，在《生态与进化趋势》杂志发表的一篇论文中，探讨了有关昆虫饲养、安全和环境影响等尚未得到解答的问题。但总体而言，他们对食用昆虫供应商能够应对这些挑战持乐观态度。

随着烤蟋蟀作为一种富含蛋白质的零食越来越受欢迎，餐馆也尝试在菜单上加入粉虫。但人们对这个新兴的昆虫食品行业的生态可持续性，"极度缺乏了解"。

伯格伦说："随着全球对蛋白质需求的增长，昆虫大规模饲养可能在未来的食品供应中扮演重要角色。我们知道，未来人们可能无法再像现在这样继续生产粮食和利用土地了。"

研究人员指出，由于营养品质和饲料转化率，把昆虫作为食物具有环境可持续性的潜力，但在该行业发展之前还有许多基本问题亟须研究。

伯格伦说："否则，我们就有可能使环境问题变得更加严重。尽管这个行业还处于起步阶段，但一些公司正变得越来越大，经营得越来越好，风险也会随之而来。"

在需要研究的几个领域中，比较紧迫的一个领域涉及不需要的系统产品。例如，人们还不知道大规模饲养昆虫的全部影响。"逃亡者"可能会对生态系统造成严重破坏，研究人员把这种现象描述为"气候灾难"。其他问题包括物种和生活史权衡、可持续饲料生产、食品安全和伦理事项等。

但由于这个行业还很年轻，美国2017年在食用昆虫上花费了5500万美元，要让昆虫食品吸引更广泛消费者还需要时间。研究人员认为，现在仍有时间进行适当超前的研究，并制定环境政策。

三、开发生物高分子材料的新成果

（一）研制生物医用高分子材料的新信息

1. 用蛋白胶原质开发出治疗眼疾的人造角膜

2010年8月25日，瑞典林雪平大学眼科学教授佩尔·法格霍尔姆与加拿大渥太华医院研究所研究员梅·格里菲斯领导的一个研究小组，在

《科学·转化医学》发表论文称，他们已研制出一种生物合成角膜，可帮助眼疾患者修复受损眼组织，恢复视力。

研究小组把 10 名患者角膜中的受损组织移除后，植入人造角膜。术后，研究人员经过两年多的跟踪观察，发现其中 9 名患者的人造角膜与眼球其他细胞融合。研究人员说，接受移植后的眼球开始分泌泪液。6 名患者的视力逐渐恢复。

研究人员说："这项研究第一次表明，人造角膜可以与人的眼球融合并激发组织再生。随着研究的深入，这种方式能帮助数以百万计等待角膜移植的人恢复视力。"

角膜是眼球表面覆盖的一层透明、胶片状组织，主要成分是蛋白胶原质，能够折射光线，将景物成像于视网膜上。

研究人员说，角膜容易受到外伤或感染而受损，不过，眼下的医学技术，能够通过角膜移植手术令患者恢复视力。然而，由于眼角膜捐献数量有限，全球每年有许多人因角膜受伤致残。他们这项研究成果，有助于这些眼疾患者重见光明。

2. 研制出受光照射能自动开闭的人工虹膜

2017 年 6 月，芬兰坦佩雷理工大学阿莱·普力玛吉领导的研究小组，在《先进材料》杂志发表论文称，他们研制出的一种人工虹膜受到阳光照射后，可在没有任何其他外部控制的情况下自动打开和关闭，就像人眼中的虹膜一样。这能帮助改进相机，最终修复受损的人眼，或者控制对周边环境做出反应的微型机器人。

在人类和很多其他动物的眼中，瞳孔是一个让光线进入眼球内部的孔。虹膜则是眼睛里带颜色的那部分，即一个控制瞳孔大小并且调节多少光线能通过的薄圆圈。

在强光下，虹膜收缩以便使瞳孔缩小，从而保护眼睛里向大脑发送视觉信号的敏感视网膜。在黑暗中，虹膜打开以便让更多光线进入，从而使人们看见事物。相同的概念被用于相机。相机的光圈可打开或关闭，以便让适量光线进入，从而产生图像。这种人工光圈通常需要告诉它们何时打开或关闭的外部传感器。但如今，芬兰研究小组创建了可自身打开和关闭的人工光圈。

为制造合成虹膜，他们从直径为 14 毫米的极薄碟状物入手。12 个放射状"花瓣"从碟状物中间穿过，但没有到达边缘——就像没有切好的比萨饼。碟状物由对热做出响应并改变形状的橡胶材料聚合液晶弹性体制成。

在黑暗中，每个"花瓣"是向外弯曲的，在中间留下一个像瞳孔一样的圆孔。为使虹膜像人眼一样对光线而不是热做出响应，研究人员向它们的液晶混合物中加入一种红色染料。当蓝色或绿色的光线照到染料上，它就会升温，触发"花瓣"弯曲回来并且关闭圆孔。

（二）研制生物高分子材料的其他新信息

1. 研究开发壳多糖的新进展

（1）发现应用前景广阔的新微粒壳多糖。2005 年 8 月 6 日，挪威生命科学大学文森特·艾基辛克博士主持的一个研究小组，在生物化学杂志《每周论文》上发表研究成果称，他们发现了一种新的微粒，它是生物高聚物壳多糖退化的基本成分，因此，可以用来发展帮助抗真菌植物的生长。这项研究，很可能带来对其他类似微粒的发现，并用于基于纤维素的生物燃料的生产。

壳多糖是一种不能溶解的微粒，它由聚合糖链紧紧组合而成。艾基辛克解释说："它是由不同的甲壳类动物、软体动物、海藻、昆虫、真菌和酵母合成的，而且是这些有机体的重要组成部分。"

艾基辛克说，壳多糖使得虾和昆虫的壳或表皮变得更有力和坚硬，而且使得真菌的伞部也更为结实。因为壳多糖是一种丰富的资源，并且最为重要的是，由于壳多糖产生于几种不同的有机体和寄生物身上，其退化对人类的利益有重要影响。例如，昆虫间可能因为干扰了它们的壳多糖新陈代谢而互相争斗。

（2）模仿白金龟鳞片壳多糖结构制成超白涂料。2018 年 3 月，芬兰阿尔托大学、英国剑桥大学等机构联合组成的一个研究小组，在美国《先进材料》杂志上发表研究报告称，他们从一类白色甲虫的鳞片中得到启发，模仿其鳞片物质的结构，以纳米原纤维为原料，开发出超薄、超轻、无毒而且可食用的新型白色涂料，其白度约相当于普通白纸的 20 倍，可用于化妆品、食品、医药和照明等多个领域。

研究人员说，新材料由植物纤维素制成，比常用白色颜料如氧化锌、二氧化钛等更环保，与生物活体组织的相容性也更好。

色素和颜料，通过吸收和反射不同波长的光来呈现颜色。如果能以相同效率反射所有波长的光，就呈现为白色。生活在东南亚的甲虫白金龟之所以很白，不是因为含有特定色素，而是因为身体表面的壳多糖鳞片有着特殊结构，能充分散射所有波长的光。

壳多糖和纤维素都是天然聚合物，前者是虾蟹外壳、真菌细胞壁和昆虫外骨骼的主要成分，后者是植物细胞壁的主要成分。

研究人员以纤维素的微细纤维，即纳米原纤维为原料，模仿白金龟鳞片的壳多糖结构，制成新的薄膜涂料。它柔软灵活，像甲虫鳞片一样超薄，厚度仅几微米。调整不同粗细的纳米原纤维所占比例，可以改变材料的透明度。

2. 开发木质素的新进展

发明木质素改性的新方法。2008年1月24日，英国科学促进会主办的"阿尔法伽利略"科学新闻网站报道，芬兰国家技术研究中心一个研究小组，发明了一种新方法，可用来对含木质素的纤维及纤维制品进行改性，使其具有全新特性及更广的应用范围。有关专家说，建筑业、纸张制造业和包装业等均可获益于这种新方法。

木质素是构成植物细胞壁的成分之一，是一种复杂的酚类聚合物，在木材中含量较多，在自然界中储量仅次于纤维素。目前造纸液的主要成分即为木质素，但其分子结构不均匀、在水中溶解性低等固有特性限制了进一步应用。

据报道，该研究小组发明用化学酶对木质素进行改性的方法，可使含木质素的纤维保持原有特性，并可根据终端产品的要求，使其具备防水、导电等全新特性，大大增加了木质纤维的应用范围。这一方法中起关键作用的是一种化学制剂，但研究人员没有说明其具体成分。

3. 开发人造蛛丝的新进展

利用仿生装置首次制造出千米人造蛛丝。2017年1月9日，每日科学网站报道，人工制造出蜘蛛丝一直是很多科学家的梦想。由瑞典农业科学大学安娜·瑞星负责，卡罗林斯卡医学院相关专家参加的一个研究团队，在《自然·化学生物学》杂志上发表论文称,他们设计出一种模拟蜘蛛吐丝过程的仿生学吐丝装置,并利用它制造出与蜘蛛丝相似的千米长人造蛛丝纤维。

自然界的蜘蛛丝是一种极具吸引力的物质,它体轻质坚,能生物降解。此外,研究显示,蜘蛛丝是一种天然的超级透镜,可有效帮助常规光学显微镜突破"视力"极限,在军事、建筑等领域有广阔应用前景。但天然蜘蛛丝产量很低,且蜘蛛有同类相食的特性,无法像家蚕一样高密度养殖。如此一来,模仿蜘蛛吐丝过程可能是制造出高仿真人造蛛丝的最好方式。但由于很难从细菌和其他生产系统获取水溶性蜘蛛丝蛋白,迄今科学家仍无法做到这一点。

蜘蛛丝由蛋白制成,这些蛋白作为一种水溶液被存储在丝腺内,然后通过蜘蛛吐丝过程成为一种纤维。该研究团队此前已经证明,蜘蛛丝腺的pH值过渡明显,这一井然有序的pH梯度,调节蜘蛛丝蛋白的特定部分,且确保纤维在蜘蛛的丝生成器官特定部位快速形成。

研究人员借助这一知识,设计出一种人造蜘蛛丝蛋白,它能在细菌内大量制造,因此有望用于工业生产。瑞星说:"使我们惊奇的是,这种人造蛋白与天然蜘蛛丝蛋白拥有同样的水溶性。"为了模拟蜘蛛丝腺,安娜研究团队建造了一种简单但非常高效的仿生学吐丝装置,只需降低pH值,它就能吐出千米长的仿蜘蛛丝纤维。

瑞星说:"这是首个成功的仿生学蜘蛛吐丝例子。未来,科学家们或许可以借助这一过程,实现人造蜘蛛丝的工业生产,得到的蛛丝纤维可广泛用于生物材料、纺织等领域。"

第三节 纳米材料与纳米技术的新进展

一、开发纳米材料的新成果

(一)以纳米材料研制电子产品的新信息

1. 用纳米材料制成微电子装置的混合热晶体管

2007年8月,芬兰赫尔辛基理工大学电子专家马蒂亚斯·麦什科等人，与意大利的合作者共同组成的一个研究小组，在《物理评论快报》上发表研究成果称，他们用纳米材料制成世界上第一个微电子装置的混合热晶体管。

麦什科表示，这种纳米热晶体管，代表了制作更方便的制冷装置的最新进展。目前这种晶体管还比较基本，需要进一步研发。但是这种原理，将来一定能够被使用在航天等领域上。

这种热晶体管最大的优势，是它纳米级的尺寸。通常的制冷手段，往往需要大而笨重的设备，制作低温很困难且成本很高。而这些新型的热晶体管能够很容易地达到同样的低温。

芬兰研究人员另一个发现，是关于利用晶体管门装置的。通常，在传统的晶体管方案中，门电压使用来控制电流的。研究人员发现门电压同样会影响温度。

麦什科说："原理上这很简单。我们把半导体通过隧道节连接在一块普通金属上，然后在两个节之间加电压。我们可以通过所加电压来控制单个电子的流动，调节接触来确保只有热电子能够逃脱，这样的结果便是制冷。这个过程可还以被转换，从而实现加热。"他还说："提高灵敏度要求装置越小越好，但是一旦小到纳米尺度，一个电子就能改变能量，因此不能有第二个电子跟进来。所以缩小的装置往往会不工作。而我们得宜于门技术，能够控制电子流动，使整个微型装置能够正常工作。"

2. 发现DNA支架能把纳米颗粒组装成单电子器件

2016年10月，芬兰韦斯屈莱大学纳米科学中心，与坦佩雷大学生物医学技术中心联合组成的一个研究团队，在《纳米通讯》杂志上发表论文称，他们研究发现，DNA（脱氧核糖核酸）支架无需低温环境，就能够自组装成固定模型，并将纳米颗粒融合到功能性结构中，集成单电子器件。

DNA支架技术，是纳米生物学的重要组成部分。DNA分子除具有基因的遗传特性外，还是一个结构精巧的一维纳米线。将DNA与纳米材料组合起来，可为生命科学、材料科学、环境科学等领域带来前所未有的推动作用。

现在，该研究团队使用DNA支架，把三个金纳米粒子组装到单电子晶体管中。DNA支架，此前曾被用来把金纳米颗粒组织成图案。但这次的工作首次表明，DNA 支架可被用于构建精确的、可控的、完全具备电气特征的单电子纳米器件，使其无须在低温下也能正常工作。

电子在单电子器件中的传输方式，与在常规电子器件中相比完全不同。对于单电子器件而言，电子受量子力学控制。而在这些器件中，存在一种包含电子的"岛"，它由一种能控制电子隧穿的"隧道结"来控制。隧道结在被称为"库伦阻塞"的量子机械现象下工作，在这种现象中，器件内部的电子产生强烈的排斥感，能阻止其他电子循环。

芬兰研究人员制造了单电子晶体管，能观察单电子经过隧道结离开或到达"岛"的效果，一个重要的观察结果是，室温下也存在一个明显的库伦阻塞现象。虽然这不是第一次在较高温度下观察到这种现象，但重要之处在于，自组装 DNA 支架可以让这些器件的生产，更具可扩展性。

芬兰国家安全委员会成员、研究团队资深研究员朱希·陶坡里表示："这种基于 DNA 自组装的器件是一个巨大的进步，能很容易扩展到大规模生产。"

3. 用纳米材料制成量子电路制冷装置

2017 年 5 月 8 日，芬兰阿尔托大学量子物理学家米可·默托恩领导的一个研究团队，在《自然·通讯》杂志网络版上发表论文称，他们用纳米材料制成一种量子电路制冷装置，能让量子位保持在足够低的温度下，从而准确可靠地运行。研究人员表示，这种制冷器，未来能集成到包括量子计算机在内的多种量子电气设备中。

普通计算机用 0 和 1 存储信息，可通过制冷扇或制冷罩等方式散热降温。而量子计算机使用量子位存储信息，这些量子位是两个能态叠加后形成的双态量子系统。由于叠加态量子位对外部干扰非常敏感，轻微干扰就会破坏它们，造成运算错误，因此必须将其与外部干扰很好隔离。但量子位在隔离后很容易变热升温，对量子计算机造成影响。

量子计算机在执行快速运算中，会有成千上万量子位同时参与。为了保证计算结果准确无误，量子位在开始一种算法之前，必须初始化至低温能态。如果量子位过热，就无法实现初始化，从而在运行多个量子算法时不能快速切换。

针对上述问题，芬兰研究团队研制出一种量子电路制冷器。量子电路通过两个独立的电子隧道形成能带，一个电子隧道是允许电子零电阻通过的超导快速通道，另一个是非超导的慢速通道。慢速通道内的电子能够摄取附近量子设备中多余热量，跃迁到超导通道。高温电子跃过能带，低温电子"滞留"下来，就像冰箱制冷机制一样，将量子系统内的热量带走。

在测试实验中，该量子制冷装置成功让量子超导谐振器冷却下来。通过调整外部电压，就能实现对冷却的开关控制。下一步，研究团队将改进纳米制冷器并测试其对实际量子位的冷却效果。默托恩表示，新纳米制冷器有望5~10年内实现商业化，让未来量子设备执行运算任务时，在不同算法间快速切换，提高其运算能力和可靠程度。

（二）开发纳米材料的其他新信息

1. 用无机物研制纳米材料的新进展

以氧化钛为基础开发出可清洁空气的纳米涂料。2006年7月，有关媒体报道，通常夏天阳光强烈，空气变得更加污浊，而由丹麦等欧盟多国专家合作开发的一种纳米涂料可以改变这种状况，它由氧化钛为基础制成。把这种涂料抹在建筑物外墙或铺设到地面上，在阳光的作用下，可以吸收大量有害气体。

这种新涂料，是由欧盟公民健康和保护研究所，与丹麦、法国、意大利和希腊的企业，经过3年时间，共同开发出来的。氧化钛颗粒具有很强的附着力和发光特性，常用于室内墙面涂料和纺织颜料，也用于纸张、防晒霜和牙膏等生活用品，而作为清洁室外空气的墙面和地面材料，则是材料科学上的创新。

项目负责人科齐亚斯介绍说，这种新涂料，可以吸收空气中有害的有机物和无机物分子，并在太阳光紫外线的作用下，破坏有害物质分子结构。它不仅可以减少对人体有害的一氧化氮气体烟雾，也可以对汽油这样的液态有毒物质起催化作用。

研究人员曾在意大利米兰的一段7000平方米的公路上，进行为期18个月的试验，结果数据显示，铺设该涂料的公路可减少85%的一氧化氮和15%的多氧化氮。他们现在还在试验，在光照和温度、湿度条件改变的情况下，这种涂料在室内是否也能起到清洁空气的作用。

2. 用有机物开发纳米材料的新进展

以植物木质纤维制成强度超过铁的纳米纸张。2008年6月，英国《新科学家》杂志报道，斯德哥尔摩瑞典皇家理工学院学者拉斯·伯格伦德，与他的同事组成的一个研究小组，研制成功一种比铸铁还要硬许多的新型纸张，以后要捅破一个纸袋没那么容易了。伯格伦德表示，人们可以利用这种新型纸加固传统纸张，生产超强胶带或制造生物组织的合成代替品。

研究人员说，虽然这种"纳米纸"韧性很强，也很硬，但它是利用在传统纸张中发现的生物材料纤维素制成的。这种长长的糖分子，是植物细胞壁的一种最主要成分，也是地球上最普遍的有机化合物。木材一般是由大约一半纤维素和其他结构化合物混合而成。

在植物细胞壁中，单个纤维素分子彼此固定在一起，形成直径大约是20纳米的纤维，这种纤维比人类发丝细5000倍。这些纤维形成强韧的网，为细胞壁提供支撑结构。伯格伦德说："纤维素纳米纤维，是所有植物结构的主要支撑物，它的特点是，大小以纳米计算，具有高强度和强大韧性。"

纤维素是从造纸的木材里提取出来的，是玻璃纸的主要成分，最近人们又把它应用到新奇的塑胶材料中。但是他们仅把它作为一种廉价的填充材料，并不理睬它的机械性能。然而，造纸木材被施加的机械过程，以及这个过程对纸张中的单个纤维素纤维造成的损坏，都大大降低了纸张的韧性。因此，伯格伦德研究小组，开发出一种能保护纤维韧性的，更加温和的加工过程。

这种新方法包括，利用酶分解木质纸浆，然后借助一个机械搅拌器将它分段。产生的切变应力导致纤维素分解成组成纤维。结果是，未受损的纤维素纤维浮在水中。将水排干后，伯格伦德发现，这些纤维通过氢键结合在一起构成网状，形成平滑的"纳米纸"。机械测试显示，这种纸具有214兆帕的抗张强度，比铸铁（130兆帕）还强韧，几乎跟建筑所用钢铁（250兆帕）的强度一样。该测试使用的纸张，是40毫米长、5毫米宽，大约50微米厚。要是这是常规的纸张，它的抗张强度不超过1兆帕。

纳米纸具有上述性能的秘密是，它不仅具有未受损的纤维素纤维的强度，而且还包括纤维素纤维形成网状的方式。虽然这些纤维素纤维牢牢地固定在一起，但是它们仍能滑动和避开对方，以消除张力和压力。单个纤维素纤维比常规纸张中的更小。

伯格伦德说："常规纸张网有直径为 30 微米的纤维，这种新纸张中的纤维直径是常规纸张的 3 倍。与常规纸张网相比，这种纸拥有的缺点很少。"英国曼彻斯特大学的聚合体科学家斯蒂芬·埃克霍恩说："这项'成就'，非常明显地显示出，纤维素纳米纤维为强化物提供基本成分的潜能。"

3. 用纳米材料开发环保产品的新进展

以纳米塑料研制出高能效的二氧化碳过滤膜。2007 年 12 月，挪威科技大学化学工程系一个膜研究小组对媒体介绍说，他们研制出一种高能效二氧化碳过滤膜，将首次低成本地应用于从烟气中脱除二氧化碳。这种膜，可以很容易地回收纯度为 90% 的二氧化碳。预计在 5 年内，欧洲 4 座大型电厂将进行中型规模试验，采用由他们开发的二氧化碳过滤膜。

常规情况下，从烟气中捕集二氧化碳需要大的吸收塔，气体通过有害的胺溶液被鼓泡吸收，然后再送到能量密集的脱附塔，以脱除二氧化碳。在提出的替代方案中，由于气流中含有二氧化碳液体的携带，被支撑的液膜会趋于快速减少。但该大学研究小组开发的膜，解决了这些问题，他们应用比较固定的聚乙烯基胺纳米塑料，作为"固定化载体"，在聚合物结构中采用氟化铵交联，用以改进阴离子交换。当来自烟气的水蒸气饱和时，胺和氟化物离子将单独与二氧化碳结合成为双碳酸盐。因为碳酸氢根阴离子，随二氧化碳反复通过后，而会再次显露，为此不需要使膜频繁地进行再生。

这种膜已在实验室规模利用经加热后的氮气、甲烷、二氧化碳和水蒸气组成的模拟烟气进行了 5 年的试验。研究人员还建立了小型中试，采用少量气流（约 0.15 标准立方米/小时）对膜曝置于实际烟气中进行了持久性试验，试验情况很好，并将在约三年内进行较大规模的中试。

二、开发纳米技术的新成果

（一）研制纳米材料技术的新信息

1. 开发制造纳米材料的新技术

（1）用气溶胶技术制造纳米颗粒批量合成反应器。2015 年 5 月，芬兰国家技术研究中心网站报道，该中心研究小组，已成功开发出用于纳米颗粒批量生产的高效合成反应器，可以制备各种纯金属颗粒、各类合金颗粒和碳涂布颗粒，日产量可以达到数百克甚至几千克。

利用气溶胶技术设计开发的这款反应器，使合成过程得以在常压和较低温度下进行，而且可以产生非常高的颗粒浓度。这意味着，这款设备可以用通常使用的工业材料制造纳米颗粒，而且具有能耗低、生产速度快的特性。此外，即使是不纯的金属盐也能用作原材料，可大大降低生产成本。

报道称，芬兰国家技术研究中心，已经通过测试生产各种纳米金属、金属化合物和碳涂布材料，显示了其反应器的实用功能。它们包括：可以用于生产磁场传感器的坡莫合金（导磁合金）油墨，可以用作生物燃料炼制催化剂的碳涂布磁体，以及用于提高锂电池容量的硅纳米粒子等。

纳米颗粒可广泛应用在诸如导电和磁性油墨，医学诊断和药物剂量，聚合物电磁特性调节、3D打印，以及热电和太阳能组件生产等领域。目前，芬兰国家技术研究中心正在积极寻求商业化合作伙伴。

（2）开发出使纳米材料石墨烯更稳定的提纯新技术。2016年10月19日，有关网站报道，瑞典科学家参与，其他成员来自法国、俄罗斯和希腊的一个国际研究小组，开发出一种提纯石墨烯的工业技术。新技术让纳米材料石墨烯更稳定，即使接触臭氧10分钟之久也"毫发无伤"。研究人员表示，这项新成果，是纳米电子学技术领域的一个重要进步，将大力促进该领域的发展。

石墨烯是一种比头发丝细100万倍的材料，由排列成蜂巢结构的单层碳原子组成，具有超高的导电性、耐用性和延展性等，可用于制造多种纳米电子学设备。在生产过程中，聚合物涂层残渣会"污染"石墨烯，降低其内部载荷子的流动性。热退火、等离子去胶以及化学溶剂等方法能去除聚合物残留，但同时会削弱石墨烯的纯度。其中，最常用的一种提纯方法是使用臭氧，这一方法虽然反应性很高，但臭氧在破坏聚合物残余的同时，会在石墨烯内造成缺陷，导致其性能弱化。

鉴于此，研究人员使用高温碳化硅的升华物，成功得到了拥有高度稳定性的石墨烯，这种石墨烯与臭氧接触超过10分钟性能不变；而普通石墨烯在同样的环境下3~4分钟就会性能受损。

为了进一步核查试验结果，研究人员通过计算机建模，厘清了为何碳化硅—石墨烯在暴烈的氧自由基的作用下仍能"毫发无伤"，且更加稳定：新石墨烯非比寻常的稳定性，显然与碳化硅基座上外延石墨烯的粗糙度较低有关。有关专家表示，这项新技术，有助于更好地提纯石墨烯，从而获得拥有稳定电学属性的高质量工业石墨烯。

2. 开发观察纳米材料的新技术

开发出能洞察单个纳米粒子的新成像技术。2015年9月11日，电气和电子工程师协会《光谱》杂志官网报道，瑞典查尔莫斯大学克里斯托弗·朗海默教授领导的一个研究小组，在《自然·材料学》杂志上发表研究成果称，他们能够用一种新的显微技术来观察单个纳米粒子，而不是观察聚集在一起混杂不清的一团粒子。

这项成果显示，研究人员利用等离激元纳米光谱电子成像技术，实现了对单个钯纳米粒子的观察。朗海默说："我们能够证明，通过观察单个纳米粒子，就可以洞察纳米材料与周围分子之间相互作用的物理属性。"

据报道，研究人员用这种技术检测单个钯纳米颗粒吸收氢的能力，实验发现，尽管纳米粒子具有相同的大小和形状，但在40毫巴（大气压力单位，1毫巴=100帕斯卡）的大气压力下，吸收氢的程度是不尽相同的。

在现实应用中，这种观察能够帮助开发更为敏感的氢传感器，用以探测燃料电池汽车的泄漏问题。朗海默说："氢传感器在工作时的主要挑战之一，就是能否设计出对氢的反馈具有线性和可逆性的材料。"

此前，已经有人能够为单个纳米粒子成像，但这需要较高的成本来给纳米粒子加热，或者用其他的方式消除影响观察精确度的问题。

朗海默说："当要研究单独纳米粒子，你需要让某种特殊的探测器去询问这个粒子'你在做什么'？这通常意味着，需要在极其细微的范围内聚焦一束高能电子，或者光子。然后，你能迅速获得非常高能的密度，但它可能破坏你想要观察目标的某些过程。"

新方法不仅将这种破坏作用降到了最低，还能很好地与环境相协调，能够允许在实际环境中一次只研究一个纳米粒子。这种在实验室外观察纳米粒子的能力，可能让"环境中的纳米粒子影响力"成为该领域的重点发展方向。

（二）开发纳米技术的其他信息

1. 研发电子领域纳米技术的新进展

共同研究用于集成电路的纳米技术。2007年3月，有关媒体报道，芬兰诺基亚公司已与英国剑桥大学签订了合作协议，双方同意在数项长期研究领域中开展合作，合作项目将首先从纳米技术开始。

诺基亚公司说，手机制造商将在剑桥大学西剑桥园区中建立一个研究机构，开始时将由10名科学家组成研发团队。他们将与一些系合作，包括工程系纳米科学中心和电科学组。

诺基亚公司工程技术人员最初将集中开发纳米技术，准备用其开发特别小的电子设备，并用于开发基于原子和分子的集成电路。

从手机发展趋势看，袖珍手机的空间显得特别珍贵，因为它集成了许多高级功能，比如数码相机、音乐播放器、移动电视和电子钱包支付功能。

诺基亚与剑桥大学两家组成的联合委员会，将评估正在进行的研究并选择新项目。在诺基亚之前，已有几家高技术公司在与剑桥大学合作开发新技术。

2. 研发能源领域纳米技术的新进展

开发用硅纳米棒制造高效太阳能电池的新技术。2012年1月11日，有关媒体报道，芬兰皮科森公司发布消息说，该公司与其合作机构组成的一个研究小组，成功研发出一种用硅纳米棒制造太阳能电池的新技术，不仅能提高太阳能电池的能效，还可降低生产成本。

皮科森公司研究人员称，新型太阳能电池的能源转换效率可达到9%以上，并具有良好的长期稳定性。据介绍，他们主要是利用硅纳米棒材料，在较廉价的玻璃等基板上培养硅纳米棒"森林"。这样可以减少硅的使用量，从而降低成本，同时还可显著提高太阳能电池的能源转换效率。

与传统的二维薄膜太阳能电池相比，新型太阳能电池的碳纳米棒"森林"具有三维结构，表面活性更高，光吸收效率也明显提高。此外，这种太阳能电池的PN结，位置更接近表面，可以提高少数载流子的迁移率，从而提高太阳能电池产生的电量。

3. 促进纳米技术开发的新举措

开始实施新的国家纳米科研计划。2012年3月，有关媒体报道，在挪威政府科研白皮书中，已把纳米科学列为该国重点研发的优先领域之一。挪威研究理事会宣布，开始实施面向未来十年的新国家纳米科研计划，即2012—2021年的纳米科学、纳米技术、微技术和先进材料的国家科研规划，投资额度为每年9300万挪威克朗，该计划为纳米领域的科研课题、重点和优先制定了框架性的国家战略。

挪威将在已完成纳米技术和新材料计划的基础上，集中科研力量提升国家纳米研发活动的数量、质量和能力，瞄准国际高水准，发展以创新为基础的、可持续发展的、基于纳米技术的解决方案，用知识和技术的创新造福于人类社会，应对人类在能源、环境、食品和海洋领域不断增长的消耗自然资源的社会挑战。

该计划重点促进研究人员的流动、科研与产业的互动、国内与国际高水平的合作，不仅研究健康、环境、安全和风险方面的问题，同时也关注纳米技术在开发应用中引发的伦理、法律和社会等方面的问题。

第五章　能源领域的创新信息

北欧在开发电池与生物质能领域的研究成果，主要集中于研制固体氧化物燃料电池、氢燃料电池，推出适用于不同市场的模块化锂离子电池，用旧电池回收材料制造镍氢电池，用海藻纤维素制成薄型快速充电电池，开发出抗寒能力惊人的有机醌储能电池。开发生物燃料辅助添加剂，研究生物燃料的功能与发展前景，用菜籽油、海藻和有机垃圾制成生物燃料，探索生物燃料制造新技术。在能源开发其他领域的研究成果，主要集中于开发漂浮在海上的远海发电风车，并建成世界首个漂浮式风力发电站；研制世界最大的风力发电机，启动结构如钢坚固的木制风力发电塔，设计既是风力发电站又是城市景观的环保建筑。建成北欧最大的太阳能电站，研制出新型高效太阳能电池板，用造纸废弃物制成太阳能电池阴极材料。设计让核聚变逃逸电子减速新模型，加快建设核废料永久处置库，建造存放期达10万年的全球最贵核废料场。发明海水与淡水混合所得能量发电的新方法，加强地热与余热的开发利用。同时，建立有利于可再生能源开发的智能生态电网，加强电网检测维护与更新扩建。

第一节　开发电池与生物质能的新进展

一、电池开发方面的新成果

（一）研制燃料电池的新信息

1. 固体氧化物燃料电池开发的新进展

用天然气研发出固体氧化物燃料电池系统。2011年1月，芬兰国家技术研究中心发布公报说，该中心研发出独特的燃料电池系统，能够以天然气为燃料并网发电。其独特性在于，利用10千瓦级的单个平板式固体氧化物燃料电池堆来生产电能。

单个燃料电池功率有限,为增强其实用性,研究人员把若干个燃料电池以串联、并联等方式,组装成燃料电池堆。平板式固体氧化物燃料电池堆,是一种形似"多层夹心饼干"的组装结构。

芬兰国家技术研究中心的专家介绍说,他们在两个月前,首次把10千瓦级的单个平板式固体氧化物燃料电池堆,组装成系统,并在实际运行条件下进行测试。

该中心指出,提高单个燃料电池堆的功率,可为将来建造大规模固体氧化物电池发电厂创造条件。目前市场上单个平板式燃料电池堆的功率多为0.5千瓦到数千瓦,如果要用燃料电池技术建造一座发电厂,就需要很多燃料电池堆,加上组装、维护和管理,成本很高。提高单个平板式燃料电池堆的功率,可减少这种新型发电厂的建设和维护成本。

2. 氢燃料电池开发的新进展

(1)研制出以水为原料的便携式氢燃料电池充电器。2012年1月16日,《每日邮报》报道,瑞典myFC公司推出一款新型便携氢燃料电池充电器,只需十几毫升的水为原料,便可给手机、相机和GPS设备提供10个小时的电力,对于那些出门在外找不到电源的人来说,使用起来非常方便。

这款充电器在美国拉斯维加斯举行的国际消费电子展上亮相。它的操作过程,非常快捷简易:往托盘里倒入一汤匙水,然后把一个小的圆形容器放在托盘上,合上盖子,充电就开始了。

研究人员介绍说,它的工作原理,是一个简单的化学反应。圆形容器内装有一种特殊成分硅化钠,与水相遇时便会产生氢气。硅化钠是美国绿色能源公司SiGNa化学公司开发的一种新型无毒性化学粉末,而这款氢燃料电池充电器是首个使用硅化钠的商业产品。这一反应过程安全而且环保,唯一的副产品是一点点水蒸气。

该氢燃料电池充电器可用于任何带USB接口的设备,对水也没有任何要求,即便盐水甚至污水都可以正常工作。

瑞典myFC公司的研究人员表示,它与传统的便携充电器相比,具有明显优势:一是氢燃料电池可以立即产生电力,充电过程不会像太阳能板那样,受到天气或者太阳所处位置的影响;二是氢燃料电池充电器采用防腐蚀和防渗漏的材料制成，燃料块不会出现普通电池那样自然放电的问题，由此保证了充电的稳定性和可靠性；三是可作为备用电源，手电筒或台灯插上这种充电器，就可用来照明。

（2）将建造世界首例全部自供给氢燃料电池的动力住宅。2020年7月，有关媒体报道，总部位于瑞典延雪平省的瑞典城市住宅供应商"瓦特和睦"公司，首席执行官索比恩·哈默斯对外宣布，其正在计划建造以氢气为动力的住宅。该公寓楼以氢气作为燃料，通过燃料电池技术进行发电，项目的目标是做到100%脱离电网供电，全部实现电力自给自足，这种氢动力住宅属于世界首例。

报道称，"瓦特和睦"公司将与众多其他相关企业开展合作，共同建设这一新颖的氢动力住宅项目，目前该公司已与耶伦环境美学住宅公司开展项目前期合作。

哈默斯表示："未来开发的住宅，必须兼顾经济性和低排放性，住宅屋顶、玻璃及大型建筑立面，未来将采用各种形式的太阳能电池板，太阳能电池产生的多余电力，通过电解制成氢气并储存起来，以备需要，从而使氢动力住宅，在整个冬季100%采用可再生能源电力成为可能。"

太阳能发电在冬季会受到很大限制，一方面，冬季的白天较短，阳光照射时间降低；另一方面，冬季下雪天，积雪会覆盖太阳能电池板导致无法产生电力。因此"瓦特和睦"公司采用氢燃料电池技术来解决这一问题。

除耶伦环境美学住宅公司外，"瓦特和睦"公司还与瑞典研究院合作开发这项技术。瑞典研究院是氢动力住宅概念可行性研究的领导者。

氢动力住宅的概念，实际上是日本首次提出来的，早些时候，日本就进行过氢动力住宅项目的尝试和实验。

瑞典研究院氢能技术部经理安娜·亚历山德森，对此解释到："日本的氢动力住宅项目已经有很多年了，但由于各方面原因并未真正实现实际应用，因此日本氢动力住宅项目并不是实际意义上的世界首例。此外，最近欧盟也计划启动了一个项目，目的是在荷兰建立一个氢气社区。"

亚历山德森最后说到："'瓦特和睦'公司氢动力住宅项目，将成为世界上第一个完全脱离电网的氢动力住宅案例，它将使瑞典成为氢动力住宅概念的世界引领者。"

（二）研制含金属元素常见电池的新信息

1. 锂离子电池开发的新进展

推出适用于不同市场的模块化锂离子电池。2020年5月，有关媒体报道，瑞典电池制造商北伏特公司（Northvolt），开发出一种新型锂离子电池，它采用模块化设计的电压包移动系统，可适用于不同的细分市场，特别是用于远程或较弱的电网。瑞典大瀑布电力公司目前正在测试该系统的性能。

北伏特公司表示，这种新型的模块化锂离子电池，由于有电压包移动系统，不仅可用于远程或弱电网和电动汽车充电，而且也可以用于电力平衡、网格灵活性和辅助服务。

北伏特公司表示，电压包移动系统可扩展容量，可形成从245千瓦时到1225千瓦时的可用能源。该系统通过一个中央接口集线器进行扩展，该集线器可以并行连接5个独立的电压组，每个电压组包括3个液冷的工业级电池电压组核心。

如果需要更大的存储容量，则可以把电压包移动系统串联起来，将中心集线器用作家庭逆变器和辅助系统等应用程序的接口。电池技术逆变系统和电池管理系统，是由北伏特公司设计和制造的。

瑞典大瀑布电力公司正在瑞典阿尔夫卡尔比的工厂测试该系统。北伏特公司表示："瑞典大瀑布电力公司，将是第一家向市场提供电池单元的企业，它已经确定了行业、微电网、建筑工地及活动组织者，对可持续解决方案的需求。"

瑞典大瀑布电力公司网络解决方案负责人托比约恩·约翰逊表示，该公司将提供电池储能解决方案，作为其"电力即服务"概念的一部分。他补充说："这意味着我们提供了一个完整的能源储能包，并根据客户的要求进行管理。"

北伏特公司获得了10亿美元的股权投资，在瑞典建立了一个锂离子电池工厂。该公司已经在韦斯特拉斯建立了一个运营研究实验室，在谢莱夫特拉有两家正在建设的电池工厂，在波兰格旦斯克有一家运营中的电池系统工厂。

2. 镍氢电池开发的新进展

利用旧电池回收材料制造镍氢电池。2020年6月，有关媒体报道，瑞典斯德哥尔摩大学材料与环境化学系，达格·诺雷乌斯教授领导的一个研究小组发表文章称，他们进行的一项新研究表明，一种电池回收的新方法，能够得到性能更好、更便宜的可充电镍氢电池。

诺雷乌斯表示："新方法可以升级再造回收的材料，直接用于新电池生产。"

新回收法包括机械清洗，从旧电极中分离可重复使用的电极材料和腐蚀产物。研究人员说："旧电池中95%的材料都是有用的，在制造性能更好的新电池中可以节省几个制造步骤。回收也会更加容易，因为可以省去传统电池回收中昂贵的重熔步骤，从而降低成本。"

氢化物电池即所谓的镍氢电池，具有一个镍电极和一个氢电极，其中氢气被存储在金属氢化物中。此种电池是目前市场上四种基本的可充电电池之一，其他还有锂电池、镍镉电池或铅电池。

早在20世纪90年代，镍氢电池就被研发出来，被用于丰田普锐斯等混合动力汽车中，也被用于电动牙刷、电动剃须刀等靠近人体使用的电器，因为此类电器需要更安全的电池，不能像锂电池那样有爆炸的风险。此外，由于镍氢电池不含有毒重金属，也被认为是一种更加环保的电池。

该研究最初专注于找到能够以固体形式存储大量氢气的金属氢化物。当成功找到后，首次用于可充电电池。与镍镉电池相比，氢含量高的电池的容量增加了一倍。研究人员表示："我们的研究有了新发现，经过简化回收过程获得的新材料，制造出来的新电池性能更好。"

（三）研制含有机质电池的新信息

1. 海藻纤维素电池开发的新进展

用海藻纤维素研制出薄型快速充电电池。2009年10月，瑞典乌普萨拉大学的阿尔伯特·米兰因博士领导的研究小组，在《纳米快报》杂志上报告成果消息说，他们用海藻的纤维素研制出一款薄型电池，它像纸一样纤薄、柔韧而轻巧，可在几秒内完成充电，而且充放电100次后的性能也不会出现较大的损耗。

通常电池都是依靠电化学反应工作，每一个电池包含阴极和阳极两个电极，这两个电极浸没在电解液中。目前，广泛应用于手机和手提电脑中的锂电池的阳极由碳组成，阴极由氧化锂钴组成，其溶在含有锂盐的有机电解液中。当电池被通上电时，电子朝阴极迸发，迫使带正电的锂离子远离阴极，进入阳极，当电池放电时，电流让锂离子离开阳极返回到阴极。

瑞典研究小组发明的电池，由海藻中提取的纤维素制成。这种纤维素的纤维，比树木或者棉花中提取的纤维素更加纤细，会使电池的表面积更大，使其能够存储更多电荷。然而，纤维本身并不能导电，该研究小组使用一种常见的导电聚合物聚吡咯，来包住纤维。聚吡咯通常为无定型黑色固体，不溶不熔，在200℃时会分解，能导电。研究人员把它浸入海藻纤维中，产生了一个能够导电的混合物。接着，他们在这种合成物中，制造出新电池的两极，用浸过盐水的滤纸作为电解质。

这种新型电池，由两个纤维素电极及夹在其间浸过盐水的滤纸构成，看起来就像一个三明治，两个纤维素电极位于两块载玻片之间。两极上附有铂带与外界形成导电接触。在聚吡咯内发生的化学变化存储和释放电量，分子在其中，以氧化状态和还原状态两种形式存在，当这两种状态的分子形成回路时，即产生电流。

目前，海藻电池的效率，只有锂离子电池的1/3，虽然不能取代锂电池，但也能占领不宜使用锂电池的市场，它现在用作带有小型无线电装置的行李标签，便于行李监管者根据其发出的信号追踪到行李的位置；也用作"智能"包装材料，比如带电子显示屏的包装盒。此外，还有一项重要用途是，为刚刚研制成功的纸基晶体管组件充电。

2. 以醌为原料研制有机储能电池的新进展

开发出具备惊人抗寒能力的有机醌储能电池。2020年5月，有关媒体报道，瑞典乌普萨拉大学化学家克里斯蒂安·斯特里采尔领导的一个研究团队，在《应用化学》杂志上发表论文称，他们花费两年多的时间，开发出一种可以存储可再生能源的有机质醌电池，它具有惊人的抗寒能力。

研究人员表示，这种电池的储能性能让人感到惊讶，它可以直接连接到太阳能发电设施实行快速充电，并且可以承受零下24℃的低温而不会损失容量。

不过，营销分析人员表示，这种储能电池进入市场的道路仍然漫长，但是与铅酸电池和锂离子电池面临的危险废物处置挑战相比，它处置起来更容易，这也可以在迅速发展的储能市场中提供竞争优势。到2035年，全球储能系统的年收入预计将增长到5460亿美元,年部署量为3046吉瓦时。

加州储能联盟执行董事亚历克斯·莫里斯说:"这种电池在处置废物具有一定的优势,特别是如果总体成本较低时,这种特长就会体现出来。"

国际电池创新联盟经理马修·雷福德表示,全球储能市场发展如此之快,以至于需要跨技术进行创新。他说:"国际电池创新联盟资助铅酸电池研究,并对这种有机电池的推出表示欢迎。一旦有机电池技术发展成熟,锂、铅、锌及有机电池等多种电池技术,可为用户提供更多的选择。"

该研究团队以天然存在的醌为原料,把它置于酸性电解质水溶液中。醌是一种可以人工合成,或在细菌、真菌和某些高级植物中发现的物质,在以往的研究中,研究人员已经开发出采用有机材料的电池,但其小分子往往更容易溶解到电解液中,从而造成电池的长期稳定性降低。

目前,铅酸电池和锂离子电池主导着全球市场。传统的铅酸电池广泛用于汽车和工业环境,而锂离子电池则占全球电池储能市场的90%以上。

铅酸电池可以在较低的温度下工作,这为瑞典研究团队提供了一些灵感,但是铅酸电池的环境温度从20℃降到零下20℃时,其放电能力将会减少一半。

斯特里采尔表示,这种有机质子电池令人惊奇的是,即使在远低于冰点的温度下也能保持稳定运行。他说:"我们知道低温对于电池性能产生一定影响。令人惊讶的是,这种电池的放电能力并没有受到影响,因此可以部署在常年温度较低的应用场合。"

锂离子电池需要充电控制器来管理充电。斯特里采尔说,这种有机质子电池可以直接从太阳能发电设施充电,而无须采用其他电子设备。他说:"用户可以白天采用太阳能发电设施的电力,晚上采用电池储能系统提供的电力。"

研究人员说,这种电池的能量密度可与铅酸电池相媲美,它由于相对较重,对于汽车而言并不是理想的选择,但可以很好地应用于电网的储能系统、小型传感器和智能家居市场。他们还计划使用3D打印技术生产这类电池,这样,有机质子电池可以具有各种形状。

有关专家指出,这种有机质子电池的潜在寿命,还有待于观察。瑞典研究团队的电池原型,可以快速充电500次以上而不会降低其效率,但是这个数量远低于其他电池。

锂离子电池的循环寿命（可以充电和放电的次数）为2500~4000次。铅酸电池的循环寿命为1000~5000次。国际电池创新联盟推动提高其效率的研究，希望使其成为一种可以支持可再生能源发电设施更加经济的储能技术。

还有一个关键问题，是如何经济的生产这种电池。有机电池不需要采用矿物质，这可能会提供市场竞争优势。美国铅矿丰富，可以在那儿大量生产铅酸电池，而锂离子材料主要来自从中国和其他国家。随着能源行业对电网规模电池储能系统的安全性需求，包括报废处理在内的安全问题也困扰着锂离子电池。无毒的有机电池可以避免这些问题。

斯特里采尔表示，虽然醌能够以较低的成本合成生产，但化学工业中至关重要的规模经济，可以使有机质子电池更具商业化生产的可行性。他说："这些有机成分既丰富又廉价，但将它们组合起来并不简单。我们正在寻求一些合作伙伴，以使这种电池实现商业化生产，并使其成本更低。"

他接着说："对于有机电池而言，主要障碍之一，是要确保使用简化且实用的合成技术。而如今无论采用的是哪种电池，采用矿物的无机电池都将面临环保挑战，而有机电池则可以有效应对这些挑战。"

二、生物质能开发的新成果

（一）开发生物质能的新发现

1. 探索生物燃料辅助添加剂的新发现

发现新蛋白质CBP21有助于制造生物燃料。2005年8月5日，挪威大学埃耶辛克博士主持的一个研究小组，在美国《生物化学》杂志发表论文称，他们发现一种新型蛋白质，可以提取出来制作辅助添加剂，用来协助甲壳质酶降解生物聚合物聚乙酰氨基葡糖，并且有助于培植出完全抵抗真菌危害的植物来。

埃耶辛克博士致力于生命科学研究，他是此次研究论文的主要撰写者，他解释道，聚乙酰氨基葡糖是一种不溶于水的大型分子。主要由许多生物高聚物糖链组合而成，在许多动植物体内都可以找到，比如甲壳类动物、软体类动物、藻类植物、各种昆虫、真菌和酵母体内都可以见到它的踪影。

这种大型有机分子贯穿于这些有机体的生命全过程，是这些有机体不可或缺的一种化学物质。举个简单的例子，聚乙酰氨基葡糖，能够增加虾类和昆虫类动物表皮或是外壳的坚硬程度，同时能够提高各种真菌的细胞壁表面强度。

因为聚乙酰氨基葡糖在各种动植物体内的含量都很高，并且对于各种危害农作物生长的害虫、动植物体内的寄生虫都具有很重要的作用，所以科学家对于聚乙酰氨基葡糖降解方面的研究，一直以来都抱有很大的兴趣。比如说，如果研究人员可以控制农作物害虫体内的聚乙酰氨基葡糖的新陈代谢，那么农作物就不必要喷洒大量农药，从而实现农作物的绿色种植。

昆虫有时也会受到病毒的感染，病毒感染昆虫的方式之一，就是降解昆虫体内的聚乙酰氨基葡糖，使得昆虫最终死亡。真菌一直以来都是人类的健康大敌，许多疾病都与各种真菌有直接或者间接的联系。科学家们希望通过对这种新型分子的研究，软化各种真菌的细胞壁，从而达到杀死真菌的效果。

据科学家粗略统计，全世界每年由各种昆虫、真菌和海洋类动植物体内制造出来的聚乙酰氨基葡糖有 10 亿吨之多。研究人员注意到了一个有趣的现象，全球生态系统中聚乙酰氨基葡糖的含量，却没有像人们所预料的那样不断增多，而是保持一个稳定的比值。这就从另一个角度说明，在自然界中肯定存在某种物质可以降解聚乙酰氨基葡糖。

科学家通过研究发现，许多陆生和水生植物体内都会产生出一种酶，叫作甲壳质酶。这种酶就可以起到降解聚乙酰氨基葡糖的作用。研究人员对甲壳质酶具有如此强的降解能力感到困惑，因为聚乙酰氨基葡糖算得上是一种很坚韧的大型分子。如果甲壳质酶要破坏每个糖单位之间的化学键，它就必须首先进入到聚乙酰氨基葡糖分子内部的糖链中。直到不久前，研究人员才最终弄清楚为什么甲壳质酶具有如此神奇的功能。

埃耶辛克研究小组对甲壳质酶的神奇降解能力，十分感兴趣。他们研究了土壤中的沙雷氏菌降解聚乙酰氨基葡糖的详细过程。发现沙雷氏菌除了可以制造出甲壳质酶外，还能够产生出一种叫作 CBP21 的特殊蛋白质。这种蛋白质可以起到破坏聚乙酰氨基葡糖糖链的作用，凭借这种蛋白质的帮助，甲壳质酶就可以更轻松地降解聚乙酰氨基葡糖。

研究人员通过改变CBP21的浓度发现，它可以极大加速甲壳质酶降解聚乙酰氨基葡糖的过程。CBP21具有如此神奇的功能，主要是由于它能够与聚乙酰氨基葡糖进行非常特殊的相互作用，疏松聚乙酰氨基葡糖分子内部的糖链，使它们不再紧密结合在一起。这样一来，甲壳质酶就可以更轻松的降解聚乙酰氨基葡糖分子。

研究人员此次发现具有重大意义。这种新发现的蛋白质，可以帮助人类解决许多以往难以解决的问题。比如说，研究人员可以培育出同时含有甲壳质酶和CBP21蛋白质的转基因植物，这样一来，这些转基因植物，就可以通过破坏真菌细胞壁的方式抵御真菌的侵害。研究人员通过对自然界中聚乙酰氨基葡糖，与其他化学物质的作用过程的进一步了解，就能够更容易的控制各种昆虫，或是其他有机体的聚乙酰氨基葡糖新陈代谢，使得危害动植物的害虫无法生存。

研究人员经过研究后认为，CBP21还可以帮助生物燃料制造商生产出更多的生物燃料。埃耶辛克博士解释道，经过计算，人们每年都可以从河流或是海洋捕获的甲壳类动物中（例如虾）提取出大量的聚乙酰氨基葡糖。不过这目前只是设想，因为实际上提取的过程并不容易，目前研究人员还没有找到一种有效提取动植物体内聚乙酰氨基葡糖的办法。不过，一旦研究人员找到有效的提取途径，CBP21就会成为一种理想的降解聚乙酰氨基葡糖的辅助添加剂。这样一来，大量宝贵的资源就不至于白白浪费。

研究人员进一步设想，通过对这种蛋白质的研究，他们或许可以找到类似的蛋白质，帮助人类对纤维素进行高质量的加工处理。总之，研究人员此次的研究成果，无论是对于纤维素加工处理领域，还是生物燃料制造领域，都具有及其重要的意义。

2. 探索生物燃料功能与前景的新发现

（1）研究表明生物燃料有助于减缓气候变化。2010年5月24日，瑞典隆德大学公布的一项研究成果显示，虽然不同的生物燃料之间存在一定差别，但不论何种生物燃料，都比传统的矿物燃料（汽油和柴油等）更高效更清洁，有利于减缓气候变化。

隆德大学的研究人员对多种生物燃料进行广泛的研究，包括利用甜菜、垃圾、人畜粪便等生产的沼气，用油菜籽生产的生物柴油，用小麦、甜菜、甘蔗等生产的乙醇。他们还分析了瑞典使用各种生物燃料的情况，以及使用生物燃料对环境造成的影响。

研究人员发现，在不同的生物燃料中，用人畜粪便堆肥生产的沼气能效最高，而且还能大大减少温室气体排放。即使是能效最低的生物燃料，其产生的温室气体也比传统的矿物燃料少。

人们对生物燃料的生产一直存有争议。一些人认为，种植这些燃料作物，并不能减少温室气体排放，相反还要使用更多的资源。对此，隆德大学研究人员解释道，如果把世界上目前用于种植粮食作物的土地，大量用来种植能源作物，的确会引起负面的影响，但目前世界上能源作物的种植规模还远远没达到那个程度。就总体来说，与汽油和柴油等矿物燃料相比，生物燃料产生的温室气体更少。

（2）认为把生物质作为能源开发具有潜力。2010年8月，有关媒体报道，瑞典农业大学能源与技术系一个研究团队，开展的一项关于全球生物质能资源的研究成果揭示，全球生物质作为能源资源的开发潜力，足以满足世界能源的需求。

这项研究认为，来自农业、林业、城市废物及其他工业废料的生物质能，是位于煤炭、石油和天然气之后的第四大能源来源，如果转化为能源，其生产潜力到2050年，约为1100 EJ～1500 EJ能量（EJ，相当于10的18次方焦耳）。而根据国际能源署的研究，2007年全球能源消费总量约为490EJ，到2050年可望略超过1000EJ。这意味着，如果全球生物质能资源得到充分利用，生物质能至少到21世纪中期可以满足世界能源需求。

研究人员认为，目前全世界从生物质能获得的能源约50EJ，只占全球能源消费的10%左右。未来生物质能资源的主要潜力，来自富余的农业用地和不适合耕作的次级土地。目前，可用作生物质能的农作物生长用地为2500万公顷，只占全世界农业用地面积的0.5%和全球陆地面积的0.19%。从能源作物所需的土地资源量看，世界未来发展生物质能也具有潜力。

（二）利用有机质开发生物燃料的新信息

1. 用菜籽油与海藻研制生物燃料的新进展

（1）以菜籽油等为原料开发新型生物柴油。2006年9月8日，芬兰耐思特石油公司宣布，开发出一种新型生物柴油，比以往的生物柴油更加清洁，可使用的原料也更广泛。经测试，新型生物柴油的二氧化碳排放量，只有传统柴油的16%～40%，所产生的尾气微粒排放量可降低30%，氧化氮排放量也能降低10%。

生物柴油是利用生物物质制成的液体燃料，具有清洁环保、可再生等优点，通常与传统柴油混合使用，以提高发动机性能、减少废气排放。第一代生物柴油主要以菜籽油为原料，而这种新型生物柴油还可以使用棕榈油、大豆油、动物脂肪等做原料。

（2）尝试用海藻制造生物柴油。2011年9月8日，有关媒体报道，芬兰环境部发布消息表明，该部海洋研究中心联合芬兰内斯特石油公司，启动了利用海藻制造生物柴油的研究项目。

据悉，海藻是提炼生物柴油一种可能的候选原料。在目前技术条件下，每公顷海藻每年可提取可观的生物柴油。另外，海藻生长迅速，而且不与农业生产争夺水和土地资源，因此发展空间较大。此次联合研究项目的目的是，进一步确定不同品种的海藻的炼油能力，以及生长环境对于海藻炼油能力的影响。

2. 用有机垃圾研制生物燃料的新进展

（1）把有机垃圾按照分类转化为生物燃料。2012年4月，有关媒体对瑞典分类回收利用垃圾进行了专题报道。在瑞典，经过严格分类的垃圾将被回收利用，未回收利用的垃圾则被运到集中的回收工厂，进行再生利用或焚烧。2005年，瑞典法律规定，填埋有机垃圾是非法的，所有有机垃圾都要通过生物技术处理变为堆肥、沼气或混合肥料，或进行焚化。

瑞典环境保护机构高级顾问杜伊·桑娜说："如今垃圾变得越来越有价值，大家都争着要垃圾呢。"瑞典的垃圾处理原则是最大限度地循环使用，最小限度地填埋，优先顺序分别为减少垃圾的产生、重复利用、再循环、填埋。根据2009年统计数据，瑞典有48%的垃圾进行焚烧处理，35%回收再利用，14%做生化处理，1.4%非有机垃圾予以填埋（要缴税），1%是有害垃圾。

焚烧处理垃圾产生的能源要么用来发电，要么卖给地区供暖系统。目前，瑞典共有30家城市固体垃圾焚化厂，其中16家是热电联产式，13家是锅炉供热式，可为81万户家庭供热，为25万个家庭供电，还有一家是为企业提供蒸汽。

瑞典政府于2006年制定"焚化税"，即按照焚化厂的电能产量交税，电能产量越高，交税比例越低，目的是推广热电联产式焚化炉，减少供热式焚化炉，从而提高能量利用效率。

2000年开始，瑞典对旧的焚化炉进行改造。2005年，位于马尔默市的垃圾处理企业SYSAV公司，安装了多功能烟道气清洗系统，可以分别去除氯化氢、二氧化硫、氢氟酸等污染物，严格确保烟道气排入大气时，空气污染低于国家标准，还能同时回收余热。所以现在人们看到的烟囱排放出来的白烟，主要成分是水蒸气。烟道气回收物可用于中和矿山废料，并一起填埋。焚烧产生的能源，则可以卖给政府，或供应地区的家庭取暖，或转换为电力。现在该公司每年能"消化"55万吨垃圾，胃口填不满时，还会从挪威"进口"垃圾。它每年产生的能源，可为7万户家庭供暖。

瑞典垃圾分类回收产生的另两大资源，是通过生化处理得到沼气和堆肥。

在瑞典二代生态城区、马尔默的西港区，以及住宅区中都有厨余垃圾处理器。住户或者餐厅的食物残渣，通过厨余垃圾粉碎机处理制成浆状，送到沼气厂在生物反应器中发酵，就可得到沼气燃料或生物肥料。

按计划，2008—2012年，斯德哥尔摩收集食物废渣生产沼气的量，要从4500吨提高到18000吨。1吨食物残渣可制造120~180立方米的沼气。大多数沼气，用作环保汽车和公交车的燃料。

斯德哥尔摩垃圾管理协会的尼尔斯说，1995年该市就引入了使用沼气的卡车收集垃圾，现在全市共有75辆环保垃圾收集车。有600家餐馆也志愿加入食物残余处理体系。

桑娜表示，2007年，全国9.5%的餐厅厨余及2%的家庭厨余得到生化处理。她说："目前，我们开始意识到食物残渣收集很有必要，但是如果要进一步提高厨余垃圾的回收利用，税收必须降低，不然没人愿意尝试。按照2008—2012年垃圾处理战略计划，希望至少35%的餐厅、蔬果店的食物残渣及10%的家庭厨余能够进行生化处理。我们的目标是到2015年，减少20%的食物浪费，这样每年就能节省180亿~280亿瑞典克朗。"

（2）建成利用城市垃圾发电的生态气化发电厂。2012年5月8日，国外媒体报道，芬兰南部城市拉赫蒂建成一座新型生态气化发电厂，并正式投产。这座发电厂可利用城市垃圾发电，给困扰现代城市的垃圾处理和电力供应问题的解决，提供了新思路。

据介绍，该发电厂可以利用新的气化技术，把城市垃圾转化成电力和热能。芬兰南部地区不可回收利用的城市垃圾，如一些工业垃圾、建筑垃圾和生活垃圾被运往该发电厂，这些垃圾通过气化炉转化成燃气，然后进入高效燃气锅炉进行焚烧，从而产生蒸汽，驱动汽轮机发电。

这座耗资1.6亿欧元的发电厂，以热电联产的方式提供电力和热能，不仅可以"消化"大量城市垃圾，还可减少化石燃料的使用，降低废气排放。

（三）开发制作生物燃料的新技术

1. 探索乙醇开发的新技术

推进乙醇开发的绿色制造技术。2009年1月，有关媒体报道，在瑞典，公共汽车、轿车都可使用乙醇作燃料。例如，轿车的E85，就是指使用85%乙醇和15%汽油的混合燃料。汉代略斯是瑞典最大的乙醇生产基地。乙醇生产商，是瑞典农民协会成立的兰特人农业乙醇公司。

据介绍，兰特人公司是北欧最大的粮食、能源和农业公司之一。它的会员有4.4万个农民。公司雇佣1.3万多员工，在世界19个国家和地区运营。

该公司在2001年开始建立乙醇生产企业。它与一些大石油公司合作生产，主要目的是要检验乙醇的可靠性，以便将来进行扩大再生产。不过短短的几年时间，乙醇的所有优势都展体在石油公司面前了。顾客对乙醇的需求开始增加。到2009年，乙醇的需求已达5000万升。面对这样的挑战，兰特人公司决定扩大生产规模，其产能将增加4倍。

生产乙醇需要电力和蒸气。兰特人公司所需的电力和蒸气，来自垃圾加工。原来，在附近还有一家爱恩热电厂，是一家德国公司专门用垃圾来生产生物沼气，而生物沼气又可以变成电力和蒸气。而这里的一部分垃圾是来自乙醇厂。因此，他们使用的能源都是绿色能源。

兰特人公司除了生产乙醇外，还生产蛋白丰富的动物饲料，供给全国的动物饲料厂和动物饲养农场。另外，有一小部分废料卖给前面说的生物沼气公司。生产乙醇需要发酵过程。在发酵过程中的副产品是二氧化碳。

而这里的二氧化碳又可以用来生产汽水，或者冷却食品，或者把它变成液体。液体二氧化碳在全世界都得到广泛应用。

乙醇可以帮助人们减轻对石油的依赖，是可更新的生物燃料。而瑞典的兰特人农业乙醇公司，在这一过程中发挥了重要作用。据介绍，乙醇的生产过程产生的温室效应，只是汽油生产过程的20%。该生产线利用的是当地原料，减少了交通，又为当地创造了就业机会。

2. 探索木质素制作燃油的新技术

运用气化法把含有木质素的木屑树枝制成生物燃料。2009年12月1日，芬兰能源企业富腾公司发表公报说，该公司正与多家企业和科研机构联合开发生物燃油，以期供生物能源发电设施和燃油锅炉使用。

公报说，企业研发人员和芬兰国家技术研究中心的专家，利用含有木质素的木屑和树根树枝等，提炼制作高品质生物燃油。其原理是先使固态材料气化，然后将气体压缩成液态。通过5个月的试运行，相关工艺已得到改善，提高了生产效率，迄今已生产出20吨生物燃油。开发人员希望，把这种生物燃油的生产与生物能源发电相结合，提供一个具有可持续发展前景的商业模式。

参与这项开发的造纸企业，芬欧汇川集团的生物燃料部总监库科宁说，研发人员的目标，是利用树皮、树桩、小树枝等树的所有部分，以低成本高效益的方式生产生物燃油。

第二节　开发能源的其他新进展

一、风能开发的新成果

（一）研制风力发电设备的新信息

1. 开发漂浮在海上的远海发电风车

2005年11月，有关媒体报道，挪威能源集团海德鲁公司称，由于建在陆地上的风力发电站的涡轮机常常被人们指责大煞风景，他们可能在2007年开始，使用一种漂浮在海上的远海风车进行发电。

这些远在人们视线之外的无污染的远海风车,最终将有可能向从北海到墨西哥湾的任何沿海城市,或近海石油天然气作业平台提供电力。海德鲁公司称,它的目标是建立一个这样的原型设备:一种竖在海上的,高为200米左右的钢筋混凝土管,水面以上的高度为80米,它有60米长的叶片,这种设备已经在实验室试验成功。

一些国家在近海海域建有风车基地,但迄今为止,尚没有一个国家,在远海建立这样的风车基地。海德鲁公司称,他们已经对在北海建立这样的风车基地需要的风力状况,进行了30多年的测量。海德鲁公司新能源部主任亚历山大·格乔尔夫说:"测量结果显示,该设想具有广阔的前景。我们非常希望,能成为世界上第一个在海上建立漂浮风车的公司。"

海德鲁公司是挪威第二大石油生产企业,2007年在海上部署第一个这样的发电原型机,其造价达到1.5亿挪威克朗。挪威是世界上仅次于沙特和俄罗斯的第三大石油出口国。为保持稳定,风车的三个点将被固定于海床上。格乔尔夫说:"人们之所以对在陆地上用风车发电反对强烈,部分原因是视觉污染,部分原因是风车给鸟类及其他在田野铺设电缆造成了诸多问题。"风车会杀死飞入叶片中的鸟类。

利用海上风车发电的成本,可能要高于使用化石燃料、核能或大型水力发电厂进行发电的成本,养护费用可能也要高一些。格乔尔夫接着说:"最初我们想和陆地上的风车进行竞赛,远海的风远比陆地多。安装费用将比陆地风车高,但它的发电量却比陆地风车多。"

每个5兆瓦特的风车,每年可发电220亿瓦特小时。那将足以为1000个挪威家庭提供电力。如果这一设想获得成功,海德鲁公司将在200~700米深的海域,建立一个由200个风车组成的发电站,可以为有450万人口的这个国家的20万人提供电力。

很多国家将目光转移到像风能或太阳能这样的更为清洁的能源。以减少发电厂、汽车以及工厂,因燃烧化石燃料而产生的像二氧化碳这样温室气体的排放。联合国的一个科学小组指出道,全球的不断升温将引发更多洪水风暴的发生,使沙漠面积扩大,最终将导致数千物种灭绝。

2. 建成世界最大的风力发电机

2016年4月25日,丹麦媒体报道,两台世界上最大的风力发电机,在丹麦埃斯比约成功安装，其单机装机容量为 8000 千瓦，风机高度 200 米，翼展 164 米，每台风机发出的电量可满足 9000 户以上家庭使用。

丹麦 2015 年风力发电占总耗电量的 42%，2020 年达到 50%，丹麦承诺 2050 年将不再使用化石能源。

3. 启动结构如钢坚固的木制风力发电塔

2020 年 5 月，有关媒体报道，瑞典第二大城市哥德堡郊外，竖立了一座 30 米高的木制风力发电塔，这是瑞典首座木制风力发电塔。该塔由莫德维翁（Modvion）公司开发，其首席执行官奥托·伦德曼表示，此塔具有与钢一样坚固的结构。

莫德维翁公司表示，用木头制成的风力发电塔，建造成本可以显著降低，从而消减了风力发电的生产成本，而且木制风电塔减少了制造过程中的二氧化碳排放量。这个新项目只是用于研究目的，其目标是到 2022 年建造首座用于商业用途的风电木塔。

伦德曼说，这是一项重大突破，为下一代风力涡轮机铺平了道路。在相同的重量下，层压木比钢更坚固，通过在模块中构建，风力涡轮机效率可以更高。

（二）建造风力发电站的新信息

1. 建成世界首个漂浮式风力发电站

2009 年 9 月 8 日，物理学家组织网报道，挪威国家石油海德罗公司宣布，世界首个海上漂浮式风力发电站在挪威海岸附近的北海正式建成启用。

这个风力发电站的发电机，高 65 米，重达 5300 吨，位于挪威西南部海岸附近卡莫伊岛 10 千米处。该发电机设置在一个浮台上，浮台通过三根缆线与海底固定，里面放入水和岩石当作压舱物。

该公司将日本、韩国、美国加州及东海岸和西班牙视为潜力市场，希望把这项新技术出口至上述地区。该风力发电机，可用于水深 120~700 米的海域，而且，相比于当前的固定式风力发电机，还可以放置到离岸更远的地方。

挪威国家石油海德罗公司的安妮·林克在接受采访时表示，漂浮式风力发电机，具有很多了不起的优势。她说："从岸边几乎看不到它的存在，可以放置到别人不用的地方。我们可以在一些国家使用这种风力发电机，比如岸边水特别深的国家，或是没有建造地面风力发动机空间的国家。"

该风力发电机的发电量为 2300 千瓦，项目总投资 6600 万美元，造价远远高于固定式风力发电机。斯特罗曼·林克说："我们的目标是把漂浮式风力发电机的造价，降至固定式风力发电机的水平。"法国德克尼普公司和德国西门子公司，都参与了这个风力发电机项目。

2. 设计可作风力发电站和城市景观的环保建筑

2013 年 5 月，英国每日邮报报道，瑞典首都斯德哥尔摩市中心计划建造的一座摩天大楼，与其他摩天大楼迥然不同，乍一看它好像是戴着一头假发。

然而，未来它将成为建筑设计的一支新秀，不仅具有奇特的外观，而且具有极强的环保性，这座摩天大楼覆盖着的"毛发"，事实上是一种纤维体，可将风力动能转变为电能，在高层建筑能够充分利用风能。

设计公司把它称为"稻草摩天大楼"。该公司指出，稻草摩天大楼提出了未来建造城市风力发电厂的最新技术。通过使用压电科技，大量的微型"稻草"在风中飘动可以产生电能。

这种新型风力发电站，开启了如何使建筑物产生电能的可能性，在该技术的支持下，一座摩天大楼将转变成为一个能量生产实体。

该公司称，奇特的建筑覆盖物，还可作为一个旅游景点，稻草的持续移动，从外观上形成一个波浪状景观。通常人们认为建筑物都处于静态，但是稻草摩天大楼却赋予生命力，能够随风飘动，仿佛这座大楼会呼吸。

随风飘动的稻草使建筑物持续改变外观，夜间能够发光，不断变换颜色。艺术家描绘的瑞典首都"多毛摩天大楼"，这种多毛结构事实上是纤细的纤维体，随风飘动可将风能转化为电能。

(三) 促进风力发电项目发展的新信息

1. 大力增加风力发电机装机总容量

2009 年 8 月，有关媒体报道，位于北欧的丹麦一直致力于建立一个摆脱石油依赖，建立以清洁能源和可再生能源为主的国家。近几年来，对石油依赖度并不高的丹麦大力发展风电产业，重视风电产业的高科技研发及市场调研，并积极开展国际合作，为节能减排、阻止全球气候变暖做出了一定贡献。

丹麦人对码头和田间白色高大的现代风车很是自豪，形象地称那些巨大的风力发电机为"石油更替机"。经过近些年的投入发展，这个仅有500多万人口的小国，现已成为全球风电产业较为成熟的国家之一。

提高可再生能源的生产能力，一直是丹麦政府不懈追求的目标。2007年年初，丹麦政府公布了新的国家能源战略计划，欲将可再生能源占全国能源消耗总量的比例，从当时的21%提高到2025年的30%，并强调届时丹麦将风力发电机的装机总容量，从当时的3000兆瓦翻番提高到6000兆瓦。计划主要通过改善可再生能源的政策条件，提高能源利用率及加大在研发上的投入等手段，来逐渐摆脱对矿物燃料的依赖。这一计划不仅树立了丹麦在环保节能方面的良好形象，也增强了投资者对丹麦风电市场的信心。

欧盟曾预言，到2020年，全球20%的能源将来自可再生能源；而丹麦风电专家则预测，到2020年，全球能源消耗的10%将来自风电能源，尽管目前这个比例仅占能源消耗总量的1%。要实现欧盟的预言，全球风力发电机的装机总容量，将从2006年的7.5万兆瓦增加到2020年的100万兆瓦，年均增速达20%。丹麦能源局的一项调查显示，丹麦2008年风电产量比上一年增长了近22%，2009年依然呈增长势头。

2. 提出以风力发电项目为主的能源转型规划

2015年12月，有关媒体报道，目前，丹麦博恩霍尔姆岛的4.1万居民所用的电力，完全来自35台风力发电机。这一项雄心勃勃的目标是，到2025年完全摆脱化石燃料。摆脱化石燃料的束缚，也是丹麦整个国家的远期宏伟目标。丹麦是一个拥有550万人口、资源贫乏的小国，但它提出了全球最具雄心的环境保护要求：到2050年变成一个碳中和经济体。

早在20世纪70年代，丹麦受到阿拉伯石油振荡冲击，便启动了能源转型规划。同时，由于缺少大量的石油和煤炭储存，该国农民和政治家都呼吁推动新能源电力的发展。尽管丹麦没有用于水力发电的湍急河流，也没有用于太阳能电池的强烈阳光，但它拥有充足且多风的北海和波罗的海海岸线。

2012年，丹麦政治家承诺，该国将在电力和交通领域使用100%的可再生能源。如今，可再生能源为丹麦提供了1/4的能源。同时，该国对煤炭、石油和天然气的使用正在下降。2014年，约2500台风力涡轮机提供了丹麦

39.1%的电力。曾经燃烧煤炭或石油的发电站，如今正利用可再生的秸秆和木材。同时，通过房屋改造项目和更严格的施工规范，自 2007 年以来该国的全部耗能减少了 12%。

自始至终，博恩霍尔姆岛都在为丹麦其他地方提供着典范。在历史上，这些地面砌着鹅卵石、屋顶铺着红色瓦的别致小镇，以农耕和捕鱼为生。但到了 20 世纪 80 年代，捕鱼业衰退，年轻人成群结队地离开。这个小岛的人口变得愈发稀少，且年龄更大、更加贫困。为帮助居民寻找省钱的方法，博恩霍尔姆最大城市若纳市的市长，在 1985 年说服 5 个附近自治市设立区域供热系统。它利用岛上总发电站产生的废弃热量，为输送到附近家庭中的水加热。很快，其他绿色能源项目随之而来，包括 2 个燃烧秸秆的新供热站、1 个将发酵的农田废弃物转变为天然气的沼气设备，以及第一台风力发电机。2007 年，博恩霍尔姆居民委员会提出了"明亮的绿色岛屿"计划，要求到 2025 年，打造一个完全由风力发电等可再生能源提供电力的区域。

这看起来很有成效。如今，风力和其他可再生能源为博恩霍尔姆提供了 43.4% 的电力。当把被燃烧用于区域供热和发电的沼气加进来后，这一数字大幅上升。与此同时，当地电力公司继续快速增加新的风力发电机、太阳能电池板和可再生能源的其他来源。2016 年，公司将把发电厂里的煤炭燃烧器，替换成另一台燃烧木屑的设备。不过，燃烧木材仍会产生头号温室气体——二氧化碳。因此，该公司正试图从木材上转移，进一步发展风能和太阳能。

二、其他能源开发的新成果

（一）开发利用太阳能的新信息
1. 建造太阳能电站的新进展

建成北欧最大的太阳能电站。2010 年 8 月，有关媒体报道，ABB 集团在其芬兰低压交流传动厂中，建成北欧最大的太阳能电站。芬兰经济事务部长及来自学术界、工业界和商业界的代表出席了启动仪式。

芬兰的日照并不十分充足，但这座太阳能电站，可以充分利用该地区夏季日照时间较长的优势，每年可发电 16 万度，相当于当地 30 个不用电暖设备的家庭一年的用电量。这些太阳能电将直接并入工厂电网中，为工厂内的叉式起重车充电，富余的电还可以供其他设备使用。

整个太阳能电站项目的总投资约为50万欧元。ABB集团低压交流传动业务高级副总裁安蒂·索滔斯塔说："这一太阳能发电系统，充分体现了在电力消费区附近进行分布式发电的好处。太阳能发电可以为用户带来高附加值，特别是对商业和工业建筑来说，太阳能发电可以降低建筑的高峰用电负荷。"

2. 研制太阳能电池的新进展

（1）研制出新型高效太阳能电池板。2011年5月23日，芬兰媒体报道，该国萨沃太阳能公司发布新闻公报说，它们研制出一种新型太阳能电池板，采用3层纳米涂层吸收太阳能的新方式，可以大幅度提高太阳光的利用率。

这种新型太阳能电池板有两大技术创新：一是使用3层总计100纳米厚的纳米涂层，可减少因反射太阳光而造成的能量损耗；二是使用了一种"直流技术"，让水直接在吸热板内而非与吸热板相连的管道里循环，从而提高能量转换效率。

萨沃太阳能公司研发人员称，在工作性能测试中，这种新型太阳能电池板可以在300℃的高温下正常工作，而当前太阳能产品一般只要求耐220℃的高温。

这家企业的下一步研发目标，是将上述新产品的正常工作温度提高至550℃。该公司还计划在德国慕尼黑国际太阳能展览会上展示该产品，并于年内正式投产。

（2）用造纸废弃物制成太阳能电池阴极材料。2012年4月，瑞典皇家科学院院士、瑞典林雪平大学生物分子和有机电子学教授欧勒·印嘉纳斯等领导的一个研究小组，在《科学》杂志上发表论文称，他们利用造纸工业的废弃物，制造出太阳能电池的阴极，它可以采用一种更加智能更加廉价的方法存储太阳能，使得人们能持续从太阳能电池和风涡轮机获得廉价的电力。

传统电池使用金属氧化物导电，但这些金属材料非常稀缺。后来用导电塑料制成的有机太阳能电池，虽然成本较低、性能很高，足以进行商业化生产，具有明显的竞争优势，然而，太阳能必须要把它产生的电从早储到晚，风涡轮机产生的电力也必须存储起来，等到无风的日子使用。因此，研究人员一直在寻找用低廉且可再生的材料，来制造电池的阴极。

瑞典研究人员从植物的光合作用过程中获得灵感。在光合作用中，太阳的带电电子，由电化学性能非常活跃的醌类运输，醌类是由包含六个碳原子的苯环组成的分子。在这一灵感的启发下，他们选择制造纸浆过程中的副产品褐色液体，作为制造电池阴极的原材料。这种褐色液体主要由木质素构成，木质素是位于植物细胞壁内的一种生物聚合物。

接着，瑞典研究人员与波兰同事一起，使用一种叫"叽咯"的五倍杂环混合物，从褐色液体中提取出的木质素，设计出一个厚度仅为0.5微米的薄膜，让其作为电池的阴极，以便运输电池内的带电电荷。

实验表明，这种方法可对电池产生的电力进行持续地存储，而不需搭建大型电网。研究人员表示，这种利用廉价回收原材料制造的新能源存储方式，还有待进一步研究。他们认为，一棵树所含有的生物质中，20%~30%是木质素，这是一个源源不断的材料来源。

（二）开发利用核能的新信息

1. 研究核聚变能的新进展

新模型让核聚变逃逸电子减速。2017年6月20日，物理学家组织网报道，瑞典查尔姆斯理工大学林妮·赫斯露博士带领的一个研究团队，在《物理评论快报》杂志上发表论文称，核聚变反应堆中的逃逸电子，达到一定能量后能摧毁整个反应堆。针对这种情况，其创建了一个全新模型，利用数学描述和等离子体模拟，预测核聚变反应堆中逃逸电子在各种条件下的能量及能量变化，设计出为逃逸电子减速的更好方法。这项研究成果，使得人类向建成真正实用的核聚变反应堆，更近了一步。

核聚变能是一种不会产生二氧化碳排放的清洁能源，它比需要重金属分裂的核电更安全，因为如果核聚变反应堆出现问题，整个过程会自动停止，温度也会逐渐下降，不会对周围环境造成危险。而且核聚变所需要的燃料很轻，所需原材料也是普通的海水。

但是为模拟太阳的热核聚变过程，需要满足高压和近1.5亿℃的高温这一严苛的条件，否则逃逸电子会突然加速，导致反应堆装置被破坏。赫斯露说，她和同事这次设计出全新模型，可用来识别逃逸电子并为其减速。

该研究团队还用新模型证明，通过注入氦气或氩气等气态重离子，能有效为逃逸电子减速。赫斯露解释说，逃逸电子与离子核内的电荷碰撞后，速度会下降，多次这类碰撞就会让逃逸电子的速度降到可控范围内，从而让核聚变过程持续进行。

50多年来，核聚变能研究取得了巨大进展，但全球至今还没有建成一座商业化核聚变能发电厂。现在，世界都把希望寄托在"国际热核聚变实验堆"。赫斯露说："许多人相信核聚变能会最终实现，但其成功可能比登陆火星还难。它需要的1.5亿℃的高温，比太阳的最中心还要热。"

2. 研究处置高辐射核废料的新进展

（1）加快建设核废料永久处置库。2015年11月，有关媒体报道，芬兰是对核电持积极态度的欧洲国家之一，该国在核废料处理方面的投资，近年来稳步增长。芬兰波西瓦公司，获得芬兰政府发放的，建造用于最终处置高辐射核废料的储存库许可证。按照规划，这个项目，将在未来8年内完成建设并投入使用，届时将成为全球为数不多的永久性核废料处置库。该项目选址在芬兰西南部岛屿奥尔基洛托。

波西瓦公司首席执行官詹尼·莫卡表示，该项目将储存6500吨铀废料，对于选址和储存方法的研究时间，已经超过40年。据他介绍，处置核废料的主要方法，是把核废料装进陶瓷容器中密封保存以防止泄漏，之后传送到400~450米深的岩床通道，抵达后通过缓冲储存器存放在岩洞里永久储存。陶瓷容器含有铜和生铁，并且密不透风，这些容器可以经得住放射线的猛烈攻击，效果相对理想。装好核废料后，容器的外层再包裹上一层火山灰风化的胶状黏土，可以防止传送到岩层过程中的颠簸。最终将它们存放在岩洞里，可以抵挡来自外界地上环境的破坏。这样多重屏障的处置方式，目的是保证没有任何核废料的泄漏。

詹尼·莫卡说："波西瓦公司所采取的方式，是构造多层屏障防止放射线散发，即使有核废料泄漏，对环境和人类的影响也无足轻重。"

核废料泛指在核燃料生产、加工和核反应堆用过的，不再需要的并具有放射性的废料。其最大特征，在于核废料的放射性不能通过一般的物理和生化方法消除，只能靠放射性核素自身强度的衰竭而变弱。核废料放出的极强射线，对人体和环境的伤害，可以达到数千年甚至数万年。因此，如何处置核废料，一直是一个难题。

瑞典皇家理工大学物理系教授沃克劳尔说："最终处置的目的是永久存放，时间可以长达百万年。核废料的最大难题就是内部的辐射毒性，因此必须要与生物圈隔离；最终处置的另一个条件，是要让核废料的包装层以黏土、陶器或铜质的容器为主，这些容器的储藏效果可以最大限度地保证安全。"

核废料来源于核反应堆试验，全球目前共运行着400多座核反应堆，另有超过60座在建的核反应堆，但对于如何处置核燃料，国际上尚未形成统一的处置规范。沃克劳尔说："国际原子能机构，曾多次建议达成一个统一的协定来处理核废料，但是目前这还是国家或者核电公司自己的责任。"

（2）建造存放期达十万年的全球最贵核废料场。2016年6月7日，法国国际广播电台报道，芬兰打算把高辐射核废料，深埋在一座绿意盎然小岛的地底下，而且准备存放10万年，并就此封存，甚至把钥匙扔掉，让核废料永不见天日。

在芬兰西部面积不大的奥尔基洛托岛，将打造全球最贵、最持久的核废料储存场，即被称为"安克罗"的隧道网络。"安克罗"在芬兰语中就是"坑洞"的意思。这项工程将耗资35亿欧元，"安克罗"将是迄今为止花费最大的核废料储存场。

自20世纪50年代兴建第一批核电厂以来，各国为了如何处理棘手的核电副产品，可以说伤透了脑筋。绝大多数国家在地上打造储存设施，暂时性储存核废料，但"安克罗"则是首度试图将核废料永久封存。芬兰打算从2020年开始，把5500吨左右的核废料深埋在逾420米深处的地下隧道内。

芬兰有2座核电厂，其中1座就位于奥尔基洛托岛。放射性废弃物专职机构波西瓦公司首席地质学家阿尔特南表示，兴建这座永久性核废料场需要运用所有最新的专业知识。波西瓦公司在2015年获得政府许可兴建这座核废料场。

报道指出，这些核废料在数百年后，辐射能就会大幅衰减。但为保险起见，工程师打算将它们存放 10 万年。

（三）开发其余能源方面的新信息

1. 探测天然气资源的新发现

发现北极未探明天然气储量巨大。2009 年 5 月 29 日，美国地质调查局科学家唐纳德·戈蒂埃负责，美国地质调查局和丹麦及格陵兰地质调查局研究人员参与的一个研究小组，在《科学》杂志上发表研究报告称，他们发现，北极圈内未探明天然气储量约占全球未探明储量的 1/3，其中大部分分布在俄罗斯版图内。此外，北极圈内的未探明石油储量可能占全球未探明储量的 3%~4%。研究报告显示，北极圈内的天然气主要分布在 4 个区域：喀拉海南部、巴伦支海盆北部、巴伦支海盆南部以及阿拉斯加平台，其中喀拉海南部未探明天然气储量占北极圈整个储量的 39%。

戈蒂埃认为，北极圈内的石油储量较小，基本不会改变世界的石油格局。他说，石油和天然气普遍分布于沉积盆地，他们的研究仅仅是将北极圈的地理状况与地球上已探明石油或天然气的地区进行比较，据此推测北极圈的石油和天然气分布情况，由于掌握的数据有限，这些推测仍有待改进。

北极地区资源丰富，战略地位重要。近年来，北极地区周边各国都在相关地理概念上做文章，导致领土争端事件频发，其核心即是资源之争。1961 年生效的《南极条约》，冻结了各国对南极主权的争夺，但有关北极问题，目前尚无类似条约。

2. 利用混合海水与淡水所得能量的新进展

发明海水与淡水混合发电的新方法。2005 年 12 月，有关媒体报道，挪威一个独立研究机构的专家，与荷兰可持续用水技术研究中心同行一起，已经成功研发出一种混合海水与淡水发电的新方式。

虽然这种技术，目前还只能在高科技的实验室中进行，但资助这项研究的欧盟认为，这种技术付诸实用的时间即将到来。欧洲委员会的能源部门官员称，欧洲非常可能使用这种新的发电方式，它是一种可再生能源，不会导致任何环境破坏，他们还认为，这种新发电方式，有助于其完成增加可再生能源的目标。

随着全球变暖和油价攀升，全世界的科学家都已经把目光转向可持续能源，包括太阳能、风能、生物技术、氢燃料电池、潮汐能等。但是，挪威和荷兰的科学家认为，还有其他产生能量的方式，包括海水与淡水混合。挪威与荷兰科学家发明的淡水与海水混合发电，是利用一种自然变化过程。当河水从出海口进入海洋中时，由于淡水和海水含盐浓度不同，混合时会有大量的能量释放出来，而人们可以从这种自然过程中获得能量，而且是可持续的，不会释放出任何温室气体。

在研发过程中，荷兰和挪威的科学家使用两种不同的方法。荷兰使用了一种被称为逆向电渗析装置，而挪威科学家使用的是一种渗析装置，但两种方法都依靠一种用于化学分离的特殊金属隔膜板。在荷兰的研究中，海水与淡水的分离是由带电流的隔膜板进行的，这使它就像是一块水中的电池。挪威科学家则是利用压力使水注入隔膜舱，就像将一块"热狗"放入热水中，热狗的皮就充当了隔膜，它可以使进入的淡水量远远超过流出的海水量，从而可增加内部的压力。由于淡水是被带入到压力很大的海水中，混合后的海水与淡水就会产生能量，水就会喷射出隔舱，冲入水力发电涡轮中，从而发出电力。

荷兰和挪威的两种发电方式，虽然已经在试验室中获得成功，但要进入商业应用仍需要时日。荷兰的研究计划由一个荷兰商业协会资助，它还没有在试验工厂中进行测试。挪威的研究项目则更加先进，它的研发开始于20世纪90年代，它的发明者已经建造了两个小型发电站，但还没有建成发电量更大的发电站。

与其他可替代能源技术相比，混合海水与淡水发电也面临着成本上的障碍。据称，海水与淡水混合发电的成本，比风力或太阳能发电要高出几倍。

3. 开发利用地热与余热的新进展

（1）冰岛开发利用地热资源现状。2012年4月，有关媒体报道，冰岛靠近北极圈，几乎整个国家都处在火山岩上，同时冰川占国土面积近1/8，被称为"冰火之国"。这种独特的地质构造形成丰富的地热资源，全国约90%居民利用地热取暖，约33%的电力来自地热发电厂。

冰岛国土面积10万多平方公里，人口30多万人，如果按照人均使用量计算，冰岛的地热利用是真正的世界第一。经过几十年的努力，冰岛掌握了世界先进的地热利用技术，减少了对化石燃料的依赖。目前冰岛所有电力都来自水电、地热发电等清洁能源，同时还建起了完整的地热利用体系，所有供暖系统也都使用地热。按照冰岛国家能源局的数据，如果每年用在取暖上的石油为64.6万吨，用地热取代石油，冰岛可以减少40%的二氧化碳排放。得益于水力和地热资源的开发，冰岛现在已成为世界上最洁净的国家之一。

冰岛人从20世纪60年代开始，就致力于地热发电。如今在冰岛，地热发电的电力，仅次于水力发电，居第二位。首都雷克雅未克的路灯通宵不熄，电力就来自附近的地热电站。正是源源不尽的地热，成就了冰岛"电力富翁"的形象。

地处亨吉尔山区的奈斯亚威里尔地热电站，是冰岛最主要的发电厂之一。该地区距雷克雅未克市约30千米，是一个非常活跃的地震带，也是冰岛能量最多的地热区之一。电站共有20眼地热井，井深在1100~2000米之间，地下水温最高可达380℃。该电站集发电和供暖于一身，目前拥有两台发电机组，总装机容量为6万千瓦。电站生产分为集热发电和冷水加热发电等方式。从地热井里抽上来的是高温地热水和水蒸气，经分离，其中的蒸汽先带动涡轮机发电。包括奈斯亚威里尔地热电站在内，雷克雅未克周围有3座地热电厂。到2021年冰岛国家电力公司的年发电量，将从目前120亿千瓦时增至230亿千瓦时。

（2）收集车站余热为办公楼供暖。2012年4月，有关媒体报道，瑞典首都斯德哥尔摩中央火车站，环境部门负责人克拉斯·约翰松，对媒体介绍说，他们组织了一个项目组，研究利用热能交换系统，收集车站余热为其附近的办公楼供暖，已经获得显著效果，一年可节能25%。

中央火车站每天约有25万名乘客来往，这里还有很多咖啡厅和食品店等，都会产生很多热量。约翰松说："我们利用热能交换机收集通风系统里放出的热量，然后利用这些热能把水加热，通过水泵和管道，为火车站大厅旁边的办公楼供暖。结果，一年下来，获得节能25%的成绩。"约翰松说："它给我们的启示是，在城市里，地产开发商应该多想想如何综合利用各种设备、技术及周围环境等，从而实现节约能源，少用化石燃料的目的。"

三、推进能源领域发展的新举措

（一）加强电池与可再生能源开发

1. 促进电池产业发展的新对策

加快构建电池企业的本土供应链。2020 年 6 月，有关媒体报道，瑞典电池制造商北伏特公司（Northvolt），正在加快本土锂电池供应链建设，其目标是，到 2030 年从回收电池中获得 50% 的原材料。此次选择在挪威建厂，是因为挪威拥有当前欧洲最高的电动汽车保有量，为其布局电池回收提供有利条件。

报道称，北伏特公司与挪威铝生产商挪威水电公司，宣布成立一家合资公司，计划在挪威建设一个废旧动力电池回收中心，从中回收钴、铝、镍等锂电池材料，计划于 2021 年投入运营。该项目计划投资 1000 万美元，最初的处理量是每年回收 8000 吨电池。

当前，挪威已经成为了欧洲电动汽车市场的风向标，成为欧洲地区电动汽车市场份额最高的国家，对电气化的接受程度最高，进而成为全球电动汽车行业最为重视的市场之一。

随着欧洲电动汽车销量的持续提升，动力电池市场需求也在不断增长，而挪威也希望在欧洲动力电池市场占据一席之地。

挪威清洁能源供应商阿格德能源公司与工业废料回收商诺亚公司，计划以新公司"莫罗电池"的名义，在挪威南部阿格德建立一座动力电池工厂。该电池工厂计划投资 200 亿克朗，规划电池容量为 32 吉瓦时。

持续增长的电动汽车销量和未来计划建设的大型动力电池工厂，意味着未来挪威将产生庞大的废旧动力电池。

在此情况之下，北伏特公司与挪威公司布局动力电池回收，一方面有利于为其提供新的锂电池原料供应来源；另一方面也有助于进一步推动欧洲电气化的可持续发展。

值得注意的是，这不是北伏特公司首次布局电池回收。

2019 年 12 月，有关媒体报道称，欧盟可持续能源创新机构欧洲创新与技术学院可持续能源研究所宣布，对北伏特公司提出的可持续计划投资 580 万欧元，以支持其建设一个锂离子电池回收工厂，回收电池制造所需的金属材料。

根据实施方案，北伏特公司首先计划在韦斯特罗斯建立一座试点工厂，先达到每年回收 100 吨锂离子电池的能力。到 2022 年，将在北伏特公司下属电池厂，建立更大容量的回收机构，年回收能力达到 2.5 万吨。

2018 年 10 月，北伏特公司还与宝马、优美科成立了联合技术联盟，将紧密合作在欧洲继续发展电动汽车电池的完整供应链和可持续价值链。

事实上，北伏特公司构建其锂电池供应链表明，欧洲正在加快本土动力电池产业链，意图摆脱对亚洲电池制造商的依赖并与之展开竞争。同时也表明欧洲锂电池产业供应链较为缺失，尚未形成一个较为完整的锂电产业生态链。

目前，包括三星 SDI、LG 化学、SKI、宁德时代、蜂巢能源、孚能科技、远景 AESC 等中韩电池企业，都计划或已经在欧洲建设大型电池工厂。上述电池企业欧洲工厂建成之后，欧洲的动力电池市场竞争将更加激烈，对本土电池企业产生巨大的挑战。而欧洲本土电池企业，能否形成与亚洲电池制造商相匹配的竞争力，打造一个完整的本土供应链是关键。

2. 促进可再生能源开发的新对策

（1）大幅提高利用可再生能源发电的比率。2009 年 10 月 21 日，芬兰媒体报道，芬兰国家统计中心公布了一组有关电力的数据。该数据显示，2008 年，芬兰利用可再生能源的发电量，在全国发电量中的比率达到 31%，与 2007 年相比提高 15%。

统计数据表明，2008 年，芬兰利用可再生能源发电比例大幅提高，主要得益于水力发电及森林工业废料等各类生物燃料资源的利用率大幅提高。与此同时，芬兰以煤和泥煤为燃料的火力发电量分别减少了 37% 和 30%。

芬兰是欧盟成员国中可再生能源利用率最高的国家之一。目前，可再生能源已占芬兰全部能源消耗的 28.5%。根据芬兰政府 2009 年 10 月公布的长期气候与能源政策目标，到 2050 年，可再生能源在芬兰全国能源消耗中所占的比率，将提高到 60%。

（2）建立有利于可再生能源开发的智能生态电网。2015 年 12 月，有关媒体报道，丹麦电力工程师本特森领导的一个研究小组，正在承担由欧盟资助的"生态电网"研究项目。这个项目,把博恩霍尔姆地区变成全球开发智能电网技术的最大实验室之一。

对可再生能源持怀疑态度者在早期担心,由于风力和太阳能发电会因天气和一天中的时间而出现波动,因此它们无法提供可靠的电力来源。丹麦能源协会常务董事劳尔斯·安伽特回忆说:"据工程师预测,如果在我们的系统中多利用2%~3%的可再生能源,它将会崩溃。"

然而,本特森主持的"生态电网"研究项目,正在证明这一说法是错误的。过去3年里,智能电网技术的自动化系统在幕后工作:当可再生电力充足时,最大化利用电力;当不充足时,减缓电力消耗。比如,"生态电网"每隔5分钟向安装在约1200个家庭和100家企业中的智能控制器,发送一次电价更新。控制器可被设置成在电价变贵时减少电力使用,在电价便宜时增加电力消耗。这些设备不会关掉必要品,比如灯,但能推迟冰箱的下一次制冷,直到电价下降。本特森表示:"我们的目标,是变成幕后调控者。消费者不会看到我们,但仍能获得他们需要的一切东西。"

2015年年初,丹麦技术大学电力工程师雅各伯·斯特嘎德,与他的同事一起,分析了"生态电网"在转移电力需求方面取得的成绩。他们发现,这种方法,让当地可再生能源的使用增长8%。尽管有时会发生一些技术故障,并且岛上仅有约6%的家庭参与了该项目,但收益增长还是比较明显的。本特森表示,如果将其放大,这种方法能产生更高的收益。

丹麦博恩霍尔姆地区的试验,还提供了其他收益,包括帮助把电力质量稳定在所需的50赫兹频率上。通过在需求激增时开启额外发电机导致频率下降,传统的电力系统避免了会损害电器的频率波动。"生态电网"的智能计量技术,能完成同样的事情。它通过控制电力适时供应家用电器,减少了现场发电的需求。

这当然是好消息。不过,在博恩霍尔姆地区及其整个丹麦,推动其能源转型越过成型阶段时,事情变得更加困难。本特森说:"我们已经摘取了挂在低处的果实。现在,我们正朝着开始带来痛苦的地方前进。"

一个很大的挑战,将是说服该国的欧洲邻居升级它们的电网,从而允许更加简便地共享可再生能源。分析人士表示,就丹麦而言,这种广泛的联系,对于到2050年变成碳中和经济体至关重要。实现碳中和意味着丹麦将产生足够的零碳能源，以覆盖其整个能源预算，即使它仍在燃烧一些化石燃料。强大的电力联系，将使丹麦人在电力短缺时进口低碳能源，从而减少对化石燃料的需求。它们还将使丹麦出口多余绿色电力，帮助抵消来自交通、生产和电力部门的国内碳排放。

丹麦已同其近邻瑞典、挪威及德国北部，建立起良好的电力联系。比如，当太阳能和风能的国内生产量变低时，它会从挪威庞大的水坝系统中进口水电。不过，丹麦在寻求出口其不断增长的绿色电力供应时，可能面临着市场瓶颈。

就目前来说，多余电力通常被输送到德国。然而，德国的大部分人口和工业位于南部，这里与该国北部电网的连接相对较少。与此同时，德国北部的居民一直抗拒增加新的输电线路，因为这将使丹麦人或德国南部的同胞受益，而给他们带来的好处不多。

在丹麦哥本哈根，管理"生物炼制联盟"的能源分析师安妮·格蕾特表示："除非这些瓶颈被清除，否则，对于丹麦来说，在2020年之后，拥有很高的可再生能源目标，并没有什么意义。"

（二）加强电网检测维护与更新扩建

1. 建立实验室研究电网的分配系统

2010年8月，有关媒体报道，瑞典隆德大学的电子工程系与当地一家能源公司联合组成的一个研究团队，建立了实验室研究电网的分配系统。这项研究意在，模拟和准确地检测出影响电力系统正常运行的不利因素，如接地故障等。

研究人员指出，大部分电网保护系统的主要缺点，是无法准确地检测接地故障的根源，导致出现接地故障后，电网的大部分不得不被强行断开，许多客户将失去电力供应。这不仅导致客户对电力服务失望，并且电力供应商也将收到罚单。背后的原因，大多存在于保护单元的采样频率过低和采用了低通滤波。现有保护系统的基本限制，来自于测量信号高频成分数据的缺失。

高频瞬变在电网中屡见不鲜。除接地故障，瞬变也出现在健康的系统中，通常是由于线路开关通电时产生的瞬变。瞬变信号的分析表明，其频率成分可达到数千赫兹。

传统上，电网使用的故障记录仪，要么是独立仪器，要么被集成到现代数字继电保护装置中。虽然独立的故障记录仪有高采样频率（高达20千赫兹）和适合谐波分析的带宽，但是价格可能非常昂贵。一个成本较低的替代方法，是使用集成在数字继电器中的故障记录仪。

现代继电保护装置通常使用大约1000赫兹的采样速率和低通滤波，达到约300赫兹的有效带宽。具有这种带宽的单元，缺乏捕获高频瞬变信号的能力。带宽的不足，说明了为什么现有继电保护装置，对于间歇发生的接地故障的检测能力表现得如此糟糕。如果没有高频数据，设计一个针对间歇接地故障的可靠算法，极其困难。

在开发过程中，一个独立单元的性能至关重要，因为设备将被放置在一个发电站里。为了满足这一要求，研究团队选择了合适的现有硬件，以及图形化系统设计软件。本系统提供了可移动性、灵活性和可扩展性，以适应应用的需要。此外，大量现成可用的软件库，加上商用现成的硬件模块，大大地缩短了开发时间。

新开发的输入模块，具有内置的抗混叠滤波器，它能够在高效带宽下快速采样。这样，50千赫兹的采样频率和优化的内置滤波器，提供了22千赫兹的有效带宽。同时，支持高达250伏的通道隔离特性，提供了一个现成即用的测量系统无须自定制。一个便携式的3G调制解调器和一个小的路由器，保证了与用户的通信畅通，并且提供了远程开发功能。

研究人员表示，在新开发的电网设备上，执行程序具有高度的时间确定性，并且具有数据记录和通信能力，这为构建高性能测量系统提供了良好的基础。此外，完善的解决方案适合于快速原型化应用。

研究人员说，由于电力设备包括电站内的一个独立系统，操作者保持可靠的远程通信至关重要。为了确保测量单元的可移动性，我们选择了使用3G调制解调器和一个小路由器的解决方案。一个电脑主机处理与操作者的通信。此外，该研究团队使用图形化系统设计软件应用程序生成器，设计了一个易于使用的界面，这主要是因为大部分操作员缺乏图形化系统的使用经验。

该项目形成的原型系统，基于可重新配置的嵌入式测控系统和图形化系统设计软件，展示了现代通信技术如何结合低成本灵活的开发平台，实现对电力系统各个部分的控制和测量。电力供应商和客户从这个可靠的、高性能的继电保护系统中受益,该系统通过集成具备完整功能的故障记录仪,来协调整个变电站。此种解决方案,支持精确的故障检测,而无须对众多客户断电。

2. 计划未来五年连续投资更新扩建电网

2020年7月,路透社报道,瑞典国有公用事业机构瀑布能源集团,计划在未来五年内投资200亿克朗,用于更新和扩建电网。瀑布能源集团主要是电力生产商,也是瑞典最大的电网公司之一,经营着全国大部分地区的电网,为近90万客户提供电力。

目前,瀑布能源集团的许多电网已经老化,或在一些地区缺乏容量,难以满足日益增长的电力需求,如果不进行升级将导致停电风险,并威胁供应安全。

瀑布能源集团的分销市场总监伊娃·维特尔说:"我们经历了太多停电,需要为客户减少停电。我们将利用这笔投资,来实现电网的现代化,并增加电气化。"维特尔表示,这些投资将由瀑布能源集团的全资子公司瑞典大瀑布电力公司实施,资金将由母公司提供。

有专家说,老化电网及其更新,是瑞典电力系统存在的一个主要问题,最古老的电网线路,安装时间已超过70年了。

第六章　环境保护领域的创新信息

　　北欧地处高寒区域，气候恶劣，但却经常会出现世界最宜居国家。究其原因，除了经济发达，居民收入高，福利条件好以外，与这里高度重视环境保护分不开。北欧在大气污染防治领域的研究成果，主要集中于实施大气污染防治专项研究，分析大气层中甲烷增加的原因，开发清洁煤炭燃烧技术，研发分离天然气中二氧化碳新技术，推行温室气体减排新举措，减少产业部门生产经营过程的废气排放，发展二氧化碳捕捉技术及储存设施。在水体污染防治领域的研究成果，主要集中于加强管理和合理利用水资源，研制净化饮用水新设备，开发海水淡化新技术。发现水存在两种不同液态形式，开发防治油污染新技术，探索用微藻清除水中污染物，建设先进高效的地下污水处理厂。在固体废弃物处理领域的研究成果，主要集中于培养居民形成垃圾处理的良好习惯，探索垃圾处理和利用新技术，建立废旧物品回收制度，研究循环利用回收的废旧物品。在节能环保产品及技术领域的研究成果，主要集中于开发节能环保家用电器、节能环保住宅及配套设备，建立有利于节能环保技术开发的知识创新团体，探索不同产业的节能环保技术。在保护生态环境领域的研究成果，主要集中于开展极地生态环境考察，推进濒危物种保护研究，提高生态环境保护意识，发展生态经济或绿色经济，建设绿色或智慧生态城市。在气候变化领域的研究成果，主要集中于探索气候变化及其对生态环境的影响、对动物生存发展的影响；研究影响气候变化的因素，提出应对气候变化的新举措。在防御自然灾害领域的研究成果，主要集中于观察与预测火山喷发现象，监察火山喷发物对生态环境的影响，研究火山移动与喷发的顺序，探索冰岛火山引发的相关生态灾害，以及冰岛火山喷发影响巨大的原因。另外，发现可用地球化学信号预测地震，加强水中自然灾害监测，推出监测森林火灾新技术。

第六章　环境保护领域的创新信息

第一节　大气污染防治方面的新进展

一、大气污染防治的新发现与新技术

（一）展开大气污染防治的专项研究
——启动大气污染物与气候变化相互作用的研究项目

2012年5月4日，有关媒体报道，欧盟第七研发框架计划（FP7）资助的，由丹麦等26家科研机构相关专家共同参与的一个研究团队，正式启动研究欧洲大气污染物与气候变化相互作用的大型研究项目。

该研究团队设计制作的大气监测飞船，2012年5月14日开始为期20周的欧洲低空科学探索旅行，横跨德国、荷兰、丹麦、瑞典、芬兰、奥地利、斯洛文尼亚、意大利和法国等欧洲国家上空，采集分析大气中的化学物质成分，所获取的数据将作为未来科学研究的基础，积极应对气候变化和改善欧洲的空气质量。

监测飞船独一无二的长期低空飞行，将前所未有地在距地面2000米以内的低层大气空间，对欧盟进行化学污染物空中分布的全面检测。实测数据将于地面计算机模拟系统，以及已有气候变化知识进行相互验证和对比研究，从而增强对人类活动排放的绝大部分空中化学污染物与大气元素相互作用机理的理解。监测飞船携带超过1吨重的仪器设备，可以在海拔高度2000米以内的低层空间盘旋，垂直升降行动自如，一次升空可飞行工作24小时。

监测飞船的此次检测飞行，将主要集中于羟基自由基和微细气溶胶（或悬浮颗粒物），即影响气候变化和人类健康主要化学物质的数据采集。羟基自由基因为其降解空气污染物的作用，有时也被称作"大气清洁剂"，研究人员希望通过对化学物质所测数据的分析研究及其形成演变过程，增加大气化学污染物、大气自身清洁机制和气候变化之间相互作用的知识。该项研究由联合国政府间气候变化委员会专家工作小组指派，同时将为欧盟制定2013年应对气候变化和改善空气质量政策提供科学依据。

(二) 大气污染防治的新发现

1. 研究大气层中甲烷增加原因的新发现

发现沼泽扩大是早期大气层中甲烷含量大幅增加的主因。2010年1月26日，有关媒体报道，芬兰赫尔辛基大学的一个研究小组发表公报说，他们的最新研究成果表明，5000年前北半球沼泽面积急剧扩大，是导致当时大气层中甲烷含量大幅增加的主要原因。

该研究小组表示，他们对3000多个沼泽泥炭样本，进行放射性碳年代测定，并结合相关数据与采集地点信息，进行分析后得出上述结论。他们认为，当时全球气候变得湿冷，使地下水平面上升，并加速泥炭的形成，导致沼泽面积迅速扩大，产生数百万平方公里的无植被新生沼泽，令大量甲烷气体，随着沼泽中的有机物腐烂分解排入空气中。因此，当时大气层中甲烷大幅增加，主要是由自然因素而非人类活动造成的。

此前研究发现，大约5000年前地球大气层中的甲烷含量曾大幅增加，有研究把这一现象归咎于东亚地区同一时期开始的水稻种植活动。甲烷是主要温室气体之一，主要产生于稻米种植、垃圾分解及反刍类动物的肠胃胀气。

2. 研究净化室内空气物质的新发现

发现人体脱落死皮有助于净化室内空气。2011年5月16日，美国媒体报道，丹麦化学家查尔斯·维徐勒领导的一个研究小组，发表研究成果称，人体每天脱落的死皮细胞会在家中各处堆积，然而，令人想不到的是，他们的研究表明，这种听上去脏兮兮的玩意儿，竟然有助于净化室内的空气。

研究人员表示，死皮细胞所含的油脂能够消除臭氧。事实上，这种叫作鲨烯的油性物质，可以把室内臭氧含量降低大约2%~15%。据介绍，鲨烯分子含有6个双键碳原子，这些碳原子跟臭氧反应进而将其分解。

众所周知，高空大气层中所含的臭氧能保护地球不受辐射侵害，然而接近地球表面的臭氧却是有害的。这主要是由汽车尾气、工业废气及其他有害气体相互作用造成的。吸入这样的臭氧会损害肺部功能，引起肺部内膜炎症。长期如此可能永久性地损伤肺部组织。而这时，人体每天脱落的大约5亿个死皮细胞就派上了用场。

该研究小组在一项研究室内环境对儿童健康影响的项目中，从丹麦500个卧室和151个日托中心，收集了除地板以外其他角落的灰尘，并分析其中所含的鲨烯和胆固醇两种皮肤油脂成分。研究结果表明，皮肤中所含的胆固醇也能消除臭氧，只是作用较鲨烯略小。

维徐勒称，其他化学成分，例如某些食用油中所含的油酸，也含有双键原子，而某些物体表层也能吸收臭氧，例如一些橡胶制品。

此前，模拟机舱环境下的研究证明，半数以上的臭氧与裸露的皮肤、毛发和衣服接触后会发生反应并消失。而另一项模拟办公环境的研究则发现，一个人可以在30立方米的空间内消除10%~25%的臭氧。

维徐勒表示："近5年来的发现表明，人类基本就像大型臭氧处理器。在一个有人的房间，人比灰尘吸收的臭氧还多，只不过灰尘在无人的房间也能继续与臭氧反应。"

然而，维徐勒进一步指出："这并不意味着你应该停止打扫房间。一个人脱落的皮肤碎屑，可能会使另一个人产生过敏反应，也可能传播有害微生物。"因此，他认为："虽然灰尘可以吸收臭氧，但我们应该继续除尘。"

（三）大气污染防治的新技术

1. 开发简单而经济的清洁煤炭燃烧技术

2006年4月，位于斯德哥尔摩的瑞典瀑布能源公司透露，该公司计划建造煤基含氧燃料试验电厂，以开发更加简单、更经济实用的煤炭气化技术。

煤炭气化是指把煤转化成气态燃料的过程，这一技术是新一代清洁型火力发电厂的研究前沿。包括美国电力公司和德国RWE公司，都已经在开发能捕获二氧化碳的大规模煤炭气化工厂。现在，瑞典瀑布能源公司生产的一种主要设备，超过了煤炭气化技术的要求。该公司打算投资5000万美元，试验开发一种更简单、更有潜在经济价值的煤基含氧燃料技术。

瑞典瀑布能源公司通过在纯氧中，而不是空气中燃烧煤炭的技术，将传统的火电厂进行改进。由于空气中含有大量氮气，所以传统发电厂，会产生主要由氮气和部分二氧化碳及水组成的，气溶胶混合物；而将二氧化碳与氮气分离需要大量能量，因此捕获二氧化碳的成本很高。在煤基含氧燃料技术中，气溶胶主要由二氧化碳和水组成，而水很容易浓缩和去除，产生纯的二氧化碳很容易收集。

瑞典瀑布能源公司对外界宣称，该公司已经为一个3万千瓦的新型煤基含氧燃料试验电厂，安装了第一套设备。这个试验电厂，可以对这种新型的煤基含氧燃料技术，进行大规模试验。瀑布能源公司的战略董事兼煤基含氧燃料项目经理劳·桑博格表示，到目前为止，机械难题困扰着煤炭气化技术的发展。

世界上只有4座煤炭气化电厂，而且都运行得不好。他认为，用煤炭气化技术生产电力和氢的容量同样被过分夸大，这也导致了燃料电池发展的缓慢。只有通过研发新型的煤基含氧燃料技术，煤炭气化才能得到应用。

在东西德国合并之后，瑞典瀑布能源公司大规模地参与东德的电厂重建，在20世纪90年代，建成一些世界最先进的火力发电厂。这些电厂在600℃的温度下运行，煤炭的利用效率达到45%，相比之下，早期的发电厂效率不到40%。桑博格认为，煤基含氧燃料技术，是这些发展的延伸。瑞典瀑布能源公司的新型试验电厂，将会对他的预言进行检验。运行的试验电厂，位于该公司下属的黑水泵市一座200万千瓦火电厂附近，黑水泵市位于沿波兰边境距柏林2个小时车程的地方。新型试验电厂产生的蒸汽，被输送到附近电厂的大型涡轮发电机产生电能。

试验工厂里最关键的设备，是熔炉和蒸气发生器，在这里通过整合低温氧舱将煤粉进行有氧燃烧。传统的煤熔炉中，助燃气体中混有的氮气可以稀释氧气的浓度，从而控制火焰的强度和燃烧的温度。在这一新的纯氧燃烧技术中，把燃烧后气体再次循环进入燃烧炉以控制氧气的浓度，因此具有相同的效果。德国斯图加特研究项目负责人弗兰克·卢戈指出，这次建立的试验燃烧炉，比先前的试验燃烧炉，体积约大30倍。因此，可以更好更真实地反映燃料在这一新条件下的燃烧状况。不仅如此，该试验燃烧炉，还可以选择进行氧气或者空气的燃烧方式，从而相互比较获得更准确的数据资料。

瑞典瀑布能源公司计划在两年后启动该试验项目，到时建成一个60万千瓦的纯氧燃烧炉。公司有关专家指出，全面推行这项技术，在实践过程中可能还有许多困难，储存燃烧后的二氧化碳就是其中的一个最大难题。

储存二氧化碳，最可能的实现方式，就是通过深的蓄水层和废弃的油井进行地下存储。目前，研究人员正在调查中，包括位于柏林西部的一个盐碱蓄水层。问题是，即便法律同意释放二氧化碳进行重复利用，要把二氧化碳在地下储存也需要征得允许。该提议遭到了环境保护者的强烈反对，其中包括有很大影响力的德国绿色和平组织。

2. 研发分离天然气中二氧化碳的新技术

2009年4月5日，挪威《晚邮报》报道，挪威奥斯陆大学和挪威科技大学联合组成的一个研究小组，正在开发一种新技术，能在天然气燃烧前把其中含有的二氧化碳完全分离出来，这将有助于起到减少温室气体排放的效果。

目前，这项新技术尚处于早期开发阶段。不过，研究人员预计，它很快就可投入实际应用，而且整个工艺流程的费用比较低廉，易于推广应用。

二氧化碳是影响全球气候变化的主要温室气体之一，燃烧煤、石油、天然气等矿物燃料都会产生大量二氧化碳。然而，目前在各种矿物燃料燃烧后再控制二氧化碳排放的工艺流程，复杂而昂贵，难以在全世界普及推广。

二、减少温室气体排放的新进展

（一）实施温室气体减排的新举措
1. 提出温室气体减排目标

2009年10月16日，有关媒体报道，芬兰政府公布了一份名为《长期气候与能源政策》的报告。该报告提出，到2050年，把芬兰温室气体排放量在1990年的水平上减少80%。芬兰政府的这一减排目标，受到包括各环境组织及能源企业在内的芬兰各界的普遍肯定。

芬兰政府在报告中指出，国际社会正力求实现控制全球气温升幅的目标，希望把全球温室气体排放量，在2050年之前至少减少50%。

为实现减排目标，芬兰政府在报告中，初步提出了一系列促使芬兰成为"低碳型社会"的措施。例如：芬兰将修改新建房屋节能标准，同时对现有建筑进行相应改造以提高能源利用率；芬兰将进一步进行生态税改革，并向公民提供有关信息，广泛宣传日常生活方式对气候所造成的影响；芬兰将改进垃圾处理方式，加大垃圾回收力度，并力争把垃圾转换成能源进行再利用。芬兰政府还提出，到2050年，把可再生能源在芬兰整个能源消耗中所占比例，提高到60%。

2. 建设世界首个试行"个人碳交易市场"的城市

2019年11月，芬兰媒体报道，随着一款手机应用程序的推广，其南部城市拉赫蒂成为世界首座试行"个人碳交易市场"的城市，以探寻节能减排环保的新思路和新方法。

这款拥有绿色界面的手机，应用程序安装方便，操作起来也非常简单。它由当地政府倡议推广，是当地"可持续城市交通计划"的一部分，目前在试行阶段。拉赫蒂居民可自愿参与测评。成为用户后，相关部门将根据实际情况为其制订个人出行碳排放预算，配合这款手机应用程序的使用。

拉赫蒂政府"碳交易项目"负责人安娜·胡图宁说："它能够实时监测用户的出行方式，以速度为依据识别用户乘坐何种交通工具，进而结合出行时间、距离等计算出相应的碳排放量。"根据碳排放量的多少，选择步行、自行车、公交车、私家车等各类出行方式会被赋予高低不等的分值。

她接着说："坚持低碳可持续出行方式的用户达到积分后，将得到一定的奖励，可能是游泳卡、健身卡或免费咖啡等。"

胡图宁说："我们研发推广这款手机应用程序，是为了号召人们以实际行动减少碳排放量，将拉赫蒂建设成一座更加可持续发展的城市。同时，选择步行、骑自行车等出行方式也能让用户得到更多的运动和锻炼。"

该手机应用程序测评用户丽娜·普萨丽说："我使用这款手机应用程序的初衷，是参与拉赫蒂的环保行动，并且跟进自身的出行碳排放情况。它非常简单好用，我不需要怎么花时间在上面，一切都会被自动记录，提醒着我选择更低碳的出行方式。"

该手机应用程序自2019年9月中旬开始试行，已有300多名测评用户，且还在稳步增加，到2020年年初达到1300名，约占到拉赫蒂人口数的1%。其后，更多的商铺和企业也会被吸纳到这一项目中，不断完善该手机的应用程序。

拉赫蒂拥有较为先进的环保理念。2019年6月，它被欧盟委员会授予"欧洲绿色之都"的称号，以表彰其在可持续发展方面所取得的成就。据介绍，拉赫蒂的"可持续城市交通计划"，还将把节能减排和城市交通规划建设结合在一起。与机动车道完全分离的自行车专属车道，正在设计和规划中，其中一条在2020年开建。

（二）减少产业部门生产经营过程的废气排放

1. 减少工业生产排放二氧化碳的新进展

（1）制定并实施钢铁业碳零排放时间表。2020年4月，有关媒体报道，为实现全球减排目标，瑞典政府正在对钢铁这一支柱产业组织技术攻关。2020年夏季前，大规模测试炉建设完毕并启动，目标是在2035年前，绿色钢铁技术在全国钢铁行业应用相对成熟，逐步实现碳零排放。

瑞典技术攻关项目"突破性氢能炼铁技术"，将由海布里特发展有限公司专门负责落实。海布里特公司是北欧最大钢铁生产商瑞典钢铁公司、欧洲最大铁矿石生产商LKAB公司和欧洲最大电力生产商之一瑞典大瀑布电力公司等三家行业巨头，在2016年合资创建的。参与技术攻关项目的合作科研机构，包括瑞典皇家理工学院、吕勒奥理工大学、瑞典国家研究院、瑞典钢铁研究所等。2018年6月政府拨款已到位，其中瑞典能源署支持了5.28亿瑞典克朗，创该机构有史以来单项资金支持最高纪录。

海布里特公司攻关项目的核心是提升技术、降低成本，使氢气冶炼钢铁，在经济上与传统焦炭炼铁相比有竞争力。焦炭和氢气都可作为还原剂，去除铁矿石中的杂质。传统冶炼钢铁工艺中二氧化碳排放占全行业90%，如使用氢气替代焦炭，氢气将与铁矿石中的氧气反应生成水蒸汽，实现碳的零排放。

这个技术攻关项目分为6个子课题，除氢气还原铁矿石技术外，炼钢、零碳排放制备和储存氢气技术、零碳排放制备海绵铁技术是另外两个重点攻关目标。此外，可再生能源发电，也是对钢铁业碳零排放有实际意义的关键条件，因为目前零碳排放制备氢气是通过电解水技术路线实现，制备过程需大量能源。

2018年6月，大规模测试炉动工仪式，在瑞典吕勒奥的一家钢铁试验工厂举行，瑞典首相勒文培土奠基。2020年2月该测试炉完成基本建设和内部施工，2020年夏天开始试运行，每小时可生产1吨海绵铁。经5年技术开发测试后，计划2025年建成真正意义上的示范工厂，2026年第一批成品"零碳钢"将离开示范工厂大门。2025—2035年，示范工厂将不断提升技术成熟度并进行行业推广。

项目可行性报告显示，氢气冶炼钢铁的成本，约比传统冶炼钢铁工艺高20%~30%，但随着可再生能源成本的下降和二氧化碳排放成本的增加，预计这一差距将会缩小。海布里特公司的技术攻关项目，将使生产成本进一步下降，氢气冶炼钢铁方案的社会性和经济性将实现统一，整个钢铁行业将为之改变。

（2）全球首个"零排放"钢厂开启运营。2020年8月31日，瑞典媒体报道，全球第一个无化石燃料海绵铁中试工厂，采用突破性氢能炼铁技术项目，在瑞典吕勒奥举行启动仪式。瑞典首相斯特凡·勒文出席仪式。全过程通过网络方式进行了直播。海绵铁是在回转炉、竖炉或其他形式的反应器内，由铁矿石或氧化铁球团低温还原所得的低碳多孔状产物，它保留了失氧时形成的大量微气孔，在显微镜下观察形似海绵，其成分主要是氧化铁，适用于电弧炉炼钢。

这个新项目，由瑞典钢铁公司、瑞典矿业集团和瑞典大瀑布电力公司3家行业巨头，合资创建的突破性氢能炼铁技术发展有限公司负责推进。合作的科研机构包括瑞典皇家理工学院、吕勒奥理工大学、瑞典国家研究院和瑞典钢铁研究所等。它们计划打造世界上第一个"无化石燃料钢铁制造"价值链，目标是：到2026年，通过突破性氢能炼铁技术，在世界上率先实现无化石燃料冶炼技术；到2045年，完全按无化石燃料工艺路线制造钢铁。

突破性氢能炼铁技术项目中试工厂主要包括以下3个单元：

一是位于吕勒奥的直接还原铁、制氢单元。这个单元负责生产氢气，采用氢气直接还原铁制备技术和电弧炉工艺，用电和氢代替煤炭，每年需要15太瓦时的电力，相当于瑞典年发电量的1/10。该单元运行的主要能源，将来自瑞典大瀑布电力公司的非基于化石燃料的电力。

二是位于瑞典马尔姆贝格特和吕勒奥的无化石燃料球团单元。这个单元将通过用可再生的生物燃料替代化石燃料，以实现基于无化石燃料工艺的铁矿石球团矿制造技术，相关试验在吕勒奥的一个实验燃烧炉和马尔姆贝格特的一个工厂中进行。目前，瑞典矿业集团正在马尔姆贝格特的一个球团厂中，围绕"用生物燃料代替化石燃料"进行全面试验。在试验期内，马尔姆贝格特球团厂化石燃料燃烧产生的二氧化碳排放量将减少40%，相当于每年实现约6万吨的碳减排，试验期将持续至2021年。

三是位于吕勒奥的储氢单元（计划于2021年建设）。突破性氢能炼铁技术项目计划建造一个储氢研究设施，试验工厂在瑞典钢铁位于吕勒奥的工业区。目前，该项目方正在瑞典钢铁工业区附近瑞典矿业集团老铁矿石储存区，调查建造一个小型临时储存区的可能性研究，它将位于地下25~35米。这项储氢设施，将是未来支撑和维持能源系统稳定运行的一个重要组成部分。

预计突破性氢能炼铁技术项目中试阶段的总费用，在20亿瑞典克朗左右。瑞典能源署已承诺出资5.99亿瑞典克朗，剩余部分将由瑞典钢铁、瑞典矿业集团和瑞典大瀑布电力公司三方等额出资。

按照规划，未来突破性氢能炼铁技术项目将分以下步骤推进。突破性氢能炼铁技术工业级示范工厂，与突破性氢能炼铁技术项目中试线同步建设。突破性氢能炼铁技术工业级示范工厂的启动，比原计划提前3年，计划于2023年开工建设，于2025年投产。该示范工厂年产能为100万吨。与此同时，瑞典钢铁公司将对有关高炉进行改造，计划于2026年实现商业化的铁矿石基、无化石燃料的冶炼工艺路线。瑞典钢铁公司最早将于2025年前，把二氧化碳排放量减少25%。

突破性氢能炼铁技术工业级示范工厂建成后，瑞典钢铁公司将对传统工艺路线进行彻底改造。瑞典钢铁公司计划在2030—2040年，将其全部的传统高炉换成电弧炉。同时，瑞典钢铁公司开始逐步淘汰轧钢厂和热处理厂的化石燃料工艺，到2045年完全实现无化石燃料的钢铁制造。

2. 减少农业和航空业排放二氧化碳的新进展

开发出蓝天清洁技术减少二氧化碳对农业气候的影响。2019年8月，有关媒体报道，一个由丹麦技术大学和奥胡斯大学共同组成，科学家亨里克·斯蒂斯达尔为主要成员的研究小组，发表研究成果称，他们成功开发出蓝天清洁技术，不仅可以减少50%的农业温室气体排放，还可以将秸秆和污泥转化为气候中性的航空燃料，为应对气候变化提供全新的重要解决方案。

农业、航空是重要的温室气体排放源，随着全球应对气候危机的日趋紧迫，必须找到全新的解决方案，才能确保全球变暖不超过 1.5℃。

据斯蒂斯达尔介绍，蓝天清洁技术，把部分碳转化为航空燃料，可以避免农业剩余秸秆和沼气厂残余纤维的碳，以二氧化碳的形式返回大气中，剩余的碳则以生物煤的形式，永久地存储在土壤里，帮助维持土壤中的碳。生物煤可用于施肥和改善农业土壤，同时生物煤又非常稳定，多年内仅有少量转化为二氧化碳，从而减少农业气候的影响。

从生命周期看，该技术把植物中 50% 的碳转化为航空燃料，燃烧后以二氧化碳的形式返回大气，其余 50% 的碳则永久地固化在生物煤中，不会返回大气。最终结果是生产干净的航空燃料越多，从大气中吸收的二氧化碳就越多。

丹麦技术大学对秸秆和残余纤维热解过程，及生物煤生产试验方面，已经取得了很大进展，两所大学的研发人员呼吁政府，加大对该技术产业化的研发支持。

（三）发展二氧化碳捕捉技术及储存设施

1. 提出模拟自然的固碳新方法

2009 年 4 月 16 日，英国《每日邮报》报道，冰岛大学赫尔姆弗瑞德·辛格达瑞多特瑞领导的一个研究小组，希望模拟自然过程，让二氧化碳气体与钙发生反应，变成固体碳酸钙存储于地下深处。他们希望用这种方法，每年处理掉 3 万吨二氧化碳，为解决全球变暖提供一种有效手段。

研究小组对冰岛的火山起源进行探索，他们计划让二氧化碳同火山岩石层发生反应，以形成岩石，这种方法可以把二氧化碳牢牢地"锁"住几百万年。

研究过程中，他们使用冰岛一个地热能工厂产生的二氧化碳，通过高压把它溶解于水，然后把溶液泵入位于地下约 400~700 米的玄武岩层，并观察发生的反应。

研究小组在实验室中进行的实验表明，溶解的二氧化碳将同玄武石中的钙发生反应，形成固体碳酸钙。研究人员称，该项目是碳捕捉与存储的一种方式，因为矿物质不会发生泄漏，存储更为安全。

研究人员将在维也纳举办的欧洲地球科学联盟年度会议上公布该研究项目。辛格达瑞多特瑞表示，他们的研究小组会在 2009 年 8 月，将溶解的二氧化碳泵入地下，二氧化碳气体是否能够如愿变成矿物质，还需要一年的时间进行观察。

2. 建成世界最大的碳捕获与封存设施

2012年5月7日，有关媒体报道，欧盟重点支持的世界最大的碳捕获与封存示范工程，在挪威蒙斯塔德建成。该项工程于2007年开工兴建，总投资10亿美元，由挪威政府提供资金支持，设计能力为年捕获10万吨二氧化碳。

新落成的碳捕获与封存示范工厂，与两个大型的二氧化碳生产源相毗邻：28万千瓦热电厂和年产1000万吨的石油冶炼厂，两厂年二氧化碳可捕获量合计为10万吨。挪威的碳捕获与封存示范工厂，将在工厂化层面，验证两项二氧化碳后燃烧捕获技术，即法国阿尔斯通公司的冷氨工艺技术、挪威安蓖公司的胺气体净化脱硫技术。如果验证结果安全、高效，将在相关产业领域大规模推广应用。

在欧洲主权债务危机及财政紧缩的背景下，欧洲其他地区的碳捕获与封存示范工程设施，由于资金紧缺相继停工，唯有挪威的碳捕获与封存示范工程项目得以正常运行。参加项目落成仪式的欧盟能源委员奥廷格对此深表赞赏。他强调说："这项工程对欧洲发展碳捕获与封存技术，是一个重要里程碑，对欧洲推广应用碳捕获与封存技术带来新的动力。"

第二节　水体污染防治方面的新进展

一、利用水资源与净化饮用水的新成果

（一）利用和管理水资源研究的新信息

1. 合理利用水资源研究的新进展

建议通过合理利用水资源来缓解粮食危机。2009年5月，瑞典斯德哥尔摩大学与德国波茨坦气候影响研究所等专家组成的一个研究小组，在美国《水资源研究》杂志上报告说，如果人类能够合理管理和科学利用各种水资源，将能缓解全球未来可能出现的粮食危机。

报告指出，目前人类对水资源的管理和利用，往往更多地考虑"蓝

水",即来自河流和地下水的水资源,而忽视了"绿水",即源于降水、存储于土壤并通过植被蒸发而消耗掉的水资源。这使人类应对水资源匮乏的措施受到限制。

该研究小组对地球的"蓝水"和"绿水"资源进行了量化分析。电脑模拟结果显示,到 2050 年,全球 36% 的人口,将同时面临"蓝水"和"绿水"危机。这意味着,这些人口将因缺水而无法实现粮食自给。

报告说,为了应对因水资源匮乏而导致的粮食危机,人类在合理管理和科学利用"蓝水"资源的同时,也要对"绿水"资源进行科学管理和合理应用。全球变暖加剧和人类需求增加,将导致全球 30 多亿人面临严重缺水,如若科学利用"绿水"资源,不仅能大大减少面临缺水的人口,而且在"蓝水"资源缺乏的国家,人们依然能生产出足够的粮食。

报告建议,为更有效应对水资源危机,人类应大力研发"绿水"资源利用技术,并在此基础上建立更能适应气候变化的农业系统,以应对未来可能出现的粮食危机。

此前研究发现,在全球的总降水中,有 65% 通过森林、草地、湿地等蒸发返回到大气中,成为"绿水",仅有 35% 的降水储存于河流、湖泊及含水层中,成为"蓝水"。

2. 加强水资源管理研究的新进展

建立政府与公众联动的水资源管理机制。2017 年 4 月,有关媒体报道,瑞典以《欧盟水框架指令》为依据,制定本国水环境管理的法律法规,形成体现自身特色的水资源管理流程,调动公众参与水环境管理,建立专门针对水环境和水资源的数据库,明显提高了水资源管理的质量和效率。

瑞典在五大水资源区开展水资源管理工作,每 6 年为 1 个周期。每个周期开始时要实施以下 4 个关键性步骤:

一是各区制订一个"水资源管理计划",内容包括对当前和未来水环境形势的评估与分析,并且根据《欧盟水框架指令》确定为达到良好水资源状态而需要开展的工作。

二是各区为其范围内的水体(地表水和地下水)制定"环境质量标准",预计这些水体的生态状态和化学状态最迟在 6 年周期结束时达到该标准。

三是各区编制一份"措施计划",阐述为达到上述环境质量标准而需要采取的具体措施。这些措施可能包括排放许可、许可证变更、环境监控、知识共享、市级规划等。该计划也确定了采取这些措施的日程安排,以及不同的机构和城市所承担的责任。

四是各区对措施计划开展环境影响评估(平行开展),目的是评价这些措施的积极效果,更重要的是确定相关措施的潜在缺点和风险,并建议做出调整以避免或降低负面影响。

评估意见和观点主要来自各个水资源区的地方机构和城市。在接下来的6年里,这4个文件将指导各个水资源区地方机构和城市的水资源管理工作。在下一个6年周期开始之前,这些文件需要进一步完善。这个过程涉及众多的利益相关者,他们会获得简单明了的可靠信息,以便就相关问题和目标达成一致意见,从而为顺利解决潜在冲突创造良机。第二个水资源管理周期是2016—2021年。

瑞典政府还设立了环境质量目标委员会,利用该平台在整个社会的各个层面上推出更多的措施、投入更多的努力来实现环境质量目标。为了评估目标的实现进度,设定了能够反映出各个环境质量目标和中期目标实现进度的指标。这些指标是基于对环境状况的定期抽样、问卷调查和其他研究而设定的,每4年对所投入的努力进行一次更大规模的评估。

各区均设立一个水资源区管理局,负责各区的水环境质量管理以及在瑞典执行《欧盟水框架指令》。水资源区管理局应实施水资源规划并确保决定的措施得以实施。水资源区管理局最基本的任务是,制定水环境质量标准并确保各区达到该标准的要求。

各郡行政委员会设立一个筹备秘书处负责与水资源管理机构之间的协调工作。瑞典的20个郡行政委员会在水资源管理中扮演着重要的角色,是全国机构与地方机构、水资源管理局与地方机构之间的衔接机构。所有郡行政委员会均承担《环境质量目标》中规定的地区性工作以及其他水资源管理任务,包括地区和地方环境监控的协调工作等。

在瑞典12个郡行政委员会中,设有专门的环境评估团(EAD)负责根据《环境法典》的规定,审核和批准危害环境活动的许可申请。环境评估团的决定职能是单独的,许可改良过程与郡行政委员会的监管职能分开。每个市也设有自己的市级环境局（环境办公室），负责在地方监管危害环境的活动。

瑞典拥有20个郡、290个市，其职责和水土利用管理工作中，均直接涉及水资源管理工作。各个市也是地方环境工作的监管机构，负责饮用水生产和污水处理。按照瑞典国家法规的要求，各市也要开展环境监控以确保获得相关环境信息，主要是用于国际报告。各市均保留了对实际规划的管辖权，为不同的活动颁发许可证，并对可能影响环境和公共卫生的活动进行监控。市级规划和水资源管理局均负责处理水环境问题。因此，对于水资源管理局的水资源管理工作同城市对其管辖区域内水土资源利用的决策权，存在出现冲突的风险。水资源管理局有时也需要了解详细的市级规划情况。

大多数情况下，水资源管理机构的《措施计划》和《管理计划》是市级工作的有益补充。各市负责确保相关机构不会违反《环境质量标准》。当各市需要在其规划中考虑环境质量标准时，其独立性就受到限制。水资源管理机构有权干涉一个市做出的、可能整体上对水环境和环境质量造成潜在影响的任何决定。

瑞典的所有水资源管理工作都需要遵守不同的法律规定。以下两个法规为瑞典未来水资源管理工作奠定了法律基础。

一是《水资源管理条例》，它规定了瑞典五大水资源区的划分、五个水资源管理机构及各自的任务。根据《瑞典环境法》第五章的规定，《水资源管理条例》适用于水环境质量管理。

二是《郡行政委员会条例》，它规定了应如何组织水资源管理机构的工作并与利益相关者进行协作实现增效。

《欧洲水框架指令》和瑞典法律都强调和鼓励公众公开、广泛地参与该指令的实施。所建议的水资源综合管理方法，需要所有利益相关方的参与，共同承担责任。

在瑞典流域管理问题上，不仅需要流域区管理局做工作，充分的信息公开和动员所有利益方参与也是重要的基石。所有利益方得到在相应的活动中做出贡献的机会，从而更好地利用地方知识经验，改进水资源管理工作。在这些方面，通常的实现途径是：做出重大决定前，如决定环境质量标准、措施计划、流域管理计划等，先征询公众的意见并让公众参与。

水资源委员会存在于各个主要流域，是保证公众充分参与的地方和区域性平台。这些平台鼓励和动员所有利益相关方聚在一起，共同研究地方水资源问题的解决方案。通常，水资源委员会由来自于市政府、行业、土地所有者、利益集团的代表组成，它是流域区管理局的重要合作伙伴。水资源委员会成员初期可以参与相关筹备工作，并探讨地方水资源管理的方法。由于他们熟悉地方情况并且经验丰富，能确保在正确的地方采取正确的措施。

瑞典建立了一个高水平的水资源信息系统，它是一个专门针对水环境和水资源的数据库，包括瑞典所有主要湖泊、河流、地下水、沿海水体的相关信息。水资源管理局负责管理这个信息系统。该数据库可以查找下列信息：状态分类，它评估某一水体属于哪种状态；环境质量标准，即水质要求，不同机构和城市执法时可以依据这些标准；环境监控，即检查点水质检测获得的水质数据；水环境改良措施，它包括已经实施、正在实施以及计划实施的措施。同时，该数据库还可按照《欧洲水框架指令》规定，及时向欧盟汇报。

（二）饮用水净化与海水淡化的新信息

1. 研制净化饮用水的新设备

发明化废水为饮用水的"生命吸管"。2006年10月，丹麦维斯特格德·弗兰德森公司，发明了一种戴在脖子上的"生命吸管（Lifestraw）"，它可以把污水净化为饮用水。

"生命吸管"实际上就是一根长25厘米，直径2.9厘米米的塑料管子，里面装有7种过滤器，包括网眼直径6微米的网丝、注入了活性炭和碘的树脂。

"生命吸管"的操作很简单，只要把这个塑料管子伸进水里，并将水通过3个过滤器吸上来就可以了。当使用者通过它来吸水的时，污水首先碰到的是两层纺织过滤器，能够除去较大的杂质部分细菌。然后水将进入一个隔间，在这里碘会发挥作用，杀死细菌、病毒和寄生虫。最后的一个隔间充满了活性炭，它可以去除前面没有去掉的寄生虫，而且还可以消除大部分碘的味道。

这种简易净水器，可以缓解水源污染地区的用水困难，能为飓风、地震或其他灾难的受害者提供安全的饮用水，还可以成为人们周末外出旅游随身携带的"装备"。

不过，"生命吸管"并非完美无缺，它无法过滤能够导致肝炎等疾病的细菌，也难以过滤砷等金属。

2. 研制海水淡化的新技术

开发用海浪能低成本淡化海水的新技术。2013年1月，芬兰阿尔托大学研究人员研发出一种新型海水淡化系统，该系统直接利用海浪能，实现了使用新能源低成本淡化海水的目标。

该系统主要包括一个海浪能量转换器和一个反渗透设备。其工作原理是：安装在海水中的能量转换器对海水加压，使海水通过管道输送到陆地上的反渗透设备中，反渗透作用将盐分从海水中去除，再进一步做出后续处理，则能确保生产的淡水适于饮用。

阿尔托大学的可行性研究结果表明，该套系统的最大淡水日产量约为3700立方米，每立方米淡水生产成本可低至0.60欧元，成本与目前利用其他能源的海水淡化方法几乎持平。

研究人员表示，该系统适用于海浪能丰富，又存在大量饮用水需求的沿海地区，如美国西海岸、非洲南部、澳大利亚、加那利群岛和夏威夷等地。

据联合国水机制组织预计，到2025年，世界上将有18亿人口生活在缺乏饮用水的地区。与此同时，全球化石能源渐趋枯竭，环境污染日益加剧。阿尔托大学研究人员认为，他们的新技术有助于缓解饮用水缺乏，还为利用清洁能源开辟了新途径。

二、防治水体污染研究的新成果

（一）探索不同相态水的新发现

——X射线发现水存在两种不同液态形式

2017年6月26日，物理学家组织网报道，斯德哥尔摩大学化学物理学家安德森·尼尔森带领的研究团队，在美国《国家科学院学报》上发表论文称，他们利用X射线进行研究后发现，水在开始结冰的低温条件下，其内同时存在两种不同结构和黏稠度的液相。这一重要发现，对全面认识水及与其息息相关的生命基本物质的特性具有重要意义。

一般认为，冰是一种排列规则的晶体，但地球上的冰最普遍的却是以非晶体形式存在的无序态，而且这种非晶体包括可以相互转换的低密度和高密度两种不同形式。很早以前就有科学家推测，两种不同非结晶态的冰，分别对应两种不同黏稠度的液相水，共存于水中的两种液相，赋予水许多与众不同的特性。

但这一假设，始终没有获得验证。这次，尼尔森研究团队攻克了这一难关。他们利用美国阿尔贡国家实验室的 X 射线装置，测出水内含有两种不同结构和密度的相态，随后，他们进一步利用德国电子同步加速器研究所的大型 X 射线实验装置，对液态水进行动力学研究后证实，这两种相态都是液相，水确实以两种不同液相并存。

研究人员表示，上述发现将激励他们对水做进一步的研究。水是地球的基本物质形态，其熔点、密度、热容量等70多个特性，与大多数液体完全不同，这些独特之处使之成为生命存在的必要条件。对这些特性的细节进行全面探索，不仅有助于开发出污水处理和盐水淡化新技术，应对全球气候变暖导致的重大挑战，同时也能帮助科学家厘清水与盐类分子和生物分子等其他生命物质的关系。

（二）水体污染防治技术及设施的新信息

1. 开发防治油污染的新技术

（1）研制出不锈钢冰箱表面的防指纹油污技术。2006年8月10日，瑞典伊莱克斯（Electrolux）股份有限公司中国区负责人宣布，在中国市场上首度推出"尊银"系列冰箱，它具有不锈钢冰箱表面的防指纹油污技术。据悉，这是中国市场首款采用全球专业高科技防指纹油污的不锈钢材质的冰箱。

伊莱克斯是世界知名的电器设备制造公司，是世界最大的厨房设备、清洁洗涤设备及户外电器制造商，同时也是世界最大的商用电器生产商。1919年创建于瑞典，总部设在斯德哥尔摩。目前在60多个国家生产，并在160多个国家和地区销售各种电器产品。

伊莱克斯中国区总经理薛佳玲表示，"尊银"系列冰箱产品，不论在外观的设计上，还在内部的技术运用上，都采用伊莱克斯的专业标准来开发的。

据介绍，"尊银"系列冰箱，采用具有物理磁性、强硬度、耐湿抗腐特性的 SUS430 不锈钢素体钢材，其纳米覆膜层更能抵抗油污，有效防止指纹印记。在内部技术运用上，除拥有伊莱克斯冰箱固有的 6 段生物保鲜技术外，还针对消费者实际的使用情况，推出了专业食品空间管理概念，奶制品、熟食、果蔬、美酒都有独立的储存空间，为防止意外发生，冰箱内部还特设了一个安全储存盒，使有限的冰箱空间得到合理有效的分隔，可以改善冰箱的内部环境，保障食品安全。而独特的自动冰吧，更能在一分钟之内快速制冰，满足生活需要。

（2）开发对海鸟身上油污进行快速清理的系统。2008 年 5 月，有关媒体报道，海上石油泄漏事故，往往使大批海鸟身上沾满油污。芬兰研究人员研制出一套能对沾满油污的海鸟进行快速清理的系统，可大大提高遭石油污染海鸟的存活率。

该系统由检查室、清洗室和干燥室三部分组成。首先，操作员在检查室里对遭污染的海鸟进行分类，根据被污染的程度排列处理次序。然后，操作员对沾满油污的海鸟逐一进行清洗和干燥。这套系统便于运输和组装，能在石油泄漏事故现场，对海鸟进行及时快速处理，每天能清理 150 只被污染的海鸟。

2. 开发微藻污水处理新技术

分离出可用于废水处理技术的 8 种野生微藻。2019 年 7 月，有关媒体报道，瑞典科学家分离出一些野生微藻，经实验室研究发现，其中部分微藻能够清除亲水化合物，可用于废水处理工艺的应用。有关专家说，采用微藻污水处理技术系统，可能成为独特的污水处理工艺。

研究人员从瑞典北部地区分离出 8 种野生微藻，并把它们与纯培养菌株斜生栅藻一起，置于短光程平板生物反应器中培养，测试它们清除培养基中 19 种药物的能力。

结果表明，索氏小球藻 B1-1 的生长完全受到药物的抑制；栅藻 B2-2 的生长受到强烈抑制；其他藻类菌株生长良好并伴随生物量累积。

在 12 天内，用这些微藻从生长培养基中，去除 19 种药物的活性成分。

总体来看，培养基中亲脂化合物可被高效清除（平均 2 天就能清除 70% 以上）。

微藻生物量积累的亲脂化合物，包括双哌啶酮、三己基苯基、氯丙咪嗪和阿米替林等，其积累量与总生物量呈正相关。亲水化合物如咖啡因、氟康唑、曲美托环、可待因、卡马西平、奥西泮、曲马朵等在培养基中相对难以清除，经微藻处理后，其残留量平均在 60% 以上。

这些微藻经过测试表明，有的对某些特定化合物的清除十分有效，有的可在 12 天内清除所有 19 种药物，同时积累的生物量中只有极小一部分药物会再次释放，还有的生长 6 天就可消除大部分药物。

研究测试表明，北欧地区野生的微藻，可用来清除环境中的药物残留，其清除效率甚至超出实验室纯培养菌株，说明它们具有开发潜能，可用于环境废水回收与再利用。

3. 水体污染防治设施建设的新进展

建设先进高效的地下污水处理厂。2019 年 8 月，有关媒体报道，一打开自来水龙头就能直接饮用，自来水比瓶装水更干净，湖水也能直接饮用……这些听起来很美好，甚至有些理想化的想法，在北欧国家芬兰已成为现实或着手努力的目标。其采取的一项重要措施，是建设地下污水处理厂。

随着新建污水厂日益增多，水处理厂选址成为困扰城市中心区污水系统完善的瓶颈。面对这个新问题，地下污水处理厂作为一种高效、集约用地的新模式，已成为未来城市污水处理规划的新方向。

地下污水处理厂，一般把所有建筑架构组团布置，形成地下箱体。竖向分为两层，其中底层为构筑物和管廊层，上层为设备和操作巡视层。较大规模的地下污水处理厂操作层均设有车道，满足消防车进出要求。按照地下污水处理厂的竖向标高与室外地坪的相对关系，地下污水处理厂可分为地下深埋式和地下浅埋式两种。

地下深埋式污水处理厂，建筑架构均埋设于地下，顶部做景观公园。地下浅埋式污水处理厂操作层部分露出地面，可实现部分自然采光、通风，有利于操作管理。地下污水处理厂建设常常面临一次性建设投资成本高的问题。但是综合考虑土地资源日益紧缺，污水处理厂对周边环境和经济影响等因素，地下污水处理厂的价值就会显现出来。

芬兰从1932年开始建造地下污水处理厂。Viikinmäki中心污水处理厂，建在赫尔辛基市中心附近，于1986年在污水排放隧道的端点开始建造，厂址高于海面，处理后的污水靠重力通过隧道排放到芬兰湾的卡塔杰洛托岛，出水口位于水底20米深处，这个设计还可防止海水倒灌入处理厂。

这是赫尔辛基唯一的一个污水处理厂，地下空间达14万亩，分3层，岩石坚固。地下第三层空间拥有8条污水处理线，这样的规模在整个北欧也是最大的。地下空间可以用阔绰来形容，宽15米、高3.4米，建造得这么高，是为了让消防车可以开进来，维修的大卡车、机器也可以方便出入。每年有4000人来这个著名的地下污水处理厂参观。

拉斯·伦德伯格先生1975年就来到这家公司，他回忆说，当时赫尔辛基市有5个普通的污水处理厂，20世纪90年代开始，该市开始集中处置污水，现在就只有这一家污水处理厂，年处理1亿吨污水，日处理量为20万~65万吨，污水在厂内处理需要一天，从管道流到海域需要一天。

很多污水处理厂很棘手的臭味问题，在这里得到很好的控制，其排臭气的烟囱有82米高，以此保证不会有臭气溢出。伦德伯格说，臭味在很多污水处理厂是大问题，但在这儿不是问题，为了防止臭气溢出，气压的控制非常重要，通气管道不断清理；除此之外，经常有专家在附近不同地区走来走去，查看有无异味，并记录下来。

为何选择建在地下？伦德伯格介绍说，芬兰四季分明，但冬天非常寒冷，如果污水处理厂在室外，需要做很多额外的工作，在室外，对处理技术的效率也有影响。在地下，则一年四季常温，冬天沼气出来的热量还能供热、供暖。记者了解到，1994年以后，芬兰新建的污水处理厂就全在地下了，另外一个关键原因是地下臭气容易控制。

芬兰这座污水处理厂污水处理工艺，为一套完整的活性污泥法工艺。进水水量28万立方米/天，生化部分的设计容量为31万立方米/天。进水先过格栅和初沉池，分离出水中较大的悬浮物，再经过活性污泥法去除有机物，这期间磷的去除和两相沉淀同时进行，投加絮凝剂硫酸亚铁（$FeSO_4$）用于沉淀磷，所得的磷沉积物与污泥结合。

脱氮过程发生于两个单元，第一单元是活性污泥工艺的反硝化工艺段，第二单元在生物脱氮过滤器中，过滤器内附载脱氮微生物。在活性污泥法的好氧段（曝气部分），污水中的铵态氮被氧化成硝酸盐氮，进而在厌氧段中被还原成氮气。

由于该处理厂处于地下，水池等设施利用原有的岩石，混凝土只在需要的地方才用，水温等不受季节影响，利于生化作用。

建造地下污水处理厂，可以集约利用地下空间，充分利用地面环境条件。紧凑布局污水处理和深度处理构筑物及相关水处理设施，尽量节约土地资源和空间资源。还可在地面配套建设公共绿地、景观或实用性建筑；还可充分利用地形，错落有致布局，从而改善污水处理厂周边总体风貌，丰富城市景观。

建设污水深度处理设施和再生水回用配套管道系统，将再生水回用于景观水体、道路绿化浇洒等，不仅可节约宝贵的水资源，而且可促进城市水资源的循环利用，有效地保护了区域水环境，对城市经济、社会、环境可持续发展起到积极作用。

第三节　固体废弃物处理方面的新进展

一、处理及利用垃圾的新成果

（一）处理垃圾的新信息

1. 培养居民形成垃圾处理的良好习惯

着力培养居民垃圾分类回收的良好习惯。2012 年 4 月，有关媒体报道，瑞典王国，在他们自己的语言中，有"安宁王国"的意思。这个北欧最大的国家，坐落在斯堪的纳维亚半岛东南部，由于风光迷人、环境优雅，近些年来，常被联合国或欧美杂志评为"全球最宜居住国家"之一。

由 14 个大小岛屿及一个半岛组成的首都城市斯德哥尔摩，水道纵横，桥岛相连，更有"北方威尼斯"的美称，2011 年还从 35 座欧洲城市中脱颖而出，成为第一座被欧洲委员会授予"欧洲绿色之都"称号的城市。

一座城市的清洁，与市民自觉保护环境、合理处理生活垃圾的好习惯不无关系。从 20 世纪 80 年代起，瑞典政府花了一代人的时间，培养垃圾分类的意识。

斯德哥尔摩垃圾管理协会的尼尔斯说，一开始的五六年，大家也嫌麻烦，还是把垃圾一股脑儿扔到垃圾箱。政府曾采取措施，设定监督员在垃圾收集中心监督，抓到未按规定分类的，就要进行罚款。但这种惩戒性的做法并不受欢迎，所以没有实施下去。

后来，政府和各环保组织，在不遗余力地向大人普及垃圾分类知识的同时，想到"从娃娃抓起"，教育小学生们垃圾分类及循环利用的好处，再由孩子回家告诉大人，在言传身教和互相监督中逐渐形成家庭传统。为了方便市民辨识，垃圾管理部门还重新设计了垃圾桶的投放口形状，如瓶罐垃圾桶设成圆孔状，扔纸盒纸箱的垃圾桶设成扁平状，这样就大大减少了资源错置的现象。

瑞典人家的垃圾桶大致分成四五格，分别盛放有机垃圾、金属、玻璃、纸类等。社区垃圾收集站有许多不同颜色的容器，方便对号入座。此外，大纲之下还有细则。比如，有色玻璃和无色玻璃要分开，新闻纸（报纸）和其他纸张要分开，牛奶盒要冲洗干净，不能留有奶渍，指甲油、颜料、化学物品等不能回收，要投放到专门收集点……如果对垃圾分类有任何问题，不知道该如何归类，居民可以打电话到垃圾处理信息中心、或者上管理部门网站寻求答案。

尼尔斯介绍道，斯德哥尔摩市内约有7.3万个垃圾收集点，涵盖了14座岛上40万户住宅和别墅所产生的生活垃圾，每周由承包商派出的清运卡车收集一次，如果承包商没有尽责，会立刻被判出局。至于有害垃圾，有专车每晚在100个固定点巡回收集。

清运费用遵循按量计费的原则，即垃圾产生少，缴的钱就少。额度由市议会决定，业主承担，住户分摊。根据统计数据，一个瑞典人平均每年产生的生活垃圾约有480千克。一般，一栋别墅每年缴费约合200~220欧元。

当然，住户也可以选择自己把垃圾投递到收集总站。布朗玛垃圾回收站是瑞典最大的回收中心之一，距市中心约15分钟车程。居民们可以自己开车，把已经用分类袋装好的垃圾送到这里来。相比专车收集，这样做或许省不了太多钱，也没有额外奖励，但这显然已成为一些居民乐于选择的生活习惯。

记者看到，一对年轻夫妻自驾车来到收集中心门口，将车停好，从后备厢中取出 5 大袋垃圾，放到收集站免费提供的小推车上。收集站好像一家大型超级市场，树了许多蓝色标牌，上面指出对应的垃圾投放口接纳什么样的垃圾，细则上还有更加详细的说明。年轻夫妇只要推着小车找到对应投放点，把垃圾送入蓝色箱子即可，轻松利落。整个收集站，没有想象中的异味。

尼尔斯又带记者走进垃圾站的一间小房间，里面有几排"货架"和橱柜，分门别类地放着杀虫剂喷雾罐、灭火器等废弃物。他说："这是专门收集有害垃圾的，你只要把垃圾放到这里的柜台，就可以走人。剩下的会有穿制服、戴手袋的专职人员来处理。"

在斯德哥尔摩，一共有 5 个像这样的大型收集站，几乎全年开放。

2. 探索垃圾处理方式的新进展

运用电脑控制垃圾处理成为智慧城市建设内容。2013 年 3 月，有关媒体报道，瑞典首都斯德哥尔摩的哈姆滨湖城，拥有陆地面积 1.6 平方公里，居民 1.8 万人，近年成为斯德哥尔摩智慧城市项目最大的近郊发展工程，同时，近两年起步建设的皇家港口新区（面积为 2.63 平方公里）也沿袭同样的理念来打造智慧城区。这两个城区，都被官方认可为斯德哥尔摩未来城市发展的标志和典范。

哈姆滨湖城信息中心负责人玛琳娜·卡尔松表示："如何使用有限的城市资源和能源来满足城市居民的需求，同时又保证资源可持续以及循环利用，才是智慧城市最大的挑战。"

在哈姆滨湖城，能看见一排电子垃圾桶，分别用于接收食物垃圾、可燃物垃圾以及废旧报纸等不同类别的垃圾。垃圾桶通过各自的阀门与同一条地下管道相连，阀门分别在每天自动打开两次，不同类别的垃圾进入地下管道，并以每小时 70 千米的速度被输送到远郊，在电脑的控制下自动分离并输送到不同的容器里，按需要循环利用，整个过程都是通过电脑控制。

玛琳娜指出，这个系统提高了垃圾传输和处理速度及再利用效率，环境保护程度相应提高了。玛琳娜继续说道："这就好比把一个装着技术、设施、行为、环境等的大盒子，放到可持续性这么一个托盘上。"

3. 探索垃圾处理技术的新进展

探索减少垃圾处理过程产生污染的新技术。2013 年 2 月，有关媒体报道，瑞典对待废弃物的一项重要措施是，通过不断提高废弃物处理技术，来减少其污染，提高回收效率。

  瑞典处理废弃物有四个层次，首先考虑回收再利用；回收再利用有困难的，尝试生物技术处理；生物技术处理不了的，焚烧处理；如果确实不适合焚烧的，再掩埋。由于在废弃物回收、生物处理、垃圾焚烧领域都科技先进，最后填埋处理的比例不高，而且逐年下降，2004年瑞典有9.1%的垃圾需要填埋，到2008年只有3.0%。

  相比填埋垃圾的逐年下降，现今垃圾焚烧技术在瑞典的应用就广泛得多了。2008年，瑞典48.5%的垃圾通过全国22个垃圾焚烧中心进行焚烧处理，通过垃圾焚烧产生了13.7兆瓦时的能量——大多数用作取暖。2008年瑞典通过垃圾焚烧为81万户家庭供暖，占全瑞典供暖能量的20%，此外剩余部分能量为25万户中等大小的家庭提供了日常电能。

  因为垃圾焚烧会产生烟气排放和固体残渣，如果处理不当会对环境造成很大的影响，垃圾焚烧在瑞典也曾引起过很大争议。1901年，瑞典就已建立第一个垃圾焚化厂，到20世纪70年代，瑞典全境已建成27个规模不同的焚化中心。之后，随着公众对环境关注日益提高，瑞典出台了一系列严格的环境标准和法规，27个垃圾焚化厂中的20个进行了技术升级或部分重建，其余7家由于无法达到标准而最终被陆续拆除。

  通过一系列的技术投入，目前瑞典垃圾焚烧厂的有害气体排放已大幅下降。1999年，检测机构曾对瑞典22家垃圾焚化厂进行取样化验，其二噁英排放量最低的仅为0.14奈克/克（I-TEQ，国际毒性当量标准。1奈克等于十亿分之一克），在此标准下，全年瑞典焚烧垃圾排放的二噁英总量为3~5克，相比其他二噁英来源几乎可以忽略不计。当然，良好的垃圾分类体系，也是降低二噁英排放的重要原因之一。

  在垃圾收集后的运输流程上，瑞典也有很多先进技术，以减少运输过程中产生的二次污染，例如恩华特公司发明的自动垃圾收集系统。20世纪50年代末，一个瑞典工程师在使用吸尘器打扫房间时，问了自己一个很简单的问题：为什么可以用吸尘器来吸灰尘，却没有大型的吸尘器来吸垃圾呢？这催生了他的灵感：1961年，全世界第一套真空自动垃圾收集系统开始在瑞典的索莱夫特奥医院安装运行。

如今，垃圾自动收集系统在瑞典随处可见。这是一套密闭式的系统，由地面的垃圾箱和一系列隐蔽在地下的竖井和管道组成。垃圾筒直接连接地下运输管道，管道中根据垃圾收集的频度，预设了"刮风"的时间，每隔一段时间，各个管道就像大型的吸尘器一样被定时开启，各种垃圾就被吸入中央收集站。

使用自动收集系统一方面减少了二次污染，垃圾在投入垃圾箱后的极短时间即被处理，大大减少了次生污染的可能，也避免了垃圾车运行带来的环境影响。对于有特殊要求的医院、机场、宾馆等场所，更能有效提高环境服务水平。

（二）利用垃圾的新信息

1. 探索以垃圾为原料发电的新进展

（1）开发把垃圾转化为热电的先进技术。2012年11月，国际公共广播电台（PRI）报道，有个国家喜欢把邻国的垃圾收入囊中，它就是瑞典，该国每年进口大量垃圾。这并不是"助人为乐"，而是将垃圾转化为热能，为成千上万户家庭供暖供电。而那些垃圾出口国，还得倒贴钱。

垃圾处理是全世界面临的一道难题，目前尚无通行的高效、环保的处理办法。虽然确实有"垃圾是放错了位置的资源"一说，但实际上被回收利用的垃圾很少，并且处理过程中极易对环境产生危害。

据美国环境保护署统计，美国仅在2010年就产生出2.5亿吨垃圾，其中只有34%得到了循环利用，剩下的相当一部分被填埋掉了。

当今，填埋是很多国家处理垃圾的通行做法。其优势是技术成熟、处理费用低，较好地实现了地表的清洁化。但填埋的垃圾容易残留大量细菌和病毒，还潜伏着沼气、重金属等隐患，垃圾渗漏液也会长期污染地下水资源，贻害无穷。许多发达国家已明令禁止填埋垃圾。

瑞典在垃圾循环利用方面取得了"异乎寻常的成功"，该国最终只有4%的垃圾以填埋方式处理。其他垃圾则均经过垃圾处理厂将垃圾转化为热能和电能。

目前，瑞典垃圾处理厂产生的热量，为瑞典1/5的集中供热系统提供能量，产生的电能供25万户家庭用。瑞典千家万户使用的热水、暖气和电能，要归功于垃圾处理站。

这种将垃圾转化为可再生能源的效率很高，高到瑞典本国的垃圾已经不够用。瑞典环保署高级顾问卡塔里娜·奥斯特伦表示："我们能够处理垃圾的量，超过了产生的垃圾。"就这样，瑞典盯上了别国的垃圾。

统计数据显示，瑞典每年进口的垃圾量达 80 万吨之多。由于欧盟在环保方面要求很高，垃圾处理问题一直令欧洲各国政府头疼，出口垃圾是种最省事的做法。

瑞典总是能与盛产垃圾的国家一拍即合，以极小代价获得垃圾。大多数进口垃圾来自邻国挪威。此前，挪威人一直习惯于用填埋法，但这样做反而成本更高。挪威政府想了想，还不如直接把垃圾交给瑞典，虽然挣不了什么"垃圾出口费"，总归还是划算的。

瑞典方面不仅获得了挪威倒贴的资金，还获得了垃圾中蕴藏的可观能源。除了挪威，瑞典还瞄上了意大利、罗马尼亚、保加利亚、立陶宛、爱沙尼亚等国家，希望这些国家未来都将垃圾出口到瑞典。

另外，像土耳其、希腊等在垃圾处理方面较落后的国家，也可能与瑞典展开合作。奥斯特伦说："他们没有任何垃圾焚烧厂或是回收利用厂，所以需要找到一个垃圾处理办法。"

20 世纪 40 年代，瑞典就开始利用垃圾焚烧厂大量消化垃圾，是当时首批采用这种方式的国家。相对填埋法，焚烧更加彻底、快捷，还能将垃圾转化为热能。但焚烧法的一个劣势是，在垃圾燃烧过程中会产生有害物质二噁英。这是一种无色无味的脂溶性物质，却有严重毒性，非常容易在生物体内积累。

瑞典垃圾处理厂能够阻止二噁英颗粒逸散到空中，这也是国民放心让本国处理厂大量消化外国"脏物"的原因。不过，残留在灰烬中的二噁英依然难以处理，而且灰烬中还残留有大量重金属，必须进行填埋。瑞典不想惹这个麻烦，因此含有毒物的灰烬会被悉数运回挪威等出口国。

报道同时指出，对垃圾焚烧进行再利用会不可避免地造成空气污染，因此瑞典还制定了非常严格的污染气体排放标准。与 20 世纪 80 年代相比，瑞典垃圾焚烧站排放的污染气体，已经减少了 90%，拿酸雨的元凶硫化气体一项为例，已经从 1985 年的 3400 吨，下降到 2007 年的 196 吨。

奥斯特伦表示，目前瑞典采用的垃圾焚烧方法，在短期看来虽然很有效,但未来必将被更有效的处理方法取代。特别是未来如果出现能源危机,垃圾的价值就将得到更多重视,那时,挪威可能就不会倒贴钱给瑞典送垃圾了。

(2) 政府与企业合作创建垃圾焚烧发电厂。2013年11月,有关媒体报道,芬兰政府、拉赫蒂能源公司、加工行业服务与解决方案提供商美卓及分销商四方共同合作,在芬兰南部城市拉赫蒂建立凯米贾维二期电厂,并由美卓提供循环流化床气化炉和美卓自动化控制系统,用固体回收物进行发电和供热。它从2012年投入运作至今,已经产生了50兆瓦的电力和90兆瓦的热能。

固体回收物燃料,实际上就是垃圾。而相应的发电技术也就是所谓的垃圾焚烧发电。这家电厂所采用的是垃圾焚烧发电中比较常见的流化床燃烧技术,但在此基础上,美卓又为循环流化床做出了一些改变,形成了比较独特的循环流化床气化炉。垃圾在经过900℃的高温流化床中燃烧至汽化后,会被导入400℃的环境下冷却,使气体中的杂质凝结成颗粒。接着,气体和颗粒的混合物会被一同输送至过滤装置,颗粒物质以及燃烧产生的焦油等有害物质会在此被吸附到过滤装置之上变成灰状物质,与气体产生分离。而燃烧所产生的水则会被送回前一步骤,用于帮助气体冷却。

拉赫蒂能源公司公共关系总监雅纳·莱托维塔说:"那些有害的物质重新被固化,并沉到锅炉底部,那些不必要的粒子,例如金属化合物和碱,也在气体冷却的同时被去除了。"这两个步骤保证在气体燃料生成前,垃圾中的有害物质已大部分被去除,保证了燃料燃烧发电时的无害化,也让凯米贾维二期电厂的电变得更干净。接下来的过程与普通的发电比较相似,这些可燃气体进入高效蒸汽锅炉燃烧,产生蒸汽,带动蒸汽涡轮,从而产生电能和热能。

直观来看,因为发电燃烧的气体本身,就已经足够纯净,所以即使不在最后添加过滤装置,从烟囱中也不会看到浓烟排出。但是,仅凭垃圾处理过程中的净化步骤,并不足以使整个发电过程保证干净。

燃烧垃圾发电并不是什么新鲜事,但是一直以来,它的问题在于焚烧物中会产生有毒物质,如硫氧化合物、氮氧化物、氯化氢气体、粉尘和残渣中的重金属,特别是氧化反应产生剧毒有机物二噁英。对此,目前普遍采用的办法是加强燃烧后的过滤净化，保证在最终的排放物中，有毒污染物成分降到最低。而凯米贾维二期电厂最为不同之处，在于燃烧之前，就保证原料已经达到了纯净化，这在全球尚属首例，2012年，它凭借创新的节约化石燃料、减少排放，以及可复制性，被芬兰能源产业部门授予了"气候行动"的年度奖项。

事实上，在被存入两个7500立方米的燃料仓，正式进入焚烧气化过程之前，这些成吨的垃圾还要经历一道重要工序。莱托维塔说："我们会在实验室中检测每一车固体燃料。可以看到，在普通的气化方式下，高温高压燃烧会产生大量非常肮脏的废料，影响发电机组的运转，因此他们不得不降低温度和压力，但这同时也遏制了产电效率。但是，我们使用的能源相当纯净，这使得燃料能够在高温下进行充分的气化，并更高效地产生电力。"

固体回收燃料的原材料，主要从工业、零售业、建筑工地收集而来，同时，每家每户的部分生活垃圾也是收集的目标。当然，这不需要发电厂自己动手收集。拉赫蒂的固体回收燃料，主要来自芬兰南部的原料供应商库乌萨科斯基。从发电厂角度来说，这样能够保证原料获取的效率和稳定性，因为一旦检测出原料成分出现问题，他们就会直接与供应商交涉，甚至退货。

但仅靠原料供应商来实现分类是远远不够的。美卓总裁帕西·莱恩所指的分类，实际上更为源头，就是居民和商户们对待日常垃圾就能做到干湿分离，当可燃物与不可燃物、金属、玻璃在丢弃时彻底分开，大规模地实现拉赫蒂模式才有可能。

在这点上，芬兰已经做到了。与其他清洁能源相比，莱恩认为，将固体废弃物作为原料进行发电，一个比较独特的优势，就是只要保证原料供应足够，就可以24小时运作，而风能、太阳能都可能会出现短暂的停产情况。此外，发电厂能够在当地采购燃料，对当地的就业也有一定帮助。

当然，不论对环境的意义多大，作为电厂，盈利是一个始终不能回避的问题。事实上，作为同样是燃烧某种废弃物质的生物质能源，一直以来面临着盈利的困难。不少地方有这类例子，如长期以来，生物质能源厂商大多都需要依靠政府的补贴政策，才能维持。

不过，芬兰的电力市场可能有些不同，发电厂的下游买家并非国家所掌控的电力网络，而是各个电力能源供应商，这意味着，除了给本地或者本国使用，国外的市场也是拉赫蒂能够努力的方向，并且莱托维塔透露，拉赫蒂正在这么做。

不过，莱托维塔也提到，电力并不是收入的主要来源。她说："事实上，目前每度电的售价并不高，因此，我们的主要盈利点并不在于发电，供热才是最大的收益来源。我们直接将供暖输送到拉赫蒂地区，我们掌握定价权，并且直接向终端用户收费。"当然，对于供热市场的需求，冬季总是好过夏季的，不过相对有利的是，对于地处北欧的芬兰来说，冬天总是显得特别漫长。

这可以说是焚烧垃圾发电的一个主流盈利方式，正在被大部分垃圾焚烧发电厂所采用。莱恩从加工设备与解决方案供应商角度出发说："如果能够同时把电和热利用起来，那么就是一个可以盈利的方式。"

目前，凯米贾维二期电厂所生产的电力，主要覆盖于拉赫蒂地区，一个小时就能气化360立方米，相当于两辆重型卡车装载量的固体回收燃料。为了满足源源不断的原料需求，紧邻凯米贾维二期电厂的原料输入口，已经建起了一座固体回收燃料的处理厂房。

事实上，在芬兰的邻国瑞典，已经出现了因为垃圾处理的效力太强，首都斯德哥尔摩已经开始每年向国外进口80万吨垃圾，用以维持焚烧垃圾以电热能源供给的情况。但另一方面，《自然》科学期刊的文章显示，全世界人口每天制造的垃圾大约为350万吨，如果人类不改变自己的行为方式，到2100年每天全球就会新增1100万吨生活垃圾，让地球成为一个大垃圾场。如果能够将如此庞大的垃圾视为能源资源，通过清洁能源转化方式将其消耗掉，那或许是个不错的结果。

2. 探索以垃圾为供暖原料的新进展

使垃圾成为冬季供暖的主要原料。2012年10月，法国《世界报》报道，由于循环利用太发达导致垃圾紧缺，瑞典计划今后每年进口80万吨垃圾，用于冬季供暖。每个瑞典人都知道这样一句话："垃圾就是能源，4吨垃圾等于1吨石油"。而这一切，得益于瑞典先进的垃圾处理循环系统。

瑞典处理废弃物有4个层次，首先考虑回收再利用；回收有困难的，尝试生物技术处理；生物技术处理不了的，焚烧处理；确实不能焚烧地再掩埋。欧盟数据统计委员会的数据显示，瑞典人制造的生活垃圾中，被填埋的非可再生垃圾只占1%，36%可得到循环利用，14%再生成化肥，另外49%被焚烧发电。

在传统小区，回收厨余垃圾，主要靠政府免费发放的厨余垃圾袋和专门设立的"厨余垃圾箱"。在新建的小区，厨房的水槽下面都安装了餐厨垃圾粉碎机，被粉碎的厨余垃圾通过专用管道输送至地下收集箱，堆积到一定量后，垃圾运输车将其送至沼气厂。每10千克厨余垃圾，经过处理可产生相当于约1升汽油的沼气。瑞典许多公共汽车上都有"沼气使用"标志，它们在高速公路行驶是免费的。此外，保留下来的食物渣滓可制成液态生物肥料。

在欧盟中，瑞典是垃圾焚烧比例最高的国家之一。垃圾被投入1000℃高温的锅炉中焚烧，产生大量热能，通过连接着城市四通八达的供暖管道，为城市居民供暖。瑞典废弃物管理局的资料显示，垃圾焚烧为瑞典人提供约20%的城市供暖，同时满足25万户家庭的用电需要。以第二大城市哥德堡为例，全市约1/2的暖气供应来自垃圾焚烧产生的余热。

长期以来，如何使经济"循环"起来，是瑞典政府非常关注的问题。企业在政府带动下也积极开发垃圾处理新技术。世界第一套真空自动垃圾收集系统就是由瑞典工程师发明的。依靠地下的真空管道吸走地面垃圾，以减少运输过程中产生的二次污染。2012年瑞典政府提出，用20~30年时间摆脱对石油依赖的目标。环保署官员卡特琳娜·厄斯特隆说，我们不想燃烧更多的垃圾。瑞典和欧盟对垃圾处理的规划是减少垃圾总量，增强垃圾分类，回收更多原料。

二、探索废旧物品回收的新成果

（一）建立废旧物品回收制度的新信息
1. 建立完备的生产者回收废旧物品责任体系

2012年4月，有关媒体报道，在瑞典，垃圾回收不只是消费者的事情，企业生产者也要负责。1994年，瑞典政府提出了"生产者责任制"，法律规定生产者应在其产品上详细说明产品被消费后的回收方式，消费者则有义务按照此说明对废弃产品进行分类,并送到指定的回收处。这条法令适用于包装、废纸、汽车、轮胎等。生产商必须保证废旧物品的收集、运输、再利用和填埋处理的程序合法化,即必须以健康和环境保护为着眼点来处理废旧物品。

自 20 世纪末开始大量增加的家用电子产品,更新速度比一般产品要快很多,电脑、手机、MP3,这些产品回收困难,却又包括了大量对环境有巨大毒害的元件。电子产品的印刷电路板(PCB)由玻璃纤维、强化树脂和多种金属化合物组成,而含有铅、汞、镉等元素的纽扣电池,一粒电池即可以污染 600 吨水。

瑞典人认为,消费者在购买家用电子产品时,已经支付了其报废后的处理费用。而处理废旧家用电子产品所需要的产品基本信息和资料,只有制造商才掌握,所以从道义上讲,制造商们有义务将废旧家用电子产品回收,它们对零配件的再利用也是最有发言权的。

在瑞典,企业要生产或销售电子产品,必须建立完善的回收处理流程,并有相关的处理设备,还要在产品的说明上详细标注如何在使用后将此产品回收。这也正是欧盟针对电子产品回收制订的环保指令《关于报废电子电气设备的指令》的核心内容。

《关于报废电子电气设备的指令》规定,生产企业对废旧家电有回收和再利用的义务。规定包含的电子产品范围很广,从自动售货机、冰箱、洗衣机这种大件产品,到荧光灯管和 MP3 之类小物件,一应俱全,并要求在 2006 年年底前完成人均每年回收 4 千克以上的目标。瑞典早在该指令规定之前,就建立了完备的生产者回收责任体系,2007 年瑞典人均回收 17.4 千克的电子废弃物,是欧盟规定的 4 倍还多。

对于没有能力组建回收再利用体系的企业,瑞典成立了专门机构,如生产者责任制登记公司,使它们可以加入这些机构并交纳会费,让专门机构代为履行生产者责任制的义务。

瑞典的爱立信公司曾对废弃手机进行过示范项目的研究。项目开始阶段,40% 的手机零售商店参加回收废弃手机,其中 92% 的商店希望爱立信公司能加入手机回收系统。

爱立信公司的具体做法是,先由零售商收集废旧手机,然后经人工拆解分成 6 类，包括塑料、印刷电路板、显示器、电池、电线和其他金属部件，外包装纸壳和使用手册。回收后的塑料将作为建材，用于生产高速公路的隔离墙。电路板中的汞、铜等金属元素另由专业公司提取，有机物如环氧树脂则转化成燃料。显示器在经过无害化处理后被填埋。电池将交给电池生产商，部分回用为原材料，部分卖给不锈钢生产商。电线和金属部件中的金属将被提炼回收。外包装纸壳和使用手册等运送到城市集中供热厂作为燃料。

2. 建立饮料包装瓶罐的"押金回收"制度

世界各地的饮料，有各种各样的包装，通常以塑料瓶、铝罐、玻璃瓶居多。瑞典政府为了确保饮料包装的回收率，制订了"押金回收"制度。在瑞典，任何饮料瓶的标签上都会标示这个饮料瓶的押金，一般是 0.5~2 瑞典克朗，在你购买饮料的时候，除了饮料价格外，必须先支付押金。

饮料瓶的回收很方便，一般超市门口都有专用的回收机器，把废弃的饮料瓶分别投进回收机后，就会打印一张小票，上面有这次回收的金额。凭这张小票可以在超市退款或者在购物时直接抵扣购物款。

押金回收制的原理是，通过对产品如果不回收利用而使环境受到的破坏进行估算，进而要求产品使用者预缴费用，以此引导消费者把废弃物纳入正当渠道进行回收。

在瑞典，就消费者层面来说，这一政策还被用于电池等产品；而从生产商层面来说，许多强制回收的产品，在生产之前，就需要向环境保护部门预缴一笔押金，只有在产品经检验达到了回收比率之后，押金才能退还。瑞典实施的这项政策和制度，有效地促进了环保回收体系的建设。

（二）研究循环利用回收废旧物品的新信息

——开发出回收纺织品可循环利用的新方法

2018 年 10 月，芬兰国家技术研究中心网站报道，该机构与阿尔托大学、赫尔辛基大学等单位联合组成的一个研究团队，共同开发出多项可循环利用废弃衣物等纺织品的新型环保技术，所产生的再生纤维可作为纺织业原材料。

研究人员说，他们通过这一系列新技术手段，可将旧衣料、劣质棉、木基纤维、废纸、硬纸盒等再造成黏胶型再生纤维,整个过程不使用传统的二硫化碳等原料,不会对环境造成污染。这一方法,可重复回收纺织品6~7次,而不影响产品质量。

报道称,这一纺织研究项目始于2016年,得到了欧盟及芬兰多座城市的资助。目前,研究人员正在探讨这些新技术的商业化应用,第一家采用相关技术的工厂正在规划中,预计将可作为纺织业原材料的氨基甲酸酯产品在几年后上市。有关专家指出,这些新的环保技术,将彻底改变纺织行业。

近年来,全球纺织品消耗增长惊人。据统计,2015年全球纤维消费量约9600万吨,到2050年将增至2.57亿吨。欧盟已下令禁止丢弃纺织垃圾,并要求成员国从2025年开始进行纺织品专门回收。

第四节 探索节能环保产品及技术的新进展

一、研制节能环保产品的新成果

(一) 开发节能环保家用电器的新信息

1. 研制节能环保空调器的新进展

开发出节省能源的太阳能空调器。2006年12月,为节省用于调节建筑温度的能源,位于瑞典首都斯德哥尔摩以南海格斯滕的太阳能空调公司,推出一种新装置——太阳能空调器。

传统制冷或制热的设备和装置,一般使用煤炭、石油或天然气作为能源,或者需要耗费电力。而瑞典研究人员开发出的这种太阳能空调器,可通过有效控制被太阳能加热的水来减少能源使用,并可储存太阳能供阴雨天时使用。

这种空调器依靠水与盐在真空中进行热化学交换。水从一个罐里蒸发,被与之相连的罐里的盐吸收,盐于是变成盐浆;水在蒸发过程中吸收能量,能量在盐罐里释放,由此产生能量交换:水变冷,盐变热。

瑞典太阳能空调公司首席执行官佩尔·奥洛夫松说,使用太阳能空调器,每月可为一套标准住房节省130美元的能源开支。另外,由于不依靠传统燃料，使用太阳能空调器的普通家庭，年均可减排11.8吨的二氧化碳。

2. 研制节能环保洗衣机的新进展

设计出无水干洗的洗衣机。2012年4月，有关媒体报道，科技往往能使我们生活中一些单调乏味的事情，变得有趣而轻松。以洗衣为例，瑞典电器巨头伊莱克斯新近设计了一种名叫"轨道"的概念式洗衣机，能使你的衣物漂浮半空，且能利用干冰（固态二氧化碳），在数分钟内将它们洗净而无须用水。

"轨道"洗衣机，在外形上就像带有光环的卫星，中间是用超导金属制成的球形洗衣篮，洗衣篮表面还覆有防震器和抗碎玻璃，里面则装有可以用来降温的液氮装置。"轨道"洗衣机的外面一圈，则是可以通电的同心圆环。洗衣篮因温度降低而使自身电阻系数下降，在外层同心圆环产生的磁场中，得以悬浮起来。

"轨道"还拥有一个瓷制触摸式控制屏。开启后，洗衣篮内会有极速升华的干冰，以超音速冲击衣物，升华的干冰通过和某些特定有机物的相互作用，将这些有机物分解，污垢会通过一个可以冲洗的管子被过滤掉。气态的二氧化碳会被重新冻结回固态，而你的衣物则在毫不沾水的情况下变得干干净净。尽管这款新型洗衣机尚处于概念之中，但不难想象其将来会成为居家的必备电器。

（二）开发节能环保住宅及配套设备的新信息

1. 建造低排放环保住宅的新进展

将建造世界首例全部自供给氢燃料电池动力住宅。2020年7月，有关媒体报道，总部位于瑞典延雪平省的瑞典城市住宅供应商"瓦特和睦"公司，首席执行官索比恩·哈默斯对外宣布，其正在计划建造以氢气为动力的住宅。该公寓楼以氢气作为燃料，通过燃料电池技术进行发电，项目的目标是做到100%脱离电网供电，全部实现电力自给自足，这种氢动力住宅属于世界首例。

报道称，"瓦特和睦"公司将与众多其他相关企业开展合作，共同建设这一新颖的氢动力住宅项目，目前该公司已与耶伦环境美学住宅公司开展项目前期合作。

哈默斯表示："未来开发的住宅，必须兼顾经济性和低排放性，住宅屋顶、玻璃及大型建筑立面，未来将采用各种形式的太阳能电池板，太阳能电池产生的多余电力，通过电解制成氢气并储存起来，以备需要，从而使氢动力住宅，在整个冬季100%采用可再生能源电力成为可能。"

太阳能发电在冬季会受到很大限制，一方面，冬季的白天较短，阳光照射时间降低；另一方面，冬季下雪天，积雪会覆盖太阳能电池板导致无法产生电力。因此"瓦特和睦"公司采用氢燃料电池技术来解决这一问题。

除耶伦环境美学住宅公司外，"瓦特和睦"公司还与瑞典研究院合作开发这项技术。瑞典研究院是氢动力住宅概念可行性研究的领导者。

氢动力住宅的概念，实际上是日本首次提出来的，早些时候，日本就进行过氢动力住宅项目的尝试和实验。

瑞典研究院氢能技术部经理安娜·亚历山德森，对此解释到："日本的氢动力住宅项目已经有很多年了，但由于各方面原因并未真正实现实际应用，因此日本氢动力住宅项目并不是实际意义上的世界首例。此外，欧盟也计划启动了一个项目，目的是在荷兰建立一个氢气社区。"

亚历山德森最后说到："'瓦特和睦'公司氢动力住宅项目，将成为世界上第一个完全脱离电网的氢动力住宅案例，它将使瑞典成为氢动力住宅概念的世界引领者。"

2. 研制节能环保住宅配套设备的新进展

（1）发明冲厕所可让房子变暖和的设备。2006年4月，挪威在首都奥斯陆建成一座污水热泵厂，它的设备使用了电冰箱的技术，从污水中吸取热量，然后直接向用户供热。自此以后，挪威人可通过冲洗厕所等活动，让他们的住房和办公室变得暖和起来。

这项工程，是由奥斯陆能源公司具体负责的。他们在奥斯陆市中心的一个高坡上挖出一条300米长的隧道，隧道尾部的机器从下水道中吸收热量，然后把热量传送到热水管网系统，最后，这种热量会输送给市内各处用户的散热器和水龙头。世界其他地方，也有类似的利用污水加热系统，但挪威人表示，他们研制的这套系统是全球最大的。工程负责人说，抽水泵使用的是压缩机和冷凝器系统，它们产生的热能足够加热9000套公寓，这样，每年就可以节约6000吨燃料。

在奥斯陆,抽水马桶、浴缸、洗碗池的水和街道上的雨水,都会流入这种系统中。此外,工业废料燃烧厂也参与为这个管道系统里的水加温。据设备运行测定,流入的温度为 9.6℃,热量被制冷器提取后,流出的温度变成 5.7℃,那么这些能量足以把一条 400 千米长的管道系统里的水加热到 90℃,加热后的水沿管道流向办公室和家庭,最后再流回污水处理厂,管道里水的温度下降到 52℃。

驱使这套系统正常运转的热量,1/3 来自电能、2/3 来自污水。国际能源机构热泵中心负责人莫尼卡·阿克塞尔博士表示,对很多城市而言,只需建起必要的基础设施,这套污水热泵系统就可以使用。该系统唯一的问题是污水的循环可能没有规律,但只要摸清情况,进行适当调控,问题是不难解决的。

(2) 展示节省能源的"超级环保太阳能电梯"。2006 年 4 月 20 日,有关媒报道,芬兰通力电梯有限公司是世界最大的电梯和自动扶梯供应商之一。自 4 月 18 日开始,参加在河北廊坊国际展览中心举行的"2006 年中国国际电梯展览会"。其首次公开展示了一项节省能源的新研究成果——"超级环保太阳能电梯"。

"超级环保太阳能电梯",是由通力全球研究与发展部意大利研发中心的工程技术人员研发的。在通力专门召开的太阳能电梯设计与运用研讨会上,来自该中心的技术专家克劳迪奥·东希先生对太阳能电梯的设计理念、环保节能特点及市场前景做了全面的诠释。

据介绍,通力太阳能电梯在技术上已经成熟。目前,在意大利已建成但仍处于试验阶段的通力太阳能电梯,每年可发电 2100 千瓦时。

二、探索节能环保技术的新成果

(一) 加强节能环保技术开发的新信息
1. 推出促进节能环保技术发展的新战略

2011 年 9 月 1 日,瑞典政府公布旨在推动瑞典节能环保技术发展的新战略,计划从 2011—2014 年,每年向环保技术行业投资 1 亿瑞典克朗。

瑞典工业与能源大臣毛德·奥洛夫松,在新闻发布会上指出,新的环保技术战略主要包括 3 个目标:①为瑞典节能环保技术企业的发展创造良好条件；②推动瑞典节能环保技术出口，以此促进瑞典经济可持续发展；③推动节能环保技术领域的研究和发明，促进其商业化。

奥洛夫松说，瑞典政府将在出口和人员雇佣方面，为节能环保技术企业创造条件，促使节能环保技术企业产值增长，超过2010—2015年瑞典整个工商业产值增长的平均水平。

根据瑞典中央统计局公布的数据，2009年瑞典节能环保技术行业共有6500多家企业和4万多名从业人员，年产值接近1200亿瑞典克朗。

2. 形成有利于提高节能环保技术开发效率的运行机制

建立有利于节能环保技术开发的知识创新团体。2010年3月，有关媒体报道，欧盟创新与技术研究院正式发起建立"气候变化减缓与适应""可持续能源""未来信息与通信社会"三大知识创新团体，以强化欧洲节能环保方面的创新能力，实现欧盟2020战略目标。瑞典参加了其中两大知识创新团体。

这三大创新团体，由欧盟创新与技术研究院从20项投标申请中选出，将获得300万欧元启动资金及25%的运行资助，实行企业化自治，并向欧盟教育委员报告。欧盟创新与技术研究院将与其分别签署为期7年的框架伙伴关系协议，及第一年资助协议，使其能够于2010年4月正式运作。

"气候变化减缓与适应知识创新团体"的定位，是通过创新加速刺激全球经济向气候友好型转变，并确保欧洲受益。为此，将创建具备世界一流创新能力和知识的集群，到2014年成为企业建立气候研发中心、优秀学生接受气候教育、研究人员寻找灵感、政策制定者征集决策建议的基地，为欧洲创造重要的产业价值和高技能就业岗位，达到能够自我发展的临界规模。其主攻方向包括：气候变化评估及其动因管理；向低碳弹性城市转型；自适应性水管理和零碳生产。具体选择英国伦敦、瑞士苏黎世、德国柏林、法国巴黎和荷兰的兰斯塔德大都市区共同建设，嵌入其地方创新系统之中。

"可持续能源知识创新团体"将围绕战略能源技术计划实施，加速现有能源体系整体转型。共建中心包括瑞典斯德哥尔摩、德国卡尔斯鲁厄、法国格勒诺布尔、荷比卢大区埃因霍温与鲁汶、西班牙巴塞罗那和波兰克拉科夫。

"未来信息与通信社会知识创新团体",旨在催化信息通信技术领域的风险资本,使其成为未来世界领导者,加快欧洲知识社会转型。共建中心包括瑞典斯德哥尔摩、德国柏林、荷兰埃因霍温、芬兰赫尔辛基和法国巴黎。

(二)探索不同产业节能环保技术的新信息

1. 研究建筑业节能环保技术的新进展

(1)从系统工程视角实施建筑节能环保技术。2016年7月,有关媒体报道,瑞典建筑的节能环保技术走在业界的前面,具有比较完善的法律法规体系和以市场为基础的激励政策,政府、商协会和企业密切合作,以市场手段推广建筑节能环保技术,住宅产业的高度现代化为节能环保技术的普及创造了良好环境。瑞典注重设计、施工和运营维护各个阶段的节能环保技术,其整体发展已进入快车道。

建筑节能环保是一个系统工程,从设计、施工,到建筑物的维护和使用各个阶段,都影响到总的节能环保效果。从各个阶段节能环保效果来看,设计阶段的技术和材料选择是一个重要方面,但是管理与运营维护则更加重要。据瑞典建筑协会介绍,对传统建筑而言,前者节能效果仅占15%,后者则达到85%。瑞典建筑业从系统工程视角,全方位实施建筑物的节能环保措施。

第一,设计阶段的节能环保措施。

瑞典有专业的设计公司,大型建筑企业一般也有自己的设计机构。瑞典建筑设计企业普遍遵循四个原则,即建筑物生命周期评估、建筑物生命周期预算、灵活性及简约性。

建筑物节能,应当体现在它的整个生命周期中。据此,设计过程不但要考虑建筑物新建成时的节能效果,也要考虑建筑物随着使用年限增长导致的节能效果的下降。在建筑物的整个生命周期内,对建筑物的总体造价和节能效益进行综合平衡,达到经济最优。同时在设计中,应充分考虑后期改造的灵活性,如房间重新布局需要对隔墙进行拆除和重新建设,可考虑采用活动墙,增加房间布局的灵活性。设计简约在建筑节能中的作用也不可忽视。如室内空调系统,复杂的调节系统可能导致过多的操作失误,引起不必要的能源浪费。设计公司的做法,是尽量简化空调系统操作面板的布局。

第六章　环境保护领域的创新信息

关于节能设备和技术的采用。不一定采用最新的技术和最环保的技术。如一项新产品或建筑部件的生命周期，与建筑物不能匹配或节能效果衰减较快，设计时一般也不会考虑。经过长期积累，设计公司的研究人员已经建立了一个包括建筑部件、设备、技术的能耗指标数据库，设计人员可以根据用户对于能耗、环保的不同要求，采用合适的技术，达到节能目标。

为了验证设计的合理性，一些瑞典设计企业还根据设计图纸做成模型，用来模拟推算未来建筑物的各项参数和效果。在设计一栋新建筑时，设计人员完成图纸并建成模型后，如果发现不合理的地方，必须马上着手加以改进。

建筑标准，对建筑物的节能效果关系很大。目前，瑞典按照欧盟的指导标准，实行每栋建筑节能标签制度，每栋建筑应当列明单位平方米能耗量。如使用中超过该数字，业主则可以向责任单位即设计或施工单位索赔。

第二，施工和验收阶段的节能环保措施。

建筑物能否实现设计的节能环保目标，施工阶段是关键一环。在建筑材料、部件和设备的选用方面，瑞典建筑商把质量放在第一位。如，瑞典的一些建筑公司在中国设有采购代表处，为保证材料质量，这些公司要对其供应商进行认证，只有产品符合它们的标准才有资格向它们供应部件。

按照中国施工企业的施工进度来衡量，瑞典建筑企业施工进度很慢。但正是这种以"绣花"态度完成的建筑物，质量优良，能充分达到设计的节能环保目标。

瑞典企业也十分重视建筑施工中的节能。通过合理的施工线路规划，减少运输；减少填土；推广合理的施工工艺等，减少能源的使用。在总结合理施工工艺节能方面，瑞典建筑协会发挥了很大作用。2005年该协会专门成立了一个工作组，总结各项建筑施工活动的各项数据，以及以2004年数据为基数的能耗情况，并推荐最好的施工方法。

瑞典生态建筑协会与其会员单位一起研究，设定了施工阶段的节能目标：从2004—2010年，施工中交通、机器消耗化石燃料的数量下降10%。

在验收阶段，验收部门采用先进技术对建筑物进行检测。比如，节能住房对墙体气密性要求较高。瑞典建筑商使用热成像仪对完工的建筑物检测，发现透气的地方，要重新改造，这也是一项近几年才采用的新措施。

第三，运行维护阶段的节能环保措施。

房屋正确的运营及维护，是达到住房节能标准的重要条件。为使房屋使用者了解正确的使用方法，瑞典建筑企业在竣工后一般要对用户进行培训，使其了解正确的运行方法。设计人员把建筑物比喻为一台机器。机器使用一段时间后，一些性能指标下降，就需要定期维护，以确保其良好性能。房屋也是这样，使用一段时间后，墙体的气密性、管道的通畅性、空气过滤系统等都可能出现问题，导致能耗上升，这时就要进行修理维护。瑞典房地产公司在房屋维护方面，通常给予很大关注，并投入大量精力。

（2）瑞典建筑业通常采用的节能环保先进技术。2016年7月，有关媒体报道，瑞典建筑业的节能环保技术，主要体现在建筑外墙隔热、窗户的隔热、房顶的隔热、照明系统节能、通风系统和空调（制冷、制热）节能，其中，空调系统占建筑物耗能大部分。报道称，由于当今信息在世界范围内快速流动，瑞典建筑业的节能环保技术，在世界其他国家几乎都能找到，但关键在于设计、施工和使用管理过程中的系统观念、整体观念和建筑物生命周期的成本观念，则是其他国家不多见的。在瑞典，比较先进的节能环保技术，在被动式住房和低耗能住房中都能得到体现，较常见的有以下这些：

一是聪明窗技术。在双层玻璃的窗子夹层中，介入一层采用特殊材料的薄膜，当施加少量电压时，其透光度发生变化，从而调节室内外热量的交换。

二是通风系统节能技术。冷空气通过散热片后方通气孔，预热后进入室内。室内浊气进入红色管道，通过热量回收系统将余热收集后，进入热水系统加热水，从而实现余热的回收。

三是垃圾焚烧区域供热技术。垃圾焚烧小区供热的原理很简单，就是集中通过一个或几个专门垃圾焚烧设施或热电厂，对水进行加热升温，然后通过管线根据季节和天气进行调整，把水温70℃~110℃的水送到住房区域。由住房内的热交换器（暖气片）进行散热，然后把水温约40℃~60℃的回水，回流到垃圾焚烧设施再行加温。所用垃圾主要包括生活垃圾，以及树叶、树枝等森林垃圾。

四是地源热泵技术。地源热泵技术是瑞典最常用的热泵技术。一般在小区供热管道不能到达的地区使用。地源热泵技术，一般是通过钻孔从地下或海水中提取热能。一般采用垂直钻孔，多用间接式系统。由于20世纪80年代，直接扩张系统流行时发现的该系统弱点，目前，瑞典已很少使用直接扩张系统。

最常见的热泵控制，是所谓的温度曲线控制。加热系统的回水温度与室外温度呈相关关系，但由于室外温度变化较大，一般用室内温度作为启动加热系统的指标。加热系统通常优先采用热水系统。水在一个双层水箱中通过地下采取的热量进行加热，热水通过控制阀流经室内暖气管道，从而提高室内温度。

五是地下蓄热、冷技术。在建筑物附近绝缘性能好的地层中（一般是岩石）钻孔，将热量进行存储，再通过热泵技术提取向建筑物供热（冷），实现跨时段、跨季节的热量分配。瑞典第一大建筑咨询公司参与建设的斯德哥尔摩阿兰达机场蓄热（冷）系统，就采用了这套技术。

2. 研究造纸业节能环保技术的新进展

探索造纸业的生物技术经济及环保之路。2015年11月，有关媒体报道，在芬兰中部的艾内科斯基，芬宝公司计划投资12亿欧元，着手兴建一座完全不使用化石燃料的工厂，它使用新一代生物制品，这是芬兰林业史上最大的投资项目，也是北半球最大的木材加工厂。其需要的所有能源均通过木质原料获得，投产后纸浆年产量将达到130万吨。

此外，该工厂还将生产生物能源和各种新的生物材料。这座工厂每年将发电1.8太瓦时，新技术的使用，将使这座工厂生产的电力是自身消耗电力的2.4倍，占芬兰发电量的2.5%。该工厂的建成，将成为全球制浆造纸企业转型生物质一体化工厂的一个重要尝试。

约有1/3国土面积位于北极圈内的芬兰，缺少石油和天然气资源。覆盖了将近80%国土的森林，在其工业化进程中起到至关重要的作用，至今，林业仍是该国的支柱产业之一。

芬兰人和森林的关系非常密切，在森林产品和服务方面积累了丰富的经验，并希望可持续高效地利用这种资源。芬兰预计，到2030年，全球需要增加 50% 的食物、45% 的能源及 30% 的水，他们相信，解决这些问题的答案在于大力发展生物技术经济。2013 年，芬兰的生物技术经济产出达到 640 亿欧元，远远高出政府的预计，其中一半以上来自林业产品。

芬兰相信，生物技术经济是这个国家的未来。不久前，芬兰就业与经济部、农林部和环境部联合制定了芬兰首个"生物技术经济发展战略"，旨在刺激芬兰产业与商业的新一轮发展，推动芬兰经济在生物与清洁技术重要领域的进步，目标是把芬兰生物技术经济产值在 2025 年时，提升至 1000 亿欧元，并创造 10 万个新的就业岗位。

该战略定义的"生物技术经济"，是指通过可持续的方式利用可再生自然资源，生产和提供以生物技术为基础的产品、能源和服务的经济活动。生物技术经济，涉及初级产品生产、加工升级、终端市场等多个环节和部门，涵盖了清洁技术和可再生资源利用、环境服务、材料的有效循环等多个领域。

芬兰在发展生物技术经济过程，非常注意合作与创新，将生物炼油和纸浆生产联系在一起，当生产纸浆时候，生产过程中分流，提炼原油，制作生物燃料，将材料逐级利用、回收再生等，最大限度利用生物质潜力。芬兰的生物燃料尤其是用于交通的生物燃料生产技术处于世界领先地位。

芬兰就业与经济部森林工业战略计划主管西克斯坦·桑纳巴卡先生表示："我们在不同产业领域都率先进行融合。传统的林业、能源产业和化工产业都融入了新的产业生态系统，在这个生态系统中，树木被精炼制成传统和新式林业产品、能源、生物燃料和化学品。未来，人们能见到建筑、食品和纺织产品业，也更加紧密地结合进这个生物技术经济生态系统。"

芬兰素有"千湖之国"之称，境内有大大小小的湖泊 18.8 万个。其中湖面面积约 4400 平方公里的塞马湖是最大的一个，也是欧洲第四大湖。制浆造纸业一般被认为是环境污染的大户，但在赛马湖湖畔集聚着世界上最大的制浆造纸集群，而这里仍是芬兰风景最美的景区之一。这与芬兰重视环境保护和不浪费任何可以利用的生物质能源的理念和做法密切相关。芬兰的三大林业公司——芬欧汇川（UPM）、斯道拉恩索（StoraEnso）和梅采（Metsä），就坐落在这里。目前，全球经济下滑，由于面临数字化发

第六章 环境保护领域的创新信息

展导致的纸张需求下降等问题，三大公司都在寻求产品转型，在生物技术经济领域投入了很多资金和精力。

2015年年初落成的芬欧汇川拉彭兰塔生物精炼厂，是全球首家以木材原料生产可再生柴油的商业规模的工厂，投资额1.75亿欧元。芬欧汇川以纸浆厂制浆工艺残留物塔罗油为原料，通过自己研发的加氢处理工艺，每年可生产近10万吨可再生生物柴油。

梅采集团旗下的芬宝公司，在位于芬兰东南部的约采诺制浆厂建立生物精炼系统，把纸浆生产过程中使用可再生木材原料产生的副产品木片和树皮，用制浆过程中剩余的热量进行干燥，然后传输到气化装置，使木片和树皮气化，提炼成浓度不低于95%的甲烷（生物气体），最终产品的成分完全符合天然气标准。约采诺制浆厂整个生物能源的生产过程是封闭的，而且不需要任何化石燃料。目前，浆厂能源自给率达到175%，多余的能源提供给约采诺市及周边农村用于供电和供暖。

斯道拉恩索公司的伊马特拉工厂建于1935年，现有员工856人，是该公司在芬兰最大的造纸厂，这家工厂通过回收锅炉及纸浆干燥机的改造升级，不断降低能源消耗及生物燃料利用率。2014年生物燃料使用率达87.5%。

第五节 生态环境考察与保护的新进展

一、极地生态环境考察的新成果

（一）加强极地生态环境科学考察活动

1. 适时开展极地科学考察活动的成果交流

召开国际极地科学考察与研究大会。2010年6月8日，挪威媒体报道，国际极地科学考察与研究大会，在距挪威首都奥斯陆东北25千米的利勒斯特伦会展中心开幕。

包括中国在内，60多个国家和地区，2000多名从事极地科学考察与研究的科学家，应邀参加这次大会。他们将在为期5天的会议期间举行1200多场报告会，分享极地环境和气候变化研究的最新成果，为未来极地研究合作注入新的动力。

挪威王储哈康在开幕式上致辞。他说,国际极地年期间的国际合作研究成果表明,在2007—2009年3年间消失的海冰,多于科学家们此前预测的未来30年消失的海冰。因此,这次大会的召开的确是适逢其时。大会期间,主办方还将放映反映国际极地年活动的影片,并在奥斯陆市中心广场举办极地节活动。

2. 运用新方式推进北极科学考察活动

乘坐气垫船向北极漂流进行科学考察。2014年9月,有关媒体报道,挪威卑尔根大学南森环境遥感中心的荣誉教授英孚·克里斯托弗森、原美国地球学家约翰·霍尔与船员奥杜恩·托尔夫森一起,在一处1.1米厚的浮冰上,建立了FRAM-2014/15科考站。这处科考站,距离北极点有280千米之遥。

科学家携带着足够食用1年的食物及充足的燃料,乘坐"萨布瓦巴"号气垫船,将在北冰洋各处浮冰上漂流。

在接下来的数月里,他们将沿着罗蒙诺索夫海岭一直向北漂流,从6000万年前形成的极地环境中,提取出沉积岩芯。依靠气垫船,研究者才得以从基地漂流上百千米,评测冰层性质、洋流状态和海水温度。

乘坐气垫船调研的想法,是由克里斯托弗森和霍尔一起提出的。也正是这一绝妙的主意,才能使研究者在极地环境下连续研究一年的时间。罗蒙诺索夫海岭覆盖着多年的积雪,破冰船无法抵达,但是"萨布瓦巴"号气垫船却使得科学家可以对该地进行研究。

(二)考察极地海洋生物资源的新信息

1. 考察南极海洋生物种群变化的新进展

开展对南极磷虾种群主要栖息地的广泛调查。2019年1月,挪威媒体报道,虽然磷虾是一种比香烟还小的甲壳类动物,但它在南极附近海洋的生态系统中扮演了非常重要的角色:企鹅、鲸和其他捕食者以这种虾类动物为食。如今,挪威卑尔根海洋研究所海洋生物学家比约恩·克拉夫特主持的一个研究团队,对磷虾在南极洲附近斯科舍海的主要栖息地,进行了广泛的国际调查。这是近20年来的首次相关调查,旨在了解不断发展的捕鱼业,是否为磷虾的天然捕食者,留下了足够的食物。

这个项目的研究已经开始了。此时，挪威新的极地研究船"克朗普林斯·哈肯"号，正从智利彭塔阿雷纳斯驶向斯科舍海。它和另外 5 艘船只，将用近两个月时间，绘制一个面积和墨西哥相仿的区域内的磷虾丰度。除了评估数量，该项目还将测试，针对改善渔业监管的花费更低、更加频繁的调查所采用的工具。克拉夫特表示："有了更加动态的管理系统，我们能更加确定捕鱼业，并未对磷虾数量或者捕食者造成负面影响。"

苏联船只首次在南大洋捕捞被研磨成鱼粉的磷虾。20 世纪 80 年代，科学家开始担心捕鱼业对以磷虾为食的捕食者造成的影响。1982 年签订的《南极海洋生物资源保护公约》，为捕捞业设置了严格限制：目前，允许每年最多捕捞 62 万吨。1991 年苏联解体后，大多数捕捞活动停止，但近年来再次复苏。目前，挪威占到磷虾捕获量的一半左右，主要用于提取欧米伽-3 脂肪酸作为营养补充剂。英国南极调查局生态学家西缅·希尔表示："我们绝对需要知道，捕捞限制是否仍具有预防作用。"

制定《南极海洋生物资源保护公约》诸国，在 2000 年组织了一次大规模磷虾调查。发现斯科舍海约有 6000 万吨磷虾，这让管理人员再次确信他们一直相当保守。不过，每年在一些地方开展的小型调查证实，区域性磷虾种群经历了繁荣与萧条周期，使利用单次调查评估整体种群健康状况变得更加困难。总部位于阿根廷巴里洛切的皮尤慈善信托基金和南极及南大洋联盟顾问、海洋生物学家鲁道夫·维尔纳表示："我们得到的都是片段信息，失去的是全局。"

此次调查期间，研究船将追溯此前的横断面，用回声探测器测量磷虾群，并用采样拖网加以确认。一些船只还将测量海洋变量，比如温度、洋流和浮游生物，以便确定它们能否被用于预测磷虾丰度。

挪威卑尔根海洋研究所研究人员，还将测试能持续且更加廉价地收集磷虾数据的远程设备。"哈肯"极地研究船将利用传感器，以及波浪滑翔机和由帆板推进的浮标，以便将获得的结果同拖网和回声探测器数据进行比较。德国阿尔弗雷德·韦格纳研究所磷虾生态生理学家贝蒂娜·迈耶表示："这是此次调查最有益的部分之一。"

与此同时，来自挪威卑尔根海洋研究所和挪威极地研究所的陆上研究团队，将追踪在兰斯菲尔德海峡以磷虾为食的海豹、鲸和企鹅。兰斯菲尔德海峡是南极半岛的重要聚食场。澳大利亚南极署海洋生态学家川口创博士表示："把这些动物的进食行为，与调查结果相匹配，将有助于更好地了解磷虾捕捞和捕食者之间的相互作用。"

考虑到磷虾种群的空间和时间变化，调查本身将不会揭示斯科舍海的整个磷虾种群，自 2000 年调查以来，可能发生何种改变。寻找是什么驱动了种群变化，将需要针对诸如磷虾的季节性移动，以及气候变化的影响等因素，开展更多的研究。保护幼小磷虾不被捕食者吃掉的海冰的丧失，可能会使磷虾种群丰度降低，同时，不断升高的海水温度以及海洋酸化，也可能造成潜在威胁。

2. 考察北极海洋生物行为变化的新进展

发现北极海底生物行为会受人造光影响。2020 年 4 月，挪威特罗姆瑟大学和挪威北极圈大学共同组成的研究团队，在《通讯·生物学》杂志上发表的论文称，北极海底 200 米处的海洋生物，会受到船只上人造光的干扰。这项发现意味着在极夜期间，人造光会影响种群调查，进而对可持续管理工作产生影响。

鱼类和浮游动物，本来依靠自然光调整自身行为和迁徙模式，无论是喜光的还是不喜光的海洋生物，因人造光会扰乱海洋生物内部的"生物钟"都做出了违反常态的选择。人造光会干扰这些动物分辨方向，破坏生态系统，进而影响研究人员观察海洋生物的准确性。但是，人造光对于海洋生物的影响仍未得到充分研究，在北极长达 6 个月的极夜期间尤其如此。极夜期间，鱼类和浮游动物只能依靠夜间光线的微弱自然变化。

此次，该研究团队在北极的 3 个地点，测量了鱼类和浮游动物在极夜期间，如何响应来自船只的人造光。他们发现，当船上的灯打开时，这些动物会在 5 秒钟内改变行为。海底 200 米动物的游动行为和垂直位置都发生了改变。

研究人员还发现，人造光对于动物行为的影响，在 3 处地点之间存在差异，影响最明显的是最北边的一处，那里夜晚最暗。研究团队总结认为，未来在极夜期间做科考和种群评估时，应该将上述发现考虑在内。

二、加强生态环境保护的新成果

(一) 推进濒危物种保护研究的新信息

1. 指出物种存亡虽有随机性但并不否定保护濒危物种

2018年4月,瑞典隆德大学等机构相关专家组成的一个研究小组,在《美国博物学家》杂志上发表论文称,两个相近物种存在于同一环境时,往往会有一方消亡。他们研究认为,在这些物种存亡的过程中,随机性起着重要作用。但是,这种现象,并不能说明可以放弃对濒危物种的保护。

相似的物种之间存在竞争,因为需要争夺相同的食物、地盘和其他资源。传统观点认为,一个物种相对于另一个物种的某些优势,会导致它在竞争中胜出。但有一种"生态漂移"理论认为,随机性也发挥着重要作用,随机因素可能会使某一物种的个体越来越多,其他物种消亡。

研究人员说,他们以两种相近的昆虫豆娘为研究对象,结合野外调查、行为研究、实验和计算机模拟等手段,对"生态漂移"理论进行检验。结果发现,随机性确实起着重要作用,在一个局部环境里,很难预测相近物种中哪一种会消亡。

研究人员强调,虽然他们发现随机性对物种存亡有重要影响,但不能用这项研究成果否定濒危物种保护工作的重要性。尽管有时结果难以预料,还是需要尽力保护濒危物种。

2. 发现植物灭绝速度快得惊人

2019年6月,瑞典和英国生物学家联合组成的一个研究团队,在《自然·生态与进化》杂志发表的论文显示,自18世纪中叶以来,人类平均每年导致两种以上植物从地球上消失。这是首个绘制全球植物灭绝地图的综合性研究成果。

植物学世界的最好猜测是,只有不到150个物种已经灭绝,但这是基于已知仅覆盖了一小部分植物的《濒危物种红皮书》得出的。真实数字似乎是它的4倍,即1753—2018年,有571种植物灭绝。该研究团队在分析了英国皇家植物园此前未发表的数据库后,得出了这个数字。

被破坏的物种,包括智利檀香和圣赫勒拿橄榄树。智利檀香只在太平洋的一组岛屿上被发现,而圣赫勒拿橄榄树仅生活在以其名字命名的岛屿上。研究人员说，植物灭绝的速度比地球历史背景速度快 500 倍。所谓背景速度，是指在人类影响出现之前植物自然灭绝的速度。

英国皇家植物园的埃利斯·汉弗莱斯表示，即使灭绝的植物达到 571 种，也可能比实际数字低。他说："我们很确定这个数字被低估了。因为世界上一些生物多样性区域被研究得很少，同时一些植物的数量已经减少到如此低的数字，以至于被认为是功能性灭绝。"

植物灭绝的数量远超鸟类、哺乳动物和两栖动物。这是研究人员考虑到植物总体上物种更多而做出的预期。然而，动植物灭绝的地理位置，惊人的相似。岛屿物种天生就很脆弱，受到的打击尤其严重。生活在热带或地中海气候地区的物种也一样，只是因为它们拥有丰富多样的生命，所以看上去没有那么糟糕。其中，夏威夷的物种灭绝，比世界上其他任何地方都严重，仅这里就有 79 个物种灭绝。其他热点地区，则包括巴西、澳大利亚和马达加斯加。

（二）研究生态环境保护方法的新信息

1. 探索提高生态环境保护意识的新方法

通过生态环保标志来提高环保意识。2013 年 3 月，有关媒体报道，瑞典为了维护和巩固环保成果，除了培养垃圾分类回收习惯、建立废品回收制度，以及加强废弃物处理技术研究等办法以外，用生态环保标志来提高环保意识，也是一项行之有效的方法。

在瑞典购物，能看到各种各样的生态环保标志，向消费者传达各种各样的环保信息。环保标志鼓励生产商去设计环保产品，以此为消费者在购物时提供了环保选择。较为知名的有"欧盟生态标签之花""世界自然基金会野生动物保护"等标志。

生态标准只授权市场上不超过 30% 的产品，每一个环保标志都对产品的原材料采集过程、生产过程、发放（包括包装）过程、使用过程，一直到最终废弃等各个阶段对环境的影响有严格规定，由独立的第三方机构对申请进行评估。环保标志的设定标准给各生产厂家确立起良性竞争的体系，也在无形中逐渐提高了消费者的环保意识。

2. 探索有利于生态环境恢复的新方法

（1）推出有利于生态环境恢复的殡葬遗体处理新方法。有关报道称，为了加强生态环境保护，瑞典殡葬研究人员与殡葬工一起，研究出一种被称为生态殡葬的遗体处理新方法。使用这种新方法处理遗体的世界上第一座生态殡仪馆，于 2006 年在瑞典的延雪平市挂牌营业。

瑞典学者最新摸索出的这种殡葬方法，比传统的土葬或火化更有利于生态环境保护。其操作过程是，把死者遗体放入用淀粉制成的特殊棺材内之后，用液态氮冷冻。经过这种方法处理，遗体能够很轻易地碎成粉末。随后，再对这些粉末进行干燥处理，然后将其掩埋到坟场中。这些粉末很快便会化作土壤的一部分。

此外，死者身上的各种汞合金填充物如假牙等，都将被先行摘除，杜绝了汞对环境造成的污染，使得遗体处理过程更加环保。

目前，已有多人同意死后接受这种遗体处理方法。社会调查显示，公众对这种新式殡葬法的兴趣日渐增加。

20 世纪初，瑞典开始解决遗体下葬引发的环境问题。当时，人们发现墓地的水流对地下水造成了污染。后来，虽然火化解决了部分问题，但生态学家仍对汞污染非常担忧。

（2）发现净化和修复土壤污染的新方法。2014 年 12 月，芬兰媒体报道，东芬兰大学植物学家艾凯·菲尔拉主持，成员来自芬兰和俄罗斯的一个研究小组发现，使用柳树来修复土壤污染，是"高性价比"的方法。不同的柳树品种，具有不同的土壤修复能力。在修复过程中，木灰等其他"副产品"能被用来控制土壤酸化的程度。

研究小组对在芬兰和俄罗斯受污染的土地上生长的柳树，进行研究发现，使用诸如柳树这样的阔叶树木修复土壤污染是低成本、高效率的。

菲尔拉说："这是一种高性价比的净化和修复土壤污染的解决方案。不需要移动土壤，有害的物质会在植物的帮助下，自然地从土壤中提取出来。此外，在这个过程中，生长的木质生物质，可以被用作能源生产和生物炼制的原材料。"

这项研究的实验，分别在芬兰和俄罗斯的矿区和实验室里进行。菲尔拉解释道："我们的研究，需要耗费好几年的时间来监测土壤的修复能力。然而，基于现有的发现，我们可以预期，在有利的条件下，柳树能够清除土壤中沉淀了 6 年的锌、沉淀了 10 年镍及 15~50 年积累的铬和铜。"

柳树能在受到铅、锌、镍、铬和铜污染的 pH 酸碱度介于 3.7~4 的酸性土壤中生存。受污染的土壤的酸度能够被控制，比如，富含氮和钙的木灰等其他副产品，能够被用来控制土壤的酸度。

值得注意的是，不同的柳树品种，具有不同的土壤修复能力。经过两年的生长期，在蒿柳样本上观察到了最好的生存状态。另外，蒿柳和细叶蒿柳的杂交而产生的植物是最佳的木质的生产者，每公顷生产 2.9 吨固体物质。高酸度土壤对作物的生长不利，但是在 20 厘米深的表层土壤，播撒木灰和生石灰的混合物，确实能提高作物的存活能力和加快其生长速度。

（三）发展生态经济或绿色经济的新信息

1. 坚持走人类与自然同发展的生态经济道路

2012 年 11 月，有关媒体报道，瑞典王国作为北欧面积最大的高福利国家，不仅有闻名于世的诺贝尔奖，更有拉链、安全火柴、三点式安全带、心脏起搏器、涡轮增压发动机、电脑鼠标、移动电话、伽马刀等众多在全球知名的创新产品。

一直在政治立场上和重大冲突问题上保持中立的瑞典，在服装、电子电器、生物技术、交通运输等方面却颇具设计冲击力和前瞻性，而对于绿色城市和生态经济的规划，更是具有革命意义。

瑞典很早就开始关注生态示范村镇建设，积极探索对城市的节能、节地、节水、节材和环保等方面进行统筹设计，如今已俨然成为一个全球瞩目的绿色生态国。下面，记者对瑞典驻华大使罗睿德进行采访，以便更多了解瑞典这个绿色国度的发展历程。

早在 40 年前，1972 年 6 月 5 日，第一次人类环境会议，即联合国人类环境会议就在瑞典斯德哥尔摩举行，作为探讨保护全球环境战略的第一次国际会议，此次会议通过了《联合国人类环境会议宣言》（简称《人类环境宣言》或《斯德哥尔摩宣言》和《行动计划》），宣告了人类对环境的传统观念的终结，"只有一个地球"的共识也由此诞生。自此开始，瑞典走上人类与自然共生发展的生态经济道路。40 年后的今天，瑞典人已经生活在一个自己创造的可持续发展的社会当中。

罗睿德大使回忆说，在 20 世纪 80 年代，瑞典的政党为了争取更多的选票，去拟定一些"绿色"政策来迎合选民，从这点能看出，瑞典人民对于环保的公共意识的形成，在全球看来是相当超前的。

谈到当下瑞典政府对于生态城市的建设进度时，罗睿德大使饶有兴趣地说，在环保方面瑞典政府鼓励人民进行了全方位的创新和发展。

瑞典制定了明确的环境质量指标，在 20 世纪 50 年代之前，只有一些关于自然保护的单项法律，如 1918 年的《水法》，1938 年的《狩猎法》，1942 年的《名胜古迹法》和 1950 年的《捕鱼法》。20 世纪 60 年代以后，随着环境问题的日益突出，瑞典于 1964 年和 1969 年先后制定了《自然保护法》和《环境保护法》这两项重要的环境保护基本法，基于各项法律法规的出台，人们对于环保问题的态度就更加严肃自律。

1994 年 4 月，瑞典议会通过了《瑞典转向可持续发展》的提案，作为瑞典 21 世纪社会发展的基础，提案特别强调对资源的节约化管理，以及废旧物品的循环使用，要求现有的生产消费形式，必须符合生态循环的社会发展模式。

统计数据显示，在 1996—2006 年期间，瑞典二氧化碳排放水平下降了 16%。1996 年 11 月，瑞典总理在政府政策报告中强调，瑞典应起推动作用，并成为生态可持续发展的典范，并提出了农业、森林、工业、能源、运输、家庭生活等不同领域的环境战略。

在近一个世纪的环境保护实践中，瑞典政府已制定了一整套完备的自然资源管理法律框架。随着各种环保法规的贯彻和 1999 年《瑞典环境法》的实施，瑞典人民在环保产业上进行了各项技术突破和发明创造，成就了今天的斯德哥尔摩和哈马碧滨水新城的共生城范本。

罗睿德大使介绍说，从 20 世纪 70 年代启动征收环境税费开始，瑞典运用了多项税收、减免和财政补贴等经济手段推进环境可持续发展。瑞典生态税收规模大、种类多，主要是对能源的征税及对其他与环境有关的税基的征税，以促进整个国家的生态文明建设。

瑞典大使馆的公使衔参赞吴思先生补充，瑞典政府不仅立法对环境问题进行约束，政府在财政上也给予相应的补贴，包括对使用环保型轿车的家庭、个人进行奖励，对于生产环保型产品也有税收的优惠和补贴政策。这着实让本来就有很强环保意识的瑞典人民，对于节能行为和产品有着更深的感情。

2. 通过绿色竞赛和绿色项目应对生态环境挑战

（1）发起应对生态环境挑战的"绿色挑战"研究竞赛。2019年4月，有关媒体报道，为了寻求应对重大环境和气候挑战的最佳解决方案，丹麦高教与科研部汤米·阿勒斯大臣，发起了一个新的研究竞赛活动为"绿色挑战"。这项研究竞赛的基本框架是：重点选择针对气候、环境和粮食三个关键领域。如何把二氧化碳转化为资源？如何实现没有塑料废物的未来？如何为每个人提供足够的食物？

丹麦高教与科研部将提供2700万丹麦克朗，即每个成功解决方案将获得900万丹麦克朗奖金，用于在技术和商业上实现解决方案，"绿色挑战"竞赛将激励科学家们研究开发最佳解决方案，创造更美好的未来。这是丹麦第一次发起此类研究竞赛。

研究人员可以与企业和其他机构或组织开展合作，基于研究开发新的突破性解决方案，直到2023年8月进行竞赛评估，最佳解决方案由国际专家小组进行评估。因此，"绿色挑战"也是一项加强研究人员和企业之间互动的重要举措。

作为竞赛活动的一部分，还将建立一个创业和投资咨询专家网络，这些专家都具有将研究转化为创新的丰富实践经验。同时也鼓励参与竞赛者建立一个咨询委员会，帮助提供有关最佳解决方案的建议。竞赛者也可以邀请咨询专家网络的成员，参加竞赛者的咨询委员会。

阿勒斯大臣表示："如果必须解决一些非常大的环境和气候挑战，我们需要找到新的研究方法。这是丹麦第一次采用这种规模的竞赛，来推动战略研究和创新。我们不仅正在努力解决一些目前已知的具体挑战，并且将根据解决方案是否可以从研究机构转化到企业来判断获胜者，即解决方案是否可以商业化。此外，'绿色挑战'将有助于进一步体现研究人员在解决社会主要挑战时的重要性。"

（2）建立绿色项目银行，支持环保创新成果等开放共享。2019年12月，国外媒体报道，在丹麦的环境与食品部，负责管理绿色发展与示范计划、生态创新计划与创新基金合作。该部建立一个绿色项目银行，收集获得国家公共经费支持的约1000个创新项目信息，主要涉及环境、食品和生物领域的公共支持项目，如水处理、空气净化、食品废物控制及新蛋白质开发等高科技项目。

绿色项目银行，旨在进一步加强公共支持的绿色创新项目信息的开放和知识共享，这对确保丹麦成为绿色环保领先国家具有重要意义。丹麦对绿色项目信息的现实需求也非常大，丹麦的研究人员、企业、创业者等任何想要寻求新的研究灵感，开始新的项目或开发新的技术，都可以从绿色项目银行获得帮助。

环境与食品部负责人亨里克·斯图斯加德表示，以现有项目为基础开展知识共享和经验交流，对加快研究和开发新的环境技术解决方案，具有非常重要的帮助。

丹麦创新基金会董事会主席表示，通过建立绿色项目银行数据库，把创新基金会在环境、食品领域支持的最好的项目向社会分享，可以进一步发挥项目效益，获得更好的结果。通过项目数据库，申请人可以了解不同领域的最新知识，寻找新的合作伙伴。另外，还可以查询到公共研发经费主要用在了哪些优先领域。

绿色发展与示范计划董事会主席米凯尔表示，绿色项目银行可以确保纳税人资金去向的透明性，可以全面了解正在进行的项目。

（四）建设绿色或智慧生态城市的新信息

1. 探索绿色生态城市建设的新进展

通过"二次城镇化"推进绿色生态城市建设。2013年3月，有关媒体报道，位于瑞典南部港口的马尔默市，是北欧实现工业化与城镇化最早的地区之一。自20世纪90年代初以来，这座瑞典第三大城市启动"二次城镇化"进程，按照绿色生态城市目标推进建设。也就是，通过科学统筹的城市规划与设计，摆脱对造船业等传统重工业的依赖，逐步实现以高科技、低能耗产业为龙头的可持续发展。目前，其重点建设的"西港区"，已成为当今欧洲绿色城镇化的典范。

马尔默市市长肯特·安德松接受记者采访时表示，新型绿色生态城市建设，需要以清晰稳定的宏观目标为导向，综合考虑资源、人口等客观条件，统筹经济、环境等发展要求，科学制定具有大局观念的长期战略。

（1）绿色生态城市模式要适应经济转型。

马尔默位于连接波罗的海与北大西洋的厄勒海峡东岸，与丹麦首都哥本哈根隔海相望，数百年来都是欧洲地区的重要港口。作为当地经济支柱，造船工业一度成为马尔默标志性的推进型产业。

20世纪90年代初，随着冷战结束，大量造船企业向劳动力与原材料廉价的东欧迁移。马尔默经济失去发动机，城市污染严重，政府濒临破产，城市发展呈现倒退迹象。

安德松说，这种困境迫使马尔默政府调整城镇化模式，确定以经济、社会、环境可持续协调发展为宏观目标，制定与之相匹配的绿色生态城市发展规划，使经济龙头实现由传统重工业向绿色高科技行业的转变。

安德松强调，作为一座城市的发展战略，其宏观目标必须保持长期稳定，不能因执政官员的更迭而发生变化。在马尔默，尽管四年一次的地方选举会导致执政党易位，但无论哪一党派上台，可持续发展的生态城市目标从未改变。

安德松表示，马尔默市议会下属的各个委员会负责调研并制定经济、环保、文化、教育等不同领域的发展计划，并汇总到市议会讨论。市级决策层必须统筹所有领域的发展意见，从大局角度考虑如何实现经济、社会和环境的协调发展，最终制定出城市发展的整体规划。

他说："在制定规划过程中，政府需要广泛听取各方意见，通过会议讨论等形式让普通民众参与到决策过程中。另外，瑞典地方政府具有较高的自治权，只要其发展目标与中央政府保持一致，市政府通常在政策操作过程中享有充分的灵活度。"

（2）提高土地利用率化解城市空间不足。

马尔默所在的斯科讷省是欧洲土壤最肥沃的地区之一，也是瑞典农业的重要产区。斯科讷省政府曾指出，该省三大城市马尔默、隆德与赫尔辛堡均面临"土地城市化"的难题，即城市扩张与耕地保护之间的矛盾。

安德松表示，马尔默是一个面积小、人口密度大的城市，有限的土地资源是影响该市发展规划的重要因素之一。

他强调，马尔默的绿色生态城市发展，不能以牺牲周边优质耕地为代价。因此，马尔默主要依靠提高城市土地利用率的方法，化解城市发展空间不足的问题，包括修建更多高层建筑，以及建设地下隧道、轨道运输等更加发达、便捷的城市交通系统。

第六章 环境保护领域的创新信息

安德松指出，马尔默与瑞典著名的大学城隆德仅相距20千米，与丹麦哥本哈根通过厄勒海峡大桥连接，相距不到50千米。在这片被称作"厄勒海峡地区"的大范围内，有着欧洲顶级的教育机构、便捷的航运设施、频繁的人员流动等资源，各个城市优势互补，彼此提供需求与市场，这种地理上的优势帮助马尔默实现与区域内多座城市的共同发展。

安德松强调，马尔默在绿色生态城市发展规划中，必须考虑到与周边城市的联动性，特别是在交通方面。2000年，总长1.6万米的厄勒海峡大桥与海底隧道开通，把马尔默与哥本哈根通过陆路方式连接在一起。自海峡大桥与隧道开通以来，已有大约1万名丹麦人搬到马尔默居住。除了汽车24小时通行外，目前往返马尔默与哥本哈根的火车昼夜运营，高峰时段每10分钟一班，夜间每小时一班，行程大约30分钟。

（3）旧城改造首先要征集民意。

马尔默的西港区曾经是瑞典最重要的造船基地，这里的造船厂最多时雇用了7500多名工人，是重工业时代繁华的象征。造船业衰退后，这里只剩下荒废的工厂和仓库，成为城市发展的死角。

从2001年起，马尔默政府开始依照新的绿色生态城市规划，着手对这片老工业区进行彻底改造。这一项目名为"住宅01"，其规划目标，是把西港区建设为包含住宅、商业、教育功能，完全依靠可再生资源，实现可持续发展的绿色示范区。

目前，西港区的改造已基本完成，船坞工厂已被充满艺术气息的写字楼与公寓楼取代。据安德松介绍，这片地区已有8000多人迁入居住，240多家企业进驻办公，马尔默大学也在这里建立起来。预计未来将有超过1.5万人居住在这片绿色新区。

安德松表示，西港区的改造是城镇功能、城市形象和土地利用模式的巨大转变。从经济发展上看，西港区从高能耗重工业基地，转变为由高科技产业带动，依靠可再生能源的复合经济区；从社会效应上看，西港区代表着马尔默城市形象由灰色转为绿色，区内著名环保建筑"旋转大楼"，已成为马尔默的地标和名片；从土地开发上看，这里由工业区变为集住宅、办公和教育为一体的多功能新区，高层建筑取代平面工厂，人口密度不断增长，住房需求得以解决，这些都意味着土地利用率实现了大幅度提升，绿色生态城市建设效应日益显现。

安德松指出，西港区的改造不是在短时间内完成的。马尔默政府从20世纪90年代初，就开始思考如何实现其转型，并广泛征集民意，从最初的项目策划到如今已耗时20多年。

安德松强调，在西港区的绿色生态城市改造过程中，政府与开发商共同商议规划方案十分重要，包括如何统筹建筑风格、社区环境、交通线路、能源供给以及污物处理等问题。

他补充说，马尔默政府在这一项目中吸取的教训是，政府同开发商的沟通应越早越好，而不是到项目开发中期才开始讨论。

（4）保持开放心态融合外来人口。

近20年来，马尔默的"二次城镇化"也伴随着外来人口不断增长。据安德松介绍，50年前外来人口在马尔默的比例仅为5%，如今已超过1/3。如何帮助移民融入当地社会，成为马尔默政府面临的一大挑战。

安德松说，融合移民的主要困难，包括语言沟通及学历认证障碍。近年来，马尔默不断通过开设语言培训课程、在学校提供多语种教育等方法，力图打破语言造成的文化壁垒；同时，马尔默政府正着手建立一套国际学历与工作经历认证标准，以帮助外来人员依靠在其他地区的教育或工作背景找到工作。

安德松承认，马尔默与哥本哈根之间便捷的交通，促进了人员流动与经济发展，是外来人口不断增多的一个重要原因，但同时，这也对社会治安与人员控制造成不便。

2011年年底，马尔默十天内连续发生三起枪案，在瑞典引起强烈关注。有瑞典媒体报道称，一些主要由外来人员组成的马尔默"黑帮"，在犯案后依靠便捷的交通迅速逃往哥本哈根，令瑞典警方难以追捕。

安德松表示，打击此类犯罪行为需要马尔默与哥本哈根警方联手合作，包括建立更加快捷与透明的信息互换体系。另外，据记者观察，瑞典海关在厄勒海峡大桥等主要边境入口，均部署专人对从哥本哈根进入马尔默的人员或车辆进行检查，主要目的是防止毒品和枪支流入瑞典。

安德松认为，尽管外来人口带来些许问题，但从长远来看，他们对马尔默发展的贡献远大于这些问题。首先，受益于外来人口大部分为年轻人，马尔默的人口结构发生了较大变化，青壮年劳动力相对充足，社会老龄化问题得以缓解。其次，当地企业有机会雇佣来自世界各地的劳动力，他们的母语优势，为企业与世界各地市场的沟通提供了无障碍通道，进而推动企业的国际化进程。

安德松最后强调，马尔默在"二次城镇化"和绿色生态城市建设过程中，既遇到了土地资源不足、外来人口融合等问题，也迎来了劳动力充足、旧城换新貌等机遇。未来，马尔默将继续保持开放态势，积极应对挑战，把握机遇，努力实现绿色生态城市的可持续协调发展最终目标。

2. 探索智慧生态城市建设的新进展

获得年度全球共建生态智慧城市大会"城市奖"桂冠。2019年11月21日，有关媒体报道，第九届全球智慧城市大会在西班牙巴塞罗那落下帷幕。大会为期三天，共有140多个国家、700多座城市、1000多个参展商和25万多位参观者参与。

本届大会"城市奖"共收到来自54个国家的共450个申请。在28座入围城市当中，瑞典斯德哥尔摩脱颖而出，获得"城市奖"殊荣。大会给予高度评价：斯德哥尔摩的智慧城市战略，通过创新、开放和链接，创造了一个智慧且互联互通的城市。

斯德哥尔摩智慧城市建设的成功之道，在于理念清晰、重视实用、共建生态。自20世纪90年代以来，斯德哥尔摩一直致力于积极应对气候变化，居民人均二氧化碳排放量减少了25%。2010年，该城成为欧洲首个绿色之都，在可持续发展理念指导下，该市政府和私营机构联手打造斯德哥尔摩的智慧城市项目，形成能源、基础设施、交通出行等在内的12项智慧城市解决方案，满足了经济、社会和环境的可持续发展需求。

第六节 研究影响生态环境的气候变化

一、气候影响生态环境研究的新成果

（一）气候变化及其对生态环境影响的研究

1. 北极地区气候变化研究的新进展

发现北极变暖速度是其他地区的两倍。2017年5月，丹麦科学家斯科夫加德·奥尔森主持的丹麦能源、公共事业与气候部北极项目组，是一个由 90 多名各类专家组成的研究团队，他们撰写成《北极雪、水、冰和永久冻土报告》，对北极地区进行了的一次大规模的考察评估。这份报告显示，北极地区的变暖速度，是地球其他地区的两倍。同时，气候变暖正在加速北极冰层融化，进而促使海平面上升。

这份评估报告记录了，北极地区因气候变化而正在发生的海量变化：从海冰衰退和冰川融化到生态系统和天气模式的变化。该评估发现，2011—2015 年，北极地区比 1900 年有记录以来的任何时候都要暖和。报告指出，目前北极地区的海冰在继续减少，并且与 2000 年前的观测结果相比，北美洲和欧亚大陆的北极地区，每年 6 月的积雪覆盖程度减少了一半。

研究人员表示，这是每几年便由北极监测和评估计划出具的一份综合评估报告。作为一个科学团体，北极监测和评估计划向构成北极理事会的各国政府提交这份报告，该理事会是一个能够影响该地区议题的论坛。上一次评估报告于 2011 年发布。

名为北极 21 世纪的一个环保组织网络主席雷夫·波默兰斯表示："带回家的消息是，北极正在瓦解。"他说："北极的命运，必须从科学观察的世界，转移到政府政策的世界。"

考虑到包括北极在内的所有融化源，该报告增加了对全球海平面上升的预测。科学家新的最低估计值，几乎是政府间气候变化专门委员会在 2013 年针对一些排放情景发布的数值的两倍。事实上，最新的计算表明，政府间气候变化专门委员会对海平面上升的中间估计值，现在应该被视为最低估计值。

这份北极报告指出，在一个场景中，假设碳排放增长略高于 2015 年的《巴黎气候协议》设定的目标，但仍实现了相当大的减少，那么到 2100 年，海平面将至少比 2006 年的水平升高 0.52 米。在"一切如常"的情况下，海平面则最低升高 0.74 米。

负责协调这份评估报告并主持项目组开展工作的奥尔森指出，尽管到 21 世纪末，温室气体排放量的急剧减少将产生重大变化，但北极在未来几十年中仍有可能发生戏剧性变化。他表示："到 21 世纪中叶，那时的北极将与我们今天看到的北极大不相同。"

北极是指北纬66°34′（北极圈）以北的广大区域，也叫作北极地区。北极地区包括极区北冰洋、边缘陆地海岸带及岛屿、北极苔原和最外侧的泰加林带。如果以北极圈作为北极的边界，北极地区的总面积是2100万平方公里，其中陆地部分占800万平方公里。也有一些科学家从物候学角度出发，以7月平均10℃等温线（海洋以5℃等温线）作为北极地区的南界，这样，北极地区的总面积就扩大为2700万平方公里，其中陆地面积约1200万平方公里。而如果以植物种类的分布来划定北极，把全部泰加林带归入北极范围，北极地区的面积就将超过4000万平方公里。

2. 气候变化对北极冰川影响研究的新进展

发现受气候影响北极地区融化冰川呈现哭泣脸孔。2009年9月3日，《每日邮报》公布了一张挪威北极地区冰川受气候变暖影响融化的照片，照片中融化的冰壁内，出现了一张可怕的脸，融水成为这张令人恐怖的脸留下的伤心泪。

照片由海洋摄影师和环保讲师迈克尔·诺兰拍摄。每一年，诺兰都会来到东北地岛，考察奥斯特方纳冰川及其周围的野生动物。

冰川专家乔恩·哈根证实，形成哭脸的冰帽，每年最大萎缩49米，这种令人担忧的现状已经持续了数十年之久。哈根是世界冰川监测机构成员和挪威奥斯陆大学的地球科学教授。自1988年以来，他就一直研究奥斯特方纳冰架。

奥斯特方纳冰帽是挪威面积最大的冰帽，坐落于斯瓦尔巴特群岛的东北地岛。哈根说："奥斯特方纳冰帽面积，超过7770平方公里，是斯瓦尔巴特群岛最大的冰帽，同时也是北极地区最大的冰帽之一。"

他表示："在12年时间里，受气候变暖影响，奥斯特方纳冰川锋每年平均消退大约48米以上。这个冰帽的几何结构正在发生变化。冰川峰正在消退，较低区域变得越来越薄，厚度每年减少大约0.91米。奥斯特方纳冰帽每年的冰消失量，约6.7立方公里。"

当被问及奥斯特方纳冰川的快速萎缩，是否引起世界冰川监测机构的关注时，哈根说："这是一个值得关注和担忧的问题，但其萎缩程度尚不及世界其他一些地区。我们在其他地区发现了更为快速的变化。"令人感到忧虑的是，科学家表示，这一地区其他冰帽出现了更富有戏剧性的变化。哈根说："奥斯特方纳冰帽，与斯瓦尔巴特群岛西部其他较小的冰帽相比更为稳定，小冰帽发生了更为剧烈的变化。"

奥斯特方纳冰帽，是排在冰岛瓦特纳冰帽之后欧洲第二大冰帽，同时也是世界上第七大冰帽。这个大冰帽完全由淡水构成，最厚点达到549米，高出海平面792米。过去25年来，哈根一直致力于研究斯瓦尔巴特群岛的冰川变化。现在的他，是一项旨在研究，环境破坏如何影响斯瓦尔巴特群岛的计划领导人。

3. 气候变化对格陵兰岛影响研究的新进展

发现格陵兰岛冰川融化速度比预想快得多。2017年3月，一个由丹麦、英国和美国科学家组成的考察研究团队，发表考察报告称，格陵兰岛冰架上布满了融水坑。从直升机上鸟瞰格陵兰岛会发现，这里的冰盖在讲述一个分崩离析的"故事"。水和压力造成的长长裂缝刻画着冰面，蓝色的融水湖不断扩张，急流脉络向西蜿蜒，流向冰架末端最终进入大海。

飞过这个世界最大融冰的研究团队，选择了一个明媚的夏日研究融化问题。格陵兰岛边缘170万平方公里的冰架在夏日定期融化。但在2016年，冰雪融化时间开始变早，而且在向岛内扩展。到4月，12%的表面冰层融化，而通常年平均融化量到6月也不过10%。

而且，研究显示，格陵兰岛冰川的融化速度，比原先预想要快得多。从2003—2013年，该地区的冰融化了将近2.7万亿吨，而非稍早之前估计的2.5万亿吨。根据卫星数据，研究人员发现在低海拔地区，尤其是冰盖的西部边缘，冰层融化范围最广。

就在此次考察之前，一股湍急的融水冲走了固定在一座桥上的传感器，这已经是设备4年中第二次被冲走。直升机飞行员对研究人员说："我已经参加过多次考察了，但从未见过这么多水。"

在格陵兰岛，大量冰雪正在融化。虽然格陵兰岛冰架的衰减已是老生常谈，但直到最近，大量崩解的冰川带着内部的冰块沉入大海，这引起了研究人员的关注。之前研究也显示，格陵兰岛冰层在2011—2014年间融化约1万亿吨，是过去20年的2倍。而冰层融化导致全球海平面每年上升0.74毫米。研究人员说："没有人希望看到冰架如此迅速地融化。但这却比我们预计得还快。"

第六章　环境保护领域的创新信息

目前，科学家急切希望找出格陵兰岛冰雪融化的原因和未来发展趋势，因为这里拥有能让海平面上升约7米的大量冰雪。尽管北极地区变暖速度是其余地区的2倍，但仅高温一个原因，无法解释格陵兰岛冰雪的迅速融化。反常的温暖夏季，可能促进了微生物和藻类在日渐湿润的冰架上生长，增加了冰架对太阳能的吸收。此外，从低纬度地区飘来的烟灰和灰尘似乎也起了一定作用。

为了追踪这些复杂因素，科学家使用了卫星设备：用图片监控冰层颜色和反射性；用高度计测量融化情况，还组织了多次野外考察。通过分析冰架的变化，研究人员还希望弄清生物过程和物理过程是如何"合作"摧毁它的。研究人员表示："我们十分担忧新生物会加速全球海平面上升。"

直升机降落在雪面上，刺眼的冰雪让科学家不得不戴上太阳镜。但当研究人员在使用与传感器相连的微型笔记本电脑时，大家发现雪并没有看起来那么白。它吸收了部分可见光，并且主要是波长较长的红外波。

研究人员表示，冰雪变暗是由融化引起的：在融化和重新冻结的过程中，冰晶不再长而尖，而是变得大而圆，这能减少约10%的冰雪反射率。冰雪吸收太阳辐射越多，导致温度越高，于是加速其融化。

测量工作完成后，他们返回直升机，停留处的雪已经消失无踪，暴露出崎岖湿滑的冰面。而且冰雪仍在持续变脏变暗。卫星数据显示，自2001年起，冰架边缘正以每十年5%的速度变暗。更早前的样本还揭示了其他"元凶"：例如，欧洲工厂和加拿大火灾产生的烟灰，也对冰雪融化影响很大。

此外，研究人员量化了每种"染黑剂"的相关影响，却发现另一个因素可能是最大"元凶"：藻类和细菌的繁盛。

冰面上布满了手指粗细的孔洞，每个洞里都有融水，但有一块厚厚的烂泥铺在底部。而欧洲探险家尼尔斯·努登舍尔德在150年前就提出，一些被称为"冰尘"的烂泥就是活细菌。它们产生了其他反馈效应：黑色冰尘捕获的太阳能不断融化冰雪，使洞加深，同时为细菌制造更有利的生存环境。

2010年，布里斯托大学微生物学家玛丽安·亚洛普在冰架边缘发现了更多生命：藻类。研究人员说："让所有人感到惊讶的是，藻类也能生存在这种极端寒冷、高紫外线的环境中，并忍受常规融冻循环。"

研究人员表示，冰雪融化提前、24小时太阳照射和液态水这三个因素，可能加速了藻类繁殖。该理论或能解释在2010年、2012年和2016年温暖的夏季，黑冰区域表面急剧变黑，相反在2015年较冷的夏季，颜色没有变化的原因。

在取样点，藻类对冰雪的破坏显而易见。这里的情景与人们想象中的格陵兰岛相去甚远。研究人员说："人们可能认为格陵兰岛冰盖是原始、纯洁的。"但实际上一团糟：冰尘洞合并成了水洼、盆地及湍急的河流。研究人员将褐色的雪收集起来，之后将分析这些样本的DNA和其他标记物以鉴定藻类物种和无机污染物。

距离最后一个取样地点20千米有一块试验区，考察研究团队在这里监控了数周，目的是确定冰雪变黑的地面实况，并量化每种变黑因素及其对融化的影响。该团队使用无人机、常规样本和一系列参考点，追踪了7种不同小环境的反射率、冰尘构造和生物活性是如何进化的。科学家希望借助这些成果，最终能利用卫星数据推断出整个格陵兰冰架的融化情况。

2012年，格陵兰岛融化出现反常情况。卫星数据显示，到当年7月12日，几乎98%的冰架表面都出现了液态水，即便格陵兰岛最寒冷的地方也有融化迹象。记录显示，上次出现这种现象是在1889年，这种现象约每150年出现一次。但当时，科学家无法确定这一反常融化的原因。

有关2012年融化的模型显示，并不是变黑的冰雪吸收了过多阳光从而导致融化，因为当时岛上空云量很大。其实，是大团高压系统，让该地区气候温暖且降雨增多。

研究人员回到自己温暖的工作室继续工作，以便更多了解格陵兰岛融化带来的影响。其中一个关键问题是，冰盖下部融化排出的水是如何影响冰川向海洋移动的，以及它们流出的速率。研究人员还想知道春季融化的冰山水，是如何对夏季径流产生影响的。

科学家已发现，在春季的消融与冻结周期，紧挨着表层雪之下出现了约6米厚的大量"冰晶体"。传感器数据显示，该晶体阻止了夏季冰融水向更深层的老雪层渗透。相反，冰融水似乎被限制在地表范围，从而扩充了夏季径流。

冰雪融化也为实地调研制造了许多困难，研究人员面临着无数的烂泥和水坑，并且随着周围冰雪的逐渐消失，他们不得不每周寻找并转移到下一个工作与住宿地。尽管如此，他们仍然对不停变换的冰景感到惊讶。研究人员说："每天晚上，随着太阳下山，我们都会静静享受在这片神奇冰面上的时刻，这里没有其他人来过，它很快会融化，所以也不可能有人再来。"

4. 气候变化对北极生态景象影响研究的新进展

认为全新气候系统将重塑北极生态景象。2020年9月17日，《科学美国人》杂志报道，挪威、丹麦和美国联合组成的一个研究团队发表相关研究成果称，挪威朗伊尔城，位于斯瓦尔巴群岛上、朗伊尔河谷的下游，这里地处北纬78度，距离北极点只有1300千米，是世界上距离北极最近的城市。现在，从这里可以看到，气候变化正在重塑当地的生态景象。

曾经，这里的冰川覆盖率高达约60%，岛上有白雪皑皑的山脉和绵延不绝的峡湾。如今，全球变暖正在对斯瓦尔巴群岛产生巨大的影响。根据挪威的气象数据，过去30年来，该岛冬季平均气温上升了10℃，这对当地整个生态系统造成了破坏。

气温正在飙升，海冰正在减少。许多专家认为，北极正在变得"面目全非"。科学家们甚至用"新北极"来形容该地区迅速变化的自然景观。一项最新研究证实，一个新的北极气候系统正在形成。

事实上，在某些方面，北极气候已经发生了前所未有的变化。自1979年有卫星观测记录以来，海冰面积已经缩小了31%。如今，北极海冰覆盖范围呈现减少趋势，不断突破过去几十年的纪录。

到21世纪末，如果全球气温继续不受控制地上升，北极气候的其他关键要素，包括气温和降水，也可能与20世纪时期的"正常"情况大相径庭。

有关研究显示，长期冻结的北极地区已经开始进入全新的气候系统，其特征是冰层融化、温度上升和降雨天数的增加，这三个数值已远远超出了以往的观测范围。

据丹麦和格陵兰岛地质调查局9月14日报道，格陵兰岛上辽阔而古老的冰架上，一块面积达113平方公里的巨型冰盖上月终于滑落海中。随着气候变化，北极温度升高，曾经坚如磐石的北极海冰已经渐渐消融，覆盖面积不断创新低。

研究人员专门考察了北冰洋海冰面积、气温和降水模式的变化。他们发现，海冰减少的变化程度远超过去几十年。换句话说，在气候变化的推动下，至少有一个信号意味着"新北极"已经出现，即海冰的减少。

随着时间的推移，海冰减少的情况只会变得更糟糕。在极端气候下，夏季海冰覆盖面积最晚将在21世纪70年代降至100万平方公里以下。大多数科学家认为，这意味着北极"无冰"状态出现的时间将会提前。

据了解，海冰会对北极的温度产生深远的影响。冰有一个明亮的反射性表面，有助于将太阳光从地球上散射出去。厚厚的海冰还有助于使海洋隔热，在冬天将热量"锁"在地下，并防止热量"逃逸"到北极寒冷的空气中。随着海冰变薄和消失，海洋在夏天能够吸收更多的热量。而在冬天，热量将会轻易穿过变薄的冰层散逸到空中，从而使大气变暖。

而海冰减少的研究结果证实，一个新的北极已经出现。如果全球气温继续以目前的速度上升，21世纪末之前，全球气候系统将会变得"面目全非"。

海冰的变化是一个明确的迹象，这表明气候变化不是未来的问题，它已经极大程度上重塑了今天的地球。同时，这也为北极生态系统和依赖它生存的人类，带来巨大的困扰和担忧。

"新北极"将变得更温暖、更多雨、冰层面积更少。过去常见的动物可能会消失，取而代之的是新迁入的物种。人类利用海冰狩猎和捕鱼的机会也可能会减少。

另外，人类应对灾难的规划可能会变得越来越困难。此前，规划者经常通过查看过去的天气数据来设计应灾基础设施，以保证其可以使用数年或在灾害下承受一定程度的压力。但随着北极气候的转变，过去的数据已不再有利于人们预测未来。

尽管这项研究为全球气候的未来提供了一幅令人沮丧的图景，但这并非不可避免。其他研究表明，世界各国如若在未来几十年大幅减少温室气体的排放，将可能会放缓或阻止某些气候变化。

(二) 研究气候变化对动物影响的新发现

1. 探索气候影响动物体型演变的新进展

研究表明气候变暖使北极蜘蛛体型增大。2009年5月，丹麦和德国科学家组成的一个联合研究小组，在英国皇家学会《生物学通讯》杂志上发表报告说，他们发现，受气候变暖的影响，北极"冰川豹蛛"的体型，在随之逐步增大。

联合研究小组在1996—2005年期间，对5000只北极"冰川豹蛛"进行测量后发现，这种蜘蛛的体型平均增大了8%~10%。在这期间，由于受气候变暖影响，格陵兰岛最北端每年的解冻期平均提前了20~25天。

研究人员指出，雄性和雌性"冰川豹蛛"的体型，都出现了增大的现象。其中，雄蜘蛛因为长得更快而更早性成熟，雌蜘蛛则提高了繁殖能力。这表明，由于气候变暖引起的"剧烈季节变化"，对"冰川豹蛛"的生育能力产生了影响。

2. 探索气候与猛犸象灭绝原因关系的新进展

研究表明猛犸象灭绝主因源自气候变化而非人类捕杀。2013年9月，有关媒体报道，瑞典自然历史博物馆拉弗·戴伦博士为首席科学家的一个研究小组，发表研究成果称，一项DNA分析表明，当世界气候发生变化时，猛犸象的数量比我们之前认为的更早出现了下降。

许多研究人员都认为，猛犸象是一种坚强而且多产的物种。但是，戴伦研究小组的研究成果，改变了这一观点。研究小组分析了300只猛犸象的DNA样本，这些样本是他们自己或者更早研究中其他团队收集到的。

他们能够从样本分析出任何指定时间猛犸象的存活数量，并且追踪它们的迁徙模式。他们分析了样本中的遗传多样性，变化越少则种群的数量越低。

他们发现，当12万年前地球升温的时候，这个物种就几乎灭绝，种群数量从数百万下降到数万。但是当地球进入另一个冰川时代之后，它们的种群数量开始恢复。

研究人员也发现，导致它们灭绝的种群减少，开始于2万年前冰河时代的高峰期，而不是之前认为的1.4万年前地球再次升温的时候。他们推断，气候如此寒冷导致它们赖以生存的青草变得缺乏。当冰河时代结束时，种群数量的加速下降，或许是因为它们生存的草原被森林和苔原所取代。

猛犸象灭绝的原因，一直都是科学领域争辩不止的问题。有人认为，人类的捕杀导致它们灭绝，而其他人则认为气候的变化是主要因素。

最新研究结果表明，在冰河时代期间猛犸象确实几乎灭绝，而且支持了气候变化是它们灭绝主要原因的观点。瑞典自然历史博物馆的阿德里安·李斯特教授认为，包括人类在内的其他动物在冰河时代之后变得更加活跃，因此与其他物种竞争及打猎或许也是它们灭绝的因素，但却不是主要原因。

他说："大约 2 万年前开始，猛犸象的种群数量明显下降，首先是在大陆区域，最后是一些边远的北极群岛。这种模式似乎也与气候变化相吻合。但这一过程中人类所扮演的角色尚未得到证实。"

二、气候变化因素及对策研究的新成果

（一）探索影响气候变化因素的新信息

1. 研究海冰影响气候变化的新进展

发现海冰减少会大大影响温室气体平衡。2013 年 2 月，每日科学网站报道，瑞典隆德大学研究人员发现，无论是在吸收还是释放方面，大面积的北极海冰减少，是影响大气中温室气体平衡的显著因素。他们还发现，在苔原及北冰洋都存在温室气体二氧化碳和甲烷。

隆德大学的帕门蒂尔·弗兰斯博士解释说："温室气体平衡不停地发生变化会产生严重的后果，因为在全球范围内，人类在使用化石燃料时，会向空气中释放一定的二氧化碳，而植物和海洋仅仅吸收其中大约一半的二氧化碳。如果北极组成部分的缓冲区发生变化，那么大气中温室气体的含量就会大大增加。"

来自瑞典隆德大学及丹麦、格陵兰、加拿大和美国有关研究机构的科学家，共同参与了此项研究。他们注意到，当海冰融化时，已经形成了一个恶性循环。通常情况下，白色的海冰将太阳光反射回太空；但当海冰的覆盖面积收缩减少时，反射的太阳光量也随着减少。相反，被海洋表面吸收的太阳光占有很大一部分比例，因此导致北极气温上升、气候变暖。

当然，这个过程的影响是多方面的。弗兰斯说："一方面，温度升高，可使植物生长更加茂盛，因此又能吸收更多的二氧化碳，这是积极的影响。另一方面，升温也意味着将有更多的二氧化碳和甲烷从土壤中释放出来，这又是一个强有力的负面影响。"

其实，除了陆地上的变化，目前的研究成果毕竟有限，还有很多无法确定的影响，比如海融冰与温室气体通过自然过程相互交换的影响等。在现实背景下，我们对许多海洋过程实在是知之甚少。

2. 研究卷云影响气候变化的新进展

发现卷云可为大气降温。2016年6月21日，瑞典斯德哥尔摩大学凯文·诺恩领导的研究团队，在《自然·通讯》上发表的论文中提出，通常在5500米高空形成的卷云，即一种薄薄的束状云，可能在飞机通过后反射更多的太阳热量。这项发现表明，飞机尾流形成的凝结尾，会改变云通过的辐射程度，增加卷云的光学厚度和冷却效果。

云对气候的影响是由其光学厚度确定的：较厚的云能反射更多的辐射，有净冷却效应。虽然飞机形成的凝结尾在光学厚度上比较薄，但是飞机对已经存在的云的影响程度还不清楚。

该研究小组把2010—2011年，美国西海岸与夏威夷间主要航线飞机飞行轨迹数据，与"卡利普索"卫星观测云的光学变化数据结合。考虑到风的运输影响，研究人员表示和这些航线附近的区域相比，在统计上，飞机飞行轨迹上的卷云的光学厚度显著增加了22%。

虽然云层增厚的原因还不清楚，但作者推测这可能是和凝结尾一起喷出的烟灰造成的，它们能作为凝结核促进云的生长。科学家表示，需要更多的研究来确定这一因果关系，并量化这一发现对气候的影响。

3. 研究火山喷发影响气候变化的新进展

认为冰岛火山喷发不太可能对全球气候产生重大影响。2010年5月10日，美国国家航空航天局官网报道，冰岛艾雅法拉火山在2010年4月底喷发强度有所减弱，相对温和期持续大约一周时间。但在5月第一周内，艾雅法拉火山开始了新一轮的大规模火山灰喷发。2010年5月6日上午，美国国家航空航天局"泰拉"卫星上的中分辨率成像光谱仪，捕捉到艾雅法拉火山所喷出的浓厚的火山灰云，正在向东南方向吹去。

在大西洋上空，则是呈现出河流状的棕黄色火山灰云，火山灰云上似乎泛起层层涟漪。类似这样的火山灰云令人触目惊心，它们将对空气质量以及农作物等植被产生严重的影响。

在冰岛，艾雅法拉火山所喷发出来的火山灰，已经在地面上积了厚厚的一层，对家畜和野生动物构成了极大的威胁。由于火山灰可能破坏飞机引擎，这次火山灰喷发将再一次使欧洲航空系统陷入瘫痪。

尽管这些火山灰云看起来相当壮观，但它们并不会对全球长期气候产生重大影响。对气候影响最大的因素在图中并不可见。火山喷发要想对全球气候产生影响，其强度要能够足够把大量二氧化硫喷射到同温层，也就是雨雪通常形成地方之上的空间。二氧化硫将转变成为微小的硫酸雨滴。这些浅色的硫酸雨滴，能够通过将太阳光反射回太空而使得地球降温。由于这些小雨滴并不会在同温层降落下来，它们会在那里停留数月甚至数年时间。因此，大规模的火山喷发，能够在数年时间里降低全球表面平均温度数度。

在大多数情况下，高纬度的火山喷发对全球气候不会形成太大的影响，即使它们的喷发强度足够将二氧化硫喷射到同温层。但是，这种反射阳光的粒子很少有机会扩散到全球上空。同温层空气一般升起于热带上空，然后向两极方向移动，到高纬度地区后重新下沉到较低的大气层中。

这种循环模式意味着，热带地区火山喷发形成的同温层反射阳光的粒子，更有机会扩散到全球各地，而高纬度地区火山喷发的粒子则更有可能很快落回低层大气。当它们重新回到对流层时，它们将会很快被大气中的雨雪所冲洗。艾雅法拉火山正处于高纬度地区，这就意味着它的喷发不太可能对全球气候产生重大影响。

4. 研究植被或植物影响气候变化的新进展

（1）研究表明苔原地区植被增加可能会加快全球变暖。2012年5月，芬兰媒体报道，由于气候变化的影响，北极苔原地区的植被数量已有增加。由芬兰气候研究所开展的一项新研究指出，苔原地区植被的增加，可能会进一步加快全球变暖。该研究的主要目标，是利用卫星观测来确定植被的数量如何影响融雪，进而影响北极苔原地区的陆地反照率。

研究人员表示，该研究显示挪威的植被相对较厚，一个原因是在芬兰的驯鹿放牧更加密集，同时研究表明了挪威积雪融化的时间总是早于芬兰。除了植被的差异，其他主要条件，比如温度、降水和太阳辐射在这两个国家基本相同。两个国家积雪融化的差异影响了陆地的反照率，在积雪融化阶段，芬兰的反照率总是高于挪威的反照率。研究人员同时指出，植被的减少或者保持光秃秃的苔原，将会延迟春季积雪的融化，进而可能会延缓全球变暖。

由于全球变暖，目前积雪融化的时间，要早于过去几十年的情形。积雪的较早融化，对陆地地区的反射率或者反照率有严重的影响。陆地的反照率有助于地球上的能量平衡，因为它决定着地表反射太阳辐射与地表吸收辐射之间的比率。与光秃秃的陆地相比，积雪的反照率明显偏高，这是因为积雪较光亮，能将大部分太阳光反射回太空。相比之下，无雪地面相对暗淡，因而能吸收更多的太阳能。

全球变暖已使树线北移，增加了北极苔原地区的植被。这是因为现在的植被，已经能够在之前过于寒冷而不能生存的地区生长。驯鹿的管理也影响了拉普兰苔原地区植被的生长，更加密集的驯鹿放牧减少了地表植被，在一些地区，围栏内外植被的差异很清楚，甚至在卫星图像上都清晰可见。

（2）非维管植物可能影响与气候相关的水文循环。2018年8月，瑞典斯德哥尔摩大学、美国佐治亚南方大学，以及德国马克斯普朗克生物地球化学研究所联合组成的一个国际研究团队，在《自然·地球科学》发表论文指出，非维管植物，可能会对全球降雨的截留和蒸发产生重大影响，从而成为影响气候变化的因素。植物的截流是陆地水文循环的重要组成部分。

非维管植物是对没有木质部和韧皮部维管束的植物，如地衣、苔藓和绿藻等。虽然非维管植物缺乏此类特殊的组织，但一部分非维管植物会通过自身特有的组织在体内输送水分。非维管植物已被证明可以截留大量的降雨，这可能会影响从某一区域到整个大陆范围的水文循环和气候。然而，非维管植物对降雨截留的直接测量仅限于局部尺度，这使得推断其在全球层面的影响存在困难。

该研究团队，使用基于过程的数值模式和观测数据，评估比较非维管植物对全球降雨截留的贡献。研究结果表明，模拟的植物平均全球蓄水量（包括非维管植物在内）为2.7毫米，与野外观测结果一致。当包括非维管植物时，来自森林冠层和土壤表面的自由水的总蒸发量增加了61%，导致全球降雨截留通量为地面蒸发通量的22%。

(二) 研究应对气候变化的新举措

1. 计划研制对抗全球变暖的"造云船"

2009年8月10日，英国《泰晤士报》报道，为了应对灾难性的全球变暖问题，许多科学家提出了许多创意方案为地球降温。丹麦哥本哈根一家智库，通过比较各种方案的花费和效果，认为"造云船"计划具有可行性。

在未来25年内，只需花费90亿美元进行实验，一支庞大的"造云船"团队，就能驶向大洋深海，利用海水制造云层，为越来越热的地球降温。

全球变暖问题，已经成了各国政府和全世界科学家们最为关注的环境问题之一。一些人相信，地球拥有从"全球变暖"伤害中"自愈"的能力；另一些人则相信，全球变暖将给人类带来一系列难以想象的自然灾难。为了拯救地球和人类自己，世界各国的科学家们设想出多种解决全球变暖问题的方案。

尽管许多方案富有创意，但是大部分听起来像是儒勒·凡尔纳科幻小说中的奇思妙想，由于代价太大或是不切实际而不具可行性。比如，向海洋中撒铁粉吸收二氧化碳、将撒哈拉沙漠变成"反射镜"在太空、为地球造"遮阳伞"、建造"水母农场"吸收海里的碳元素、用硕大的"毯子"盖住格陵兰岛、将地球慢慢推离太阳等。

不过，"造云船"计划，由于相对经济得到了很多组织的青睐。哥本哈根共识中心，对各种方案的投入与收益进行研究后发现，这项方案最具可行性。哥本哈根共识中心是丹麦一家智囊团，能够建议政府如何分配援助资金。

所谓"造云船"计划，就是将一支由1900艘船组成的船队分布在海洋里，利用风能吸取海水，通过高高的烟囱喷射到空中形成巨大的白云：研究表明，云朵越白，反射的太阳光越多，从而辐射至地球的热量越少。

这些云，能反射使海水变暖的阳光的 1%~2%，足以抵消二氧化碳排放导致的温室效应。

这些船无人驾驶，由卫星根据实际情况定位，以最大限度地增加云层覆盖。它们主要在太平洋上作业，远离陆地并不影响正常的降雨。

丹麦哥本哈根共识中心研究发现，该计划将耗资 90 亿美元进行试验，而这只占世界主要国家考虑用于减少二氧化碳排放的 2500 亿美元资金的小部分，最快在 25 年内就能推行。目前，丹麦哥本哈根共识中心也开始资助这一项目。英国皇家学会也宣布"造云船"计划，是前景最广阔的创意之一。

哥本哈根的研究，还关注另一项设计，旨在模仿剧烈的火山爆发效应，使地球冷却一年，甚至更久。历史上，多次大规模火山喷发，给科学家提供了将人类从气候灾难拯救出来的巨大启示。

1991 年 6 月 15 日，位于菲律宾吕宋岛的皮纳图博火山突然喷发，大量火山灰喷发到空中，遮蔽了太阳。这是 20 世纪世界上最大的火山喷发之一，300 多人因此丧生。当时有 2000 万吨二氧化硫逸出，进入大气层的最上层，像灰霾般遮盖了地球，将太阳光折射回太空。此后几年，气象学家惊讶地发现，这次火山喷发导致地球的温度降低了 0.5℃，大大遏制了全球变暖的脚步。

在皮纳图博火山喷发前的一个世纪中，人类工业生产所导致的温室气体排放，已经令地球的温度上升了 1℃。而 1815 年坦博拉火山爆发，则导致了更加戏剧性的结果：1816 年竟因为没有夏天而载入史册。

针对科学家提出的其他方案，哥本哈根共识中心比较研究后认为并不可行，比如利用北极的空中加油飞机，发射微粒或气雾降温来保护那里的冰盖。哥本哈根科研人员研究得出结论说，这一计划将耗资 2300 亿美元，而且比造云船计划更难以控制。而造云船计划一旦发现产生相反的效果后，就能立即叫停。

哥本哈根研究人员通过分析认为，太空"遮阳伞"计划并不可行，因为该计划将耗费惊人的 395 万亿美元。所谓太空"遮阳伞"计划，就是将数万亿片的超薄硅镜发射到太空中，并用它们改变阳光的路线。美国亚利桑那州大学天文学家罗杰·安吉尔教授建议称，当这些硅镜被送到太空后，它可以组建成一个10万平方英里的太空"遮阳伞"，从而将射向地球的阳光减少2%。

该智库主任比约恩·隆博格说："太空遮阳伞计划其实就是科学幻想，但是造云船计划值得认真的审视。"他表示，尽管全球变暖是人类面临的巨大难题，但是人类可以找到更好的应对之策，而不仅仅是减少二氧化碳的排放量。他说："我们需要对所有的应对全球变暖的选择进行辩论，而不仅仅探讨政治上正确的二氧化碳减排。"据悉，隆博格在美国首都华盛顿主持召开会议，届时一个由诺贝尔奖得主组成的评审小组，将会对成本效能比最优的方案进行评选。

2. 发布减缓气候变化科技创新解决方案白皮书

2019年12月，有关媒体报道，丹麦创新基金会联合哥本哈根未来研究所，发布了《丹麦减缓气候变化科技创新解决方案白皮书》，白皮书由来自丹麦学术界、企业、非政府组织和政府部门政策制定者组成的专家组完成。

确定对二氧化碳排放影响最大的气候解决方案和技术，是一项非常复杂而且具有挑战的艰巨任务。组建跨领域和部门气候解决方案专家组，旨在提出对减缓气候变化可行的解决方案，同时总结丹麦在这些解决方案相关领域的主要优势，并评估丹麦优势技术帮助解决全球气候危机的相关性、实用性和广泛采用的潜力。尽管丹麦的二氧化碳排放量相对较低，仅占全球总量的0.1%，但专家组认为，丹麦实施的任何解决方案，都具有在全球范围内做出积极贡献的潜力。

白皮书最终确定了五大领域及其62项气候创新解决方案和优势技术。这五大领域，也是丹麦总排放量的绝大部分，同时也是丹麦拥有现有科研优势和商业实力的领域，它们包括可持续农业和粮食、能源和存储、替代燃料和交通运输、建筑业和智能建筑及制造和材料。

丹麦议会已决定，2020年给丹麦创新基金会分配8亿丹麦克朗，以资助有潜力应对气候变化和实现可持续社会的研究和创新项目。气候解决方案专家组在白皮书中提出的重要结论，为创新基金会及其众多合作机构寻求最有效的气候解决方案，提供了非常有价值的方向指南。

专家组关于基于丹麦优势，进一步开展减缓气候变化的研究和创新的具体建议,还将帮助丹麦新政府实现政治承诺目标,即到 2030 年将丹麦的温室气体总排放量比 1990 年减少 70%,并为丹麦在 2050 年成为零排放社会铺平道路。

第七节 防御破坏生态环境的自然灾害

一、火山喷发现象研究的新成果

(一)观察与预测火山喷发的新信息

1. 观察火山的喷发现象

看到冰岛艾雅法拉火山数日来持续喷发。2010 年 3 月 24 日,有关媒体报道,3 月 20 日,冰岛南部埃亚菲亚德拉冰盖冰川下的艾雅法拉火山,在沉寂了近 190 多年之后再次开始喷发。到 22 日,它继续向外喷涌岩浆和火山灰。随着熔岩和蒸汽喷向空中,地面也随之出现了几次轻微震动。

艾雅法拉火山的喷发,提高了人们对附近卡特拉火山大规模喷发的担忧。卡特拉火山是冰岛的主要火山,科学家表示历史证明卡特拉会紧随艾雅法拉的脚步,何时喷发只是一个时间问题。它一旦喷发,将对当地甚至全球产生重要影响。

科学家表示,曾经的卡特拉火山喷发导致了亚马孙流域洪水,房屋大小的巨石从峡谷滚落到公路。卡特拉火山最近一次大规模喷发出现在 1918 年,1 小时后便引发洪水,给附近居民的生命构成威胁。

目前,在艾雅法拉火山喷发之时,至少 500 人被迫撤离。虽然绝大多数人已经重返家园,但当局仍在等待科学评估报告,以确定人们选择留下是否安全。目前,距离火山最近的 14 家农场的居民,已接到撤离通知。

冰岛位于大西洋中部洋脊一个面积巨大的火山多发带。历史上,地震活动经常导致冰岛火山喷发。与地震一样,预测火山何时喷发也是一个科学难题。

2. 预测并持续观察火山的喷发现象

(1)预计冰岛火山喷发的持续时间不会太长。2010 年 4 月 18 日,冰岛日报《指示》报道,17 日晚火山上空天气转晴,地质学家得以更清楚地观察火山。他们认为，冰岛第五大冰川埃亚菲亚德拉冰盖冰川下的火山喷发，不会持续太长时间，可能会在几天之内结束。

目前，造成欧洲空中交通瘫痪的火山仍在全力喷发，并伴有雷电。火山烟尘仍在大量生成之中，但火山喷发引发的山洪已基本趋于稳定。据估计，这座火山喷发以来约有1亿~1.5亿立方米的冰川被融化，除流下山谷的融水导致山洪，流入火山口的融水则激化了喷发。

冰岛民防局派出12支救援队，共160名救援人员到受灾地区协助农户保护家畜和家园。火山附近地区的全体居民，还受邀于18日下午出席民防局和地方政府组织的灾情讨论会。

因众多外国旅客滞留在冰岛，冰岛航空公司决定18日专门安排5次航班，飞往挪威北部已开放的特隆德赫姆机场。

（2）冰岛火山喷发活动显著下降。2010年5月23日，英国广播公司报道，最新测量结果显示，一个多月来，对航空造成严重影响的冰岛火山喷发活动显著下降。

冰岛著名地球物理学家戈德曼松认为，早些时候相机录像显示，冰岛火山喷火口的温度，已经下降到100℃，这意味着喷出的只是蒸汽了。但是他提醒说，现在断定该火山喷发完全结束仍然为时太早。

（二）监察火山喷发物的新信息

1. 监察火山灰扩散范围的新进展

冰岛火山灰已扩散到大西洋上空。2010年4月16日，美国国家航空航天局官网报道，冰岛艾雅法拉火山持续喷发。

北大西洋上空的火山灰，严重影响了附近地区的航空系统，导致英国、爱尔兰、法国以及斯堪的纳维亚半岛各国被迫关闭当地机场。机场的关闭又进一步引起连锁反应，其他国家进出该地区的航班也纷纷被迫取消。各国政府均无法承诺机场究竟何时能够重新开放。据了解，在未来数日内，火山灰漫延所带来的威胁，将可能会导致更多机场的关闭。

2010年4月15日，"泰拉"卫星上的中分辨率成像光谱仪，拍摄到北大西洋上空火山灰羽状物的自然色调图片。位于冰岛南部火山喷出的火山灰和蒸汽所形成的羽状物，正在向东方及东南方向吹去。这片羽状物吹过法罗群岛，然后在设得兰群岛附近轻微转向北方。羽状物呈棕褐色，这表明其中火山灰的浓度很高。

与植物燃烧后所形成的松软灰质不同，火山灰由许多大小不等的岩石颗粒组成。一旦火山灰被吸入飞机的发动机涡轮中，这些物质极易引起发动机故障。然而，飞机上的气象雷达根本不可能探测到这些火山灰。

艾雅法拉火山是一个成层火山，高度大约为1666米。2010年3月20日，它开始了190年来的首次喷发。这次喷发形成了一条长达500米的裂缝，并产生了壮观的熔岩喷涌。熔岩喷涌沿着火山口堆积起数座充满泡沫的火山岩小山。

2. 监察火山蒸汽和气体喷发物的新进展

发现火山喷发物中出现罕见蒸汽圈。2010年5月24日，有关媒体报道，冰岛艾雅法拉火山自此次喷发以来，似乎仍然没有休止的迹象。一个地质研究团队在考察艾雅法拉火山时，竟然拍下了一组神奇的火山喷发景象。火山喷发物在空中形成了一个罕见的蒸汽圈。

早在2000年，火山摄影师也曾在意大利埃特纳火山上空拍摄到相似的场景。但是除了照片资料外，关于这种蒸汽圈的形成原因至今仍然是个谜。研究人员认为，这种现象，极有可能是蒸汽和气体喷发物，从狭窄的火山喷发口喷出时所形成的，就好似从吸烟者嘴中吐出的烟圈。

研究人员说："该蒸汽圈在消失之前，大约持续了5分钟左右。艾雅法拉火山，在过去大约一个月内，仅仅喷出了一个可以观测到的蒸汽圈，这表明这是一种极端罕见的现象。能够观测到它，我感到非常幸运。"

（三）监察火山移动与喷发顺序的新发现

——监测研究发现火山先移动再喷发

2014年1月13日，冰岛大学的地球物理学家丝格润·赫雷斯多蒂尔领导的一个研究团队，在《自然·地球科学》发表论文称，他们通过监测设备研究发现，火山喷发前，其所在地面会发生明显移动。

研究人员表示，2011年5月，在冰岛格里姆火山喷发前1小时，安置在其两翼的全球定位系统（GPS）设备显示地面发生了明显的移动。这些数据被实时传输给火山学家，不仅揭示了即将发生的火山喷发，并有可能暗示这次喷发的规模。

赫雷斯多蒂尔说:"一个 GPS 站点不但能够告诉你这里有一座不安的火山,甚至还包括火山的喷发及火山灰能够到达的高度。"

了解即将发生的火山喷发,将能够帮助紧急救援人员通过关闭道路,或疏散附近居民,从而为迎接灾难做好准备。而搞清火山灰能够喷发到何种高度,则能够帮助航空公司判断它们是否需要选择其他的航班,乃至关闭机场。

近一个世纪以来,冰岛最大的火山爆发事件,是 2011 年的格里姆火山喷发,它喷出了高达 20 千米的火山灰,致使英国部分地区的航班临时停飞。而就在此 1 年前,冰岛艾雅法拉火山喷发,导致了相关国家的部分航班停飞,由此造成的经济损失超过数百万欧元。那次火山爆发喷出大量火山灰云团,有超过 10 万趟班机和 800 万人乘客受到影响。

格里姆火山是冰岛最活跃的火山,但科学家却很难对其进行监控,原因在于该火山被埋藏在一个巨大的冰原下方。该研究团队把一个 GPS 站点设置在一个罕见的岩石露头上,该露头之所以没有被冰层覆盖,是因为一个地下通道将地热输送至地表所致。研究人员发现,在火山喷发前不久,地面开始移动,最终的距离超过了 0.5 米。

利用描述一个地下岩浆库物理特性的方程,研究人员将 GPS 测得的地面移动数据转化为岩浆库内部压力的变化信息。这反过来又与来自喷发的火山灰能够达到的高度紧密相连。

赫雷斯多蒂尔说:"如果你在一个气球中装满了水,并使劲挤压气球,那么水从气球中喷出的高度,应该与你的力度紧密相关。"她接着说:"这似乎非常简单,但之前我们一直无法对其加以证明。"

地震仪器能够探测到一次即将发生的火山喷发,这是缘于地震通常会在这些地质事件发生之前迅速出现。但赫雷斯多蒂尔表示,只有 GPS 数据能够表明,即将到来的火山喷发的实际规模。

这项工作,能够被一些遥远的火山证明是有用的,例如那些位于美国阿拉斯加州阿留申群岛上的火山,在那里只有少量的摄像头用于监视是否发生火山喷发。而飞行员在飞越北太平洋时,常常不得不猜测这里是否有火山灰需要他们避让。

然而,最大的挑战可能是如何安装正确的 GPS 设备。美国加利福尼亚州斯坦福大学的地球物理学家保罗·西格尔指出，这项技术需要一类更为昂贵的 GPS 站点，并且，近乎实时地获得数据流反馈，依然相对困难。包括阿拉斯加州在内许多火山观测站，近些年来，正在流失人才和资金。

如今，赫雷斯多蒂尔希望观测另一场冰岛火山喷发事件，从而证明 GPS 能够用来进行预测工作。她说："我们需要另一场火山喷发，来证明自己是正确的。"

格里姆火山位于冰岛的东南部，是冰岛最活跃的火山之一，自 20 世纪 20 年代以来已多次喷发。格里姆火山位于约 12 米厚度的瓦特纳大冰川地底下。火山不断加热覆盖在它上方的冰层，让其融化成水层，填补了冰川和火山之间的空隙。这层水层给火山施加压力，使火山处于一个稳定的状态。随着地底冰川融水的流出，火山所受到的压力也逐渐减轻，火山的熔岩则会跟着溢出到地表。

二、火山灾害影响研究的新成果

（一）研究冰岛火山灾害影响的新信息
1. 探索冰岛火山引发相关灾害的新进展

（1）冰岛火山再度喷发融化冰川引发洪水。2010 年 4 月 15 日，美国国家地理网站报道，冰岛艾雅法拉火山 4 月 13 日再度喷发，由于这次喷发是在表面覆盖积雪的区域，融水迅速汇成洪流，使当地河水水位最多上升 3 米左右。鉴于此，冰岛当局已经疏散了附近数百居民。

在一张冰岛海岸警卫队摄于 2010 年 4 月 14 日的航空照片中，顶部覆盖冰川的冰岛火山不断往外喷射蒸汽形成烟柱。最新喷发始于 4 月 13 日，当天，临近的一座无冰火山口的熔岩喷涌强度正在减弱。火山喷发散发的热量，令覆盖在火山口上 200 米厚的冰川迅速融化，这个火山口是艾雅法拉火山的一部分。

据冰岛大学地球科学研究所的地球物理学家帕尔·埃纳森介绍，由于担心火山喷发引发洪水，冰岛当局在最早发现第二次喷发的迹象以后，就疏散了附近约 800 名居民。初步报告显示，冰川融化造成当地河水水位最多上升 3 米。据悉，一条重要交通干道已被关闭，融水继续汇入附近大海，截至 4 月 14 日，尚无人员伤亡的报道。

2010 年 4 月 14 日，冰川融水穿过冰岛平原向海洋汹涌而去。据科学家介绍，前一天的火山喷发强度，是 3 月艾雅法拉火山无冰区喷发的 10~20 倍，由于这次喷发位于冰川下面，使得艾雅法拉火山顶端的一座冰川迅速融化。

在 2010 年 4 月 14 日拍摄的航空照片中，融水沿着冰岛艾雅法拉火山附近冰川的裂缝汇入下方的峡谷，当时，一个新火山口开始从冰川下面喷发。艾雅法拉火山曾在 2010 年 3 月 20 日首度喷发，壮观的熔岩喷射到半空，而熔岩如涓涓溪流沿着狭长的裂缝流下，当天向外喷发熔岩的火山口顶部无冰。那次喷发，也是艾雅法拉火山近 200 年来首次喷发，形成了数个新火山口和一个 27 层楼高的巨型锥形岩石。

（2）提出要密切关注其他火山可能被唤醒。2010 年 4 月 18 日，新加坡《联合早报》报道，冰岛专家表示，正在喷发的火山逐渐衰弱，但冰岛还可能有其他火山爆发。据悉，冰岛是全球火山活动最活跃地区之一，但冰岛人似乎已习以为常，大多表现平静。

冰岛大学地球物理学家赫雷斯多蒂尔表示，因岩浆流入速度赶不上喷发速度，埃亚菲亚德拉火山其实正在衰退。她说："我们很快就能看到变化。"

这起火山爆发是冰岛一个月来第二次火山爆发。上次的霍尔斯沃德吕尔火山喷发持续了三周，赫雷斯多蒂尔认为，此次火山喷发持续时间可能与上次相仿，但她同时承认，无法准确预计喷发停止时间。

上次火山喷发结束仅数小时，埃亚菲亚德拉火山就开始爆发。赫雷斯多蒂尔表示，岩浆活动很可能影响到其他岩浆囊，引发新的火山爆发。

有专家担心，这次火山活动，可能唤醒冰岛最危险的卡特拉火山。卡特拉火山和埃亚菲亚德拉火山距离很近，而霍尔斯沃德吕尔火山就在两火山之间。赫雷斯多蒂尔说，卡特拉火山很有可能爆发，他们正密切关注该火山，但目前还未探测到任何活动迹象。

冰岛及其周边的活火山有 35 座之多，而冰岛本身仅有约 160 千米长、97 千米宽。美国阿拉斯加火山观测站负责人韦托马斯说："因它所处的位置，冰岛是全球火山活动最活跃的地方之一。"他表示，这里火山喷发经常发生，只是这次带来的影响面更宽，火山灰随风飘到了欧洲上空。

据知，冰岛火山活动活跃有两大原因：一是由于冰岛是地理上的过热点，这里地幔内岩浆与地表距离比地球绝大多数地方都近。二是冰岛位于大西洋洋中脊上，地球两大板块在这里互相挤压。这两大原因造成冰岛地壳脆弱，利于火山喷发。

航班大量取消则是因火山灰缘故。与焚烧树叶造成的有机灰尘不同，火山灰实质是极细小的石头和晶体粉末，这些粉末不但会阻塞飞机发动机，还会划伤腐蚀飞机玻璃和金属，对飞行安全造成威胁。

不过，虽然此次火山爆发对欧洲影响严重，冰岛当地人却大体保持平静。农场主皮特森说："为什么要恐慌？反正又不能控制它。在冰岛，不是这里有地震，就是那里有火山，这些都很危险。但既然生活在冰岛，这些就都是预料之中的。"

冰岛人的沉着可说是性格使然，多少年来，他们就生活在这个由火山喷发形成，又常遭北大西洋暴风侵袭的岛屿上。但另一重要原因，则在于精心的准备，冰岛当局发给居民的应急手册厚达210页，里面详细列明了火山爆发后不同地点可能发生的情况及应对措施。当局还通过实时摄像机监控冰盖下的火山活动。当地警方表示，一般而言，当地居民都能提前两个小时获得警报。

2. 探索冰岛火山对欧洲航空业影响的新进展

冰岛火山再度喷发严重影响欧洲航空运输业。2010年5月8日，有关媒体报道，冰岛埃亚菲亚德拉冰盖火山再度剧烈喷发，形成的烟尘向南蔓延，严重影响葡萄牙、西班牙和法国的航空运输业。

葡萄牙国家航空管理局发表公报说，由于冰岛火山灰南飘至葡萄牙领空，导致当天4家机场取消137个起降航班。公报说，首都里斯本国际机场当天有33个航班取消；北部波尔图国际机场取消38个航班；南部法鲁国际机场受影响最大，有60个航班被取消。另外，亚速尔群岛上的保罗二世机场有2个航班取消，飞往葡萄牙马德拉岛的4个架次班机停飞。

西班牙8日关闭北部地区19家机场，包括交通枢纽巴塞罗那数家机场，取消超过400架次航班，致使近4万名旅客滞留。西班牙交通部门说，交通部门将加开公交车和客船，在列车上加座，以缓解交通压力，帮助旅客顺利抵达目的地。

欧洲航空安全组织认为，火山灰云团笼罩大西洋北部，致使大批航班改道、取消或晚点。每天近 600 架次航班飞越大西洋。大约 40% 航班 8 日被迫绕飞西班牙，其余改道格陵兰。

冰岛埃亚菲亚德拉冰盖火山 4 月 14 日大规模喷发，火山灰迫使欧洲多国关闭机场，航空业遭受巨大损失。这座火山 5 月初再度剧烈喷发。

3. 探索冰岛火山影响巨大原因的新进展

揭示导致冰岛火山喷发影响巨大的三大原因。2010 年 5 月，有关媒体报道，冰岛大学地球科学研究所教授英伊·比亚尔纳松在接受记者采访时说，此次冰岛火山喷发之所以产生巨大影响，主要有三方面原因：火山灰颗粒比以往更细、风向异常稳定及现代航空业对飞机安全飞行要求越来越严格。

第一个原因是：火山灰产生必须具备一些必要条件，其中之一就是火山坑里必须积蓄大量水。没有大量水的参与，就不会有剧烈爆炸发生。正是剧烈的爆炸将火山熔岩携带的部分物质变成了火山灰，使其在空中飘散。4 月 14 日开始喷发的火山，正好位于冰岛埃亚菲亚德拉冰盖冰川中间正下方，大量的冰受热后融化成水，满足了火山灰产生的一个重要条件。与以往其他火山喷发的火山灰相比，这次火山灰颗粒更细小，到高空后，飘散得更远。这是本次火山喷发产生巨大影响的。

第二个原因是：在这次火山喷发期间，风向非常稳定，致使欧洲多个机场纷纷关闭，造成巨大损失。

第三个原因是：现在的飞机发动机越来越先进，使得现代航空业对飞机安全飞行要求日益严格。例如，1947 年，冰岛赫克拉火山喷发产生的火山灰规模，与这次火山喷发大体相当，但当时的飞机发动机对火山灰的敏感程度不如现在的飞机，所以没有出现今天的局面。

（二）研究远古火山灾害影响的新信息

1. 研究称远古超级火山爆发导致 90% 生命灭绝

2009 年 2 月 6 日，《探索》杂志报道，挪威奥斯陆大学科学家赫里克·斯文森领导的一个研究小组，发表研究成果称，西伯利亚偏远的森林是被人们遗忘的荒蛮之地，在苏联时期它曾被西方人看作是避之不及的恐怖地方。现在，他们研究认为，一位"古代杀手"就隐藏在这里。他们开始分析这里一座 2.5 亿年前大爆发的火山，据信，这次爆发导致地球上 90% 的生命灭绝。

据报道，研究人员对西伯利亚地盾火山的研究，已经有些年头了。他们认为，占地约为阿拉斯加州面积的西伯利亚地盾火山岩，在全球变暖并导致二叠纪末生物大灭绝发展中扮演着重要角色。这是有史以来地球上最大的生物灭绝事件，现在，以该研究小组进行了一系列实验，他们发现，西伯利亚地盾火山在其 20 万年活跃期间，拥有一座充满致命武器的"兵工厂"，其中的首要武器是碳。

西伯利亚地盾火山喷出的灼热岩浆，流入西伯利亚西部的通古斯盆地，该地区沉淀着厚厚的煤、石油和天然气。熔岩的热度烘烤着这些碳氢化合物，把该区域变成世界上最大的燃烧化石燃料的车间。西伯利亚地盾火山，可能已向空中喷射多达 100 万亿吨的碳，而人类每年排放到大气中的碳才 80 亿吨左右。

这足以造成全球气候灾难。但是，研究小组还想知道，如果熔岩渗透该区域丰富的盐层后会发生什么。在实验室，把盐加热到 275℃，会生成以甲基氯为主的大量毒气，甲基氯是一种有效的臭氧"杀手"。斯文森说："它是第一份二叠纪末期臭氧耗尽的地质现实证据。"

但是，麻省理工学院的琳达·坦顿称，关于这一发现，还有很多不确定之处。她说："有证据显示，在这时期的化石记录中存在大量基因突变。"可能是臭氧层受损后紫外线照射的结果。但是，坦顿说："这种臭氧破坏者的理论相当新。问题是，火山爆发是否足以强大到把气体喷入同温层。"

答案可能来自对遍布通古斯盆地的众多管状结构的分析研究。这些管状结构直径一般在 300 米左右，斯文森研究小组相信，这些管状物，是碳和氯混合的致命气体喷入大气后留下的古代火山坑。

2. 揭示远古火山活动导致气候寒冷

2015 年 12 月 11 日，丹麦、英国和德国相关专家组成的一个国际研究团队，在《自然·通讯》杂志网络版上发表报告说，侏罗纪期间北半球出现一段持续较长时间的寒冷期，这一温度变化事件，或许是大规模的火山活动引起洋流变化所导致。

距今 1.5 亿~2 亿年的侏罗纪，是一个地质时代，界于三叠纪和白垩纪间。研究人员利用贝壳化石等，重构了那个时期的相关温度变化情况，并基于这些数据，对寒冷期的成因进行了深入分析。

研究人员发现，这一持续数百万年的寒冷期，与一次大规模的火山活动在差不多时间出现，直到火山活动逐渐沉寂下来，温度才有所回升。

他们认为，火山活动带来的地质变化，影响了那些穿越远古大陆的水道，使洋流移动受限，阻碍了热量通过洋流从赤道传导到北极，这是北半球出现寒冷期的重要因素，并非大气中二氧化碳含量变化所致。

三、其他自然灾害防御研究的新成果

（一）地震灾害防御研究的新信息
——发现可用地球化学信号预测地震

2014年9月，一个研究冰岛地震的研究小组，在《自然》杂志上发表论文称，他们研究发现，在冰岛两场地震发生前，附近地下水中的地球化学信号发生了显著变化。据此，他们认为，可以利用这种地球化学信号变化来预测地震。

长期以来，地震学家一直渴望预测可能发生的地震。过去的研究显示，地震前兆，包括电磁场强度、氡水平，甚至动物行为等都会发生变化，但一直缺乏充足的证据。

现在，科学家以冰岛两场地震为案例进行分析。2012年10月，在冰岛Húsavík-Flatey断层附近，发生了一场5.6级的地震。2013年4月，在冰岛Grímsey Oblique断裂带，又发生了一场5.5级的地震。

在这两场地震发生前数月，研究小组从地下100米深的钻孔中测试地下水发现，氢同位素比值和钠水平急剧上升。研究人员认为，这些地球化学信号的变化，可能是由岩石扩张引起的。这种扩张以及和扩张有关的微裂缝，可能引起地球化学性质异常。根据这一新发现，再参考其他相关变化，可能提前数月就会预测到地震的发生。

（二）加强水陆自然灾害监测的新信息
1. 加强水中自然灾害监测的新进展

研制出用于探测海洋灾害及环境变化的水下无线技术。2007年10月，有关媒体报道，瑞典国防研究机构雇佣 800 名全职科学家，从事国防和安全领域的科学研究与技术创新活动。目前，国防研究机构已开发出一种水下无线技术。它经测试，可准确进行气象状况、海洋污染和地震等方面的预报。

报道称，这种新开发的水下无线技术，最初是为军事目的开发的。它比传统的回声技术，有很大的改进。传统的回声技术，存在水下数据传输速度慢等缺陷。在欧盟的赞助下，它进行了探测海洋灾害及环境变化等测试。

据介绍，这种无线技术能够用于准确预报地震，跟踪水下气候状态，监视海洋污染和气候变化，以及帮助石油和天然气行业进行勘探。无人驾驶水下航行器，还能够每周 7 天每天 24 小时，监视海洋的广阔区域。这种新技术，能够传输图像、电影和声音，而且传输速度很快，能够显著减少大规模计划的成本。

2. 加强陆上自然灾害监测的新进展

开发出监测森林火灾的新技术。2019 年 5 月，有关媒体报道，瑞典皇家理工学院宣布，该校一个研究小组与加拿大不列颠哥伦比亚省自然资源和农村发展部研究人员合作，开发出一种利用卫星数据和机器学习的新技术，用于更有效的监测森林火灾并分析灾后损害。

2018 年瑞典北部森林曾发生严重火灾，由于当时用直升机和无人机采集光学图像、GPS 位置及其他火灾信息，效率低、时效性差，对森林灭火指引效果不佳。

该研究团队开发的新技术，以美国国家航空和航天局的装备红外光传感器、雷达系统的欧洲航天局哨兵-1 卫星、哨兵-2 卫星、地球资源卫星、可见光红外成像辐射仪及中分辨率成像光谱仪等 24 小时免费开放数据为基础，通过深度人工卷积神经网络机器学习技术，来分析计算目标区域火灾前后图像之间的比率对数，然后把结果转化为二进制图像，以区分燃烧区域和未燃烧区域，从而更准确地获得火灾位置、燃烧程度等信息。

2017—2018 年，瑞典与加拿大合作研究团队，追踪分析 500 多起森林火灾，对此技术进行了验证改善。瑞典民事应急局将此纳入火灾监测新手段，以进一步检验其实际效果。

第七章 生命科学领域的创新信息

北欧在基因领域的研究，主要集中于提取、检测和分析古代人类基因，比较古人与今人的线粒体基因组，用古代基因研究马匹与牧民。研究基因性质、基因功能和基因遗传信息，运用基因测序分析人类迁徙轨迹、人口结构演变和寻找土著居民祖先，推进哺乳动物和鱼类的基因测序，揭示新的基因种类，运用基因技术选育种猪、治疗疾病。在蛋白质及酶领域的研究，主要集中于探索蛋白质功能、蛋白质结构、蛋白质种类，开发利用蛋白质。发现与疾病防治相关的酶，发现一种最古老的酶，研制出新型啤酒过滤酶。在细胞与干细胞领域的研究，主要集中于探索细胞种类、细胞结构和细胞生理机制，运用细胞治疗神经系统疾病、心脏病和癌症。研究干细胞本质、干细胞发育机理，开展干细胞移植治疗，发现干细胞可帮助修复受损脊髓。在生物与微生物领域的研究，主要集中于探索生物多样性的重要性，再次阐释生物演化的"红皇后假说"，发现微生物的呼吸功能，研究支原体行为、细菌种类、肠道菌群对健康的影响，以及细菌致病防治与细菌利用。同时，研究病毒种类及检测，探索病毒感染的治疗。在植物领域的研究，主要集中于探索植物生理与野生植物，运用基因技术研究栽培植物，分析栽培植物的功能及利用，并进一步做好培育工作。在动物领域的研究，主要集中于探索动物生理及生态、古生物的行为特征，研究哺乳动物、鸟类、鱼类和节肢动物。

第一节 基因方面研究的新进展

一、古代基因研究的新成果

（一）研究古代人类基因的新信息

1. 提取和检测古代人类基因的新进展

（1）成功提取千年前维京人的 DNA。2008 年 6 月，丹麦哥本哈根大学科学家约尔根·迪星领导的一个研究小组，在美国《公共科学图书馆·遗传学》杂志上发表研究成果称，他们已成功从 10 具 1000 年前维京人遗骸中提取脱氧核糖核酸（DNA）进行分析研究。研究人员认为，如果情况属实，这将是一项举世瞩目的成就。此前，很多研究者认为从古代人尸体残骸中提取 DNA 是不可能的事。

研究人员说，他们在丹麦菲英岛一处墓地发现了 1000 年前的维京人遗骸。为了防止对古代人 DNA 造成污染，影响研究效果，科学家们穿着防护外套，在挖出遗骸的同时，迅速从其下颚中取出牙齿并带回实验室。这样，在没有出现任何污染的情况下，提取到古代维京人的 DNA。

迪星说："对维京人 DNA 的分析中，我们没有发现任何外来 DNA 的污染，而且，这次研究成果显著，我们发现古代维京人和现代人类一样具有多样性。"此次研究中，迪星和他的同事们对维京人的家族关系和基因变异最感兴趣。

研究报告指出，从古代人残骸中提取的 DNA，具有很高的研究价值。通过分析这些 DNA 样本，可以找出人类基因遗传疾病的起源、发现祖先迁移的方式，还能了解古代人类部落和家庭的组织结构概况。

（2）发现古老桦树皮沥青包含人类 DNA。2018 年 12 月，有关媒体报道，瑞典乌普萨拉大学考古学博士生纳塔利娅·卡舒巴及其同事组成的一个研究团队，在预印本服务器 bioRxiv 上发表研究报告称，他们发现了包裹在数千年前、被称为桦树皮沥青的焦油状团块中的 DNA。斯堪的纳维亚半岛的狩猎或采集者咀嚼这些桦树皮沥青，以制造用于武器和工具的胶。DNA 还表明，这些工具制造者男女都有，其中一些可能只有 5 岁。

20 世纪 80 年代，一个由瑞典考古学家组成的研究团队，在该国西部一处名为赫斯比·克莱夫的考古遗址内挖掘了一个深坑。在那里，他们发现了 100 多个煤黑色、拇指印大小且充斥着独特牙印的团块。化学分析显示，这些是沥青块：一种源自植物树脂的早期黏合剂。

研究人员已经知道，古代工具制造者，把从桦树提取的沥青在火上加热使其软化，然后放在口里咀嚼，使其形成柔软状态。随后，他们利用这种黏性团块，把锋利的石头固定到木材或者骨头制成的杆上，使其变成武器和工具。

卡舒巴研究团队想知道，来自咀嚼者唾液的任何可用DNA是否保留在变硬的树脂内。开展该研究时还是奥斯陆大学学生的卡舒巴，与其他团队成员采集了来自3块团状物的微小样本，将其研磨成粉，然后利用一种极其敏感的DNA放大工艺，定位通常高度降解的古代DNA。

研究人员在3个样本中均辨别出人类DNA。进一步分析表明，每个均来自不同的个体，包括两名女性和一名男性。基于对牙齿大小和磨损程度的估测，研究人员推断，咀嚼者很年轻，年龄在5~18岁。成年人的牙齿痕迹也出现在这些沥青中，表明人人平等的工具制造过程，涉及所有性别和年龄。

DNA还显示，这些沥青的咀嚼者，属于一个被称为斯堪的纳维亚狩猎——采集者的基因群。约8000年前，他们在今天的瑞典和挪威捕杀驯鹿。未参与这项研究工作的乌普萨拉大学进化生物学家托尔斯滕·冈特表示，这证实了人类学家的推断。他认为，该研究的真正价值，在于凸显了即便无法发现古人类也能研究他们的前景。

（3）从咀嚼物中检测出一个古人的全部基因组。2019年12月17日，丹麦哥本哈根大学考古学家汉纳斯·舒欧德领导的一个研究团队，在《自然·通讯》杂志上发表论文称，他们从一块被咀嚼过的古代"口香糖"，即桦树沥青样本中，获得一名5700年前、名为"萝拉"的古人类的全部基因组。通过对桦树沥青中含有的植物、动物和微生物DNA进行分析，还揭示了"萝拉"的口腔微生物组和可能的饮食来源。

桦树沥青由桦树皮加热后产生，自中更新世（约76万~12.6万年前）开始，一直被用作胶黏剂。考古遗址中曾发现过小块的桦树沥青，上面通常含有牙印，显示出这些物质曾被咀嚼过，恰似一块"口香糖"。

此次，丹麦研究团队对桦树沥青样本中的人类DNA进行测序，确定这名个体为一名女性，并为她取名为"萝拉"。研究人员根据多个基因的遗传变异发现，"萝拉"可能有着深色的头发、黝黑的肌肤、蓝色的眼睛。

研究团队认为，相较于斯堪的那维亚中部的狩猎采集者，她与欧洲大陆的西方狩猎采集者的亲缘关系更为接近。研究人员还对桦树沥青中发现的非人类古代DNA进行了分析，检测到了具有口腔微生物特征的细菌物种，包括一些已知的病原菌，如与牙周病有关的牙龈卟啉单胞菌。此外，测得的 DNA 序列还能对应一些植物和动物，如榛子和野鸭，研究人员认为，这可能是之前一餐的残留。

2. 分析古代人类基因的新发现

分析表明维京人群基因"足迹"遍及欧洲。2020 年 9 月 16 日，丹麦哥本哈根大学科学家艾萨克·威勒斯勒韦弗主持的一个研究团队，在《自然》杂志发表论文称，他们一项针对 400 多例欧洲古人类的基因组分析，揭秘了跨千年的遗传学构成。这一研究显示，正是不同的维京人群影响了欧洲各地区的遗传学组成。

斯堪的纳维亚人群，在历史上著名的"维京时代"（公元 750—1050 年）进行的海上扩张，改变了人类政治、文化和人口版图。他们于 8 世纪—11 世纪一直在欧洲沿海和英国岛屿活动，足迹被认为遍及欧洲大陆至北极广阔疆域。

为了探究这一时期对人类基因组的影响，此次，丹麦研究团队，对来自整个欧洲和格陵兰的 442 例古人类的基因组进行测序，时间跨度从青铜时代（约公元前 2400 年）一直到近代早期（约公元 1600 年）。

研究人员发现，在"维京时代"，来自南部和东部的外源基因流入了斯堪的纳维亚。他们还发现有证据证实维京人曾在斯堪的纳维亚以外移动：丹麦的维京人向英格兰移动；瑞典的维京人朝着波罗的海国家向东航行；挪威的维京人迁移至爱尔兰、冰岛和格陵兰。

不过，他们的基因分析中，也包含了与欧洲西部边缘的现今瑞典人群，以及东边的现代丹麦人群，具有亲缘关系的血统样本。研究人员认为，这些个体来自拥有混合血统的社群，通过跨文化和跨大洲的复杂贸易、定居发生了进一步融合。

在此次基因分析过程中，研究团队还对来自爱沙尼亚萨尔梅，一处墓地的 34 例维京人个体的基因组进行了测序，并发现近缘家庭成员参与一次探险的证据：四个兄弟被发现并排埋葬。他们还在数据集中找出了另外两对亲属，但这些有亲缘关系个体的发现地，相距几百千米远。结合以上的研究结果，研究人员认为，它可以说明当时的确存在个体的移动迁徙。

3. 比较古人与今人线粒体基因组的新发现

通过古今线粒体比较发现南高加索女性基因惊人稳定。2017 年 6 月，丹麦自然历史博物馆地球遗传学中心科学家阿肖特·玛格丽扬和莫滕·艾伦托夫领导的一个研究团队，在《当代生物学》期刊发表论文称，南高加索地区毗邻欧洲和近东，是数千年来人类迁移的重要枢纽，有考古证据显示，这里的文化曾出现巨大转变。但令人惊讶的是，他们通过古老线粒体DNA证据揭示，过去8000年来，这里的基因没有发生巨变的痕迹。

线粒体，经由母亲遗传给后代。因此，线粒体基因组，能让科学家追踪该地区女性的独特进化历史。

研究人员说："我们分析了南高加索地区古代和现代的线粒体基因组，发现遗传的连贯性至少持续了8000年。换句话说，我们没有发现，这一地区女性的基因库，在此段时间里出现变化。这一现象令人惊讶，因为该地区曾出现了数次文化变迁，但这些变化似乎对基因没有产生影响。"

研究人员分析了52个，发现在今天的亚美尼亚和阿尔茨阿克的古老遗骸的全线粒体基因。这些样本具有7800年历史。该研究团队还把相关数据，与现代亚美尼亚人的206个线粒体基因组的新数据，以及之前研究发布的480个附近7个相邻人种的基因数据，进行了比较。

结果显示，在1.8万年前的末次盛冰期，南高加索地区的人口快速增加。尽管文献记载该地区在这一时期出现数次文化变迁，但基因证据显示母体基因库一直稳定。这也暗示历史记载的，持续了2000~3000年的人口迁移，未对该地区的女性基因产生影响。

研究人员还提到，这些发现表明，文化转变主要是通过交换思想而发生的，而且主要是男性进入新领域，带来新的文化思想。下一步，研究人员计划分析该地区的全基因组数据库，并将样本扩展到其他相邻国家。

（二）用古代基因研究马匹与牧民的新信息

1. 以古代基因研究马匹的新进展

研究古DNA获得现代马起源的新发现。2018年2月22日，丹麦哥本哈根大学分子考古学教授卢多维奇·奥兰多主持，英国埃克塞特大学波泰动物考古学家艾伦·欧特兰、美国堪萨斯大学动物考古学家桑德拉·奥尔森、肯塔基大学格鲁克马研究中心遗传学家欧内斯特·贝利等参加的一个研究团队，在《科学》杂志上发表论文称，现代马来自于一个尚未被发现的种系。这项研究还表明，世界上唯一现存的野生马，被称为普氏野马，并不是真正的野生动物。它其实是驯化马的后代，目前已经没有纯种野马存世。

马从根本上改变了人类的历史。它彻底变革了人们的旅行、耕作甚至发动战争的方式。然而，每当我们认为已经回答了这些动物从何而来的问题时，总会有一项研究又将我们带回了原点。情况确实如此，对远古马的脱氧核糖核酸（DNA）进行的大量新研究，在很大程度上推翻了目前的理论，即现代马在5000多年前出现于今天的哈萨克斯坦地区。

美国圣保罗市明尼苏达大学兽医学院兽医和马遗传学家莫莉·麦奎，没有参加该项研究，但对此成果大加赞赏，他说：“这篇论文，从根本上改变了我们对于现代马起源的看法。这是一项令人兴奋和惊讶地发现。”

研究人员通过系统发育学分析发现，普氏野马的祖先，是大约5500年前，生活在今天哈萨克斯坦北部的波泰人驯化过的一种马。此前，波泰马被认为是所有现代驯化马的祖先，但对各种马样本的DNA分析结果表明，波泰马并非现代驯化马的祖先，而是普氏野马的祖先。

奥兰多指出：“过去认为，普氏野马是地球上最后一种野马，但它们实际上是最早驯化马的后代，这种马后来因受到人类的压力而逃回荒野，在野外生存数千年。”他接着说：“我希望，能够在驯化开始的时候，便抓住古代马进化的过程。”他与波泰马研究专家欧特兰进行了合作探索，而最终的结果真的让人很震惊。

普氏野马一度濒临灭绝，后经培育并放回欧亚草原，目前大约2000匹普氏野马，是20世纪初捕获的15匹普氏野马的后代。

奥尔森认为，过去生物学家错以为普氏野马属于野生动物，部分原因在于这些马有竖立的马鬃，这被认为是野马的特征，而且其褐色的皮肤，与冰河时代法国和西班牙岩洞壁画中的野马类似。但现在基因证据显示，普氏野马的祖先是波泰马。考古学证据表明，波泰马是家养的，因为波泰人不仅吃马肉，而且喝马奶，在波泰人的村落遗址里还发现了马栏。

欧特兰说：“我们现在发现，世界上任何地方都没有真正的野马了。”

奥尔森说，新发现又带来了新问题，在认为现代驯化马不是起源于普氏野马后，还要继续寻找现代驯化马的真正起源。她认为，在历史上人类曾两次驯化马，驯化了两个略有差异的种或不同亚种。

爱尔兰都柏林大学学院马类学家埃梅琳·希尔虽然没有参加本次研究，但其一直关注项目的进展，并提出相关疑问，他说："我们现在又回到了一个有趣的问题上，究竟谁是现代马的祖先，谁是早期驯化它们的人？"贝利回答说："这项新研究，意味着其他的马，可能在这些古老的基因组中有所表达。这表明，马的驯化可能是一个漫长的过程，有很多阶段，经历了实验、失败和成功。"

欧特兰推测，除了乌拉尔山脉东部的波泰马之外，由于人类迁徙的原因，在乌拉尔山脉的西部可能也有被成功驯化的马匹出现。

但由于距今 5000 年到 4000 年前的 DNA 样本缺乏，所以奥兰多和他的同事们正在收集更多的数据。然而，另一种 DNA 可能会对他们的工作有所帮助，那就是当时人类的 DNA，它能够透露详细的迁徙和人口模式信息。

2. 以古代基因研究牧民的新进展

通过古代 DNA 寻找最早的"牧马人"。2018 年 5 月 9 日，丹麦哥本哈根大学进化遗传学家埃斯克·威勒斯雷夫领导，美国堪萨斯大学动物考古学家桑德拉·奥尔森等人参加的一个研究小组，在《科学》杂志上发表论文称，他们通过研究古代脱氧核糖核酸（DNA），发现最早独自驯服马匹的是波泰人。

马匹彻底改变了史前人类的生活方式，使人们比以往任何时候都能走得更远更快，并以前所未有的方式发动战争。但谁第一个驯服马匹，一直是一个备受争议的话题。原有影响较广的"草原假说"认为，青铜时代被称为"亚姆纳亚"的牧民，是第一个给马装上鞍子的人，并利用他们的马队运输货物，再横扫欧亚大草原，同时也将他们的文化与基因广泛传播开来。但是，该研究小组的新研究表明，情况在亚洲并不是这样，而是拥有"波泰"文化背景的人首先驯化了马。

美国加利福尼亚大学伯克利分校遗传学家普里亚·穆尔贾尼称赞道："这是一篇非常激动人心的论文。"他指出，古代 DNA 研究领域的发展速度如此之快，以至于每一项研究都揭示了一些新的内容。然而其他研究人员提醒说，这场争论还没有定论。

驯马遗迹最早发现的物件，是装有母马奶并有马齿痕迹的陶器，它来自公元前 3700 年到公元前 3100 年，生活在今天哈萨克斯坦境内的波泰狩猎采集者居住区。然而，一些研究人员认为，仅靠波泰人不太可能发明驯马的技术，因为在他们的邻居开始耕种和放牧之后很久，他们依然沿袭着打猎和采集的生活方式。

这些研究人员认为，波泰人肯定学会了管理来自亚姆纳亚人的马匹，后者是前者位于西方的邻居，并且已经在放牧绵羊和山羊了。作为"草原假说"的一部分，亚姆纳亚人在青铜时代也迁移至东部和西部，并与当地人混合，同时传播了在古代和现代欧洲人、中亚人和南亚人中发现的基因。

一些研究人员假设，他们还传播了原始印欧语系的早期分支，后来发展成今天的印欧语系语言，包括英语、意大利语、印地语、俄语和波斯语。

为了寻找亚姆纳亚人在亚洲的遗产，该研究小组对74名古代欧亚混血人种，进行全基因组测序，其中大部分人生活在公元前3500年至公元前1500年之间。他们具有波泰和亚姆纳亚及其他文化背景。研究人员设计了一种粗糙的家谱图，并使用了来自现代和古代的人体样本。令人惊讶的是，研究小组在3名波泰人身上并没有发现亚姆纳亚人的DNA，表明这两组人并没有发生混合。

这意味着，波泰人可能已经遵循着一种所谓的"猎物路径"独自驯服了马匹，即狩猎，然后管理马群作为食物，直至最终的骑乘。威勒斯雷夫说："这是一项非常重要的成就，我们都认为这是非常简单的。"

奥尔森说，这项新研究，与最近对古代马匹DNA的研究非常吻合。她的研究表明，波泰马与现代马之间没有关系，这意味着波泰人和亚姆纳亚人是分别独立驯化的。然而，奥尔森指出，波泰人的某些做法；特别是他们在仪式上埋葬被宰杀的马匹的方式，是被亚洲的其他文化所认同的，这暗示着也许狩猎采集者并不像大多数人想象的那样孤立。

至于养马业早期发生的一切，很明显，亚姆纳亚人利用了这些牲畜的优势，而这是波泰人从未想过的。从青铜时代早期开始，牧民们便利用他们的马匹迁移到很远的地方。

亚洲人种群中的西欧亚人基因的痕迹，被认为是亚姆纳亚人在大草原以东留下的大量基因遗产的证据。然而，威勒斯雷夫的研究小组在中亚和南亚发现了少量的亚姆纳亚人 DNA，但在安纳托利亚却没有发现。相反，他们的数据显示，大约在公元前 3300 年，一群生活在大草原南部的牧民纳马扎人，在亚姆纳亚人大迁移之前，是第一个向亚洲人提供西欧亚人基因的人。

缺乏遗传基因的支持，可能导致原始印欧语系学说的推广面临风险。例如，生活在今天土耳其的古代安纳托利亚人很可能说希泰语，这是原始印欧语系非常早期的一个分支。但是，在希泰人中缺乏亚姆纳亚人 DNA 的事实表明，可能是其他一些人群将印欧语系带到了该地区，以及中亚和南亚。

德国耶拿市马克斯·普朗克学会人类历史科学研究所，历史语言学家保罗·赫加蒂指出，这些发现在某些方面令人印象深刻，但在某些方面也令人觉得不够完美。赫加蒂认为，根据新数据重新考虑了希泰人的起源，是值得肯定的。

他同时指出，其他研究人员应该采取下一步行动，继续寻找大草原以外的原始印欧语系起源。

二、基因生理研究的新成果

（一）基因性质研究的新信息
1. 基因性质差异方面研究的新发现

发现人类基因组中广泛存在差异。2004 年 7 月，瑞典卡罗林斯卡医学院研究人员，与美国纽约科德斯普林港实验室的同行一起，在《科学》杂志上发表研究报告称，他们使用一种新型脱氧核糖核酸（DNA）比较技术发现，人类基因组中广泛存在着大段 DNA 的缺失或增加现象。有关专家认为，发现这一现象，对研究人类遗传多样性和癌症等疾病的发生有重要意义。

携带人体遗传信息的 DNA，由 4 个不同的碱基组合而成。不同人基因组之间的碱基排列顺序大部分相同，但也存在极小的差异，主要体现在 DNA 片段上个别碱基的不同。这种遗传性变异被称为"单核苷酸多态性"。而人体细胞中大段 DNA 缺失或增加的现象，则被科学家称为"副本数多态性（CNP）"。但这种多态性，此前一直被认为只是个别现象，不具有代表性。

现在，瑞典和美国的研究人员在报告上说，"副本数多态性"，实际在人类基因组中，广泛而普遍地存在。研究人员原本想寻找正常人体细胞和癌细胞之间的基因差异，但他们在比较正常人体细胞时发现，正常细胞的基因间也存在着很大差异。

研究人员使用的是一种高效的"代表性寡核苷酸阵列分析（ROMA）"技术，对来自不同地域的，20名实验对象的血液及组织样本，进行了分析。他们发现，所有志愿者体细胞中，有70个基因存在76处"副本数多态性"，表现为大段DNA序列的缺失或增加。

研究人员说，"副本数多态性"的存在规模，远远超过早先的想象，而且缺失或增加的DNA片段与很多疾病的发生有关，如白血病、乳腺癌、肥胖症等。此外，这些DNA片段与人体神经系统功能的发育、某些细胞生长的调控，也有一定关系。

2. 基因性质相似方面研究的新发现

研究表明艺术天才与精神病人或有相同基因基础。2015年6月8日，冰岛雷克雅未克人类遗传学研究与分析公司科学家卡里·斯蒂芬森领导的一个研究团队，在《自然·神经科学》杂志网络版上发表的论文称，他们开展的一项大型遗传数据分析研究表明：艺术创造能力和精神疾病，比如精神分裂症和躁郁症，有着相同的基因基础。该研究成果，使得"天才与疯子比邻"这句话，终于有了科学的诠释。

"天才与疯子一线之隔"，或是"没有疯子的头脑就成不了天才"等说法，早已存在。很多历史例子显示，天才，尤其是在艺术创作方面天赋异禀之人，似乎经常和精神类疾病有着模糊的联系。以往的流行病学调查也曾显示，有精神分裂症或躁郁症亲属的人，从事艺术创意行业的比例，高得超乎寻常。但不清楚这种关联是由于相同的基因，还是因为是受到共同的环境影响。

此次，冰岛研究团队，使用了超过15万人的大型研究遗传数据来进行分析。这群人包括健康的和被确诊为精神分裂症或躁郁症的人，而出于研究的需要，有艺术创造力的个体被定义为隶属于国家艺术团体或艺术创意行业从业者。

他们在研究中发现，与精神疾病风险增加有关的遗传变异，能预测来自冰岛的 86292 人组成的，一个独立人群的精神疾病风险。相同的遗传变异也能预测，在任何精神诊断中均没有问题的冰岛人，是否为冰岛各类国家艺术团体成员，如演员、舞蹈家、音乐家、视觉艺术家和作家。

研究人员还在调查中发现，相同的遗传变异，也能预测两组分别来自瑞典的 8893 人和来自荷兰的 18452 人，是否在艺术创意行业工作。在所有群体中的这种关系，不能归为智商的差别、教育程度的差别，或者这些人与患有精神分裂症或躁郁症的人亲近程度的差别。因此，应是遗传原因增加了特定精神疾病的倾向，也影响到了健康人的创意天赋。

（二）基因功能研究的新信息
——开发基因功能分析新算法

2016 年 11 月，瑞典斯德哥尔摩大学相关学者组成的一个研究小组，在《核酸研究》期刊上发表论文称，他们开发出一种新的分析基因功能的计算机算法，称为 BinoX。这种算法，将结合实验获得的基因列表和已知通路。利用大型基因网络的新方法，确定基因列表和途径是否比预计的联系更为紧密。

研究人员表示，新方法具有显著优势，尤其是与传统的基因重叠富集法相比改进很多，灵敏度提升 60 倍，且假阳性率降至 0。研究人员表示，它还能用于找到，与癌症和其他疾病相关基因集的许多具有生物学意义的途径注解，这是通过其他方法发现不了的。

为了便于广大研究人员可直接使用 BinoX 工具，该研究小组建立了一个公共网络服务器 PathwaX.sbc.su.se 以进行单基因集的在线通路分析，这使得该算法适用于所有 KEGG 途径和 FunCoup 网络。

FunCoup 网络数据库是研究小组在这之前开发的，用于检索基因和基因产物之间的功能耦合关系。目前，该数据库已涵盖人类和 10 种模式生物的综合网络。例如，由超过人类 1.8 万的基因/蛋白质及其超过 400 万个相互关联关系组成的网络。

（三）基因遗传信息研究的新进展
1. 探索音乐天赋遗传信息的新发现

研究揭示人类音乐天赋具有遗传性。2011 年 2 月 23 日，芬兰媒体报道，赫尔辛基大学和西贝柳斯音乐学院联合组成的研究小组，公布的一项研究成果表明，基因因素在人类的音乐天赋中具有重要作用，从而使音乐天赋具有很强的遗传性。

报道说，芬兰研究人员选择来自31个芬兰家族的400名音乐家、业余爱好者和未受过音乐训练的人为研究对象，通过听觉构建能力测试、西肖尔音高分辨和时间辨别测试等，评估受试者的音乐才能。此外，研究人员还采集了12岁以上受试者的血样。

结果发现，在芬兰音乐世家的音乐才能中，约有50%可解释为基因因素。研究人员说，这是首次在分子遗传学层面揭示音乐天赋的遗传性。

2. 探索基因变化遗传信息的新发现

发现基因变化能够传递给下一代。2015年12月，有关媒体报道，丹麦哥本哈根大学科学家罗曼·巴雷斯领导的一个研究团队发表文章称，他们的研究结果表明，精子中由环境驱动的基因变化能够传递给下一代。这一发现，可能会使准父母在备孕时改变自己的某些行为习惯。

研究人员说，早就知道小孩的体重与父母的体重密切相关。到目前为止，许多研究把肥胖如何传递的焦点，放在怀孕前或者怀孕期间准妈妈们的饮食上。但是新的研究表明，父亲的健康也是很重要的。健康男性和肥胖男性的精子，存在表观遗传上的差异，这种差异可能影响下一代。

该研究团队对比13个偏瘦与10个中度肥胖男性的精子，找到他们表观基因组上的显著差异。表观遗传基因组，是DNA上的修饰标记，能够影响基因活性。巴雷斯说："我们发现在肥胖男性的精子中，大约有9000个基因发生了表观遗传学上的改变。表观遗传学变化，对300多个与饮食结构等行为相关的基因，都会产生影响。我们团队对这些基因变化，进行了鉴定。"

以往的研究认为，表观遗传变化不能代代相传，因为DNA的甲基化模式，即一种会让基因活性变低的表观遗传改变，在受精后不久就被清除掉了。

然而，2015年上半年的研究发现，一些基因似乎逃脱了这种清除。而且有证据表明，决定哪些RNA短片段被甲基化的基因，可以通过精液传递下去。巴雷斯的研究发现，在肥胖男性的精子中短RNA片段的表达水平更高，其中包括一个已知目标基因CART，这是一种可以控制食欲的基因。

巴雷斯说："我们正在研究这些表观遗传标记的传递。我们猜测有几个表观遗传标记在受精后同时发挥作用，改变了胚胎发育的程序。"

但是这些表观遗传变化不一定是永久的。该研究团队分析了，接受过减肥手术的6个重度肥胖男性的精子表观基因组，他们发现仅一周后，1500个基因的甲基化已经改变。一年后，大约4000个基因发生了改变。

苏黎世大学的伊莎贝尔·曼苏认为："这可能只是手术引发了不同的表观遗传模式，在一定程度上弥补肥胖相关的表观遗传基因。"巴雷斯接着说："然而，没有对照组，我们还不能确定这些变化是不是随时间变化的结果。"

三、基因测序研究的新成果

（一）人类基因测序研究的新信息
1. 运用基因测序分析人类迁徙轨迹

（1）通过基因组学研究破解北极圈神秘人类迁徙模式。2014年9月，丹麦哥本哈根大学生物学家玛娜莎·拉伽凡领导，她的同事进化遗传学家埃斯克·威勒斯雷夫参加的一个研究团队，在《自然》杂志上发表论文称，他们采集了来自北极圈不同历史时期的169具古人遗骸的骨骼、牙齿及头发样本，同时测定了当代因纽特人和美洲印第安人的基因组，终于揭开了北极圈出现过的神秘人类史及其迁徙模式。

研究北美北极圈，包括今天格陵兰岛区域古代文化的考古学家，一直被不同文化之间错综复杂的关系所困扰。如今，该研究团队承担的这项史无前例的大规模基因组学研究，把许多此类文化追溯到古爱斯基摩人身上。这是一群在4000年的时间里定居在恶劣环境中的人类，并且在距今700年前神秘地消失了。这一发现，将颠覆科学家对于以往北美北极圈迁徙模式的认知。

根据这项研究，横渡白令海峡，从西伯利亚移居到新家园的古爱斯基摩人，与历史上不同时期经由相同途径迁徙而来的美洲土著民族、因纽特人等其他文化的人们，完全没有接触。而在距今约700年前，与现代因纽特人祖先从阿拉斯加向东迁徙几乎同时期，古爱斯基摩人消失了。

并未参与此项研究的德国莱比锡市马普学会进化人类学研究所斯万特·帕珀认为:"这种类型的研究,将成为解决许多历史和史前问题的关键。"

考古学家之前在北极圈发现了许多属于古爱斯基摩人的不同文化。首先是 4000 年前露营和追捕北美驯鹿及海豹的 Saqqaqs 人;接下来是 2800 年前的海象猎手 Dorsets 人;最后是 1000 年前的现代因纽特人祖先 Thules 人。

然而,让科学家们感到困惑的是这些文化彼此之间的关系。它们来自一个种族,还是不同的人群?它们代表了从旧大陆到美洲的一次迁徙或是多次人潮?为了找到问题的答案,该研究团队展开了大规模基因组学研究。

研究人员通过把古代与现代遗传数据进行对比发现,Saqqaq 和 Dorset 文化属于古爱斯基摩人,后者的遗传谱系在这一地区持续了 4000 多年:从公元前 3000—1300 年,从而否定了之前的研究理论,即不同的文化来自不同的人群。

据研究人员介绍,古爱斯基摩人这个民族集团,包括 Saqqaq 人和 Dorset 人。这两个古人类群体,当时都生活在只有数户房屋、20~30 名居民的小规模村庄内。要正确掌握古爱斯基摩人的人口规模比较困难,研究人员推测合计人口有数千人。

威勒斯雷夫指出,古爱斯基摩人在基因方面,与美洲印第安人和因纽特人不同,从而意味着他们代表了一个单独的、迁徙到新大陆的人种。

威勒斯雷夫认为,这一发现,在为研究人员提供了更多关于古爱斯基摩人的认识的同时,也带来更多的问题。例如,这项研究表明,古爱斯基摩人是一个坚韧不拔的人群,他们在北极严酷的自然环境中生存了数千年。在那个时代,他们可能会躲在资源丰富的地区,如加拿大南部,并在温暖的时期扩散到北极地区。

威勒斯雷夫说,这些生活在加拿大南部的古爱斯基摩人,可能会与美洲印第安人分享土地达数千年之久,然而并没有遗传和考古学证据显示出混居或通婚的迹象。他接着说:"当人们相遇时,他们有可能彼此争斗,但通常也会繁衍后代。然而,在这里似乎并不是这样。"

事实上，基因分析表明，所有古爱斯基摩人都拥有相同的线粒体 DNA（从母亲传给儿子）。威勒斯雷夫说，这种不同寻常的同质性表明，早期的古爱斯基摩人移民当中女性并不多，因而近亲繁殖可能很普遍。

研究人员认为，在人类纷争中，古爱斯基摩人在某种意义上说是毫无防备的目标。他们可能被赶到北极地区的边缘，但无法在那里生存下来，也可能单纯地因某种未知的因素灭亡。

（2）"万岁婴儿"基因组数据讲述人类迁徙秘辛。2018 年 1 月 3 日，丹麦哥本哈根大学艾斯科·威勒斯乐福，与美国马萨诸塞大学本·波特两位科学家领导的一个研究团队，在《自然》杂志上报告了一项基因组学研究的最新成果：一名约生活在 11500 年前阿拉斯加的人类婴儿，其基因组序列被测定。这同时也是迄今首个直接基因组证据，证明所有美洲原住民祖先，都可追溯至晚更新世，一次单一迁徙事件中的同一个源种群。

虽然一般认为，人类最先于更新世（地质时代第四纪的早期）通过白令陆桥进入美洲定居，但是具体时间和方式仍是一个谜团。幸而，在 2013 年，科学家于阿拉斯加向阳河遗址发现两名人类婴儿的遗骸，它们可追溯至 11500 年前左右。

此次，该研究团队利用基因组学技术，测定其中一名婴儿 USR1 的全基因组序列。尽管另一名婴儿的 DNA 样本不足以进行基因组分析，但是研究显示二者是近亲。

测序后，他们对比了 USR1 婴儿样本，与之前测定的当代、古代美洲原住民基因组，发现这名婴儿与现今的美洲原住民亲缘关系最近。他们认为，USR1 婴儿样本代表了一个截然不同的种群，称之为"古白令人"，"古白令人"与其他美洲原住民的祖先起源于一个单一初始种群，该初始种群首先于 36000 年前左右与东亚人分离，但是其基因流一直持续到 25000 年前左右。

这些发现，与所谓的"白令滞留模型"相符，即当人类到达白令陆桥上时，因别无选择只能在此"安营扎寨"，根据这一模型，有一个源种群的后代，一直在东白令生活到至少 11500 年前。但是那时候，另一分支的美洲原住民已经在北美无冰川地区定居下来，并且分为两群，最终成为大部分美洲原住民的祖先。

2. 运用基因测序分析人口结构演变

通过大规模古代DNA测序分析人口结构与迁徙关系。2015年6月11日，丹麦哥本哈根大学，进化生物学家、DNA专家艾斯克·威勒雷夫领导的研究团队，在《自然》期刊上发表研究成果称，他们通过分析101个古代欧亚人的基因组，揭示了青铜时代欧洲和亚洲的大规模人口迁徙和变化，是如何塑造当今欧洲和亚洲的人口结构的。有关专家说，这项遗传学研究，是迄今为止对古代DNA样本分析的最大项目，加深了科学家对现今人们的身体特征以及语言传播的理解。

青铜时代，在考古学上是以使用青铜器为标志的人类文化发展的一个阶段，欧亚大陆的青铜时代（约3000—5000年前）时期发生了重要的文化变迁，但学界一直在争论其原因，也就是这到底是因为观念的流动还是因为大规模的人口迁徙？古代的基因组，能提供关于过去人口历史的详细信息，但能否获得足够的遗传数据用于详细分析，则一直是个挑战。

此次，威勒雷夫研究团队用改良的方法克服了这个问题。他们测序了来自整个欧亚大陆101个古代人的基因组，分析结果有助于科学家理解当今欧洲和亚洲的人口结构，其与发生在青铜时代欧洲和亚洲的大规模人口迁徙和变化密不可分。

此次的研究能帮助人们深入了解某些特征的分布情况，比如肤色和乳糖耐受能力，并且能为理解印欧语系的传播提供相关数据。他们的分析表明，白皮肤的色素特点在青铜时代就已经很常见；很多现代北欧人都有的乳糖耐受力，在青铜时代的欧洲人中却相对很少，这表明人类喝牛奶的突变是在青铜时代开始散播开的，比以前认为的要晚。这项发现也支持了一个理论，即青铜时代早期的迁徙在印欧语系扩散中有一定作用。

3. 运用基因测序寻找土著居民祖先

利用古基因测序技术查明澳大利亚土著居民祖先。2019年1月，丹麦哥本哈根大学人口遗传学家马丁·西科拉，与澳大利亚格里菲斯大学进化遗传学家大卫·兰伯特共同领导的一个国际研究团队，在《科学进展》杂志发表论文称，他们使用古老DNA测序技术，鉴定了一些"暂居博物馆"的澳大利亚土著居民祖先遗骸，以确定其起源。这样，这些土著居民祖先的遗体或许将能重回家园。

研究人员表示，他们可以精确地把古澳大利亚土著遗骸的 DNA，与来自同一地理区域的现代居民的 DNA 进行比对。这可能使博物馆里成百上千的澳大利亚土著遗骨得以"回归"，这些遗骨一直以来缺乏来源文件。

有关专家说："这篇论文是'寻根'工作向前迈出的不可思议的一步。这为博物馆和土著社区带来了希望，他们将能够辨认出更多祖先，并将其带回家。"

1788 年，欧洲殖民者从土著居民的墓地中，移走了数千具人类遗骸和神圣物品，之后它们被分散到澳大利亚、英国、德国、北美和其他地方的博物馆。1976 年，第一具土著澳大利亚遗骸返回，并且送回这些遗骸和物品也成为澳大利亚政府政策的一部分。

负责这些工作的政府办公室称，到目前为止，澳大利亚博物馆的 2500 多具人体遗骸和 2200 件圣物已被送回原籍社区。澳大利亚还把从国际社会收集的大约 1500 具人类遗骸送回国。但目前仍在博物馆中保存的土著遗骨大多缺乏必要的文件，无法将其归还给适当的澳大利亚土著群体。

（二）哺乳动物基因测序研究的新信息

1. 陆地哺乳动物基因测序研究的新进展

（1）破译 70 万年前古马基因组图谱。2013 年 7 月，哥本哈根大学、华大基因等多单位联合组成的一个研究团队，在《自然》杂志发表研究成果称，他们成功破译了约 70 万年前史前马的全基因组序列图谱，并利用该基因组信息，阐释了马的进化历程。据悉，这是迄今为止破译的最古老的基因组。

2003 年，在加拿大古老的永久冻土层，发现了冰封已久的马骨骼化石碎片。该马骨化石来自一匹远古马的腿部，距今约有 56 万~78 万年的历史。DNA 会随着时间的推移而逐步降解，理论和经验证据均表明，该马骨化石的 DNA 已经接近保存的临界值。而且到目前为止，还没有 11 万~13 万年以上的古 DNA 全基因组测序信息。科学家分析发现，该化石残存有一小部分胶原和血液。由此，决定重构该古马的遗传信息。

研究人员采用最先进平台进行测序，以降低污染的风险，提高对内源性 DNA 的获取。同时作为对照，还对一匹 4.3 万年前的马、5 匹现代家养马、一匹普氏野马和一头驴进行了全基因组测序。通过进化分析发现，现代马、驴和斑马最近的共同祖先存在的时间,大约在 400 万~450 万年前,比过去认为的时间要向前推进了两倍,因此,它们有足够长的时间进化成现在的马属种群。

科学家还发现,在过去的 200 万年间,马属种群发生了多次波动,特别是在气候剧变时期,多个冰期使得草原面积扩张,马的数量经历了一系列起伏。科学家推断,普氏野马和现代驯化马的种群分化大约是在 3.8 万~7.2 万年前。同时,基因组学数据表明,普氏野马并未与现代驯化马进行杂交,这也支持了普氏野马确实是现存最后一种真正的野马这一观点。

此外,研究人员还发现,一些在马的进化中,免疫系统和嗅觉系统受到不断选择的证据。科学家表示,对古 DNA 的测序,仍然是一项极具挑战性的工作,为解决一些关于近期物种演化、群体交流、人工驯化等争议问题,提供新的有效解决手段。

(2) 绘制出北欧驯鹿的完整基因结构。2020 年 6 月 5 日,芬兰媒体报道,该国自然资源研究所教授尤哈·坎塔宁等人组成的一个研究小组,发表研究报告称,他们已绘制出北欧驯鹿的完整基因结构,发现了许多有助于它们适应恶劣自然条件的遗传特征。

芬兰北部的拉普兰地区是北欧驯鹿的主要栖息地。在广泛流行的传说中,来自拉普兰的圣诞老人会在圣诞节期间驾着北欧驯鹿拉的雪橇出行。

坎塔宁表示,研究发现,当今半驯化的北欧驯鹿,是从山鹿驯服而来的。北欧驯鹿的视网膜,已经适应了拉普兰地区的光照条件。由于纬度较高,当地冬季存在极夜现象,几乎一天 24 小时都是黑夜,而夏季则存在极昼现象,日照时间极长。

此外,北欧驯鹿还具有促进产生灵敏嗅觉的基因。坎塔宁解释说,它们必须能够闻到常被覆盖在厚厚积雪下的地衣,因为那是他们的食物。在芬兰,人们很少亲自喂养他们的驯鹿,驯鹿通常成群结队地迁徙并自己寻找食物。

坎塔宁说,北欧驯鹿还有一种帮助其鹿角每年更新的基因,这些基因能够触发鹿角的脱落并使它们再次生长。

2. 海洋哺乳动物基因测序研究的新进展

用基因测序揭示虎鲸社会结构演化特征。2016 年 6 月,瑞典乌普萨拉大学生物学家安得烈·富特领导的一个研究团队，在《自然·通讯》杂志上发表论文称，他们通过对 50 只虎鲸的研究，发现了它们在行为和社会结构演化上的特点。这种高度社会化的动物，总是先由一些少量的开拓性群体进入新环境，而后才会快速扩张。

虎鲸是一种大型齿鲸，身长为 8~10 米，重达 9 吨左右，性情凶猛，是企鹅、海豹等动物的天敌，有时甚至还会袭击其他鲸类和大白鲨。虎鲸有着稳定的家族、复杂的社会行为，以及捕猎技巧和声音交流，有人甚至据此认为，它们拥有自己的文化。从分布上看，从赤道到极地水域，几乎所有海洋区域都能看到它们的身影，但北美洲海域最为多见。

在一些地方，虎鲸已经演化出了能适应特定饮食内容和狩猎策略的群体，这些群体被称为生态型。但一直以来并不清楚，遗传影响和生态学影响在产生这一结果的过程中，各占多大比例。

在这项新研究中，研究团队对北太平洋和南极地区 5 个不同生态型的 50 只虎鲸，进行了全基因组测序。研究人员认为，虎鲸群体是在过去 20 万年中辐射到了全球。他们还发现，在所有被研究的虎鲸中，虎鲸几乎都呈现出先分散，接着数量下降，而后数量扩张的趋势。基因组数据也证明了虎鲸社会结构和狩猎行为演化的这一特点。

研究人员称，该研究不但加深了人们对这种动物种群历史的了解，还为研究其他社会型动物的演化提供了参照。

（三）鱼类基因测序研究的新信息

1. 硬骨鱼基因测序研究的新进展

（1）破译半滑舌鳎全基因组序列图谱。2014 年 2 月 2 日，丹麦哥本哈根大学与中国水产科学研究院黄海水产研究所、深圳华大基因研究院、德国维尔茨堡大学、法国农业科学研究院和新加坡国立大学等单位组成的一个研究团队，在《自然·遗传学》杂志上发表研究成果称，他们破译了迄今为止首个比目鱼——半滑舌鳎全基因组序列图谱，揭示了半滑舌鳎性染色体起源机制和比目鱼底栖适应的分子机制，同时为后续半滑舌鳎的遗传改良、新品种培育奠定基础。

此外，研究人员还揭示了，半滑舌鳎温度控制下的，性别逆转现象的表观遗传调控机制，并发现了在这种表观遗传调控下的性别逆转的稳定遗传现象,该成果已发表在《基因组学研究》网络版上。

研究人员对半滑舌鳎雌雄鱼,分别进行了高深度全基因组测序、从头组装和分析。通过性染色体在雌雄鱼基因组测序覆盖深度的不同,并结合高密度遗传连锁图谱,构建了 Z 染色体的精细图谱和对应的 W 染色体序列图谱。

对于遗传和环境因素是如何相互作用来决定性别,目前还知之甚少。研究人员发现正常雌鱼性逆转成伪雄鱼之后,全基因组的 DNA 甲基化模型,几乎变得跟正常雄鱼一模一样。而且,性逆转后发生的甲基化改变,显著富集于跟性别决定通路有关的基因。另外,通过对亲本和子代样品进行比较,研究人员发现亲本伪雄鱼相对于雌鱼发生的甲基化改变,能够被后代继承,这可能解释了为什么伪雄鱼后代不需要温度诱导就能自然发生性逆转。

(2) 宣布完成大西洋鲑鱼基因组测序。2014 年 6 月,有关媒体报道,挪威、加拿大和智利资助建立的大西洋鲑鱼基因组测序国际合作组织,在鲑鱼综合生物学国际会议上宣布,他们已经对大西洋鲑鱼的基因组进行测序。研究人员表示,鲑鱼的参考基因组将有助于水产养殖,保护野生种群,并助力相关物种,如太平洋鲑鱼和虹鳟鱼的研究。

该合作组织的负责人斯泰纳尔·贝里塞特表示:"全基因组的知识,让我们能够看到基因如何相互作用,并了解控制一定性状,如疾病抗性的确切基因。"

大西洋鲑鱼,主要分布在北大西洋海域及流入北大西洋的河流中。然而,在过去的几十年,由于过度捕捞和栖息地变化等因素,野生大西洋鲑鱼的数量显著下降。为了满足市场需求,欧洲北部及北美洲的一些国家开始大量养殖大西洋鲑鱼。在加拿大,大西洋鲑鱼的养殖,每年带来 6 亿多美元的收入。

在国际会议上,该合作组织介绍了大西洋鲑鱼的基因组。发言人表示,基于这些序列的文章正在撰写之中。早在 2010 年,该合作组织就在《基因生物学》上宣布了这一测序计划。不过,它也指出,鲑鱼基因组测序面临多个挑战。特别是,这是个同源四倍体基因组,包含长且频繁的重复。不过,他们也表示,会通过测序双单倍体的雌鱼来克服一些挑战。这条雌鱼的昵称为莎莉。

该合作组织表示，通过大西洋鲑鱼基因组的测序，研究人员和业界合作伙伴希望能够培育出更健康、生长更快的鱼类。据悉，大西洋鲑鱼的基因组序列将在基因数据库中提供。

挪威鱼类养殖公司的养殖主管彼特·阿内森表示："鲑鱼的序列将有助于开发更高效的选择性育种工具，这将让我们更好地选择出具有理想培育美景的亲鱼，用于鲑鱼的繁殖。"他补充道："对遗传物质的了解，加深让我们能够利用更多来自养殖鲑鱼的遗传变异。此外，这些序列，为研究生物和生理过程开辟了新局面。"

2. 软骨鱼基因测序研究的新进展

运用环境 DNA 测序技术收集鲸鲨种群遗传信息。2016 年 11 月，丹麦哥本哈根大学生物学家菲利普·汤姆森领导的一个研究团队，在《自然·生态与进化》杂志上发表论文称，他们首次利用一种名为环境 DNA 测序的技术，收集了整个种群的遗传学信息。他们通过从水中提取生物体的少量 DNA，就能够推断出世界上体型最大的鱼类鲸鲨的遗传多样性，进而得到有关鲸鲨种群健康状况的有用信息。

生物学家通常使用野生种群的遗传多样性信息，来帮助确定最佳的野生种群管理方式，但是要获取这类数据，需要对研究对象进行侵入式组织采样，而且样本要达到一定规模才能充分代表整个种群，对于生活在茫茫大海中的海洋动物而言，要做到这一点极为困难。

此次，该研究团队克服了以往研究中的限制。他们证明，从鲸鲨季节性洄游觅食所在的阿拉伯海湾中，提取不到 30 升的海水进行分析，可以从中获取有用的鲸鲨遗传学信息。据此，他们能够预估当地，以及整个印度洋和太平洋海域的鲸鲨种群规模。研究人员表示，从遗传学角度来看，包括阿拉伯海湾种群在内的这些鲸鲨，与大西洋海域内的鲸鲨不同。

在此之前，水中环境 DNA 测序已被用于检测水生生物的存在，但是被用于收集整个种群的遗传学信息尚属首次。目前，鲸鲨由于大量捕杀，数量锐减，已被世界自然保护联盟列为濒危动物。论文作者认为，此次鲸鲨的遗传多样性，利用海水就可探知，这一更有效的监测技术，是对现有工具的一种补充，有助于保护鲸鲨以及许多其他物种。

四、基因种类研究的新成果

(一) 研究与人类疾病相关基因的新信息

1. 发现与癌症相关的基因

发现可诱发乳腺癌的变异基因。2012年2月23日，芬兰媒体报道，芬兰奥卢大学一个研究小组，发现一种遗传性变异基因，它易导致有乳腺癌遗传家族史的女性患上乳腺癌。

报道称，研究人员对芬兰北部125个有乳腺癌患者的家族，进行脱氧核糖核酸样本分析，结果发现一种遗传性变异基因，它会抑制脱氧核糖核酸损伤修复机制的正常工作，从而诱发乳腺癌。此外，研究人员还发现，该变异基因还会增加患其他癌症的风险。

据悉，这一发现，将有助于对有乳腺癌遗传家族史的妇女进行检查，尽早发现，并有针对性地制定更具体的乳腺癌化疗和放疗方案。

2. 发现与心脑血管疾病相关的基因

(1) 发现与中风相关的基因。2003年9月，冰岛"遗传解码"公司科学家，在《自然·遗传学》杂志网络版上报告说，他们首次发现了一个与中风相关的基因，并正在根据这一发现，开发诊断及治疗中风的新手段。

冰岛研究人员发现的这个基因名为"PDE4D"。他们对约1800人的研究显示，该基因的微小变化，会影响到人患缺血性中风的风险性。缺血性中风是最常见的一种中风，在中风总发病比例中达到80%~90%。

动脉粥样硬化是中风的一个关键诱因。研究人员推测，"PDE4D"基因所编码的磷酸二酯酶，有可能是通过影响动脉内平滑肌细胞的增生和扩散，使人患动脉粥样硬化以及随后中风的风险性产生差别。他们认为，如果能针对高危人群体内磷酸二酯酶开发出抑制性药物，对防治中风也许会有帮助。

目前，研究人员对"PDE4D"基因的变化机理并不是完全清楚。他们认为，可能还有其他一些基因与中风相关。一些专家也指出，新研究主要在冰岛进行，有关结果对其他地区人口是否适用仍有待验证。

(2) 发现与心肌梗死相关的基因变异。2007年5月，冰岛"遗传解码"

公司与美国埃默里大学等机构组成的一个研究小组，在《科学》杂志报告说，他们通过大规模调查发现，一种常见的基因变异，会使人罹患心肌梗死的概率明显增加。

该研究小组，在过去8年内调查了4587名得过心肌梗死的患者，并挑选了12769名健康人作为对照组进行基因分析。

结果发现，染色体9p21区域内的一种常见基因变异，会使人罹患心肌梗死的概率显著增加。对比分析显示，与那些该基因未变异者相比，携带这种变异基因的人患心肌梗死的概率要高出1.64倍，而且男性在50岁以前、女性在60岁以前的早发心肌梗死概率，更是高出2.02倍。研究人员认为，这项发现，为揭示罹患心肌梗死的规律，提供了一种新思路。

3. 发现可抗神经系统疾病的基因

发现可抗阿尔茨海默病的基因变异。2012年7月11日，冰岛"遗传解码"公司卡里·斯特凡松等人组成的研究小组，在《自然》杂志网络版上报告说，他们发现了首个有助抗阿尔茨海默病的基因变异类型，携带这种基因变异类型的人，进入老年后出现痴呆症状的风险大大降低。这一发现，有助寻找治疗阿尔茨海默病的方法。

研究人员对1795名冰岛人进行健康调查和基因测序后发现，影响阿尔茨海默病的基因淀粉样前体蛋白基因有不同的变异类型，有些携带其中一个变异类型的人，相对来说不容易患阿尔茨海默病。

与其他人相比，这些幸运儿在年纪很大的时候，也不容易出现阿尔茨海默病。分析显示，就活到85岁而仍不出现严重的认知能力下降、记忆力减退等症状的概率而言，这些幸运儿是其他人的7.5倍。同时，他们的寿命也相对更长，活到85岁的概率也要比其他人高出50%。

研究人员解释说，阿尔茨海默病的病因是大脑中出现β淀粉样蛋白堆积。再追根溯源，这是由于β淀粉样前体蛋白裂解酶1会把大块蛋白质"剪"成小块引起的，这些小块的蛋白质就成为堆积的"原材料"。而淀粉样前体蛋白基因上的这个变异类型就可以限制β淀粉样前体蛋白裂解酶1的功能，从而降低老年痴呆症的风险。

斯特凡松表示，本次发现为治疗阿尔茨海默病提供了线索，即应该研发能够抑制β淀粉样前体蛋白裂解酶1的功能的药物。目前已经有一些医药公司在这个方向上努力,但还处在摸索阶段。

4. 发现与代谢性疾病相关的基因

发现一种与Ⅱ型糖尿病相关的基因变异。2014年7月10日,丹麦哥本哈根大学遗传学家托本·汉森领导的一个研究团队,在《自然》杂志网络版发表论文称,他们辨别出一种基因变异,正是其增加了调查对象格陵兰岛人罹患Ⅱ型糖尿病的风险。这个存在于17%的研究对象当中的基因变异,会导致餐后血糖调节能力的退化。这种常见的变异,对于患Ⅱ型糖尿病风险的影响,远超先前发现的与Ⅱ型糖尿病相关的基因突变。

格陵兰岛人,历史上是一个小型而孤立的人群,因此具有"奠基者效应"。"奠基者效应"是遗传漂变的一种形式,指的是由很少一群人繁衍出的种群,这个群体后来数量虽然会增加,但因未与其他生物群体交配繁殖,彼此之间基因的差异性甚小。因此,他们患上某种疾病的概率大大高于外界。在格陵兰岛,人们就经历了Ⅱ型糖尿病患病率的急剧增加。与Ⅰ型糖尿病相比,Ⅱ型糖尿病患者体内产生胰岛素的能力并非完全丧失,而是处于一种相对缺乏的状态。

该研究团队,从2575个格陵兰岛人当中,筛选与Ⅱ型糖尿病相关特征有关的遗传变异。他们发现,一个名叫TBC1D4基因中的突变,会让研究对象在口服相当于一顿饭的葡萄糖两个小时后,血液中的葡萄糖和胰岛素含量更高,从而增加Ⅱ型糖尿病的患病风险。

到目前为止,科学家还无法控制人体的遗传因素,一直依靠对环境因素进行干预,从而降低Ⅱ型糖尿病的患病率。此次研究,与以往Ⅱ型糖尿病特征的大规模全基因组关联分析相比,新观察到的遗传变异带来的影响大了好几倍。

同时,在传统上,基因关联分析都在大规模的混合人群中进行,但这项研究表明,在孤立的小种群进行这种调查,能提供有价值的结果。

5. 发现与人类衰老相关的基因

发现与人类衰老相关的线粒体基因病变。2004年5月,有关媒体报道,瑞典卡罗林斯卡医学院基因学教授拉松领导的一个研究小组,通过实验证实,人体细胞内线粒体基因病变,是导致人类衰老的一个重要原因。

线粒体是细胞内的一个器官。此前有怀疑:人体的衰老症状与线粒体的基因病变有关联。瑞典研究小组对老鼠进行实验后证实了这一怀疑。研究人员发现，改变了线粒体基因的老鼠会提前衰老，其中掉毛、驼背、骨质脆弱、贫血、繁殖力下降、体重减轻、皮下脂肪减少等衰老症状，比正常鼠都要严重。

拉松称，线粒体基因病变导致衰老的机理目前还不清楚，但这并非人体衰老的唯一原因，并表示，研究人员将要继续研究治疗贫血、心脏病、骨质脆弱这些与衰老相关疾病的手段。

（二）研究与动物行为相关基因的新信息

1. 发现动物的"驯化基因"

2009年6月，瑞典和俄罗斯科学家参加，德国马普进化人类学研究所弗朗克·爱伯特领导的一个国际研究小组，在《遗传学》杂志上发表论文称，他们发现了决定动物驯服的遗传特性，动物学家和动物繁殖专家借助这一新发现，可以更好地认识和驯化动物。

研究人员表示，人类驯化动物的历史已有上千年，但一种动物能否被驯化并和人类很好相处，取决于这种动物的遗传特性。

他们这项研究，可以追溯到1972年，当时研究人员在俄罗斯的西伯利亚发现了一种老鼠，这些田鼠在带入实验室后被为分为两组：那些最温顺的、不攻击人类的田鼠被划为"温顺型"，而那些最具侵略性、不断尖叫甚至攻击撕咬研究人员的田鼠则被归为"攻击型"。

从那时起，这些老鼠被成对饲养。现在，两组田鼠对待人们的方式非常不同。温顺型田鼠能够容忍人们的触碰，从不攻击人；而攻击型田鼠在人企图触碰它时则不断尖叫、逃离或者撕咬。通过使两种类型田鼠交配，研究人员最后研究确定了导致田鼠更温顺或更具侵略性的"驯化基因"的位置。

研究人员在论文中，列出了这个老鼠对比试验的45个特征，如驯服和好斗性、害怕的特征、器官重量和血清等，最后在老鼠的两组基因区段中，识别出对老鼠行为差异起决定作用的遗传基因。

爱伯特表示："希望这项研究，有助于更好地理解动物驯化细节。也许我们可以进行一些迄今还没有成功的野生动物的驯化，例如非洲的水牛。"

《遗传学》杂志主编马克·约翰斯顿指出，几千年来，人类一直在驯养动物，伴随这一过程，产生了许多民间故事和神话传说。而这一研究表明，遗传因素在动物驯养过程中起了很大作用，为动物的驯化提供了有力的科学解释。同时，这一研究结果也告诉我们，通过操控基因，或许有朝一日，人类可以驯养繁育那些曾被认为是不可驯服的动物。

2. 发现与人类导向有关的犬类基因

2016年10月，瑞典林雪平大学生物学家皮尔·詹森领导的一个研究小组，在《科学报告》发表论文称，他们研究发现与人类导向社会行为有关的犬类基因。一项全基因组关联分析，识别出比格犬基因组中的两个区域，这些区域共含有5个基因，可能与寻求关注、待在人类附近等行为有关。

研究小组记录了在一项无法解决的任务中，标准化条件下繁育、饲养和照料的实验室比格犬，主动与人类身体接触的倾向性。在这项任务中，比格犬需要打开3个盖子取得容器中的食物，但其中1个盖子是固定且打不开的。作者记录了比格犬是否会因此采取人类导向的社会行为，比如寻求与人类视线接触等。

随后，研究人员分析了190只比格犬的基因组，并发现了两个基因组区域，含有5个可能与人类导向社会行为有关的候选基因。研究发现了SEZ6L基因中的一个遗传标记，它与跟人类亲近的时间有关。ARVCF基因中的两个提示性标记，也被与寻求人类接触联系在一起。但作者指出，要证实与人类导向有关的犬类基因，目前的结果还需要进一步研究。

五、运用基因技术的新成果

（一）养猪业方面运用基因技术的新信息

——率先把DNA技术用于种猪选育

2010年10月27日，《日德兰邮报》报道，丹麦奥胡斯大学农业科学学院，与丹麦农业行业组织共同组成的研究小组，跟养猪户一起，正在联合实施一项使用快速DNA检测技术选育种猪的计划，这将使丹麦成为世界上首个把DNA技术用于种猪选育的国家。

报道说，预计未来几年内，丹麦用新的DNA技术选育出的种猪将超过种猪总数的 30%。这项技术将为丹麦带来数十亿丹麦克朗的利润，并使其在面对外国竞争者时具有显著优势。

研究人员说，他们经过数年研究，绘制出了猪基因组图谱，并研究了基因对猪的生长和发育的影响，因而能够利用 DNA 技术识别出最好的种猪。

目前，用传统育种技术改良的种猪，可以为丹麦的养猪业增加每头猪 12 丹麦克朗的收益，而采用最新的 DNA 检测技术之后，增加的收益将至少提高到每头猪 16 丹麦克朗。

（二）疾病治疗方面运用基因技术的新信息

1. 以基因技术确定癌症治疗方案研究的新进展

开发运用基因芯片技术确定乳腺癌的新疗法。2005 年 10 月，瑞典卡罗林斯卡医学院乔纳斯·伯格领导的一个研究小组，在《乳腺癌研究》杂志上公布的一项研究成果表明，基因芯片技术能够用于确定乳腺癌的个性化疗法，并且能预防乳腺癌患者经历疼痛且无效的治疗。这种基因芯片技术，研究分析了肿瘤组织样本并确定含 64 个基因的基因群，能够用于预测病人在接受乳腺癌辅助治疗后 5 年内的反应。

研究人员说，确定出其乳腺肿瘤中表达这些基因的病人，将有助于预测出哪些病人，能够从辅助治疗中获益。同时，避免一些病人，反而因接受这种治疗而起到更糟糕的效果。

研究小组利用 DNA 芯片，分析了 159 个乳腺癌患者的基因表达特征。在这些样本中，他们确定出 38 名预测后果差病人中的基因标记。剩余的 121 人则被划入预测后果好的组别。研究人员还利用基因表达分析，来分离开对辅助治疗反应好的病人和没有进行辅助治疗的病人，以及那些对治疗没有反应的病人。

由于确定针对个体病人乳腺癌疗法标准的缺少，人们需要开发出，能更好地预测病人对辅助治疗反应的新技术。该研究小组的研究人员认为，DNA 芯片分析技术，能够用于确定出可从辅助治疗获益的病人，并避免了疼痛且无效的治疗。

2. 以基因技术防治生殖系统疾病研究的新进展

（1）研究发现早产风险与母系基因有关。2009 年 12 月，有关媒体报道，丹麦和瑞典研究人员分别在两项研究中发现，虽然母亲和父亲的基因，会对妊娠时胎儿生长共同产生影响，但母系基因是造成婴儿早产的重要因素之一。

丹麦哥本哈根国家血清研究所的研究人员，在《美国流行病学杂志》上报告说，他们统计了超过 100 万名 1978—2004 年间出生的丹麦婴儿及其父母的数据。结果发现，如果这些婴儿的母亲第一胎早产，那么她们第二胎早产的风险会增加。如果孕妇的母亲或姐妹（包括同母异父的姐妹）有早产历史，那么这些孕妇早产的风险，要比没有这一家族史的孕妇高 60%。

但如果父系亲属有早产史，那么其女儿怀孕时的早产风险不会提高。同时该孕妇男性亲属的妻子在怀孕时，其早产风险也不会比普通水平高。

在另一项研究中，瑞典卡罗琳医学院的研究人员统计了 98.9 万名 1992—2004 年间出生者及其父母的资料。统计结果显示，如果某些女性有早产史，那么她们的姐妹面临的早产风险，要比没有这种早产史的妇女高 80%。此外，该研究没有发现吸烟等非遗传因素，会对家族性早产产生影响。

但研究人员指出，虽然母系基因与婴儿早产有关，但这并不意味着某孕妇的母亲或姐妹早产，则该孕妇一定早产。

（2）推进编辑人类胚胎基因的技术研究。2016 年 9 月 23 日，美国国家公共电台报道，对人类胚胎基因组进行编辑，尽管在过去一年中引发了激烈争议，但瑞典科学家弗雷德里克·兰纳已经在全球首次对健康人的胚胎进行了编辑。兰纳希望，通过利用 CRISPR–Cas9 技术，也就是通过 DNA 剪切技术，找到新的不孕不育和流产疗法。

他将使胚胎中的基因失去活性，以了解它们在早期发育中发挥什么样的作用。但是很多人担心，基因编辑会产生设计婴儿和新的遗传性疾病，然而兰纳表示，很有必要开展类似的基础研究，从而避免这些情况发生。

第二节 蛋白质及酶研究的新进展

一、蛋白质研究的新成果

（一）蛋白质生理研究的新信息

1. 蛋白质功能研究的新进展

绘出含有几千张人类细胞和组织的蛋白质功能图集。2005 年 9 月，瑞典有关媒体报道，瑞典斯德哥尔摩皇家技术研究院的微生物学家马蒂亚斯负责的项目研究小组，发布一个数据库，其中包括几千张人类细胞和组织中各种蛋白质功能的图片。这个数据库被称为"蛋白质图集"，目的是协助生物化学家识别新发现的蛋白质的功能。

马蒂亚斯指出，从20世纪90年代起，科学家们开始测定人类基因序列，确定每个基因编码的蛋白质在细胞中的位置，成为当务之急。他说，图集能通过提供有关蛋白质功能的线索，推动它们成为疾病标志或药物靶物质。两年前的一次小规模试验，使瑞典克努特（Knut）和爱丽丝·沃伦贝格（Alice Wallenberg）基金会决定，为一个持续研究两年的大规模"蛋白质图集"计划提供资助。

为了确定蛋白质在人体组织内的定位，马蒂亚斯研究小组的100多名科学家，把这个问题分成两部分：一是找到每种蛋白质的抗体；二是利用抗体寻找组织内的蛋白质。马蒂亚斯研究小组创造出一系列标准物，其中含有48种正常人体组织和20种肿瘤组织的微样品，这样可以使研究过程变成流水作业。给抗体做好标记，以便弄清每种组织中所表达的蛋白质。尽管这套新图集目前只包括大约700种蛋白质，但研究小组将继续添加2.2万种左右的蛋白质，每个人类基因对应一种蛋白质。

美国耶鲁大学的迈克尔·斯奈德，正在领导一个大规模酵母蛋白定位计划，他表示："这是你能得到的最有价值的数据库之一。"在判断蛋白质是位于细胞核、细胞膜还是其他部位的过程中，酵母菌的数据库已被证明是一种缩小定位范围的必要工具。

"蛋白质图集"还有些地方需要确认。如果抗体与一种以上的蛋白质反应，组织定位可能会无意中指向其他蛋白质。对此，马蒂亚斯研究小组将另请专家来解决这个问题。

2. 蛋白质结构研究的新进展

研制出能发现蛋白质结构突变的超声处理技术。2016年10月20日，由芬兰、美国和英国科学家组成的一个国际研究小组，在《Heliyon》杂志网络版上发表论文称，他们研发出一种超声处理技术，可把蛋白质数据转换成有旋律的乐曲，研究人员经过一定训练后，即可从中听出不同的蛋白质结构，从而发现异常突变。研究人员称，这一独特的研究手段，为枯燥的蛋白质研究添加了一点儿趣味。

一双慧眼对科学研究的重要性不言而喻。大多数科学研究需要用眼睛去观察各种图像、模型、图表，进而对各种数据进行分析，在蛋白质研究领域同样如此。长时间下来，这样的研究会显得枯燥、乏味。如果在眼睛观察的同时，耳朵也能听听，这是不是会让研究更容易、更有乐趣一些呢？

此次，该研究小组利用一种称为超声处理的技术，将蛋白质数据转换成了有旋律的音乐。他们想知道：这些蛋白质数据听起来像什么？通过声音分析蛋白质有啥好处？人们是否能从中听出特定因素或异常数据？

经过大量研究后，他们得出结论：听比看要容易，大部分人可以识别旋律之间的联系，其效果比预想的要好。而且，听音乐要比看那些复杂的模型、图表愉快得多，科学家们会更有兴致进行重复研究，对蛋白质结构进行反复分析。

研究发现，科学家在经过一些练习后，就可以从蛋白质分子的"旋律"中区分出不同的蛋白质结构，发现异常突变。

这一结合了生物信息学与声乐信息学的新技术，为生物学中复杂问题的研究提供了全新手段。研究人员称，对蛋白质的研究仅是个开始，其他的分子研究也可以运用这一方法，或许未来有一天，科学家可以倾听基因组，将诸多垃圾DNA的作用找出来。

(二) 蛋白质种类研究的新信息

1. 发现与神经系统疾病防治相关的蛋白质

(1) 发现一种与抑郁症密切相关的脑蛋白。2006年2月，有关媒体报道，瑞典和美国研究人员联合组成的一个研究小组，通过一项研究发现，抑郁症的发生和发展，与一种叫作p11的脑蛋白联系密切。这一发现，为人类更好地了解抑郁症的起因提供了新的思路。忧郁症是神经官能症的一个症状。

研究人员介绍说，长期以来人们认为，在人的大脑中，有一种叫作5-羟色胺的化学物质，不仅能够调节人的情绪，同时也与抑郁症的产生有关。但是，人们却一直不清楚，5-羟色胺在引发抑郁症中是如何发挥作用的。

一些有关抑郁症形成的理论认为，当抑郁症患者身上没有足够的5-羟色胺时，大脑细胞之间的信号传递就会出现故障。此外，5-羟色胺与抑郁症的互动关系也比较复杂，主要取决于大脑神经传递素（如5-羟色胺）与受体（大脑细胞表面）之间的联系有多牢固。到目前为止，人们已发现14种不同的5-羟色胺受体。

在本次研究中，研究人员发现，大脑细胞是否能对5-羟色胺做出反应，主要受制于一种叫作p11的蛋白物质。研究人员又对一个叫作1B的受体进行了研究，发现它在诱发抑郁症中起着举足轻重的作用。而p11蛋白则能增加细胞表面1B受体的数量，并调动这些受体与5-羟色胺一起工作。

为了验证这一过程，研究人员利用从已逝去的抑郁症患者身上获得的大脑细胞，以及白鼠，进行了一系列的实验。结果发现了如下情况：抑郁症患者大脑细胞中的p11蛋白水平，比没有抑郁症的人要低许多。在实验白鼠的身上，也发现了同样情况。给实验白鼠服用抗抑郁症药物，或实施电击疗法，尽管两种方法的治疗机制并不一样，但均引起白鼠大脑内的p11蛋白水平升高。

研究人员繁育了一些不能产生p11蛋白基因的实验白鼠。这些白鼠，不但具有明显的抑郁症状，且身上的1B受体数量及5-羟色胺的活性，均比一般白鼠低。此外，这些白鼠在服用抗抑郁症药物后，并无明显的改善。与此相反，那些通过基因手段使p11蛋白产生量增加的白鼠，不但没有抑郁症状，而且它们的大脑细胞也多带了一些5-羟色胺的受体。

这些重要的发现，说明为什么有些人会得抑郁症，而有一些人则不会得这种疾病。

(2) 找到导致肌无力的新型蛋白变异。2007年6月，瑞典乌普萨拉大学临床神经生理学系朱利安·奥查拉博士领导，他的同事以及哥德堡大学病理学系有关专家参加的一个研究小组，在《生理学杂志》上发表文章称，他们确认了一种新型蛋白变异与肌无力及肢端畸形等症状有关。肌无力病是神经肌肉传递障碍所导致的一种慢性疾病。

这一研究，证实了由于原肌球蛋白变异，导致肌无力的病人其病因和一种内在的机制有关，该机制使得原肌球蛋白的收缩速度和产生力量的能力发生了变化。研究小组分析了一位妇女及她女儿的肌无力的内在机制，该妇女及她的女儿都发生了β原肌球蛋白变异。

在研究中，针对单个肌纤维的收缩力测试，以及对于运动力的分析证实，存在原肌球蛋白对于肌浆球蛋白——肌动蛋白之间动力学的影响机制。正是由于存在这种原肌球蛋白变异，将造成肌浆球蛋白和肌动蛋白结合速率变慢，而两者的分离速率则变快。这最终将导致只有少量的肌浆球蛋白分子能和肌动蛋白紧密结合，从而形成肌无力的症状。研究结果，同时还反映出，原肌球蛋白在生理学上影响肌肉的收缩速度，以及产生力的能力方面存在作用。

这一研究结果意味着，以上在基因、蛋白和肌细胞水平上的神经肌肉紊乱症状，对于我们了解疾病发生原因有着重要意义，并且将可能带来新的治疗肌无力等疾病的手段。科学家沃尔特·弗兰特拉表示："奥查拉博士和他的同事很好的证明了在这两者之间存在的联系。"

（3）发现与摧毁神经细胞有关的蛋白质。2007年3月，芬兰生物学家组成的一个研究小组，在《自然·神经科学》杂志发表研究成果称，长期以来被认为在癌症发病方面起重要作用的RHO蛋白质，在摧毁神经细胞方面也起着关键作用。

研究人员表示，许多神经退化性疾病的病因是，大脑中的神经元被过分刺激，从而导致神经细胞死亡。他们进一步研究发现，RHO蛋白质因这种过分刺激而被激活，因此能发出摧毁神经细胞的信号。实验显示，通过基因改造抑制RHO蛋白质活性，可使这种蛋白质处于怠惰状态，这样神经细胞就可以"免遭不幸"。

研究人员认为，这一发现，有助于研究脑细胞退化的机理，并开发治疗神经性疾病新药。

2. 发现与免疫或呼吸疾病防治相关的蛋白质

发现人体下呼吸道一种新蛋白质。2009年3月，瑞典乌普萨拉大学一个研究小组，在美国《国家科学院学报》网络版上发表研究报告说，他们经过研究和识别，发现人体下呼吸道细胞中一种前所未知的蛋白质，它对免疫系统非常重要。这一发现，有助于提高自体免疫性疾病的早期诊疗水平。

瑞典研究人员把发现的这种蛋白质命名为 KCNRG，它存在于人体下呼吸道支气管表面的细胞中，对人体免疫系统发挥正常的"防御"作用十分重要。

研究人员说，借助这种蛋白质，他们可以进一步探究自体免疫性疾病发病的初级阶段，即原本应该攻击外来病菌或病毒的免疫系统，何以错误地攻击自身组织，从而为研究自体免疫性疾病早期诊疗新方法提供依据。研究人员说，发现这种蛋白质，也将有助于医学界，进一步认识哮喘和慢性支气管炎等常见病的发病机理。

（三）蛋白质开发利用研究的新信息

1. 蛋白质食物与健康关系研究的新进展

发现大量食用富含动物蛋白的饮食可能会增加死亡风险。2019年9月东芬兰大学公共卫生与临床营养研究所博士生赫利·维塔宁主持的一个研究小组，在《美国临床营养学杂志》上发表论文称，他们研究表明，富含动物蛋白，尤其是肉类的饮食不利于健康。这为早期的研究证据，提供了进一步的支持。

在20年的随访中，那些在饮食中喜欢大量动物蛋白而不食用植物蛋白的男性，比那些在蛋白质来源更均衡饮食的男性有更高的死亡风险。

在随访期间，以动物蛋白为主要蛋白质来源的男性，比饮食中动植物蛋白比例最均衡的男性死亡风险高23%。尤其是肉类摄入过多与不良健康影响有关：每天摄入超过200克肉类的男性，比每天摄入不足100克肉类的男性死亡风险高23%。参与研究的男性主要吃红肉。大多数营养建议，都限制了红肉和加工肉类的摄入量。例如，在芬兰，建议的最大摄入量是每人每周500克。

该研究还发现，在研究开始时，被诊断出患有Ⅱ型糖尿病、心血管疾病或癌症的男性中，饮食中蛋白质的总体摄入量高，与更高的死亡风险有关。在没有这些疾病的男性中，没有发现类似的关联。

这些发现，强调了研究蛋白质摄入对健康影响的必要性，尤其是对那些有慢性疾病病史的人。参与研究的男性在发病时的平均年龄为53岁，饮食中明显缺乏蛋白质的人群在研究中并不典型。维塔宁说："然而，这些研究结果，不应该推广到那些营养不良、风险更高及蛋白质摄入量往往低于推荐量的老年人。"

早期的研究表明，大量摄入动物蛋白，尤其是加工肉类如香肠和冷盘，与死亡风险增加有关。然而，有关蛋白质和不同蛋白质来源对健康影响的整体情况尚未厘清。

这项研究，基于库奥皮奥缺血性心脏病危险因素研究。该研究分析了1984—1989年研究开始时，约2600名年龄在42~60岁之间芬兰男性的饮食习惯。研究人员通过分析芬兰统计局提供的资料，研究了该研究人群平均随访20年的死亡率。分析的重点是饮食蛋白质和蛋白质来源与随访期间死亡率的关系，以及广泛控制的其他生活方式因素和饮食习惯，包括那些吃大量植物蛋白的人遵循更健康的饮食。

2. 合成蛋白质研究的新进展

研制出用电和二氧化碳合成蛋白质的新方法。2017年7月，有关媒体报道，芬兰国家技术研究中心首席科学家佩卡·皮特凯宁，与拉彭兰塔理工大学教授耶罗·阿霍拉共同领导的一个研究团队，研发出一种以电和二氧化碳为主合成蛋白质的新技术，其生产的蛋白质未来可用于制造食品和饲料。

研究人员介绍说，这种方法，是把电接入装有水和微生物的生物反应器中，将水电解为氢和氧，同时向反应器中注入二氧化碳。在提供的氮、硫、磷和其他微量营养物作用下，促使反应器中的微生物不断增殖，合成蛋白质。将培养的微生物团脱水，就形成了类似干酵母的蛋白质粉末。

目前，使用咖啡杯大小的生物反应设备，在实验室生产1克蛋白质约需2周。研究人员说，用这种方法生产蛋白质比植物光合作用效率高近10倍，而且还不用杀虫剂。他们的下一步目标是大幅提高生产效率，将成果转化为商业化生产。

阿霍拉说："只要有可再生能源，比如太阳能，在任何地方都能生产这种蛋白质，而不像传统农业那样需要具备合适的温度、湿度和土壤等条件。"

皮特凯宁说，用这种蛋白质生产的混合食品，将会有很高的营养价值，并且可通过在生产过程中改变微生物来调整食品的营养成分。他预测，将来甚至有可能发明一种家用反应装置，使人们在家里就能生产日常生活所需要的蛋白质。

不久前,芬兰国家技术研究中心与拉彭兰塔理工大学两家科研机构,共同承担了"新碳能源"大型科研项目,其目标是研发完全依靠太阳能、风能等可再生能源实现零排放,而用电和二氧化碳合成蛋白质,则是该项目研究的一部分。

二、酶研究方面的新成果

(一)发现与疾病防治相关的酶

1. 发现导致癌细胞在人体内部扩散的生化酶

2004年12月28日,英国《太阳报》报道,丹麦医学院首席科学家摩顿·约翰逊领导的一个研究小组,发现了导致癌细胞在人体内部扩散的一种生化酶。科学家表示,下一步研究就是要研发一种药物,来阻止这种生化酶在人体内形成。他们表示,如果能够研发出这种药物,那么就将意味着防范癌症的努力将取得重大突破。

癌症现在是人类面临的头号健康敌人,而很多病人一旦发现患了癌症就总是中晚期,癌细胞已经在他们的体内扩散到很多器官,给治疗和康复带来了非常多的困难,现在,人们终于在癌症研究领域听到了一个好消息。

科学家在老鼠试验中发现,那些出生时体内就没有这种生化酶的老鼠,即使患上癌症,癌细胞也不会迅速扩散。而且,没有这种生化酶的老鼠也不会因此而出现任何副作用。

约翰逊说:"癌细胞需要这种生化酶才能在人体内迅速传播,但如果没有这种生化酶,人体并不会出现反常症状,所以这种生化酶实际上明显弊大于利。无论如何,这项研究都给我们研发控制癌细胞扩散的药物,提供了重要的线索。"

2. 发现使癌细胞保持活性的酶

2006年6月3日,英国科学协会主办的阿尔法伽利略网站报道,丹麦哥本哈根大学生物技术研究和创新中心的一个研究小组发现,一种名为JMJ的酶。

研究人员说,这种酶,在癌细胞中出现的概率,远大于在正常细胞中出现的概率，它们会阻止癌细胞衰老，能使癌细胞保持活性，这一成果有望帮助医学界找到癌症发生的机制。

研究人员表示，癌细胞在老化过程中会变得更加紧密，DNA结构也会发生改变，从而导致基因失去活力，阻止细胞分裂。研究人员发现，如果癌细胞中含有过多的JMJ酶，细胞的生长就会不受控制。研究人员说，下一步，他们要继续探索JMJ酶如何影响正常细胞的发育，以及为什么这类酶数量增加就会导致癌症发生。

(二) 酶研究方面的其他新信息
1. 发现一种最古老的酶

2006年12月，芬兰与英国研究人员组成的一个国际研究小组，在《科学公共图书馆·生物学》杂志上发表研究成果称，他们利用结晶法，研究了粗糙脉孢菌核糖核酸，依赖核糖核酸聚合酶的三维结构后发现，它是地球上最古老的酶之一。这个能够繁殖没有脱氧核糖核酸片段的核糖核酸分子蛋白质，是"核糖核酸世界"时代的残遗物，是最古老生物拥有的第一类功能蛋白质，早期生物的所有功能都是靠这种蛋白质完成的。

核糖核酸聚合酶是所有活生物拥有的最重要的酶之一，具有传递遗传信息的功能。它有两种形式，即脱氧核糖核酸依赖和核糖核酸依赖。脱氧核糖核酸依赖核糖核酸聚合酶，是以核糖核酸为模板合成的，它们既存在于一些病毒中，也存在于一些高级生物中。病毒利用这种酶复制自己的遗传物质，但在高级生物中，这种酶的作用就大不一样了，它们可繁殖出参与核糖核酸干扰系统中的核糖核酸分子。

研究人员把粗糙脉孢菌的核糖核酸依赖，核糖核酸聚合酶三维结构，与其他已知的核糖核酸依赖核糖核酸聚合酶进行比较后发现，这些酶的三维结构惊人的相似，蛋白质的来源也几乎相同；此外，这种酶与病毒中的核糖核酸依赖核糖核酸聚合酶的来源则完全不一样。

第一个核糖核酸聚合酶，可能是在"核糖核酸世界"时代出现的。按照现代理论，地球上最早的生命开始于核糖核酸分子的繁殖。最早的活生物是核糖核酸生物，没有蛋白质和脱氧核糖核酸，核糖核酸分子具有保留遗传信息的功能，也执行着其他蛋白质现在完成的功能。核糖核酸生物在获得了合成多肽的能力后，核糖核酸聚合酶的功能就逐渐从核糖核酸转向蛋白质，其中的一种蛋白质就是核糖核酸依赖核糖核酸聚合酶，它保证了这些生物有效繁殖。

研究人员认为，最早的核糖核酸依赖核糖核酸聚合酶，应该是他们研究的蛋白质最简单的一种结构。这个最古老的酶包含一个 DPBB 结构域。后来，由于复制转变了两个 DPBB 结构。刚开始它们是一样，以后出现了一些差别，其功能也随即不同。这意味着在这个阶段进化方向发生了分离：有些核糖核酸聚合酶变成了核糖核酸依赖，而其他的则变成了脱氧核糖核酸依赖，也就是拥有了在脱氧核糖核酸基础上合成核糖核酸的能力。

研究人员认为，他们的发现，对生命起源学说提供了一个新证据：最古老的非病毒核糖核酸依赖核糖核酸聚合酶，不是在最原始的生命中保留了下来，而是在比较高级的真核细胞生物中保留下来，并在这一过程中改变了其功能——在 RNA 世界它负责复制遗传信息，而在真核细胞中则作为核糖核酸干扰系统的一部分保留了下来。

2. 研制出新型啤酒过滤酶

2007 年 5 月，有关媒体报道，丹麦诺维信公司（Novozymes），新研制成生化酶，将帮助啤酒制造商增加产量，减少成本花费，延长过滤周期。

这种新型生化酶，已经成为该公司的专利产品。因为它能毁坏麦芽糖汁的细胞屏蔽，减少其黏性，因而它可以延长或者强化过滤周期。这种可以减少黏性的酶，仅仅上市几周时间。它可以减少蒸馏时的能量花费，估计减少量可达 15%~25%。

在过去的几年，许多的加工商一直面对制造成本的增加，特别是时下能源和原材料的价格不断上涨，所以想办法减少成本至关重要。

诺维信公司谷物食品和饮料工业市场总监说，这种酶，将从根本上帮助酿酒商。它主要靠攻击葡聚糖和木聚糖而执行其功能。高级葡聚糖有时过滤周期很短，它们的黏性很高。但是研究表明，木聚糖也不能忽视。诺维信公司的国际啤酒市场部经理表示，使用高级麦芽糖的啤酒商，将从这种新型生化酶中获益匪浅。这种酶，通过延长过滤周期，增加了产量，减少了过滤装置的需求量和清洁的成本。

第三节　细胞与干细胞研究的新进展

一、细胞生理研究的新成果

（一）细胞种类与细胞结构研究的新信息

1. 细胞种类研究的新发现

从深海鱼眼部发现新型视细胞。2017年11月，挪威、澳大利亚和沙特阿拉伯等国相关专家组成的一个研究团队，在《科学进展》杂志上发表论文称，他们最新发现，生活在深海的"暗光鱼"，眼部存在一种新型视细胞，可让这种鱼在昏暗条件下也拥有良好的视觉。研究人员认为，这将有助于人们进一步了解动物的视觉系统。

包括人类在内的大部分脊椎动物，眼部视网膜包括两类光感受器，分别是负责白天视觉的视锥细胞和负责夜间视觉的视杆细胞。生活在海平面以下200多米的深海鱼，通常只在黑暗中活动，所以许多种类逐渐失去了视锥细胞，仅仅保留了光敏度高的视杆细胞。

本次的研究对象"暗光鱼"，在黎明或黄昏时最为活跃，且活动区域靠近光线水平中等的水面。研究人员先前认为，这种深海鱼的视网膜上也只存在视杆细胞，但研究发现，事实并非如此，"暗光鱼"拥有一套独特视觉系统。

在昏暗环境中，人类会同时使用两类光感受器，但效果并不理想。相比之下，"暗光鱼"结合二者特点，形成了一类更有效的光感受器。经显微镜观察后，研究人员将其命名为"杆状视锥细胞"。依靠这类独特的光感受器，"暗光鱼"的视觉，可以很好地适应昏暗的光线条件。

研究人员说，最新发现有助人们理解不同动物如何看世界，还挑战了人们对脊椎动物视觉的已有认识，强调了更全面评估视觉系统的必要性。

2. 细胞结构研究的新发现

发现人体细胞内"网状粘连"新结构。2018年10月22日，每日科学网站报道，瑞典卡罗林斯卡医学院生物科学与营养系斯塔凡·斯托姆布拉德教授领导的英国科学家参与的一个国际研究团队，在《自然·细胞生物学》杂志上发表论文称，他们发现了人体细胞内的新结构：一种新型蛋白质复合物，细胞借助其附着于周围环境。研究证明，该结构在细胞分裂中起关键作用。

研究人员说，组织中的细胞，被命名为"细胞外基质"的网状结构所包围。为将自身附着到基质上，细胞表面有受体分子，它们控制细胞内部大蛋白质复合物的组装。这些所谓的黏附复合物，将细胞的外部连接到细胞内部，并向细胞发出关于其直接环境的信号，这些环境会影响细胞的性质和行为。

在这项新研究中，研究人员使用共聚焦显微镜和质谱法，对人类细胞系进行观察，发现了一种新型黏附复合物，其结构呈网状，因此被称为"网状粘连"。新结构拥有独特的分子组成，使其与已知的黏附复合物不同。

斯托姆布拉德表示，这种新型黏附复合物可以回答尚未解决的问题：细胞在分裂过程中如何保持附着在基质上。以前已知的其他黏附复合物在该过程中会溶解以允许细胞分裂，但新型黏附复合物并非如此。他解释说："我们已经证明，在细胞分裂过程中，这种新型黏附复合物会残留并附着在细胞上。"

这项研究还证明，新发现的"网状粘连"结构，控制着细胞分裂后子细胞占据正确位置的能力。当研究人员限制这种黏附复合物的活动时，这种记忆功能被中断了。

研究人员说："我们的研究结果，提出了许多有关这些结构的存在和功能的新问题，我们相信，它们也参与了细胞分裂以外的其他过程，但这仍有待发现。"

（二）细胞生理机制研究的新信息
1. 研究细胞发育信号进化机制的新进展
发现能解释细胞发育信号途径进化的新机制。2006年2月，有关媒体报道，芬兰赫尔辛基大学癌症研究中心一个研究小组，在寻找新的肿瘤抑制基因时，发现了一个重要的进化改变。这个改变，发生在一个关键的发育信号途径中，该发现显示了复杂细胞间信号途径的一个潜在机制。

一般情况下，有少量的进化保守基因，控制动物物种的多样性发育。

其中大多数基因最初主要发现于果蝇中，可以根据对突变体的分析来改变胚胎的发育模式。

在胚胎发育期间，细胞通过分泌型的胞外信号分子（生长因子或形态发生素），来调节彼此的生长和分化，这些分子能绑定其他细胞的表面受体。然后将这些细胞内信号途径受体组成蛋白中转给细胞核，激活转录因子，进而影响基因的表达并诱导细胞生长和分化。

大多数发育信号途径的信号转导分子和机制，被认为是进化保守的，由于缺乏过渡类型，这些复杂信号途径在进化细节上还不清楚。

研究人员说，Hedgehog（Hh）信号分子是一种由信号细胞所分泌的局域性蛋白质配体，作用范围很小，一般不超过 20 个细胞。在脊椎和无脊椎动物的诸多发育过程中，Hh 信号通路控制细胞命运、增殖与分化，该信号通路被异常激活时，会引起肿瘤的发生与发展。

由于人类癌肿中没有发现 Hh 信号途径，为此研究人员克隆了一个果蝇的关键 Hh 信号途径调节因子：Costal-2。然而，对哺乳动物基因功能做进一步分析，则显示出它并没有像 Hh 信号途径一样的功能，更不用说像肿瘤抑制基因一样了。

不过，研究人员发现在果蝇的 Hh 信号途径中，具有微小作用的另一个基因（启动抑制子）对于哺乳动物 Hh 信号途径的调节来说非常重要。

该发现首次解释阐明了在不同物种间的主要保守信号途径，这将有助于解释进化生物学中复杂的信号途径。

2. 研究细胞特异性机制的新进展

发现细胞株中维持特异性机制。2019 年 11 月，由哥本哈根大学生物技术研究与创新中心、诺和诺德干细胞生物学中心和美国纪念斯隆·凯特琳癌症中心共同组成的研究团队，以克里斯蒂安·海林教授为负责人，以乔纳斯·菲尔德研究员为第一作者，在《分子细胞》上发表论文称，在人体细胞中，某些蛋白质对于特定基因处于活跃或关闭状态至关重要，他们发现了一些对于维持适当基因调控所必需的蛋白质。

研究人员表示，人们体内 200 多种不同类型的细胞，都包含相同的 DNA，被表达的基因决定了每种细胞的类型，因此，必须高精度地控制基因的活性。表达基因组的哪些部分，决定了干细胞的发育方向。

多年来，该研究团队致力于研究控制基因活性或非活性的机制。这项研究，对于了解细胞如何特化，并保持其自身特性、正常的胚胎发育及各种疾病的发展至关重要。

在一项研究中，研究团队提供了关于表观遗传机制如何控制基因活动的新见解。

海林表示，该结果可能还会对某些与该研究涉及的蛋白质复合物相关癌症的未来治疗产生影响，包括淋巴瘤、白血病和儿童中常见的一种特殊类型的脑癌。

调节基因开启或关闭的关键蛋白质复合物之一是 pRCII。为了确保该复合物结合到基因组中的正确位置，许多其他蛋白质都与 PRCII 相关。

在这篇论文中，研究团队分析了与 pRCII 相关的 6 种不同蛋白质的重要性，并表明这 6 种蛋白质均有助于将 pRCII 导向基因组中的正确位置。研究人员以 15 种不同的组合方式，从胚胎干细胞中将相关蛋白质逐一去除。通过这种方式，他们能够研究每种蛋白质对 pRCII 复合物，在特定区域的活性和结合的影响。研究结果显示，在从干细胞中去除所有 6 种相关蛋白之前，pRCII 复合物找到基因组中正确位置的能力一直不受影响。

这项发现，使研究人员十分惊讶。菲尔德说："我们最初的假设是，每种相关蛋白质都负责将 pRCII 复合物引导至自身区域。然而，观察到的情况是，它们都对复合物结合的位置做出了贡献。只要保留一种相关蛋白质，pRCII 复合物到达正确位置的功能就是完整的。"

3. 研究细胞免遭机械损伤机制的新进展

揭示细胞保护自身 DNA 免受机械应力损伤的机制。2020 年 7 月，芬兰与德国科学家共同组成的一个研究小组，在《细胞》期刊上发表一篇题为："异染色质驱动的核软化保护基因组免受机械应力诱导的损伤"的论文。他们在论文中表明，已发现细胞可通过特定的机制来保护自身免受机械应力带来的损伤。

DNA 中发生突变会导致大量的疾病，因此保护 DNA 内的遗传密码对人类健康至关重要。关于化学物和辐射在诱导 DNA 损伤方面的作用已有很多研究，但机械应力如何导致 DNA 损伤，以及可能存在什么样的机制来保护细胞免受这种损伤，到目前为止仍然是未知的。

研究人员使用了一种特殊的机械设备,让皮肤和肌肉干细胞,暴露在组织内部所经历的类似机械拉伸中。

在机械拉伸的作用下,细胞核和 DNA 不仅发生重塑,而且也改变了它们的机械特性,使得它们变得更柔软。如果阻止这种变化,这些干细胞就会遭受 DNA 损伤,这表明细胞自身具体应对机械应力的保护机制。深入研究发现,如果暴露在机械拉伸下较长时间,整个组织会按照机械力的方向进行自我定位。这种定位防止了细胞核及其 DNA 的变形,允许它们能够恢复到初始状态,从而起到了长期的机械保护作用。

二、细胞治疗研究的新成果

(一) 细胞治疗神经系统疾病研究的新信息

1. 神经系统疾病细胞治疗研究的新发现

发现神经细胞表面能被药物镇痛的关键分子。2011 年 11 月 22 日,瑞典隆德大学与英国伦敦大学国王学院联合组成的一个国际研究小组,在《自然·通讯》网络版上发表研究成果称,他们发现,位于神经细胞表面的 TRPA1 蛋白,是扑热息痛能够镇痛的关键分子。该蛋白被激活后,可有效阻止痛感信号在神经细胞间的传递,从而达到镇痛效果。这一细胞机理的发现,为未来开发损害更小的新型镇痛药物奠定了基础。

扑热息痛是一种被广泛使用的镇痛药物,常用于感冒和流感的治疗。该药物的镇痛止痛效果良好,但大剂量服用会产生致命并发症。扑热息痛被开发出来已有 100 余年,作为镇痛药物广泛使用也有半个多世纪,但直到今天,其镇痛作用机理仍然不为科学家所知。

该研究小组通过对服用扑热息痛的小鼠观察后发现,在缺少了 TRPA1 蛋白的情况下,扑热息痛是没有镇痛效果的,这表明 TRPA1 蛋白是扑热息痛能够有效镇痛的关键。但扑热息痛本身并不能够激活 TRPA1 蛋白。当服用扑热息痛后,小鼠的脊髓中会产生一种名为苯醌亚胺(NAPQI)的物质,正是这种物质作用于 TRPA1 蛋白,使该蛋白被激活,进而干扰神经细胞间的信息传递,使得痛感神经到大脑的信息传递大大减少,从而起到镇痛效果。苯醌亚胺这种化合物不仅会在脊髓中产生,也会形成于肝脏,该物质过多会产生毒副作用。这也是超剂量服用扑热息痛后,会产生致命并发症的原因。

研究人员指出，扑热息痛作用机制的发现，有助于科学家开发出，既可有效减轻疼痛又不具毒性的新型镇痛药物。TRPA1蛋白是镇痛药的一个新靶点，如果未来能够确认其他化合物，也能够像扑热息痛一样通过TRPA1路径，阻止神经细胞向大脑发送疼痛信号，就极有可能找到一种没有毒副作用的镇痛类药物，进而大大降低服药过量带来的风险。

2. 脑细胞修复疗法研究的新发现

（1）发现多食高脂肪食品可能会阻碍脑细胞再生。2006年10月，《瑞典日报》报道，瑞典隆德大学细胞学研究员，安德烈亚斯·林德奎斯特主持的研究小组，公布一项试验结果表明，过多食用高脂肪食品，可能会阻碍脑细胞再生，从而影响记忆力和思维发展。

研究小组通过试验发现，连续4周用椰子油和菜籽油喂食小白鼠后，小白鼠的大脑中新生脑细胞的数量大幅度减少。试验还发现，小白鼠体内的皮质酮含量明显升高，研究人员推测，这可能是阻碍新的脑细胞再生的原因。

隆德大学细胞学教授埃尔兰松·阿尔贝特松表示，此前有研究证明，经常吃高脂肪食品的人，比正常饮食的人记忆力要差，但对其原因并不十分清楚，林德奎斯特的试验有助于理解这一现象。他认为，找出大脑如何受脂肪影响，可以帮助人们了解，类似阿尔茨海默氏病等疾病损害记忆力和思维能力的原因。

（2）研究发现生长激素可修复脑细胞损伤。2008年5月23日，瑞典媒体报道，瑞典乌普萨拉大学生物制药系弗雷德·尼贝里教授领导的一个研究小组发现，生长激素可修复因酗酒、吸毒及使用吗啡造成的脑细胞损伤。

此前有研究发现，酗酒、吸毒和使用镇痛剂吗啡，都会阻碍部分脑细胞分裂生长，甚至直接导致脑细胞死亡，受损细胞主要位于控制学习、注意力集中和记忆力等感知能力的大脑部位。尼贝里研究小组发现，对由于上述原因而出现脑细胞损伤的患者注射生长激素，有助于修复他们的脑损伤。

这一发现，已经用于治疗一位因使用吗啡缓解疼痛而出现记忆力衰退的患者，初步治疗结果令人满意。不过尼贝里强调，将生长激素用于这类患者的临床治疗，还需要经过进一步的严格检查和控制。

3. 细胞治疗帕金森病研究的新发现

（1）研制有望治疗帕金森病的新型人造脑细胞。2009年7月8日，英国《每日邮报》报道，瑞典卡罗林斯卡医学院里克特·达尔弗斯教授领导的一个研究小组，在《自然·材料学》杂志上发表研究成果称，他们研制出了可用于治疗帕金森病的人造脑细胞。

这种新型的人造脑细胞，由导电性塑料材料制成，可传输不同类型的神经传递素，而帕金森病正是因为缺乏神经传递素引起的，因此这项新成果被认为可治疗帕金森病。

人造脑细胞采用的是"交付电极"新技术，与真正的人脑中的神经细胞的工作原理相同，都是在大脑中释放神经传递素。神经传送信号，通过神经传递素及化学物质刺激周边细胞的方式，互相交流。拿帕金森病例子来说，此病是因为缺乏神经传递素多巴胺，或是缺少与它起反应的受体。

研究人员演示了"交付电极"如何控制豚鼠大脑听力的实验，然后说："准确地运送神经传递素的能力，使完全纠正信号系统的故障成为可能，从而能够治疗一些神经系统疾病，比如帕金森病。"目前，此项研究成果，已经开始用于治疗听力丧失、癫痫和帕金森病等神经疾病。

（2）尝试重编程脑细胞治疗帕金森病。2017年4月，瑞典卡罗林斯卡医学院神经学专家欧内斯特·阿里纳斯领导的一个研究小组，在《自然·生物技术》期刊网络版上发表的一项研究报告显示，用一种特定分子组合，处理非神经元脑细胞，可以产生类似多巴胺神经元的细胞；多巴胺神经元是一种在帕金森病中丧失的细胞类型。研究人员在人类培养细胞和帕金森病小鼠模型中，演示了这种新的重编程方法。

分泌多巴胺的特殊神经元的进行性死亡，是帕金森病的一个明确特征。尽管存在多种治疗方法，包括将多巴胺化学前体作为药物，但这些疗法都无法改变疾病的进程。数十年来，研究人员都在尝试影响病程改变疗法，在实验室生成多巴胺神经元或其前体，并将其移植到患者的大脑中。

该研究小组报告了一种不同的细胞替代疗法，这种疗法不需要细胞移植。通过检验一系列已知对多巴胺神经元身份有重要作用的基因，他们发现了4种基因，这些基因与某些小分子结合时，能将人脑中的星形胶质细胞重编程为类似于多巴胺神经元的细胞。

为了研究该策略的治疗潜力，研究人员用毒素杀死了小鼠的多巴胺神经元，然后利用一种仅在星形胶质细胞中表达基因的系统，把这4种基因递送至小鼠大脑。一些星形胶质细胞被成功重编程，从而获得多巴胺神经元的特征，并纠正了多巴胺神经元损失带来的一些行为症状。报告指出，在考虑对这种治疗策略进行人体试验前，还需进行大量的深入研究。

（二）细胞治疗其他疾病研究的新信息

1. 心肌细胞修复疗法研究的新发现

发现心肌细胞能不断更新而获得再生。2009年4月3日，瑞典卡罗林斯卡医学院神经学家乔纳斯·费瑞森主持的研究小组，在美国《科学》杂志上发表论文宣布，他们已经证明人体的心肌细胞，每年能以1%的比率更新。这为利用人工方法刺激心脏自我修复，带来希望，甚至有可能让"心脏移植"成为历史。

这项成果，是对传统理论的重要突破。过去，人们一直以为心肌细胞属于"终末分化细胞"，即这种细胞的寿命与人一样，从人出生后不再分裂繁殖，数量保持不变。报道称，瑞典研究小组，是通过核试验发现心肌细胞能再生的。

利用碳元素的衰变周期来测定时间，是考古学上最普遍的方法。近年来，科学家把这项技术，应用到动物身上来测定细胞的更新速率，但由于危险性和道德伦理原因，不能在人身上直接使用该技术。而瑞典研究小组，则利用非常巧妙的方法，间接把这项技术"实施"在人类身上。

费瑞森介绍说，20世纪60年代，是人类进行核试验最频繁的时期，那些在荒漠中爆炸的原子弹，不仅在历史中留下记忆，而且在人类身上也留下了痕迹。冷战时期的地面核试验，催生了纯粹自然环境下并不存在的碳-14，使碳元素增加了一种放射性同位素。地球是一个生态循环系统，在食物链底端的植物，通过光合作用把碳-14摄入体内，动物又通过食用植物再将碳-14摄入，在食物链顶端的人类则通过食用植物和动物，以及呼吸作用等方式，把碳-14留存在体内。根据这一特点，推断人体细胞在DNA的分裂过程中，势必会受到碳-14的干扰，也就是说在人类核试验后出生的人体 DNA 中，应该有碳-14。

费瑞森说，根据心肌细胞不可再生理论，在碳-14 进入食物链之前，也就是在人类核试验之前出生的人，心肌细胞内不会有碳-14。但是，费瑞森的研究小组，对那些在核试验之前出生的人，进行检测后发现，他们的部分心肌细胞同样含有碳-14。费瑞森指出，该测定结果说明，这些含有碳-14 的心肌细胞，是参加试验者后天产生的，即心肌细胞是具有再生和更新能力的。

据报道，瑞典研究小组的实验，还发现心肌细胞的更新速率。他们对 50 个志愿者进行了历时 4 年的研究，他们使用现今通用的放射性碳测量法，通过探测一个碳同位素碳 14 的踪迹来探测心脏是否出现了新生细胞，测试证明，所有 50 个志愿者的心脏都比其年龄要"年轻"。

研究人员进一步研究得出结论说，心肌细胞随着年龄增长而更新速率减慢，当 25 岁时，每年有 1% 心肌细胞更新，而到 75 岁这一数字降低到 0.45%。实验数据显示，人在 50 岁的时候，其心肌细胞中大约有 55% 年龄也是"50 岁"，而剩下的 45% 则要平均"年轻" 6 岁，从整个生命周期看，心脏要比人的实际寿命年轻 4 岁。

对这一实验结果，美国华盛顿州立大学的心脏研究专家查理·莫瑞，在评论中指出，它是"近年来心血管医学方面最重要的发现"。他说："我们一直把心肌细胞定义为不可再生细胞，直到现在医学院的教材仍然如此，今天我们终于可以为这一争论已久的话题画上句号。"费瑞森接着说，新发现，还让人们看到心脏病治疗的新希望——即通过加速心肌细胞更新，来替代受损的心肌组织。

2. 细胞治疗癌症研究的新发现

制成一种可引发癌细胞"自爆"的化合物。2014 年 3 月 21 日，物理学家组织网报道，瑞典卡罗林斯卡医学院组织生物学教授帕特里克·艾尔福什领导的一个研究小组，在《细胞》杂志上发表论文称，他们发现一种化合物，能使最具威胁的脑肿瘤胶质母细胞瘤的细胞发生"自爆"，并通过小鼠实验进行了证实。这项发现，被认为开启一种全新的癌症治疗机制，为其他类型癌症的治疗提供了思路。

胶质母细胞瘤是一种脑部恶性肿瘤，因其生长速度快，病程一般较短。患者平均生存期只有 15 个月，目前以手术、放疗和化疗为主，但疗效并不理想，因此，急需找到更好的治疗方法。

为达到这一目的，研究人员把胶质母细胞瘤细胞，暴露在 200 多种分子中进行测试。经过仔细的筛选和实验，最终发现了这种名为 Vacquinol-1 的化合物。

研究人员发现，这种化合物能导致癌细胞出现不受控制的空泡化：癌细胞会将外部物质源源不断地带入细胞内部，并最终导致细胞膜的破裂和癌细胞的坏死。进一步的研究发现，这个运输过程通过细胞内的囊泡系统来完成。

艾尔福什说，这是一种全新的癌症治疗机制。基于这种原理的药物，是以一种全新的方式来攻击胶质母细胞瘤的。该原理也可能适用于其他癌症，不过，目前他们还没有开始真正探讨这个问题。

在动物实验中，研究人员让被植入人类胶质母细胞瘤细胞的小鼠，通过片剂的形式连续摄取 5 天的 Vacquinol-1。结果显示，接受这一药物的 8 只小鼠中，有 6 只存活了 80 天；而对照组中，没有接受这一药物的小鼠平均存活期只有 30 天。

艾尔福什称，目前这种化合物还仅限于动物实验，他们希望能够尽快完成基础研究，进入临床试验，以确定其能否在人体中产生疗效。

三、干细胞方面研究的新成果

（一）干细胞生理现象研究的新信息

1. 通过培养过程研究干细胞本质的新进展

进行癌细胞三维立体培养揭示干细胞重要信息。2006 年 3 月，有关媒体报道，干细胞以及如何培养这类特殊的全能细胞、促进它们的生长，一直是生命科学领域研究的热点。但是，癌症干细胞证据的不断累积表明，有时候，抑制它们的生长也非常关键。在人类乳腺中，高达 20% 的肿瘤被怀疑起源于干细胞。

冰岛大学医学系苏拉林·古德琼森博士，与冰岛癌症协会专家等组成的一个研究小组，在意大利威尼斯的召开的医学会议上报告说，他们进行了三维的乳腺癌细胞培养，并因此获得了这些干细胞的意外的细节，从而可以解释为什么它们变成恶性细胞。

这些干细胞将可能成为癌症治疗的靶标，并可能从源头上消灭癌症。此外，它们还可能成为检测新药物的有用工具。

人们一直怀疑在人类乳腺中可能存在一群干细胞。在哺乳期，乳房才能完全分化，并且一旦过了这个阶段，它就会恢复原状。这种增殖、分化和凋亡的循环周期还发生在每个月经周期，并且在妊娠期间更加剧烈。这种特征吸引了研究人员的注意力。

乳腺癌大部分发生在产生乳汁的地方。其实，这个地方存在干细胞并不令人吃惊。2002年，古德琼森成功地从人类乳房中分离出了具有干细胞特征的细胞。

古德琼森留存了这些细胞，并在一种模拟真实活体组织环境的三维混合物中，进行培养繁衍。生物学专家长期以来都是依赖二维细胞培养作为基础研究工具。但是三维状态培养与细胞平层之间存在一个很大的差别。冰岛的研究人员在明确无误地知晓了一个细胞中还有那些物质后，使用了由美国加州大学劳伦斯伯克利国家实验室的米纳·比塞尔发明的三维细胞培养方法。他们构建了一种与活体状态相似的三维乳房结构。

利用这种培养方法，研究人员能够分析，这些细胞在形态发生过程和癌症发展过程中的细胞间，相互作用和信号途径。冰岛的研究人员，现在将研究重点放在内皮细胞如何将信号传递给正常乳房形成和癌症中的干细胞。通过与冰岛其他的研究团队合作，古德琼森实验室目前正在试图确定酪氨酸激酶受体的功能，以及它们下游的信号途径分子情况。

2. 研究未成熟细胞发育成干细胞的新进展

研究发现肠道细胞具有发育成为干细胞的潜力。2019年5月15日，丹麦哥本哈根大学健康与医学科学院科学家主持的一个研究小组，发现所有未成熟的细胞，在周围环境的影响下，有可能在完全成熟的器官中发育成干细胞，并用肠道细胞做试验证明了这一点。

近年来，干细胞治疗已用于越来越多的疾病。干细胞被称为"万用细胞"，能够再生成各种组织器官并修复小的组织损伤。因此，干细胞治疗为一些疑难疾病的治愈带来了希望，其未来发展趋势备受关注。该研究小组发现，胎儿肠道中的所有细胞都有发育为干细胞的潜力，并发现了肠道干细胞发育的调控机制。

研究人员首先把 LGR5 等标记蛋白移植入肠道细胞，利用三维成像观察单个细胞的发育过程。研究结果表明，肠道壁的大规模重构与细胞的分化密切相关，并且干细胞的分化是具有一定诱导性，而不是固定性。此外，研究人员表示，如果鉴定出未成熟细胞发育成干细胞所必需的信号，将会更容易操纵细胞来改善对难愈合伤口，如肠道中伤口的治疗。

身体的器官由干细胞维持，干细胞能够修复微小的组织损伤。因此，通过探寻出决定未成熟细胞发育成干细胞的因素，可能会促进干细胞治疗技术的发展。

（二）干细胞治疗研究的新信息

1. 干细胞移植治疗研究的新进展

（1）发现干细胞移植有潜在危险。2005 年 5 月，有关媒体报道，丹麦欧登塞大学医院布瑞恩斯博士领导的研究小组，在《癌症研究》发表论文称，他们发现干细胞移植有潜在危险。

博尔纳德说，成年干细胞（常用于治疗白血病的骨髓干细胞）移植一直被认为是安全的。但他的研究发现，如果成年干细胞在体外分裂次数太多，并不安全。

他把在体外培育 8 个月之内、分裂了 90～140 代的人体充质干细胞，移植至动物体内后，发现"最老的"细胞发生了癌变。观察显示：在常规体外扩增 6～8 周的人体充质干细胞是安全的，但体外培育超过 4～5 个月，这种干细胞会发生自发转化。这一发现支持肿瘤干细胞可能来自成年干细胞的假说。研究提示，为充分开发干细胞的临床治疗潜力，必须对人体充质干细胞进行生物安全性研究。

布瑞恩斯的研究也发现，长时间在体外培养的干细胞可能发生癌变。其原因是其开始生成端粒酶。端粒酶有阻止端粒随细胞分裂而逐渐缩短的作用，从而稳定染色体的末端，在保持细胞"永生"性中起重要作用。他说，永久打开充质干细胞的端粒酶基因，最终将使其变成癌细胞。

研究人员认为，目前暂可将干细胞分裂 60 代左右作为截止点，但确定安全界限还需做更多的研究。同时"需要明确划分干细胞扩增安全分界线，即使是无端粒酶生成的细胞也需要"；而两项研究都证明干细胞的潜在危险。因此他们强调，在任何种类的干细胞用于治疗前都应做全面安全测试。

（2）成功实施自体干细胞培育的气管移植。2011年7月7日，瑞典媒体报道，该国卡罗林斯卡医学院教授保罗·马基亚里尼领导的国际医疗小组，首次用患者自体干细胞培育的气管组织，成功为患者实施移植。

接受移植手术的是一名36岁男性患者，其气管癌已到晚期，尽管已接受化疗，但肿瘤仍在增大，几乎完全堵塞气管。由于没有合适的移植配型，只能利用患者自身干细胞培育移植所需气管组织，来进行手术治疗。

该国际医疗小组，使用特制的生物反应器培育出气管组织，并于2011年6月9日在斯德哥尔摩胡丁厄医院，为这名患者实施了手术。患者情况良好。

有关专家说，接受这种治疗方法的患者不会出现排异反应，因此无须服用免疫抑制药物。这例移植手术，意味着需要移植气管的患者无须等待他人捐赠器官，如在患病初期接受这种治疗，治愈率将显著提高。另外，这种疗法对儿童气管病患者更具意义，因为儿童气管捐赠资源稀少。

2. 干细胞治疗神经系统疾病研究的新进展

发现干细胞可帮助修复受损脊髓。2010年10月，瑞典卡罗林斯卡医学院研究人员，在美国《细胞·干细胞》杂志上撰文称，他们发现一种名为室管膜细胞的干细胞，不仅可帮助生成更多新的脊髓细胞，还能帮助恢复脊髓功能。这一成果，将有助于研究人员找到治疗人类各种脊髓损伤的新疗法。

研究人员介绍说，他们对实验鼠的研究发现，一旦老鼠的骨髓组织受损，存在于骨髓中的室管膜细胞就会被激活，和一些其他类型的细胞一起，促使分化形成更多的新的骨髓细胞，成为生成新骨髓细胞的主要来源。

因此，研究人员猜测，也许能够筛选出一种药物，在脊髓受损后，能够有选择地刺激室管膜细胞，使它分化形成更多的支持细胞，少分化疤痕组织细胞，从而更好地帮助受损脊髓恢复功能。

第四节 微生物方面研究的新进展

一、生物与微生物研究的新成果

（一）研究生物方面的新信息

1. 探索生物多样性与疾病关系的新发现

研究称生物多样性丧失会引发过敏和哮喘增加。2012年5月，有关媒体报道，芬兰赫尔辛基大学一个研究小组，发表研究成果指出，生物多样性的下降，可能引起城市居民患哮喘、过敏及其他慢性炎症疾病的概率增加。

新的证据表明，栖息于皮肤、呼吸道和肠道的共生微生物，可以防止炎症疾病的发生。然而，人们对微生物组的环境决定因素知之甚少。

研究人员在芬兰东部，随机选取了118位青少年作为样本，调查人类与自然和生物多样性之间联系的减少，是否会影响共生皮肤细菌的组成和过敏原的敏感性。

研究发现，相对于生活在有较少环境生物多样性的地区，比如城市地区或者水体附近的青少年，生活在农场或者森林附近地区的青少年皮肤上，有着更多样化的细菌，并有较低的过敏原敏感性。

此外，与健康个体相比，过敏原敏感个体，皮肤上 γ 变形杆菌的多样性较低，其中变形菌门的成员：不动杆菌的出现，与健康个体血液中抗炎标记物 IL-10 的表达有关。这表明，皮肤细菌组中的变形菌门细菌或许能增强个体的免疫耐受性。

2. 探索生物物种演化竞争的新进展

以模拟研究方式再次阐释生物演化"红皇后假说"。2017年12月，芬兰赫尔辛基大学一个由生物学科专家组成的研究团队，在《自然》杂志上发表的一篇论文，以模拟研究方式对生物演化"红皇后假说"提出新的解释，其认为要理解不同演化驱动因素之间的相互作用，得看一个种群在其演化过程中所处的阶段。

"红皇后假说"与达尔文物种选择说一样，是具有广泛影响力的演化生物学观点之一。目前，有两种假说可以在一定程度上解释遗传结构的进化：物种选择说和"红皇后假说"。

"红皇后假说"由美国芝加哥大学进化生物学家范·瓦伦提出，其基本内容是，为了抢夺生存资源，必须不停歇地进化到最佳状态才能对抗捕食者和竞争者；不进即是倒退，停滞等于灭亡，它描述了物种之间持续的演化竞争。范·瓦伦用这个假说解释他所观察到的物种恒定灭绝风险定律，即一个分类群的灭绝可能性，与其存在的时间长度没有关系。

但这个发现与迄今许多化石记录都不符。根据化石记录显示，类群的丰度、多样性或地理范围，在时间上呈"帽子"似的分布形态：分类群通常在初始期比较匮乏，中间达到高峰，末期重新又匮乏。因而，"年长"类群无可避免地衰退与灭绝随机性之间存在明显矛盾。"红皇后假说"也被认为，只强调了物种生存环境中的生物学因素，而真实的生物进化应由物理环境和生物环境共同决定，假说是否存在片面性，尚需进一步验证。

此次，芬兰研究团队模拟表明，如果考虑一个分类群的扩张高峰，而不是最终的灭绝，那么就能化解这个矛盾。研究人员认为，在某个物种高峰期，能限制它们的更可能是竞争相关因素，而限制其初始多样化和最终灭绝的，与随机非生物效应的关系更大。

本论文的结果意味着，在探究某个物种可能何时灭绝或者是否可能灭绝时，应该考虑的不是其最终的衰退和灭绝，而是它是否已度过了高峰期。

（二）研究微生物方面的新信息
——发现增强微生物呼吸作用能产生更多能量

2019年10月，瑞典查尔莫斯理工大学教授詹斯·尼尔森领导的一个研究团队，在美国《国家科学院学报》上发表论文称，他们研究表明，通过优化发酵条件，可以引起大肠杆菌和面包酵母，从发酵到呼吸的代谢转变。这种转变，可以推动细胞产生更多的内部能量。

细胞如何产生并利用能量？这个问题看似简单，但答案却并非如此。此外，了解微生物细胞工厂如何消耗能量及分配蛋白质，这在工业发酵过程中至关重要。

尼尔森说："这一信息，可用于设计改进的新型细胞工厂。"细胞不断从葡萄糖中产生一种被称为内部能量的高能分子。内部能量被细胞内的酶消耗掉，酶利用这种能量构造生物质或者完成其他细胞工作。在其他因素相同的情况下，可用的内部能量越多，微生物在发酵过程中就表现得越好。

研究人员通过一种计算方法，发现内部能量，可以通过两种途径产生：每个葡萄糖分子产生 23.5 个内部能量的高产量呼吸途径，与每个葡萄糖分子产生 11 个内部能量的低产量发酵途径。

这两种途径相互补充，但是研究人员发现，改变发酵环境以及糖和蛋白质的数量，可以改变这两者之间自然的平衡。此外，他们证实，在相同的速率下，高产量途径比低产量途径需要更多的蛋白质。他们还发现，通过一些手段，提高一些关键酶的活性，能使细胞产生从低产量的发酵，到高产量呼吸的代谢转变。这种转变既能够产生更多的细胞内内部能量，也避免了发酵副产物的积累，比如大肠杆菌内的乙酸盐和面包酵母中的乙醇。

此外，研究人员还发现，表现最佳的细胞，实际上同时使用了两种途径，不仅仅是高产的途径，而且更多的蛋白质意味着在特定途径中效率更高。

二、原核生物研究的新成果

（一）支原体行为研究的新信息
——发现支原体会造成基因污染

2020 年 3 月 19 日，瑞典林雪平大学生物医学和临床科学系研究员科尔姆·内斯特领导的一个研究团队，在《科学进展》上发表论文表明，以往在动物中检测到的表观遗传标记"6mdA"，可能是所用技术局限性和样品污染造成的，实际上，这种在细菌和支原体等原核生物中常见的 DNA 修饰，在人类或其他哺乳动物中并不存在。

几年前，一些相关研究成果的发表，引起遗传学研究者的极大兴趣。这些研究检查了一个特殊的表观遗传标记，即影响 DNA 序列在不同细胞中使用方式的DNA修饰。这个标记以前从未在多细胞生物中观察到。相比之下，这种被称为6mdA的标记，在原核生物中较为常见，它在保护原核生物免受病毒侵害方面发挥着重要作用。

许多研究团队的报告称，他们在多种动物物种甚至人类细胞中发现了6mdA，这不仅引起了学术界的极大兴趣，也引发了一些问题。其中一个与检测到的6mdA水平有关，这个水平非常低，以至于科学家们怀疑，这样一个罕见的表观遗传信号是否真的有作用。

在这些初步报告之后，一些其他已发表的研究成果无法在动物中检测到6mdA。内斯特研究团队与其他许多研究团队一样，也开始研究这种令人费解的表观遗传信号。然而，他们无法在人体或小鼠细胞中检测到。最终，他们在两个人体细胞样本中检测到了6mdA，但结果发现，两个样本都被支原体污染了。

研究人员怀疑表观遗传标记，来自原核生物而不是人体细胞。他们用抗支原体的抗生素治疗细胞后，发现6mdA信号消失。于是，证实支原体具有污染基因的行为。

研究人员认为，支原体污染行为是表观遗传学研究中被低估的问题。他们发现的支原体菌株在健康人群中很常见，通常不会对健康造成任何负面影响。由于支原体不仅可以存在于细胞外，也可以存在于人体细胞内，因此它可能存在于人类样品中，但未被检测到。对于大多数细菌类原核生物，研究人员可以很容易地检测出实验室培养的细胞是否受到污染。然而，支原体污染的情况并非如此，它需要特殊的检测方法。

研究人员很快发现，不仅支原体给研究6mdA标记带来问题，而且还发现检测这种表观遗传修饰的几种方法也存在问题。内斯特说："我们意识到，这些技术检测到的6mdA'信号'只是噪音。然而，由于一些复杂的技术问题，其中一些方法中的背景噪声不是随机的，而是一个真实的信号。现在，我们可以毫无疑问地说，哺乳动物中不存在6mdA。"

内斯特接着说："当我们分析非常罕见的现象时，我们必须要非常小心，并考虑我们是否真的可以用我们选择的方法来测量它们。关于6mdA，如果研究人员停止研究一些根本不存在的东西，那就可以节省很多宝贵的时间和金钱，避免更多的失望。"

(二) 细菌种类研究的新信息

1. 开发出降血压乳酸菌种

2005年3月,有关媒体报道,当前世界最大的益生菌供应商,丹麦科汉森公司开发出一种新的能降血压的乳酸菌菌种。这种乳酸菌添加剂酸乳酪和其他食品中,人们吃了就可以起到降血压的作用。目前,该菌种已经通过了动物试验。

据介绍,新菌种比现在的益生菌更具价值,它不仅仅具有改善肠道菌群的功能,还能对现代生活方式病起到特殊的功效。目前,新菌种已被乳制品公司采用。

2. 发现具有细胞进化过渡性特征的古生菌

2015年5月,瑞典乌普萨拉大学细胞和分子生物学系科学家瑟伊斯·埃特蒙领导,其同事吉米·索斯等人参与的一个研究小组,在《自然》杂志上发表论文称,他们发现的一种微生物,极有可能代表着从单细胞到复杂细胞进化过程中所缺失的一环,或许可以弥合单细胞和复杂细胞生物之间的分界。它的发现,填补了生命进化过程中一个空缺已久的"真空地带",有望为揭示复杂生命的起源和演化带来全新见解。

尽管生命存在多样性,但所有生物都可以被归到两个群类之中:一是原核生物,包括细菌和古细菌,体形小,属于单细胞,没有细胞核;二是真核生物,体形大,有复杂细胞,细胞有细胞核及一定程度的内部组织和构造。真核细胞和原核细胞存在巨大差异,然而,真核细胞是如何由原核细胞演化来的?这个问题一直是个谜团。

20世纪70年代,著名微生物学家和物理学家卡尔·乌斯发现了一种全新的微生物:古生菌,并认为它们是除原核生物(细菌)与真核生物(包括动物、植物和真菌)之外的"第三生物界",震惊了整个科学界。此后的研究发现,真核生物或起源于古生菌,两者之间应该存在某种中间体的生命形式。但符合这一描述的生物却一直没有被发现。

该研究小组称,他们在位于格陵兰岛和挪威之间,大洋水下2352米深处的一处热液喷口附近,发现了一种新型古生菌。这种被命名为"洛基"的古生菌,可能是最接近真核生物的一种原核生物,恰恰位于简单细胞到复杂细胞进化的过渡环节。

埃特蒙说："真核细胞起源这个问题极其复杂，很多线索都处于缺失状态，我们希望'洛基'能揭示出这个谜题的更多线索。"

通过对"洛基"基因组的研究，研究人员发现，"洛基"与真核生物有很多共同的基因，拥有以前只在真核生物中发现过的蛋白质基因编码。这表明，细胞的复杂性在真核生物进化的早期阶段就已出现。埃特蒙说："它代表着构成微生物的简单细胞与真核生物的复杂细胞之间的一个中间类型。将其置于生命树中时，这个想法得到了证实。"

索斯说，"洛基"取自海底的火山系统，在类似的极端环境中，通常有许多未知的微生物，他们称之为"微生物暗物质"。他们希望通过用新的基因组技术，探索这些"微生物暗物质"，找到复杂细胞进化的更多线索。

埃特蒙说："在某种程度上，我们才刚刚开始。还有很多有待于发现的东西，我相信，在不久的将来，生物教科书还将面临更多的修改。"

（三）肠道菌群研究的新信息

1. 研究肠道菌群与疾病防治关系的新进展

发现肠道菌群中某些益生菌可缓解婴儿肠绞痛。2014年1月，芬兰广播公司报道，芬兰图尔库大学科学家安娜·佩尔蒂等人组成的研究小组发表文章说，他们在研究肠道菌群组成与婴儿肠绞痛关系时，发现某些益生菌，可有效缓解婴儿常见的肠绞痛。

研究人员随机选择了30名不到6周大，并患有肠绞痛的婴儿，给一部分婴儿喂服一种名为鼠李糖乳杆菌（LGG）的益生菌，同时给另一部分婴儿喂服安慰剂。结果表明，服用了益生菌的婴儿因肠绞痛导致的哭闹明显减少。

此外，该研究还表明，益生菌对早产儿的肠绞痛也有效。94名孕期为32~36周的早产儿参与了该研究，研究人员跟踪研究这些早产儿至其年满1周岁。研究显示，服用益生菌或益生元的早产儿中，因肠绞痛而哭闹的仅有19%，而服用安慰剂的早产儿因肠绞痛引起的哭闹的比例则高达47%。

佩尔蒂说："研究结果表明，我们所用的这种益生菌（LGG），有助于缓解婴儿因肠绞痛引起的哭闹。但目前来说，直接将益生菌用于治疗肠绞痛为时尚早。"

尽管医学界对婴儿肠绞痛的研究，已有 50 多年的历史，但肠绞痛的确切原因及长期后果仍不明确，也缺乏有效的治疗手段。图尔库大学这项研究的目的，是探讨肠道菌群的组成和婴儿肠绞痛之间的关联，有关成果为今后使用益生菌和益生元预防和治疗婴儿肠绞痛开辟了新前景。

2. 研究肠道菌群与健康状况关系的新进展

发现肠道菌群不寻常状态与衰老及超重相关。2017 年 7 月，芬兰赫尔辛基大学生物学家里奥·拉蒂领导的一个研究团队，在《自然·通讯》杂志上发表的一项微生物学研究显示，特定微生物在人体肠道内会出现要么极多，或几乎没有的不寻常状态，而这些不寻常状态与衰老和体重等因素相关。

肠道菌群即人体肠道的正常微生物，其中超过 99% 都是细菌。这些肠道菌群在长期的进化过程中，通过个体的适应和自然选择，菌群中不同种类之间、菌群与宿主之间、菌群与宿主和环境之间，始终处于动态平衡中，形成了一个互相依存又相互制约的系统。因而，寄生于肠道的这近 1000 万亿个"家伙"，可能对我们的健康有着重要影响，但一直以来，人们对其机制却知之甚少。

此次，该研究团队分析了不同年龄、不同健康状态的 1000 个西方成年人肠道微生物的数据。调查中他们发现，大多数细菌的丰度有逐渐的变化：特定微生物往往要么很丰富，要么接近于"无"。而且，这些状态似乎是相对稳定的，位于丰富和"无"之间的中间状态，却只能持续相对短暂的时间。

与此同时，研究人员还发现，肠道微生物不寻常状态与衰老、超重这些生理健康因素，有着一定的相关性。但研究人员在论文中也表示，尚需要进一步的研究，以便判断观察到的肠道微生物的丰富度，与人体健康之间的相关性是否存在因果关系。同时，也需进一步调查肠道菌群的不寻常状态，能否作为医学上健康状况和疾病易感性的标志物来使用。

3. 研究食物组成与肠道菌群关系的新进展

发现低麸质饮食对肠道菌群有一定影响。2018 年 11 月，丹麦哥本哈根大学生物学家奥拉夫·佩德森主持的一个研究小组，在《自然·通讯》

杂志上发表论文称，低麸质饮食诱导60名健康人的肠道菌群和生理发生了一定的变化。研究人员提出，这些影响大多数可能源于富含麸质的食物减少后膳食纤维发生质变。

麸质是小麦、黑麦和大麦的主要成分，由部分耐消化的蛋白质组成。它可能对患有乳糜泻等特定疾病的人群有害。然而，减少麸质摄入对健康人群的影响仍不清楚。

该研究小组开展了一项随机对照交叉试验，试验对象为60名没有已知疾病的丹麦中年人。该试验包括两次为期8周的干预，以对比每天2克麸质的低麸质饮食，与每天18克麸质高麸质饮食的效果，两次干预之间的间隔至少为6周，间隔期间采用习惯性饮食，每天12克麸质。研究人员发现，低麸质饮食诱导了肠道微生物群轻微变化，包括双歧杆菌的丰度降低，以及某些尿液代谢物轻微变化。

这两种饮食不仅在麸质含量方面不同，而且在膳食纤维的组成方面也不同。因此，研究人员观察到的效果，可能是因为富含麸质的食物减少后膳食纤维发生了变化，而不是因为麸质摄入量本身有所减少。作者总结表示，目前尚不清楚，这些研究结果，如何能够推广到不同年龄、种族背景或生活方式的其他人群。

（四）细菌致病防治与细菌利用研究的新信息

1. 细菌致病研究的新进展

首次证实人能感染ST398葡萄球菌。2008年3月7日，丹麦通讯社报道，丹麦塞吕姆研究所科学家罗伯特·斯科乌等人组成的研究小组，首次证实人类能感染危险的ST398病菌。

ST398病菌是近年来发现的一种变种的葡萄球菌，以前只发现猪能感染它。丹麦研究人员第一次通过实验证实，ST398病菌可以存活在人体的鼻腔内和皮肤上，携带这种病菌的人并不一定会受到感染，但能将病菌传播给其他人，使他们受到感染。

研究人员还证实，人一旦感染上这种病菌，会出现血液中毒和肺炎等严重后果，非常危险。斯科乌说，我们已开始研究人与人之间传播这种病菌的危险性到底有多大。

根据欧盟的调查，欧洲目前大约有6000家养猪场的猪，感染上了

ST398 病菌，其中有 300 家养猪场在丹麦。

2. 细菌致病防治研究的新进展

（1）开发出致病菌快速检验仪。2010 年 8 月，芬兰媒体报道，芬兰研究人员佩伊弗·金努宁，与美国同行布兰登·麦克诺顿等人组成的一个研究小组，研制出的一种仪器，可快速准确地确定致病菌种类，从而有望减少抗生素滥用。

研究人员表示，他们研制出的这种新型仪器，放入致病菌后，仪器中旋转运动的磁性颗粒会附着在病菌表面。根据不同细菌导致磁性颗粒旋转速度变化的不同，检验人员可准确判断出致病菌的种类，为准确使用抗生素提供依据。

研究人员说，这种仪器不仅可大大简化判断致病菌种类的过程和缩短时间，而且由于其体积小，还可以在相对恶劣的条件下使用，如可借助太阳能电池板等提供的能量正常运转。

目前，确定致病菌往往需要细菌培养，但这种方法成本高且耗时长，医生通常直接为患者开具某些对抗多种细菌的抗生素，这也是导致抗生素滥用的原因之一。一种对大部分抗生素均有抗药性的"超级细菌"引起关注。专家认为，它的出现与滥用抗生素不无关系。

（2）建议用噬菌体疗法对付"超级细菌"。2019 年 1 月，有关媒体报道，因抗生素滥用等因素导致的"超级细菌"，一直是困扰医学界的难题。芬兰赫尔辛基大学细菌学教授米卡埃尔·斯库尔尼克领导的研究团队发表文章认为，噬菌体也许能用来对付"超级细菌"。

"超级细菌"是指那些对多种抗生素具有耐药性的细菌。据世界卫生组织统计，全球每年有 70 万人死于"超级细菌"感染，其中包括 23 万新生儿。噬菌体是一种专门以细菌为宿主的病毒，它们可以侵入细菌体内并不断复制自身基因，最终吞噬细菌，因而被认为是细菌的天敌。

斯库尔尼克说，每种噬菌体只攻击非常有限的几种细菌，并且几乎是特异性地针对某一种细菌，因此对人体内的正常菌群可能不会产生不良影响。他进一步介绍道，人类在 20 世纪初就发现了噬菌体并对其进行研究，但随着抗生素的出现，西方国家对噬菌体疗法的兴趣渐渐淡漠。但俄罗斯、波兰、格鲁吉亚等国仍一直在开展噬菌体研究。芬兰赫尔辛基大学近年来也开始建设自己的噬菌体研究中心。

目前，该研究团队已经收集到大约 250 种噬菌体。斯库尔尼克认为，建立一个比较好的噬菌体库，需要有 1000~2000 种不同的噬菌体。他说："但收集这么多种类的噬菌体，需要耗费很长时间和很多资源。"

斯库尔尼克希望能够逐步丰富噬菌体库，从而找到并培养那些能够对抗"超级细菌"的噬菌体。他说，无论是治疗人类还是动植物细菌感染，噬菌体疗法都具有很好的发展前景。

3. 细菌利用研究的新进展

用细菌成功生产出抗癌药原料。2017 年 6 月，丹麦诺和诺德基金会生物可持续性中心、哥本哈根大学等机构相关专家组成的一个研究小组，在美国《生物工艺学与生物工程学》杂志上发表论文称，他们成功利用大肠杆菌，生产出一类重要的生物活性物质细胞色素 P450 酶，相关技术有望用于大量生产紫杉醇等抗癌药。

细胞色素 P450 酶，是一类在生物代谢过程中扮演着重要角色的酶，此前研究表明，其中一些成员可用于合成紫杉醇等抗癌药活性成分。

研究人员指出，有些植物可利用细胞色素 P450 酶合成多种"化学武器"，抵御病虫害和恶劣环境。但植物自身只能生产微量细胞色素 P450 酶，并且提取过程复杂、易被污染。此外，部分相关植物属于濒危物种，不能应用于工业生产。

研究人员开发出一套基因工具，成功地用不同品系的大肠杆菌，生产出约 50 种细胞色素 P450 酶，包括可用于合成抗癌药紫杉醇和巨大戟醇的品种。

三、非细胞型微生物研究的新成果

（一）病毒种类及检测研究的新信息

1. 病毒种类研究的新进展

发现儿童呼吸道新病毒。2005 年 8 月 23 日，瑞典《每日新闻》报道，瑞典阿斯特丽德·林德格伦儿童医院的研究人员，玛格丽塔·埃里克松医生等人组成的研究小组，发现一种能引起儿童呼吸道感染的新型病毒。这一发现，有望带来对新的疫苗和治疗方法的研究。

研究小组在对 540 名儿童下呼吸道感染患者进行治疗时，发现了这种新病毒。在这批儿童患者中，17 名儿童体内存在这种新病毒，瑞典医生把它命名为"博卡尔病毒"。

玛格丽塔·埃里克松说："我在实验室工作了 30 年，这是我们第一次发现一种全新的病毒。"在无法解释病因的呼吸道感染病例中，可能至少有 1/3 是由新发现的"博卡尔病毒"引起的。这一发现，将会推动科学家研究针对新病毒的新疫苗和治疗方法。

据世界卫生组织统计，下呼吸道感染，是全世界范围内造成五岁以下儿童死亡的主要疾病，患儿常表现出一般气喘病的症状。

2. 病毒检测方法研究的新进展

研制出快速检测细菌和病毒的新方法。2009 年 7 月 6 日，芬兰《赫尔辛基新闻》报道，芬兰莫比迪阿格公司是一家生物技术领域的创新型企业研制出一种快速检测方法，可以大幅提高医疗诊断中检测致病细菌和病毒的速度。

该公司开发的这种细菌和病毒快速检测法，主要分三步：首先从患者样本中分离出少量细菌或病毒的 DNA（脱氧核糖核酸）；然后大量复制，使细菌或病毒 DNA 达到进一步检测所需的数量；最后通过生物芯片检测致病细菌或病毒。在此过程中，每个步骤所需时间最短 20 分钟，最长不超过 90 分钟。

研究人员介绍，使用传统方法检验致病细菌或病毒，通常需要一天甚至更长时间，而使用这种新方法可在 3 个小时内完成检测，并能一次性准确检测出 64 种不同的细菌或病毒。许多因细菌或病毒感染造成的疾病常给患者带来生命危险，发病后 48 小时是最关键的治疗时机。这种新的检测方法，无疑将为许多感染致命细菌或病毒的危重患者，争取到宝贵的治疗时间。

（二）治疗病毒感染研究的新信息

1. 治疗肝炎病毒感染研究的新进展

（1）首次用 DNA 疫苗对丙型肝炎进行抗病毒治疗。2009 年 4 月 23 日，瑞典卡罗林斯卡医学院检验医学教授马蒂·萨尔伯格主持的一个研究小组，在丹麦哥本哈根欧洲肝脏研究协会年度会议上，首次公布了把 DNA

疫苗应用于丙型肝炎抗病毒治疗理论的验证成果。

本课题利用裸DNA疫苗进行首次临床实验,通过活体电穿孔程序,将其导入丙型肝炎患者体内产生了抗病毒效果。这一成果,将促进DNA疫苗在临床上的应用。这些资料也对丙型肝炎特异性T细胞的抗病毒反应,提供更充分的证据。

据统计,世界人口的3%感染丙型肝炎,在工业化国家,丙型肝炎感染者中70%都是慢性患者,其主要原因,是感染丙型肝炎病毒直到到晚期才会表现出相应症状。

清除丙型肝炎的感染,与激活宿主T细胞应答反应有关。因此,在本研究中,研究员开发出一种,以密码子优化的丙型肝炎病毒非结构(NS)的3/4A DNA基因表达为基础的T细胞疫苗,当中的基因在巨细胞病毒早期瞬时启动子控制下,通过活体电穿孔技术打入细胞中。感染丙型肝炎患者的第一阶段临床试验目前正在进行中。本研究的目标,是对病毒载量测定的安全性、免疫原性和有效性。

萨尔伯格说:"50%~80%成年患者的免疫系统据,都不能清除丙型肝炎病毒,以至于逐渐演变成慢性丙型肝炎。假定发达国家丙型肝炎携带者能有50%被诊断出来,而且其中2/3需要进行抗病毒治疗,那么这种新疫苗在这类普遍性疾病上的应用将有非常广阔的前景。"

(2)发现人类感染乙型肝炎病毒已有数千年之久。2018年5月9日,丹麦哥本哈根大学科学家埃斯克·威勒斯雷夫领导的研究团队,在《自然》杂志发表了两篇基因组学的研究论文;其中一篇报告了137名生活在约1500~4500年前的古人类的基因组序列;另一篇则分析了这137人的基因组和另外167名青铜时代人类的基因组。他们在其中25个人体内发现了乙型肝炎病毒的证据,这一发现也表明,欧亚人类感染乙型肝炎病毒的历史已有数千年之久。

在第一篇论文中,该研究团队测序了来自欧亚大草原的137名古人类的基因组,覆盖了约4000年的一段时期。此外,他们还研究了拥有当今中亚、阿尔泰、西伯利亚和高加索血统的502名个体的基因组数据。这些发现,帮助阐明了该区域,即西起匈牙利、东至中国东北的一片长约8000千米的广阔区域的种群历史,表明这里从青铜时代欧亚血统的牧民,逐渐过渡至主要为东亚血统的骑兵。

在第二篇论文中,研究团队分析了304名来自欧亚中部及西部的古人类DNA序列,这些人约生活在200—7000年前。研究人员在25个人体内发现了乙型肝炎病毒感染证据,时间跨度近4000年。他们恢复了12个完整或部分的乙型肝炎病毒基因组,包括目前已经灭绝的基因型,并把它们与当代人类及非人类灵长类动物的乙型肝炎病毒基因组,放在一起加以分析。结果发现,某些古代乙型肝炎病毒基因组的所在区域,与其现今的分布区域不一致,而且至少有一种基因型现已灭绝。

全球约有2.57亿人口长期感染乙型肝炎病毒,2015年约有88.7万人死于相关并发症,但是该病毒的起源和演化一直不甚清楚。发现更古老的病毒序列,可以更清楚地揭示该病毒的真正起源和早期历史,并帮助理解自然及文化变化对疾病负担与死亡率的影响。

2. 治疗新冠肺炎感染研究的新进展

研究表明新冠肺炎抗体可在人体内维持4个月。2020年9月2日,路透社报道,冰岛基因分析检测公司基因解码研究小组,9月1日在《新英格兰医学杂志》上发表论文称,他们的研究显示,冰岛90%以上的新冠肺炎患者在确诊后体内抗体水平上升,随后保持稳定,前后持续长达4个月的时间。

为了解冰岛有多少人感染了新冠肺炎,并了解患者恢复后的免疫状况,研究人员对3万多冰岛人进行了抗体水平检测。根据调查结果,大约有1%的冰岛人口被感染了新冠肺炎。在感染者中,56%曾接受PCR实验室检测并被证实感染;另外14%此前未正式确诊但因接触病毒而被隔离;剩余30%的抗体检测结果则显示他们此前曾感染。

研究人员报告称,在经PCR检测确认的1215名感染者中,有91%的患者抗体水平在确诊后的头两个月内上升,两个月后则保持平稳水平。报道指出,该研究关注的仅是来自冰岛一个国家的研究对象,在世界其他人口多样化的地区,研究结果可能不一样。

在以前的研究中,新冠肺炎患者体内的抗体水平会在其感染数个月后急剧下降,这引起了人们对受到感染可能提供的免疫持续时间的质疑。

冰岛基因分析检测公司基因解码首席执行官卡里·斯蒂芬森表示,这项新发现，可能会对再次感染新冠肺炎的风险和新冠疫苗的耐久性产生影响。与该研究同时发表的一篇社论提醒说，目前还不清楚恢复健康的新冠肺炎患者体内的抗体是否能保护他们免受再次感染。

第五节 植物方面研究的新进展

一、植物生理与野生植物研究的新成果

（一）研究植物生理的新信息

1. 植物生理机制研究的新进展

揭示植物开花的生理机制之谜。2005年8月，有关媒体报道，瑞典农业大学科研人员发现植物中有一种叫"FT"的基因，它活跃在叶子中，能够制出一种在叶子和根尖之间传递信息的"信使分子"，然后"信使分子"刺激植物的基因程序，产生花蕾。此外，温度和土壤条件是植物适时开花的重要原因，它们与"FT"基因一起影响植物开花。

科研人员认为，这种植物生理机制的发现，可以帮助人们更好地研究水稻。通过揭示植物开花的秘密，人们将来能让水稻的花期提前，通过控制它的花期时间来增加每年的收获次数，提高产量。

2. 植物特定功能开发的新进展

根据预先叶内电路设定使玫瑰具有变色功能。2015年11月，有关媒体报道，瑞典林雪平大学有机分子实验室马格努斯·伯格伦教授领导，其同事艾略特·戈麦斯等人参加的一个研究团队，发表研究成果称，他们研制出一种能用电来调节的植物玫瑰，它像花又不是原来的花，叶里有电路，带电能变色。

瑞典科学家开发出一种叶片中带有电路的活体玫瑰，能够通过按键的方式改变叶片的颜色。研究人员认为，该研究开辟了一系列新的可能性，未来这种具有特定功能的带电路植物，有望成为一种新的植物品种。

通常，植物依靠其体内特定物质，来运输离子和激素。在一个有机系统当中，这一运输过程非常缓慢。该研究团队希望能用电路部分替代这一系统，用电来调节植物的生长和一些特定功能。

研究人员在试验中，发现一种名为 PEDOT-S 的人工合成聚合物，当其被玫瑰吸收后会变成水凝胶薄膜。这种导电的聚合物薄膜，就能成为他们所需要的电路。接着，研究人员通过真空渗透，把纳米纤维素传送到玫瑰叶片内部，并形成海绵状的 3D 结构。这些类似海绵一样的结构具有很多细孔，能装满聚合物。在外部施加电压的情况下，聚合物与叶片内原有的离子相互作用，就会改变聚合物的颜色，继而让叶片变色。

戈麦斯说，植物本身就具有非常先进、独特的系统。但此前，没有任何已发表的研究，关注过如何使用植物内部产生的电力。这项研究，为人们打开一扇新的大门，很多富有想象力的设想或因此变为现实。根据预先设定的情况而变色的电子玫瑰，就是一个例子。

（二）研究野生植物的新信息

1. 野生树木研究的新进展

发现堪称最老的万年古云杉。2008 年 4 月，有关媒体报道，瑞典于默奥大学的研究人员，在位于瑞典达拉那的浮露山上，发现一棵携带有 9550 年前遗传物质的云杉。

由此推算，它是在约公元前 7542 年开始生根的。据考证这棵云杉是目前世界上现存最古老的树。此前，人们一直认为世界上最古老的树是在北美有 4000 多年树龄的松树。这棵树的发现，把活着的古树树龄延长了 5000 年。

2. 野生藻类植物研究的新进展

（1）通过古代藻类化石揭示真核生物起源。2017 年 3 月 14 日，位于斯德哥尔摩的瑞典自然历史博物馆，其古生物学家斯特凡·本特森主持的一个研究小组，在《科学公共图书馆·生物学》发表论文称，关于多细胞生物（由此衍生出后来的植物和动物）起源的争论，已经持续了几十年。为了确定这些"真核生物"是何时出现的，研究人员需要保存完好的化石，连同一些独有的特征，例如被膜包围的复杂内部结构。如今，他们发现 16 亿年前的一组化石，或许有助于揭开真相。

本特森认为，这些化石可能代表了最古老的红藻，因此是迄今为止发现的最古老的真核生物标本。如果它们确实是红藻，则可以将进行光合作用的藻类和植物的起源时间，向前推进几亿年。

研究人员在印度中部的一个区域发现了3组这样的化石。第一组化石看起来像是一堆硬币，研究人员将其命名为 Denaricion mendax，或为一个细菌群落。另两组化石被称为 Rafatazmia chitrakootensis 和 Ramathallus lobatus，看起来如同由细长的纤维分离出的小房间。

本特森表示，人们之前曾发现了可能是真核生物的更古老化石。然而迄今为止，还没有人能够看到它们的内部结构从而确认这一点。

基于对这些化石进行的 X 射线成像分析，研究人员发现在 Rafatazmia 内部有看起来复杂而保存完好的结构。这些结构包括一个像植物一样的细胞壁，以及被称为隔膜的内部分割器。本特森认为，隔膜结构表明，这些化石绝对属于红藻，因此它是一种真核生物，并且具有光合作用的能力。

美国新泽西州罗格斯大学进化生物学家德巴什·巴塔查里亚表示，如果这是真的，这些化石将有助于研究人员缩小一项重要的进化事件的年代范围。这将是一个有机体吞噬光合蓝藻细菌的时间点。然而与被破坏不同，这些蓝藻细菌最终演化为在真核生物中进行光合作用的细胞机制。科学家之前估计这一切最早发生在距今15亿～6亿年前。

然而，巴塔查里亚并不确定，这些化石是否真的像本特森和他的同事所说的那样，在进化树上代表了红藻的祖先。他认为，这些化石更有可能代表了一个非常古老的分支。但是他表示，它们当然是某一类红藻，并且显然是真核生物。

另外，英国剑桥大学古生物学家尼古拉斯·巴特菲尔德对此却提出了质疑。他说，这些化石可能与红藻共享了某些特征，但需要有除了隔膜之外的更多特征，才能让他相信这是真正的真核生物。他表示，也许需要其他类似的发现，或者找到决定性的真核生物结构，例如一个不规则形状的细胞壁。

无论如何，古生物学家认为，这些新化石，要强于其他研究人员之前提出的一些最古老真核生物的例子。

研究人员指出，很难精确定位古代化石在进化树上的位置，因为在数十亿年前，许多生物表面上都是非常相似的。本特森也承认，很难搞清这些化石在进化树上的确切位置。他说："我们永远无法证明它们有100%确定的亲缘关系。但我们非常自信这是最好的推断。"

真核生物是其细胞具有细胞核的单细胞生物和多细胞生物的总称,它包括所有动物、植物、真菌和其他具有由膜包裹着的复杂亚细胞结构的生物。

真核生物与原核生物的根本性区别,是其细胞内含有细胞核,因此以真核来命名这一类细胞。所有的真核生物都是由一个类似于细胞核的细胞(胚、孢子等)发育出来,包括除病毒和原核生物之外的所有生物。许多真核细胞中还含有其他细胞器,如线粒体、叶绿体、高尔基体等。真核生物与古核生物、原核生物并列构成现今生物三大进化谱系。

(2)发现甲藻发光是抵御食草动物的防御机制。2019年6月,瑞典哥德堡大学生物学家安德鲁·普雷维特领导的一个研究团队,在《当代生物学》杂志上发表文章指出,有些甲藻具有非凡的发光能力,可使自己和周围的水发亮。他们认为,对于这种浮游生物来说,生物发光主要是一种防御机制,能帮助它们抵御桡足类食草动物的"魔掌"。

普雷维特说:"这种生物发光现象,在海洋中除了是一种美丽景象外,还是一种防御机制,一些浮游生物利用它抵御敌人。这些发光细胞能感觉到食草动物,并在需要的时候打开'灯',这对于单细胞生物来说,是令人印象相当深刻的。"

该研究团队通过结合高速和低光敏视频发现,这些生物发光细胞,在与桡足类食草动物接触时就会闪光。桡足动物的反应是迅速排斥闪烁的细胞,并似乎不会使其受到伤害。研究人员指出,来自瑞典西海岸的观测数据支持了他们的预测,即桡足类食草动物的存在,对发光甲藻的丰度产生影响。单细胞甲藻通常不是很好的竞争对手,因为其生长速度只有其他浮游生物的1/3。而桡足类动物似乎不喜欢它们,而喜欢吃防御较差但生长较快的浮游生物。

研究人员原本预计生物发光会导致桡足类动物减少接触,但令他们惊讶的是,这一降幅竟然如此之大。普雷维特说:"我们研究中的甲藻丰度较低,尽管如此,防御的有效性仍让人感到惊讶。"

然而,目前还不清楚这种光辉是如何保护甲藻的。研究人员说,无论它们是如何工作的,利用生物发光抵御捕食者的能力,似乎是甲藻打败其他竞争对手的关键。

研究人员计划进行更多研究，探索被吃掉的"恐惧"如何驱动生态系统结构。他们还计划研究桡足类产生的化合物如何作为一般的报警信号，以及它们对复杂浮游生物组合的影响。

二、栽培植物研究的新成果

（一）运用基因技术研究栽培植物的新信息

1. 运用基因技术研究农作物的新发现

发现控制农作物吸收砷的基因。2008年6月18日，英国科学促进会主办的"阿尔法伽利略"科学新闻网站报道，丹麦和瑞典的研究人员发现，一种帮助农作物抵御真菌感染的基因，能够控制农作物中名为结瘤素的跨膜运输蛋白的合成，从而有助于农作物吸收有毒的亚砷酸盐。这一成果有望应用于开发不吸收砷的转基因农作物，降低人们因饮食而导致慢性砷中毒的概率。

砷是一种毒性很大的致癌物质，它在自然界中主要以亚砷酸盐等形式存在。在世界许多国家，砷导致水、土壤和农作物污染。在一些发展中国家，水源污染导致饮用水和农作物中的砷含量较高，砷中毒成为严重问题。据联合国教科文组织的统计，仅在南亚地区，就有2000多万人遭受慢性砷中毒的危害。

丹麦哥本哈根大学和瑞典哥德堡大学的研究人员以两组酵母菌为研究对象，第一组酵母菌注入了上述基因的大米版本，对照组酵母菌未注入。研究结果显示，在有毒亚砷酸盐环境下，第一组酵母菌体内逐步积聚亚砷酸盐，对照组酵母菌未出现这种情况。

研究人员说，这种基因也有助于农作物的细胞壁吸收硅，抵御真菌感染，但农作物区分不出砷和硅。砷对人类非常有害，硅对人类却非常重要。科学家计划通过转基因方式培育出只吸收硅而不吸收砷的水稻等农作物。

2. 运用基因技术驯化及培育农作物的新进展

（1）研究表明基因编辑技术或能加快农作物驯化。2017年3月，丹麦哥本哈根大学植物学家迈克尔·帕尔格伦为通信作者的一个研究小组，在《植物学趋势》期刊上发表论文称，他们利用CRISPR基因编辑技术，可以让有营养、可持续种植的野生豆科植物、藜麦或苋属植物更适合种植。

目前，在30多万种现存植物物种中，仅水稻、小麦和玉米3种，占据着人们的食谱。部分原因是在农业历史上，突变让这些农作物容易收割。现在，该研究小组用基因编辑技术，也能做到这一点，这样，人们不必再等待大自然协助植物驯化了。

帕尔格伦说："在理论上，你如今能获得几千年农作物驯化挑选出来的性状，例如苦味下降和容易收割等，并且可以诱导其他植物发生这些突变。"

目前，基因编辑技术已被成功用于加快驯化被低估的农作物。例如，科学家利用化学突变诱导垂枝的水稻植物发生随机突变，从而使得它在成熟后能够紧紧抓住种子。

帕尔格伦说："人们如今吃的所有植物都是突变体，但这些作物是人类经过几千年挑选出来的，而且它们的突变是随机的。不过，利用基因编辑，我们能培育出'生物启发的有机体'，即我们不想改进大自然，我们想要从大自然已制造出的东西中获得启发，培育出所需的有机体。"

研究人员表示，该方法还有潜力解决与杀虫剂使用和大规模农业生产对环境影响相关的问题。例如，过量氮元素是一种常见的污染物，然而，野生豆科植物通过与细菌共生，能将大气中的氮转化为自身肥料。

这种加速作物驯化的策略也面临伦理、经济和法律等问题。然而，公众意见在一定程度上可能存在差异，因为这种方法并不从另一种有机体中获得基因，而是剔除现存的基因。

（2）运用基因技术培育低致敏小麦。2018年8月，挪威生命科学大学相关专家参加，澳大利亚默多克大学农业生物技术中心高级研究员安格拉·尤哈斯主持的一个研究小组，在《科学进展》杂志上发表论文称，他们一项新研究，成功确定小麦基因组中产生致敏蛋白质的基因，这一成果将有助于培育出低致敏的小麦品种。

小麦是重要的主粮，但也是常见的食物变应原之一，会引发麸质过敏，导致乳糜泻、职业性哮喘，以及"小麦依赖运动诱发的过敏性休克"。研究人员检测与麸质过敏相关的蛋白质，确定了小麦基因组中产生致敏蛋白质的基因序列及位点。

研究人员说："这项工作是培育低致敏小麦品种的第一步。了解小麦的遗传变异性和环境稳定性，将有助于食品生产商种植低过敏原粮食。相比完全避免食用小麦，这可以作为一种安全健康的替代选择。"

研究人员发现，生长环境对谷物中致敏蛋白质含量有很大影响。气候变化以及由全球变暖所引发的极端天气，都会对农作物生长造成压力，从而改变谷物蛋白的免疫反应性。

研究人员指出，谷物生长期结束时，与职业性哮喘及食物过敏相关的蛋白质明显增加。另外，开花期中遇到天气高温，会增加引发乳糜泻等腹腔疾病，以及"小麦依赖运动诱发的过敏性休克"相关蛋白的表达。

（二）开发利用栽培植物的新信息

1. 粮食作物麦类功能研究的新发现

研究揭示燕麦及黑麦麸对健康有益处。2020 年 7 月 3 日，有关媒体报道，东芬兰大学教授马尔尤卡·科莱麦宁牵头，芬兰国家技术研究中心和香港大学生物科学学院专家参加的一个研究小组，发表项目研究报告称，他们发现了燕麦和黑麦麸纤维促进肠道中有益微生物生长的机制。

研究人员说，在这项研究中，小鼠被分别喂食富含燕麦或黑麦麸的高脂饮食，最终结果表明燕麦能够增强小鼠肠道中的乳酸杆菌属，黑麦麸则提高了肠道中的双歧杆菌属水平。

动物肠道中数量庞大的微生物被称为肠道菌群。此前，人们已知膳食纤维会引起肠道菌群功能的改变，从而调节肠道环境，但具体调节与代谢路径和机制，在很大程度上尚未清楚。据介绍，这项研究，确定了补充燕麦和黑麦麸纤维后，肠道菌群产生的代谢产物的差异，以及如何与宿主在代谢中产生不同的相互作用。

研究发现，燕麦会影响胆汁酸受体的功能，黑麦麸会改变胆汁酸的产生过程，从而以不同方式改善人体内胆固醇的代谢。两者都可以减轻与脂肪肝等疾病相关的肝脏炎症，并抑制体重增长。

科莱麦宁表示，这项研究或将促进提供单独的燕麦或黑麦麸纤维成分产品的面世，而摄入这两种纤维的好处，还包括能增加人体内其他有益物质。在芬兰，燕麦和黑麦是深受人们喜爱的食物。黑麦面包是芬兰传统特色食品。

2. 园艺作物蔬菜功能研究的新发现

发现绿叶蔬菜可预防脂肪肝。2018年12月，瑞典卡罗林斯卡医学院，生理学和药理学系副教授马蒂亚斯·卡尔斯特罗姆主持的一个研究小组，在美国《国家科学院学报》发表论文指出，大量摄取存在于多种蔬菜中的无机硝酸盐，可以减少肝脏中的脂肪积累，目前，没有真正可以治疗脂肪肝的药物获得批准使用，这种疾病很容易发展成威胁生命的肝硬化和肝癌。

肝脏脂肪变性，又称脂肪肝，是一种常见的肝脏疾病，大约影响25%的人口。最重要的原因是超重或饮酒过量，目前没有针对这种疾病的药物治疗方法。研究人员证明，摄入来自天然蔬菜的更多无机硝酸盐，可以防止肝脏积累过多脂肪。

卡尔斯特罗姆说："当我们给以高脂肪和糖为食的小鼠补充膳食硝酸盐后，小鼠肝脏中的脂肪比例显著降低。"

两种不同的人类肝细胞培养实验，证实了小鼠研究结果。此外，研究人员还发现，除了可以降低脂肪肝风险，这种处理，还可以改善Ⅱ型糖尿病小鼠的血压和胰岛素或葡萄糖稳态。

研究小组把目光从饮食改变，转移到微观世界。之前的研究表明，蔬菜中的硝酸盐可以提高线粒体效率，从而提高身体耐受力。研究还表明，水果和蔬菜摄入量越高，对心血管和糖尿病越有益处。

研究人员说："我们认为，这些疾病可能存在某些相连的机制，例如氧化应激损害一氧化氮信号传导，对心脏代谢功能存在有害影响。现在，我们展示了一种代替一氧化氮的方法：在我们的饮食中，摄入更多硝酸盐，它们将可以被转化为一氧化氮和其他生物活性氮。"

尽管已经有许多临床研究，但是关于蔬菜的什么特性使它们有益于健康，仍存在相当大的争论。卡尔斯特罗姆说："目前还没人关注硝酸盐，我们认为这是个关键。现在，我们要开始临床研究，以评估补充硝酸盐对降低脂肪肝变性风险的治疗价值，结果可能导致新的药理和营养策略。"

在进行更大规模的临床研究证实硝酸盐的作用之前，研究人员建议患者尽量多吃绿叶蔬菜，如莴苣或富含硝酸盐的菠菜和芝麻菜。研究人员说："据我们观察，并不需要太大量的蔬菜我们就能获得保护力，大约每天摄入200克。"

3. 提高薯类作物食品安全性研究的新进展

找到去除炸薯条潜在致癌物的方法。2012年2月13日，挪威媒体报道，挪威食品研究所一个研究小组，经过反复探索，终于找到一种新方法，可以去除炸薯条等油炸食品中的潜在致癌物质丙烯酰胺。研究人员说，目前这项新技术在相关行业的反馈非常积极。

丙烯酰胺是一种白色晶体化学物质，是生产聚丙烯酰胺的原料。淀粉类食品含有较多的天冬酰胺，它是一种氨基酸，同时有还原性糖，在120℃高温油炸下，容易产生丙烯酰胺。挪威研究人员发明的新技术，利用乳酸菌来清除油炸马铃薯产品，原料表面的还原糖成分，从而阻止了丙烯酰胺的形成。

在油炸食品，尤其是根茎类食品中存在丙烯酰胺，是瑞典斯德哥尔摩大学研究人员2002年发现的，曾引起了国际社会的高度关注。中国国家卫健委公布的《食品中丙烯酰胺的危险性报告》中指出，丙烯酰胺具有潜在的神经毒性、遗传毒性和致癌性。

4. 开发利用园艺作物花卉的新进展

设计成数学迷宫的植物花园。2018年10月，有关媒体报道，汉斯·蒙特卡斯是挪威卑尔根大学的数学家，当他受邀为自己的学校设计一个新植物花园时，他完全不知道自己能做些什么。一年后，他创造了一个奇迹：一个以数学为基础的迷宫植物花园。这座迷宫植物花园，亮相于2019年的阿贝尔奖庆祝活动。

这座名为阿基米德的迷宫植物花园占地800平方米，位于一个叫作阿迪亚巴塔的地方，它整个原本就是一座雨水花园，得名于潮湿的海风从山上吹过时产生的多彩过程。

为了设计迷宫，蒙特卡斯从螺旋开始，他从阿基米德螺线中获得灵感。阿基米德螺线被认为是出现在自然界中的曲线，包括蕨类植物的叶子。蒙特卡斯接着观察了对称的、无限重复的二维图案，也就是所谓的"壁纸群"。这种图案，可以在古代和中世纪建筑常见的马赛克上看到，比如西班牙的阿尔罕布拉宫。

在这17个壁纸群中，只有两组有他想要的螺旋图案：由于是镜面对称的，这样无论在哪里相遇，它们都朝相反方向运动。在这两组图中，一个是六边形的格子；另一个是正方形的格子。蒙特卡斯选择了六边形，以便让人们在迷宫里面移动更有趣。此外，他还称六边形有一种更实用、更生动的感觉，比如蜂窝或者乌龟壳都有六边形团。

而迷宫的墙壁由紫杉树构成，包括几棵盆栽紫杉，可以移动从而改变迷宫的布局。由于这座迷宫离卑尔根机场很近，人们从空中就能看到这个惊人的设计。

这座独特的迷宫植物花园成为2019年阿贝尔奖庆祝活动的一部分。阿贝尔奖通常被称为数学领域的"诺贝尔奖"。届时，游客将被邀请根据散落在迷宫中的线索解开一个谜题。

而蒙特卡斯碰巧是阿贝尔奖委员会的现任主席，对他来说，这个工作很有趣，也很鼓舞人心。他还希望，这个迷宫植物花园也"能存在数百年"。

（三）推进植物栽培工作的新信息

1. 加强建设作物栽培的基础设施

（1）在北极建成种子储藏库。2008年2月26日，有关媒体报道，挪威在北极地区兴建的"种子储藏库"，举行落成典礼，这座被称为"植物界诺亚方舟"的仓库，将储存来自世界各地的种子，以便人类在地球遭遇极端灾害后，还保存着生存的希望种子。

这座"种子储藏库"位于挪威西南部斯匹次卑尔根岛上，距北极点约1000千米。自2006年工程启动以来便受到多方关注，欧盟委员会主席巴罗佐，前诺贝尔和平奖获得者、肯尼亚环境部长马塔伊女士都参加了开幕典礼。

建造者在岛上的一座山上，炸开了一个洞作为种子库的"大本营"，穿过一段约40米长的隧道后便看见三间并排的冰室，每间约270平方米。储藏库由坚固的混凝土高墙和钢铁大门建成，内部装有传感警报系统，即使受到核弹头或高强度地震袭击也确保安然无恙。小麦、玉米、燕麦和其他各类种子将在零下18℃左右保存，即使制冷设备出现故障，冰山里的温度仍然能保证零度以下。

这个储藏库能收藏约450万种作物的种子样本，它们将被一一贴上条形码封存起来。这项工程的倡导者、"全球农作物多样化信托基金"执行主席凯利·福勒预计说："这个储藏库的容积，是现存种子数量的两倍之多，在我的有生之年都不会被装满。"目前种子储藏库已经收集了25万种种子样本。

目前，世界上约有1400家种子银行，但是地球的生物多样性已遭到破坏。伊拉克和阿富汗的种子储存库都因为战争难以为继，菲律宾的种子银行在台风中遭到严重破坏。不过，这次的种子接收工作令福勒感到欣慰，他说："我在这个领域已经工作了30年，自认为几乎识遍所有种子，但这次还是发现了许多不曾见过的新种子。"

（2）为应对气候变化而进行种子库扩容。2009年2月17日，有关媒体报道，为了应对气候变化，位于挪威北极地区的种子库正在扩容，研究人员正在加紧保护10万种面临潜在灭绝威胁的农作物品种。

"全球农作物多样化信托基金"执行主席凯利·福勒表示，对于保护世界粮食供应免受因气候变化导致的农作物大面积减产影响，这些身处险地的种子将扮演至关重要的角色。他说："这些宝贵资源，能够帮助我们避免灾难性饥荒。在缺少农作物多样性情况下，你无法设想出应对气候变化的解决之道。"原因在于：农民当前种植的农作物，自身不可能快速进化以适应预计中的干旱、升温及新的病虫害。

福勒指出，进行的一项研究发现，截至2030年，非洲玉米产量将锐减30%，除非培育出耐热品种。他在接受采访时说："进化是我们可以控制的。在我们的种子库，你可以把不同品种的特点融合在一起，进而培育出新品种。"他表示，这一过程，大约需要10年左右时间。其所在组织正希望，通过为库内种子遗传特征编写目录的方式，加速新品种培育速度。

据悉，挪威种子库将对外开放，以加快相关研究步伐。福勒表示，当前进行的研究在程度上还远远不够。

福勒说，全球农作物多样化信托基金，已与46个国家的49家研究机构达成协议，拯救被打上"濒危"烙印的10万种农作物品种中的大约5.3万种。保护剩余农作物品种的协议将很快完成，协议涉及大麦、小麦、水稻、香蕉、车前草、木薯、鹰嘴豆、玉米、小扁豆、豇豆、其他豆类、高粱、稷、椰子、面包果及山药的罕见品种。这些面临最大灭绝威胁的种子，现保存在非洲和亚洲缺少资金支持的种子库，由于不适当的冷藏条件，以及内乱和自然灾害造成的设施破坏，这些种子正在不断流失。但研究人员尚不清楚已经流失的农作物品种数量。

据悉，农业产业化对农作物多样性造成重要影响。1903年，美国农民种植578种豆类作物，但截至1983年，保存在种子库的豆类作物仅剩32种。福勒说："失去一种农作物种子，就意味着你再也无法在农民的田地里找到这些作物。在成本较低并且很容易进行保护的时候，我们是无法承受这种多样性损失的。"

2. 开发作物栽培所需的优质肥料

研制出可取代农药的抑菌复合肥。2015年2月，有关媒体报道，芬兰赫尔辛基大学研究人员参加，俄罗斯喀山联邦大学波丽娜·加利茨卡娅领导的一个国际研究小组，研制出一种可替代农药的新型复合肥（堆肥），它不仅能对土壤施肥，又能抑制植物的真菌病害。这项成果，将使农民放弃使用杀菌剂这一被广泛用于农作物保护的农药类别。

当前，90%的农作物饱受真菌病的侵害，在农业生产中以杀菌剂为代表的抗真菌类农药几乎无处不在，但无论哪类杀菌剂均具有不同程度的毒性。因此，这些化学品在抑制真菌病原体、提高农作物对真菌病害抵抗力的同时，也对土壤和植物产生不良影响。

该研究小组承担了"使用抑菌性复合肥防止土壤污染技术"项目，虽然复合肥对农作物病害具有潜在的抑制性的描述早已见诸科学文献，然而，迄今为止这种肥料的制备技术尚未出现。现在，他们的研究成果成为国际首创。

研究人员表示，以绝对无害的抑菌复合肥取代各类杀菌剂，可达到滋养土壤和通过生物学机理抑制真菌这一植物杀手的双重功效。抑制微观真菌生长的复合肥料的制取技术，在实验室条件下是行之有效的。复合肥的成分可包括粪便、秸秆和褥草类农业废弃物、城市垃圾和污水中的有机馏分物等。究竟选取哪些成分则取决于复合肥的生产区域及其土壤特性。但各类复合肥的组成中，具有抑制真菌功能的特定微生物组分是完全相同的。

目前，研究小组正在研究鞑靼斯坦共和国某个区域特有的有机废料，并利用这些废料的混合物生成复合肥。这种复合肥外观上与普通有机肥并无二致，但它对植物真菌病原体具有抑制效果。研究人员已在选定的区域开展有机废弃物的筛查工作，对其抑菌属性进行评估，并筛选出一系列阻碍微观真菌生长的微生物。研究人员认为，这些具有杀真菌功效的微生物，可用作复合肥的生物添加剂。同时，他们也在进行制取不含生物添加剂的复合肥的可行性研究。所有技术都将申请专利保护。

第六节 动物方面研究的新进展

一、动物生理与古生物研究的新成果

（一）动物生理及生态研究的新信息

1. 研究动物生理特征的新进展

发现最早期动物可能仅需少量氧气。2014年2月，由南丹麦大学地球演化北欧中心丹尼尔·米尔斯博士主持，他的同事及美国加州技术研究所专家组成的一个国际研究小组，在美国《国家科学院学报》上发表论文称，他们通过对丹麦奥胡斯峡湾处捕获的一种常见多孔动物小海绵研究发现，这个酷似最早期动物的物种，在生活甚至生长中并不需要高水平的氧气。这项研究成果，对生命的起源及进化，或将有全新认知。

研究人员说，科学最强大的定律之一，即在地球上当大气中氧气含量上升至接近现代水平时，复杂的生命才能得以进化。而他们的成果却对此提出了质疑。

复杂生命的起源是科学的最大谜团之一。第一个小的原始细胞，如何演变成今天地球上存在的多样性高级生命呢？在所有教科书中的解释都是因为氧气：复杂生命的进化，是由于6.30亿年到6.35亿年前大气中的氧气水平开始升高。

但是，对丹麦奥胡斯峡湾一种常见的海绵属动物的新研究表明，这种解释需要重新考虑。研究表明，在非常有限的氧气供应下，动物可以生活，甚至生长。米尔斯说："研究表明，当大气中氧的含量仅为目前大气的0.5%，动物仍可以生活和成长，氧气含量低并不能阻止动物的起源。"

数十亿年前，生命仅由简单的单细胞生命形式构成。动物的出现恰好

是大气中氧气显著上升之时，因此，似乎显示出这两个事件存在关联，并得出结论是氧含量的增加导致了动物的进化。米尔斯说："至少据我所知并非如此，因为并没有人测试过动物究竟需要多少氧气，因此我们决定对此进一步探究。"

多孔动物海绵，在地球动物中最酷似原始动物，这次研究采用的奥胡斯峡湾面包屑软海绵，距离南丹麦大学海洋生物研究中心不远，米尔斯说："当我们把海绵放在实验装置中，即便氧气含量仅为现今大气中浓度的0.5%，它们仍继续呼吸和生长。这比我们以为的维系动物生存所需氧气的基本水平要低得多。"

现在最大的问题是：如果低水平的氧气没有阻止动物进化，那么是什么在起作用呢？为什么数十亿年之前生命只包含原始的单细胞细菌和变形虫，而之后产生了复杂的生命体呢？

米尔斯说："一定有其他的生态和进化机制在发挥作用。也许生命进化中保持微生物的形态如此之久，是由于它用了一段时间以形成构造一种动物所需的生物组织。也许古代的地球缺乏动物，仅仅因为复杂的、多细胞体很难进化。"

来自其地球演化北欧中心的同事已证明，实际上在复杂的生命进化之前，氧气水平至少已经急剧上升过一次。虽然大量的氧气可以得到利用，但这并没有导致复杂生命体的发展。

2. 研究动物生态环境的新进展

发现传粉动物正面临无数威胁的生态环境。2016年11月，丹麦哥本哈根大学生物学家西蒙·波茨领导的一个研究小组，在《自然》发表一篇综述文章指出，传粉动物正面临着生态环境的无数威胁，要保障它们得以继续对人类福祉做出贡献，人们必须采取应对措施。文章探讨了导致一些地区传粉者数量下降的因素，并提出或能逆转这一趋势的政策和管理干预措施。

从提高作物产量、提升食物安全，到保障依赖于传粉动物的植物的生存，野生和家养的传粉动物，包括蜥蜴、蝙蝠等脊椎动物和数千种昆虫，它们为人类提供了诸多益处，尤其是2万多个已知的蜜蜂物种，为全世界超过90%的主要作物授粉。但尽管传粉动物如此重要，在欧洲，9%的蜜蜂和9%的蝴蝶都面临着威胁。

该研究小组识别出传粉者数量下降背后的5种主要原因：土地使用和土地利用集约度的改变、气候变化、杀虫剂、病原体管理和外来入侵物种。

研究人员指出，虽然转基因作物对传粉动物少有致命威胁，但来自转基因作物管理的间接威胁仍然需要进一步评估。他们还对农民提出了如何弥补土地使用影响的建议，比如种植花径，从而为传粉动物提供半自然的栖息地。改善家养传粉动物贸易的监管，有助于控制寄生虫和病原体的传播。此外，向农民和公众宣传害虫管理知识能减少对杀虫剂的依赖，从而降低杀虫剂对传粉动物的威胁。

作者总结，要确定在不同环境中最重要的是哪些因素，从而采取应对传粉动物减少的有效行动，人们还需要进一步的研究。

（二）古生物组成部分史前人类研究的新信息

1. 研究北极地区史前人类的新进展

（1）研究发现北极地区最早的居民来自东亚。2008年7月，日本《朝日新闻》报道，丹麦哥本哈根大学一个研究团队发表研究成果称，一直以来，人们都倾向于认为，北极地区的最早居民与现代的爱斯基摩人的祖先有着直接关系，但是他们通过对格陵兰岛发现的遗迹进行研究证实，最早在北极地区活动的人类与现代爱斯基摩人并不相同，其是直接起源于东亚人类的子孙。

在格陵兰和阿拉斯加的北极地区，从4000年前开始一直都有来自东亚地区的人类移居，这已经在过去的研究中得到证实。

而在此之前，居住在北极地区的人类又来自哪里呢？虽然以往人们一般认为他们就是爱斯基摩人的祖先，但是现代爱斯基摩人传承下来的，也是至为重要的捕食鲸鱼的文化，却只有大约1000年的历史。

此外，在爱斯基摩人的传说中，也有"北极地区过去居住着一些叫'茨尼特'的巨人，他们心地善良，但是如果见到我们的祖先，他们就会眼里流着血逃之夭夭"的说法。说明爱斯基摩人的祖先，可能曾将原来居住于此的居民赶走。因此，从种种迹象来看，以往人们的猜测可能并不准确。

此次科研人员发掘了一个位于格陵兰，约3000年前的人类居住遗址，从中发现了一些冻结的人类毛发，研究人员通过检测确定了毛发中DNA的排列方式，并与现代人进行了比较。结果显示，这些毛发的主人血缘，与居住在白令海峡周边及西伯利亚地区的现代土著人关系十分紧密，而与现代和古代爱斯基摩人并不相同，从而证明了北极地区最早的居民其实直接来自东亚。

研究人员分析，虽然爱斯基摩人的祖先也是来自东亚，但远古东亚人类的迁徙发生过多次，最早居住在北极的东亚人类，后来很可能又被先前已经在美洲土著化的爱斯基摩人赶走并取代，于是爱斯基摩人就成为北极地区最终的居民。

（2）古爱斯基摩人孤立生活超过4000年。2014年9月，丹麦自然历史博物馆等研究机构组成的一个研究小组，在《科学》杂志上发表论文称，人类历史上或许再没有像古爱斯基摩人那样寂寞的民族了，古爱斯基摩人这个约700年前消失的古代民族集团，在北美的北极圈内孤立地生活了4000年以上。

根据这篇论文可知，横渡白令海峡，从西伯利亚移居到新家园的古爱斯基摩人，与历史上不同时期经由相同途径迁徙而来的美洲土著民族、因纽特人等其他文化的人们，完全没有接触。而在距今约700年前，与现代因纽特人祖先从阿拉斯加向东迁徙几乎同时期，古爱斯基摩人消失了。

美国史密森学会自然历史国家博物馆北极研究中心主任威廉·菲茨休说，古爱斯基摩人在某种意义上说是毫无防备的目标，他们可能被赶到北极地区的边缘，但无法在那里生存下来，也可能单纯地因某种未知的因素灭亡。

研究小组此次从收集自北极圈的西伯利亚、阿拉斯加、格陵兰岛的古人类骨骼、牙齿和毛发样本采集了DNA，并破译了现在居住在格陵兰岛的2名因纽特人、居住在西伯利亚的2名尼夫赫人、北太平洋阿留申群岛的1名居民，以及居住在加拿大阿萨巴斯卡的2名美洲土著的基因组。对比分析这些民族的遗传特征后，研究人员发现古爱斯基摩人和美洲土著民族以及因纽特人毫无遗传上的关联。

据研究人员介绍，古爱斯基摩人这个民族集团包括萨卡克人和多塞特人，这两个古人类群体，当时都生活在只有数户房屋、20~30名居民的小规模村庄内。要正确掌握古爱斯基摩人的人口规模比较困难，研究小组推测合计人口有数千人。

2. 研究高海拔地区史前人类的新进展

研究揭示古喜马拉雅人的起源。2016年6月，丹麦奥胡斯大学克里斯蒂娜·沃内尔领导的研究小组，在美国《国家科学院学报》上发表论文称，他们的研究发现，尽管经历了多次文化转变，高海拔的喜马拉雅人群的遗传结构，在数千年里保持稳定。研究人员称，该研究首次调查了古喜马拉雅人基因，并生成了古老吐蕃王国已知8位最早定居者的基因组数据。

喜马拉雅山脉和青藏高原是史前人类最后定居的地点之一，这与生活在高海拔的独特挑战有关。史前时代，虽然喜马拉雅山脉的横谷区域提供了贸易渠道，但其山脉本身为人类迁移设置了巨大屏障。尽管喜马拉雅商路具有重要的经济和文化价值，但来自今天人群相互冲突的文化、语言学、遗传学和考古学证据，让最早的喜马拉雅定居者的起源仍然不清楚。

该研究小组测定了，年代为3150年前到1250年前，3个不同文化阶段8名高海拔尼泊尔人的核基因组，以及线粒体基因组的序列。研究人员把这些古代DNA序列与多样化的现代人遗传数据进行比较，其中包括夏尔巴人和来自尼泊尔的两名藏族人。结果发现，在这3个时期的全部8名史前个体，与当代高海拔东亚人群即夏尔巴人和藏族人的亲缘关系最近。

此外，研究人员指出，这些史前个体与当代藏族人群的两个基因EGLN1和EPAS1，都发生了有益突变，这些突变参与了对高海拔低氧条件的适应。而这些发现，表明了高海拔喜马拉雅人群的遗传结构，在数千年时间里保持得极为稳定。研究人员说，史前喜马拉雅人群的多样化的物质文化，可能是文化移入或文化扩散的结果，而不是来自东亚之外的大规模基因流或者人口取代的结果。

3. 研究海底史前人类遗址的新进展

发现波罗的海海底1万年前早期人类遗址。2014年2月，有关媒体报道，瑞典索德脱恩大学考古学教授布乔恩·尼尔逊领导的一个研究小组，在波罗的海海底发现神秘早期人类遗址，有大量保存完好的人工制品，其历史可追溯至1.1万年前。

研究人员最新发现瑞典境内一处石器时代早期人类遗址，由此看到这个遗址被波罗的海完全吞噬，目前已收集到一些保存完好的史前古器物，是1.1万多年前早期游牧居民遗留下来的。

该遗址被称为"瑞典的亚特兰蒂斯"。研究人员推测遗址是早期游牧居民废弃的居住区，它位于瑞典斯科纳省哈诺湾海底15.7米处，发现的史前古器物包括：木制品、动物角、绳索、动物骨骼制成的鱼叉，以及到17世纪初才灭绝的野牛骨骼。

令人惊奇的是，由于大量耗氧腐殖黑泥的包裹，这些早期人类工具完整地保存下来。据悉，腐殖黑泥是一种黑色胶状沉积，泥煤腐烂产物。尼尔逊说："这里已发现一些丢弃的木制品、鹿角和其他工具。"

尼尔森说："大约1.1万年前，石器时代早期人类在这里建造居民聚集地，当时这里很可能是一个泻湖区，从古器物可发现当时有树木和许多动物，如果聚集地建造在干燥地面上，那么我们只能发现石质物品，不会保存有机物质。"

目前，尼尔森带领研究小组继续对该地区进行挖掘，寻找潜在的掩埋物品，他强调称，或许我们发现了斯堪尼亚地区和瑞典最早的人类聚集区。

（三）古动物行为特征研究的新信息

1. 研究古代四足动物行为特征的新进展

发现3亿多年前的四足动物过着水栖生活。2016年9月7日，瑞典乌普萨拉大学生物学家苏菲·桑切兹领导的一个研究小组，在《自然》杂志网络版上发表的论文称，他们利用可视化无损技术实施"穿透术"，重新详细检验来自现今格陵兰岛的一组四足动物化石，结果显示，这些有3亿多年历史的标本死时仍是幼体，且过着水栖生活。这项研究，为了解早期四足动物不为人知的生活，提供了最新信息。

从鱼过渡到四足动物，即最早的四足脊椎动物及其后代，这一过程是脊椎动物演化史上的重大事件之一。但最早的四足动物如棘螈的生活历史和行为，在许多方面仍不为人知，其中一个重要原因在于，人类已发现的早期四足动物化石十分稀少，且一般是破碎的。

此次，瑞典研究小组利用一种无损技术，即同步辐射相位衬度显微断层成像技术，以可视化方式，分析了棘螈的上肢骨。这一技术具有高穿透性、高空间分辨率、高密度分辨率的优点，无须使用对比剂就能显示传统 X 射线无法呈现的细节，非常适合于微体化石和医学领域。研究对象棘螈标本收集自东格陵兰岛，距今约有 3.65 亿年历史。该位置有相当多动物死在一起，死亡原因可能是先后遭遇洪涝干旱，此前已在这附近发现了 200 多个骸骨组织。

研究人员分析了骨骼的生长形态详情，发现一部分骨头形态显示出生长阻滞的情况，并发现这一"群墓"中的所有单体，包括体积最大的"一位"，死亡时仍为幼体。此外，棘螈四肢骨骼生长较晚，表明了这些幼体完全是水栖的。

根据这些骨骼分析，研究人员进而提出了棘螈水生幼期较长的观点，并且发现其实棘螈幼体，可以在很少有或没有成体的情况下成群生活。

2. 研究古代有袋类动物行为特征的新进展

发现袋鼠"远亲"2000 万年前开始跳跃。2019 年 2 月，瑞典乌普萨拉大学古生物学家本杰明·基尔领导的一个研究小组，在英国《皇家学会开放科学》期刊上发表的研究成果显示，一种名为"巴尔巴里德"的袋鼠古代"亲戚"，拥有多种"出行"方式，包括单脚跳、双脚跳和攀爬。该发现或许意味着，人们不得不重新思考现代袋鼠是如何学会跳跃的。

科学家一直很难把袋鼠的进化过程拼凑完整，因为极少有一两百万年前的袋鼠化石。关于袋鼠进化的主流观点，是当澳大利亚的气候变得更加干燥并且摧毁了很多森林时，袋鼠开始学会跳跃。但新的化石记录显示，其"亲戚"开始跳跃的时间要早得多。

"巴尔巴里德"是现代袋鼠的"远亲"，生活在澳大利亚气候湿润时的森林中。它们在 1500 万年前至 1000 万年前灭绝。当时，气候变得干燥无比。

过去，关于"巴尔巴里德"的最完整骨架之一，来自一个被称为纳巴罗·吉列斯皮埃家族的物种。研究显示，这种动物用 4 条腿走路，并且不会像真正的袋鼠一样跳着走。

如今，该研究小组分析了更多碎片残骸，包括踝骨、腓骨和爪子。他们认为，有的"巴尔巴里德"可以飞奔，有的跳跃行走，有的则在树上攀爬。

这对于现代袋鼠同样成立,如果你把眼光放在几种最著名的袋鼠之外。有种鼠袋鼠可在灌木丛和地洞中奔跑,还有生活在新几内亚森林中的树袋鼠。在3万年前灭绝的短面巨型袋鼠,则像人类一样用两条腿行走。

基尔表示,这种多才多艺是袋鼠成功的关键,使其得以利用各种陆地环境。他认为,跳跃行走的起源,几乎可以追溯到袋鼠进化开始时。这意味着,人们不得不重新思考,袋鼠是如何及何时开始跳跃的。基尔说:"跳跃行走并未随着气候进化。研究显示,当气候变化出现时,袋鼠已进化出跳跃能力并开始利用环境变化。"

(四) 古动物物种及来源研究的新信息
1. 古代植食者二齿兽物种研究的新进展

发现形似犀牛而喙像乌龟的远古巨兽。2018年11月,瑞典乌普萨拉大学古生物学家格里兹戈尔兹,与波兰科学院古生物学研究所古生物学家托马斯·苏莱亚共同领导的一个研究小组,在《科学》杂志上发表论文称,他们在波兰的利索维兹村,发现一头称作"利索维兹二齿兽"的原始哺乳动物。

研究人员说,它是最新发现的三叠纪哺乳动物的"表亲",拥有形似犀牛的身体和像乌龟一样的喙,重量则和一头非洲大象相当,约9吨重。古生物学家认为,这个令人错愕的生物,为了解恐龙时代的到来提供了新的视角。

论文上描述的包含部分骨架的新化石,是一种被称为二齿兽的古代植食者。二齿兽的名字是"两颗犬牙"的意思,表明其上颌具有与超大型犬类相似的标志性獠牙。除了獠牙,二齿兽几乎没有牙齿,但是有一个和现代乌龟类似的角质喙。它们是被称为单孔类动物的大型进化群,属于包括人类在内的哺乳动物祖先的一部分,并且是从中二叠世到中三叠世,即2.7亿年前至2.4亿年前的过渡期间,最丰富和最多样的陆地动物之一。

二齿兽进化出各种各样的形式:有的像现代鼹鼠一样挖洞,有的成为首个已知生活在树上的脊椎动物,还有的体型大到与今天的河马相当。不过,最新的化石记录显示,到"利索维兹二齿兽"出现时,该种群已经开始衰退。即便是在二齿兽的全盛时期,它们在体型上也无法和早期恐龙媲美。

该研究团队在一个黏土坑里发现了新化石。这个黏土坑曾被开采出来用于制砖，位于波兰南部克拉科夫市西北方向约 100 千米的利索维兹村。2006 年，该研究团队得到消息，有人在那里发现了骨头碎片。第一次寻访此地，他们在 15 分钟内便发现了化石。在后来 11 年的野外工作中，他们共挖掘出 1000 多块骨头。

他们并没有马上认出这个新的二齿兽动物。苏莱亚表示："部分原因在于它太大了。我们最初认为它是一种蜥脚类动物。"这是当时已知最大的食草动物，身长可达 11 米。不过，骨头碎片和肢骨将该动物指向了迄今发现的最大、距今最近的二齿兽动物。该研究团队以利索维兹村的名字为其命名。据估测，这头动物身长超过 4.5 米、高 2.6 米。

研究人员曾推断，蜥脚类动物长得高大是为了不被吃掉。他们认为，这或许同样适用于"利索维兹二齿兽"。因为在利索维兹村的骨床上，有一条可能是恐龙的 5 米长捕食者遗骸，以及包括二齿兽骨头的粪化石。

2. 古代日本狼来源研究的新进展

发现古代日本狼或是冰川时代"遗物"。2018 年 9 月，有关媒体报道，丹麦哥本哈根大学研究生乔纳斯·尼曼，与格陵兰自然资源研究所古遗传学家米克尔·辛丁等人组成的一个研究小组，对古代日本狼展开研究，在德国耶拿举行的生物分子考古学国际论坛上，尼曼报告说，与现存的欧亚及美洲狼相比，日本本州狼的 DNA，更像一种 3.5 万年前生活在西伯利亚但早已灭绝的狼。

在日本本州岛，农民长期把一种小型灰狼视为庄稼的守护者，因为它的嚎叫能提醒农民有野猪等入侵者来袭。在民间传说中，本州狼被视为森林精灵并且用神龛供奉起来。不过，当这种狼在 19 世纪从狗那里感染了狂犬病后，农民射杀并且掩埋了它们，直到 1905 年最后一只灰狼死去。

如今，只有一些被填充起来的本州狼标本存在于博物馆中。但尼曼惊奇地发现，它们确实是一个更加野蛮时代的代表。他与同事，分析一副来自英国伦敦自然历史博物馆本州狼骨架的基因组时，他们发现这只狼似乎是一个古代狼群的后代。这个狼群曾分布于北半球，直到 2 万年前灭亡。

研究人员说，当覆盖北半球的冰原，在 2 万年前开始融化，并且导致被狼狩猎的大型哺乳动物比如猛犸象灭绝时，大多数古代狼也走向了灭绝。但它们的一些 DNA 在本州狼身上保存下来。负责上述 DNA 提取工作辛丁表示，这或许为研究狼和狗的进化提供了新的窗口。

二、哺乳动物研究的新成果

（一）陆地哺乳动物研究的新信息

1. 羊亚科动物研究的新进展

接受子宫移植实验绵羊已自然怀孕。2007 年 4 月 5 日，俄罗斯国际传媒新闻网报道，瑞典哥德堡大学妇产医学专家布伦斯特列姆教授领导的一个研究小组，在绵羊身上进行子宫移植手术实验的活动。首批接受子宫移植手术实验的绵羊已经自然受孕。这项实验的成功，使研究人员相信，他们有望在未来几年内发展出人类子宫移植手术，这种手术可以帮助子宫受损或切除的女性自然怀孕并生出自己的宝宝。

布伦斯特列姆介绍说，医学专家们首先把母绵羊体内的子宫完整地取出来，然后让子宫在绵羊体外保存一段时间，最后再把子宫重新植入母绵羊体内，结果被植入的子宫恢复了先前的功能。他表示，这是瑞典医学界，第一次在大型哺乳类动物身上，做子宫移植手术实验，现在已经有 4 只接受上述手术的母绵羊，在农场中与公绵羊交配后怀孕。他认为，这项实验的成功，已经让医学工作者离实现人体子宫移植手术的目标跨进了一大步。

布伦斯特列姆说，在绵羊身上做子宫移植手术的关键，是把众多血管和子宫组织重新连接好，血压循环恢复后，子宫就能进行正常的生理活动。研究人员认为，子宫移植与代孕母亲比较起来有诸多好处，因为如果医生把胚胎植入另一个妇女体内，那么胚胎基因学上的母亲就失去了控制权，她不知道这位代孕母亲有没有不良嗜好从而损害婴儿的健康成长，另一个问题则是母亲与孩子间失去了怀孕与生产期间的互动。

研究人员还透露，如果这种手术最终能在人身上成功实现，那么它将帮助许多患有"罗基坦斯基综合征"的妇女摆脱不能生育的苦恼。这种罕见的先天性疾病能导致女性子宫发育畸形，虽然卵巢可以产出健康的卵子，却无法正常怀孕。数据显示，每 5000 名妇女中就有一人患有这种病。对那些遭受子宫颈癌或纤维瘤折磨的妇女来说，子宫移植手术也能给她们提供自然怀孕的机会。

研究人员说，摆在医学工作者面前需要解决的问题还很多。他们希望进一步改进这种手术技术。在人类身上尝试子宫移植入手术前，医学专家们还要在其他哺乳类动物身上进行许多实验。

2. 犬科动物研究的新进展

测序研究发现狗起源于东南亚。2015 年 12 月，瑞典皇家理工学院的皮特·赛维雷恩带领的研究团队，与中国科学院昆明动物所生物学家张亚平等人一起，在《细胞研究》杂志上发表论文称，狗被称为"人类最忠实的朋友"，他们的研究发现，这种最常见的人类宠物，最初起源于东南亚，而后才逐步扩散到全世界。

这项研究，描述了狗在被驯化后漫长的迁徙历史，进一步加深了人们对狗的认识。研究人员对犬科家族的 58 个成员进行测序。这些成员有灰狼、东南亚与东北亚的土狗、尼日利亚村庄里的狗，以及包括阿富汗猎犬和西伯利亚哈士奇在内的来自世界其他地方的狗类品种。

通过对这些狗的遗传学分析，研究人员发现，来自东南亚的狗比其他区域的狗，具有更高的遗传多样性，与灰狼的亲缘关系也最近。据此他们推断，驯化的狗应该起源于东南亚，时间大约在 3.3 万年前。

研究人员称，大约在 1.5 万年以前，现代狗祖先中的一部分，开始向中东和非洲迁徙，大约在 1 万年前到达欧洲。虽然研究者相信这轮狗的扩散和人类活动相关，但是第一波从东南亚向外迁徙驯化狗的行动可能是自发的。这有可能与 1.9 万年前开始的冰川后退或其他环境因素有关。

而从东南亚迁徙出去的狗当中，有一群后来又迁徙到中国北方，然后与从东南亚直接迁徙到中国北方并一直留在该地区的狗群相遇了，这两群狗混合繁殖后，又迁徙到了美洲。

3. 兔科动物研究的新进展

揭示家兔为何更温顺的原因。2018 年 7 月，瑞典乌普萨拉大学动物遗传学家雷夫·安德森教授负责，美国得州农工大学相关专家参加的一个研究团队，在美国《国家科学院学报》发表论文称，当有人靠近时，为何野兔选择逃走而家兔会围着人要吃呢？他们研究发现，驯化可能触发兔子及其他动物的大脑发生改变，从而帮助其适应由人类主导的新环境。

并未参与该研究工作的瑞士苏黎世大学古生物学教授桑切斯·比利亚格拉认为:"这项研究为正在进行的争论,即生理因素是否塑造了驯化和进化,提供了特定和全新的视角。"

安德森认为,驯化过程导致兔子大脑结构发生变化,从而使其在人类身边时没有那么紧张。为探寻真相,该研究团队对8只野兔和8只家兔的大脑,进行了核磁共振扫描,并且比较了结果。

研究人员发现,家兔大脑中处理恐惧和焦虑的区域杏仁核,比野兔小10%。与此同时,家兔控制对攻击性行为和恐惧反应的内侧前额叶皮质,比野兔大11%。研究人员还发现,家兔的大脑不太能处理同"战或逃"反应相关的信息,因为和野生"近亲"相比,它们拥有较少白质。白质通过被称为轴突的信号传递纤维,将神经细胞连接起来,并且能影响大脑的信息处理。野兔处于危险时,需要更多的白质做出更快的反应,以及意识到该害怕什么。

大脑中的这些改变,减少了像恐惧和攻击性一样的情绪,并且塑造了家兔的温顺个性。安德森解释道,大脑形状的改变发生在家兔身上,是因为它们不会面临和野生"亲戚"相同的压力。当人类繁育家兔时,会选择温顺的品种,而这反过来选择了影响大脑结构的基因。他说:"同恐惧和攻击性相关的行为是生存所必需的,但家兔并没有面临相同的压力。它进化成在人类主导的环境中生活。在这种环境中,食物和庇护所是现成的。"

4. 鼠科动物研究的新进展

发现手机会影响实验老鼠的记忆。2008年12月,每日科学网报道,瑞典隆德大学神经外科专家列夫·索尔福德教授领导,亨丽埃塔·妮提比等参加的一个研究小组,针对手机辐射是否会影响记忆问题,开展老鼠实验。她将老鼠暴露在手机辐射下,每周两小时,实验持续一年多。结果这些老鼠的记忆测试成绩,比没有暴露在手机辐射下老鼠的成绩要差不少。

据科学家介绍,记忆测试包括三个阶段。前两个阶段,老鼠被放进一个盒子,盒子里放着四个物体,物体及其摆放位置每次均不相同。

实际测试是在第三阶段。这时,老鼠会遇到第一阶段放入的两个物体和第二阶段放入的两个物体。实验中,对照老鼠要花更多的时间"探究"第一阶段放入的物体,这些"久违"物体强烈地吸引着老鼠。研究人员认为，可以这样说，实验老鼠对物体的兴趣差异，不如对照老鼠表现出的差异明显。

研究人员认为，上述发现可能与该研究小组早些时候的发现有关。当时他们发现，微波辐射会影响"血脑屏障"，而"血脑屏障"可以阻止在血液流动的物质渗入脑组织，防止脑细胞损伤，进而保护大脑。之前索尔福德和他的同事们发现，当实验动物被暴露在手机辐射下后，会有一种叫作"清蛋白"的血液运输分子渗入脑组织。

研究小组还发现，以受损神经细胞形式存在的部分神经损伤，存在于大脑皮层及大脑的记忆中心海马中。受到辐射后，清蛋白直接渗透，而神经损伤要大约4~8周后才会发生。此外，他们还发现，大量基因的活力发生了变化，这种变化不是以单个基因，而是以功能相关的一群基因为单位的。妮提比说："现在我们已经知道，实验老鼠接受手机辐射后，大脑会产生变化。因此下一步就是要弄清为什么会发生这样的变化。"

（二）海洋哺乳动物研究的新信息
——发现白鲸与独角鲸可杂交

2019年6月，哥本哈根大学米克尔·斯科夫林德与埃琳·洛伦岑两位科学家领导的一个研究团队，在《科学报告》上发表论文称，对1990年在西格陵兰发现的一块颅骨进行了基因分析，发现它属于一头雌性独角鲸和一头雄性白鲸的第一代雄性杂交后代。这一发现，代表了独角鲸与白鲸可能进行过杂交的唯一已知证据。

该颅骨保存于丹麦自然历史博物馆，研究人员分析了该样本牙齿中提取的基因组DNA，并将其与8头活体白鲸和8头活体独角鲸的DNA进行对比，这些鲸来自发现上述颅骨的区域。分析表明，颅骨样本54%属于白鲸，46%属于独角鲸。

研究人员使用X染色体数量与常染色体数量之比（一种常见的判断个体性别的方法），推断出白鲸—独角鲸的杂交后代为雄性。线粒体基因组（只通过母系遗传的一小部分DNA）分析表明，该杂交后代的母亲为独角鲸。

该研究团队还分析了，颅骨样本骨胶原所含的碳氮同位素，并将其与

18头独角鲸和18头白鲸颅骨的骨胶原做参照对比。杂交种颅骨样本的碳同位素浓度高于其他参照颅骨，表明杂交种的食性不同于独角鲸或白鲸。研究人员据此推断，杂交种觅食的位置，比独角鲸或白鲸更接近海底（底栖带）。

三、鸟类研究的新成果

（一）运用基因技术研究鸟类的新信息

1. 研究基因影响鸟类体貌特征的新进展

（1）发现基因为鸟儿披上红衣。2016年5月，瑞典哥德堡大学鸟类专家斯塔凡·安德森参加，英国剑桥大学尼克·蒙迪博士领导的研究小组，与葡萄牙波尔图大学鸟类专家米格尔·卡内罗领导的研究小组，分别鉴定出一种酶编码基因，能帮助一些鸟儿将食物中的黄色色素变为红色。他们的研究成果都发表于《当代生物学》。

在鸟类的世界里，红色具有特殊意义。许多物种的喙、羽毛或裸露的皮肤上有红色，以吸引伴侣或阻止对手。一般而言，颜色越红越好。

卡内罗说："为了制造红色羽毛，鸟类将黄色色素（类胡萝卜素）转换成红色颜料，然后将这些颜料沉积在羽毛中。鸟类也在视网膜内的一个锥形感光器里沉积这些红色色素，以增强其色觉。"

卡内罗研究小组比较了黄红金丝雀和黑头红金翅雀的基因组，以寻找帮助产生颜色变化的基因。他们发现，细胞色素P450酶（被命名为CYP2J19）在其中发挥了作用。对该基因表达的进一步分析显示，这种酶在有红色色素的金丝雀的皮肤和肝脏内水平较高。这表明CYP2J19有助于红色着色。

在另一份研究报告中，安德森参与的蒙迪研究小组则通过比较红喙斑胸草雀和黄喙斑胸草雀，发现了细胞色素P450基因簇。斑胸草雀有3个相互关联的细胞色素P450基因，研究人员表示，黄喙斑胸草雀的该遗传区域有多重突变。进一步研究发现，这种酶在该鸟的黄喙中的表达微乎其微。

研究人员表示，这些发现为新类型的鸟类红色研究铺平了道路。他们还提出了许多引人入胜的新问题。例如，此次识别出的基因，属于在解毒方面起重要作用的基因家族。

安德森说："在性别选择中，红色是个体素质的标志，这种色素的数量可能与诸如解毒等生理过程有关联。我们的成果将解毒基因和类胡萝卜素代谢相关联，可能为类胡萝卜素类信号带来新讨论。"

研究人员还计划探索更多鸟类的红色羽毛，以识别它们是否依靠相同或不同的机制。他们还将寻找鸟类其他有趣特性的基因基础。

（2）发现鸡长条纹状羽毛是基因突变引起的。2017年4月16日，有关媒体报道，瑞典和法国生物学家组成的一个研究小组，在《科学公共图书馆·遗传学》杂志上发表论文说，两种独立的基因突变，可以用来解释一些鸡的条纹状羽毛是如何形成的。

鸟类羽毛的颜色和排列，呈现出惊人的多样性，但这种多样性与何种遗传机制相关？过去20年中，生物学界已在识别控制哺乳动物和鸟类的色彩形成的基因方面，取得了很大进展。但是，最具挑战性的问题，仍然是基因是如何控制羽毛色彩模式的。

这项新研究，旨在揭示鸟类条纹状羽毛形成的基因基础。研究人员以法国一种鸡为研究对象，其羽毛颜色与常见鸟类杜鹃的羽毛很相像。研究人员指出，条纹状羽毛是由两种独立的基因突变共同发生作用导致的，其中一种是调节突变，另外一种突变则改变蛋白质序列，减弱蛋白质的机能活跃程度。

研究人员还研究了仅仅出现调节突变的鸡，这种鸡的羽毛颜色就较为暗淡。据此，研究人员认为，首先发生调节突变，伴随其后的是影响蛋白质结构的突变，这代表了一种进化过程。这两种突变联合发挥作用，就能产生更具吸引力的羽毛颜色。

2. 研究基因影响鸣禽能力的新进展

发现基因决定鸣禽早期辨音能力。2017年6月12日，瑞典乌普萨拉大学生物学家大卫·惠特克罗夫特与安娜·克瓦恩斯特姆等人组成的一个研究小组，在《自然·生态与进化》杂志网络版上发表论文称，他们通过对两种姬鹟属鸟进行研究发现，鸣禽在幼年时期就能分辨不同的鸟鸣，这种能力是由基因决定的。

研究人员表示，鸣禽在幼年时期，就能分辨同类和其他近亲物种的鸟鸣，但其背后的机制仍未可知，几个可能的影响因素包括早期经历、母体效应和遗传背景。

瑞典研究小组的专家，交换了斑姬鹟与白领姬鹟窝里的鸟蛋，这两种鸟都栖息于波罗的海上的厄兰岛。研究发现，这些雏鸟虽然由另一种鸟养大，但却对同类的鸣叫声反应更强烈。

这表明，早期的鸟鸣分辨能力，并不依赖于早期的鸟鸣体验。之后，研究人员让这两种鸟杂交，发现杂交产生的雏鸟无论其母亲属于哪个物种，都会对斑姬鹟的鸟鸣声反应更强烈。这表明早期的鸟鸣分辨能力是由基因决定的，而且不受母鸟种类的强烈影响。

研究人员认为，这两种姬鹟属鸟的鸟鸣分辨能力建立在遗传基础上，这意味着地理活动范围重合且关系如此紧密的物种之间，也存在着遗传分化，而且鸟鸣分辨能力，可能在新物种的形成中发挥了作用。

（二）研究鸟类生理现象与能力的新信息
1. 探索鸟类生理现象的新进展

发现鸡身上散发的气味具有驱蚊作用。2016年7月23日，英国《独立报》报道，关于如何预防疟疾问题，科学家们可谓是绞尽了脑汁。瑞典农业大学化学生态学家里卡德·伊内尔领导，埃塞尔比亚相关专家参加的一个研究小组，提出一个预防疟疾的新方法：床头放只鸡，或把鸡特有的气味涂抹在人的身上。

人们早已知道蚊子是传播疟疾的主要媒介，如何有效地驱蚊避蚊是防治疟疾的重要一环。大家一直在寻找安全有效的避蚊方法，灭蚊剂和蚊帐是目前主要的方法。

伊内尔研究小组做了一个特发奇想的实验。研究人员先在疟疾高发的埃塞尔比亚三个村庄中，捉了几千只蚊子，这其中98.5%是阿拉伯疟蚊，这是一种在撒哈拉沙漠以南的非洲传播疟疾最厉害的蚊子。

他们分析了这些蚊子吸食的血液，发现在室内捕捉的蚊子，吸食人的血液占69%，接下来是牛18%、山羊3.3%和绵羊2%；室外捕捉的蚊子，吸食牛的血液占63%，然后是人20%、山羊5%和绵羊2.6%。

奇怪的是，无论是室内还是室外捕捉的蚊子，都极少发现鸡的血液。研究人员说，在几千只蚊子里，仅仅发现一只室外的蚊子吸食了鸡的血液。要知道，在这三个村庄捕蚊的地点附近，有大约 6700 个人、1 万头牛、3200 只鸡、850 只山羊和 480 只绵羊，他们都有可能是蚊子的捕食对象。

蚊子为什么不喜欢鸡呢？研究小组猜测，蚊子具有极强的嗅觉，鸡的身上也许有什么气味让蚊子避开它们。于是，研究人员收集了这些动物身体各部位的样本，发现只有鸡的羽毛散发出来的味道有驱蚊的效果。这样看来，在驱蚊这件事上，拿着鸡毛当令箭还是挺靠谱的。

接着，研究人员使用气象色谱和质谱仪器分析了牛、羊和鸡散发的气味分子。他们发现有一些气味分子，比如苧烯、壬醛和甲基庚烯酮是这些动物共有的，鸡所特有的气味分子有六种，其中已知的分子有四种，还有两种无法通过气象色谱和质谱仪器分析出来。

接下来，研究人员人工合成了鸡身上所特有的这些化合物，用来测试蚊子的反应：随着剂量的增加，蚊子的反应也更强烈：阿拉伯疟蚊确实会逃避这些分子。

那么，这些分子是否真的能让人类免受蚊虫叮咬呢？研究人员招募了一些志愿者，让志愿者在蚊帐中作为"人肉诱饵"吸引蚊子。研究人员在蚊帐外挂上捕蚊器，捕蚊器旁还有一个散发已知四种鸡特有气味分子的小瓶子。作为对照，他们还在一组志愿者的蚊帐外放了一只活鸡。实验的结果显示：无论是鸡的气味分子，还是活鸡都能让蚊子远离捕蚊器，而那些散发着其他气味的捕蚊器，可以捉到更多的蚊子。

伊内尔说："我们惊讶地发现，鸡身上散发的气味可以驱离蚊子。这项研究，第一次发现了疟蚊会特异性地避开某种动物，而这种行为是由气味信号介导的。"

但是，蚊子为何会排斥鸡的气味呢？研究人员现在还没有确切的答案，但有一些猜想。与牛和羊不一样，鸡是捉虫高手，捕食蚊子和其他昆虫，这可能使得蚊虫在进化过程中获得躲避鸡的能力。也就是说，鸡身上散发出来的气味，对蚊虫来说可能是一个危险的信号。如果这个猜想是正确的，也许我们可以去研究蚊虫的其他天敌，是否也有能够驱蚊的气味分子。

有趣的是，在这项研究分析出的鸡特有的气味分子中，有两种曾经被报道过，可以在那些不易被蚊子叮咬的人身上检测到，还有两种是已知的天然驱虫分子。

研究人员现在正在考虑把人伪装成鸡：用这些气味分子做成驱蚊剂涂抹或喷洒，以预防疟疾，他们也呼吁整个疟疾防治领域考虑类似的思路。毕竟，现在蚊子对杀虫剂的抗药性越来越严重了。

不过，伊内尔表示，他们的化学伪装剂还未最终完成。他在接受《科学美国人》采访时不无幽默地说："最理想的状况，是我们把这些气味装在瓶子里然后送出去，你们一分钱也不用给：这当然是不可能的。不过有一个同样有效的方法，那就是在家里放一只鸡，这样蚊虫就会减少，这恐怕是最便宜的方法了。"

2. 探索鸟类行为能力的新进展

发现乌鸦具有为未来目标做出规划的能力。2017年7月，瑞典隆德大学认知生物学家马蒂亚斯·奥斯瓦特，与研究生坎·卡巴达伊等人组成的一个研究小组，在《科学》杂志上发表论文称，他们通过实验证实，乌鸦也能为实现未来目标而做出规划。

研究人员表示，所有人都知道，延迟满足是一件多么艰难的事情。不过，人类文明是围绕着所谓独特的计划能力构建的，即预测未来需求并且牺牲现在，以便随后收获更丰厚的奖励。近10年前，研究证实，猿类能为未来事件订计划。如今，他们针对乌鸦使用工具和进行物物交换开展的研究发现，此类聪明的鸟类，正在加入这个能规划未来者的群体，从而表明为未来做规划的能力至少进化了两次。

在这项新研究中，该研究小组首先教5只乌鸦利用椭圆形石头工具，打开里面放有狗粮的箱子。这些乌鸦，还学着用这一工具，交换将使其获得更好奖励的象征性物体：塑料瓶盖。在若干次试验中，研究人员不断变换游戏规则，改变奖励出现的时间，以及这些鸟类为获得它们而不得不做的事情。

在长达17个小时的时间里，5只乌鸦始终挑选出了正确的工具。这不仅发生在奖励的箱子出现时，也发生在箱子不见时。研究人员报告说，在一项试验中，为这些鸟类提供了一种直接的奖励：一小块狗粮及石头和若干其他物体。近3/4的鸟类选择了石头工具，尽管它们不得不等待15分钟，才能利用它获得一块更大的狗粮。奥斯瓦特表示："从自我控制的角度来说，它们和类人猿表现得一样好，甚至更好一些。"

随后，研究人员发现，这些鸟类考虑到了延迟满足的结果，而这迄今为止仅在人类身上得到过证实。当乌鸦为获得奖励箱子而不得不等待几秒钟时，它们在所有的时间里都选择了等待。

这些测试表明，乌鸦拥有认出并记住工具及预测其用途的能力，并且在面临更加直接的诱惑时表现出自我控制能力，而这些都是做规划的关键要素。奥斯瓦特表示："它们以一种和类人猿相似的方式，把这些技能组合起来。不过，仅仅最终结果相同，并不意味着乌鸦和猿类经历了相同的认知过程。"

四、鱼类研究的新成果

（一）鱼类生理特征研究的新信息

1. 研究鱼类器官的新进展

（1）探明鱼类牙釉质的来源。2015年9月，瑞典乌普萨拉大学生物学家埃里克·阿尔伯格领导的一个研究团队，在《自然》杂志上发表论文称，牙釉质可能起源于原始鱼类的鳞片。

牙釉质是一种脊椎动物特有的组织，鱼类和四足动物皆有该组织。而硬鳞质是一种类似牙釉质的组织，存在于很多鱼类化石和今天的一些原始鱼类的鳞片中。然而迄今为止，科学家一直不确定牙釉质是否起源于牙齿，然后扩散到鳞片；还是与此相反。

该研究团队结合遗传和化学数据，提供了一种牙釉质起源的假说。从遗传学角度看，其研究结果显示，现存的如斑点雀鳝等硬壳鱼类身上的硬鳞质，相当于牙釉质。研究还发现，大约4亿年前，早泥盆世的一种鱼类斑鳞鱼的化石和其他鱼类化石的外壳上有牙釉质，而牙齿上却没有牙釉质，说明牙釉质最初存在于身体表面，而牙齿上则没有。为此，研究人员认为，牙釉质起源于鳞片，然后延伸到膜骨，最后到达牙齿。

然而，研究人员表示，仍须对原始鱼类做进一步系统发育分析，来确定牙釉质是何时以何种方式"占领"牙齿的。

（2）发现大脑尺寸大的孔雀鱼对解决挑战性问题有优势。2018年2月，瑞典斯德哥尔摩大学生物学家赛维林·比歇尔领导的一个研究小组，在《英国皇家学会学报B》上发表论文称，他们以孔雀鱼为对象进行科学测试发现，其头大者，能够更好地解决挑战性问题。

人们认为，大脑尺寸较大的动物通常比较聪明。然而，这种聪明是否真的体现在方方面面，还是只在更复杂的任务中才得以体现，一直以来都不清楚。

该研究小组在文章中称，他们通过测试孔雀鱼时发现，在复杂困难的情况下，大脑尺寸较大的孔雀鱼，赢过了大脑尺寸较小的同伴；但在简单的测试中，这种优势并没有体现出来。

这项研究表明，对于孔雀鱼来说，一个"小脑袋"者对于完成简单任务是足够的，而一个"大脑袋"者对于解决更具挑战性问题则比较有益。这也意味着，拥有较大的大脑，对生活在变化莫测、不可预知环境中的动物是有利的。

2. 研究鱼类寿命的新进展

分析表明鲨鱼可能是最长寿的脊椎动物。2016年8月11日，丹麦哥本哈根大学的尤利乌斯·尼尔森领导一个研究团队，在《科学》杂志刊登的一篇重要论文说，地球上已知最长寿的脊椎动物是格陵兰鲨，它们的寿命可能达到400岁。

格陵兰鲨又称小头睡鲨，广泛分布于格陵兰岛与冰岛周围的北大西洋海域，其在成年时所达到的身长为4~5米。但它们的生长速度极其缓慢，有时1年只长约1厘米，这提示格陵兰鲨可能有着格外长的寿命。

传统的测年方法通常使用动物的钙化组织，一些鲨鱼中可以使用鳍脊，但这种钙化组织在格陵兰鲨中十分稀少。该研究团队转而使用格陵兰鲨的眼部晶状体进行放射性碳测年。这种方法，此前曾用于测定鲸鱼的年龄，但用来确定鲨鱼等鱼类的年龄还是第一次。

尼尔森等人一共对28头雌性格陵兰鲨的眼部晶状体使用了放射性碳测年技术，这些鲨鱼是在2010—2013年间捕获的，其中最大的一头鲨鱼身长502厘米。他们的分析显示，这头最大的鲨鱼寿命估计为392岁，误差为120岁。这就是说，这条鲨鱼年龄至少是272岁，最大可能达到512岁。

此外，雌性的格陵兰鲨据称要到身长约4米时才能性成熟，换算成年龄也就是至少要到156岁才成年。

研究人员因此在论文中写道，格陵兰鲨是地球上已知的、最长寿的脊椎动物，超过了以前 211 岁的长寿冠军露脊鲸。现在唯一已知比格陵兰鲨寿命还长的动物，是 507 岁的深海圆蛤，但它不是脊椎动物。

美国弗吉尼亚海洋科学研究所的鲨鱼专家杰克·缪齐克说："对格陵兰鲨的长寿并不感到意外。400 岁是很长，但还是可信的，因为这种鲨鱼生活在这么冷的水中，代谢极其缓慢，而且又能长到这么大的体形。"

（二）鱼类物种研究的新信息

1. 探索巨型鱼类的新进展

发现传说中的大海蛇"鲱王皇带鱼"。2010 年 5 月 11 日，《每日电讯报》报道，瑞典一家海洋馆研究人员当天宣布，他们在瑞典西海岸发现一条罕见的鲱王皇带鱼，这是瑞典 130 多年以来首次发现这种巨型鱼类。

这条鲱王皇带鱼约有 3.5 米长，身上有一条深深的伤口，独特而美丽的背鳍也不见了。目前，瑞典海洋馆已将这条鱼冷冻保存起来，并计划在举办的海洋怪异生物展览上展出。

鲱王皇带鱼是世界上体型最大的多骨鱼，身体最长可达 12 米，也有人称曾见过身长超过 16 米的巨型皇带鱼，不过没有证实。它身体修长，从头部一直延伸到尾部有两排像船桨一样精美的鳍，生活在大约 1000 米以下的深海，十分罕见。

瑞典上一次发现鲱王皇带鱼是在 1879 年，人们对这种罕见的深海"怪兽"，一直所知不多。不过，据说长久以来，令欧洲各地水手胆战心惊的恐怖"大海蛇"和"尼斯湖水怪"，都是指鲱王皇带鱼。

2. 探索深海鱼物种的新进展

发现一些怪异的外来深海鱼物种。2010 年 2 月，丹麦自然历史博物馆生物学家彼德·穆勒领导的一个研究团队，在《动物分类学》杂志上发表论文称，他们通过科考研究活动，在格陵兰岛附近海域发现了 38 种怪异的外来深海鱼物种。这些物种，都是首次在格陵兰岛附近海域发现。研究人员认为，这是全球气候变暖和深海捕鱼的结果。其中主要有以下 8 种。

（1）长相恐怖的琵琶鱼。一条被称为"长头梦想家"的琵琶鱼，是直到最近才在格陵兰岛附近海域发现的奇怪物种，它看起来就好像是来自科幻电影中的外星动物，长相相当恐怖。事实上，这种鱼并不像它看起来那样恐怖，它其实只有 17 厘米长。穆勒介绍，这种鱼是此次在格陵兰岛附近海域首次发现的 38 个外来物种之一。在这 38 种格陵兰岛新物种中，有 10 种在科学上也是首次发现。所有 38 个新物种都是在自 1992 年开始的一项科考研究中发现的。

（2）冰岛猫鲨。此次科考研究，在格陵兰岛附近海域首次发现了数种鲨鱼物种，如冰岛猫鲨物种。这种小型鲨鱼，在其他海域大约 800～1410 米的深度也曾被捕获过，它们以其他小型鱼类、海洋蠕虫及甲壳类动物为食，如龙虾和螃蟹等。研究人员认为，这些深海物种，比如冰岛猫鲨，之所以能够在格陵兰岛附近被发现，主要是归功于深海捕鱼。在此次所发现的 38 个格陵兰岛新物种中，有 5 种生活在相对较浅的海洋环境中。科学家认为，它们也是被不断变暖的海水吸引到新的栖息环境的。

（3）雌性大西洋足球鱼。自 1992 年起，在格陵兰岛附近海域的深海捕鱼，经常能够拖上来一些怪异的鱼类，如大西洋足球鱼，这是琵琶鱼的一种，它们通过摆动头部的肉质"诱饵"来捕食。这种深海琵琶鱼有一个奇怪的特性，体形较小的雄性，紧紧黏附于体形较大的雌性身上，好像寄生虫一样。雄性其实就是精液捐献者，它们依靠雌性提供营养，直到雌性的卵子受精。

（4）葡萄牙角鲨鱼。本次展示的这条葡萄牙角鲨鱼，是自 2007 年在格陵兰岛附近海域中发现的四条此类物种标本之一。这种深海物种，已被国际自然保护联盟列为濒危物种。研究人员介绍说，此前在格陵兰岛附近海域从未发现过这个物种。在研究论文中，葡萄牙角鲨鱼被列为最意外的重要发现之一。葡萄牙角鲨鱼通常生活于西大西洋较南部海域。商业捕鱼也只是偶尔能够捕获到这种葡萄牙角鲨鱼，捕获它们后主要是利用它们的肝油来生产化妆品。

（5）鼠尾鱼。本次展示的这条鼠尾鱼，于 1998 年首次发现于格陵兰岛附近海域，它看起来表现出目瞪口呆的表情。在此次科考研究中所报告的格陵兰海域新的深海物种中，大多数都是没有商业价值的。但是，穆勒认为，一些浅水物种和温水物种的流入，已经推动了当地渔业经济。

（6）双饵琵琶鱼。此次在格陵兰岛附近海域首次发现的琵琶鱼物种中，还包括一种双饵琵琶鱼。2009 年，这条双饵琵琶鱼，捕获于 1428 米的深海中。典型的琵琶鱼通常有一条长长的突出物，它们可以通过摆动这种突出物来诱捕其他鱼类。当猎物足够靠近时，琵琶鱼可以将它们一口吞下。研究人员认为："尽管越来越多的渔民在1500米深的海下取得很大成果。但是，对于格陵兰的深海，至今未有全面的研究。"

（7）安康鱼。本次展示的这条鱼，看见者或许一点食欲都没有。但是，它却被海鲜爱好者称为"安康鱼"。据穆勒的研究称，这个新来的物种被证明味道是非常鲜美的。尽管安康鱼在格陵兰岛海域非常罕见，但是它们很明显已经开始适应了当地的海水温度。穆勒介绍说，安康鱼非常昂贵、十分受欢迎，因此相对其他新发现的鱼类物种来说，安康鱼将是拥有更大潜在商业价值的物种。

（8）叉齿鱼。这种鱼能够吞下比它们自身大得多的猎物。它也是此次在格陵兰岛附近海域首次发现的外来物种之一。它本是一种深海鱼类。研究人员认为："在叉齿鱼所生活的深海环境中，可以得出这样一个合理的假想，那就是今天所捕获的任何未知的鱼类物种，事实上也是该区域的新物种。"

五、节肢动物研究的新成果

（一）甲壳类动物研究的新信息

1. 水蚤研究的新进展

分析认为水蚤是世界上"最强壮"动物。2010年5月15日，丹麦科技大学网站报道，该校一个研究小组发表研究报告称，地球上"最强壮"的动物，是身长仅1~2毫米的水蚤，它也是最常见的多细胞动物。

研究人员说，水蚤的强壮，可以从它们逃离掠食者的能力上看到，它们逃跑时的跳跃非常有力量而且很有效。

水蚤跳跃速度达到每秒半米，而这个动作是在千分之几秒内完成的。研究人员认为，相对于水蚤1~2毫米长的身躯而言，它的这种爆发力是已有记载的任何其他动物的10~30倍。令人更为惊奇的是，水蚤能够持续产生这样的力量。

研究人员说，通常别的物种只有一个运动系统，就像鸟的翅膀、马的腿。由于有"材料疲劳"的风险，因此运动系统力量的产生都有一个极限。但是水蚤除了有可振动的四肢用以摄食、移动或者游泳外，它还有另一个运动系统：4~5对"弹跳腿"，这使得它能够在摄食的同时逃跑或者进攻。这两个运动系统的肌肉非常相似，通过对这两个系统的动作进行协调，水蚤能够瞬间爆发出极大的力量。

2. 海虱研究的新进展

加强对三文鱼寄生虫海虱的防治。2012年8月，有关媒体报道，挪威拥有丰富的渔业资源，三文鱼养殖业是国家最成功的产业之一，其大西洋三文鱼养殖场2011年的产量达100万吨，三文鱼和鳟鱼的出口量占到挪威全部海产品出口的近60%。

近些年来，挪威三文鱼养殖场出现大量的寄生虫海虱，并且对野生三文鱼物种构成了威胁。由于海虱的大量繁殖，2010年的三文鱼产业不再保持5%的年增长率。为此，挪威水产养殖业的研发经费近60%，用于防治海虱的研究上，2010年挪威渔业与沿海事务部的海虱防治研发经费增加了一倍，2011年挪威研究理事会资助海虱的研究经费达到1600万克朗。

从2011—2018年，挪威食品研究基金会、挪威研究理事会、挪威创新署，以及地方财政将投入5亿克朗的专项资金，研究如何有效地防治海虱。该科研专项计划，要求建立一个新的研究机构，即"海虱研究中心"，同时为期4年的"海虱防治项目"，也获得了1800万克朗的资助。

为了避免海虱向野生三文鱼的扩散，挪威制定了严格的养殖法规，要求农场主限制三文鱼养殖数量，并建立了三文鱼养殖场专属区，一个在特伦德拉格；另一个在哈丹格。每年春季，养鱼农场主都被要求开展"去虱"运动，在养殖场中投放抗生素和疫苗，来抑制海虱的繁殖，以确保野生小三文鱼在迁徙途中的安全。

挪威政府于2012年5月21—23日，在卑尔根举行了第九届国际海虱会议，召集全世界该领域的专家学者通过科技的手段来解决这一难题，挪威的研究专家称这是一场无止境、耗资巨大的战斗。

以往对付海虱的主要方法，是在海水箱中投放去虱剂和一种名为巴浪鱼的方法，但是使用过多地去虱剂，使得海虱产生了耐药性。

目前，挪威的研究人员正在试图通过获取基因组信息，来找出这一顽固寄生虫的弱点，并且已经完成了90%的基因组测序，这对挪威的基础研究、医药工业及对水产养殖业意义重大。

此外，科研人员还认为，跨学科研究，如遗传学、生物学、疫苗的研究，以及喂养方式、海水温度、合适的养殖位置、养殖密度、鱼的大小和海虱传播速度等综合研究，有助于人们对海虱的防治。

（二）昆虫纲蚁科动物研究的新信息

1. 蚂蚁研究的新进展

（1）研究用蚂蚁控制虫害。2010年12月15日，丹麦媒体报道，丹麦奥胡斯大学一个由生物学家组成的研究小组，正在研究利用蚂蚁，来帮助非洲果农控制虫害。

目前，丹麦国际发展机构，已向奥胡斯大学的这个研究小组，提供了180万美元的研发资金，用于研究如何利用蚂蚁，来控制热带地区的农林虫害。作为项目的一部分，丹麦研究小组将在非洲建立蚂蚁养殖场。

据介绍，利用织叶蚁控制农林害虫的方法，比使用农药环保，而且成本低廉，生产出的水果的经济价值也更高。而且，这种蚂蚁也可以食用或药用，在食物缺乏的一些非洲地区，其本身也具有可观的经济价值。

（2）发现竞争让蚂蚁精子游得更快更好。2018年3月，丹麦哥本哈根大学雅各布斯·布姆斯玛教授主持，约尼托·利伯蒂博士为第一作者的一个研究小组，在《BMC演化生物学》期刊上发表论文称，他们研究发现，蚂蚁的精子，在识别出竞争对手的精子后，会变得更活跃，游得更快、更直。蚂蚁是一种一生只有一天交配机会的社会性昆虫，通过对它们的研究，科学家得以探究当存在其他雄性精子竞争的情况下，有哪些因素改变了精子的行为。

研究人员发现，同只与生理盐水混合的精液中的精子相比，在多个雄性的精液混合后的精子中，活跃精子的数量要多50%，游泳速度也会提高20%以上，游出的轨迹也更直。

利伯蒂说："蚂蚁的独特之处在于，它们的性行为一生只有一次，发生在它们刚成年的那次交配活动中。当蚁后与多个雄性蚂蚁交配时，雄性的精子只有这唯一一个时间窗口，可以与其他雄性竞争，进而储存到蚁后的繁殖器官中。我们发现，精子的机动性似乎受到雄性和蚁后双方分泌物的调控，调控机理十分精密。这一发现表明，精子能够衡量竞争的激烈程度，并因此调整自己的机动性及与之匹配的能量消耗。"

在一系列后续实验中，研究人员发现，混合精液中精子机动性的提高，是由其他雄性的精液引起的；如果把精液和蚁后生殖管中的液体混合，也可以观察到类似的现象。无论是与其他雄性还是蚁后的体液混合，精子机动性提高的程度都远大于在自己精液中的程度，活跃精子的比例、精子的游泳速度和轨迹的直线程度，也比在自己精液中分别高出40%、15%和8%。

布姆斯玛说："在我们之前的研究中，在同样种类的切叶蚁身上，我们发现与其他雄性的精液接触会降低精子的存活率。所以在这次的研究开始之前，我们本以为精子的机动性也会像存活率一样，受到竞争者精液的负面影响，但结果却完全相反。我们观察到竞争者的精液，比其自身的精液更能提高精子的机动性，这表明精子演化出了可以识别自己与异己的机制，并以此调控自己的活动性。"

研究人员分析，蚂蚁的精子在自己的精液中机动性、游泳速度和轨迹直线程度，都没有很明显的提高，这说明要提高精子的机动性对雄性蚂蚁而言代价不小，比如它可能要让精子处在氧化压力之下。这可能会影响精子储存到雌性生殖管之后的长期生存能力。鉴于蚁后储存精子再让卵子受精的过程可能会持续很多年，所以精子的长期生存能力对于雄性和雌性而言其实都很重要。提升精子机动性是否真的以承受更高的氧化压力为代价，未来还有待更深入的研究。

研究人员于2002—2014年间，在巴拿马的甘博亚收集了雄性切叶蚁，并提取了它们的精子，之后他们将这些精子分别放入生理盐水、蚂蚁各自的精液、竞争者的精液，以及各自精液和竞争者精液的混合物中。他们用显微观察技术测量了精子的活动程度、速度和方向。

在后续进一步的实验中，研究人员还把雌性生殖管道中的液体与雄性的精液、生理盐水进行各种组合，然后加入精子进行研究。

研究人员表示，他们的目标，并不是复制精子被射出后所处的真实生理环境，而是研究在这种社会性昆虫中，有哪些性别相关因素，会影响精子的竞争力与精子的储存。毕竟这些昆虫的雌性可以存活几十年，而交配却在刚成年时一次性完成，随后雌性离巢去建立自己的新领地，这背后的种种机理和故事令人着迷。

2. 切叶蚁研究的新进展

发现切叶蚁社会行为与特殊基因有关。2011年7月1日，丹麦哥本哈根大学、深圳华大基因研究院共同组成的国际研究小组，在《基因研究》上网络版发表论文称，通过与其他蚂蚁基因序列比较及分析发现，一些特定基因与切叶蚁社会行为及共生方式具有重要的关系。这项成果，为社会行为学等研究奠定了重要的遗传学基础，并使人们对切叶蚁这种特殊的生物，有了更进一步的认识与了解。

农业在人类文化进化过程中具有非常重要的意义，但是人类并不是唯一采用这种生活方式的生物，有一种切叶蚁同样能够进行农业生产。它们从植物上切下叶子，将叶片用来种植真菌，并且用长出的真菌为整个蚁群提供食物。

通过对切叶蚁全基因组测序及分析，研究人员发现，在其基因组中有两个基因家族发生了显著扩张。哥本哈根社会进化中心的尼加德博士说："根据这些基因在其他物种中的功能，我们认为，这些基因与该物种的生殖方式，以及它与真菌所形成的特殊共生关系，具有密切关联。发现与该切叶蚁生殖方式和共生方式进化相关的特定基因组特征，是本项工作的一个重要突破。"

神经肽在很多生物中起着重要作用。研究人员在比较切叶蚁和其他已知序列蚂蚁的编码神经肽的基因时，发现了令人惊讶的结果。本以为在栖息地、食性和行为等方面差别很大的蚂蚁，其各自编码神经肽的基因会大不相同，但结果却相反。它们的基因组中都存在着相同的神经肽基因，所有蚂蚁的神经内分泌系统可能都含有一个非常类似的构造，可能在所有蚂蚁的祖先时就已进化形成。

华大基因张国捷博士表示，他们将与国际联盟共同发起"百种社会性昆虫基因组计划"，构建出社会性昆虫基因组进化图谱，并从基因组综合比较的角度，对社会行为的遗传机制开展深入研究，了解人类自身行为方式的内在遗传本质。

第八章 医疗与健康领域的创新信息

　　北欧瑞典的卡罗林斯卡医学院是世界百强大学，全球顶尖医学院之一，其从1910年开始，获得授权评定并颁发诺贝尔生理学或医学奖。在名校的带动下，北欧医疗与健康领域拥有雄厚的科研实力，取得许多卓越的创新成果。近年，北欧在癌症防治领域的研究，主要集中于揭示癌症发病机理、致癌基因、增加致癌风险因素、降低致癌风险因素以及与癌症无关因素，探索癌症治疗方法，研制防治癌症药物和设备。在心脑血管疾病防治领域的研究，主要集中于分析血液生理现象，开发血液检测新技术，探索心血管疾病预测方法，注重研究心脏病与脑中风的防治。在神经系统疾病防治领域的研究，主要集中于阐述大脑褶皱形成原理和意识产生过程，分析大脑信号传输形式，研究改善大脑通信系统，施行大脑疾病防治。发现神经新种类，研究神经功能及影响因素，探索断肢神经和神经疼痛的治疗。揭示大脑把信息转化为记忆的机制，研究记忆与恐惧的关系，分析睡眠质量与睡眠不足问题。研究防治阿尔茨海默病、帕金森病、抑郁症和精神疾病。在消化与代谢性疾病防治领域的研究，主要集中于揭示肝脏拥有嗜甜的荷尔蒙基础，探索肠道疾病防治。研究糖尿病病理、诊断技术和防治方法。分析肥胖症致病的生理因素与非生理因素，研究防治肥胖症的食物、方法和设备。在儿科与妇科疾病防治领域的研究，主要集中于探索儿童生理发展，分析儿童多动症、早产儿发育障碍和过敏儿童的病理特点，研究儿科疾病的防治方法。防治女性生殖系统疾病，分析孕妇与健康有关的行为，防治妊娠期妇科病。在疾病防治其他领域的研究，主要集中于探索影响人体健康因素、有利于长寿因素，研究防治免疫系统疾病、呼吸系统疾病、五官科疾病、骨科疾病和传染病。

第一节 癌症防治研究的新进展

一、癌症病理研究的新进展

(一) 癌症发病机理研究的新信息

1. 发现癌症患者消瘦的机理

2007年6月,有关媒体报道,瑞典卡罗林斯卡医学院的专家,发现了导致部分癌症患者日渐消瘦的机理,并找到了可抑制癌症患者消瘦的物质。

研究人员在临床中发现,一些癌症患者会出现不明原因的消瘦。之后,对这类患者的脂肪组织进行分析研究,结果发现脂肪细胞中一种名为脂肪酶的蛋白质代谢失调,从而导致脂肪消耗过快。

研究人员已经从一种治疗血脂失调和糖尿病的药物中,发现了可以抑制消瘦的物质。如果能研制出抑制消瘦的药物,将对癌症患者战胜病魔大有帮助。

2. 发现癌症扩散的新机理

2015年10月5日,芬兰科学院研究员约翰娜·伊瓦斯卡领导的图尔库大学研究小组,在《自然·细胞生物学》上发表论文称,他们的研究表明,细胞内受体信号传导,可以维持已经从周围组织脱离的癌细胞的存活。当信号传导被阻止时,细胞就不能扩散到身体的其他部位。这项研究成果,将会对未来癌症研究产生重大影响。

该研究小组已经发现有关细胞的全新机理,解释细胞如何在其内部进行信号传导,并可复制从周围环境获得的重要信息。研究表明,从周围组织分离的游走癌细胞,可能因细胞内受体信号传导而继续存活,并导致癌细胞扩散。

此前,研究人员公认,人类细胞必须与组织粘连才可以存活,细胞黏附受体整合素发送的特殊信号是细胞存活的关键。然而,在体内从一个器官扩散到另一个器官的癌细胞,不需要附着于某种组织,也能够以特有方式生存。

伊瓦斯卡指出："新的研究结果首次表明，由整合素传递、细胞存活所必需的细胞周围环境信息，依赖于细胞内受体的信号传导。"因此，防止这种细胞内受体信号传导，将降低与组织分离的游走癌细胞的存活能力，从而遏制癌症的扩散。

（二）致癌基因研究的新信息

1. 研究证实癌症存在基因"开关"

2012年11月，瑞典卡罗林斯卡医学院和芬兰赫尔辛基大学联合组成的一个研究小组，在《科学》杂志上发表论文称，他们研究发现，基因组区域中一种特定核苷酸变异，与大肠癌和前列腺癌患病风险有着重要联系，是引发这两种癌症的"开关"。

研究人员说，他们在动物实验中，移除了实验鼠体内存在核苷酸变异风险的基因区域"Myc335"，结果发现，其体内"MYC"基因表达受到强烈抑制，而老鼠的健康状况并未受到负面影响。此前研究发现，"MYC"基因过度表达与癌变有重要关联，许多癌症患者体内的"MYC"基因都过度活跃。

研究人员说，虽然研究表明，这段基因组区域的特定核苷酸变异，只将患癌风险增加了20%，但与其他已知的遗传变异或基因突变相比，它与遗传性癌症的基因联系更为密切。

研究人员认为，新发现有助于未来的癌症防治，但距离相应药物的问世，还需要很多年的深入研究。

2. 研究发现致癌基因会"硬化"细胞

2014年1月24日，瑞典卡罗林斯卡医学院当天发布新闻公报说，该校研究员盖德及其同事，与瑞典皇家工学院相关专家联合组成的一个研究小组，在美国《国家科学院学报》上发表论文称，他们的研究证实，致癌基因会增强癌细胞的硬度和扩散能力。这为肿瘤诊断和治疗提供了更有效的依据。

研究人员通过先进的显微技术发现，致癌基因能改变细胞内的波形蛋白纤维组织骨架的形状，诱导细胞硬度增加，同时使细胞向周边侵袭、扩散的能力更强。他们还发现，一个名为HDAC6的蛋白质，是产生上述变化的关键因素，它能导致波形蛋白骨架结构重组和增强细胞硬度。盖德说，这一成果揭示，癌细胞的机械特性如硬度、空间形状等，对理解肿瘤发生和扩散的机理非常重要，也为今后癌症防治指明了更有针对性的方向。

（三）增加致癌风险因素研究的新信息

1. 增加结肠癌风险因素研究的新进展

研究显示过量饮酒可能增加男性患结肠癌风险。2008年4月29日，芬兰广播公司报道，芬兰科学院库哈宁教授等人组成的一个研究小组，发表研究成果称，他们研究发现过量饮酒可能会增加男性患结肠癌的风险。

研究人员对该国2600多名成年男性的健康状况，进行了长达17年的跟踪研究。研究结果发现，过量饮酒者患结肠癌的概率，最高为不饮酒者的4倍。

结肠癌是长在结肠部位的恶性肿瘤，40～50岁的人结肠癌发病率最高。库哈宁说，不排除结肠癌的发病与遗传等因素有关，但他们的研究结果显示，过量饮酒可能会在一定程度上增加患结肠癌的风险。研究还发现，过量饮酒增加患结肠癌风险，并不取决于酒的种类，啤酒、葡萄酒和白酒所引发的风险差不多。

2. 增加乳腺癌风险因素研究的新进展

（1）研究发现复合维生素片或增加乳腺癌风险。2010年4月6日，《每日邮报》报道，瑞典卡罗林斯卡医学院一个研究小组，在《美国临床营养学杂志》发表研究报告称，他们发现，每日服用复合维生素片的中老年女性，比不服用者罹患乳腺癌的概率高近两成。他们强调，虽然研究发现两者间存在关联，但并未证明保健品直接导致乳腺癌。

研究人员跟踪调查3.5万多名，年龄在49～83岁间的瑞典女性，这些调查对象均非癌症患者。研究人员要求她们回答关于服用复合维生素片情况，以及健康和生活习惯问题。约10年后，974名调查对象经确诊患上乳腺癌。

综合考虑调查对象年龄、家族乳腺癌史、体重、进食水果蔬菜量、体育锻炼、吸烟饮酒习惯后，研究人员发现，服用复合维生素的调查对象，比不服用者罹患乳腺癌的概率高19%。研究报告说："这些结果显示，服用复合维生素与罹患乳腺癌风险增加存在关联。"

研究发现，复合维生素片服用人群罹患乳腺癌的概率，总体而言较高，但对于个体而言，概率仍小。调查期间，9017名服用者中293人罹患乳腺癌。研究人员说，调查结果并没有证明，复合维生素片是患乳腺癌风险增加的"罪魁祸首"。不过，这一结果令人担忧，需要深入调查。研究人员解释道，至于服用复合维生素片与乳腺癌概率增加存在关联的原因，动物实验显示，B族维生素中的叶酸与乳腺癌有关，但人体测试结果不一：有些试验显示服用叶酸补充剂的女性罹患乳腺癌风险较高，有些则显示两者无关。

先前研究发现，服用复合维生素片的绝经前女性，乳房密度比不服用者高，即乳房中脂肪较少，而腺体和结缔组织较多。乳房密度高意味着罹患乳腺癌概率高。

保健品一年市场价值约7.65亿美元。据统计，约一半美国成人、近1/4英国成人日常服用保健品，多为复合维生素片。不少专家认为，进食复合维生素片并不能促进身体健康，药补不如食补。

英国癌症研究会科学信息主管卡特·阿尼说："与先前数项研究一样，这一研究结果增加了复合维生素片事实上对健康并无益处的证据。大多数人可以通过健康均衡饮食，多吃水果蔬菜获取各种身体必需的营养成分。"

美国科学卫生理事会医学顾问吉尔贝·罗斯建议，除非营养失调，否则不必服用复合维生素片。他说："当然，如果你很想服用复合维生素片，这项研究不是停服的原因。"

（2）研究显示乳腺癌与镉摄入量有关。2012年3月15日，有关媒体报道，瑞典卡罗林斯卡医学院当天宣布，该学院一项最新研究显示，女性从食物中摄入的镉元素量越高，患乳腺癌风险越大。

这项研究，以瑞典近5.6万名女性参与的饮食习惯调查数据为样本，经分组比对发现，镉摄入量最高组的女性比摄入量最低组的女性，患乳腺癌风险高21%。另外，食用全麦食品和蔬菜较多的女性，患乳腺癌风险相对较低。

有关专家认为，动物肝脏、肾脏及某些贝类海产品中镉元素含量相对较高。研究人员表示，人们早已知道镉是有毒物质，在某些情况下具有致癌性，他们开展此项研究的目的，在于探求从饮食中摄入的镉与乳腺癌是否相关。

3. 增加胰腺癌风险因素研究的新进展

发现常吃西式加工肉与胰腺癌风险相关。2012年1月，瑞典卡罗林斯卡医学院副教授苏珊娜·拉尔松领导，瑞典癌症基金会共同参加的一个研究小组，在《英国癌症杂志》上发表研究报告称，经常吃西方食谱中经过加工的肉类，与胰腺癌患病风险升高之间，存在着一定关联性。

在这个项目研究中，研究小组对6000名胰腺癌患者的11项检验数据，进行分析对比。结果显示，与不吃加工肉的人相比，如果某人每天食用50克加工肉，例如一根香肠或两片培根，那么其患胰腺癌的概率要高出19%。与不食用牛肉、羊肉、猪肉等红肉的男性相比，每天吃120克红肉的男性，患胰腺癌的概率会高出29%，但此次研究未发现红肉对女性胰腺有何显著影响。

苏珊娜·拉尔松说，胰腺癌患者的存活率很低，为帮助患者尽早得以诊治，了解该病的诱发原因很重要。

该报告还援引英国癌症研究中心信息主管萨拉·霍姆的话说，尽管现在还无法百分之百地确定，加工肉是否是罹患胰腺癌的决定性因素，更多的研究结果正等待进一步分析，但这些新数据可以提醒人们，注意可能存在的诱因。

4. 增加癌症风险其他因素研究的新进展

（1）研究表明血糖偏高会增加患癌风险。2007年3月，有关媒体报道，瑞典于默奥大学医学院一个研究小组公布的一项研究成果表明，血糖偏高除与糖尿病和心血管疾病有关外，也同皮肤癌等癌症的发生有着一定的联系。

研究人员在13年内，对7万人进行跟踪调查，发现血糖偏高的人患恶性黑素瘤、胰腺癌、前列腺癌或子宫癌的发病率，明显偏高。调查还显示，血糖偏高的妇女患癌症的概率，要比男性高25%。

研究发现，被调查人员的血糖平均值，在13年内上升了17%。造成血糖升高的主要原因是随着生活水平的不断提高，人们每天食用过多的糖果和各种含糖量高的饮料，增加了对身体无益的热量，却又缺乏足够的运动。研究的结论是，如果以这样血糖升高的趋势发展，癌症的发病率还会大大提高。

（2）研究表明抗氧化剂或可促进肿瘤生长。2014年2月，瑞典歌德堡大学分子生物学家马丁·伯格主持，其同事佩尔·林达尔等人参与的一个研究团队，在《科学·转化医学》上发表论文称，他们在小鼠中进行的一项研究发现，两种常用的抗氧化剂维生素E和N-乙酰半胱氨酸（NAC），能够加速肺癌的生长，而不是遏制这种疾病。

研究人员表示，这项研究成果，可能与每天狼吞虎咽服用维生素E补充剂的数百万人的预期，正好相反。

2005年公布的一项调查显示，大约11%的美国成年人，会服用维生素E补充剂，其剂量为400国际单位（IU）或更高。而建议的每日摄入量为22.4国际单位。

通常认为维生素E和其他抗氧化剂，可以防止体内某些活性化合物破坏细胞组件，包括DNA。由于DNA损伤与癌症有关，因此减少DNA损伤可能会阻止或延缓疾病的发生。

在动物及人类小型临床试验中进行的研究支持这一结论，而更大型研究的结果并非如此。当抗氧化剂，如维生素E和β-胡萝卜素严格进行随机、双盲、安慰剂对照的临床试验时，其结果充其量也是模棱两可的。1994年对29133名男性吸烟者进行的研究甚至发现，那些服用β-胡萝卜素补充剂的受试者，具有更高的肺癌发生率。

伯格表示："结果是喜忧参半的。关键的信息是，它们不会降低癌症的风险，甚至可能在某些人群中增加罹患癌症的风险。"

该研究团队无意中卷入一场有关抗氧化剂的辩论。他们之前曾进行了一种能够罹患肺癌的转基因小鼠试验，并决定用服用N-乙酰半胱氨酸的小鼠作为对照组。林达尔说，如果有什么区别的话，他们认为N-乙酰半胱氨酸小鼠应该更慢一些患上肺癌。然而实际上，对照组的肿瘤发展速度却是预期的3倍。他说："真正的实验结果，令人失望。但对照组却引起了我们的兴趣。"

研究人员决定对此展开深入研究，并将其研究扩展到了另一种常用抗氧化剂维生素E。研究人员向小鼠喂食了N-乙酰半胱氨酸或维生素E，其剂量是小鼠日常推荐剂量的5~50倍。

第八章 医疗与健康领域的创新信息

林达尔指出，对于人类而言，其膳食补充剂的摄取量，通常是日常推荐的维生素 E 摄入量的 4~20 倍。最终关于这两种抗氧化剂的结果是类似的：服用抗氧化剂小鼠的肿瘤生长速度，是没有接受抗氧化剂治疗小鼠的 3 倍。同时，其死于癌症的速度，也是没有接受治疗小鼠的 2 倍。

用 N-乙酰半胱氨酸或维生素 E 进行治疗，也刺激了人类肺癌细胞在培养环境中的生长。研究人员发现，在两种小鼠模型和人类细胞中，抗氧化剂似乎能够通过减少 DNA 损伤的数量从而保护癌细胞。另外，一种名为 p53 蛋白质的表达，则出现了减少。p53 蛋白质通常被称为"基因组的守护者"，能够抑制肿瘤生长，并被受损的 DNA 所激活。

(3) 研究发现患癌概率与职业有关。2009 年 6 月 2 日，芬兰媒体报道，以芬兰教授埃罗·普卡为首的研究小组，在北欧五国进行的一项最新研究结果显示，人们患癌症的概率，与其从事的职业有很大关联。最易罹患癌症的是餐饮行业的男性服务员，而农民患癌症的概率最低。

据报道，研究小组对芬兰、瑞典、挪威、丹麦和冰岛五国的 1500 万名居民的职业信息和健康状况进行了研究和分析。结果发现，人们患癌症的概率和种类，与其从事的职业有很大关系，其中餐饮行业的男性服务员罹患癌症的概率最高，最易患的癌症是肺癌、喉癌、口腔癌、舌癌、肝癌、膀胱癌和直肠癌。此外，长期在户外工作的渔民容易患上极为少见的唇癌，而长期在室内工作的人较容易患皮肤癌。

研究小组还发现，受教育程度较高的女性由于生育年龄较晚，其患乳腺癌的风险高于受教育程度较低的女性；经常上夜班的人，无论男女，患癌症的概率均较高；而农民则是患癌症概率最低的群体，其次是园艺师、牧师、伐木工人和医生。

(四) 降低致癌风险因素研究的新信息

1. 降低卵巢癌风险因素研究的新进展

发现喝茶能降低卵巢癌风险。2005 年 12 月，瑞典有关机构公布的一项研究成果表明，每天只要喝两杯茶，就能大大降低患卵巢癌的风险。

据悉，瑞典卡罗林斯卡医学院，在 1987—2004 年，对 6 万多名妇女的生活习惯，及对健康的长期影响，进行调查研究。这些人中有 2/3 每天都喝茶。研究发现，她们当中只有 301 人患了卵巢癌。研究人员在报告中称，与不喝茶的人比较，每天至少喝两杯茶的妇女患卵巢癌的风险降低了46%；每天每多喝一杯茶还能将此风险继续降低18%。

2. 降低乳腺癌风险因素研究的新进展

发现多吃粗粮会降低患乳腺癌风险。2009年7月22日，瑞典电视台报道，瑞典卡罗林斯卡医学院研究人员，完成的一份研究报告显示，多吃全麦面包等粗粮，会降低女性患乳腺癌的风险。

研究人员对6.1万名成年女性的健康状况，展开17年的追踪研究，并对她们进行了饮食习惯问卷调查。结果发现，约3000名乳腺癌患者喜食大米等细粮，与喜食粗粮的女性相比，她们患乳腺癌的风险要高出44%。

研究人员建议，女性应该尽量多食用粗粮，如全麦面包、土豆等。他们同时指出，饮食习惯虽然会在一定程度上影响女性身体机能，但不是决定乳腺癌发病的关键因素。

3. 降低前列腺癌风险因素研究的新进展

发现运动能降低男性患前列腺癌风险。2009年10月28日，瑞典媒体报道，瑞典卡罗林斯卡医学院研究员阿莉恰·沃尔克主持的一个研究小组，发表研究报告称，他们的研究显示，与整天坐着不动的男性相比，经常积极参加运动的男性，患前列腺癌的风险要小得多。

据报道，瑞典卡罗林斯卡医学院，从1997年开始，对4.5万名45~79岁瑞典男性的生活习惯、运动频率及前列腺癌发病的情况，进行了长达10年的跟踪研究。结果显示，经常积极参加运动的男性，患前列腺癌的概率，远远低于那些总是坐在办公室忙于工作的人，后者患前列腺癌的风险比前者高20%。

研究结果还显示，患前列腺癌的概率与运动强度也有一定关联。比如每天骑自行车1小时的男性患前列腺癌的风险，要比每天只骑车20~40分钟的男性减少14%。

沃尔克说，以往研究人员总是将运动和其他疾病的预防联系起来，这是首次证实运动和前列腺癌的发病率有关联。

（五）与癌症无关因素研究的新信息

1. 研究称乳腺炎与乳腺癌无直接关联

2009年9月6日，瑞典《乌普萨拉新报》报道，瑞典卡罗林斯卡医学院，与瑞典乌普萨拉地区肿瘤防治中心共同组成的一个研究小组，在《流行病学》期刊上发表论文称，他们研究发现，乳腺炎与乳腺癌并没有多大的直接关联。

研究人员对 8000 多名因患严重乳腺炎而住院治疗的妇女，进行跟踪调查。他们发现，被调查妇女中后来有 106 人患上乳腺癌。不过，在这些乳腺癌患者中发生癌变的乳房，只有一半曾患过乳腺炎。研究人员因此认为，乳腺炎与乳腺癌并没有多大的直接关联，乳腺炎直接诱发乳腺癌的危险性并不大。

乳腺炎是指乳腺的急性化脓性感染，是产褥期的常见病，迄今其病因尚无权威解释。根据哺乳有助于预防乳腺癌的理论，研究人员还认为，得过乳腺炎的妇女之所以容易患上乳腺癌，主要是因为她们在得了乳腺炎后提前中断了哺乳。

2. 研究表明患癌概率与性格特点无关

2010 年 7 月 26 日，芬兰媒体报道，芬兰和瑞典相关专家联合组成的一个研究小组，发表的一项研究结果表明，人们罹患癌症的概率与其性格是否内向并无直接关系。

据报道，长期以来，许多研究人员认为性格内向的人容易罹患癌症。为此，该研究小组从 20 世纪 70 年代开始，对近 6 万名芬兰人和瑞典人进行了跟踪研究。

在 30 多年的时间里，共有 4630 名研究对象罹患癌症。通过对比分析发现，无论研究对象的性格属于内向型还是外向型，其罹患癌症的概率相差不大。同时，研究人员还发现，性格特点对癌症患者的治疗和康复并没有明显影响。

研究人员认为，这一结果，让癌症患者不必将患病归咎于其性格，也不必担心其性格特点会影响癌症的治疗和康复。

二、癌症治疗及其方法研究的新成果

（一）研究癌症治疗过程的新发现

1. 分析癌症治疗过程存活率的新发现

发现幽默能大幅提高癌症病人的存活率。2007 年 3 月，有关媒体报道，挪威科技大学医学院专家斯文·斯维巴克领导的研究小组，在美国心身医学协会研讨会上，公布了他们的最新研究成果，认为有幽默感的癌症患者可能活得更长久，与缺乏幽默感的患者相比，幽默感较强、笑声不断的癌症患者存活率最多可提高 70%。

斯维巴克说，有幽默感的成年人，比那些不能发现生活乐趣的人长寿，对于病人来说，是否具有幽默感具有重要意义，幽默的癌症患者生存概率非常大。

在 7 年内，该研究小组跟踪调查了 5.4 万名挪威病人，通过问卷调查病人怎样轻易发现现实生活中的幽默，幽默感是多么的重要。结果发现在这 7 年内，在这些病人的生活中，幽默感越强，生存的概率就越大。调查过程中充分考虑了患者的健康状况、年龄、性别、生活方式和其他一些影响生存的因素，结果发现，与幽默感较低的病人相比，幽默感较强的病人整体存活率高出 35%，而在 2015 名确诊癌症患者中，幽默感较强的病人存活率比缺少幽默感的病人高 70%。

此前的研究表明，幽默有助于人们减轻生活压力，帮助人们保持免疫系统健康，哪怕是在面临压力的情况下。斯维巴克相信幽默感有助提高癌症患者生存率，他说："幽默就像汽车减震器，癌症就是生命中的一次沉重的撞击，当你经受住了此次撞击考验后，你会感激这个性能良好的减震器。"

不过，并不是每个人都认同挪威学者的上述观点，美国斯隆·凯特灵癌症中心精神病学专家威廉·布雷德巴特说："我对这种说法持怀疑态度。"从事癌症治疗工作已达 22 年之久的布雷德巴特强调说："我遇到过许多虽然很风趣但很快就因癌症而去世的人，说明病情的发展、癌细胞的扩散与病人的幽默感显然远不相干。不过，幽默感或许能帮助病人更加坦然地面对化疗的副作用，从而增强了他们坚持治疗的信心，这或许就是幽默能提高存活率的一种方式。"

2. 分析癌症治疗过程位点选择的新发现

研究显示应同时关注肿瘤位点及非肿瘤位点。2014 年 10 月，瑞典卡罗林斯卡医学院华人教授曹义海、中国相关专家参加的一个研究小组，在美国期刊《细胞报告》上发表的一篇论文，揭示了肿瘤如何对身体多个器官功能造成系统性影响，表明治疗癌症不能只关注抑制肿瘤本身的生长，还需针对其他器官的症状进行综合治疗。

曹义海表示，这项研究，揭示了肿瘤是如何通过分泌血管内皮生长因子蛋白，从而调节血管系统，最终对身体多个器官功能造成系统性的影响，如对骨髓造血功能的损害，导致全身性贫血。他指出，除了对发病部位邻近器官造成损伤外，肿瘤还会对身体其他器官造成功能性损害。比如癌症病人出现一些症状时会造成肝脾骨髓功能损伤，肌肉萎缩，从而导致疲劳、贫血及身体消瘦，使病人的生活质量极大下降。

曹义海说："这个发现证实了我们的观点：对于癌症疾病，非肿瘤位点也是同样不可忽视的。我们希望这项研究，能应用于临床治疗上，从而提高癌症患者的生活质量和生存期。"

曹义海强调说："此次研究与中国的合作非常重要。这项成果是我的研究团队与中方多家科研单位共同完成的。瑞典专家设计和主导了该课题，中国研究人员承担了部分研究任务，并提供了部分试验所需相关药物。由于中国具有丰富的病例和样本，因此继续和中国的一线临床大夫及科研单位合作，是非常重要的，未来我们还会继续加深合作。"

曹义海认为，新的研究成果，为新药的研发提供了新方向：非癌细胞也是设计新一代癌症药物的方向。

（二）研究癌症治疗方法的新信息

1. 研究癌症化疗副作用的新进展

研究发现化疗对前列腺癌患者的副作用并不严重。2009年3月16日，瑞典广播电台报道，由瑞典于默奥大学肿瘤学研究员弗兰松斯领导，他的同事及挪威相关专家参与的一个研究小组，在《柳叶刀·肿瘤学》杂志上发表论文称，他们调查发现，化疗对前列腺癌患者造成的副作用不像以前认为的那么严重。

研究小组对40家医院的875名前列腺癌患者进行调查，这些患者均接受过4年化疗。调查结果显示，他们的生活质量与仅接受激素治疗的患者没有明显差别。

弗兰松斯介绍说，只接受化疗的患者中有40%出现肠道问题，而在仅接受激素治疗的患者中这一比例为20%；85%的化疗患者出现勃起障碍，而在没接受化疗的患者中这一比例为72%。弗兰松斯认为，考虑到前列腺癌患者的存活率，化疗带来的这些副作用并不是很严重。

该研究小组之前还发现，对侵袭性前列腺癌患者同时采用化疗和激素治疗，能使存活率提高一倍。

2. 研究癌症激光疗法副作用的新进展

研究表明低强度激光疗法会促使皮肤癌恶化。2009年11月19日，有关媒体报道，挪威和巴西医学专家组成的一个研究小组，在英国《BMC癌症》杂志发表研究成果称，他们探索发现，常用于治疗脱发或软组织损伤的低强度激光疗法，并不适宜皮肤癌患者使用，动物实验显示，这会使癌细胞迅速扩散。

报道说，研究人员对患有黑色素瘤皮肤癌的实验鼠，展开实验研究。结果显示，如果实验鼠每天接受一次较大剂量的低强度激光照射，三天后癌细胞就迅速扩散，且肿瘤体积出现显著增长。研究人员因此提醒说，那些患有皮肤癌或相关疾病的人，如果因其他医疗而需要使用低强度激光疗法，必须非常谨慎。

低强度激光疗法，始于20世纪70年代，当时人们发现低强度的激光照射，可以促进细胞生长，之后常被用于治疗脱发和运动引起的软组织损伤等。

3. 研究癌症细胞疗法的新进展

发现运动可增强免疫系统细胞对癌症的攻击。2016年2月，丹麦哥本哈根大学科学家佩妮尔·霍伊蔓领导的一个研究团队，在《细胞·新陈代谢》杂志发表论文称，他们一项让小鼠在一个晚上选择跑步4000~7000米的试验，证明运动能够增强免疫系统细胞对癌症的攻击，从而阻止新的肿瘤生长，并且使现有肿瘤的生长速度减缓了60%。

霍伊蔓表示："这是我们首次证明，运动能直接控制肿瘤的生长速度。"她的研究团队测试了运动，对包括皮肤、肺和肝脏的肿瘤在内的5种不同小鼠肿瘤产生的影响。

研究人员发现，运行能促进肾上腺素的释放。这种压力激素，反过来又刺激免疫系统，向血流中运送对抗癌症的天然杀伤细胞。一种名为白细胞介素-6的物质，由小鼠得到锻炼的肌肉释放，能指挥这些杀伤细胞攻击肿瘤。

美国纪念斯隆凯特琳癌症中心的李琼斯表示："人们已经知道，运动会对天然杀伤细胞的活性产生影响，但这是首次有人证实其直接参与到帮助它们侵袭肿瘤的过程中。这是一块长期遗失的很大拼图。"

研究人员指出，小鼠肿瘤并未因运动而缩小，它们只是不再生长得那么快。这表明运动不可能逆转现有癌症。不过，在一些动物身上，跑步确实从一开始便能阻止肝脏肿瘤的生长。

霍伊蔓介绍说，对于人类而言，一些证据表明，运动可阻止更年期后肠癌和乳腺癌的复发。下一步，她的研究团队将追踪癌症病人，以观察他们的运动模式，是否同相似的有益效果存在关联。

三、防治癌症药物和设备研发的新成果

（一）防治癌症药物研制的新信息

1. 研制防治癌症的新药物

（1）开发出治疗前列腺癌的新药。2011年6月8日，有关媒体报道，挪威开发的前列腺癌治疗新药，已结束第三期临床试验。结果显示，该药可以延长晚期前列腺癌患者存活时间，并提升患者的生活质量，而副作用并不明显。

这种药物名为Alpharadin，共有900名前列腺癌晚期患者参加了第三期试验。结果显示，没有接受药物治疗的患者的平均存活时间为11个月，而接受新药治疗的患者的平均存活时间，会延长到14个月。

新药使用半衰期很短的镭223同位素发出的阿尔法射线杀死癌细胞，可以靶向作用于转移到骨骼组织中的癌细胞，从而最大限度地减少对周围正常细胞的破坏。一个疗程需持续4~6个月，每月需注射一次药物。

（2）开发出防止治癌化疗副作用的新药。2013年1月，每日科学网报道，瑞典林雪平大学教授罗夫·安德森主持的一个研究小组，在《转化肿瘤学》杂志上发表论文称，他们开发出一种新药，不但能够防止化疗产生的毒副作用，还能在一定程度上强化肿瘤的治疗效果。一个国际药物评估组织，正在对该药的临床效果进行验证，新药有望在两年内上市。

化疗也称化学疗法，是利用对细胞有毒的药物杀死肿瘤细胞、抑制其生长和繁殖，并促进其分化的一种治疗方法，是目前治疗肿瘤及某些自身免疫

性疾病的主要手段之一。但这种方法在杀伤肿瘤细胞的同时，也会将正常细胞和免疫细胞一同杀灭，因此，患者普遍有明显的恶心呕吐等副作用。

这项新研究成果，从一种被称为锰福地吡（mangafodipir）的药物开始，这种药物通常作为核磁共振检查的造影剂。一次偶然的机会，研究人员发现锰福地吡能够在癌症治疗中保护健康细胞。安德森说，他们发现锰福地吡会影响氧自由基的形成，而这是导致化疗副作用的一大主要原因。

于是，研究人员用患癌小鼠进行实验，在对小鼠进行化疗的同时配合使用锰福地吡。结果发现，化疗药物在抑制肿瘤的同时，并未对白细胞造成损伤，由白细胞构成的免疫屏障依旧在发挥作用。而唯一的问题是，锰福地吡的使用导致了锰在小鼠体内的大量释放，大剂量的锰同样有毒，可能导致脑损伤等其他副作用。

为了避免锰可能带来的危害，研究人员用钙对锰福地吡中的锰进行了部分替换，生成了一种名为钙锰福地吡（calmangafodipir）的化合物。

实验证实，新生成的这种化合物不但能够更加有效地保护健康细胞、抑制癌细胞，还更加稳定和安全。

2. 发现其他疾病药物具有治疗癌症功能

（1）发现哮喘药物具有治疗主动脉瘤的潜能。2010年11月，瑞典卡罗林斯卡医学院的科研小组，在美国《国家科学院学报》上发表论文称，治疗哮喘的药物具有治疗主动脉瘤的潜能，甚至或可减少患者接受手术治疗的必要。

研究人员介绍说，主动脉瘤血管壁中的酶含量很高，它促进形成一种名为半胱氨酰白三烯的物质，进而缓慢分解血管壁组织中的蛋白质等多种成分，诱发主动脉瘤。然而，半胱氨酰白三烯正是引发哮喘的物质，治疗哮喘通常都是通过药物抑制半胱氨酰白三烯的生成来实现的。

因此，研究人员认为，治疗哮喘的药物有治疗主动脉瘤的潜能。他们将很快着手试验哮喘药物对主动脉瘤的具体疗效。

（2）发现一种戒酒药具有抗癌功效。2017年12月，一个由丹麦、捷克和美国科学家组成的研究团队，在《自然》杂志上刊登论文称，他们发现，用于抑制饮酒的戒酒硫，是一种机会均等的抗癌武器，其对治疗前列腺癌、乳腺癌、结肠癌和其他癌症均有效。

这项发现，起始于1971年报告的一个案例。一位女病人，38岁时乳腺癌扩散到她的骨头，而这通常是致命的事件转折点。她变成了酒鬼，医生也停止了所有癌症疗法，让她服用一种抑制其饮酒的药物。10年后，这名患者因醉酒从窗户上摔下后死亡。但尸体解剖发现了一些令人费解的事情：她的骨肿瘤消失了，仅在骨髓中出现一些癌细胞。

这个案例，以及后来诸多实验室研究表明，拥有60年戒酒治疗历史的戒酒硫药物，或许还能抗癌。如今，研究人员最终阐明了其中原因：该药物可以阻止一种参与清除细胞废物过程的分子。

在新研究中，该研究团队最先确定了该药物的抗癌效应。他们梳理了丹麦独特的癌症登记系统，即2000—2013年前被诊断的2.4万余个病例，以及关于每位病人所服药物的数据。在服用戒酒硫的3000多名病人中，与停止服用该药物的患者相比，1177名持续服用它们的患者，其癌症死亡率要低34%。

研究人员还证实，戒酒硫会减缓小鼠体内乳腺癌肿瘤的生长，尤其是与一种铜补充剂相结合时，效果更明显。他们随后发现，当小鼠分解戒酒硫时，其主要代谢物二硫代氨基甲酸酯会与铜结合形成复合物，而铜能抑制细胞处理错误折叠，以及不需要的蛋白时使用的机制。

尽管一些已经获批和其他正在研发的癌症药物，会涉及相同的蛋白清除过程，即泛素蛋白酶复合体系统，但戒酒硫仅靶向这种机制内部的一个特定分子复合物。

并未参与此项研究的纽约大学医学院癌症生物学家米歇尔·帕加诺表示，这或许解释了它为何如此有效。同时，研究人员破解了另一个谜题：为何普通细胞不会被戒酒硫伤害，即便病人多年来一直在服用它。该研究团队还发现，由于一些尚不明确的原因，铜代谢物在肿瘤组织中的丰度，比在其他组织中高10倍。

3. 发现能降低癌症死亡率的其他疾病药物

研究表明服用他汀类药物与癌症死亡率较低有关。2012年11月，丹麦哥本哈根大学医学家组成的一个研究小组，在《新英格兰医学杂志》刊登一篇研究报告说，服用降胆固醇的他汀类药物与癌症患者较低的死亡率具有关联。

研究人员分析了，丹麦 1995—2007 年间，确诊的近 3 万名 40 岁以上癌症患者的数据，对他们的随访直到 2009 年年底结束，其中近 1.9 万名患者，在癌症确诊前有服用他汀类药物的历史。

研究人员发现，在整个研究期内，与从未服用过他汀类药物的癌症患者相比，服用过此类药物的癌症患者，死于癌症的比例要低 15%。他们推测，其原因可能在于他汀能影响肿瘤细胞生长和扩散的生化通道。

研究人员表示，由于该研究缺乏癌症患者的更多信息，如治疗细节、肿瘤大小、肿瘤扩散程度等，他们还不能认定他汀类药物对癌症存活率具有直接影响。美国癌症学会专家也认为，这项研究虽令人鼓舞，值得进一步研究，但不意味着癌症患者应该开始服用他汀类药物。

4. 抗癌药物筛选方法研究的新进展

研究出一种有助于筛选抗癌药物的检测方法。2012 年 6 月 5 日，瑞典卡罗林斯卡医学院网站报道，该学院专家托兰德和斯德哥尔摩大学教授朔贝里员共同领导的一个研究小组，在美国《国家科学院学报》上发表论文称，他们开发出一种新方法，可以较简便地测定病原体细胞或癌细胞的 DNA 合成状况。这一方法，也可用来检测新药物对耐药性病菌和癌症的有效性，有助于新药物的筛选。

研究人员说，其机理是检测核糖核苷酸还原酶（RNR）。这种酶是 DNA 合成和细胞增殖过程中所必需的，可以作为抗菌药物和抗癌药物的"标靶"。但因为目前技术还难以处理这种酶，目前市场上还很少有成功的药物。

该研究小组设计了一种变异的聚合酶链式反应，结合高通量筛选技术，使得核糖核苷酸还原酶的变化可以测定。这意味着，可以很方便地测定病原体细胞或癌细胞的增殖状况，也可以用来筛选、检测以核糖核苷酸还原酶为标靶的药物。

研究人员说，借助这种方法，他们已从 1300 多种物质里筛选出了两种物质，能通过抑制核糖核苷酸还原酶，来杀死抗药性较强的绿脓杆菌。

（二）防治癌症疫苗与设备研制的新信息

1. 防治癌症疫苗开发的新进展

开发可抑制肿瘤血管生长的癌症疫苗。2006 年 5 月，瑞典卡罗林斯卡医学院医学专家拉斯·霍尔姆格伦领导的研究小组，在美国《国家科学院学报》上发表论文称，他们正在开发一种用来抑制肿瘤血管生成的新型癌症疫苗，有可能成为较长时期内癌症的治疗方法，甚至能预防癌症。

这种疫苗是利用基因技术制成的，试验显示疫苗能够抑制老鼠体内癌细胞生长。疫苗通过模仿血管生成抑制剂的功效来发挥作用，血管生长抑制剂能够阻止肿瘤内血管的生成来抑制肿瘤的生长。这种治疗方案被称为抗血管生长疗法。

美国癌症协会的伦恩·利奇顿菲尔德博士说："这是一种全新的方法。这是一种利用人体自身的防御机制，来打败癌症的方法，意义十分重大。"

霍尔姆格伦说："血管生成抑制剂的问题，是当病人注射时它只有半条命了。"他的意思是，血管生成抑制剂只能在人体内很短的时间内保持活力。他说："因此，我们决定给血管生成抑制剂找到受体，研究人员把受体叫作'血管生长素'。"实验发现，接受疫苗注射的老鼠乳腺癌细胞的生长速度减慢了。

霍尔姆格伦说："这是一项激动人心的研究。但是，从试验室到临床治疗还需要走很长的路。如果这种疗法确实有效，那么我们就在讨论癌症的预防问题。不过，那还得需要几十年的时间。"

2. 防治癌症设备开发的新进展

研制出能"嗅出"脑肿瘤的人造鼻子。2019年6月，芬兰坦佩雷大学研究员伊尔卡·哈帕拉主持的一个研究小组，在美国《神经外科学杂志》发表论文说，他们研制出的一种人造鼻子，可在手术中快速"嗅出"脑组织是否癌变，同时有助于精确切除肿瘤。

目前，冰冻切片病理诊断，是在手术进行时判断组织是否癌变的首要方法，但是需要把组织样本送出手术室进行病理分析，无法做到实时判断。

芬兰研究小组表示，他们研发的这种人造鼻子，主要由微分迁移率光谱分析仪和一把电刀组成，用电刀切割组织产生烟雾，再用光谱分析仪分析烟雾中的离子，即可判断脑组织是否癌变。

研究人员从28名接受过神经外科手术的患者脑中，提取694份组织样本进行测试，其中部分为脑肿瘤部位样本。研究发现，这种人造鼻子对样本的整体判断准确率可达83%。

这种人造鼻子，可在手术中对疑似肿瘤组织进行实时判断，还能实现对肿瘤不同位置样本的分析。哈帕拉介绍道，人造鼻子还可与神经外科手术室中的现有设备相连接。

第二节 心脑血管疾病防治的新进展

一、血液与心血管病防治的新成果

（一）血液生理及检测研究的新信息

1. 血液生理研究的新进展

（1）掌握了其他型血变为 O 型血型的转换技术。2007 年 4 月，丹麦歌本哈尼大学的亨利克·克劳森教授带领一个国际性的研究小组，在《自然·科学技术》杂志上撰文表示，他们已经掌握了一种比较简单的方法，可以实现血型之间的相互转换。这一技术的突破，意味着像 O 型血这样的"万能"血型，将不会再出现紧缺的现象。

该研究小组说，他们已经掌握了如何把 A 型、B 型或 AB 型血转换成 O 型血的技术。他们在转变血型的过程中，主要是使用细菌酶作为生物"剪刀"，从红细胞的表面入手切开糖分子。具有 A 型或 B 型血的人的血液中，包含两种不同的糖分子，他们会触发免疫反应。而 O 型血中不包含任何这种"抗原"，但 AB 型血则两种都有。

研究人员从 2500 多种真菌或细菌中寻找有用的蛋白质，最终成功发现两种可以使用的细菌。这两种细菌中的蛋白酶，具有将 A 型和 B 型血中的抗原从红细胞中移出的能力，而这项技术也在标准实验室中得到了证实。将这种细菌蛋白酶置入 200 毫升的 A 型、B 型或 AB 型血中 1 小时后，这些抗原就完全消失了。

这些研究人员还在文章中表示："这种方法的临床使用，可使血液供给得到改善，增强病人在输血医疗中的安全性。"科学家还将在正式投入医疗使用之前，把这种通过转换技术得来的 O 型血，进行一系列的病人试验。

（2）发现血液中令食肉动物发狂的成分。2014 年 11 月，瑞典林雪平大学动物学家马提亚斯·拉斯卡领导的研究团队，在《科学公共图书馆·综合》上发表论文称，血液到底有什么样的气味能够让食肉动物发狂呢？

他们的研究发现，所有这一切或许都可以归结到一个单一分子身上。这种化合物对老虎和鬣狗的吸引力与血液本身相仿。这一发现，揭示了动物如何通过嗅觉识别复杂的化合物，甚至能够帮助克服一些人类的恐惧症。

与雪地中的脚印一样，血液的气味能够把食肉动物引向受伤的猎物。然而像很多具有强烈气味的物质一样，血液中包含了大量的分子成分，其中只有一些分子可能在吸引食肉动物方面发挥了作用。

拉斯卡表示："一般而言，很难确定所有分子在一种物质中到底扮演了一个什么样的角色。必须首先做一个最好的猜测。"他接着说："对食肉动物来说，食物的气味特别有吸引力，而这很大程度上是因为血。我们想知道的是，究竟是哪种化学物质形成了血液的气味。"

该研究团队的猜测，是从一种名为"反式-4，5-环氧（E）-2-癸烯醛"的分子开始的。研究人员说，利用气相色谱分析和质谱分析，并结合气味专家的分析，他们锁定的这种分子是一种所谓的醛类化合物，能够传递血液所散发出的刺鼻的恶臭，闻到它会令人联想到血液。研究人员发现它存在于猪乃至所有哺乳动物的血液中。

为了搞清这种分子是否真的能够吸引食肉动物，研究团队测试了来自4个物种的40种食肉动物对于这种气味的反应。研究人员与瑞典的科尔马尔登野生动物园合作，用西伯利亚虎、南美丛林犬、非洲鬣狗及亚洲豺狗进行了研究。

研究人员选取具有4种不同气味的物质：上述醛类化合物、马血、果味分子异戊基乙酸以及一种几乎无味的溶剂，并把一些木块浸透其中的任意一种气味。在把这些浸透气味的木块扔给动物后，研究人员观测并记录这些食肉动物的反应，以及与木块的"互动"。

发现带有血腥味的木块后，动物们最常见的反应包括嗅、舔、咬、扒和玩，其中老虎对木块保持兴趣的时间最长，而南美丛林犬最快失去兴趣。

在对每种动物长达20天的试验过程中，研究人员记录了动物与木块之间的数千种反应。研究人员说，平均而言，所有4类食肉动物，与浸透醛类化合物木块"玩耍"的时间，与浸透血液木块相同。此外，动物"玩耍"浸透血液和醛类化合物木块的时间，是另外两种气味的2~4倍。

拉斯卡表示，他很惊讶于自己的研究团队最初的猜测是正确的。他说："这是梦寐以求的一件事，并不会经常出现在实验中。"

但拉斯卡提醒说，新的发现，可能并不适用于所有的食肉动物及它们的嗅觉系统。他说："其他动物及其他嗅觉系统可能进化出了另一种替代的方式。"他希望通过对其他血液化合物，以及其他食肉动物如狼，进行类似的研究从而回答这一问题。拉斯卡的一个学生，甚至已经用小鼠代替食肉动物进行了类似研究。他说："我们想要看看，血液是否会在被捕食的动物中引发逃避行为。"

瑞典卡罗林斯卡医学院实验神经心理学家约翰·伦德斯特姆表示："这是一项尝试回答一个基本问题的创新研究，即一种单一分子是否能够像一种复杂气味一样，引发一系列复杂行为，并且得到了一个完美的答案。对于野生动物园来说，该研究成果可应用于日常运营。人工饲养的动物，需要刺激以避免退化或变胖，也许可通过经上述醛类化合物处理而散发血腥味的圆木，吸引动物们动起来。"

伦德斯特姆强调说，这一发现同时与人类健康也有一定的联系，因为一些人会对血液的气味感到恐惧，或由其联想起一些过去出现的外伤。通过了解是哪些血液成分引发人类的响应，研究人员将有望针对一些精神问题，例如与血液相关的创伤后应激障碍或恐惧症，开发出更好的治疗方法。

2. 血液检测研究的新进展

（1）研制出分析血液标本并传输给医生的检测芯片。2005年6月，有关媒体报道，瑞典乌普萨拉大学、梅拉达伦大学医学院和乌普萨拉大学医院的研究人员，研制出一种能够分析血液标本，并通过电话传输诊断结果的检测芯片。

这项交叉学科的研究项目，是根据乌普萨拉大学、瑞典农业科技大学提供的一项创新技术来进行的。这种检测芯片，能够在活动实验室中使用。

该芯片能够检测特异性生物指标的质量，例如血液中的C反应蛋白（CRP）或者肌钙蛋白I。它通过基于石蜡膨胀的一种微型泵，由移动电话电池供电，推动样本通过通道、滤膜以及芯片的反应槽。它通过内置的一架相机，能随之读出芯片释放的光信号作为检测结果。这个过程是基于化学发光法，相同的化学反应使得萤火虫能够发光。在几分钟之后，这些结果，就可以通过移动电话或者网络传输给医生。这种微型实验室，唯一所需要添加的设备,是配备数码相机的移动电话。

乌普萨拉生物科技公司项目经理乔纳斯说:"最终定型的芯片,对所有已经生产出抗体的生物学指标都有效。"研究人员正力图进一步提高芯片的功能,从而使其可以在几个平行血液分析仪中进行。

(2)开发出有利于预防慢性病血液检测的生物标志物。2016 年 12 月,芬兰国家创新资助局网站报道,芬兰 Brainshake 公司开发的血液生物标志物技术,可使通过血常规检测获得的生物数据规模扩大 50 倍,将对慢性病的预防产生积极影响。

代谢血液生物标志物,是认识理解诸如心血管疾病和糖尿病等慢性疾病的关键工具。目前,这些疾病的风险,是通过常规检测获得的 5 种血液生物标志物进行诊断的,如胆固醇水平用于预估心脏病风险。

更广泛的生物标志物数据,有助于把人类对疾病的认识和风险预测,提升到一个新的水平。然而,获得大量生物标志物数据,受到需要对不同生物标志物组进行多个测试的高成本限制,因为现行的临床生化实验室通常只针对测量单一生物标志物而进行优化。

该公司的生物标志物分析平台,可以从单个血液样品中提供超过 220 个生物标志物,是常用实验室方法的 50 倍,而成本与仅提供 5 个生物标志物的常规血液检测相当。这是一种完全不同的血液检测方法,研究人员不直接观察血液样品中的化学过程,而是直接分析其分子组成。

这种超出常规生物标志物产出的飞跃,是通过先进的核磁共振光谱技术与复杂的生物信息学软件结合实现的,该软件对来自样本的光谱数据进行分析,并以绝对浓度单位提供高度准确的代谢测量。这种综合检测技术消除了对多个常规测量的需要,可应用于所有医学领域。

该公司的核心技术,最早由芬兰的相关大学研发。这家企业于 2013 年开始运作,已经与多家世界领先的大学和研究机构开展合作,其生物标志物平台已应用于近百个同行评审的科学出版物,下一步的目标是将其解决方案应用到全球的临床市场。

(二)心血管疾病防治研究的新信息

1. 预测心血管疾病方法研究的新进展

发现一种激素含量能预测心血管疾病。2009 年 7 月 14 日,瑞典电视台报道，瑞典马尔默大学附属医院专家麦兰德尔等人组成的一个研究小组，发表研究成果称，他们研究发现，体内肾上腺髓质素含量较高的人，患心血管疾病的风险较大。

据报道，研究人员从20世纪90年代开始，对5000人进行一项跟踪研究，结果显示，后来患上心血管疾病的人，在其患病10~12年前体内，一种名为肾上腺髓质素的激素含量，就出现升高迹象。

麦兰德尔说，尽管这种激素升高对身体的具体影响还待进一步研究，但目前至少可根据其在体内的含量预测和预防心血管疾病。

肾上腺髓质素，是一种具有舒张血管功能的多肽类激素。它具有多种强大的生物学功能和作用，如降压和舒张血管，扩张肺和肾动脉，解除支气管痉挛，调节机体内分泌和抑制血管平滑肌增生等。

2. 膳食结构影响心血管健康研究的新进展

（1）研究显示从小多吃蔬果有益于心血管健康。2010年12月，芬兰媒体报道，芬兰赫尔辛基大学、坦佩雷大学和图尔库大学共同组成的一个研究小组，公布的一项研究结果显示，从小多吃蔬菜水果有助于降低成年后患心血管疾病的概率。

研究人员发现，从小多吃蔬菜水果的人到30~45岁时，其脉搏波传导速度，比小时很少食用蔬果的人低6%。人体脉搏波传导速度越快表示动脉血管壁越硬，因此患心血管疾病的风险也相对较高。

该研究小组从20世纪80年代初开始，对1600余名3~18岁的芬兰人，进行长达27年的跟踪研究，并对比分析了他们未成年时的膳食结构，以及成年后的脉搏波传导速度。研究人员说，这项研究表明，从小多吃蔬果，养成良好的平衡饮食习惯，对预防成年心血管疾病有重要作用。

（2）严控食品规范可降低心血管疾病死亡率。2012年7月4日，世界卫生组织网站刊载一篇研究报告说，从丹麦、芬兰、挪威和瑞典等国的统计数据分析，实行严格的食品规范，能使心血管疾病引发的死亡率降低20%。

该研究证明，一些加工食品、垃圾食品和罐装食品富含饱和脂肪、反式脂肪、热量和盐，长期食用，患心血管疾病概率将增加一倍；严格控制以上成分的用量，并在饮食中增加水果、蔬菜的摄入量，可以降低心血管疾病发病率和死亡率。

研究选取了丹麦、芬兰、挪威和瑞典等已采取严控政策的国家,与英国等尚未行动的国家进行对比。结果显示,采取严控政策的国家心血管疾病导致的死亡率显著下降,糖尿病和癌症的发病率也有所降低。研究估计,如果英国也采取这一政策,每年将挽救近3万人的生命。比如,禁止在食品中使用饱和脂肪能减少5000人死亡,将每人每天食盐摄入量从目前的8.6克降至5.6克将拯救约7000人。

心血管疾病是人类的第一杀手。全世界每年有1730万人死于此类疾病,占所有死亡人数的30%。

二、心脏病与脑中风防治的新成果

(一) 心脏病防治研究的新信息

1. 心脏病基因研究的新进展

发现冠心病基因可能有利于生殖。2017年6月,芬兰、澳大利亚和美国科学家组成一个研究团队,在《科学公共图书馆·遗传学》杂志上发表的论文,针对"心脏杀手"冠心病已伴随人类上千年,为何相关基因没有在进化过程中被淘汰掉的问题展开研究,结果他们发现,冠心病基因可能有利于生殖功能,进化机制在利益权衡中牺牲了人类晚年的健康。

冠心病是最常见的心血管疾病,它由冠状动脉硬化引发,可导致心绞痛、心肌梗死和猝死。此前研究发现,遗传因素对冠心病发病风险有很大影响。

研究人员认为,他们对全球12个地区的人群进行基因筛查,分析基因组中56个与冠心病有关的区域,并观察进化过程对冠心病基因的影响。分析显示,许多冠心病基因在自然选择过程中是受到青睐的,这意味着它们必然会给人带来巨大利益,重要性压倒了冠心病风险。进一步研究发现,冠心病基因对生殖很重要,会影响睾丸、卵巢、子宫等多个生殖器官功能。

研究人员说,这并不意味着生育力强的人患心脏病的风险必然高,只是表明冠心病发病率高是人类成功繁殖的副产物。冠心病通常在40~50岁才开始发作,比生育活跃期要晚很多,相关基因对生殖的益处已经发挥了作用。这也说明了进化是一笔充满了权衡与妥协的账目,终极评价标准是繁殖成功,而非个体健康。

研究人员认为，鉴于基因的影响非常复杂，对待基因编辑技术应该谨慎，有些意料之外的影响，可能要过很长时间才会显现出来。

2. 诱发心脏病因素研究的新进展

（1）研究称女性吸烟更易患心脏病。2008年9月，有关媒体报道，挪威利勒哈默尔医院信托基金会莫腾·格伦德提维德医生等人组成的一个研究小组，在提交给欧洲心脏病学年会的论文中称，一般情况下，如果女性不吸烟，她们得心脏病的时间比男性晚，但是，吸烟的女性得心脏病的时间可能提前15年，男性则提前8年。

研究小组对1784个心脏病人，进行了研究。他们发现，平均来看，不吸烟的男性第一次患心脏病在72岁，吸烟的男性是64岁；不吸烟的女性第一次患心脏病在81岁，吸烟的女性提前到66岁。

男人与女人提前的时间分别是8年和15年，排除了其他诱发心脏病的因素，比如高血压、胆固醇过高及肥胖后，研究人员发现男人提前的时间是6年，女人的是14年。

医生们一直认为，女性荷尔蒙能保护女性免受心脏病折磨，雌激素可以提升好胆固醇的水平，同时确保血管壁更易放松，减低血管堵塞的风险。格伦德提维德说，吸烟可能会使女人的绝经期提前到来，降低她们抵御心脏病风险的能力。

（2）发现忍气吞声会损伤心脏。2009年11月24日，英国广播公司报道，面对职场上种种不公正待遇，不少人敢怒不敢言，因此选择"忍"来逃避。瑞典斯德哥尔摩大学压力研究所心理学家康斯坦策·莱内韦伯领导的研究小组，在《流行病和公共卫生杂志》网络版发表研究报告称，男性长时间压抑愤怒情绪，会大幅增加罹患心脏病的概率。

该研究小组，在1992—1995年间，从20家专业医疗机构筛选出2755名男性，展开跟踪调查。研究人员用问卷形式，询问受访者在工作中遇到上司或同事不公正待遇后的反应：针锋相对、默默忍受、径自走开还是等回家后大发脾气。所有受访者在调查开始时均无心脏疾病。截至2003年年底，受访者中47人患上心脏病或因心脏病去世。

研究人员发现，经常选择"默默忍受"或"径自走开"的人，和与直面不公待遇、"针锋相对"的人相比，心脏病发病率要高出一倍；但选择

"回家后发脾气"的人心脏病发病率没有升高。研究人员认为，心中怨气如果不及时宣泄出来，会导致身体紧张，进而引发血压上升，最终对心血管系统造成危害。

他们的研究与2008年发表在《职业与环境医学》杂志的一篇文章结论类似。那篇文章指出，上司的专横或无能，会增加下属心脏病发病率和死亡率。

莱内韦伯说："我认为男性不善于处理冲突。问题不在于他们想什么，而在于他们本能反应是什么。"

英国心脏病基金会高级护士朱迪·奥沙莉雯说："压力本身对心脏和血液循环系统并不产生威胁，但一些人对压力的反应，比如吸烟或反应过激，会增加患病风险。我们发现压力的形式多种多样，但重要的是要找到积极应对工作和家庭压力的方法。"

该研究小组同时还对约2500名女性进行了类似调查，结果发现女性心脏病发病率过低，因此难以分析。美国匹兹堡大学医学中心"健康生活计划"项目主任布鲁斯·拉宾指出，女性一般而言比男性更善于适应高压环境。她说："社会交际和与人沟通非常重要，如果你把所有事情都闷在心里，那么体内的应激激素水平会升高。女性比男性更善于交际，而男性则更倾向于独来独往。"

虽然研究结果显示压抑愤怒不利于健康，但莱内韦伯提醒人们，这绝不意味着鼓励大家在工作中随意发火。她说："大喊大叫之类的做法也不合适，"研究并未说明究竟应该如何处理工作中的压力。拉宾说，由于每个人工作和家庭环境不同，所以难以找出一种放之四海皆准的"万能解压法"。

（3）发现伴侣爱唠叨易致心绞痛。2010年12月，丹麦哥本哈根大学一个研究小组，在英国《流行病和公共卫生杂志》发表研究报告称，夫妻之间，唠叨几句在所难免。不过，他们调查发现，夫妻一方不停地唠叨不仅会让人心烦意乱，还会增加另一方罹患心绞痛的概率。

研究人员2000年招募4500多名没有心脏病的丹麦人，一组为40岁、一组为50岁，开始为期6年的随访，询问他们的健康状况及与他人关系，包括被人要求的程度、为人担忧程度、是否发生争执、争执频率等。

随访结束时，9%调查对象成为心绞痛患者。其中，男女比例相近，50

岁组发病率较高，日常生活中承受压力较大的调查对象也易发心绞痛。心绞痛是一种胸部疼痛或不适，通常由冠心病引起。但有时这种疼痛也会反映在胃、脖子上。有人形容说，心绞痛发作时胸部产生严重窒闷感；也有人说，心绞痛更像一种钝痛。

研究人员在调研报告中说，与其他家人和邻居相比，伴侣"碎碎念"的破坏力最强。如果伴侣爱唠叨，过多要求，则调查对象罹患心绞痛的概率增加4倍左右；处理孩子和其他家庭成员的忧心事，会使心绞痛发作概率增加两倍多。研究人员说，家庭成员的要求会导致一个人承受的压力水平升高，引发心绞痛。当然，个人性格可能也起到一定作用。

研究报告表明，如果一个人对调查对象具有重要意义，那么这个人的过多要求和对这个人的担忧，可能是导致心绞痛的重要危险因素。

与邻居的争执通常不会增加心绞痛发作概率；但如果邻居好争辩，那么调查对象与其发生争执会使心绞痛发作概率增加60%。先前研究结果显示，良好的人际关系有益身心健康，与他人相处愉快者往往更健康。

（4）发现腰围过大会增加心脏病复发风险。2020年8月，瑞典斯德哥尔摩卡罗林斯卡医学院研究所，哈尼耶·穆罕默德博士主持的一个研究小组，在《欧洲预防心脏病学》发表上的论文表明，那些腹部脂肪过多有心脏病史的人，再次心脏病发作的风险会增加。

先前的研究表明，腹部肥胖是首次心脏病发作的重要风险因素。但是直到现在，它与日后的心脏病发作或中风风险之间的关联还不明确。

穆罕默德说："患者在初次心脏病发作后，通常会接受严格的治疗，以防止再次发作（称为二级预防）。二级预防是通过降低与心脏病和中风相关风险因素，如高血糖、血脂和血压来起作用的。我们过去不知道腹部肥胖是否是接受二级预防患者心脏病复发的风险因素。"

这项研究是该领域有史以来规模最大、确定性最高的研究。研究人员对2.2万多名患者在首次心脏病发作后进行了追踪，并研究了腹部肥胖（以腰围衡量）与心血管疾病复发风险之间的关系。研究人员专门研究了由动脉阻塞引起的事件，例如致命和非致命性心脏病发作和中风。参与研究的患者招募自瑞典全国性的瑞典人注册中心，中位数随访3.8年。

大多数患者（男性为78%，女性为90%）存在腹部肥胖的情况，即男性腰围为 94 厘米或以上，女性腰围为 80 厘米或以上。

腹部肥胖程度的增加，与致命和非致命性心脏病发作及中风的相关性，不受其他风险因素（例如吸烟、糖尿病、高血压、高血脂和身体质量指数［BMI］）和二级预防治疗的影响。对于心血管疾病复发事件来说，腰围是比整体肥胖症更重要的标志。

穆罕默德说："腹部肥胖情况，在首次心脏病发作患者中非常普遍的原因是，它与动脉粥样硬化加速动脉阻塞的情况密切相关。这些疾病包括血压升高、高血糖和胰岛素抵抗（糖尿病），以及血脂水平升高。"

她补充说："但是，我们的结果表明，可能还存在与腹部肥胖有关的其他负面机制，它与这些风险因素无关，并且尚未被人们所认识。在研究中，尽管我们采用了降低与腹部肥胖相关的传统风险因素（例如降压药、糖尿病药物和降脂药物）的疗法，但腹部肥胖程度上升的患者心血管疾病复发的风险仍然较高。"

这是首次对男性和女性同时进行单独分析的研究。腰围与心血管疾病复发事件之间的关联在男性中更强、更线性。在女性中，这种关系呈 U 形，这意味着中等腰围（而不是最低腰围）的患者面临的风险最低。必须注意的是，研究中女性的中等腰围高于传统上公认的腹部肥胖的临界值（80 厘米）。

穆罕默德指出："这项研究中的男性人数是女性的三倍，因此对女性来说统计数据说服力不足。因此，需要更多的研究才能根据性别得出明确的结论，但这是一个开始。"

关于两性结果不同的可能原因，她说："一些研究表明，与女性相比，男性的腹部肥胖可能与有害的内脏脂肪（器官周围的脂肪）有更直接的联系。而对于女性来说，大部分腹部脂肪由皮下脂肪组成，相对无害。"

穆罕默德总结说："腹部肥胖不仅会增加心脏病或中风初次发作的风险，而且还会增加以后的疾病复发风险。无论你服用了多少药物或者血液测试结果多么健康，保持健康的腰围，对于预防将来的心脏病发作和中风都非常重要。我们可以通过健康、均衡的饮食和定期进行体育锻炼，来应对腹部肥胖问题。"

研究人员建议，在临床环境中，应该使用腰围来衡量初次心脏病发作患者的疾病复发风险是否会增加。

3. 降低心脏病风险因素研究的新进展

发现吃巧克力能够减少心律失常。2017年5月，丹麦研究人员参加，美国哈佛大学公共卫生学院及波士顿贝斯以色列女执事医疗中心的伊丽莎白·莫斯托夫斯基领导的一个研究小组，在《心脏》期刊发表文章称，他们根据对丹麦人的一项研究显示，每周吃少量巧克力能够减少常见及严重心律失常的风险。

研究人员发现，每个月吃1~3次巧克力的人，比每月吃巧克力不到1次的人，诊断出心房颤动的概率更低。不过，这项研究并不能确定是巧克力阻止心房颤动。

研究人员说："作为健康饮食的一部分，适量摄取巧克力是一种健康的零食选择。"文章中写道，食用可可及含有可可的食品有助心脏健康，因为它们中含有高水平的黄烷醇，它被认为是一种具有消炎、放松血管以及抗氧化性等特征的混合物。他们补充说，过往研究发现，食用巧克力，尤其是含有更多黄烷醇的黑巧克力与保护心脏健康、减少诸如心脏病和心力衰竭等疾病风险存在关联。

但此前尚未有研究表明，巧克力还与心房颤动风险更低存在关联，当上心房出现不规律跳动时，就会出现心房颤动。

美国至少有270万人存在心房颤动，美国心脏病学会称，这增加了血凝块以及由此导致的中风、心力衰竭和其他病症的发病率。

在此次新研究中，研究人员采集了丹麦55502人的长期研究数据。研究开始时，男性和女性的年龄在50~64岁之间，他们在1993—1997年参与到研究中时，提供了自己的饮食信息。研究人员随后把这些饮食数据，与丹麦国家健康注册资料进行对比，以了解有哪些人存在心房震颤。

从总体看，在平均13.5年内，出现了3346例心房震颤病例。基于研究一开始的饮食，那些每周吃1盎司（约28.35克）巧克力的人，比那些报告称每一个月左右吃一次巧克力的人，在研究末期被诊断出心房震颤的风险低17%。与此类似，那些每周吃2~6盎司巧克力的人，被诊断出心房震颤的概率低20%。

在女性中，风险降低程度最大的是每周吃1盎司巧克力。而在男性中，风险程度降低最大的则是每周吃 2~6 盎司。研究人员说："我们要传达的信息是，适量摄取巧克力是一种健康饮食的选择。"

4. 心脏病治疗方法研究的新进展

发明治疗心肌梗死新方法"冷疗法"。2007 年 3 月，有关媒体报道，有着悠久历史的瑞典隆德大学附属医院心脏病学专家埃林厄和博士生乌利韦克罗纳等组成的一个研究小组，开发治疗心肌梗死的"冷疗法"，该法通过降低体内温度来控制患者心肌缺血症状的发展，降低心脏供血不足和心律不齐的发生概率。

该法首先将一根管子插入病人体内，并滴入冰冷的液体，使病人体温迅速降至 35℃以下，并持续 20 分钟。与此同时，为减少体温过低给病人带来的不适感，医护人员用热垫温暖患者体表。首次采用"冷疗法"，成功救治了一名 76 岁的急性心肌梗死患者。病人感觉良好，数日后就出院了。

"冷疗法"可使心肌梗死发作的危害减小一半，且发病后治疗得越及时，疗效越好。据报道，瑞典计划推广这一方法，下一步将有 200 名患者接受"冷疗法"的治疗。

5. 心脏病疫苗研制的新进展

研制出可降低 2/3 发病率的心脏病疫苗。2010 年 6 月，《每日邮报》报道，瑞典瑞典卡罗林斯卡医学院一个研究小组，发表研究报告称，他们研制出一种心脏病疫苗，这种疫苗能够防止胆固醇危害动脉血管，将心脏病的发病率降低 2/3。

心脏病作为全球高致病率、高死亡率的疾病，很大程度上是由不良的生活习惯造成的。食用脂肪过多、缺乏运动和吸烟会使动脉血管中的有害胆固醇含量上升，这些胆固醇附着在血管壁上，会引起人体自然的免疫反应，使血管壁发炎肿胀造成动脉硬化，切断流向心脏的动脉血流供应，从而引发心脏病。

该研究小组研制出的一次性疫苗针剂，可以抑制人体免疫系统对胆固醇含量超标的过激反应，避免动脉血管发炎导致的动脉血管病变，保证动脉血流通畅。研究人员称这种疫苗能够将动脉硬化的发病率降低 65%，可以有效地预防心脏病的发作。

6. 心脏病检测设备研制的新进展

研发出专为急救使用的心率快速检测器。2011 年 8 月，芬兰媒体报道，芬兰一家医疗器材公司研发出专为急救人员使用的心率快速检测器，它有望在重大事故和灾难现场等场合大显身手。

据报道，该产品由一个装有两个心电图电极的心率传感器，与一个发光二极管指示器共同组成，心率传感器和发光二极管指示器由一根长35厘米的导线连接。

操作时，医护人员将心率传感器黏贴在患者胸部，将发光二极管指示器黏贴在患者的面颊上。粘贴好后，心率传感器立即向发光二极管指示器发送信号。如果心率在正常范围内，指示灯在心脏每次搏动时发出绿光，如果心率过高或过低，指示灯则发出红光。

这种新型心率检测器，将显著提高医护人员的工作效率。此外，由于发光二极管指示灯一目了然，它还将提高检测的安全性，避免误诊。

（二）脑中风防治研究的新信息

1. 预防脑中风方法研究的新进展

发现蒸桑拿有助于预防脑中风。2018年5月，有关媒体报道，东芬兰大学与英国、奥地利等国相关专家组成的研究小组，开展的一项新研究发现，蒸桑拿可降低脑中风的风险，是预防脑中风的一种可行方法。

研究人员用15年时间，追踪调查了生活在芬兰东部的1628名53~74岁的人。他们被分成3组，第一组人每周蒸桑拿1次，第二组每周蒸桑拿2~3次，第三组每周蒸桑拿4~7次。结果表明，蒸桑拿越频繁，患脑中风的风险越低。每周蒸桑拿4~7次的人，比每周仅蒸桑拿1次的人罹患脑中风的风险低61%。

即使剔除年龄、性别、患病情况、生活方式等与脑中风有关的风险因素，蒸桑拿与降低脑中风风险的关联依然存在。研究人员认为，蒸桑拿有降低血压、刺激免疫系统、改善心脏和循环系统功能等功效，因而有助于预防脑中风。

2. 罹患脑中风风险因素研究的新进展

研究称每天吃一个鸡蛋不会增加脑中风风险。2019年5月，东芬兰大学等机构联合组成的一个研究小组，在《美国临床营养学杂志》上发表论文称，他们研究发现，摄入适量高胆固醇或每天吃一个鸡蛋不会增加脑中风发病风险。

脑中风又称脑卒中，是一种由血管阻塞或血管破裂引起的脑血管疾病，发病急，病死率高。有些人认为鸡蛋胆固醇含量高，会增加脑中风风险。但对于摄入适量高胆固醇或吃鸡蛋会否增加脑中风风险，先前研究结论不一，甚至有研究显示吃鸡蛋可降低脑中风风险。

该研究小组表示，他们在 20 世纪 80 年代末，以 1950 名年龄在 42~60 岁间、没有心血管疾病的男性为研究对象，调查了他们的饮食习惯。此后 21 年间，有 217 人罹患脑中风。

分析结果表明，摄入适量高胆固醇或吃鸡蛋，与脑中风发病风险之间并无关联。尽管不少研究对象携带影响胆固醇代谢的 APOE4 变异基因，研究人员也未在他们身上发现摄入适量高胆固醇或吃鸡蛋，与脑中风发病风险之间存在关联。

本项研究中，摄入胆固醇最多的一组研究对象，平均每天摄入胆固醇 520 毫克，且平均每天吃一个鸡蛋。一个鸡蛋的胆固醇含量约为 200 毫克。研究人员说，这至少表明这种摄入水平不会增加脑中风风险。不过研究人员坦言，这项研究有一定局限性，研究对象均没有心血管疾病史，且研究整体规模较小，因此有关结论还有待进一步验证。

第三节　神经系统疾病防治的新进展

一、大脑生理及疾病防治研究的新成果

（一）大脑褶皱与意识研究的新信息

1. 大脑褶皱形成原理研究的新进展

证明脑褶皱形成缘于脑皮层变形不稳定。2016 年 2 月，有关媒体报道，芬兰科学家参与，其他成员来自美国和法国的一个国际研究小组，在《自然·物理学》杂志上发表论文称，人脑有明显的丘峰和沟谷，从进化角度很容易解释，但人们却很难理解大脑褶皱的形成细节。他们的研究证明了，在脑褶皱形成的过程，虽然细胞许多分子的作用很重要，但最终促使其形成的是脑皮层变形的力学不稳定性机制。

从进化角度说，人脑褶皱之所以这样，是要在小空间里装下更大的脑

皮层，减少神经元分支长度，提高认知功能。人类在怀孕 20 周左右，胎儿脑就开始出现褶皱，直到出生一年半左右，脑褶皱才算完成。研究人员以往研究发现，在脑发育期间，脑皮层相对于下面白质的扩张会带来压力，产生力学不稳定性，这种不稳定使其形成了局部褶皱。

现在，研究人员在论文中说，他们用人类胎儿的脑数据检验了上述理论。按照 3D 磁共振图像，他们通过 3D 打印制作了一个光滑的胎儿脑的三维胶体模型，在其表面涂了一层薄薄的弹力胶，模仿脑皮层，然后把胶体脑浸入一种能被外层胶吸收的溶液，使外层相对于内部发生肿胀，模拟脑皮层扩张，在几分钟内，压力就使胶体脑形成了褶皱，且褶皱大小和形状都很像一个真实的脑。

扩张的相似性让研究人员也感到吃惊。参与模型检验的专家说："当我把模型放到溶液里时，我知道会产生褶皱，但没想到会如此近似。看起来就像一个真实的脑。人脑的形状为褶皱方向提供了参照。我们的模型在形状和曲率上与人脑相同，因此形成的褶皱与真实的胎儿脑看起来非常符合。"

功能通常与结构有关，因此理解了大脑褶皱怎样形成，有助于揭示脑的内部工作原理，阐明与脑有关的疾病。研究人员指出，人和人的脑并不完全一样，但作为健康人，主要褶皱应该都一样。如果一部分脑发育得不好，或整个脑形状被扰乱，可能无法在正确位置形成主要褶皱，导致脑功能障碍。

2. 大脑意识产生过程研究的新进展

研究揭示大脑如何产生自我感知。2015 年 5 月，有关媒体报道，瑞典卡罗林斯卡医学院神经科学家艾维德·古特斯坦领导的一个研究小组，发表研究成果称，给人们产生一种在房间内远距传动幻觉的试验，能显示大脑是如何构建自我感知的。这些发现，可能有助于精神分裂症和自体感觉缺失的治疗。

在日常生活中，人们会感觉到自己的身体作为物理实体处于一个特定的位置。例如，当你坐在桌旁，就会意识到自己的身体和它同附近物体相对应的大体位置。这些经历，被认为是形成自我意识的基础部分。

该研究小组想知道大脑是如何产生这些经历的。为此，他们让 15 个人戴着头盔显示器，躺在功能性磁共振成像大脑扫描仪中，并和躺在房间中其他地方的虚拟人体上的摄像机相连，使参与者能以虚拟人体的角度看到房间及扫描仪中的自己。

随后，一个研究人员同时敲击参与者和虚拟人体的身体。这会产生一种拥有虚拟人体的身体，并处于其所在位置的离体体验。古特斯坦介绍说，试验随着虚拟人体被放置在房间不同位置被不断重复，使参与者感觉在不同位置传动。打破幻觉所需的只是在不同时间触碰参与者和虚拟人体的身体。

通过比较参与者受到和不受幻觉控制，以及感知自己位于房间不同位置时的大脑活动，研究小组确认了大脑哪些部位控制对身体和自我定位的感知。一个区域似乎把两者结合起来：后扣带回皮质。扣带皮层和情绪形成、记忆和学习有关，这部分区域的活动异常则同抑郁症和精神分裂症有关联。

不出所料，顶叶和运动前区皮质也参与了传动幻觉的产生。古特斯坦介绍说："大脑中的这些区域通过整合来自不同感觉的信息，以构建对身体的表征而著名。"其他拥有帮助定位的网格细胞的大脑区域，在产生幻觉的过程中也很活跃。

（二） 大脑通信系统研究的新信息

1. 大脑信号传输过程研究的新进展

发现脑信号传输与核心蛋白复合物有关。哥本哈根大学神经科学和药理学系科学家索伦森主持，他的同事和阿姆斯特丹大学相关专家参加的一个研究小组，在《科学》杂志上发表论文称，人类的大脑就像是一个有机超级计算机，它能有条不紊、井然有序迅速地解决从呼吸到猜谜等所有难题，他们在论文中首次描述了神经细胞如何在瞬间管理其信号的传输过程。

神经系统细胞，使用多巴胺、血清素及去甲肾上腺素等小分子神经递质进行沟通。多巴胺与诸如记忆等认知功能相关，而血清素负责情绪控制，去甲肾上腺素则与注意力和觉醒有关。脑细胞通过神经突触，传递化学递质构成复杂的信息网络系统。电信号可以使突触小泡与膜融合，并将化学递质释放，这一过程以毫秒的速度发生。

研究人员一直在研究参与膜融合的核心蛋白复合物（SNARE 复合体），为大脑神经的迅捷传递速度寻求解释。他们发现，突触小泡含有不少于3份连接桥或核心蛋白复合物。囊泡只和一个核心蛋白复合物较长时间地与细胞膜融合,慢慢地分泌神经递质。核心蛋白复合物的前体在囊泡到达目标膜之前出现。至少有三个核心蛋白复合物串联时,同步融合启动。如果小泡只有一个核心蛋白复合物,就会长时间与目标膜融合。

索伦森表示,下一步他们将研究影响和调节核心蛋白复合物在小泡中数量的各种因素,以确定是否与神经细胞传递信息的快慢有关。另外,大脑一旦发生病变,是否会改变这种调节规律。

2. 改善大脑通信系统研究的新进展

发现双向连接在加速大脑不同区域通信的新作用。2020年10月,瑞典皇家技术学院科学家阿文德·库马尔主持,伊朗基础科学高级研究所专家阿里扎·瓦利扎德、德国弗莱堡大学伯恩斯坦中心专家艾德·阿尔特森,以及该中心访问学者、伊朗赞詹大学的博士生赫德耶·雷扎伊等人参与的一个研究小组,在《计算生物学》上发表论文称,他们发现了双向连接在加速大脑区域间通信的新作用。

大脑各区域之间的选择性通信对于大脑功能至关重要。但是,大脑连接的脆弱性和稀疏性是一个很大的障碍。在过去的10年里,神经科学家们已经找到多种克服这一限制的方法。从本质上来说,有两种方法可以应对大脑连接的脆弱性和稀疏性:同步或振荡。

在同步模式中,神经元在传递刺激时,它们会同步释放脉冲。神经元共同兴奋,会比单个神经元对下游网络产生更强的联合效应。相反,在振荡模式中,网络振荡会通过调节接受刺激的下游神经元的膜电位,来周期性地提升有效连接。

但是振荡需要在发送方和接收方网络中同步。

阿尔特森说:"至于同步振荡如何在大脑中发生,这是一个悬而未决的问题。一段时间以前,我们提出,神经网络的共振特性可用于产生同步振荡。"

神经元网络中的共振,意味着当这个网络以特定的频率被刺激时,网络开始振荡,输入的信号会产生更大的影响。这种观点被称为"通过共振通信"。

然而,"通过共振通信"带来了另外一个问题。在网络中建立共振需要多个振荡周期。此外,这种共振需要在每个下游阶段产生。这意味着跨网络的通信速度很慢。

库马尔解释说:"我们认为,同步和振荡分别提供了快速和慢速的通信模式,它们可以用于不同的情况,但我们目前对这一问题仍然保持谨慎。"

加快通信速度的一个可能方法,是减少建立共振所需的时间。为了达到这一目的,研究团队将精力集中于大脑各区域之间双向连接的解剖学观察,也就是说,不仅来自发送网络的神经元向接收神经元发送信号,而且来自接收网络的某些神经元也向发送网络发送信号。

瓦利扎德解释说:"这种双向连接很少,但是它们足以支撑发送网络和接收网络之间的回路。这种回路的作用是,可以在更少的周期内建立共振。更重要的是,该回路能够放大信号,无须在后续层中建立共振。"

雷扎伊说:"值得注意的是,仅在一对共振的发送方和接收方网络之间建立这样一个连接回路,可以将网络通信速度至少提高2倍。"

阿尔特森总结道:"这些新发现为'通过共振通信'理论提供了支持。重要的是,这些结果表明大脑各区域之间的双向连接具有一种新功能,即塑造大脑各区域之间更快速且更可靠的通信。"

(三) 大脑疾病防治研究的新信息

1. 大脑致病因素研究的新进展

(1) 发现多喝含糖饮料有损大脑健康。2007年2月,有关媒体报道,挪威奥斯陆大学专家拉尔斯·列恩等人组成的一个研究小组,发表研究成果称,他们在对5000多名挪威国内15~16岁的青少年,进行研究后发现,那些喝含糖软包装饮料最多的青少年,出现压力过大和多动等大脑健康受损症状的概率,也是最高的。

研究人员称,这项研究显示,含糖饮料与青少年患多动症之间有着明确和直接的联系,而且与青少年出现其他脑健康受损和行为障碍症状之间,也有着复杂的联系。

研究人员先询问这些青少年每天喝含糖饮料的瓶数,然后向他们提出了一些标准的问题,这些问题旨在评估他们的脑健康状况。结果发现,那些经常不吃早饭,甚至不吃中饭的青少年,喝含糖饮料的数量最多。列恩表示:"在奥斯陆的青少年当中,喝软包装饮料,与脑健康受到负面影响之间,有明显的联系。即使是考虑到社会因素及与食品相关的健康因素,上述两者之间的关系仍然很密切。"

接受调查的大多数青少年表示,他们每周都会喝1~6瓶含糖饮料。研究人员称,那些喝含糖软料最多的青少年,即一周喝含糖饮料至少超过6瓶的青少年,较之其他人,出现脑健康受损症状的概率都要高。例如,青少年喝碳酸饮料的数量越多,他们出现多动症的比例也就越高。

研究人员称,那些每天都要喝上4瓶以上含糖饮料的青少年,是最危险的。但调查显示10%的男孩子和2%的女孩子,就属于这一类。研究人员称,也有可能软包装饮料中的其他成分,例如咖啡因,是导致青少年脑健康受损的原因。研究人员认为,显然很多青少年喝的含糖饮料太多了,专家建议青少年每天摄入的全部热量当中10%来自糖类,然而这次调查中至少有1/4的男孩子,每天摄入的这10%的糖类都完全来自含糖饮料。

研究人员称:"要想降低这个年龄段的青少年喝含糖饮料的数量,一个简单而且有效的方法,就是把那些自动饮料售货机,从学校和其他青少年聚集的公共场所搬走。"

(2)发现扁虱体内的立克次体会引发脑膜炎。2010年3月,《乌普萨拉新报》报道,瑞典乌普萨拉大学遗传病理学教授尼尔松领导的一个研究小组,在美国医学期刊《新发传染病学》上发表论文称,甲壳类节肢动物扁虱体内的一种微生物,过去被公认为对人体无害,而他们研究发现,这种微生物可引发脑膜炎。

该研究小组在对一名患有脑膜炎的中年妇女进行病因分析时发现,扁虱体内的一种立克次体引发了她的疾病。在染病的最初几个星期里,这名妇女自诉感到疼痛和不舒服,但医务人员并未在她体内发现任何常见的脑膜炎感染源。

尼尔松说:"过去,医学界一般认为这种微生物对人体无害,这是在世界上首次证实这种无处不在的微生物,也能引起脑膜炎。"

(3)发现抗凝药或增加脑组织附近出血率。2017年3月,丹麦欧登塞市南丹麦大学和欧登塞大学医院大卫·盖斯特博士领导的一个研究小组,在《美国医学会杂志》上发表论文称,他们研究发现,抗凝栓药的使用,或能改变硬脑膜下血肿的发生率。这些抗凝栓药物包括低剂量阿司匹林、维生素 K 拮抗剂(如华法林)、氯吡格雷及口服抗凝药等。

研究人员分析了 10010 位硬脑膜下血肿患者,以及 40 多万名对照组人员的数据。实验组参与者的年龄为 20~89 岁,他们在 2000—2015 年第一次出现硬膜下血肿,其中有 47% 的人在服用抗凝栓药物。结果发现,硬膜下血肿发生率和抗凝栓药使用存在关联。

研究人员指出,就发生硬脑膜下血肿的风险关系而言,低剂量阿司匹林所带来的风险较低,氯吡格雷和直接口服抗凝栓药为中等风险,维生素 K 拮抗剂为较高风险。同时使用一种以上抗血栓药物,与硬膜下血肿风险显著增加相关,这种情况在合并使用 VKA 和某种抗血小板药物(如低剂量阿司匹林或氯吡格雷)时尤其明显,但低剂量阿司匹林与抗血小板药物双嘧达莫合并使用除外。

从 2000—2015 年,在一般人群中的抗血栓药物使用率有所增加,而硬膜下血肿的总体发生率也同时增加。硬膜下血肿发生率增幅最大的,是年龄超过 75 岁的患者。

2. 大脑疾病检测标志物研究的新进展

发现乳酸盐含量可反映大脑老化程度。2010 年 11 月 2 日,瑞典卡罗林斯卡医学院发布公告,该院医学专家拉什·奥尔松领导的一个研究小组,在美国《国家科学院学报》上发表论文称,他们研究显示,利用核磁共振检测大脑中乳酸盐含量,可了解人类大脑的老化程度。

研究人员通过对早熟老鼠和正常老化老鼠的观察发现,老鼠大脑中线粒体受到的损伤,会随着大脑的老化逐渐增加,其大脑中负责制造乳酸的基因也随之发生变化,乳酸盐水平上升早于其他老化症状的出现,而乳酸盐水平的上升可以通过核磁共振加以检测。

奥尔松说:"这一成果,对及早诊断因脑神经老化导致的疾病,具有重要意义。"

长期以来,科学家一直试图弄清大脑老化时脑内新陈代谢的变化,以及这些变化与老年疾病之间的关系。此前已有研究显示,大脑中线粒体损伤可能是引起神经系统老化的原因。

二、神经生理及疾病防治研究的新成果

（一）神经生理研究的新信息
1. 神经种类研究的新发现

在实验鼠内耳发现三种新神经元。2018年9月，每日科学网站报道，瑞典卡罗林斯卡医学院神经科学系弗朗索瓦·拉勒门德博士领导的一个研究团队，在《自然·通讯》杂志上发表论文称，他们确定了实验鼠外周听觉系统中的4种神经元，其中3种是新发现的。他们指出，对这些细胞进行分析，有望带来针对各种听力障碍的新疗法。

当声音到达内耳时，它被转换成电信号，通过耳蜗中的耳朵神经细胞传递到大脑。以前，这些细胞大多数被认为属于两种类型：Ⅰ型和Ⅱ型神经元，其中Ⅰ型神经元传递大部分听觉信息。而新研究表明，Ⅰ型神经元实际上包含三种非常不同的细胞类型。

该研究团队使用单细胞RNA测序技术对小鼠进行研究，得到在神经细胞内表达的基因目录，这有助于科学家更好地理解听觉系统，并设计新疗法和药物。研究人员还通过对成年小鼠的比较研究证明，这些不同类型的神经元在出生时已经存在。

拉勒门德说："我们现在知道中央听觉系统有三条不同的路线，而非一条，这使我们更容易理解听觉中不同神经元所起的作用；我们还绘制了哪些基因能在哪些细胞中'大显身手'的图谱。"他指出，这项研究为开发用于治疗各种听力障碍（如耳鸣）的新疗法，开辟了道路。绘制出的图谱，也有助于科学家找到方法来影响体内个体神经细胞的功能。

该研究表明，这三种神经元可能在解码声音强度（即音量）方面起作用。其功能对于嘈杂环境下进行对话，如依赖于滤除背景噪声的能力至关重要，而这一能力与不同形式的听力障碍，如耳鸣或听觉过敏（对声音过敏）等有关。

拉勒门德解释说："一旦我们知道哪些神经元会引起听觉过敏，我们就能开始研究新疗法来保护或修复它们。下一步是展示这些神经细胞对听觉系统有什么影响，从而帮助开发出更好的助听器如耳蜗植入物等。"

2. 神经功能作用研究的新进展

发现神经是基于声脉冲而不是电脉冲产生作用。2007年3月，有关媒

体报道，丹麦哥本哈根大学尼尔斯·玻尔研究院，助理教授托马斯·海姆博格主持的一个研究小组，向神经功能和麻醉剂作用的公认科学观点发起挑战。他们的研究表明，神经作用基于声脉冲，而麻醉剂可以抑制声脉冲的传输。

所有医学和生物学教科书均宣称，神经是通过发送电脉冲产生作用的。海姆博格说："对于我们这些物理学家而言，这种观点不能够解释神经如何产生作用。热力学的物理定律告诉我们，电子脉冲在沿神经传输时会产生热量。但是实验证明神经传输并没产生热量。"

海姆博格是在德国哥廷根大学马克斯·普朗克研究院获得博士学位的。大多数研究院的生物和物理学科都是分开的，但马克斯·普朗克研究院的生物学家和物理学家却经常在一起工作。海姆博格是生物物理学领域的一名专家，当他来到哥本哈根后，遇到了理论物理领域的专家安德鲁·杰克逊教授，他们决定合作研究支配神经工作方式的基础机制。

神经被"预先包装"在由液体和蛋白质构成的神经膜内。依照传统的分子生物学理论，带电盐粒子可以穿过膜内的粒子通道，脉冲在带电盐粒子的帮助下，从一个神经的末梢传到另一个神经。经过了许多年的时间，人们才理解了这种复杂的过程，许多致力于这项研究任务的科学家因此获得了诺贝尔奖。

但是，按照这两位物理学家的观点，神经脉冲并没有产生热量，这一事实与化学作用产生电子脉冲的分子生物学理论是相互矛盾的。他们认为，神经脉冲可以被更加简单地解释为机械脉冲，而这种机械脉冲有可能是声脉冲。

通常，声音以声波的形式传播，声波传播开后将变得越来越弱。然而，如果声音传播的媒体有适当的属性，就有可能产生局部声脉冲，即所谓的"孤波"，孤波在传播过程中将不会扩散，也不会改变它们的形状或失去它们的力量。

神经膜由油脂组成，油脂与橄榄油类拟。这种材料可以随着温度的变化从液体变为固体。通过添加盐分，可以降低液体的凝固点。同样，溶入神经膜中的分子可以降低神经膜的凝固点。科学家们发现，神经膜有一个正好与这些集中的声脉冲相匹配的凝固点。他们的理论计算引导他们得出了相同的结论：神经脉冲就是声脉冲。

我们怎样才能麻醉神经，从而这使患者的感觉停止，并可以对患者实施没有痛苦的手术呢？100多年来，我们已经知道乙醚、氯仿、普鲁卡因和惰性气体氙等物质可以充当麻醉剂。这些物质有完全不同的体积和化学属性，但是经验表明，这些麻醉剂在橄榄油中的溶解性严格决定了它们的使用剂量。当前的麻醉技术，是如此先进以至于我们可以准确地计算出患者所需要的麻醉剂量。尽管如此，仍然没有人能够清楚地知道麻醉剂是如何产生作用的。

杰克逊把他们的注意力转移到麻醉上。各种麻醉剂的化学属性完全不同，但它们的效果是完全相同的——这让他们感到好奇！但是，事实证明道理其实很简单。如果一个神经有能力传输声脉冲，并沿着神经传播信号，它的神经膜一定有这样一种属性：神经膜的熔点十分接近人的体温，并能够根据气压的变化发生适当的改变。麻醉剂的作用仅仅是改变熔点——当熔点被改变时，声脉冲便无法传播。神经将处于暂停状态，无法传送神经脉冲和感觉。患者将被麻醉，什么也感觉不到。

3. 影响神经因素研究的新进展

发现条纹装和斑点装会影响视觉神经。2008年2月，美国媒体报道，颜色相间的条纹装、形形色色的斑点服，经常受到时尚人士的推崇，就连小孩子也对它们格外偏爱。但瑞典视觉神经研究机构负责人卡尔·达卢埃夫指出，长时间看条纹装或斑点装，会让一些人感到头疼。

达卢埃夫说，很多人会对某些图案十分敏感，长时间看条纹、斑点图案，会影响他们的视觉神经。另外，穿着条纹服装的人大多喜动不喜静，这更会刺激他人的视觉神经，引发眼睛疲劳和偏头痛。他接着说："最好的治疗方法，就是远离那些穿着这些衣服的人，别让他们在你面前晃来晃去。"

位于瑞典北部耶利瓦勒地区的一家大型幼儿园，就明文禁止儿童穿有条纹或斑点的服装，理由就是这类服装会让教师头痛。幼儿园园长莫伊·努尔贝里说，这项规定是3年前在一次员工大会上通过的。当时，不少教师抱怨说，童装上的斑点或条纹图案会影响他们的视觉，让他们无法集中精力，头痛并且想发脾气。

不过，有位家长对这项规定提出抗议，指责幼儿园的规定有碍孩子和家长的着装选择。对此，达卢埃夫表示："人们当然有选择自己喜欢服装的权利。但考虑到他人的感受和健康，建议最好不要在人多的场合穿图案复杂或者颜色鲜艳的条纹装、斑点装。"

(二) 神经疾病治疗研究的新信息

1. 断肢神经治疗研究的新进展

开发出断肢神经修复新方法。2007年2月，瑞典《新技术》杂志报道，瑞典于默奥大学外科医生米卡埃尔·维贝里参加的一个研究小组，开发出一种可用于断肢神经修复的新手术方法，目前已有几十名病人接受了这一手术。

目前，外科医生可以将断肢两端的表皮和肌肉缝合在一起，但缝合神经却十分困难。医生一旦将运动神经和感觉神经接错，会给患者带来巨大痛苦。

该研究小组开发出的新方法，无须缝合断开的神经束，而是使用以特殊材料聚羟基丁酸酯制成的方形片状物，将断开的神经束卷在里面。运动神经和感觉神经会分别向断开的部分发出化学信号，因此神经可以重新配对并长在一起。

维贝里介绍说，这一方法充分利用了人体神经的自我修复能力，接受这一方法治疗的断肢病人在身体恢复后感觉会更好，并且运动也更灵活。聚羟基丁酸酯是一种生物可降解材料，其降解后的产物可被人体吸收，不会引起不良反应。

2. 神经疼痛治疗研究的新进展

研发出由脊椎神经拦截疼痛信号的止痛神器。2015年7月，有关媒体报道，当疼得受不了的时候，人们会想到去吃止痛药。但大家都知道，吃止痛药对身体有一定副作用。那么，无副作用的办法有吗？瑞典专家说，可以植入晶体管。

这听起来有些吓人，不过，瑞典林雪平大学已经研发出这种没有副作用的神奇止痛设备。它本质上是一种有机离子晶体管，能够发送人体独有的天然疼痛缓解信号，在疼痛信号到达大脑前，在脊椎神经处将其拦截，如此一来，疼痛就会得到缓解。

三、记忆与睡眠问题研究的新成果

（一）记忆方面研究的新信息

1. 记忆生理机制研究的新进展

揭示大脑把外部信息转化为记忆的机制。2019 年 11 月，瑞典斯德哥尔摩皇家技术学院杰内特·可塔尔斯基领导，尤利希研究中心保罗·卡罗尼、首席研究员丽贝卡·旺德等德国和瑞士科学家参加的一个国际研究小组，在《计算生物学》杂志上发表论文称，作为"人类大脑计划"的一部分，他们研究了大脑纹状体中的神经元回路，揭开大脑把外部信息转化为记忆的运行机制，对理解神经系统的基本功能具有重要意义。

大脑信息处理发生在通过突触连接的神经回路内，突触的任何变化都会影响人们记忆事物，或对某些刺激做出反应的方式。利用突触可塑性可以操纵这些神经回路，该过程中某些突触会随着时间的流逝而增强或减弱，具体取决于神经元的活动。

研究小组分析了这些突触变化的生化反应网络，进一步破译了可塑性机制。可塔尔斯基解释说："模拟可塑性机制，对于理解某些由分子计算产生的高级现象，例如学习和记忆形成至关重要。"

在神经元中，外部和内部信息处理通过突触可塑性，将突触信号在脑神经网络中传输。脑神经网络中的单个分子也可以执行这些生化反应，通常是一种称为 AC 酶。例如，哺乳动物中的腺苷酸环化酶家族，可将细胞外信号转换为细胞内信号分子（cAMP），这是细胞最重要的次级信使之一。

卡罗尼称："某些辅助蛋白质化学反应，是通过靶向 AC 酶来启动的，而其他酶则会阻止它们。我们的工作，向更好地理解这些 AC 蛋白的"分子识别"迈出了重要一步，神经元可以极高的精确度和准确性控制 AC 酶催化反应的速率。这反过来又激活了神经元功能所必需的后续过程。"

大脑表达由 9 种膜结合的 AC 变体，其中 AC5 代表纹状体中的主要形式。在基于反应的学习中，cAMP 的产生对于加强从皮质神经元到纹状体主要神经元的突触至关重要，并且产生取决于多种神经调节系统，例如多巴胺和乙酰胆碱。首席研究员丽贝卡·旺德总结说："在这项研究中，我们汇集了来自 4 个不同研究所科学家的专业知识，共同开发一种多尺度仿真方法，并使用它来创建依赖 AC5 的信号系统的动力学模型。"

2. 记忆与恐惧关系研究的新进展

（1）发现人类可以清除短期恐惧感受的记忆。2012 年 9 月 21 日，《每日邮报》网站报道，一直以来，清除记忆都是科幻电影的一大主题。如今，瑞典乌普萨拉大学心理学家托马斯·格伦领导的一个研究小组，在《科学》杂志上发表论文称，他们研究发现，人类刚形成不久的恐惧感受记忆的确可以被清除，而且这一过程与"好了伤疤忘了疼"的说法，具有某种相似之处。

格伦表示："这项成果，是在记忆和恐惧研究方面的一个重大突破。新的发现，最终可能会改善数百万饱受焦虑困扰人士的治疗方法。他们的焦虑问题或源于恐惧症，或与严重创伤后遗症和恐慌症有关。"

格伦介绍说，研究人员发现，人们在学习新知识时，需要后期不断巩固才能形成持久的记忆，而巩固的过程是以大脑里蛋白质的形成为基础的。当人们记住某件事时，这种记忆经过一段时间会变得不稳定，需要通过另一个巩固过程来强化。他接着说："这就意味着，通过破坏巩固过程，就可以改变人们的记忆。"

在研究过程中，研究人员让受试者看一张不会产生不良情绪的图片，同时对他们进行电击。这样，看图片的过程会使受试者产生一种恐惧感，也就是说形成了恐惧记忆。随后研究人员开始尝试着破坏巩固记忆的过程，让受试者重新观看之前的照片，但不再进行电击。

结果表明，受试者的恐惧记忆被破坏以后，他们对该照片不再有抵触心理。也就是说，只要不对恐惧记忆进行巩固，与浏览图像相关的恐惧感也就会消失。

（2）研究显示记忆激活能降低对蜘蛛的恐惧。2016 年 9 月，瑞典乌普萨拉大学和卡罗林斯卡医学院联合组成的一个研究小组，在《当代生物学》期刊发表论文称，很多人都受焦虑和恐惧的困扰，而针对这些问题的一个常用治疗手段是暴露疗法。在这项新研究中，该研究小组展示了暴露疗法如何通过破坏恐惧记忆的重建，从而改善人们的蜘蛛恐惧症。

对很多人而言，这种多毛的八条腿小动物让他们感到恐惧。恐惧是一种焦虑。研究表明多达 30% 的人在某些时间会经历某种焦虑症。而暴露疗法，是逐渐让患者面对他们害怕的东西或情境。目标就是建立一种新的"安全的"记忆替换旧的恐惧记忆。但问题是这种新记忆并不是永久的，对很多人而言，过了一段时间后，旧的不好记忆又会浮现。

针对这一问题，该研究小组开发出的一种方法，似乎会降低终生恐惧症患者的恐惧感。他们让患有蜘蛛恐惧症的人观看蜘蛛图片，与此同时，测量了其杏仁核中的大脑活动水平。杏仁核是一个与恐惧紧密相关联的大脑区域。

研究人员通过让蜘蛛恐惧症患者少量地观看蜘蛛图片，激活恐惧记忆，10分钟后再让他们看更多的蜘蛛图片。第二天，这些患者再一次观看这些图片。结果表明在第二天，相对于对照组，这些患者杏仁核中的活动水平显著下降，表示恐惧水平下降。当这种恐惧感下降时，患者对蜘蛛的逃避也随之下降。

作者推断，即便一种记忆是在几十年前形成的，在进行暴露疗法前让它变得不稳定就能削弱它。如果这种记忆在削弱后被重新保存，那么这种恐惧感就不会轻松地再现。

（二）睡眠方面研究的新信息

1. 睡眠质量研究的新进展

研究发现过度使用手机会影响睡眠质量。2008年6月，瑞典萨尔格伦研究院专家加比·巴德雷领导的一个研究小组，在美国伊利诺伊州韦斯特切斯特市举行的国际睡眠会议上报告说，如果青少年过度使用手机，他们睡眠质量会变差，并且容易疲劳。

巴德雷说，研究人员对21名14~20岁的青少年进行了对比研究。参与测试前，这些青少年身体健康，学习时间有规律，没有睡眠障碍。

研究人员把这些青少年分成甲组和乙组。甲组人员每天只能用手机打不超过5个电话，发5条短信，而乙组人员每天要用手机打15个以上的电话，发15条短信。

调查结果显示，与甲组人员相比，乙组人员容易疲劳，平时表现出多动不安、生活懒散、爱喝刺激性饮料、难以入睡、睡眠容易中断等现象。巴德雷认为，产生这些现象的主要原因是过度使用手机，打乱了生物钟。

专家建议，家长、学校和社会应教育青少年科学合理使用手机，每天限制使用手机的次数，不要用手机长时间聊天，在学习时间不要打手机，晚上睡觉前应把手机关闭。

2. 睡眠不足研究的新进展

研究发现睡眠不足或致体重增加。2011年5月16日，路透社报道，瑞典乌普萨拉大学专家克里斯蒂安·贝尼迪克特领导的研究小组，在《美国临床营养学杂志》上发表论文称，他们研究发现，夜间睡眠不足，第二天早晨新陈代谢减缓，热量消耗减少，体重容易增加。

研究小组让14名男性大学生志愿者体验一系列睡眠状态：睡眠不足、不睡和正常睡眠。数天后，研究人员检查志愿者生活习惯和身体状况是否改变，包括食物摄取量、血糖、激素水平和代谢率。结果显示，与一夜好眠相比，即便只是一晚睡眠不足，也会减缓第二天早晨新陈代谢，导致身体执行呼吸、消化等任务的热量消耗减少5%~20%。所以，缺觉的志愿者，第二天早晨血糖、胃饥饿素等调节食欲激素，以及皮质醇等压力激素水平较高。

研究人员认定，缺觉可能促使体重增加，不仅因为缺觉后容易饥饿，还因为热量燃烧速度减缓。贝尼迪克特说："我们获得的研究结果显示，健康男性一夜睡眠不足后，热量消耗明显减少，说明睡眠有助调节白天热量消耗。"他说，研究结果表明，确保充足睡眠，或许能够防止发胖。

研究人员同时发现，缺觉不增加志愿者白天食物摄取量。这与美国哥伦比亚大学研究人员3月发布的研究结果不同。不过，两项研究中志愿者睡眠状况不相同。哥伦比亚大学研究人员发现，与睡眠充足者相比，志愿者缺觉时偏好选择高热量、高脂肪、高蛋白食物。女性缺觉时比平时一天多摄入329卡路里，男性多摄入263卡路里。

先前一些研究显示，睡眠时间少于5小时的人体重容易增加，容易罹患Ⅱ型糖尿病等与体重相关的疾病。不过，这些研究并未证明缺觉直接导致体重增加。

一段时期以来，专家告诫公众，生活方式和饮食等因素可能增加肥胖风险。至于缺觉，则尚未确定为增加肥胖的因素。

美国波士顿医疗中心睡眠紊乱中心负责人桑福德·奥尔巴克认为，睡眠不足是一个复杂问题，药物和其他因素会影响睡眠，探讨这一问题需联系实际情况。他说:"大家适应了缺觉,而这种适应理论上可能容易引发肥胖。"不过,对长期缺觉如何影响激素水平,现有研究结果无法解答。另外,美国全国睡眠基金会建议,成年人每天睡眠7~9小时。

四、阿尔茨海默病病理及防治研究的新成果

(一)阿尔茨海默病病理研究的新信息

1. 阿尔茨海默病发病原因研究的新进展

发现阿尔茨海默病与遗传直接相关。2006年2月,有关媒体报道,瑞典卡罗林斯卡医学院遗传医学教授南希·佩特森领导的研究小组,对1.2万名65岁以上的双胞胎,进行长达7年的研究后发现,阿尔茨海默病的发病与遗传有直接关系。

佩特森介绍说,他们通过对单卵双胞胎和双卵双胞胎进行研究后得出结论认为,与环境因素相比,遗传因素对阿尔茨海默病的发生和发展有着更重要的影响。

研究显示,在被调查的单卵双胞胎中,如果其中一人患阿尔茨海默病,那么其孪生兄弟姐妹中患此症的概率超过50%。研究同时发现,双胞胎双方患病的时间可能相差多年,这表明环境和生活习惯也与阿尔茨海默病发病有一定关系。科学家说,他们下一步将着重研究环境和生活习惯对阿尔茨海默病发病的影响。

2. 阿尔茨海默病风险增加因素研究的新进展

发现苹果形身材女性年老时更易患阿尔茨海默病。2009年11月25日,英国《每日邮报》报道,瑞典哥德堡大学萨尔格伦斯卡学院高级讲师德博拉·古斯塔夫松带领的研究小组,在《神经学》杂志发表论文称,他们研究发现,拥有苹果形身材的女性,不仅易患心脏病或中风,而且年老时罹患阿尔茨海默病的概率,也会增加一倍。

这一结果,基于瑞典哥德堡20世纪60年代末期开始的一项种群研究。当时约1500名,年龄介于38~60岁之间的女性参与研究,接受综合检查,并回答关于健康和生活方式的调查问卷。32年后,古斯塔夫松研究小组再次调查当年那些受访者,发现其中161名女性成为阿尔茨海默病患者,确诊年龄平均为75岁。研究人员发现,那些中年时期腰围大于臀围即所谓苹

果形身材的女性，进入老年后罹患阿尔茨海默病的概率高出一倍多。

古斯塔夫松说："任何身体中部脂肪多的人，英年早逝于心脏病或中风的风险更大。如果他们成功活过70岁，罹患阿尔茨海默病的概率则会增加。"

但研究人员没有发现阿尔茨海默病与体重指数（BMI）的关联。体重指数是身高与体重比例，18.5~24之间的数字被认为是最健康的指数。世界卫生组织推荐以体重指数，来衡量个体是否肥胖。

古斯塔夫松说："先前一些研究表明，体重指数高也与阿尔茨海默病有关，但我们的研究没有发现这一点。"她解释道："这可能是因为参与种群研究的女性中，肥胖和体重超标现象相对较少。"

3. 阿尔茨海默病风险降低因素研究的新进展

研究表明伴侣有助中年人降低阿尔茨海默病风险。2008年8月2日，瑞典媒体报道，该国卡罗林斯卡医学院发布研究报告说，生活中的伴侣有助于减少中年人日后患阿尔茨海默病的风险。

瑞典科学家霍坎松从21年前，开始对2000名时年50岁的瑞典人进行跟踪调查。调查显示，有伴侣的中年人，比独自生活的中年人，患阿尔茨海默病的概率要少约50%。

研究报告指出，社交能力和心灵创伤是影响步入老年者生活的重要因素，有伴侣的生活能在中年人步入老年时促进他们的社交能力和智力。这一研究结果，已在美国举行的2008年阿尔茨海默病国际会议上公布。

4. 阿尔茨海默病影响记忆力原因研究的新进展

发现阿尔茨海默病会导致大脑炎症而使记忆力退化。2014年2月，瑞典卡罗林斯卡医学院玛丽安娜·舒尔茨贝里领导，美国同行参加的一个研究小组，在《阿尔茨海默病与痴呆病》杂志上发表的最新研究表明，阿尔茨海默病患者大脑中，一种分子数量低于正常水平，无法帮助大脑恢复、清除有毒物质并终结炎症，从而影响患者的记忆力。这项研究成果，为治疗阿尔茨海默病提供了新方向。

研究人员指出，与其他痴呆病相比，阿尔茨海默病的特点是患者大脑会出现炎症。通常，人的脑脊髓液中，会产生一种能帮助大脑组织恢复、清除有毒物质并终结炎症的分子。如果炎症长时间得不到控制，就会释放有毒物质，进一步损伤大脑，最终导致神经细胞的死亡。

研究小组提取了 15 名阿尔茨海默病患者的脑脊髓液样本，并将其与 41 个未患此病者的脑脊髓液样本进行对比分析。结果发现，阿尔茨海默病患者的脑脊髓液中，负责终结炎症的分子数量要低于正常水平，从而影响炎症的消除，导致患者记忆力退化。舒尔茨贝里说："这完全是条新思路，为治疗阿尔茨海默病提供了新原理。"研究人员正着手开展包括动物实验在内的进一步研究。

（二）阿尔茨海默病预防研究的新信息

1. 发现血检可预测并预防女性患阿尔茨海默病风险

2009 年 11 月 8 日，有关媒体报道，瑞典哥德堡大学医学院一个研究小组，调查研究发现，中年女性血液中一种特定氨基酸的水平如果过高，老年后患阿尔茨海默病的风险就会明显升高。

研究人员在 20 世纪 60 年代时，选取当时年龄在 38～60 岁的约 1500 名女性，对她们的健康状况进行问卷调查，并采集血样进行分析。长达近 40 年的跟踪调查结果显示，血液中同型半胱氨酸水平高的女性比低的女性，患阿尔茨海默病的风险要高两倍多。

同型半胱氨酸是一种对人体新陈代谢十分重要的氨基酸。此前医学研究曾发现，这种氨基酸水平过高，会损伤血管，导致出现血栓的风险升高。

虽然，瑞典研究人员目前还不清楚，同型半胱氨酸是直接导致阿尔茨海默病风险上升，还是另有其他机制。但他们认为，至少这一新研究结果表明，对于女性来说，血液检测可能成为一种新的预防阿尔茨海默病的方法，可以在她们中年没有任何阿尔茨海默病发病迹象时，能提前确定是否为高危人群，以便采取干预措施。

2. 发现自来水中添加锂有助于预防阿尔茨海默病

2017 年 8 月，丹麦哥本哈根大学科学家主持的一个研究小组，在《美国医学会杂志·精神病学卷》月刊上发表论文称，他们研究表明，提高自来水中的锂含量，有助于人们预防阿尔茨海默病。向自来水中添加锂作为一种廉价预防阿尔茨海默病的方式，值得研究。

锂是一种银白色金属元素，自来水中一般含微量锂元素，不同国家、地区的差异较大。此前研究显示，锂是一种情绪稳定剂，并且摄入微量的锂有助延年益寿。

研究人员说，他们把丹麦一些地区阿尔茨海默病的发病率，与这些地区自来水中锂的天然含量进行了比较。研究发现，自来水中锂含量较高时，可以显著降低阿尔茨海默病发病风险。但自来水锂含量中等地区，反而比锂含量最低地区阿尔茨海默病发病率高。具体来说，与每升自来水锂含量低于 5 微克地区相比，每升水锂含量高于 15 微克地区的阿尔茨海默病发病率降低 17%，但每升水锂含量介于 5.1 微～10 微克时又升高 22%。

伦敦大学国王学院精神病学研究所教授艾伦·扬表示，这项研究同过去的证据吻合，环境中的锂可能有益人体健康，或许能预防阿尔茨海默病。他说："即使锂只是令每个人阿尔茨海默病发病推迟几个月，但在国家层面上，会赢得几个月的健康时间。"牛津大学药理学家戴维·史密斯表示，饮用水中锂的水平与阿尔茨海默病确诊病例之间的联系是显著的，但不是一种线性关系，在不知道最佳剂量之前不应贸然向自来水中添加锂。

（三）阿尔茨海默病诊断研究的新信息

1. 阿尔茨海默病生物标志研究的新进展

（1）发现一种与阿尔茨海默病直接相关的淀粉样蛋白。2009 年 9 月，瑞典哥德堡大学健康科学研究院生物化学家埃里克·波提琉斯领导的一个研究小组，发表研究成果称，他们发现，人体脊髓液中存在一种未知物质 Abeta16β-淀粉样蛋白。该蛋白作为一种新的生物标志，可用于诊断阿尔茨海默病，也有助于开发出新的阿尔茨海默病治疗药物。

阿尔茨海默病是一种神经退化性疾病，其特征性病理改变之一就是老年斑，即淀粉样物质沉淀。老年斑的核心成分是 β-淀粉样蛋白，由淀粉样前体蛋白经过酶催化后裂解而成。β-淀粉样蛋白大约有 20 种，在细胞基质沉淀聚积后具有很强的神经毒性作用，是阿尔茨海默病人脑内老年斑周边神经元变性和死亡的主要原因。

在老年斑中，Abeta42 β-淀粉样蛋白含量尤其多。目前正在测试的新型阿尔茨海默病治疗药物，就是通过阻断酶催化作用，以减少 Abeta42 蛋白。该研究小组在研究中发现，这些用于减少Abeta42蛋白的药物会增加Abeta16蛋白的水平。

波提琉斯指出，Abeta16蛋白和Abeta42蛋白具有相同的前体分子，但酶催化过程不同，Abeta16蛋白无害。研究表明，阿尔茨海默病患者脊髓液中Abeta16蛋白的含量，较健康人高出许多。而依靠目前的技术，可对各类型的β-淀粉样蛋白进行精确分析，以诊断阿尔茨海默病，准确性极高。

波提琉斯强调，作为一种对药物非常敏感的生物标志，Abeta16蛋白既可以用于诊断阿尔茨海默病，也有助于确定哪些药物治疗最有效，该发现对未来的医疗研究十分有用。

（2）发现两种可"追踪"阿尔茨海默病进展的血液分子。2020年11月30日，瑞典隆德大学科学家奥斯卡尔·汉森领导的研究团队，在《自然·衰老》杂志上发表论文称，他们首次发现，血液中两种分子的水平或能预测轻度认知损害：患者未来的认知衰退和阿尔茨海默病的发展。这两种分子分别是在苏氨酸-181位上磷酸化的tau（P-tau181）和神经丝轻链（NfL）。这一成果，有助于科学家开发出常规血液检查，"追踪"高危群体的阿尔茨海默病进展。

目前，人类对阿尔茨海默病依然束手无策，一个重要原因就是致病原因"缺位"，导致难以展开预防和"追踪"。这样一种起因不明、无法治愈的病，却并不罕见。数据显示，全球约有5000万阿尔茨海默病患者，占所有痴呆病例的50%~70%。阿尔茨海默病的特征是：被认为会导致神经元死亡的蛋白在脑内聚集，并最终发展为痴呆。而最新研究发现，这些蛋白也存在于血液中，因此检测它们在血浆中的浓度，可以诊断该疾病，或区分该疾病与其他常见的痴呆形式。

鉴于此，该研究团队利用573名轻度认知损害患者的数据，建立并验证了个体化风险模型。通过该模型，可以预测患者的认知衰退和阿尔茨海默病痴呆的发展。

研究人员比较了多个模型，预测患者4年内认知衰退和痴呆进展的准确度，这些模型基于血液中不同生物标志物的各种组合。他们发现，基于P-tau181和NfL的模型预测能力最佳，前者是一种tau蛋白形式，后者能反映神经元死亡和损伤的情况。

研究人员总结称，他们的研究结果证明，通过血液中生物标志物来预测个体阿尔茨海默病的进展是有价值的，下一步需要开展更大的队列研究。

科学家认为，从病理学来看，阿尔茨海默病患者主要是大脑和特定皮层下区域出现神经元和突触损伤，这种损伤会导致显著的大脑萎缩和衰退。尽管其确切原因迄今未明，但科学界已在研究阿尔茨海默病的发病机制、探索相应治疗方案方面投入了巨大心血，除了病理研究不断逼近真相，还有一些药物的问世也在预防及治疗上为患者带来希望。

2. 阿尔茨海默病诊断方法研究的新进展

（1）发现脑脊髓液生化反应有助于确诊阿尔茨海默病。2009年7月22日，瑞通社报道，瑞典哥德堡萨尔格伦斯卡大学医院一个研究小组，在《美国医学会杂志》上发表研究报告说，分析人体3种脑脊髓液的生化反应，有助于尽早确诊阿尔茨海默病。

研究人员对欧洲和美国的1200多名因认知障碍就诊的患者，进行研究。由于一旦患上阿尔茨海默病，脑脊髓液含量就会增多，研究人员分析了这些就诊者大脑中3种脑脊髓液的生物化学变化。

结果发现，其中529人患有阿尔茨海默病，750人的认知能力轻微受损。研究人员说，这种诊断方法，对阿尔茨海默病的确诊率可达85%，有望被推荐为常规诊断法。

（2）发现可用检测分子信号诊断阿尔茨海默病。2011年12月14日，芬兰国家技术研究中心网站报道，由于阿尔茨海默病目前无法治愈，因此尽早检测和及早治疗非常重要。该中心与芬兰东部大学联合组成的一个研究小组发现，可以在症状出现前数月甚至数年，通过检测血清查出这种疾病。

研究人员发现，一种指示组织缺氧和磷酸戊糖途径的分子信号，是阿尔茨海默病的前兆。所谓磷酸戊糖途径，是葡萄糖氧化分解的一种方式。

研究人员分别采集阿尔茨海默病患者、轻度认知障碍患者，以及健康对照组的血清样本，并对他们进行跟踪观察。27个月内，143名轻度认知障碍患者中的52人患上阿尔茨海默病。这52人的血清样本中，均可检测到一种指示组织缺氧和磷酸戊糖途径的分子信号。通过对代谢途径的数据分析，研究人员发现磷酸戊糖途径与阿尔茨海默病的病变有关，组织缺氧和氧化应激是早期病变的反映。

芬兰国家技术研究中心专家指出，医生评估患者的神经认知功能时，可以配合这种血清检测方法，来辨别需要接受综合治疗的高危患者。

五、其他神经疾病防治的新成果

（一）治疗帕金森病研究的新信息

1. 发现鸡蛋可造出能治疗帕金森病的神经细胞

2005年3月，有关媒体报道，挪威奥斯陆大学科学家组成的一个研究小组，发布新成果称，他们研究发现，可以把鸡蛋作为培育人类神经细胞的制造工厂，为脑部疾病的治疗带来新的突破。

该研究小组发现，把人类骨髓中的干细胞，移植入破损的鸡胚胎中后，会自动发育成神经细胞，胚胎的内部修复机制，似乎给引发这一转化过程创造了条件。干细胞是形成各种不同组织的主要细胞，那些从成年人骨髓中提取的干细胞，一般都会生成血液和免疫系统细胞。而他们的实验说明，在一定条件下其还有可能生成神经细胞。

此前，也曾有研究人员进行过类似的实验，但是一直没能成功。虽然有大约1%~2%的科学家曾经识别出神经元的分子特点，但是他们都没有制造出正确组合的细胞。然而，植入鸡蛋内部的骨髓干细胞发育出一些功能性物理特点，其中包括联合网络等，而且它们的转化比率高达10%。

研究人员表示，实验室内制造出的神经细胞，可以用来治疗帕金森病等目前还无法治疗的脑部疾病。

2. 发现可治疗帕金森病的新型神经营养因子

2009年8月26日，芬兰媒体报道，该国赫尔辛基大学医学院一个研究小组，发现一种可有效治疗帕金森病的新型神经营养因子。这一发现，有助于新型帕金森病治疗药物的开发。

这种新型神经营养因子的具体名称，叫作中脑星形胶质细胞源性神经营养因子。研究发现，将它注入患有帕金森病的实验鼠的脑中，可有效阻止神经毒素对多巴胺神经元的侵害，并能修复部分受损细胞。

帕金森病是一种因中脑多巴胺神经元，受损退化导致的中枢神经系统变性疾病，主要症状为手足颤抖、僵硬、动作缓慢、站立不稳等。目前，可用药物缓和该病症状,但尚无可以阻止多巴胺神经元退化的根治方法。

(二) 防治抑郁症研究的新信息

1. 发现抑郁症想自杀者或与骨髓炎症有关

2009年3月11日,瑞典公共电视1台报道,瑞典隆德大学医学院一个研究小组,研究发现,一些人患上抑郁症并且想自杀的生理原因,可能与骨髓炎症有关。

研究人员在检测患有抑郁症且试图自杀者的骨髓时发现,其骨髓中炎症物质的含量水平普遍比较高,而且这种炎症物质的含量水平越高,患者的自杀倾向也越大。

研究人员希望,这一发现,能有助于通过药物治疗抑郁症并且降低患者的自杀倾向。

2. 研究显示独居会增加患抑郁症的风险

2012年3月24日,有关媒体报道,芬兰赫尔辛基大学、职业健康研究所和国家健康与福利研究所联合组成的一个研究小组,发表研究成果称,在过去20年间,芬兰全国独居人数增加了一倍。目前有100多万芬兰人独居,占芬兰全国人口的近20%。独居者患抑郁症的风险,比与家人同住者高80%。

研究人员在7年中,跟踪调查了购买抗抑郁药的近3500名工作中的芬兰人。结果显示,独居者中25%的人,会购买抗抑郁药治疗抑郁症;而与家人同住者中仅有15%的人,会购买抗抑郁药。他们进一步分析发现,独居者容易出现精神健康方面的问题,其患抑郁症的风险比与家人同住者高80%。

据调查,芬兰独居女子患抑郁症,主要由社会经济因素所致,例如失业及居住条件差等。而独居男子患抑郁症,主要由社会心理因素所导致,如缺乏社会交往和对工作条件不满意等,并且独居男子酗酒倾向严重。

研究人员认为,改善社会关系及物质生活状况,是促进心理健康的关键。他们表示,上述因素只解释了独居与抑郁症关联的一半原因,另一半原因还有待进一步的研究来解释。

(三) 情绪与精神疾病防治研究的新信息

1. 情绪方面研究的新进展

绘制出身体情绪图。2013年12月31日,芬兰阿尔托大学劳利·那门纳副教授主持的一个研究小组，在美国《国家科学院学报》上发表论文称，他们研究发现，大部分普通的情绪，都会引起强烈的身体感受。不同情绪，在身体上形成的感受图形也各不相同。然而，不管是生活在西欧还是东亚，人们的这些身体情绪图，却表现出跨文化的一致性，这也凸显了情绪及其相应的身体感受有着共同的生理基础。

那门纳说："情绪调节的不仅是我们的精神，还有我们的身体状态。通过这种方式，使我们处于一种准备状态，不仅能对危险做出迅速反应，而且能抓住有利环境中的契机，比如在令人愉悦的社会活动中。觉察到相应的身体变化，还可能引起随后的有意识的情绪感受，如快乐的感觉。"

他接着说："这一发现，会对我们理解情绪功能及其身体基础，产生重要影响。同时，该成果还有助于我们研究不同的情绪紊乱，并为诊断带来新工具。"

研究人员指出，这项研究由欧洲研究理事会、芬兰科学院和阿尔托大学等单位资助，它是通过网络完成的。志愿者来自芬兰、瑞典和中国台湾，参加人员达到 700 多人。研究人员先引起志愿者不同的情绪状态，并在计算机上给他们展示一幅人体图，要求他们给身体各部分涂上不同颜色，以此表示他们感受到的身体各部位活动的加强和减弱。

2. 精神疾病防治研究的新进展

（1）研究表明酒精性精神病患者死亡率高于同龄人。2010 年 9 月 14 日，芬兰媒体报道，芬兰国民健康与福利研究所研究员亚纳·苏维萨里主持的一个研究小组，公布的一份研究结果表明，酒精性精神病患者死亡率，明显高于同龄的正常人和其他酗酒者。

酒精性精神病是指大量饮酒导致出现幻觉、妄想、精神错乱等症状，发作时症状通常持续数日到数周不等。

研究人员共对 39 名酒精性精神病患者、443 名酗酒者及 7500 名无酒瘾的正常人的死亡情况进行对比。在长达 8 年的跟踪研究期间，37% 的酒精性精神病患者死亡，这一比例是同龄正常人的 20 倍，是其他酗酒者的 12 倍。

酒精性精神病患者，多数从年轻时就开始酗酒或形成酒瘾。苏维萨里说，酒精性精神病患者通常在酗酒成瘾约 10 年后第一次发作。

芬兰一项全国性精神疾病调查显示，芬兰全国人口的0.5%患有酒精性精神病。其中，45~54岁的芬兰男性中有2%的人患有该病。男性患病概率明显高于女性。

（2）发现精神分裂症或始于子宫。2016年5月，有关媒体报道，丹麦奥胡斯大学恩格尔·豪伯格、美国纽约西奈山伊坎医学院克里斯汀·布伦南等医学专家组成的一个研究团队，发表研究成果称，患有精神分裂症的人在出生时大脑结构可能存在差异，根据这一现象进一步探索表明，遗传在精神分裂中扮演着关键角色。

精神分裂症是"先天的还是后天的"，一直存在激烈的争论。儿童期遭受虐待，可能会让这一疾病的风险增大，但该疾病同时也与108个基因存在关联。

探索精神分裂症的生物学特征极具挑战，因为很难获得该类疾病患者的脑组织样本进行研究。该研究团队通过采集14名精神分裂症患者的皮肤细胞，避开了这一问题。同时，他们把收集到的皮肤细胞样本，培育成干细胞以及神经细胞进行研究。

研究人员发现，平均来看，这些神经细胞比未患精神分裂症的人含有较低水平的miR-9信号分子。miR-9是核酸的小片段，它们能够改变一些特定基因的活性，并且在胎儿神经发育中扮演着重要角色。

研究团队在进一步研究中，发现miR-9还可能影响神经元，如何从它们形成的地方（接近胎儿大脑中央腔的部位）迁移，到达其位于大脑外膜层的最终栖身之地。

研究发现，"精神分裂症"神经细胞在培养皿中移动的距离，不如未患有该病的神经细胞移动的距离远。如果miR-9通过人工恢复后这种差异就会消失。因此，这种信号分子似乎是控制很多影响迁移的基因活动的总开关。

精神分裂症患者的症状，倾向于在青少年时期或20岁左右出现，这可能是因为大脑在青春期发育成熟时，神经元修建的常规过程发生错误引起的。研究人员推测，这可能是从子宫中的问题开始的，然后在儿童期一直悄然潜伏在体内。

这项新发现表明，至少对于一些人来说，基因变化会减少miR-9的水平，从而引发神经元迁移或发育问题。研究人员表示："甚至在孩子出生前，基因已经在发挥作用了。"

豪伯格说："精神分裂症据认为80%是遗传性的。那些存在严重遗传变异体的人，可能在没有任何外部环境刺激因素下，就会产生精神分裂症；而那些存在较轻变异体的人，如果没有遇到痛苦的事件，可能会一直处于健康状态。"

第四节 消化与代谢性疾病防治的新进展

一、消化系统疾病防治的新成果

（一）肝脏生理功能研究的新信息
——发现肝脏拥有嗜甜的荷尔蒙基础

2017年5月，丹麦哥本哈根大学生物学助理教授马修·吉勒姆，与艾奥瓦大学尼尔斯·格拉鲁普共同负责的一个研究小组，在《细胞·新陈代谢》期刊上发表论文称，肝脏分泌的一种荷尔蒙，与人是否喜欢甜食有关，他们研究发现，拥有一种肝荷尔蒙FGF21基因变体的人，与对照组相比，嗜甜的可能性高20%。

吉勒姆说："该数据采集自丹麦的6500位参与者，令人惊讶地展示了嗜甜的荷尔蒙基础。"

这项研究，还带来有关肝脏在控制人们饮食方面所起作用的新理论。一旦食物穿过胃和肠道，营养物质遇到的另一个器官就是肝。肝脏会在人摄入糖分后分泌FGF21，这种肝荷尔蒙能向大脑发送"刹车"信号，使人对甜食浅尝辄止，但如果分泌得不够多，人就会对甜食欲罢不能。

此外，研究人员还怀疑肝脏也会指导更多食物选择的其他荷尔蒙。吉勒姆说："我们如何决定吃什么和吃多少？或许饱腹感由许多控制不同营养物的多种通路构成。"

该研究小组曾在2015年发现肝脏分泌的FGF21，能调节啮齿类动物的糖分摄入，但尚不清楚这种荷尔蒙是否也在人体中产生类似作用。为了找出答案，他们利用一个名为Inter99的研究作为数据库。该研究收集了饮食摄入量自我报告，以及血流胆固醇和血糖值测量结果。研究人员测序了这项研究参与者的 FGF21 基因。

他们聚焦了该基因的两种变体，它们与糖摄入量增加有关。他们发现具有这两种变体之一的人更可能爱吃糖。该研究还揭示这些变体与更爱喝酒和吸烟有关，但仍需更多研究进行确定。但研究人员未发现这些变异与肥胖或Ⅱ型糖尿病有关。

为了更好地理解 FGF21 在人体内的糖分摄入调控机制，该研究小组进行了一项临床实验，分析为响应糖分摄入，FGF21 在血液中的变化。他们把重点放在 51 个极爱吃甜和极不爱吃甜的人。结果显示，极不爱吃甜的人血液中 FGF21 的水平，比极爱吃的高 50%。

（二）肠道疾病防治研究的新信息

1. 出现首个感染肠出血性大肠杆菌死亡病例

2011 年 5 月 31 日，瑞典媒体报道，瑞典西南部布罗斯市一名妇女，因感染肠出血性大肠杆菌在当地医院死亡。这是这一次欧洲肠出血性大肠杆菌疫情暴发以来，瑞典首个死于该病的病例。

死者是一名 50 多岁的女性，去德国旅行过，5 月 29 日被确诊感染了肠出血性大肠杆菌而住院治疗。医院负责人伊萨克松说，这名妇女在住院前就已发病一段时间，因此住医院后病情迅速恶化。

据瑞典传染病防治研究中心公布的数据，瑞典目前已有 41 名患者被确诊感染了肠出血性大肠杆菌，其中 15 人病情较重，且出现了并发症。该研究中心还宣布，瑞典确诊感染肠出血性大肠杆菌的患者，本人或其亲属均有最近前往德国旅行的经历，因此可以推断，肠出血性大肠杆菌是由境外带入瑞典的。

肠出血性大肠杆菌感染引起的疾病症状，包括腹部绞痛和腹泻，一些病例可能发展为血性腹泻，还可能出现发烧和呕吐。疾病潜伏期为 3~8 天。大多数病人 10 天内能够康复，但约有 10% 的病例，可能发展为威胁生命的溶血性尿毒综合征，病例死亡率为 3%~5%。据报道，这次疫情目前在德国已造成至少 15 人死亡。

2. 发现调节肠道微生物可治疗糖尿病和肥胖症

2014 年 7 月 7 日，物理学家组织网报道，丹麦科技大学生物学家索伦·布鲁纳克和比约恩·尼尔森领导的一个研究小组，在《自然·生物技术》杂志上发表论文称，他们确定了此前未知的 500 种人体肠道微生物，以及多达 800 种能够感染人体肠道细菌的病毒（噬菌体）。

研究人员称，该发现让人们看到了人体肠道内此前从未见过的宏伟图景。随着更多的肠道微生物被发现，以及各个菌落之前的关系被理清，未来科学家将有望通过增加或删除某些细菌的方式，来治疗糖尿病、哮喘和肥胖等疾病。

为了发现并绘制这些微生物地图，研究人员使用了一种名为"联合丰度原则"的策略，来分析各种肠道微生物的 DNA 数据。通过这一策略，研究人员可以从先前未知的微生物中识别和收集基因组，即使是非常复杂的微生物菌落也不会受到影响。这有助于他们更好地理解不同种群微生物之间的相互关系。

研究人员表示，新发现的肠道微生物和噬菌体，帮助他们看到了此前从未看到过的人体肠道微生物的全景。这将显著提升人们对 II 型糖尿病、哮喘和肥胖症的理解和治疗。

同时，研究人员研究了细菌和病毒之间的相关关系。尼尔森说："我们的研究，告诉我们哪些噬菌体会攻击细菌。此前，细菌只是单独在实验室中被研究，但研究人员越来越意识到，要想更加深入地了解肠道微生物群，就必须知道不同种类的细菌之间的相互作用。当知道肠道细菌的相互作用后，我们就能够根据不同的疾病，开发出多种可供选择个性化疗法。理想情况下，我们将能够在肠道系统中添加或删除特定的细菌，并以这种方式诱导产生一个更健康的肠道菌群。"

此外，研究人员还表示，如果能够更多地了解病毒和细菌之间谁攻击了谁，则有望将噬菌体制造成特定的生物抗菌药物，用于对抗细菌感染。特别是在抗生素耐药性问题日渐严峻的今天，这种疗法将具有广阔的应用前景。

二、代谢性疾病防治研究的新成果

（一）糖尿病防治研究的新信息

1. 糖尿病病理研究的新进展

（1）发现可能导致 II 型糖尿病的基因。2009 年 9 月，丹麦哥本哈根大学、法国国家科研中心及加拿大麦吉尔大学联合组成的一个研究小组，在英国《自然·遗传学》杂志上撰文介绍说，他们发现了一种可能导致Ⅱ型糖尿病的基因。它的特别之处在于，可对胰岛素本身产生作用，如果这种基因发生变异，会引发Ⅱ型糖尿病。

研究人员介绍说，迄今科学界共发现了约30种糖尿病的致病基因，但它们或是在胰腺细胞生长过程中发挥作用，或是在胰岛素的分泌过程中对其造成影响。研究人员过去一直未发现能对胰岛素本身产生作用的基因，而后者恰恰是造成肥胖和糖尿病前期症状的重要因素。

该研究小组，对1.6万种可能导致Ⅱ型糖尿病的脱氧核糖核酸（DNA）变异体，进行了研究。经过一系列的筛查，研究人员发现了一种名为IRS1的基因，它存在于第2号染色体上，一旦它发生变异，患上Ⅱ型糖尿病的风险就会增加20%。

研究人员指出，这种基因在胰岛素的细胞活动中，发挥着至关重要的作用，它的变异会导致胰岛素的作用出现异常。他们表示，目前还没有一种药物能够专门治愈Ⅱ型糖尿病，上述研究成果，将有助于研发出此类药物。

（2）发现老年糖尿病前期患者恢复正常的因素。2019年7月，瑞典卡罗林斯卡医学院尚樱教授领导的一个研究团队，在《内科学杂志》上发表：题为"基于人群纵向研究的老年人糖尿病前期自然史"的论文。他们报告了一项新发现：老年糖尿病前期患者中，只有1/3最终会发展为糖尿病人或者因病死亡，大多数老年糖尿病前期患者病情不会进展，有些甚至会恢复正常。

糖尿病是一组以高血糖为特征的代谢性疾病。高血糖则是由于胰岛素分泌缺陷，或其生物作用受损，或两者兼有而引起。糖尿病时长期存在的高血糖，导致各种组织，特别是眼、肾、心脏、血管、神经的慢性损害、功能障碍。

糖尿病的发展分为三个阶段：第一个阶段叫"高危人群"；第二个阶段叫"糖尿病前期"，第三个阶段叫"糖尿病"。

该研究团队经过长达12年的随访调查及研究，发现正常的动脉血压、健康的心血管系统及正常的体重，是促进老年患者从糖尿病前期逆转为正常的重要因素。该研究成果，对于老年糖尿病前期患者的治疗，具有重要的临床意义。

2. 糖尿病病变诊断技术研究的新进展

发现深度学习方法可助准确诊断糖尿病视网膜病变。2019年9月，芬兰阿尔托大学有关专家组成的一个研究小组，在《科学报告》杂志上，以"糖尿病视网膜病变与黄斑水肿分级的深度学习眼底图像分析"为题，发表的研究成果显示，他们通过研究发现，深度学习方法可以协助临床医生，准确诊断糖尿病视网膜病变及黄斑水肿。

研究人员介绍道，他们通过深度学习的方法，可以快速诊断糖尿病视网膜病变及黄斑水肿，并且同时能够采集患者视网膜及黄斑的高分辨率图像，对于糖尿病相关眼部并发症的诊断及治疗，具有重要的临床意义。

深度学习常见于人工智能系统，是机器学习领域中一个新的研究方向。深度学习是学习样本数据的内在规律和表示层次，这些学习过程中获得的信息对诸如文字、图像和声音等数据的解释，有很大的帮助。深度学习使机器能够模仿视听和思考，解决了很多复杂的模式识别难题，使得人工智能相关技术取得了很大进步。

3. 糖尿病治疗方法研究的新进展

（1）启动糖尿病个性化治疗方法的研究项目。2008年1月22日，芬兰媒体报道，芬兰国家技术创新局高级科技顾问皮拉宣布，该局与加拿大健康研究院一起，启动了一项研究糖尿病个性化治疗方法的项目，以期在糖尿病治疗方面获得进展。目前，芬兰全国糖尿病患者比例在上升，其中Ⅰ型糖尿病和儿童糖尿病发病率都比较高。

皮拉介绍道，此前有研究表明，饮食结构不合理和缺乏运动，是造成肥胖和糖尿病的主要原因，通过改善糖尿病患者的生活习惯有助于缓解病情。但由于不同患者的生活习惯，因此在治疗手段上应因人而异，不能"千篇一律"。就是说，需要根据患者的具体情况，有针对性地进行个性化治疗，这样治疗效果会比较好。

皮拉说，芬兰与加拿大的合作研究项目，就是希望对患者的日常饮食和运动情况进行个性化指导，帮助患者建立一套科学健康的生活方式，减少对药物的依赖。据皮拉介绍，芬兰和加拿大为该项目共投入资金1500万欧元。

（2）发现治疗糖尿病潜在的新靶标。2018年8月，瑞典卡罗林斯卡医学院分子医学与外科学院，罗尔夫·卢浮特糖尿病与内分泌学研究中心伯格伦教授领导的一个研究团队，在国际期刊《细胞通讯》上发表论文称，他们研究发现，胰岛β细胞钙通道中的一个模块，对调节血糖有重要作用。针对这一模块的治疗，将可能成为抗击Ⅱ型糖尿病的新方法。

胰腺中的β细胞，负责产生在身体里调节血糖的胰岛素。在糖尿病中，β细胞失去了部分或全部的功能。钙离子是胰岛素释放过程中的一个重要信号。血糖增加会导致β细胞中钙离子浓度增加，从而引起胰岛素释放。在正常情况下，细胞受到葡萄糖刺激时，钙离子信号会显示出一种特定的调节模式。相反，当β细胞不能释放正常量的胰岛素时，比如在糖尿病中，这一模式会发生改变。

由几种不同模块组成的特定钙通道，在β细胞内打开时，β细胞中的钙离子水平会增加。该研究团队之前已经证实，钙通道中一种叫作β3亚族的模块具有重要的调节作用。

伯格伦说："在这项研究中，可以阐明，糖尿病小鼠的β细胞中β3亚族的数量增加了，这导致钙离子调节模式的改变，减少胰岛素分泌，因此损害血糖调节。"

研究人员介绍道，减少糖尿病小鼠β细胞中β3亚族的数量时，钙离子信号变得正常，并因此使胰岛素分泌正常，从而更好地调节血糖水平。他们还看到完全缺失β3亚族的小鼠，在被给予致糖尿病的饮食时，表现出更好的β细胞功能和血糖调节能力。研究人员尝试把不含β3亚族的β细胞移植到糖尿病小鼠体内，这些小鼠的血糖调节能力得到了恢复。

人类β细胞试验表明，胰岛素的分泌随着β3亚族数量的增加而变差。伯格伦说："我们的发现表明，钙通道的这一模块，可成为治疗Ⅱ型糖尿病的一个新靶点。然而，即使在Ⅰ型糖尿病中，合理操控β3亚族，对建立更好的胰岛素功能也是有益的。"

4. 防治糖尿病食物研究的新进展

（1）发现常喝咖啡可降低患糖尿病风险。2008年6月，芬通社报道，芬兰国家公共健康研究院一个研究小组，公布一项研究结果称，经常喝咖啡的人，患糖尿病的风险要低于不喝咖啡的人。据统计，芬兰全国糖尿病患者人数目前超过50万，约占总人口的1/10。

研究人员对6万多名芬兰人，进行了长期跟踪研究。结果发现，每天喝3~4杯咖啡的人，其糖尿病发病风险比不喝咖啡的人降低了大约28%。研究还显示，经常喝咖啡的，还有助于降低体重超重者和嗜酒者患糖尿病的风险。

研究人员还不清楚喝咖啡与糖尿病发病风险之间的关系。他们对咖啡成分进行分析后推测，咖啡中的一些矿物质，如镁等可能对控制血糖有益。不过，研究人员指出，对此仍需进一步做出深入研究。

（2）发现花椰菜提取物具有降血糖作用。2017年6月，有关媒体报道，瑞典哥德堡大学生物学家安德斯·罗森格伦领导的研究团队发表论文称，他们提取自花椰菜的一种浓缩粉末，已被证明对于Ⅱ型糖尿病患者非常有效。这种提取物，可使糖尿病患者血糖水平降低10%。

Ⅱ型糖尿病通常在中年时出现，尤其见于体重超重者。他们的身体会停止对可控制血液中葡萄糖水平的胰岛素做出应答。异常的胰岛素调节导致血糖水平升高，这会增加人们罹患突发心脏病、失明或肾病等风险。

罹患这种病的人，通常要服用可降低血糖水平的二甲双胍。然而，有15%的人不能采用这种疗法，因为其中存在潜在肾损伤风险。

从花椰菜芽中发现的一种叫作萝卜硫素的化学物质，此前曾被证明具有降低糖尿病大鼠血糖水平的功效。该研究团队想知道，这一原理是否适用于人体。为了验证这一理论，该研究团队给97名罹患Ⅱ型糖尿病的患者，连续3个月服用浓缩剂量的萝卜硫素或是对照安慰剂。

罗森格伦说："萝卜硫素的浓度，是自然界花椰菜中浓度的约100倍。它相当于每天吃5000克的花椰菜。"

平均看，服用萝卜硫素的患者血糖水平，与那些服用对照安慰剂的患者相比，降低了10%。这些提取物的效应，在那些存在"调节异常"糖尿病的肥胖参试者中最为显著，这些人的基础血糖水平一开始就比较高。

罗森格伦说："我们对这些新发现的效应感到非常激动，也渴望将这些提取物带给患者。我们看到血糖水平降低了约10%，这足以减轻眼睛、肾脏和血液中的症状。"

进一步调查表明，二甲双胍和萝卜硫素均可降低血糖，但它们起作用的方式却不相同。二甲双胍让细胞对胰岛素更加敏感，如此它们可以像海绵一样吸收血液中更多的血糖。而萝卜硫素则是通过抑制刺激血糖生成的肝酶降低血糖。

为此，罗森格伦认为，花椰菜提取物是二甲双胍的有益补充，而不是竞争性的。他指出，很多糖尿病患者因为肾脏综合征而不能服用二甲双胍，在此情况下，花椰菜提取物将是一种潜在的替代品。

该研究小组已经与瑞典农民协会合作，正在向管理机构申请批准使用该药物，这可能需要花费两年时间。

（二）肥胖症防治研究的新信息

1. 导致肥胖生理原因研究的新进展

研究证实导致肥胖的原因是"脂肪仓库"物流紊乱。2011年9月，瑞典卡罗林斯卡医学院医学专家彼得·阿内尔领导的一个研究小组，在《自然》杂志网络版发表论文称，每个人的身体中都有一些脂肪细胞，它们像仓库一样把脂肪储存起来，等身体需要时再释放。他们研究证实，肥胖的原因就是这些"脂肪仓库"在物流上发生紊乱，进多出少，积压了大批剩余脂肪。

要搞清楚人体内"脂肪仓库"的运转情况，一个关键问题就是要知道其中脂肪的"入库日期"，即脂肪细胞中脂肪的"年龄"，这是一个难题。对此，该研究小组想出了一个解决方法。研究人员利用碳同位素法，来测定脂肪"年龄"。碳元素会被人体吸收并存于脂肪中，而其衰减则有时间规律可循，因此通过对脂肪中碳同位素含量进行测定，就可以了解脂肪的"年龄"。

研究人员对约100名被调查者体内的脂肪进行了测量，结果显示，由于新陈代谢活动，在一个脂肪细胞约十年的寿命里，其中储存的脂肪平均会更新6次。但是，对于胖人和瘦人来说，这个速率并不一样，胖人体内的脂肪细胞明显"进货"更快，而"出货"更慢，长此以往就造成脂肪累积，表现为肥胖。

阿内尔说，人们可以自然地想到肥胖，是因为脂肪储存得多而消耗得少，但本次研究第一次证实了相关差异，即就脂肪细胞中脂肪的新陈代谢而言，肥胖者和普通人的速率并不相同。他认为通过研究脂肪细胞的这一特征，有助于寻找治疗肥胖症等疾病的方法。

2. 导致肥胖非生理因素研究的新进展

（1）研究表明心理和社会因素与肥胖密切相关。2010年8月26日，芬兰媒体报道，芬兰科学院营养、食品与健康项目研究小组，当天公布的一项研究结果表明，个人情绪等心理因素和受教育程度等社会因素，与人们的肥胖程度密切相关。

研究人员对5000多名调查对象的体检结果，以及生活、饮食习惯、心理和社会因素问卷调查结果，进行分析后发现，情绪是影响人们进食的关键因素。无论男女，情绪化进食均易导致肥胖，但这一现象在女性中尤为普遍。研究还发现，心情抑郁者更容易情绪化进食，且更难坚持体育锻炼，因此更易导致肥胖。

除心理因素外，教育背景等社会因素也会影响人的体重。研究发现，受教育程度较高者的肥胖现象，普遍少于受教育程度较低者。部分原因在于，两者在对食物的选择标准和进行体育锻炼的程度方面，存在差异。此外，受教育程度较高者，在控制体重方面会受到更多来自社会方面的支持，在坚持体育锻炼等方面也更有恒心。

研究人员指出，在制定和实施控制体重计划时，应对影响食物选择及健身活动的社会和心理因素予以更多关注。

（2）发现人类现有环境可能易致肥胖。2019年7月，《新闻周刊》网站报道，挪威科技大学公共卫生与护理系玛丽亚·布兰德奎斯特参加的一个研究小组，在《英国医学杂志》上发表论文称，在过去50年里，人类总体上变得越来越胖，科学家认为，这在很大程度上要归咎于人们所处的环境。文章提醒道，从人们在子宫里开始，一直到年老死亡，所谓的"致肥胖"环境，会提高我们体重指数（体重指数）不健康的概率。

研究人员认为，人们现在所处的环境，是一个"致肥胖"环境。其中包括杂货店的距离有多近、人们使用安全人行道和公园有多容易等变量，毒素和微生物也起了一定的作用。

世界卫生组织称，2016年全球肥胖人数超过6.5亿人。为了弄清楚，为什么全球肥胖程度，自1975年以来几乎增长了两倍，挪威科学家研究了，从1963—2008年，定期在北特伦德拉格收集的118959人的数据。这些人的年龄，介于13~80岁之间，他们能代表整个挪威人口。

研究人员发现，从 20 世纪 60 年代，到 21 世纪初，挪威人的体重指数平均值大幅上升，而且是从 20 世纪 80 年代中期，到 90 年代中期开始上升的。1970 年以后出生的人年轻时的体重指数，要比之前出生的人"高得多"。

而且，遗传上有肥胖倾向的人，体重指数上升幅度最大。在 20 世纪 60 年代，遗传风险最高的男性，比风险最低男性的体重指数平均高 1.2 个百分点；到 21 世纪初，这一差距升至 2.09 个百分点。在女性中，这一差距，在 20 世纪 60 年代为 1.77 个百分点；到 21 世纪初为 2.58 个百分点。即使考虑到吸烟等与体重有关的因素，这一研究结果，也站得住脚。

研究人员认为，体重指数提高可以用"致肥胖"环境，与个体遗传特征相互作用来解释。

他们还指出："虽然吃得太多，运动不够是肥胖流行的原因，但深层原因，很可能是全球化、工业化和其他社会、经济、文化和政治因素的复杂组合。"

布兰德奎斯特说："对那些在遗传上有肥胖倾向的人来说，现在的环境可能使他们更难选择正确的生活方式。不过，虽然我们无法改变自己的基因，但我们可以影响自己身处的环境，改变人类居住环境有可能是应对肥胖流行病的一个重要手段。"

3. 防治肥胖食物研究的新进展

研发出一种或可减肥的新型巧克力。2011 年 12 月，有关媒体报道，丹麦哥本哈根大学营养学系教授阿尔内·奥斯楚普领导的一个研究小组，研发出一种新型巧克力，含有亚麻籽等多种具减肥功效的成分，希望能让消费者在享用美味的同时，又不用担心发胖。

研究人员说，他们在这种新型巧克力中加入了亚麻籽，因为亚麻籽中含有"欧米加 3"等多元不饱和脂肪酸，使亚麻籽中的食用纤维可与人体肠道中的脂肪结合后排出体外，从而减少人体对脂肪的吸收，达到减肥效果。此外，这种巧克力配料中还有辣椒等特殊成分，有助于加速人体的血液循环和新陈代谢。

奥斯楚普说，该研究小组下一步计划对这种新型巧克力的减肥作用进行验证，准备让不同测试人群分别食用普通巧克力和新型巧克力，然后对比 24 小时内不同测试对象的热量消耗数据，检验新型巧克力的减肥功能。

4. 防治肥胖方法研究的新进展

（1）研究表明适度饮食和运动才能维持健康体重。2010年8月25日，瑞典林雪平大学医学专家托尔比约恩·林德斯特伦等人组成的一个研究小组，在《营养与代谢》杂志上发表研究成果称，他们发现，一段吃得多、动得少的生活，会在短期内增加脂肪，即便过后恢复健康生活，新添脂肪仍"顽固不化"。

研究人员招募18名体重正常、健康状况良好的人参加一项实验。他们平均年龄26岁，男性12人、女性6人。受试者在一个月时间里，吃富含蛋白质和动物脂肪的高热量饮食，每天从饮食中摄入热量约5750卡路里，比实验开始前增加70%。

受试者在实验前携带一个计步器，感受每天不超过5000步的运动强度，在接下来一个月实验中把运动量控制在这个范围内。实验结束时，这些人平均体重增加6.4千克，全身脂肪重量平均增加3.7千克，达到16.4千克，占体重比例由原来的20%增长到近24%。

实验结束6个月后，受试者实验期间多出的那部分体重大部分消失。1年后，他们的体重平均比实验前多1.5千克，脂肪重量比实验前多1.4千克；2.5年后，体重平均多3.1千克，脂肪重量多3.2千克。

研究人员说，尽管成年人体重普遍随着年龄增长增加，但增加幅度远低于实验中的增加幅度。瑞典25~64岁人群，10年间体重平均增加3.8千克，年平均增幅远低于实验中的增幅。

这项研究中，另有18名志愿者，在研究期间作为受试者的对照组。对照组一直保持适当饮食和运动量，在整个研究期间体重和脂肪重量没有发生明显变化。

研究人员从这些数据得出结论，短期过量饮食兼运动量不足可能改变身体构成，导致脂肪水平显著增加，这种变化似乎在恢复健康生活方式后仍旧存在。林德斯特伦说："短期行为可导致长期后果。"他建议人们"管住嘴"。

美国塔夫茨大学营养学教授爱丽丝·利希滕斯坦认为，瑞典这项研究成果进一步证明，人们应该按照营养学家倡导的那样注意适度饮食。她说："人们应该靠适度饮食和运动维持健康体重，虽然有时候难免大吃大喝，比如逢年过节时，但是放纵一天足矣。"

（2）发现触发饱足感基因或能降低食欲。2017年2月14日，英国《独立报》报道，丹麦哥本哈根大学专家参加，澳大利亚墨尔本莫纳什大学副教授罗杰·波科克领导的一个研究小组，在蛔虫体内发现了一种能诱发饱足感的基因，人体内也有同样的基因，这一基因或能帮助人们遏制自己想要暴饮暴食的冲动，这对于那些希望节食的人来说真是个好消息。

据报道，研究小组在蛔虫体内发现的这种基因，主要负责控制大脑和肠道之间的信号传递。该成果，可能启发科学家们研制出一种新药，以降低食欲并增加对锻炼的渴望。

研究人员认为，这一基因或许也可以解释为什么人们饭后就想睡觉，这是因为身体已经存储了足够多的脂肪。波科克解释称："当动物营养不足，它们会在住处四周逡巡，寻找食物；当它们吃饱喝足后，就不需要再四处游荡；而当它们吃腻了，就会进入一种类似睡觉的状态。"

由于蛔虫的很多基因与人类一样，因此，它们是一种非常好的模型，可供科学家调查并且更好地理解人体的新陈代谢过程、疾病的发病原理及如何治疗等。

英国健康与社会护理信息中心的数据表明，在英格兰，约有58%的女性和65%的男性超重或者肥胖。

5. 防治肥胖设备研究的新进展

发明一种提醒人别吃太多的盘子。2012年4月，有关媒体报道，瑞典人发明了一种会说话的盘子，当使用者进食速度过快时盘子会提醒其吃慢一点。由于这种盘子很先进又很实用，英国国家医疗服务机构，不惜花重金从瑞典引进了这种盘子，帮助问题突出的英国家庭改变饮食习惯。

这款先进的饮食反馈装置，由两部分构成：一个放在盘子下面的秤和与之连接的小电脑显示屏。随着盘子里装的食物逐渐被吃掉，显示屏上会出现含有相关信息的图示，红线代表使用者进食的速度，而蓝线则表明该饮食的健康程度。

当使用者表现出暴饮暴食的倾向时，红线就会发生倾斜远离蓝线，提示使用者要注意控制。更加神奇的是，这款仪器还会"说话"，具备语音提示功能。如果显示屏上的这两条线偏离太多，电脑就会给出语音警告，让使用者放慢进食速度。

第五节　儿科与妇科疾病防治的新进展

一、儿科疾病防治研究的新成果

（一）儿童生理发展研究的新信息
1. 母乳影响儿童生理发展研究的新发现

（1）发现母乳能促使婴儿口味多样化。2008年7月24日，英国《卫报》报道，丹麦哥本哈根大学科学家海伦妮·豪斯纳领导的一个研究小组，在《新科学家》杂志发表论文称，他们研究发现，母乳除了有益孩子生长发育和智力提高，还有一个好处：母乳味道取决于母亲所摄食物，接受母乳喂养的孩子断奶后更愿意尝试不同食物，口味更加多样化。

研究人员为探讨母亲所吃食物与母乳味道的关系做了一项测试，结果显示，母亲摄入不同食物，会使母乳味道产生细微变化。他们请来18位处在哺乳期的妇女，给每人服用一颗带有特殊味道的胶囊，包括洋甘草味、葛缕子籽味、薄荷味和香蕉味等。服用胶囊后8小时内，研究人员采集母乳样本，分析胶囊对母乳味道的影响。

结果表明，2小时后，在服用洋甘草味和葛缕子籽味胶囊的妇女母乳中，这两种味道相当明显。薄荷味胶囊则在服用6小时左右发挥作用。但是，香蕉味胶囊始终未对母乳味道造成影响。

豪斯纳说："我读到一份研究报告，称如果母亲在哺乳期喝胡萝卜汁，接受哺乳的孩子断奶后，会更喜欢吃胡萝卜味的食物。于是受到启发，决定研究母亲饮食对母乳味道的影响。"

该研究小组做了另一项测试，试图探索母乳味道对孩子口味的影响，结果发现，接受带香菜味母乳喂养的孩子，长大后比喝普通牛奶长大的孩子更喜欢吃带香菜味的食物。

豪斯纳说："母亲的饮食，确实会影响母乳味道，但这不意味着母亲如果吃了一个苹果派，孩子会知道这是苹果派的味道并喜欢上它，因为母亲的饮食会变化，所以……孩子会习惯母乳味道的变化。"她推断，接受母乳喂养的孩子断奶后，更愿意尝试不同食物，也更能接受不同口味。

第八章 医疗与健康领域的创新信息

研究人员表示，先前对母乳味道的研究少之又少。但是，一些儿科医师和母乳喂养倡导者坚持认为，母乳的味道不仅能向孩子提供味觉享受，对孩子的健康也有极大好处。

这篇论文，还分析了不同厂商所产牛奶，确认这些牛奶的味道略有不同。豪斯纳说："断奶后愿意尝试不同口味的固体食物，有益于孩子未来健康。如果不能用母乳喂养，我建议母亲们尝试用不同厂家的多种牛奶喂养孩子，让孩子习惯不同的味道。"

美国费城儿童医院儿科助理教授尼古拉斯·施泰特勒指出："现在，我们已经知道母亲的饮食会对母乳味道产生影响。如果能有更多对母乳味道与孩子饮食习惯关系的研究，将对今后儿科护理产生重大影响。"

（2）发现母乳影响婴儿肠道微生物发育。2015年5月11日，瑞典歌德堡大学弗雷德里克·伯克荷德领导的一个研究小组，在《细胞·宿主与微生物》期刊上发表论文称，他们针对98个瑞典婴儿的排泄物样本分析发现，儿童肠道微生物的发育和生育方式之间存在联系。

研究人员说，那些经由剖宫产出生的婴儿，肠道菌群明显少于顺产的婴儿。他们的研究还发现，营养是婴儿肠道微生物发育的主要驱动因素，通过母乳喂养还是奶瓶喂养的决定，尤为重要。

伯克荷德说："我们的发现证明，停止母乳喂养，而非引进固体食物，是驱动成人样微生物群发展的主要因素。不过，生命初期改变微生物群落，对青春期和成人期健康和疾病的影响尚不明确。"

人们怀疑肠道菌群，是婴儿发育所需的营养盐和维生素的一个来源。例如，这些肠道"租客"，能与标准的细胞过程相互作用，产生必需的氨基酸。研究人员表示，理解个体肠道菌群对新陈代谢、免疫，甚至行为产生的作用，是该研究的一个主要目标。

这项研究成果支持了之前的研究结论：婴儿大部分肠道细菌最初来源于母亲。研究人员还发现，虽然剖宫产出生的婴儿从母亲那里接收到的微生物较少，但他们仍能通过皮肤和口腔吸收微生物。

一旦细菌进入婴儿的肠道，菌群数量的变化，就开始依赖儿童的饮食情况。研究人员认为，停止母乳喂养对微生物发育而言是一个重要时刻，原因是某些细菌类型以母乳提供的营养盐为食。一旦不再摄入母乳，其他在成年人体内更常见的细菌便开始出现。

伯克荷德说:"我们的研究强调,母乳喂养在婴儿生命的第一年,对肠道微生物群落塑造和演变所起的作用。停止母乳喂养后,儿童体内的肠道微生物增加的种类属于梭状芽孢杆菌,这种细菌在成年人肠道内十分普遍。相反吃母乳的婴儿肠道内,双歧杆菌和乳酸菌仍占主要地位。"

2. 新世纪儿童寿命预测研究的新进展

预测半数富国儿童有望寿命过百岁。2009 年 9 月,南丹麦大学丹麦老龄化研究中心教授卡雷·克里斯滕森主持的研究小组,在最新一期英国医学杂志《柳叶刀》上刊载研究报告称,根据他们预测,假如人类寿命延长的趋势不变,2000 年后出生的发达国家儿童,半数以上有望活到百岁。

研究小组对 20 世纪发达国家人口寿命展开调查,结果显示:20 世纪末与 20 世纪初相比,发达国家人口平均寿命大约增加 30 岁。

研究报告说:"假如发达国家平均寿命在 21 世纪保持增加趋势,那么,多数 2000 年以后出生的法国人、德国人、意大利人、英国人、美国人、加拿大人和日本人,有望庆祝百岁生日。"报告列举一些发达国家人口寿命的预期数据,例如,半数以上 2000 年出生的日本人可望活到 104 岁;半数以上 2003 年出生的美国人可望活到 103 岁;半数以上 2007 年出生的意大利人可望活到 104 岁。

研究报告说,进入 21 世纪,老龄人口无力照顾自己、需要依赖别人的年龄,将比以往推迟。即便是年龄在 85 岁以上并罹患糖尿病、哮喘等慢性疾病的老人,失去自我照顾能力的时间也有所推迟。

研究人员写道:"这种现象,缘于现代医学可更早诊断病症,并对病人实施更佳治疗。85 岁以上老人可以活得更长,他们具备自我照顾能力的时间也会更长。"

研究报告认定:"百岁以上长寿者,不再是人类未来才能普遍享有的特权,可能在众多发达国家已经成为现实。"研究报告说,伴随人口预期寿命增加,老龄化带来的社会、经济和医疗压力将令发达国家头疼。研究人员为解决这些问题支招:与其让人们在相对集中的年龄段内拼命工作后退休,不如减少大家每天工作时间并增加工作年限。他们说:"每个人,都应在不同年龄阶段,把工作、学习、休闲与养育下一代结合起来。"

研究人员写道："假如六七十岁的人工作年限比眼下延长，整个社会不同年龄阶段的人工作时长会减少。初步研究结果显示，每周工作时间减少加上退休时间推迟，将起到延年益寿的效果。"

这份研究报告说："20世纪是收入重新分配的百年，21世纪将是工作重新分配的百年。所谓工作重新分配，就是指工作量将更加平均地分配给各个年龄段的人。"

（二）儿科疾病病理研究的新信息

1. 儿童多动症病因研究的新进展

发现多动症儿童或存在新陈代谢障碍。2008年2月，挪威媒体报道，12年前，5岁的挪威多动症患儿斯格伯恩，被所在的幼儿园评价为"智力迟钝，发展迟缓"。但如今，17岁的他正在上高中，是班上最优秀的学生之一。报道说，这得益于挪威一个专门为多动症儿童制定的饮食实验计划。

挪威科学家艾香德曾指出，患上多动症的儿童可能存在新陈代谢障碍，他们不能消化类似干酪素（存在于奶类食品）等蛋白质和谷类食品所含的麸质，导致体内的缩氨酸（可在尿液中测量）过多，从而导致对大脑的智力损害，情形有点类似吸食鸦片。为了论证上述理论，自1996年起，挪威小城斯塔万格的几名教育学家和科研人员，开始了一项针对多动症儿童的饮食实验。

据悉，参加这项实验的23名儿童，年龄在4岁到11岁不等，都患有严重的多动症。斯格伯恩就是这23名儿童中的一员。研究人员要求这些孩子的父母改变孩子的饮食习惯，远离奶类和谷类食品。实验1年后，22名儿童病情有了明显改善。

斯格伯恩说："如果我吃了什么不该吃的东西，效果马上会显现出来，我会无法集中注意力。每逢考试之前，我都要特别注意我的饮食。"

在另一个实验案例中，研究人员偷偷给一名6岁的多动症患儿饮用牛奶，然后要求他写出自己的名字。结果这个孩子写出了一堆混在一起的线条。2天后，当孩子重新按要求控制饮食后，研究人员再让他写自己的名字，他写出了4个清楚的字母。

研究人员说，虽然还没有证据证明多动症患儿的病因，都是因蛋白质消化问题引起，但他们的研究结果，也能让多动症患儿的父母在给孩子治疗时多一种选择。

多动症的全称是"注意力缺失/多动症",患者通常大多活跃,难以集中注意力去完成一件事,通常还会伴随智能不佳、语言障碍和动作不够协调等问题。如果得不到适当的治疗,对儿童的学习能力,与朋友和家人的关系会产生不良影响。一般每100个小孩中,大约有1~2个多动症患儿,男孩比例较高。其主要表现有以下几点:

一是活动度过高。如:坐着时,手脚扭扭捏捏地动个不停。上课时,会随意离开座位等。

二是注意力差。如:注意力没法持续,在学习或游戏时特别容易分心,常常无法遵守规定和按时完成作业,而且也会出现忘记做某事的情形,最明显的就是常因外来的刺激而分心。

三是行动控制不良。如:患儿会等不及排队而插队,与别人发生冲突时,往往先拿出暴力行为。

2. 早产儿发育障碍研究的新进展

发现早产儿成年后骨健康问题多。2009年9月,芬兰媒体报道,芬兰赫尔辛基大学等机构联合组成的一个研究小组,进行的一项新研究结果显示,出生时体重不足1.5千克的早产儿,其骨骼难以正常发育,成年后骨健康存在诸多问题。

研究人员报告说,他们对283名年龄在18~27岁的芬兰人进行调查,其中有144人出生时为早产儿,而且出生体重不足1.5千克。研究发现,与足月出生的婴儿相比,这些早产儿成年后的骨密度明显较低,更易患骨质疏松症或出现骨折等问题。

早产儿一般指胎龄不满37周出生的婴儿,其出生体重一般都在2.5千克以下,容易遇到各种发育障碍。研究人员建议,为降低成年后患骨质疏松症的风险,早产儿在成长过程中及成年后都应该注意补充钙和维生素D,并进行一些增强骨骼的针对性运动。

3. 过敏儿童患病风险研究的新进展

发现过敏儿童患复杂阑尾炎风险低。2018年8月,瑞典隆德大学和斯科讷大学医院相关专家组成的一个研究小组,在学术期刊《美国医学会杂志·小儿科》上发表论文说,他们研究发现,过敏儿童和青少年罹患复杂阑尾炎的风险较低。这一发现,有望帮助临床医生及时诊断复杂阑尾炎。

阑尾炎是在儿童和青少年中常见的一种急性疾病,其中 1/3 的患病儿童和青少年由于病情复杂,往往需要住院较长时间,甚至接受多次手术。此前医学界不了解为何一些儿童会罹患较为复杂的阑尾炎,以及是否能够避免这种情况。

该研究小组调查了 2007—2017 年间 605 名,在斯科讷大学医院接受阑尾切除术的 15 岁以下患者,其中 102 名有过敏症状,另外 503 名没有过敏症状。进一步研究发现,仅有约 20% 的过敏儿童和青少年罹患复杂阑尾炎,而在没有过敏症状的儿童和青少年中,有将近一半人罹患复杂阑尾炎。

研究人员说,有一种理论认为,罹患阑尾炎的复杂程度,与患者身体的免疫应答有关。过敏儿童和青少年罹患复杂阑尾炎风险较低,可能是因为他们的免疫应答,与非过敏儿童和青少年不同。

(三) 儿科疾病防治方法研究的新信息

1. 预防胎儿肾发育不全方法研究的新进展

研究显示一种强心剂可预防胎儿肾发育不全。2010 年 7 月 28 日,瑞典公共电视台报道,瑞典卡罗林斯卡医学院一个研究小组,对媒体发布的一项研究成果显示,怀孕的母鼠服用一种强心剂,可预防胎儿因营养不良而造成肾发育不全。

以往的研究发现,出生时体重过轻的人,肾很容易受到伤害,今后患肾衰竭的风险也高,这主要是因为他们在胎儿时期没有获得足够的营养,导致肾发育不全。

该研究小组通过对怀孕母鼠的实验证实,如果喂给母鼠常用作强心剂的乌本苷,就可避免胎儿肾脏因营养不良而出现发育不全的现象。乌本苷可从夹竹桃科羊角拗属植物种子中获得,这类植物主要分布于非洲和亚洲的热带地区。

2. 治疗儿童湿疹方法研究的新进展

发现乳酸菌有助于减轻儿童湿疹。2005 年 4 月,芬兰赫尔辛基大学医学院一个研究小组,在美国《过敏性疾病》杂志上发表研究报告说,他们发现在湿疹儿童患者的食物中,掺入一种益生乳酸菌,有助于减轻其过敏症状。

研究人员在研究中使用的是 GG 乳酸菌。这是一种常用益生菌,可以增进宿主健康及有益于生理机能,并且本身并非病原微生物。在这项研究中,研究人员把 230 名被怀疑对牛奶过敏的湿疹幼儿,分为三组:一组食物中掺入 GG 乳酸菌胶囊,另一组食物中加入 GG 乳酸菌和其他三种益生菌,第三组食物中加入安慰剂。这些儿童连续服用上述食物 4 周。

整体分析发现,研究期间这些儿童的湿疹症状减少了 65%。研究人员在对体内有某种特定抗体的过敏儿童情况,进行进一步分析后发现,GG乳酸菌胶囊组儿童的湿疹症状,比安慰剂组减轻了许多,而混合益生菌组则没有。

研究人员得出结论说,通过补充益生菌改造肠道内天然细菌环境,是一种治疗过敏的新方案。研究表明,这也许对那些食物过敏儿童有很大帮助。

二、妇科疾病防治研究的新成果

(一) 女性生殖系统疾病防治研究的新信息

1. 人工授精研究的新进展

发现人工授精时不必同时植入两个胚胎。2004 年 6 月 29 日,瑞典哥德堡大学医院的科学家安·图琳领导的研究小组,在柏林召开的欧洲生殖和胚胎学年会上报告称,他们研究发现,在实施人工授精过程中,向妇女子宫内同时植入两个胚胎以提高受孕概率的做法没有必要,而且这样做有可能出现多胞胎。一次植入一个胚胎,分两次进行,同样可以获得大致相当的受孕机会。

图琳说,以往为了增加人工授孕的成功概率,往往向妇女子宫内植入多个受精卵,但这样做使妇女怀上多胞胎的概率也随之增大。她接着说,为减少多胞胎的发生概率,她的研究小组开始尝试一次只移植一个胚胎的单个胚胎移植法。

图琳的研究小组将 661 名需接受人工授精的妇女分成两组:一组按过去的方法向妇女子宫内同时植入两个胚胎;另一组每人先植入一个胚胎,如果没有怀孕,再植入第二个胚胎。实验数据显示,第一组中有 43.5% 的妇女怀孕,第二组中有 39.7% 的妇女怀孕,两者人工授孕的成功比率相差不大。

2. 女性内生殖器疾病防治研究的新进展

（1）推进人类子宫移植手术研究。2010年10月3日，《南瑞典日报》报道，瑞典哥德堡萨尔格伦斯卡大学医院莉莎·约翰内松等人组成的一个研究小组，发布研究成果称，子宫移植手术已在动物实验中取得突破，人类子宫移植可望很快成为现实。

据报道，研究人员对实验鼠进行的子宫移植手术，取得突破性进展。移植新子宫的实验鼠，不仅通过自然交配怀孕，而且还顺利产仔。约翰内松说，移植手术很成功，通过移植子宫产下的鼠仔迄今生活得很正常。

研究人员还对羊和猪进行了子宫移植试验，效果也很理想。他们下一步准备在狒狒身上进行移植试验。约翰内松说："我们已经取得了很大进展。希望在对狒狒的试验获得成功后，即可进行临床试验。我们希望，能在两年内实现人类子宫移植。"

研究人员表示，一旦能够实施人类子宫移植手术，其首要的服务对象，是那些没有子宫但仍希望生儿育女的妇女。目前在斯堪的纳维亚地区，希望接受子宫移植手术的妇女超过万人。

2014年10月5日，瑞典一名36岁妇女成为世界上首个接受子宫移植后产下宝宝的女性，这项医学成就为众多子宫性不孕妇女带来了希望。

（2）研制出能让未成熟卵细胞正常发育的人造卵巢支架。2018年7月1日，英国《独立报》报道，丹麦哥本哈根理工学院生物工程专家苏珊娜·波尔斯领导的一个研究团队，在巴塞罗那举行的欧洲人类生殖与胚胎学会年会上报告说，他们研制出一种生物工程卵巢：剥离了DNA和活细胞成分的卵巢支架，这是全球首个能让未成熟卵细胞，成功发育成适合移植的受精细胞的人造卵巢。研究人员表示，这种人造卵巢，未来有望让经历过癌症化疗的女性无风险地成为母亲。

有些需要接受紧急医学治疗的女性，会将卵巢组织保存下来，它含有数千个未成熟卵子，这些卵子存在于被称为卵泡的充满液体的囊中，从而可在治疗后再将卵巢组织植入体内。然而，如果有癌细胞留存在卵巢组织内，那么，再次移植带来的癌症风险也会很大。

该研究团队的最新技术避免了这一风险。他们使用一种化学过程，剔除了卵巢组织细胞的DNA，以及可能包含有错误指令导致细胞不受控制生长的其他特征，然后将未成熟卵细胞植入这个空的卵巢支架中。

实验结果表明，未成熟的卵子和组织支架可以重新整合，在这个支架中存活下来，然后可被移植到一个活宿主的体内。

波尔斯说："这是分离的人类卵泡，首次在脱细胞的人类支架中存活下来。试验表明，它可以提供一种新的生育保护策略，没有恶性细胞'卷土重来'的风险。"

此前，英国科学家首次将未成熟细胞从卵泡中取出，并在体外培育为成熟的卵子，但该研究没有卵巢支架可让卵泡重新植入并自然发育。

有关专家认为，这是一项开创性的研究，是生育保护领域极为重要的进步。但这个过程仍需要精简并证明对人类是安全的，这可能需要数年时间。英国哈默史密斯医院妇科医生斯图尔特·拉维博士说："如果这一技术被证明有效，它会比试管受精和冷冻卵子更具优势。"

（二）孕妇行为影响健康研究的新信息

1. 研究显示孕妇压力大影响孩子性格

2009年6月，有关媒体报道，芬兰赫尔辛基大学心理学研究所一个研究小组，发表研究报告称，母亲孕期压力大不仅有碍胎儿发育，而且对孩子的性格有不利影响。

研究小组对将近5000名芬兰孕妇进行了孕期情绪跟踪调查，同时在全球范围内广泛采集有关研究资料。研究结果表明，孕期承受较大压力的母亲生下的孩子情绪反应，与其他孩子相比较为强烈，他们一方面比较胆小，另一方面也更容易激动。

研究认为，母亲孕期感到有压力时分泌的激素会传给胎儿，从而影响孩子的生理调节系统。如果孕妇承受过多压力，其分泌的激素可能影响孩子出生后的认知能力发展，并增加孩子出现行为障碍的风险。专家因此建议，孕妇在怀孕期间应该比平时更加注意休息放松，努力减轻压力。

2. 研究表明孕妇酗酒会带来日后健康隐患

2010年10月5日，《赫尔辛基新闻》报道，芬兰最新公布的一项研究结果表明，在孕期酗酒女性，日后无论在心理方面，还是在身体方面都更容易出现诸多问题，因此应向女性普及有关孕期饮酒危害健康的知识。

据报道，赫尔辛基妇产医院研究人员，对524名在孕期酗酒的妇女，进行了长达9~15年的跟踪调查，并将她们的健康记录，与同时期生育的其他1800名不酗酒妇女的健康数据，进行了对比。

统计显示，孕期酗酒的妇女日后需要接受心理治疗的概率，是正常同龄妇女的9倍，罹患病毒性疾病的风险是正常同龄妇女的24倍。此外，因病住院后，她们的住院治疗时间也比通常情况下长两倍。孕期酗酒的女性中，有许多人不得不提前退休。总体来看，她们在产后10年内死亡的风险，是其他妇女的38倍。

为此，研究人员建议，应加强对酗酒妇女的产后跟踪调查，及早发现她们的健康隐患并及时进行治疗。

3. 发现孕妇睡眠紊乱可致产后患上忧郁症

2011年1月12日，有关媒体报道，芬兰科学院公布的一项最新研究显示，母亲在怀孕期间睡眠紊乱将增加产后患忧郁症的风险，而且不利新生儿形成有规律的睡眠习惯。

研究指出，这一结论，是经过多年跟踪研究得出的。此外，新生儿及其母亲经常同时存在睡眠紊乱现象是互为因果的。由于新生儿起夜多，会导致母亲情绪低迷和抑郁症状增加，从而使其身体疲惫状况加剧，母亲因此难以帮助新生儿形成有规律的睡眠习惯，从而使婴儿睡眠不规律现象长时间持续。

芬兰国家健康与福利研究所的专家为此指出，孕妇在怀孕期间即应开始注意保证充足睡眠，产后应该尽早帮助孩子形成有规律的睡眠习惯。

（三）妊娠期妇科病防治的新信息

1. 降低早产风险方法研究的新进展

发现孕妇服用欧米茄—3脂肪酸可降低早产风险。2018年11月，丹麦研究人员参加，南澳大利亚健康与医学研究所玛丽亚·马克里德斯教授领导的一个研究小组，在医学期刊《科克伦评论》上发表论文称，他们最新发现，孕妇服用欧米茄—3脂肪酸补充剂，可显著降低早产风险。

孕期一般要持续40周，早产是指孕妇怀孕不满37周的分娩。该研究小组评估了，全球近2万名女性的70项临床试验结果。他们发现，孕妇每天服用欧米茄—3脂肪酸补充剂，可将不足37周分娩的早产风险降低11%，不足34周分娩的早产风险降低42%。

深海鱼油中富含欧米茄—3 脂肪酸。欧米茄—3 脂肪酸有很多种，其中最重要的两种是二十碳五烯酸（EPA）和二十二碳六烯酸（DHA）。研究人员建议孕妇从怀孕 12 周起，每天补充 500~1000 毫克的欧米茄—3 脂肪酸，其中应含有至少 500 毫克 DHA。

研究人员表示，足月分娩对孩子日后健康成长至关重要，孕妇补充欧米茄—3 脂肪酸是预防早产的一种简单有效方法。

2. 妊娠期长度与乳腺癌风险关系研究的新进展

考察妊娠期长度与乳腺癌风险降低间的关联。2018 年 9 月，有关媒体报道，哥本哈根丹麦国家血清研究院专家马兹·梅尔拜领导的一个研究小组，不久前发表的一项观察性研究表明，乳腺癌患病风险降低，与妊娠期 34 周及以上有关联。

长期以来，怀孕的次数与时间点，一直与乳腺癌的风险变化关联起来；特别是 30 岁以下年轻时，足月妊娠与较多的分娩次数，一直认为与乳腺癌风险降低相关。然而，目前尚不清楚，这些因素如何影响乳腺癌的发展。

该研究小组利用丹麦国家的分娩登记记录与癌症数据，建立了一个覆盖 230 万名妇女的队列，并评估了妊娠时长与长期乳腺癌风险之间的关系。他们发现乳腺癌风险下降与妊娠期持续至少 34 周有关，而妊娠期不超过 33 周不会带来风险降低。他们还发现，包括分娩次数和社会经济地位在内的其他因素，不能解释这种关联。

此外，这项分析，在包含 160 万名挪威妇女的相同数据队列中，得到了重复。研究人员提出，在妊娠第 34 周左右，可能发生了特别的生物学效应。以上发现，或有助于调查这种效应背后的起因。

第六节　疾病防治研究的其他新进展

一、健康长寿与免疫研究的新成果

（一）影响人体健康因素研究的新信息

1. 有益于健康因素研究的新进展

（1）发现适度晒太阳有益于女性健康。2014 年 5 月 7 日，《每日电讯报》报道，瑞典卡罗林斯卡医学院佩尔·林德维斯特博士负责的一个研究小组，发表调查报告称，对于女性来说，适度晒太阳是有益于健康的。他们研究发现，与夏日接受日光浴的女性相比，不晒太阳的女性死亡率高两倍。

研究人员对1990—1992年招募的29518名女性，研究接受日光浴和晒黑沙龙等情况，进行为期20年的跟踪研究。20年之后，2545名参试女性死亡。对比研究发现，从来不在夏天晒日光浴的女性，因各种原因死亡的危险会增加两倍。与紫外线接触最多的女性，死亡率为1.5%，而避免日光浴的女性死亡率为3%。夏日晒日光浴的女性死于皮肤癌的可能性也低10%。但也有研究发现，日光浴者，因黑素瘤死亡的危险是常人的两倍。

林德维斯特表示，在阳光充足、太阳较强的国家，有关防止晒伤的健康建议非常多。但适度晒太阳的确有益女性健康。

这项研究发现，避开太阳的女性，死亡率之所以高两倍，与其体内缺乏维生素D有密切关系。晒太阳越少，体内维生素D就越少。而维生素D不足会增加糖尿病、肺结核、多发性硬化症和佝偻病等疾病危险。研究发现，佝偻病病例在过去15年里增加了3倍，这与防晒过度密切相关。

英国萨里大学的博士后安德里亚·达尔林表示，尽管新研究结果表明，晒太阳有益，但大量证据同时证明，皮肤癌与过度日光浴之间存在重要关联。晒太阳一定要把握度，出门涂抹防晒霜等防晒措施依然不可放松。

（2）研究证实日常活动对健康有很大益处。2018年1月，瑞典卡罗林斯卡医学院专家玛丽亚·哈格斯特勒默领导的一个研究小组，《临床流行病学》上发表论文称，他们研究显示，日常低强度运动对健康的益处，比以前认为的更大。如果每天将半小时本来久坐不动的时间，替换成日常活动，能使由于心血管疾病导致死亡的风险大幅下降。

在瑞典，心血管疾病是死亡的主要原因。尽管人们已知中等强度至高强度的运动，有助于降低心血管疾病风险，但是低强度运动对身体的好处一直以来未有定论。

该研究小组跟踪分析了瑞典1200人的运动情况，以及研究15年后这些人的死亡率，结果显示，每天坚持将半小时的久坐不动改为诸如站立、散步或做家务等日常活动，可将因心血管疾病导致死亡的风险降低24%。

研究还显示，如同预期的那样，以类似快步走这样中等强度的运动，或高强度的训练代替久坐不动,对降低心血管疾病死亡率的效果更加明显。每天 10 分钟中等强度至高强度运动,可将心血管疾病导致的死亡风险降低 38%,每天 30 分钟则会将死亡风险降低 77%。

研究人员说,这项研究结果,对久坐不动的年轻人及老年人都有意义,建议他们增加日常活动的时间。

2. 不利于健康因素研究的新进展

发现低纤维饮食不利于健康。2017 年 12 月 23 日,有关报道称,瑞典哥德堡大学科学家弗雷德里克·巴克主持,贡纳尔·汉森博士参加的一个研究小组,在《细胞·宿主与微生物》杂志上发表论文称,他们通过对老鼠的研究发现,纤维食物对整个身体都会产生重要影响,饮食缺少纤维容易得病。

报道指出,在即将来临的假期里,任何关注自己腰围的人,都应该注意自己的肠道细菌在吃什么。健康饮食不只是卡路里问题,其实纤维能延缓消化,但很容易被肠道中的细菌吃掉。而饮食中的纤维可以影响体重、血糖、胰岛素敏感性和结肠健康。

水果、豆类、蔬菜和全谷物都有各种各样的纤维。所谓的西方饮食,其特点是脂肪和糖含量高,但纤维含量低,这会导致体重增加,并使患炎症性肠病和糖尿病的风险提高。巴克说:"西方人的纤维摄入量,在过去的几十年里显著减少。"

这项研究,是从给一组老鼠喂食低纤维食物开始的。结果显示,低纤维饮食迅速导致老鼠体重增加、血糖升高和出现胰岛素耐受性。研究人员发现,小鼠在食用低纤维饮食后 3~7 天,结肠保护黏液层就出现了问题:这种黏液层变得更有穿透性,并且细菌能侵入结肠的上皮细胞。后来,他们还发现,低纤维饮食使老鼠的结肠厚度显著变薄。不仅是大量的肠道细菌死亡,而且老鼠不同的肠道菌群出现了不健康失衡。

汉森说:"这项研究,显示了结肠内部黏液层,在分离细菌和人类宿主方面的重要性。这也很好地说明,纤维饮食会影响黏液层,并导致肠道细菌快速改变,从而影响身体健康。"

3. 保健物品研究的新进展

(1)研究称含麸皮全黑麦面包具有更多保健功效。2012 年 3 月 29 日,芬兰媒体报道，经常吃点儿粗粮有益身体健康。东芬兰大学营养学研究中心汉努·米凯宁教授领导的一个研究小组，在以往研究的基础上又发现，含麸皮的全黑麦面包具有更多的保健功效。

东芬兰大学以往的研究表明，芬兰传统饮食中的黑麦面包富含植物纤维、B族维生素等人体必需的成分，有利于人体机能的正常运转。同时，黑麦面包具有降血脂、平衡血糖代谢及增强肠道功能等作用。

该研究小组就黑麦面包对人体健康的影响进一步发现，黑麦麸皮中所含的多种化合物，能增强人体免疫功能及降低胆固醇，有助于预防心脏病和Ⅱ型糖尿病等疾病。

研究人员将受试者分成两个小组，一组人以黑麦面包代替小麦面包，而对照组只食用小麦面包。研究发现，食用黑麦面包的受试者血液中的炎症标志物即超敏C-反应蛋白下降，此外他们血液中的胆固醇浓度也明显下降。

米凯宁指出，腹部肥胖或胆固醇高的人易患冠心病和Ⅱ型糖尿病，因而不适合食用小麦面包，而应多食用含麸皮的全黑麦面包。

（2）用鱼黏液和虾壳制成超级防晒霜。2015年8月，有关媒体报道，瑞典斯德哥尔摩阿尔巴诺瓦大学生物研究中心专家文森特·布隆领导的一个研究团队，用海藻、鱼类黏液和虾壳中的化学物质制成一种材料，它或许很快将成为那些寻找纯天然防晒霜人们的选择。

一些花大量时间待在太阳底下的海藻、细菌和鱼类，进化出能吸收阳光中损害DNA的紫外线的"遮阳板"。这些化学物质被称为类菌胞素氨基酸，目前已被变成像防晒霜一样，可用到皮肤上，以及诸如户外家具等面临紫外线损伤危险的物体上的材料。除了可能成为比传统防晒霜更加有效的紫外线吸收者，这种天然替代品还是可生物降解的，并且其中一些成分能从食物残渣中回收。

该研究团队把这些类菌胞素氨基酸，同一种在虾和其他甲壳类动物的壳中发现的、被称为壳聚糖的化学物质发生反应。不同于氨基酸，壳聚糖是一种可溶解的聚合物，很容易被应用到皮肤上，并且已被开发成一种治疗痤疮的药物。

在进一步的测试中，研究人员发现，在高达80℃的温度下，其能在12个小时后依旧保持紫外线吸收能力。在老鼠皮肤细胞上开展的初步研究显示，这种防晒霜是无毒的，但在进行人体试验前还需要更多的研究。

（二）有利于长寿因素研究的新信息

1. 有利于长寿体貌特征研究的新进展

研究发现长娃娃脸者可以长寿。2009年12月14日，《每日邮报》报道，南丹麦大学凯尔·克里斯滕森教授领导的一个研究小组，在《英国医学杂志》上发表研究报告称，他们研究发现，长着一张娃娃脸的人，意味着其将享有更长的寿命，因为人们的生活状况很容易反映在脸上。

研究小组以双胞胎为研究对象，看看外表年龄，也就是别人认为你有多大，与你的生存能力、身体机能和智力有着何种联系。

这项研究始于2001年春季，研究人员对1826对70岁以上的丹麦双胞胎，进行了体能和认知测试，并拍了他们的面部照片。

三名评审员在不知道他们年龄范围的情况下，对不同年龄组的双胞胎进行年龄评估，结果发现，即使是双胞胎，被猜出的年龄也相差很大。研究人员然后用7年时间对这些双胞胎的晚年生活进行了跟踪调查，直至他们去世。调查表明：双胞胎中，外表年龄差异越大，看起来老的那个就越有可能先死。

凯尔教授还研究了寿命是否与染色体终端有关，发现染色体的状态与生命老化有直接关系，就如同鞋带末端上的塑料帽一样，这些染色体末端由于细胞分裂而不断损耗，这是一个自然老化的进程。

染色体上端粒较短的人，更容易患上与年龄增长相关的病症，死亡时间也会更早。端粒较长意味着你更年轻、更健康。但他认为端粒测试太复杂，不如看外表来得简单。外表年龄是每个人生活环境、性生活、生活状况和心态的集中体现。

2. 有利于长寿饮食研究的新进展

发现饮食中适量补钙有助于延长寿命。2010年3月，瑞典卡罗林斯卡医学院医学专家卡鲁扎·乔安娜领导的一个研究小组，在《美国流行病学杂志》发表论文称，他们研究发现，通过饮食适量补钙有助于延长寿命。在研究的10年中，通过食物补钙多的男人，比从饮食中摄入钙少的男人死亡风险低很多。另外，这些研究对象都没有额外服用补钙产品。

这一结论，与之前有关无论男女钙摄入量较高死亡风险较低的研究结

第八章 医疗与健康领域的创新信息

果相一致。很多研究人员曾探索钙和镁的摄入量和慢性疾病风险之间的关系，但很少有人知道摄入食品中的这些营养物质和死亡率之间的关系。

乔安娜研究小组对45~79岁的2.3万名瑞典男子，进行了为期10年的跟踪研究。在研究开始所有人都报告了他们的饮食，在10年的研究中，约2358人去世。

与饮食摄入钙最少的人相比，钙摄入量最高的人的全因死亡风险低25%，而且，在跟踪研究中，他们心脏病死亡的风险也低23%。钙摄入量对癌症死亡率的风险没有明显影响。钙摄入量最高的男人平均每天摄入近2000毫克，钙摄入量最少的人平均每天摄入1000毫克。

美国制定的钙每日推荐量为19~50岁男子摄入1000毫克，50岁和50岁以上的人为1200毫克。乔安娜和同事们总结道："钙摄入量超过每日推荐量可能会降低全因死亡率。"钙会以多种方式影响死亡率，例如，研究人员指出，可降低血压、胆固醇或者血糖水平。对于研究中的男人而言，饮食中钙的最大来源是牛奶、奶制品和谷物产品。

另外，研究还发现，镁摄入量和全因死亡率或者癌症或心脏病死亡率没有关系。研究参与者每天的镁摄入量从约400毫克到约525毫克。而对31岁和31岁以上的男人来说，镁的每日推荐量为420毫克。研究人员指出，分析显示镁对人们死亡率的影响可能不大，这是因为研究中的所有男人似乎都从饮食中获取了足够的镁。他们说："还需要对镁摄入量不足的其他人进行深入研究来说明这个问题。"

研究人员称，今后将需进一步探究人们从饮用水中摄入的钙和镁的量，因为饮用水可能是这些矿物质的重要来源。

3. 有利于长寿体育运动研究的新进展

研究称打高尔夫球能延长寿命5年。2008年6月，瑞典卡罗林斯卡医学院医学专家安德斯·阿尔博姆负责的一个研究小组，在《斯堪的纳维亚运动医学与科学杂志》上发表论文称，他们研究显示，打高尔夫球能使非职业高尔夫选手的寿命延长5年。

该研究小组是通过对50万名打高尔夫球的人，进行详细调查后得出这一结论的。研究人员发现，打高尔夫球能让人寿命更长、身体更健康。研究人员定义的一场高尔夫球赛为4~5小时，其间选手要快步行走。

阿尔博姆说："人们打高尔夫球，可以一直打到老年，这项运动在社交和心理方面都是有益的。"他接着说，这项研究结果显示，打高尔夫球延长寿命最长的人，是那些蓝领阶层，而不是白领人士。

（三）免疫系统疾病防治研究的新信息
——发现人体免疫系统的一种控制机制

2010年5月3日，瑞典卡罗林斯卡医学院发表一份新闻公报，宣称该院卡尔松副教授主持的一个研究小组，发现了人体免疫系统的一种控制机制。这一发现，对治疗多发性硬化症、风湿性关节炎及全身性红斑狼疮等免疫系统疾病有重要帮助。

新闻公报说，患有全身性红斑狼疮或其他免疫系统疾病的病人体内，缺少一种名为 NKT 的细胞。他们的研究结果证明，NKT 细胞的减少，是这些免疫系统疾病的主要致病原因。

卡尔松介绍说，人体免疫系统中有一类特殊的细胞被称为 B 细胞，B 细胞专门负责制造人体内的抗体，控制并杀死侵入人体的细菌和病毒。但当人们患有免疫系统疾病时，B 细胞就无法发挥作用，反而会不断分裂并伤害人体。

研究人员发现，NKT 细胞直接控制着 B 细胞，指导它对人体组织产生影响。当人体内缺少甚至没有 NKT 细胞时，B 细胞会被错误地激活，伤害人体。但当 NKT 细胞广泛存在时，它能及时制止 B 细胞的错误"行为"，从而终止发病过程。研究人员认为，今后可以探索新的方法，通过保护 NKT 细胞来治疗免疫系统疾病。

二、戒烟与呼吸疾病防治研究的新成果

（一）帮助烟民戒烟研究的新信息
1. 进行尼古丁疫苗人体试验

2008年4月28日，瑞典媒体报道，瑞典卡罗林斯卡医学院发表报告说，该院定于2009年开始，在北欧3个国家，展开抗尼古丁疫苗的人体比对试验。这种疫苗，旨在帮助吸烟者戒除烟瘾。

经过10年研制，卡罗林斯卡医学院的研究人员，在瑞典独立制药公司

创始人托尼·斯文逊领导下制成了这种抗尼古丁疫苗,并将其命名为"尼疫苗"。

报道说,从理论上说,如果一名接受了"尼疫苗"注射的烟民抽烟,他体内因疫苗产生的抗体会做出反应,锁住吸烟产生的尼古丁,使之无法影响脑部感应系统,从而无法产生让吸烟者成瘾的愉悦感。但是,目前研发的尼古丁疫苗存在一个关键问题:正常情况下,人体免疫系统不会对尼古丁起反应。

为了激活免疫系统,疫苗中的尼古丁就需要被锁定在一个能刺激免疫系统的"母体"上,以便能产生尽可能多的抗体。这种"母体"中含有尼古丁却又不会让人成瘾,它是"尼疫苗"的关键成分。

报道援引独立制药公司负责人莱娜·维京松的话说,400名接受测试者,都是希望戒烟的重度尼古丁依赖者。这些人在戒烟前,首先将接受心理辅导并服用药物。之后4个月,研究人员将为一半测试者每月注射一次抗尼古丁疫苗,为另一半注射安慰剂。研究人员会在此后1年时间内观察接受测试者是否复吸。

2. 认为电子烟对人体危害不容小觑

2017年5月,有关媒体报道,瑞典丹德吕德医院马格努斯·伦德贝克医生等人组成的一个研究小组,发表文章称,即便少量吸入电子烟,也会对血管造成损伤,进而增加心脏病和中风的风险。2017年初以来,不同国家对电子烟开展了不同侧重的科学研究,这项新发现再添证据表明,它很难再被看作传统香烟完美替代品。

电子烟自2004年问世以来,受到各国烟民追捧,不仅因为其减少了传统香烟中的尼古丁的摄入量,更因为以英国公共卫生局为首的研究机构报告称,与传统香烟相比,电子烟可将危害减少95%。但实际上,该报告只是审查了当时有限的文献证据,且缺乏相关流行病学对产品危害研究的数据支持。

电子烟究竟是否有害健康的争议不断,各国机构陆续开展了研究。以2017年为例,3月,科罗拉多州立大学开展的动物实验表明,电子烟烟雾气溶胶会引起血小板聚集增加,可能导致血管出现微血栓,说明电子烟在增加心血管系统风险并引发心脏病发作方面,与传统香烟并无二致;4月,路易斯维尔大学研究人员进行的定量分析发现，电池加热烟液产生的气溶胶中，含有对心血管有害的醛，包括甲醛、乙醛和丙烯醛等，且新一代带有罐式雾化器的电子烟产生的醛含量更高。

现在，瑞典研究人员发现，仅吸入10口电子烟就会造成血管受损迹象，后续参与吸入30口电子烟影响研究的伦德贝克说："我们看到血管弹性变差，而这可能会引发心脏病和中风。"实际上，吸电子烟的人每天会吸入250~300口，所受影响会更大，结果令人担忧。

美国政府2016年报告称，年轻人使用电子烟已成为"公共卫生威胁"；世界卫生组织则在相关报告中说，目前没有充分证据证实电子烟可帮助戒烟，吸烟者只有完全戒断尼古丁，才能最大程度保护健康。

（二）呼吸系统疾病病理研究的新信息
——发现人易感染肺炎或因鼻腔糖分子"作怪"

2016年9月11日，每日科学网站报道，瑞典卡罗林斯卡医学院微生物、肿瘤和细胞生物学系教授亨里克斯·诺马克领导的一个研究小组，在《细胞·宿主与微生物》杂志上发表论文，针对为什么人类比其他动物更容易感染肺炎链球菌的问题，做出一种独特的解释，他们研究发现，人类鼻腔里有一种糖分子的特殊变体，或许是致病原因。这一发现，可帮助研发预防各种类型肺炎的更广谱疫苗。

肺炎链球菌，又称肺炎双球菌，自然存在于儿童和成人的鼻腔内，是世界范围内诸多传染病最常见的病原体之一，其中最严重的就是脑膜炎和肺炎。然而，为什么相比其他哺乳动物，人类更易感染肺炎双球菌？至今仍是个谜。

该研究小组新发现，人类鼻涕里包含了一种糖分子特殊变体：唾液酸，它是肺炎双球菌赖以生长和存活的能量来源。在一种酶的帮助下，唾液酸被细菌释放出来，并进入细菌细胞进行能量转换，促使肺炎双球菌生长得更快，更能抵抗宿主的免疫系统。

通过让老鼠基因突变，使其产生这种人类糖分子变体，研究人员发现，这些老鼠比对照组的老鼠更易感染肺炎双球菌。诺马克说："我们发现，人体内所含的这种糖分子变体，使细菌能产生更多的酶，这种酶释放的糖是肺炎双球菌所需的能量来源。这加快了肺炎双球菌在人鼻黏膜中的生长。"

这项新成果,让研究人员更加清楚地了解到肺炎双球菌,在人类中导致严重感染的原因和机制,有助于研发更加有效的广谱疫苗,用以预防各种类型的肺炎,而这恰恰是现有疫苗做不到的。

三、五官科疾病防治的新成果

(一) 眼科与耳科疾病防治研究的新信息

1. 眼科疾病防治研究的新进展

研制的人工眼角膜人体实验成功。2010年8月,瑞典林雪平大学医学专家梅·葛瑞菲斯领导的一个研究小组,在《转化医学》杂志上发表论文称,他们在两年前为10名病人移植了自己研制的生物合成眼角膜,跟踪研究表明,这种人工眼角膜可以刺激眼部受损组织及神经的再生,并能够像捐赠的眼角膜一样恢复患者的视力。这项研究结果,将使数百万眼角膜受伤的病人受益。

10多年前,该研究小组就已在实验室中研发出这种人工眼角膜。它是利用人体细胞,或者胶原蛋白,揉成眼角膜的形状而制成,看起来就如隐形眼镜一样。经过将人工眼角膜移植到猪眼等一系列严格的测试后,葛瑞菲斯与林雪平大学的眼外科医生铂·法格豪姆合作,于2008年进行了人工眼角膜移植人体实验,将10名病人眼角膜中的受损组织移除,并代之以人工眼角膜。经过两年多的观察,10名病人的视力都有改善,其中6名病人的视力大有改善,另外4名病人戴隐形眼镜后,视力也明显改善。

人工眼角膜植入病人眼内后,眼部已有的神经和细胞慢慢进入人工眼角膜内,并且整合为一个整体,产生了一种与正常健康的眼睛组织类似的"再生眼"。葛瑞菲斯表示,这是首次证明,人工合成的眼角膜能够同人眼整合在一起,并且刺激眼部细胞和神经的再生。

眼角膜由胶原蛋白组成,尽管脆弱的眼角膜容易因创伤或感染而被损毁,但人们可依靠植入替代性眼角膜来恢复视力。不过,目前眼角膜都靠人捐赠,其来源稀少,需眼角膜移植的病人经常要等待很久,新研究将为眼角膜受伤的病人带来福音。

研究发现,人工眼角膜避免了使用捐赠眼角膜的某些缺陷,例如,接受眼角膜捐赠的患者有可能会感染疾病，也可能发生机体排异反应或需要接受长期免疫抑制的治疗。而且，人工眼角膜在受到刺激时还会变得非常敏感，产生眼泪。

葛瑞菲斯和法格豪姆计划再对这种人工眼角膜进行改进，将生物合成眼角膜的使用范围扩大到更广的视力受损疾病中去，以医治更多的病人。

2. 耳科疾病防治研究的新进展

发明新型植入式助听器。2013 年 1 月，有关媒体报道，瑞典查尔默斯技术大学一个研究小组，发明新型植入式助听器，失去听力的病人可以使用这种新型植入式助听器代替中耳，重新获得正常的听力。目前，这一独特装置，已成功应用到植入手术。

这种助听器，被植入到一位病人耳后不到 6 厘米的头骨之下的位置。利用头骨来向内耳传送声波，即所谓的骨传导，成功使病人获得了听力。研究人员说："人们所听到的声音，50%是由骨传导而来的，所以这种声音听起来十分自然。"

该新型植入式助听器，被称为骨传导助听器，与其他的助听器不同，这种骨传导助听器不需要固定物，所以不必担心会遗失一些小部件，也不会在植入处造成对皮肤的感染。

研究人员介绍道，这项技术被用来治疗因外耳或中耳长期发炎、骨病，或者先天性外耳功能障碍而导致失去听力的病人，对这些病人来说，骨传导助听器的效果良好。此外，这种新型植入式助听器还能帮助一些内耳损伤的病人。

研究人员已获得首次临床试验的结果，对于这一技术的未来，他们表示："计划在一到两年内，把这项技术推广至治疗普通的病人。我们正处在这项技术的开发阶段，需要大量投资来快速应用新的技术。"

（二）鼻科疾病防治研究的新信息

1. 鼻腔嗅觉研究的新进展

研究显示人类鼻腔嗅觉能感知疾病。2014 年 1 月，瑞典卡罗林斯卡医学院马茨·奥尔松教授负责的一个研究小组，在《心理学》期刊上发表论文称，他们的研究显示，人类能通过鼻腔嗅觉，帮助来感知那些免疫系统高度活跃者所患疾病。

研究人员为 8 名健康的志愿者注入脂多糖或盐水，志愿者随后穿着紧身 T 恤达 4 小时，以吸收含免疫反应相关气味分子的汗液。脂多糖是革兰氏阴性细菌细胞壁上的特有结构，对宿主有毒性，超过一定量会引起人体免疫反应，导致短时发烧。

随后，另有 40 人负责闻汗液的样本。结果显示，通过闻不同样本，这些人认为注射脂多糖者的 T 恤，有更强烈和令人不快的气味，闻起来不太健康。

奥尔松说，免疫系统防御性越强，汗水气味越令人不快。人类在免疫系统被激活之后，会通过汗腺向周围人群释放某种形式的气味信号。如果能够检测到这些气味，就能让人们尽早发现疾病。此前有研究显示，狗能够通过嗅觉感知肿瘤的存在，就像发现毒品。

早先也有证据表明，某些疾病的患者呼吸有不同气味，如淋巴结核患者的呼吸闻起来像过期的啤酒，糖尿病患者的呼吸闻起来像丙酮。这项研究，旨在进一步探明人通过鼻腔嗅觉来感知疾病的能力。

2. 鼻腔疾病防治方法研究的新进展

发现防治鼻息肉和慢性鼻窦炎的新方法。2019 年 1 月 14 日，冰岛大学与冰岛人类遗传学研究与分析公司联合组成的一个研究小组，在《自然·遗传学》杂志上发表文章指出，他们研究发现，ALOX15 基因功能缺失突变，可预防鼻息肉和慢性鼻窦炎。

鼻息肉是鼻窦和副鼻窦黏膜的病变，是引发慢性鼻窦炎的危险因素。在这项新研究中，研究人员对冰岛和英国的鼻息肉和慢性鼻窦炎患者，进行了全基因组关联分析，包括 4366 份鼻息肉病例、5608 份慢性鼻窦炎病例和超过 70 万的对照组。研究人员发现 10 个标志物与鼻息肉相关，2 个与慢性鼻窦炎相关。

另外，他们还检测了 210 个与嗜酸性粒细胞计数相关的标志物，发现其中 17 个标志物与鼻息肉相关。值得注意的是，ALOX15 基因的错义突变，导致花生四烯酸 15 脂氧合酶发生氨基酸突变，可以有效防止鼻息肉和慢性鼻窦炎病变的发生。

大约每 20 个欧洲人中会有 1 人发生这种突变，之前的研究已证明，该突变会导致 15 脂氧合酶酶活性几乎完全丧失。这项研究成果，有望为鼻息肉和慢性鼻窦炎的治疗，提供一个新的潜在靶点。

四、骨科与皮肤肌肉疾病防治的新成果

（一）骨科疾病防治研究的新信息

1. 风湿病防治研究的新进展

（1）研究显示风湿性关节炎患者宜吃素。2008年3月18日，英国广播公司报道，瑞典一项医学研究成果显示，风湿病是骨科的一种常见病，而风湿性关节炎患者坚持素食，有助于降低患心血管疾病的风险。

瑞典卡罗林斯卡医学院一个研究小组，让38名志愿者坚持素食一年，食谱中的蛋白质，只占每天摄入量的10%，碳水化合物占60%，脂肪占30%，食谱包括水果、蔬菜、小米、玉米等；让另一组28名志愿者按普通健康饮食建议进食，并不刻意增加素食食品。

研究结果显示，那些素食者的总胆固醇含量降低了，特别是低密度脂蛋白胆固醇含量降低了。同时，对防止动脉硬化症有保护作用的抗体ANTI—PC的含量提高了。研究人员认为，这些变化有利于患者缓解病情。不过，在那些非素食者体内，这些指标则没有明显变化。

（2）研究证实烟民易患风湿性关节炎。2010年12月，瑞典卡罗林斯卡医学院和乌普萨拉大学共同组成的一个研究小组，在英国《风湿性疾病年鉴》杂志上发表论文称，他们研究显示，烟民患风湿性关节炎的风险，要高于不吸烟的人。

研究人员对瑞典1200名风湿病患者，与871名同龄健康人士，进行了对比调查。结果发现，20%的风湿病关节炎病例，与高达33.3%的重度风湿性关节炎病例，是由于吸烟造成的。如果烟民体内含有SE基因，其患重度风湿性关节炎的风险会更高。

参与此研究项目的罗尼里德说，以往研究已经证实吸烟会导致风湿性关节炎，此次研究的意义在于，揭示了吸烟引发风湿性关节炎的严重程度。此外，研究还证实烟民戒烟后，其患风湿性关节炎的风险会慢慢降低。

2. 骨折风险因素研究的新进展

发现维生素A过量摄入可能会增加骨折风险。2018年10月，瑞典哥德堡大学医学研究所教授乌尔夫·莱纳为通讯作者的一个研究小组，在《内分泌学杂志》上发表论文称，维生素A是一种重要维生素，人体自身无法合成

维生素 A，需通过饮食摄入。他们的研究显示，补充维生素 A 需谨慎，如果过量摄入维生素 A 补充剂，可能会降低骨厚度，增加骨折风险。

动物实验显示，在为期 10 周的实验期间，研究人员每天让小鼠摄入相当于人类每日建议摄取量 4.5 倍到 13 倍的维生素 A。结果仅仅 8 天后，小鼠骨骼就明显变得脆弱。而且随着实验的推进，骨骼变得越来越薄。

此前就有研究提示，人们摄入维生素 A 补充剂，可能会增加他们骨骼受损的风险。也有动物实验显示，大剂量摄入维生素 A，1~2 周后实验鼠骨折风险就会增加。而在这次的新研究中，实验鼠摄取的维生素 A 剂量相对较低，与那些长期服用保健品的人每日摄取的剂量相当。

这次的研究结果表明，在膳食外额外补充维生素 A 应当谨慎。莱纳说，现在越来越多的人每日摄入维生素补充剂，维生素 A 摄入过量问题日益凸显，需要更多的研究，但大多数情况下，营养平衡的膳食足以补充身体所需的维生素 A。

3. 骨科疾病治疗研究的新进展

（1）研究表明驯鹿骨头提取物可治疗骨折。2009 年 8 月 31 日，芬兰媒体报道，芬兰生物活性骨替代产品研发公司，是一家生物技术公司。不久前，该公司研究人员，从驯鹿骨头中，提取出一种可促进骨质生长的生长因子，可用于骨折康复治疗。

研究人员用驯鹿骨头提取物制成移植物，植入骨折处后可促进受伤骨头特别是胫骨和髋骨的生长复原，并逐渐分解最终被排出体外。研究人员称，这种提取物，还可广泛应用于骨质疏松症导致的骨折和脱臼的康复治疗。

该公司负责人佩卡·亚洛瓦拉介绍说，目前动物实验，已证实了这种驯鹿骨提取物的疗效，很快将进行临床试验。

（2）研制出让残疾人感到真实"手感"的新型义肢。2016 年 3 月，每日科学网报道，瑞典查尔姆斯理工大学、萨尔格伦斯卡大学医院和一家移植公司合作，为一名无臂人士接合了一种直接与骨骼、神经和肌肉相连的义肢。这种义肢电极系统信号稳定，让病人能按自己意愿自由移动它，并实现精确控制，手拿鸡蛋而不破，感觉就像是自己的真手。

接受义肢的是名叫马格纳斯的瑞典人，他的手臂从肘部以上截肢。研究人员通过骨整合技术，把骨骼与钛金属直接连在一起，能提供像是他自己的手一样的感觉,让义肢变成了他身体的延伸。马格纳斯还能拿起小物品或易碎品,不会掉下来或弄破它们。

整个义肢分为植入部分和义肢部分。植入部分要通过手术,把一段钛金属植入骨骼,再装上控制系统,把电极和肌肉、神经连接在一起。义肢部分一端是可移动手臂,另一端与骨骼和电极系统保持机械连接,这段手臂能取下来,以便病人洗澡。

此外,植入钛金属能让骨骼围着它生长,在骨质中间连接,因此不会像不锈钢那样与外部发生反应而变得不稳定。这种骨整合技术避免了普通义肢造成的炎症和不适应等问题。

马格纳斯说,感觉它压得很紧,就像穿了双小半号的鞋,不太舒服;但它直接连在骨头上,没有任何运动障碍,极大地提高了生活质量。

发明这一义肢的是墨西哥蒙特雷科技大学生物医学工程博士奥蒂斯·卡特兰,全世界约有400人装了钛金属植入物,但只有极少数有植入神经和肌肉的电极系统。预计2016年会有超过10位病人接受神经控制系统。用钛植入来固定假体和骨骼,目前只有欧洲、澳大利亚、智利和美国能做,墨西哥正在等政府批准开发这项技术。

卡特兰说,他们的目标是开发人们能在日常生活中使用的技术,希望它能变成对每个截肢病人的一种标准疗法,这样价格也会下降。

(二) 皮肤与肌肉疾病防治研究的新信息

1. 皮肤疾病防治研究的新进展

发现激活的表皮生长因子受体可以阻止微生物进入皮肤。2006年6月15日,瑞典隆德大学医学专家奥利·索伦森领导的一个研究小组,在《临床医学调查》杂志上发表论文称,皮肤不仅仅作为物理屏障防止感染,而且皮肤细胞可以发生免疫反应产生抗生素多肽,来杀死入侵的微生物。

皮肤感染很少见,研究人员发现抗生素多肽不仅仅可以治疗感染,而且可以在发生感染的最原始部位预防恶化。

该研究小组研究抗生素多肽,在人皮肤上产生的防御机制。有趣的是,他们发现抗生素多肽是在人类表层皮肤受到损伤后再产生的,说明了那些入侵的微生物不是引起皮肤产生免疫反应的唯一原因。

研究人员阐述抗生素多肽,是通过激活表皮生长因子受体而产生的,这是一个正常的伤口愈合过程。研究人员发现抗生素多肽抗致病性葡萄酒菌活力，可以通过激活表皮生长因子受体而增加，那些伤口表皮的抗生素多肽浓度超过了正常水平，从而抑止和预防外来细菌的繁殖。这项研究结果表明，单独的受伤皮肤，在没有外来微生物的情况下，就可以激活皮肤的防御机制，预防微生物生长和相关的皮肤感染。

2. 肌肉疾病防治研究的新进展

发明可控制肌肉的离子芯片。2012年6月，瑞典林雪平大学有机电子学教授马格努斯·伯格伦负责的一个研究团队，在《自然·通讯》杂志上发表文章称，其成员之一的博士研究生克拉斯·梯班特，发明了一种可以控制肌肉的离子芯片。

在此前，该研究团队已发明了可同时运送正离子与负离子的离子晶体管，这种离子晶体管同时也可以运送生物分子。梯班特现在成功地把离子晶体管进行正负离子的运输，结合为互补的循环模式，机制与此前经典的硅电子相似。

这种化学循环的优势在于，电荷载体由多种功能的化学物质组成，这也就意味着研究人员可以有机会控制和调节人体内细胞的信号传导。伯格伦认为，由于这个离子芯片可以运送常见的信号传导物质，所以当通过运送乙酰胆碱时，就可以对肌肉的突触发出控制信号。

这项离子芯片的研究始于3年前，随后由卡罗林斯卡医学院使用该技术，实现了对乙酰胆碱的定向运输，这项研究也曾发布在美国《国家科学院学报》上。目前，该研究团队正在尝试向离子芯片内添加逻辑控制单元，诸如可以实现诸多逻辑控制功能的计算机闪存设备。

五、传染病防治研究的新成果

（一）虫媒传染病防治研究的新信息

1. 疟疾防治研究的新进展

公布有助于研制疟疾疫苗的新发现。2006年9月，瑞典卡罗林斯卡学院马兹·瓦赫格伦教授领导，乌干达坎帕拉马凯雷雷大学尼鲁法尔·拉斯蒂等人参与的一个国际研究团队，在美国《国家科学院学报》上发表论文称，疟疾产生的最严重伤害，就是对孕妇和儿童的伤害，他们研究疟原虫如何在胎盘中隐藏的现象时，有了一些重要的发现。

恶性疟原虫是目前传染人类的最有毒力的4大疟原虫之一。它的最大危险性，在于其也感染孕妇的胎盘，对孕妇和胎儿有致命的影响。另外，遭受疟疾国家的医疗资源常常也很薄弱，这样就造成了孕妇在分娩过程中死亡的严重后果。

拉斯蒂解释说："由于某些原因，通常在成人中发现，怀第一胎的妇女丢失半免疫性。胎盘似乎是诸虫亚群体最有利的解剖学环境。"

该研究团队详细研究了寄生虫是如何感染胎盘的，其公布的研究结果，有助于促进抗严重疟疾感染的疫苗和治疗的研究。

寄生虫在其生命的特定阶段进入人体红细胞，在红细胞里能够产生与自身黏附的蛋白血脉壁的受体结合。这会引起红细胞在机体毛细管处聚积，产生危及生命的征兆。感染过几次疟原虫成人的防御系统开始逐渐识别寄生虫蛋白，变得部分免疫。然而，一旦胎盘形成，不同的受体就会诱导形成新的环境。这就意味着，一个适合诸虫亚群体生存的环境形成。

早期研究表明，寄生虫来源的每个蛋白，只识别某个特异的胎盘蛋白受体。然而，拉斯蒂觉得天然机制比实验室的研究更复杂。因此，她与自己的同事在乌干达对胎盘进行收集，并分析研究。

拉斯蒂说："我们研究的大多数诸虫能结合胎盘上不同的受体。这就意味着，未来的疫苗，不能只局限于以往研究的一个蛋白一个受体的原则。既然科学家知道，几个胎盘受体结合的机制，那么研究就应该转移到寄生虫本身上来，看是否产生不同的表面蛋白，或者一个和一类蛋白是否能结合许多不同的宿主受体。"

2. 黑死病传播方式研究的新进展

黑死病爆发或与老鼠无关。2018年1月，挪威奥斯陆大学生态和进化综合中心博士后凯瑟琳·迪恩主持的一个研究小组，在美国《国家科学院学报》发表论文称，在14世纪中叶爆发的黑死病，导致欧洲1/3的人口被抹去，死亡人数以千万计。一直以来，都认为这是老鼠传播导致的疫病。但是，现在他们通过模拟很久之前发生的疫情进行研究，结果表明，这些遭人切齿痛恨的啮齿类动物，可能并非当时疫情的罪魁祸首。

研究人员指出，黑死病主要出现在欧洲第二波疫情大流行期间，也就是从14世纪初一直持续到19世纪初。而这一时期,不是老鼠,而是人体寄生虫如跳蚤和虱子,成为传播疫病细菌的主体。迪恩说:"这次疫病改变了人类历史,因此了解它如何传播,以及为什么传播得如此之快非常重要。"

当感染鼠疫耶尔森菌的跳蚤咬人后,细菌会进入血液,并在人体淋巴结处会聚,而淋巴结遍布人体全身。这种感染会导致可怕的"横痃",即腹股沟淋巴结肿大。

由于老鼠在现代疫病中的角色,以及中世纪受害者死于耶尔森菌的基因证据,很多专家认为老鼠,在第二次瘟疫期间也传播了疫病。但另一些专家认为,黑死病的传播方式可能不同。其中一个原因是,黑死病在欧洲传播的速度比任何现代疫病暴发都快。此外,一些现代疫病暴发之前"老鼠数量已经下降了",但中世纪的疫病并没有提及老鼠大规模死亡。

迪恩研究小组通过多次运用模型模拟后,在统计上,评估了第二次疫病大流行中,9次不同的欧洲疫病暴发的死亡率模式。令他们吃惊的是,在9座研究的城市中,有7座城市的人类—寄生虫传播模型,比老鼠—跳蚤传播模型,更符合死亡率记录。

格拉斯哥大学中世纪历史学家、批评老鼠-跳蚤传播理论的塞缪尔·科恩说:"遗传学家和现代历史学家把老鼠放到了传播瘟疫的位置,并过滤了证据。"美国阿贡国家实验室查尔斯·麦卡尔说:"这项新研究成果,触及了根本的问题,即为什么会爆发这些疫情。"

(二) 其他传染病防治研究的新信息
——急性肠道传染病防治研究的新进展

采用基因组测序法追查急性肠道传染病疫情暴发路径。2012年2月,丹麦国立血清研究所科学家参与,其他成员来自美国哈佛大学公共卫生学院和布洛德研究所、法国巴斯德研究所等单位的研究小组,在美国《国家科学院学报》网络版上发表研究报告称,他们采用全基因组测序法,已经追查到2011年在欧洲大范围致病的大肠杆菌(E. coli)暴发路径。

这是第一个采用基因组测序的方法,来研究食源性疫情暴发的动态,由此为了解未来疫情和传染病的出现和蔓延提供了新途径。

在生物学中，一个生物体的基因组，是指包含在该生物的 DNA（部分病毒是 RNA）中的全部遗传信息。确定哪些 DNA 变异导致特定性状或疾病，则需要进行个体间比较。研究人员说，寻找疫情暴发的多种细菌的基因组之间差异，即可得到疫情发生的线索。像做侦探工作一样，研究人员通过这种方式跟踪疫情，可了解未来疾病暴发路径。

在德国，2011 年夏天，因大肠杆菌病毒的肆虐，致使成千上万人生病，50 多人死亡，之后在法国也引起了小范围的暴发。研究人员把这两国的致病大肠杆菌株对比分析，发现菌株相同。然而，利用全基因组测序分析菌株之间的差异时，研究人员发现：所有与德国当地相关暴发的菌株都几乎是相同的，而出现在法国菌株表现出更大的多样性，显示出是从德国菌株分离出来的一个子集。

随着基因组测序成本的下降，未来将其与传统的流行病学方法相结合，可以为人们对传染病的出现及蔓延提供更深入的了解，将有助于指导公共卫生预防措施。

参考文献和资料来源

一、主要参考文献

[1] 张明龙. 瑞典高效的创新政策运行机制揭秘 [J]. 科技管理研究, 2010 (6).

[2] 杨庆峰. 瑞典创新模式的历史特征分析 [J]. 社会科学, 2015 (8).

[3] 杨洋, 张艳秋. 瑞典的科技创新模式: 演变与挑战全球科技经济瞭望, 2017 (10).

[4] 程家怡. 瑞典科技与创新体系的现状与演进过程 [J]. 全球科技经济瞭望, 2016 (7).

[5] 袁瑛. 瑞典技术创新中的政府角色 [J]. 商务周刊, 2007-10-22.

[6] 乔延军. 瑞典, 可持续发展的理想世界 [J]. 上海城市发展, 2007 (3).

[7] 管海波. 瑞典制造2030——以研发与创新驱动制造业发展 [J]. 全球科技经济瞭望, 2015 (9).

[8] 张明龙, 张琼妮. 瑞典生物科技产业集群的特征与优势 [J]. 科技管理研究, 2012 (2).

[9] 姜巍, 王昊. 瑞典国家健康产业科技创新体系建设研究 [J]. 中国卫生经济, 2019 (12).

[10] 李颖, 李应强. 从瑞典"移动谷"看科技园区发展与服务模式 [N]. 中国计算机报, 2002-11-18.

[11] 孟海波, 朱明, 王正元, 等. 瑞典、德国、意大利等国生物质能技术利用现状与经验 [J]. 农业工程技术·新能源产业, 2007 (4).

[12] 邓京波. 瑞典成为可持续航空燃料领域的领跑者 [J]. 石油炼制与化工, 2021 (2).

[13] 耿燕,张业倩,伍维维.创新系统视角下的科技成果产业化研究——以瑞典为案例[J].科技管理研究,2019(11).

[14] 国务院发展研究中心课题组.瑞典研究机构在创新体系中的作用及启示[J].中国发展观察,2007(12).

[15] 陈杰.瑞典科技创新的体制与文化[J].华人世界,2007(10).

[16] 王志强.瑞典提升大学创新能力管窥[J].高教发展与评估2012(1).

[17] 王溯.基于公—私部门互动机制的丹麦国家创新体系[J].科技管理研究,2018(6).

[18] 张瑞.三螺旋视角下的丹麦科技创新实践及对我国的启示[J].科学管理研究,2019(5).

[19] 马丽梅,董怡菲.创新政策驱动与国家能源转型:丹麦案例[J].管理现代化,2020(4).

[20] 沈雁.构建创新发展模式:丹麦创新基金的理念与运作[J].高等工程教育研究,2021(2).

[21] 刘家琰,仲平.丹麦教育体系及其创新人才培养特点[J].创新人才教育,2019(3).

[22] 林娴岚,王海燕.芬兰国家创新体系的特征与启示[J].中国国情国力,2014(10).

[23] 刘悦,张嵎喆.芬兰促进自主创新的特点和基本经验[J].中国经贸导刊,2015(13).

[24] 程郁,王协昆.创新系统的治理与协调机制——芬兰的经验与启示[J].研究与发展管理,2010(6).

[25] 武学超,罗志敏.四重螺旋:芬兰阿尔托大学地域性创新创业生态系统模式及成功经验[J].高教探索2020(1).

[26] 史义.挪威科研创新体系的发展历程[J].全球科技经济瞭望,2015(5).

[27] 王海燕,梁洪力.挪威创新系统的特征与启示[J].中国国情国力,2014(5).

[28] 薛彦平.挪威提升国家创新能力的重要经验[J].国家治理,

2014（16）．

［29］吴桐．挪威的创新系统和创新政策［J］．法制与社会，2019（24）．

［30］兰梓睿，孙振清．技术创新系统评价研究——以挪威碳捕捉与储存技术为例［J］．科学管理研究，2018（5）．

［31］柯常青．冰岛：创新强国的"秘密"［J］．教育，2012（5）．

［32］张继桥，刘宝存．冰岛高等教育改革：动因、路径与特点［J］．高教探索，2020（9）．

［33］陈晓雯，魏海泉，周兴志，等．冰岛卡特拉火山未来喷发特征的判定［J］．地球科学，2013（2）．

［34］张明龙，张琼妮．国外发明创造信息概述［M］．北京：知识产权出版社，2010．

［35］张明龙，张琼妮．新兴四国创新信息［M］．北京：知识产权出版社，2012．

［36］张明龙，张琼妮．国外电子信息领域的创新进展［M］．北京：知识产权出版社，2013．

［37］托马斯·弗洛伊德．数字电子技术基础：系统方法［M］．娄淑琴，盛新志，申艳，译．北京：机械工业出版社，2014．

［38］马科斯·玻恩，埃米尔·沃耳夫．光学原理——光的传播、干涉和衍射的电磁理论［M］．第7版．杨葭荪译，北京：电子工业出版社，2016．

［39］莱金．光学系统设计［M］．第4版．周海宪，程云芳，译．北京：机械工业出版社出版，2012．

［40］沃伦·史密斯．现代光学工程［M］．周海宪，程云芳，译．北京：化学工业出版社出版，2011．

［41］张明龙，张琼妮．国外光学领域的创新进展［M］．北京：知识产权出版社，2018．

［42］霍金．宇宙的起源与归宿［M］．赵君亮，译．南京：译林出版社，2009．

［43］布莱恩·克莱格．宇宙大爆炸之前［M］．虞骏海，译．海口：

海南出版社，2016.

[44] 中国科学院国家空间科学中心，等．寻找暗物质：打开认识宇宙的另一扇门［M］．北京：科学出版社，2016.

[45] 张明龙，张琼妮．国外宇宙与航天领域研究的新进展［M］．北京：知识产权出版社，2017.

[46] 张明龙，张琼妮．国外交通运输领域的创新进展［M］．北京：知识产权出版社，2019.

[47] 张明龙，张琼妮．国外材料领域创新进展［M］．北京：知识产权出版社，2015.

[48] 赵启辉．常用非金属材料手册［M］．北京：中国标准出版社，2008.

[49] 孙彦红．有机高分子材料使用寿命预测方法［J］．高分子通报，2011（12）．

[50] 王益群，樊阳波，贾永鹏．纳米技术标准化现状研究［J］．中国标准化 2019（S1）．

[51] 刘锐．纳米材料应用现状及发展趋势［J］．石化技术，2018（8）．

[52] 张明龙，张琼妮．国外纳米技术领域的创新进展［M］．北京：知识产权出版社，2020.

[53] 于少娟，等．新能源开发与应用［M］．北京：电子工业出版社，2014.

[54] 张明龙，张琼妮．国外能源领域创新信息［M］．北京：知识产权出版社，2016.

[55] 李国栋．国际太阳能发电产业的新进展［J］．电力需求侧管理，2012（1）．

[56] 张希良．风能开发利用［M］．北京：化学工业出版社，2005.

[57] 张庆阳．国外风能开发利用概况及其借鉴［J］．气象科技合作动态，2010（4）．

[58] 陈石娟．海洋能开发利用存机遇有挑战［J］．海洋与渔业，2012（8）．

[59] 张明龙，张琼妮，章亮．国外治理"三废"新技术概述［J］．生

态经济，2010（2）．

[60] 宋宇．国外环境污染损害评估模式借鉴与启示［J］．环境保护与循环经济，2014（4）．

[61] 张明龙，张琼妮．美国环境保护领域的创新进展［M］．北京：企业管理出版社，2019．

[62] 奎恩，雷默．生物信息学概论［M］．孙啸，译．北京：清华大学出版社，2004．

[63] 沃森．双螺旋［M］．刘望夷，译．北京：化学工业出版社，2009．

[64] 惠特福德．蛋白质结构与功能［M］．魏群，译．北京：科学出版社，2008．

[65] 李颖，关国华．微生物生理学［M］．北京：科学出版社，2013．

[66] 王三根．植物生理学［M］．北京：科学出版社，2016．

[67] 柳巨雄，杨焕民．动物生理学［M］．北京：高等教育出版社，2011．

[68] 蒋志刚．中国哺乳动物多样性及地理分布［M］．北京：科学出版社，2015．

[69] 张明龙，张琼妮．美国生命健康领域的创新信息［M］．北京：知识产权出版社，2013．

[70] 张晓杰．细胞病理学［M］．北京：人民卫生出版社，2009．

[71] 伦内贝格．病毒、抗体和疫苗［M］．杨毅，杨爽，王健美，译．北京：科学出版社，2009．

[72] 郑杰．肿瘤的细胞和分子生物学［M］．上海：上海科学技术出版社，2011．

[73] 张明龙．区域政策与自主创新［M］．北京：中国经济出版社，2009．

[74] 张明龙．区域发展与创新［M］．北京：中国经济出版社，2010．

[75] 张琼妮，张明龙．新中国经济与科技政策演变研究［M］．北

京：中国社会科学出版社，2017.

[76] 张琼妮，张明龙. 产业发展与创新研究——从政府管理机制视角分析 [M]. 北京：中国社会科学出版社，2019.

[77] 张明龙，张琼妮. 中小企业创新与区域政策 [M]. 北京：知识产权出版社，2011.

[78] 张明龙. 企业产权的演进与交易 [M]. 北京：企业管理出版社，2012.

[79] 张明龙. 走向市场经济的思索 [M]. 北京：企业管理出版社，2014.

[80] R Graham. Between Science and Values [M]. *New York*：Columbia University Press, 1981.

[81] P Weingart. The Social Assessment of Science, or De-Institutionlization of the Scientific Profession. M. Chotkowski and La Follette ed. , Quality in Science [M]. *Cambridge, MA*：The MIT Press, 1982.

[82] D Teece. Profiting from technological innovation：Implications for integration, collaboration, licensing and public policy [J]. *Amsterdam*：Research Policy, 1986（15）.

[83] H E Longino. Science as Social Knowledge, Values and Objectivity in Scientific Inquiry [M]. *New Jersey*：Princeton University Press, 1990.

[84] J McLaughlin, P Rosen, D Skinner and A Webster. Valuing Technology：Organization, Culture and Change [R]. *Routledge, London*, 1999.

[85] K Knorr-Cetina. Epistemic Cultures：How the Sciences Make Knowledge [M]. *Cambridge, MA*：Harvard University Press, 1999.

[86] Fernando Herv Soriano. Connecting the dots：How to Strengthen the EU Knowledge Economy. [G]. *Brussels*：JRC-IPTS Policy Brief. European Commission Joint Research Centre, 2011.

[87] Thrainn, Eggertsson. Economic Behavior and Institutions [M]. *Cambridge*：Cambridge University Press，1990.

[88] Claire Nauwelaes, René Winties. SME policy and Regional Dimension of Innovation：Towards of a New Paradigm for Innovation Policy？[R]. *Oslo*：

SMEPOL final report，1999.

［89］Stefano Ponte and Peter Gibbon．Quality standards，conventions and the governance of global value chains［J］*Berlin*：Economy and Society，2005（2）．

［90］Susanne Sandberg, Hans Jansson. Collective internationalization－a new take off route for SMEs from China ［J］．*Bradford*：Journal of Asia Business Studies，2013，8（2）．

二、主要资料来源

［1］《自然》（Nature）

［2］《自然·通讯》（Nature Communication）

［3］《自然·物理学》（Nature Physics）

［4］《自然·化学》（Natural Chemistry）

［5］《自然·化学生物学》（Nature Chemical Biology）

［6］《自然·细胞生物学》（Nature Cell Biology）

［7］《自然·生物技术》（Nature Biotechnology）

［8］《自然·生态与进化》（Nature Ecology and Evolution）

［9］《自然·神经科学》（Nature Neuroscience）

［10］《自然·遗传学》（Nature Genetics）

［11］《自然·衰老》（Nature Aging）

［12］《自然·纳米技术》（Nature Nanotechnology）

［13］《自然·材料学》（Nature Materials）

［14］《自然·地球科学》（Nature Geoscience）

［15］《自然·科学技术》（Natural Science and Technology）

［16］《科学》（Science Magazine）

［17］《科学·转化医学》（Science Translational Medicine）

［18］美国《国家科学院学报》（Proceedings of the National Academy of Sciences）

［19］《科学报告》（Scientific Reports）

［20］《科学快递》（Science Express）

［21］《科学进展》（Progress in Science）

[22]《新科学家》(New Scientist)

[23]《科学美国人》(Scientific American)

[24]《科技纵览》(Overview of Science and Technology)

[25]《新技术》(New Technology)

[26]《皇家学会开放科学》(Royal Society Open Science)

[27]《英国皇家学会学报B》(Journal of the Royal Society B)

[28]《公共科学图书馆·综合》(Public Library of Science: Comprehensive)

[29]《科学公共图书馆·生物学》(Public Library of Science: Biology)

[30]《公共科学图书馆·遗传学》(Public Library of Science: Genetics)

[31]《物理评论快报》(Physical Review Letters)

[32]《新物理学杂志》(Journal of New Physics)

[33]《物理学评论通讯》(Journal of Physics Review)

[34]《连线》(Connection)

[35]《应用物理快报》(Applied Physics Letters)

[36]《天体物理学杂志》(Journal of Astrophysics)

[37]《地球生物学》(Geobiology)

[38]《地球与行星科学快报》(Earth and Planetary Science Letters)

[39]《国际地球物理学杂志》(International Journal of Geophysics)

[40]《探索》(Exploration)

[41]《纳米科学与技术》(Nanoscience and Technology)

[42]《纳米通讯》(Nano Communication)

[43]《纳米快报》(Nano Express)

[44]《光谱》(Spectrum)

[45]《先进材料》(Advanced Materials)

[46]《应用化学》(Applied Chemistry)

[47]《生物化学》(Biochemistry)

[48]《农业与食品化工》(Agriculture and Food Chemical Industry)

[49]《水资源研究》(Water Resources Research)

[50]《美国博物学家》(American Naturalist)

[51]《生态与进化趋势》(Ecology and Evolutionary Trends)

[52]《通讯·生物学》(Communication Biology)

[53]《生物学通讯》(Biological Letters)

[54]《当代生物学》(Contemporary Biology)

[55]《计算生物学》(Computational Biology)

[56]《BMC 演化生物学》(BMC Evolutionary Biology)

[57]《生物工艺学与生物工程学》(Biotechnology and Bioengineering)

[58]《植物学趋势》(Botany Trends)

[59]《动物分类学》(Zootaxonomy)

[60]《核酸研究》(Nucleic acid Research)

[61]《基因研究》(Gene Research)

[62]《基因组学研究》(Genomics Research)

[63]《基因生物学》(Gene Biology)

[64]《遗传学》(Genetics)

[65]《细胞》(Cells)

[66]《细胞通讯》(Cell Communication)

[67]《细胞研究》(Cell Research)

[68]《细胞报告》(Cell Report)

[69]《分子细胞》(Molecular Cell)

[70]《细胞·干细胞》(Cell Stem Cell)

[71]《细胞·宿主与微生物》(Cell, Host and Microorganism)

[72]《细胞·新陈代谢》(Cell Metabolism)

[73]《生理学杂志》(Journal of Physiology)

[74]《新英格兰医学杂志》(New England Journal of Medicine)

[75]《英国医学杂志》(British Medical Journal)

[76]《美国医学会杂志》(Journal of the American Medical Association)

[77]《美国医学会杂志·精神病学卷》(Journal of the American Medical Association Psychiatry Volume)

[78]《美国医学会杂志·小儿科》(Journal of the American Medical Association Pediatrics)

[79]《柳叶刀》(Lancet)

[80]《柳叶刀·肿瘤学》(The Lancet：Oncology)

[81]《BMC癌症》(BMC Cancer)

[82]《英国癌症杂志》(British Journal of Cancer)

[83]《癌症研究》(Cancer Research)

[84]《乳腺癌研究》(Breast Cancer Research)

[85]《转化肿瘤学》(Translational Oncology)

[86]《心脏》(Heart)

[87]《欧洲预防心脏病学》(European Preventive Cardiology)

[88]《心理学》(Psychology)

[89]《神经学》(Neurology)

[90]《神经外科学杂志》(Journal of Neurosurgery)

[91]《美国神经学学会学刊》(Journal of the American Academy of Neurology)

[92]《阿尔茨海默病与痴呆病》(Alzheimer's Disease and Dementia)

[93]《流行病学》(Epidemiology)

[94]《临床流行病学》(Clinical Epidemiology)

[95]《流行病和公共卫生杂志》(Journal of Epidemiology and Public health)

[96]《美国流行病学杂志》(American Journal of Epidemiology)

[97]《新发传染病学》(Emerging Infectious Diseases)

[98]《转化医学》(Translational Medicine)

[99]《过敏性疾病》(Allergic Diseases)

[100]《风湿性疾病年鉴》(Annual book of Rheumatic Diseases)

[101]《内分泌学杂志》(Journal of Endocrinology)

[102]《斯堪的纳维亚运动医学与科学杂志》(Scandinavian Journal of Sports Medicine and Science)

[103]《临床医学调查》(Clinical Investigation)

[104]《营养与代谢》(Nutrition and Metabolism)

[105]《美国临床营养学杂志》(American Journal of Clinical Nutrition)

[106]《职业与环境医学》(Occupational and Environmental Medicine)

[107]《环境健康》(Environmental Health)

[108]《科技日报》2000年1月1日至2020年12月31日

[109]《中国科学报》2000年1月1日至2020年12月31日

后 记

21世纪以来，我们在推进省级重点学科和名家工作室建设过程中，逐步形成一个相对稳定的学术研究团队。我们先后主持或参与10多项国家及省部级重要课题研究，并把创新作为重点内容，研究过企业创新、产业创新、区域创新与科技管理创新等问题。在此过程中，广泛搜集和整理世界各国的创新材料。这些材料，为完成课题研究提供了坚实的基础。

后来，我们发现搜集到的材料，包含着大量科技前沿信息，有利于经济工作者了解高新技术产业的发展趋势，有利于科研人员准确遴选研究开发项目，也有利于政府管理部门制定促进创新活动的科技政策。于是，我们对其分门别类加以整理，通过精心提炼和分层次系统化，撰写成不同专题的书稿。

至今，以创新信息学科分类为基础，已出版过有关国外电子信息、纳米技术、光学、宇宙与航天、新材料、新能源、环境保护、交通运输、生命科学、医疗与健康等领域创新信息的著作。以创新信息来源区域为基础，已出版过有关美国、日本、德国、英国、法国、俄罗斯、加拿大、意大利和澳大利亚等国创新进展概述的著作。还出版过集中多个国家的书稿，如《八大工业国创新信息》《新兴四国创新信息》。现在，我们又把北欧五个国家集中在一起，使其成为一个整体加以考察，撰写成《北欧五国创新信息概述》书稿。

本书从北欧五国产业和科技发展现状出发，集中考察其创新方面取得的新成果，着重分析了微电子与电子信息技术、光学技术及仪器设备、宇宙探测与交通工具、新材料、新能源、环境保护及灾害防御、生命科学与生物技术、医疗与健康等领域取得的新进展。本书所选材料限于21世纪以来的创新成果，其中95%以上集中在2006年1月至2020年12月期间。

我们在撰写这部书稿的过程中，得到有关高等院校、科研机构的支持和帮助。本书的基本素材和典型案例，吸收了报纸、杂志、网络和广播电视等各类媒体的相关报道。本书的各种知识要素，吸收了学术界的研究成果，不少方面还直接得益于师长、同事和朋友的赐教。为此，向所有提供过帮助的人，表示衷心的感谢！

这里，要感谢名家工作室成员的团队协作精神和艰辛的研究付出。感谢台州学院办公室王华同志，他多年来一直协助做好工作室的行政管理工作。感谢浙江省哲学社会科学规划重点课题基金、浙江省科技计划重点软科学研究项目基金、台州市宣传文化名家工作室建设基金、台州市优秀人才培养资助基金等对本书出版的资助。感谢台州学院办公室、临海校区管委会、组织部、宣传部、科研处、教务处、学生处、后勤处、信息中心、图书馆、经济研究所和商学院，以及浙江师范大学经济与管理学院、浙江财经大学东方学院等单位诸多同志的帮助。感谢企业管理出版社诸位同志，特别是刘一玲编审，为提高本书质量倾注了大量时间和精力。

限于笔者水平，书中难免存在一些不妥和错误之处，敬请广大读者不吝指教。

张琼妮　张明龙

2021年4月